사암 정약용 전기

창비

사암 정약용 전기

초판 1쇄 발행 / 2022년 7월 1일

지은이 / 정해렴
펴낸이 / 강일우
책임편집 / 박주용 신채용
조판 / 박지현
펴낸곳 / (주)창비
등록 / 1986년 8월 5일 제85호
주소 / 10881 경기도 파주시 회동길 184
전화 / 031-955-3333
팩시밀리 / 영업 031-955-3399 편집 031-955-3400
홈페이지 / www.changbi.com
전자우편 / human@changbi.com

ⓒ 정해렴 2022
ISBN 978-89-364-7913-8 03990

사암 정약용 전기

정해렴
지음

창비
Changbi Publishers

사암 선생 전기를 쓰기 시작하면서

1

나는 1996년 1월 15일 현대실학사에서 『다산논설선집茶山論說選集』과 『다산문학선집茶山文學選集』을 박석무朴錫武 전 의원과 공동으로 편역해 발행하면서 본격적으로 다산 공부에 매달려 2005년 8월 25일 『아언각 비·이담속찬雅言覺非·耳談續纂』을 간행하고, 2009년 3월 25일 다산 의학 서로 홍역과 천연두의 백과사전인 『마과회통痲科會通』을 김남일金南一· 안상우安相佑 박사의 도움을 받아 역주譯註하는 등 다산의 경학經學을 제외한 시문학·역사학·경세학·법학·의학·국방·보학譜學·언어학 등의 중요한 저술을 20여책이나 역주했다. 그리하여 내 모자라는 역량으로 나마 최선을 다했다고 여기고, 다산 저술의 절반을 차지하는 다산 경학 은 나의 역량이 미치지 못해 이 분야를 전공한 석학분들이 번역하거나 해설해 정리하기를 바라면서 나의 다산 공부를 그쯤에서 접기로 작정 했다.

2

다산 공부를 접은 2009년부터는 예전에 교주校註하던 고전소설을 다시 끄집어내어 교주하는 한편, 한문소설은 번역하여 신국판 380면 내외로 16책을 편찬 교정해 간행하려 했으나 이런저런 사정으로 이를 간행하지 못하고 있다.

이 뒤로 내 편집·교정 인생이 반세기나 됨을 생각해내고, 그동안의 내 경험이 우리나라 편집·교정자에게 조금이나마 참고가 되지 않을까 싶고, 또 고전 번역과 편역주는 그런대로 남보다 많이 해보았으나 글쓰기를 잘할 수 있을까 하는 생각이 문득 들었다. 그래서 편집·교정에 종사한 반세기를 뒤돌아볼 겸 시험삼아 '자서전'을 써본 것이 도서출판 한울에서 2016년 11월에 펴낸 『편집·교정 반세기』라는 책이었다. 이때는 내가 편집·교정을 직업으로 삼아 시작한 지 53년이나 된 뒤였다. 이 책은 내가 글쓰기를 시험하고 연습해 그런대로 무난히 마무리할 수 있었던 저술인 셈이다. 이 보잘것없는 저작이 나오자 『조선일보』『한겨레』『중앙일보』 등에서 비교적 잘 보도해주었고, 특히 『한겨레』에서는 나를 '전설의 편집자'라고 분에 넘치는 격찬을 해주어 내 인생을 보람 있게 잘 마무리할 수 있게 되었구나 싶었다.

3

내가 살아온 일을 되돌아보는 어쭙잖은 '자서전'을 쓰고 나서, 이제는 때때로 '독서'나 하면서 그만 마음놓고 푹 쉬어도 좋겠거니 싶었다. 한데 별다른 취미가 없어 그냥 맥놓고 지내기도 갑갑한지라 사암俟菴

정약용丁若鏞 선생이 두 아들을 가르쳤듯이 뒤늦게나마 그동안 내가 배운 것을 역사 공부를 해 박사학위를 가진 큰아들에게 가르치고 또 같이 공부할 겸 공동으로 '한국역사인명사전'(가제)을 편찬하기 시작해 '역사 인물' 2만여명을 추려내서 그 행적을 기술하였다. 또 현전하는 우리나라 최초의 정사正史와 야사野史인『삼국사기三國史記』와『삼국유사三國遺事』를 번역해 컴퓨터 입력을 마친 초고의 교정을 보고, 그 부족한 곳을 보완하려고 하는 단계에 이르렀다.

4

이 무렵에 정민鄭珉 교수가 다산 정약용의 전기인 '정민의 다산독본' 『파란波瀾』(1·2, 천년의상상 2019)을 보내왔기에 이 전기를 읽으면서 그동안 접어둔 다산 공부를 다시 시작하게 되었다. 정민 교수의 심혈을 기울인 다산 탐구서를 감명 깊게 읽어보고 나서, 나도 그간 사암의 방대한 저술을 경학 분야를 빼놓고는 거의 다 읽어본 터라 다른 분이 쓴 '다산전기'를 좀더 보완할 수 있겠다 싶어, 또 어쭙잖게 '사암 선생 전기'를 쓰려고 하는 생각을 갖게 된 것이다.

이렇게 마음을 다잡아 작정하고, 사암 선생 전기를 쓰려면 조성을趙誠乙 박사의 역저『연보年譜로 본 다산 정약용』(지식산업사 2016)과 박석무 전 의원의『다산 정약용 평전』(민음사 2014),『다산에게 배운다』(창비 2019),『다산 정약용 유배지에서 만나다』(한길사 2003) 등의 노작을 꼭 참고해야 하겠기로 이들 저술들을 구해 차분히 꼼꼼하게 읽어보면서 사암 선생 일대기에서 내가 보탤 수 있는 것을 생각해보았다.

5

사실 사암 정약용 선생은 우리 집안의 할아버지가 되신다. 즉 선생은 내게 6대 종조從祖가 되기에 내가 만일 그의 전기를 쓰더라도 냉철히 쓰거나 지나치게 찬양하기는 아무래도 어려운 입장이다. 또 어설프게 짐작해 쓰기도 미안한 처지다. 나는 그래서 사암 선생이 귀양에서 풀려 집으로 돌아온 몇해 뒤 환갑이 되던 1822년에 써놓은「자찬묘지명自撰墓誌銘」집중본集中本과 광중본壙中本의 서술을 신뢰해 이에 주로 의존하되, 사암의 현손玄孫이자 내게는 역시 집안의 조부가 되는 정규영丁奎英 선생이 편찬한『사암선생연보俟菴先生年譜』를 참고해서 사암의 일생을 기술하려고 한다. 따라서 너무나 일반화된 '다산'이라는 호칭 대신 정규영 선생이 쓴 '사암'이라는 호를 주로 쓰려고 한다.

「자찬묘지명」에 주로 의존한 까닭은 후세들이 다른 사람들이 나쁜 마음으로 터무니없이 비방한 기록을 믿고 자신을 평가하는 것을 막으려면 사실을 올바로 기록해두어야 하리라 여긴 사암 선생이 선견지명先見之明을 갖고 기록해놓은 참으로 굳게 믿을 만한 글이기 때문이다. 이 「자찬묘지명」집중본은『다산문학선집』에 그 장문長文이 번역되어「나의 삶, 나의 길」이란 제목으로 실려 있다.

6

사암 선생의 전기를 쓰려고 작심하고 나서, 차분히 읽은『연보로 본 다산 정약용』을 토대로 삼고, 또 내가『다산논설선집』을 만들 때 이미 작성했던「다산 정약용 선생 연보」를 참고하면서「사암 정약용 선생 연보」를 40여장 분량으로 작성해보았는데, 이는 사암 선생 전기를 쓰면서 연대의 착오를 줄이려 함이었다.

또 이 「사암 정약용 선생 연보」에 등장하는 관련 인물 150여명의 인적 사항을 간략히 해설해두고, 이 뒤에 쓸 사암 선생 전기에 오르내리는 인물도 추려내서 간명히 해설하려고 한다. 이렇게 하면 사암 전기에 나오는 관련 인물의 기본 행적을 우리가 모두 알 수 있게 될 것이다.

이제 이렇게 「사암 정약용 선생 연보」를 꾸며놓고 비로소 사암의 일대기를 쓰려고 한다. 한데 나는 앞에서도 말했듯이, 사암 선생의 종후손이라 그 생을 칭송하거나 비평하기가 조심스러운 처지다. 따라서 오로지 사암 선생의 불후의 명저인 『여유당전서與猶堂全書』에 나온 시나 글을 바탕으로 삼아 전기를 엮어내기로 마음을 굳히고, 다산 시문집을 정독하면서 사암의 생애와 사상과 공적을 선생 스스로 써놓으신 대로 기술하려고 한다.

7

우리나라에서 가장 뛰어난 전기 작가의 한분이었던 민병산閔丙山 선생이 일찍이 어느 자리에선가, "전기를 쓰기가 가장 어려운 사람이 학자"라면서, "왜냐하면 학자는 그가 이룩한 학문의 요점을 알기 쉽게 설명해야 하기 때문이다."라고 했다. 이 민병산 선생은 창비교양문고에 『똘스또이』라는 전기를 한권의 책으로 쓴 분으로 안중근安重根 전기를 쓰다가 마무리하지 못한 채 회갑날을 하루 앞두고 별세했으며, 우리나라 전기 문학을 집대성하려고 하다가 그 꿈을 이루지 못했다. 사암 선생이 회혼일回婚日에 돌아가셨듯이 이분은 회갑 잔치를 앞두고 타계해 잔

첫날 입으려던 옷이 수의壽衣가 된 분으로 나에게는 스승이자 지기知己이기도 했다.

앞에서 민선생이 말했듯이 제일 쓰기 어려운 '학자의 전기'를 그것도 우리나라 유사有史 이래 최고 최대의 학자인 사암 정약용의 전기를 쓰겠다고 감히 대들었으나 잘 써낼 수 있을지는 미리 알 수 없겠다.

'시작이 반'이라는 속담이 있으니, 이제 벌써 할아버지의 전기를 반은 쓴 셈이다.

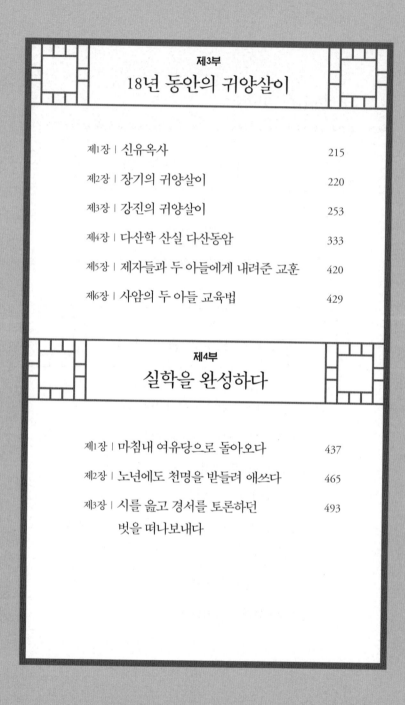

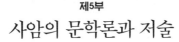

제5부
사암의 문학론과 저술

제1부
어린 시절과 공부할 때

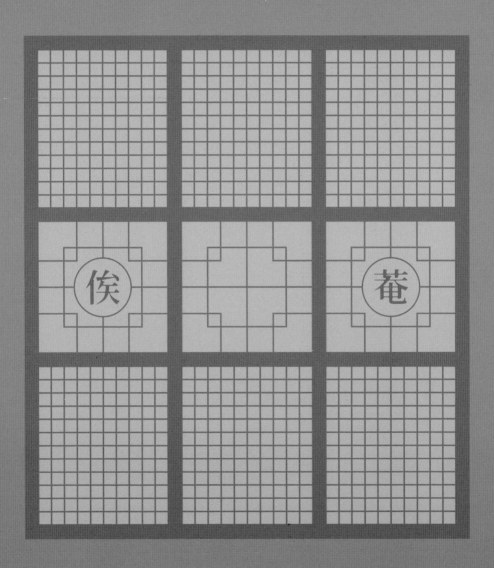

제1장

조선의 위대한 학자가 탄생하다

1. 8대 옥당 집안에서 태어나다

우리 한민족 역사상 최고의 학자이며 그 저술이 많기로 이름난 사암
俟菴 정약용丁若鏞은 당시의 행정구역으로는 경기도 광주부廣州府 초부
방草阜坊 마현리馬峴里, 즉 오늘날의 경기도 남양주시 조안면 능내리 한
강가 마현 곧 소내苕川·牛川에 처음 터를 잡아 살기 시작한 참의공 정시
윤丁時潤(1646~1713)의 4대 종손宗孫인 정재원丁載遠(1730~92)과 해남 윤씨
海南尹氏(1728~70) 사이에서 넷째 아들로 영조 38년(1762)인 임오년壬午年
음력 6월 16일에 탄생했다. 이 종손집은 대체로 지금의 여유당與猶堂 저
바로 앞쪽에 있었을 것으로 생각된다. 많은 기록이 사암이 '여유당'에
서 태어났다고 했으나 여유당 자리는 참의공 정시윤이 그 서자인 정도
길丁道吉(1708~84)에게 물려준 집 터전이다.

사암 정약용의 본관은 압해押海(신안군 압해도)인데 오늘날에는 나주羅
州라 일컫는다. 그러나 사암은 늘상 본관을 압해로 쓰며,『압해정씨가
승押海丁氏家乘』을 편찬하기도 했다. 그 선조는 고려시대 말기에 황해도

배천白川에서 살다가 조선왕조가 세워진 무렵부터 비로소 서울에서 살았다. 그리고 조선시대 초기에 맨 처음 벼슬을 한 선조는 문과文科에 급제해 승문원承文院 교리校理를 지낸 정자급丁子伋(1423~87)으로, 문과 급제가 이때부터 쭉 연이어졌다. 홍문관弘文館 부제학副提學을 지낸 정수강丁壽崗(1454~1527), 병조판서 정옥형丁玉亨(1486~1549), 의정부 좌찬성左贊成 정응두丁應斗(1508~72), 사헌부司憲府 대사헌大司憲 정윤복丁胤福(1544~92), 강원도 관찰사 정호선丁好善(1571~1633), 홍문관 교리 정언벽丁彦璧(1612~52), 병조참의兵曹參議를 지낸 정시윤 등이 대대로 모두 문과에 급제하여 옥당玉堂에 들어감으로써 사암 일가는 '압해 정씨 8대 옥당' 집안이라 일컬어졌고, 사암도 이를 몹시 자랑스럽게 여겼다. 여기에 더해 제8대 옥당 정시윤의 둘째 아들 정도복丁道復(1666~1720)이 또한 문과에 급제해 옥당에 들어가 우리나라에서도 뜨르르한 '9대 옥당' 집안을 이루었다. 이렇게 9대 옥당을 낸 집안은 조선시대를 통틀어 압해 정씨가 유일한 셈이다.

이 9대 옥당 정도복의 형인 정도태丁道泰(1664~1713)가 사암의 고조할아버지이며, 증조는 정항신丁恒愼(1691~1733), 할아버지는 정지해丁志諧(1712~56)인데, 증조할아버지 정항신만이 사마시에 합격해 진사가 되었다. 그리하여 고조 때부터 3대를 포의布衣로 지냈다.

사암의 어머니 해남 윤씨는 조선시대 제일가는 시조시인으로 유명한 고산孤山 윤선도尹善道(1587~1671)의 증손인 공재恭齋 윤두서尹斗緒(1668~1715)의 손녀다. 공재는 유명한 화가로 겸재謙齋 정선鄭敾(1676~1759), 현재玄齋 심사정沈師正(1707~69)과 함께 조선의 삼재三齋로 일컬어졌으며 시문詩文에도 뛰어난 분이었다.

사암은 이와 같이 8대 옥당 집안의 남다른 혈통에다 외가 쪽의 시화詩

畫에 뛰어난 자질과 아울러 경세실용經世實用 정신을 물려받고 태어났다고 할 수 있겠다. 또 사암의 얼굴 모습과 수염은 공재의 초상화를 많이 닮았다고 하며, 정이 넘치는 따뜻한 마음은 외가에서 많이 받았다고 제자들에게 스스로 말했다고 한다.

사암 정약용의 자字는 처음에는 귀농歸農이고, 자라서는 미용美庸·용보頌甫라 했으며, 호는 삼미자三眉子·열수洌水·다산茶山·사암俟菴·자하도인紫霞道人·태수苔叟·문암일인門巖逸人·탁옹籜翁·철마산초鐵馬山樵 등이며, 당호堂號는 여유당與猶堂·사의재四宜齋·송풍암松風菴 등이다.

2. 아버지에게 경서와 사서를 배우다

사암이 친가와 외가의 뛰어난 유전자를 받고 태어난 해가 영조 38년(1762) 임오년인데, 이해에 아버지 정재원은 소과인 생원시에 합격해 경현당景賢堂에서 영조英祖 임금과 상면해 그 물음에 차분히 대답하고, 11월에 전주에 있는 경기전慶基殿 참봉參奉 종9품으로 임명되었으며, 이듬해 희릉禧陵 참봉으로 옮겨졌다. 사암의 아버지는 생원시에 합격하고 또 처음으로 벼슬살이를 시작한 기쁜 해에 태어난 아들인지라 사암을 더욱 끔찍이 귀여워하며 대견히 여기지 않았을까 싶다. 또 사암의 자를 '귀농'이라 지었는데, 이 임오년 윤8월 5일에 영조 임금이 아들 사도세자思悼世子(1735~62)를 역모죄로 의심하여 뒤주에 가두어 죽이는 끔찍한 일을 겪고 나서 낙향해 살아야겠다는 생각도 한편으로 지녔던 것이 아닌가 싶다.

이 아들 약용은 어려서부터 매우 영특하여 제법 문자를 깨우쳐 알았다. 그리하여 4세에 『천자문千字文』을 배우기 시작하고, 7세에 처음으로 오언시五言詩를 지었는데, 9세까지 지은 시를 모아 『삼미자집三眉子集』을 엮기도 했다고 한다. 책의 이름은 사암이 어렸을 때 천연두를 순조롭게 앓았는데 다만 오른편 눈썹 위에 마마 자국이 남아 눈썹이 세갈래로 나뉘었으므로 스스로 호를 '삼미자'라 한 데서 연유한 것이다.

이 시기에 지은 것으로 "작은 산이 큰 산을 가렸으니 멀고 가까움이 다르기 때문이다小山蔽大山, 遠近地不同"라고 읊은 시가 있는데, 벌써 사물의 모습을 꿰뚫어 살피는 특별한 재능을 엿볼 수 있게 하는 시라고 하겠다. 그의 아버지도 "분수分數에 밝으니, 자라나면 틀림없이 산수나 역법曆法에 통달할 것이다."라고 칭찬했다고 한다.

9세에 어머니 해남 윤씨가 세상을 떠나고 또 아버지가 이해 연말경에 연천현감漣川縣監에서 해직됨에 따라 이 뒤로 고향 소내에서 아버지에게 경서經書와 사서史書와 고문古文을 배웠는데, 아버지의 가르침은 대체로 14세까지 5년 동안 계속되었던 듯하다. 따라서 사암은 큰 스승이 아버지 정재원인 셈이며 문한가文翰家의 가학家學이 그 학문의 튼실한 바탕이 되었을 것이다.

3. 뛰어난 시인이 될 기반을 닦다

또 사암은 13세 때 두보 시杜甫詩를 뽑아 베껴놓고, 그 두시를 모방하여 원운原韻에 따라 화답하는 시를 지으면서 두보 시의 뜻을 깊이 체득했으며, 이렇게 화답한 시가 수백수나 되었다. "이를 읽어본 아버지의 친구들이 몹시 칭찬했다."고 했으니, 이때 벌써 당唐나라 때의 시성詩聖

인 두보를 모범으로 삼아 시를 익혀 훗날 우리나라 최고 최대의 시인이 될 기반을 닦은 것이다.

사암은 2세 때 천연두를 순조롭게 앓고, 14세 때 홍역을 앓았다. 당시 우리나라에서는 이 두가지 전염병을 무난히 통과해야만 성인成人이 되는 것이었다. 이 두가지를 무난히 치러 이제 특별한 병이 들지 않을 경우 오래 살 수 있게 된 사암은 이해에 금강산을 유람하고 돌아온 아버지 정재원의 감탄하는 이야기를 소내에서 듣고「그리운 금강산懷東嶽」이라는 오언시를 지었는데, 정작 사암 자신은 평생 동안 금강산 유람을 할 기회가 없었다.

이「그리운 금강산」은 해금강海金剛의 모습을 읊은 것으로, 남아 있는 사암의 시 가운데는 맨 처음으로 쓰인 것이다. 이 시는 필자와 박석무 전 의원이 같이 편역주한『다산시정선』상권 맨 앞에 실려 있기에 그대로 여기에 옮겨보겠다.

그리운 금강산

금강산은 기이奇異함이 뛰어났으니
붉은 벼랑에 푸른 봉우리 겹겹이 있네.
새기고 깎은 결이 섬세해서
조물주의 솜씨 숨김없이 드러냈구나.
선경의 경치도 바닷가 빈 땅에 모여
그윽한 모습 유달리 아름답다네.
숨어 사는 선비도 살 수 없는 애석함이여
깨끗하고 산뜻하게 속세에서 벗어났네요.

懷東嶽

東嶽絶殊異, 紫崿疊靑嶂.

雕鍥入纖微, 神匠洩機巧.

仙賞委瀛壖, 幽姿獨窈窕.

惜無棲隱客, 瀟洒脫塵表. (1775)

4. 15세에 장가를 들다

천연두와 홍역을 무사히 앓고 난 사암은 15세 때인 영조 52년(1776)
2월 15일 소내에서 관례冠禮를 치렀다. 관명冠名은 약용若鏞이다. 이 관
례를 치르고 나서 곧바로 서울에 올라가 2월 22일 풍산 홍씨豐山洪氏에
게 장가를 들었다. 풍산 홍씨는 사암보다 한살이 위이며, 아버지 홍화보
洪和輔(1726~91)는 무과武科 출신으로 벼슬이 정3품인 승지承旨에 이르고,
또 경상우도 병마절도사와 함경북도 병마절도사를 지낸 분이다.

사암이 장가를 들고 나서 마침 아버지가 다시 벼슬을 하여 서울 명례
방明禮坊 소룡동小龍洞에 집을 세내어 넷째 아들인 사암과 같이 살았다.
이해 겨울에 사암은 소내에 내려갔다가 병을 얻어 1개월쯤 앓았는데,
이때 명의 이헌길李獻吉(1738~84)이 처방해 지어준 약을 달여 먹고 나았
다고 한다. 사암은 자신의 병을 잘 낫게 해준 이헌길의 은혜를 뒷날 그
의 전기인「몽수전蒙叟傳」을 지어 보답했는데, 이「몽수전」은『다산문학
선집』에「이헌길의 인술仁術」이라는 제목으로 번역해 실어놓았다. 이
몽수 이헌길은 사암 의학醫學의 스승으로, 사암은 뒷날『마과회통麻科會

通』을 저술하면서 이헌길이 저술한 『마진기방麻疹奇方』의 처방을 수록하기도 했다.

5. 성호를 사숙하고 학문에 뜻을 두다

사암 16세 때인 정조 1년(1777) 서울에서는 정헌貞軒 이가환李家煥(1742~1801)이 문학으로써 당세에 이름을 떨치고 있었다. 또 사암의 매형인 이승훈李承薰(1756~1801)도 역시 학문에 힘쓰고 있었다. 이가환이 성호星湖 이익李瀷(1681~1763)의 학문을 이어받아 그 학문 정신을 펼치고 있을 때 사암도 이승훈을 매개로 성호가 남긴 저술을 얻어 읽어본 뒤, 실학 정신이 깃든 그 드높은 학문 정신에 감동하여 앞으로 자신도 학문을 해야 되겠다고 굳게 마음을 먹고 사숙私淑했다고 한다.

정헌 이가환은 성호 이익의 한 형님의 아들인 이용휴李用休(1708~82)의 아들이라 성호에게는 손자뻘이 된다. 이 정헌은 성호 집안의 가학을 물려받은 이이고, 사암은 정헌을 통해 성호 학문을 많이 배운 듯하다. 사암은 뒷날 22세 때인 1783년 소과인 생원시에 합격한 후 안산安山에 있는 선영先塋에 참배하고 나서 성호 이익의 옛집을 거쳐 돌아오며 「성호 선생 옛집을 지나며過剡村李先生舊宅」란 시를 짓고 뒤에 「성옹화상찬星翁畵像贊」을 지어 그 존경하고 사모하는 뜻을 나타내기도 했다. 이 안산 선영에는 6대조 정언벽, 소내에 터전을 잡았던 5대조 정시윤, 고조인 정도태의 무덤이 있다. 또 1822년에 「정헌 이가환 묘지명貞軒墓誌銘」을 지어 이가환이 신유옥사辛酉獄事에 누명을 쓰고 억울하고 원통하게 사망했음을 밝혔다.

이 「성호 선생 옛집을 지나며」는 『다산시정선』 상권에 그 번역시가 실려 있고, 「성옹화상찬」과 「정헌 이가환 묘지명」은 박석무 선생이 역주한 『다산산문선茶山散文選』(초판, 창작과비평사 1985; 개정증보판, 창비 2013)에 번역문과 한문 원문이 실려 있다.

6. 동림사에서 『맹자』를 읽다

또 정조 1년(1777)인 이때 봄에 큰형님 정약현丁若鉉(1751~1821)의 처남인 광암曠菴 이벽李檗(1754~86)과 학문을 토론하며 사귀기 시작했고, 장모인 숙부인 이씨가 5월 27일 돌아가자 그 만사輓詞를 지었다. 9월 27일에는 아버지 정재원이 전라도 화순和順 고을의 현감이 되어 초겨울에 부임하자 아버지를 따라갔다.

정재원은 부임하여 가는 길에 담양에서 평생지교平生之交인 담양부사潭陽府使 이인섭李寅燮(1734~1800)을 만나보고 나서 곧 화순에 부임했는데, 아버지를 따라 화순에 이른 사암은 그 고을에서 명망이 높고 쾌활한 선비로 알려진 진사 조익현曹翊鉉(1737~1800)과 당당히 시문으로 교류하기 시작하고, 같이 무등산無等山(瑞石山)을 유람했으며, 나이를 따지지 않고 망년우忘年友로 지냈다. 사암은 화순에서 떠나온 뒤에도 그와 늘 편지를 주고받았으며, 1800년에는 그의 묘표인 「조태서묘표曹台瑞墓標」를 지어 보내기도 했다.

화순 임소에 따라간 사암은 이듬해인 17세 때(1778) 봄에 「춘일오성잡시春日烏城雜詩」를 지었다. '오성'은 화순의 별칭인데, 이는 사암 풍속시風俗詩의 출발점을 이루는 셈이다. 진사 조익현과 더불어 그동안 갈고 닦은 시 솜씨를 드러내며 시를 수창酬唱하는 한편, 가을에는 화순 근처인 동복현同福縣에 있는 명승지 적벽赤壁을 유람하여 시를 짓고, 또 적벽강에 있는 물염정勿染亭에서 노닐어 「유물염정기遊勿染亭記」를 지었다. 또 무등산에 올라 「무등산에 올라서登瑞石山」라는 시를 짓고, 「서석산에서 노닐다遊瑞石山記」라는 기행문도 쓰는 등 그 시문 솜씨를 뽐내며 호연지기浩然之氣를 길렀다.

이해 겨울에는 화순읍 북쪽 5리쯤에 있는 동림사東林寺에서 둘째 형 정약전丁若銓(1758~1816)과 40여일 동안 독서를 했는데, 둘째 형은 『상서尙書』를 읽고, 사암은 『맹자孟子』를 읽었다. 이때 동림사에서 독서하던 정경을 「동림사 독서기東林寺讀書記」란 기문을 지어 남겼다. 이 「동림사 독서기」를 1990년대 후반에 박석무 전 의원이 번역하여 비석에 새겨 옛 동림사터로 들어가는 길처에 세웠는데, 나도 그때 기념비 제막 행사에 따라갔던 기억이 있다.

이 화순에서 공부하고 유람하며 젊음을 구가하던 시절에 지은 시 「적벽강 물염정遊赤壁亭子」과 「무등산에 올라서」와 동림사에서 독서하며 지은 시 「동림사에서 글을 읽다讀書東林寺」는 『다산시정선』 상권에 실려 있고, 「서석산에서 노닐다」라는 기행문과 「동림사 독서기」는 『다산문학선집』에 그 번역문과 원문이 실려 있다.

7. 성균관 승보시에 합격하다

17세 때 아버지의 임소인 화순에 따라가서 젊음을 구가하고 호연지기를 기르던 사암은 18세가 되는 정조 3년(1779) 2월 초에 아버지의 명으로 과거 시험 공부를 위해 서울로 상경하게 되었다. 이때 둘째 형 정약전과 함께 떠나 광주光州·순창淳昌·전주全州·고산高山·연기燕岐를 거쳐 고향 소내에 들렀다가 서울로 돌아왔다. 돌아올 때 역로歷路마다 일기를 쓰듯이 시를 읊었는데 지은 시가 7편이나 되었다.

서울로 돌아온 사암은 과문科文인 공령문功令文의 여러 문체를 공부하였는데, 이해 6월 하순에 장인 홍화보가 경상우도 병마절도사에 임명되어 진주晉州로 부임해 가자 아내 홍씨와 더불어 고향 소내로 내려가 공부할 수밖에 없었다. 그러던 차에 8월 3일 밤 정조 임금이 세종대왕 능인 여주驪州 영릉英陵에 행차했다가 돌아오는 길에 남한산성南漢山城에서 야간 군사훈련을 했는데, 남한산성이 고향인 소내에서 가까운 거리이므로 사암은 이곳에 가서 군사훈련 모습을 볼 수 있었다.

사암은 이해 가을 9월 초에 감시監試를 치렀으나 합격하지 못하고 아내와 함께 화순 아버지 임소로 가게 되어 서울에서 동작나루를 건너 성환成歡·공주公州·이잠尼岑·장성長城·광주로 해서 화순에 이르렀다. 이 행로도 사암이 일기처럼 쓴 시 때문에 우리가 알 수 있는 것이다. 화순으로 가는 동안에 쓴 시도 6편이나 된다.

아내와 함께 화순에 간 사암은 화순 북쪽 나한산羅漢山 꼭대기에 있는 성주암聖住菴에 올라 절간을 구경하고 나서 또 「성주암에 올라서登聖住菴」라는 시를 짓고, 아내 홍씨를 화순에 남겨둔 채 홀로 태학太學에서 치르는 승보시陞補試에 응시하려고 다시 서울로 돌아왔다. 이 「성주암에 올라서」는 『다산시정선』 상권에 그 번역시와 원문이 실려 있다.

서울에 돌아온 사암은 겨울 무렵에 성균관成均館에서 시행하는 소과인 생원·진사시에 응시할 자격을 얻는 승보시에 마침내 합격했다.

8. 진주 논개 사당의 기문을 짓다

정조 4년(1780) 사암은 나이 19세가 되어 화순에 이르렀는데, 이해
2월 22일에 화순현감이었던 아버지 정재원이 종4품인 예천군수醴泉郡守
로 승진해 화순에서 바로 예천으로 부임하자 사암도 아내 홍씨와 더불
어 예천으로 가게 되었다. 화순을 떠나 동복同福·광양光陽·두치진豆卮津
을 지나 2월 말쯤 진주에 이르렀다. 이 여정에도 또한 일기처럼 쓴 시가
3편이나 된다.

이때 사암의 장인 홍화보가 경상우도 병마사로 진주에 있었기에 진
주에 묵으면서 촉석루矗石樓에 올라 진주 남강을 내려다보며 임진왜란
때의 진주성 싸움을 회상했을 법하다. 또 장인 홍화보를 모시고 남강에
배를 띄우고 놀기도 했다.

진주에 묵던 무렵에 사암은 마침 장인이 의기義妓인 논개論介(?~1593)
의 사당을 중수重修하고 그 기문記文을 쓰게 하자 「진주의기사기晉州義妓
祠記」를 짓고, 칠언절구 28자의 시를 지어 사당에 달도록 했다. 이 「진주
의기사기」는 『다산문학선집』에 그 번역문과 원문이 실려 있다. 뒷이야
기이긴 하지만, 언젠가 내가 진주에 가서 진주성 촉석루를 관광하고 논
개 사당을 참배할 때 사암이 쓴 기문 현판을 보았는데, 그 해설판에 사
암이 이 기문을 19세 때인 1780년이 아니라 1802년에 지은 것으로 되어
있었다. 1802년이면 사암이 강진康津에서 귀양살이를 할 때라 매우 어처
구니가 없었다. 촉석루를 다 둘러보고 나올 때 관리실에 그 잘못을 지적
해주었는데 지금은 바로잡혀 있는지 모르겠다.

이때 3월에 진주에서 노닐면서 지은 시로 「촉석회고矗石懷古」「배외

구홍절도범주陪外舅洪節度汎舟」「무검편 증미인舞劍篇 贈美人」「방박씨지
담별업訪朴氏芝潭別業」 등 4편이 있는데, 이 가운데 「무검편 증미인」이라
는 시는 사암의 장인이 논개 사당을 중수하고 연회를 베풀어 기생에게
검무劍舞 곧 칼춤을 추게 했는데, 사암이 이를 보고 시를 지어 칼춤을 춘
기생에게 준 것으로 『다산시정선』 상권에 「진주 기생의 칼춤」이라는 제
목으로 번역되어 실려 있다. 그리고 이 '진주 기생의 칼춤'은 1999년 경
기문화재단의 후원으로 이애주 교수가 복원하여 남양주시에 있는 다산
문화관에서 발표하기도 했다.

　　이 「진주 기생의 칼춤」은 사암 시의 초기 명편이라 『다산시정선』에 실
려 있는 것을 참고하라고 번역시와 원문을 그대로 여기에 옮겨놓는다.

진주 기생의 칼춤

　　계루고雞婁鼓 울리자 풍악이 시작되니
　　둘러싼 좌중이 가을물처럼 고요하다.
　　진주성 딸린 기생 꽃 같은 그 얼굴에
　　군복으로 치장하자 남자 모습이로다.
　　보랏빛 쾌자에다 푸른 털모자 쓰고
　　좌중 향해 절한 뒤에 발꿈치를 드는구나.
　　느린 박자에 따라 사뿐사뿐 종종걸음
　　처연히 가다가는 가쁜 듯 돌아오네.
　　날으는 선녀처럼 살짝 내려앉으니
　　발밑에선 번쩍번쩍 가을 연꽃 피어난다.
　　몸 굽혀 거꾸로 서서 한참 동안 춤추는데

열 손가락 번뜩이니 연기처럼 뜨는구나.
한 칼은 땅에 짚고 한 칼로 휘두르니
푸른 뱀이 백번이나 가슴을 휘감는 듯
갑자기 쌍칼 잡자 사람 모습 사라지고
일어서자 구름 안개 허공에 피어났네.
전후 좌우 휘둘러도 칼끝 서로 닿지 않고
치고 찌르고 뛰어올라 소름이 쫙 끼치누나.
휘몰아치는 소나기가 차가운 산에 몰아치고
붉은 번개 푸른 서리 빈 골짝서 싸우는구나.
놀란 기러기 멀리 날며 돌아오지 않을 듯
성난 새매 내리덮쳐도 쫓아가지 못할레라.
쨍그렁 칼 던지고 사뿐히 돌아서니
애초의 모습대로 가냘픈 허리로세.
서라벌의 여악女樂은 우리나라 으뜸인데
황창무黃昌舞라 옛 곡조 예부터 전해오네.
백 사람이 칼춤 배워 겨우 하나 이룩할 뿐
살진 몸매로는 둔해서 못 춘다네.
너 이제 젊은 나이로 그 기예 절묘하니
옛날 일컫던 여중호걸 이제야 보았노라.
몇 사람이나 너 때문에 애간장 녹였을까
미칠 것 같은 분위기 벌써 장막 안에 차누나.

舞劍篇 贈美人

雞婁一聲絲管起, 四筵空闊如秋水.

矗城女兒顏如花, 裝挱戎裝作男子.

紫紗袷子青氈帽, 當筵納拜旋擧趾.

纖纖細步應疏節, 去如怊悵來如喜.

翩然下坐若飛仙, 脚底閃閃生秋蓮.

側身倒挿蹲蹲久, 十指翻轉如浮煙.

一龍在地一龍躍, 繞脅百回青蛇纏.

倏忽雙提人不見, 立時雲霧迷中天.

左鋋右鋋無相觸, 擊刺跳躍紛駭矚.

颶風驟雨滿寒山, 紫電青霜鬪空谷.

驚鴻遠擧疑不反, 怒鶻回搏愁莫逐.

鏗然擲地颯然歸, 依舊腰支纖似束.

斯羅女樂冠東土, 黃昌舞譜傳自古.

百人學劍僅一成, 豐肌厚頰多鈍魯.

汝今靑年技絶妙, 古稱女俠今乃覩.

幾人由汝枉斷腸, 已道狂風吹幕府. (1780)

9. 예천 반학정에서 과거 공부를 하다

사암은 진주에서 1개월 동안 머무르면서 그동안 갈고 닦은 솜씨로 호
기롭게 시를 읊고 글을 짓는 등 재능을 맘껏 뽐내다가 4월 초에 아내 홍

씨와 같이 합천陝川과 선산善山을 거쳐 예천 아버지 임지에 이르렀다. 예천에 도착해 반학정伴鶴亭에 머물면서 과거 공부를 하는 한편 아버지를 모시고 선몽대仙夢臺에 오르고, 금곡金谷으로 가 학문과 덕행이 높은 박경손朴慶孫을 방문하고, 또 집안 친척인 부항父行의 진사 정재로丁載老(1731~1802)를 예방하기도 했다. 또 10월에는 문경聞慶에 이르러 경상우도 병마사인 장인 홍화보가 군사훈련을 지휘하는 모습을 참관하면서 지내다가 아버지의 파직으로 12월 하순 예천을 떠난다.

19세 때인 정조 4년(1780) 4월부터 12월까지 대략 9개월 동안 예천 반학정에 있으면서 과거 공부를 하며 유람도 하고, 시문을 지으면서 비교적 행복하게 보낸 듯싶다. 그러나 이 예천에 있을 때 큰형수가 병을 앓다가 4월 15일에 사망했다. 큰형수는 경주 이씨로 이벽의 누님인데 예천에서 병든 시아버지를 시중 들다 병사한 것이다. 사암은 뒷날 이 큰형수의 묘지명을 짓기도 했다.

사암이 진주를 떠나서부터 예천에 이르러 9개월쯤 머무르면서 지은 시는 7편쯤 되고 산문도 「반학정기伴鶴亭記」와 더불어 2편이 더 있다. 이 「반학정기」는 『다산문학선집』에 그 번역문과 원문이 실려 있다.

정조 4년(1780) 11월 28일 채제공蔡濟恭(1720~99)이 삭직되고 나서 예천군수인 아버지 정재원도 12월 20일쯤 어사御史의 모함으로 파직되자 사암은 아버지보다 앞서 12월 23일에 아내 홍씨와 더불어 예천을 출발해 '새재'인 조령鳥嶺을 넘어 충주忠州 하담荷潭에 이르러 선영에 성묘했다. 하담 선영에는 할아버지 정지해와 할머니의 무덤이 있다. 하담을 떠나 광판점廣阪店에 이르러 날씨가 몹시 추워 여기에서 묵었다. 또 이튿날 광판점을 출발해 이부령二婦嶺을 넘어 12월 27일 서울 장흥방長興坊에 다다랐다.

사암은 19세 때인 1780년 1월 초순에 서울에서 화순을 향해 떠나 1월 중순의 어느날 화순에 이르러 달포가 넘도록 아버지를 모시다가 예천 군수로 부임한 아버지를 모시려고 2월 25일쯤 화순을 떠나 2월 말경에 진주에 이르렀고, 3월 내내 경상우도 병마절도사인 장인 홍화보를 모시고 노닐다가 4월 초에 진주를 떠나 4월 5일쯤 예천에 다다라 반학정에서 과거 공부를 하며 지내다가 12월 중하순에 또 예천을 떠나 12월 27일 서울 장흥방에 이르렀으니, 1년쯤을 객지에서 보낸 셈이다. 이때 서울에서 떠나 충청도를 거쳐 전라도 화순에 이르렀다가 경상우도를 돌아 예천에 머물다가 문경 새재를 넘어 충청도를 거쳐 돌아왔으니 삼남 일대를 휘돌아 서울에 온 것이다.

사암은 이때 대체로 20여편의 시를 짓고 산문도 네댓편쯤 지었다고 여겨지며, 이때부터 사암의 시문이 본격적으로 꽃을 피우기 시작했다고 할 수 있겠다.

10. 아버지와 장인이 파직을 당하다

사암이 20세가 되는 정조 5년(1781) 초기에는 아버지와 장인이 함께 수난을 당했다. 아버지가 2월 초에 관직에서 해임되어 고신告身을 빼앗기는 바람에 사암도 소내로 돌아왔으며, 경상우도 병마사였던 장인도 해직된 뒤 평안도 숙천肅川으로 귀양살이를 하러 갔다.

이와 같이 두 집안이 수난을 당하고, 사암도 성균관 월과月課에 합격하지 못하는 불운이 연이어 일어났다. 이렇게 집안이 편안치 못할 때 사암은 4월 15일 소내에서 작년에 예천에서 사망한 큰형수의 소상을 지내고 이벽과 함께 배를 타고 서울로 돌아왔다. 큰형수의 동생인 이벽과는 이미 사귀기 시작한 지 5년이나 되었다.

고향 소내에서 서울로 돌아와 4월 말경에 치른 성균관 과제에 또 합격하지 못하고, 5월부터 아내 홍씨가 학질에 걸려 7월까지 앓았는데, 의사 이헌길이 지어준 약으로 치료한 듯하다. 이때 사암은 미천尾泉에 이사 와서 사는 둘째 작은아버지 정재운丁載運(1739~1816) 집을 오가며 과거 시험 과목을 익히다가 여름에는 고향 소내로 내려가 공부했는데, 아내의 병이 위중해져 서울로 급히 돌아왔다. 이 무렵 임신 중이었던 아내가 학질 때문에 7월 초쯤에 조산早産했으나 4일 만에 죽은 딸을 와서瓦署 언덕배기에 묻었다. 사암은 이렇게 첫아이를 잃었으며, 이때 아내 홍씨의 나이는 21세였다.

이와 같이 이해 초부터 연거푸 좋지 않은 일을 겪으면서 과시 공부를 하던 중 8월에 들어 성균관 과제課製에 시로 합격했다. 등수는 삼하三下였으며, 교수는 정동준鄭東浚(1753~95)이다. 사암은 이 합격 소식을 고향 소내로 가던 도중에 들었다. 겨울 초입에 미음渼陰에 공부하러 갔다가 병이 들어 피를 두어되나 쏟아내고 서울로 돌아와 3개월 만에 나았다. 이때 병을 치료해 낫게 한 의원은 장덕해張德海였다.

11. 운길산 수종사에 오르다

사암은 나이 21세 때인 정조 6년(1782) 2월경에 서울 지금의 숭례문崇禮門 안 북창동 체천棣泉에 처음으로 자신의 집을 사서 살았으며, 3월 초쯤에 두모포豆毛浦에서 배를 타고 한강을 거슬러 고향 소내로 돌아가서

과거 공부를 하는 한편 소내 근처 운길산雲吉山 꼭대기쯤에 있는 수종
사水鐘寺에 처음으로 올라가 신선이 된 듯한 기분으로 유람했다. 수종사
는 수양대군首陽大君이었던 세조世祖가 중건한 절로, 이 절에서 내려다보
면 남한강과 북한강이 합쳐지는 양수리 두물머리가 그 조망으로 들어
오며, 그 아래로 넓은 한강이 한폭의 풍경화처럼 아련히 바라보이고, 또
양평楊平 용문산龍門山이 저 멀리 우뚝 그 위용偉容을 떨치고 있어 사암
은 호연지기를 기르려고 여러차례나 이 수종사에 올라가 소내 일대의
아름다운 경치를 감상하기도 했다.

봄에 수종사에 올라가 한바탕 호연지기를 키우고 나서 배를 타고 서
울로 돌아왔는데, 돌아오면서 뱃사공의 한탄하는 이야기를 듣고 「뱃사
공의 탄식篙工歎」이란 첫 사회시를 썼다. 이 무렵 이후 여름 4월쯤에 뒷
날 죽란시사竹欄詩社라는 모임을 만들어 풍류를 같이 즐긴 부산夫山 한
치응韓致應(1760~1824)과 술벗으로 시벗으로 사귀기 시작하면서 과문科
文을 익혔을 것이다. 가을 초입에는 오늘날 청파동에 있는 야곡冶谷에
살던 둘째 형 정약전과 더불어 선릉宣陵 옆에 있는 봉은사奉恩寺로 가서
절집에 머물면서 경의經義 과목을 익혔다. 이때 선릉 참봉으로 있던 둘
째 작은아버지 정재운을 찾아뵙기도 했다. 앞서 말한 부산 한치응은 강
원도 원주 법천法泉에 세거하며 우담愚潭 정시한丁時翰(1625~1707) 집안
과 세교世交하던 혼반婚班이라 사암과는 먼 인척이기도 하였다.

겨울 초입에는 전해에 평안도 숙천으로 귀양살이를 떠났던 장인 홍
화보가 귀양이 풀려 서울로 돌아왔다. 사암은 12월 하순에는 고故 판서
홍명한洪名漢(1724~74)의 정자에서 석양을 바라보면서 시를 읊어 사모하
는 마음을 나타냈다. 뒷날 사암은 역사지리서인 『아방강역고我邦疆域考』
를 저술하면서 홍명한이 간행을 주도한 『동국문헌비고東國文獻備考』에

나와 있는 홍명한의 안설按說을 여럿 인용했고, 또『문헌비고간오文獻備考刊誤』(1800)를 저술해 그 틀린 곳을 교정校正하기도 했다.

이 21세 때 사암은 과거 공부를 하다 답답하면 훌쩍 집을 나서 유람을 했으며 때때로 시를 읊었는데, 이해에 지은 시가 16편쯤 된다. 이 가운데「속뜻을 밝히다 述志」「봄날 수종사에서 노닐다 春日游水鐘寺」「뱃사공의 탄식」「옛날을 생각하며古意」「봉은사에서 노닐다 早秋陪仲氏遊奉恩寺」등 5편은『다산시정선』상권에 실려 있으며, 이즈음의 사암의 생각과 품은 뜻을 엿볼 수 있다.

제2장
소과인 사마시에 합격하다

1. 생원시에 합격해 정조를 알현하다

사암의 나이도 어느새 22세가 되었는데, 이때는 정조 임금이 즉위한 지도 7년이나 되었다. 정조 7년(1783) 2월 21일 사암은 증광 감시 초시에 합격하고, 4월 2일 감시 복시覆試에 나아갔다. 그 회시會試에서 생원生員 3등 제7인 의義 차하次下로 합격했다. 이때의 초시 시관試官은 이시수李 時秀(1745~1821)이고, 회시 시관은 이재협李在協(1731~90)으로 4월 11일에 사마방목司馬榜目의 발표가 있었다.

합격자가 발표된 이날 사암은 창덕궁 선정전宣政殿에서 정조 임금에게 사은謝恩했는데, 성군聖君과 현신賢臣이 이제 비로소 만난 것이다. 정조를 알현하고, 체천의 집을 판 뒤 옮겨 살던 회현방會賢坊 집으로 나왔다가 다시 청파동 부근인 야곡의 둘째 형 정약전 집으로 가서 여기 머물던 아버지 정재원을 뵙고 나서 축하하는 손님을 맞이했다. 이때 장인도 전해 겨울에 귀양이 풀려 서울에 돌아와 있었다.

이즈음 사암은 회현방 재산루在山樓 아래 있던 집에 살았는데 이 집에 누산정사樓山精舍란 이름을 붙였다. '재산루'는 회현동 위쪽 남산 중턱에 있었으며, 이 재산루를 1890년대 언젠가 일본의 유명한 서지학자 마에마 쿄오사꾸前間恭作가 사서 증축하여 살면서 자신의 호를 '재산루'라 하고, 또 조선의 고서古書를 수집하였으며, 뒷날 조선의 고서를 해제해 『고선책보古鮮冊譜』 3책이라는 거질을 일본에서 5백부 한정판으로 발행했다. 마에마가 수집한 고서는 동양문고東洋文庫에 소장되어 있다. 이 마에마 선생은 조선 통신사가 다니던 길목인 대마도 출신이라 조선말을 배워 통역관으로 조선에 와서 있으면서 조선 고서를 수집하고 우리말과 문화를 연구해 일본의 조선학 연구의 기초를 닦아놓았으며, 우리나라 우리 문화에 큰 도움을 준 셈이다.

2. 용인과 안산 선영에도 참배하다

소과인 사마시司馬試에 합격해 생원이 된 사암은 태학의 상재上齋로 올라가고, 4월 12일 큰형수의 제사를 지내기 위해 고향 소내로 가려고 두모포에서 배를 탔다. 이때 광주부윤廣州府尹이 소과 합격을 축하하기 위해 관현악을 보내 뱃놀이를 돕고, 목만중睦萬中(1727~1810)도 함께 배에 올라 소내로 가며 배 안에서 격려하는 시를 쓰기도 했다. 목만중이 이 무렵에는 사암 집안과 가까이 지낼 때였다. 배를 타고 옛날 세조 때의 문신 한명회韓明澮(1415~87)의 별장 압구정鴨鷗亭을 지나 봉은사에서 잤다. 봉은사에서 묵은 뒤 광나루를 지나고, 또 고산 윤선도의 고산정孤山亭 유허遺墟를 거쳐 정촌汀村에서 잤다. 이 '고산정 유허'는 고산 윤선도가 서울에서 낙향하면서 헐어 배에 싣고 가서 해남에 다시 지은 고산

종가인 녹우당綠雨堂이 있던 터를 말하는 것이다. 4월 14일에 정촌을 출발한 사암 일행은 삼탄三灘을 지나고 또 분호정分湖亭을 지나 소내에 이르러 4월 15일 큰형수의 제사를 지냈으며, 사암은 이튿날 또 운길산에 올라가 소과에 합격한 기쁨을 만끽하고 수종사에서 하룻밤 잤다.

사암이 합격해 생원이 된 증광시 초시에는 큰형 정약현과 둘째 형 정약전도 응시해 합격했으나 회시에는 합격하지 못했다. 정약전은 이해 식년시에 생원 2등으로 합격하고, 정약현은 정조 19년(1795) 식년시에 진사 3등으로 합격한다.

운길산에 올라가 그동안 과거 공부를 하느라고 쌓였던 스트레스를 후련히 풀고 나서 4월 18일경에는 아버지 정재원을 모시고 충주 하담에 이르러 선영에 참배하고 나서 그곳에서 묵고, 4월 20일쯤에는 진천에 이르러 진천현감 삼종조 정지덕丁志德(1728~99)을 찾아뵙고, 4월 21일경에는 용인龍仁 포곡蒲谷으로 가서 종조부 정지양丁志讓(1730~97)을 찾아뵈었다. 또 이곳 가마실釜谷에 있는 8대조인 대사헌공 정윤복, 7대조인 동원공東園公 정호선의 선영에 참배했을 것이다. 8대조 정윤복은 압해 정씨 5대 옥당이고, 7대조 정호선은 압해 정씨 6대 옥당이다. 사암은 정조 23년(1799) 압해 정씨 6대 옥당인 정호선의 문집인『동원유고東園遺稿』를 편찬하고 나서「동원유고서東園遺稿序」를 썼다. 4월 22일경에는 안산 양등대楊等垈 선영에 이르러 참배했다. 이 안산 선영은 사암의 6대조인 교리 정언벽, 5대조 병조참의 정시윤, 고조부 정도태의 무덤이 있는 곳이다. 6대조 정언벽은 압해 정씨 7대 옥당이고, 5대조 정시윤은 압해 정씨 8대 옥당이다.

안산 선영에 참배한 뒤 안산 섬촌剡村에 있었던 성호 이익의 옛집을 바라보며 지나 고향 소내에 돌아왔다가 4월 25일쯤에 소내에서 배를 타고 서울 회현방 누산정사로 돌아왔다. 사암은 이렇게 생원시에 합격한 영광을 품고 한 보름 동안 인사를 다닌 것이다.

3. 태학 동재생으로 큰아들을 얻다

사마시에 합격해 생원이 되고 태학 상재로 올라간 사암은 이때부터 본격적으로 대과인 문과文科에 급제하기 위한 공부를 시작하게 되며 9월 12일에는 큰아들 학연學淵이 회현방 누산정사에서 태어났다. 학연의 아명은 무장武牂이고 자는 치수穉修다.

21세 때에는 본가와 처가가 아울러 불운을 겪은 사암은 22세에 이르자 전해의 수난을 씻어버리며 소과에 합격하고 아울러 큰아들까지 보는 겹경사를 맞이하게 되었다. 더구나 둘째 형 정약전도 10월 3일 생원시에 2등으로 합격해 형제가 다 같이 생원이 된 것이다.

둘째 형이 생원시에 합격하고 금의환향錦衣還鄕하러 고향 소내로 갈 때 사암도 아버지 정재원과 아버지의 절친인 한광부韓光傅(1723~95)·오대익吳大益(1729~?)을 모시고 소내에 다녀왔다. 또 이해 10월 말경에는 승지 오대익의 용산 별장에서 밤에 아버지와 한광부를 모시고 잔치를 하기도 했다.

사암은 22세 때인 정조 7년(1783)을 득의에 차서 더없이 행복하게 보내면서 27편이나 되는 많은 시를 읊었다. 이 가운데 「생원시에 합격하여 임금님을 뵙다司馬試放榜日 詣昌德宮上謁 退而有作」「배 띄워라放船」「돛달아라掛帆」「성호 선생 옛집을 지나며」「여름날 누산정사에서夏日樓山雜詩」등 5편은 『다산시정선』상권에 그 번역시와 원문이 실려 있다.

이 가운데 「생원시에 합격하여 임금님을 뵙다」를 그대로 옮겨보겠다.

생원시에 합격하여 임금님을 뵙다

남색 도포 단정히 입고 대궐로 들어가자
통례通禮들이 안내하여 섬돌 아래 늘어섰네.
옥피리 소리 바람에 날리며 신선 의장대 옮기자
빛나는 일산 깊은 곳에 임금님 앉으셨네.
연회에선 은술잔 은총 두루 받았고
백패白牌에다 붉은 모자 가슴에 안고 머리에 쓰네.
임금 말씀에 대답하고 뒷걸음쳐 물러나니
궁중엔 버들 도성의 꽃 정말로 늦봄일세.

司馬試放榜日 詣昌德宮上謁 退而有作

齊綴藍袍入紫宸, 鴻臚引接到階陳.
玉簫風轉移仙杖, 華蓋雲深坐聖人.
法酒銀梧沾渥遍, 賜牌紅帕揷懷新.
恩言對罷委蛇退, 宮柳城花正暮春. (1783)

4. 이벽에게 처음으로 천주교에 대해 듣다

사암은 23세가 되는 정조 8년(1784) 고향 소내에 가서 갑진년 새해 명절을 쇠고 서울 누산정사에 돌아왔는데, 이때는 말을 타고 오간 듯하다. 사암은 고향 소내로 갈 때 대체로 배를 타고 갔던 것이다. 소내에서 서울로 돌아온 뒤로 태학 상재인 동재東齋에서 문과 공부를 하면서 사우士友들과 더불어 서대문 밖의 서교西郊(천연동)에서 향사례鄕射禮를 시행했는데, 이때 여기 모인 사우가 1백여 명이나 되었다고 한다.

또 4월 15일에는 소내에서 큰형수의 제사를 지내고 나서 큰형수의 동생으로 이 제사에 참석한 이벽과 더불어 배를 타고 현재의 팔당댐 저 아래쪽 두미협斗尾峽을 따라 내려가다가 처음으로 그에게서 서교西敎(천주교)에 대해 듣고 한권의 책을 보았다고 「나의 삶, 나의 길自撰墓誌銘」 집중본에 써놓았다. 이때 보았다는 책은 아마 『천주실의天主實義』였을 것이다. 그러나 사암은 과거 과목인 변려문騈儷文을 익히는 데 온통 마음을 기울이는 한편, 표문表文·전문箋文 등 임금께 올리는 글의 문체를 공부하고, 이런 문체의 글들을 많이 모아 참고하면서 태학에서 달마다 내리는 과제와 열흘마다 보는 시험에 높은 점수로 뽑히는 등 과거 공부에 심혈을 쏟아붓고 있었기에 서교에 큰 관심을 두지는 못했을 듯싶다.

이 1784년 여름에는 정조 임금이 『중용中庸』에서 태학 재생齋生에게 묻는 80여 조문의 문제에 대해 답변하는 글을 6월쯤에 올렸을 것이다. 사암은 정조가 내린 이들 문항을 풀기 위해 학식이 넓고 품행이 고상하다는 명성을 얻고 있는 이벽과 사단칠정四端七情과 이발기발理發氣發 문제를 가지고 토론하여 얻어낸 결론으로 답변을 작성해 올렸다고 여겨진다.

그러나 '이발기발' 문제에 이벽은 퇴계退溪 이황李滉(1501~70)의 학설을 옳다고 여긴 반면, 사암은 율곡栗谷 이이李珥(1536~84)의 학설과 생각이 같아 그의 학설에 의거해 답변했는데, 우연히도 정조 역시 율곡의 설이 옳다고 여겼기에 사암의 답변이 크게 눈에 띈 듯하다. 그리하여 정조 임금이 몹시 칭찬하고 1등으로 뽑아주었다. 이 일을 지켜본 도승지 김상집金尙集(1723~?)이 "정아무개는 임금의 칭찬을 받음이 몹시 크니, 이름을 크게 떨치리라."고 다른 사람에게 말했다고 한다. 이때 태학 동재의 여러 유생들은 모두 퇴계의 이발설이 옳다고 하면서 사암을 비방했다고 한다.

5. 가난한 태학생 정약용

사암은 태학에서 『중용』 강의 80여 조문에 답변하며 정조의 촉망을 받으면서 6월 16일 반제泮製에 뽑혀 종이와 붓을 상으로 받았다. 이 무렵 태학에 다니면서 전문을 지어 바치는 공부를 했으며, 이기경李基慶(1756~1819)·홍의호洪義浩(1758~1826)·한치응 등과 더불어 가깝게 사귀면서 요즘 말로 '더치페이'로 술을 마시기도 했다.

8월에 추석 명절을 쇠러 소내에 갔다가 돌아온 사암은 정시庭試를 치르기 위해 홍낙정洪樂貞(1752~88)의 산장에서 홍의호·한치응 등과 사륙문四六文을 공부하고, 9월 28일 정시문과 초시에 합격했는데, 이것이 초시에 합격한 첫번째였다. 이 정조 8년(1784) 12월 말경에는 귀양을 갔다가 돌아온 뒤 다시 평안도의 강계도호부사江界都護府使에 임명되어 강계로 부임하는 장인 홍화보를 전송하는 시를 지었다.

이 정조 8년(1784)인 갑진년에 사암은 모두 8편의 시를 지었는데, 22세 때인 1783년에 지은 27편에 비해 매우 적은 셈이다. 아마도 태학에 다니면서 과제에 응하느라 시를 지을 겨를이 없지 않았을까 싶다. 지

은 시 8편 가운데「손자병법을 읽고讀孫武子」「정철조鄭喆祚의 용 그림題
鄭石癡畵龍小障子」「호박 넌두리南瓜歎」는『다산시정선』상권에 실려 있다.
사암이『손자병법孫子兵法』을 읽은 것은 아마 당시 남인南人으로는 아무
리 뛰어나도 문과에 급제할 가망이 없기 때문에 무과武科 시험을 보려
고 생각한 것이 아닐까 싶다. 그러나 다시 생각을 돌려 문과 시험 공부
를 계속했을 것이다. 정철조鄭喆祚(1730~81)는 문인화가로 문과에 급제
해 사간원司諫院 정언正言을 지냈다.「호박 넌두리」는 가난한 태학생太學
生의 처지를 그림같이 그려낸 시라 하겠다.

6. 담연재에 살면서

사암은 24세가 되는 정조 9년(1785)에도 태학 곧 성균관 동재에서 과
거 공부에 몰두하고 있었는데, 장인 홍화보가 강계도호부사로 부임하
는 바람에 1월 중순쯤에 누산정사에서 회현동 처가인 담연재澹然齋로
이사했다. 2월 25일에는 담연재에 살면서 지어 올린 부賦가 반제에 뽑혀
상을 받고, 또 2월 27일 정조 임금이 춘당대春塘臺에 다다라 치른 태학
유생 반제에 또 뽑혀 종이와 붓을 상으로 받았다.

정조 9년(1785) 3월 중순경에 형조刑曹에서 천주교 집회를 적발했다.
『벽위편闢衛編』에 따르면 "1785년 봄에 이승훈 및 정약전·정약용 등이
장례원掌禮院 앞에 있는 중인 김범우金範禹(?~1786) 집에서 미사를 올리
고, (…) 이벽이 예복을 입고 앉았으며, 이승훈 및 정약전·정약종丁若鍾
(1760~1801)·정약용 삼형제와 권일신權日身(1742~92) 부자가 모두 제자라
일컬으며 책을 끼고 모시고 앉았는데 이벽이 설교하고 강론했다. (…)"

이로부터 사암은 천주교를 믿은 신자로 지목되어 문과에 급제해 관직에 있는 동안 단속적으로 남인 공서파攻西派와 집권층인 노론老論 세력에 의해 공격을 받고, 1801년에는 결국 귀양살이를 떠나게 되었다.

3월 21일 서제庶弟 정약횡丁若鐄(1785~1829)이 태어났는데, 큰아들 학연보다 2세나 아래였던 이 아우를 사암은 평생 동안 따뜻이 감싸며 보살펴주었다. 4월에는 회현동 담연재에서 아버지를 모시고 과거 공부를 하는 한편 『주역周易』을 강講했으며, 4월 16일에는 집에서 표문을 지어 바쳐 반제에 뽑히고 종이와 붓을 상으로 받았다.

7. 이벽의 죽음

이해 여름에는 홍낙정의 산정山亭에서 피서하는 한편 이기경의 용산 정자에서 김수신金秀臣(1752~?) 등 친구 대여섯명과 과거 과목의 하나인 사륙문을 익혔다. 이때 정자에서 공부하다가 밤에 배를 타고 월파정月波亭에 놀러 가기도 했다. 7월에는 큰형의 처남이자 친구이기도 한 이벽이 죽자 그 만사 「이벽의 죽음友人李德操輓詞」을 지었다. 이벽은 아버지 이보만李溥萬이 자신의 천주교 신앙에 반대해 목을 매어 죽자 배교背敎하고 32세의 젊은 나이로 병들어 죽은 것이다. 이에 사암은 만시輓詩에서 "신선 같은 학이 인간에 내려왔나 / 높고 우뚝한 풍채 절로 드러났네 (…) 가을 바람 타고 문득 날아가버리니 / 괜시리 바둥거리는 사람들 슬프게 한다."고 몹시 애달파했으며 때때로 이벽에 대해 회상했다.

대단히 좋아하며 따르던 8세나 더 먹은 선배이자 지기知己인 이벽을 하늘나라로 떠나보내고 나서 10월 16일 정시문과에 나아가 초시에 2소

2등 17인으로 합격했다. 사암은 이제 문과 초시에 두번이나 합격한 것이다. 11월 3일에는 반제 황감시에 2등으로 합격하고 희정당熙政堂에 나아가 정조 임금을 알현했는데, 임금이 그 시권試券을 읽게 하고 나서 무릎을 치며 칭찬하면서 "네가 지은 바는 실제로 장원狀元한 것보다 못하지 않으나 다만 때가 이르지 않았을 뿐이다."라고 하였다. 사암이 희정당에서 물러난 뒤에 임금이 "정약용과 같은 이는 반드시 재상이 될 것이다."라고 했다고 승지 홍인호洪仁浩(1753~99)가 전했다. 이 승지 홍인호는 실제로는 사암의 6촌 처남이다.

이해 12월 1일 사암은 정조 임금이 몸소 다다른 춘당대에서 「식당명食堂銘」을 읊어 첫머리로 합격하고, 또 12월 2일에는 창덕궁 성정각誠正閣에서 「비궁당명匪躬堂銘」을 읊어 수석을 차지했다. 이렇게 연거푸 수석을 차지하매 12월 4일에는 창덕궁 중희당重熙堂에서 조선왕조의 법전인 『대전통편大典通編』을 상으로 받았다.

사암이 24세 때인 정조 9년(1785)에 지은 시는 모두 11편이며, 이 가운데 「봄날 담연재에서 읊다春日澹齋雜詩」 7수와 「이벽의 죽음」 「가을날 고향 생각秋日書懷」 등 3편은 『다산시정선』 상권에 실려 있다. 이들 시 가운데 「가을날 고향 생각」은 과거 공부로 바쁘게 지내다 추석 명절 때도 고향 소내로 가지 못한 안타까움을 읊은 시라 하겠다.

8. 과거와 신앙 사이에서 방황하다

정조 10년(1786) 병오년에 사암은 나이 25세로 2월 4일 별시문과 초시에 또 합격했다. 이제까지 초시에 세번이나 합격했지만 회시에 합격하지 못했다. 이때 회시에 합격하지 못하고 고향 소내로 내려갔다 서울로 돌아왔으며, 여름 4월에는 아내 홍씨와 아들 학연을 데리고 다시 소내로 갔다. 소내에서 초여름을 지내다가 5월 12일쯤 동궁東宮이 돌아가셨다는 소식을 듣고 바로 서울로 돌아왔다.

서울로 돌아온 5월 30일 태학 유생인 사암은 태학생들과 문효세자文孝世子 훙서薨逝의 책임을 의약醫藥 담당자에게 추궁하라는 상소를 올렸으나 정조 임금이 이를 받아들이지 않았다. 이에 6월 21일 의약 책임자 처벌을 요청하는 상소를 다시 올렸으나 또 받아들여지지 않자 성균관 유생들은 권당捲堂에 들어가기도 했다. 윤7월 19일에는 이 문효세자의 장례가 효창묘孝昌墓에서 치러졌다. 이 효창묘는 오늘날엔 효창공원이 되었다.

가을 7월 29일 둘째 아들 학유學游가 태어났다. 어릴 때 이름은 문장文牂이고 자는 치구穉求이다.

8월 6일 정조가 춘당대에 몸소 다다라 치른 도기到記에서 제술 전강殿講에 합격해 2분分을 받고 문과 초시에 합격했으나 전시殿試에 나아가지 못했다. 이때 정조 임금은 "네가 지은 바는 숙종 임금 때 여러 사람의 문체와 비슷하고 요즈음 세속 문체에 떨어지지 않아 귀중하다고 할 수 있다. 다만 급제함이 늦다고 초조해하지 말고 성실하게 모름지기 습속을 따르지도 말고 보통 사람과 다름을 드러내지 말도록 해라."라고 했으며, 이때 합격자의 석차가 임금의 뜻과 달랐음을 아까워하는 듯했다. 어쨌든 문과에 급제하지 못했기 때문에 의기가 꺾이고 좌절하여 "정미년 (1787) 이후 4, 5년 동안 자못 서교에 마음을 기울였다."고 「자찬묘지명」 광중본에 썼다.

12월에는 성정각誠正閣에서 치러진 주명奏銘 시험에 나아갔으나 합격하지 못했고, 이 무렵 채제공을 다시 임명하라는 정조의 명령이 내려졌다.

사암은 25세 때 가을 이후부터 뜻을 잃고 이듬해부터 천주교 신앙과 과거 시험 사이에서 방황하게 된다. 사암이 이해에 지은 시는 모두 9편으로 다른 해에 비해 대단히 적은 편이다. 아마 과거 공부에 바쁘기도 했거니와 문과에 급제하지 못해 기운이 꺾였기 때문일 것이다. 『다산시정선』에도 이 25세 때 지은 시는 한편도 실려 있지 않다.

9. 문암 농장을 장만하다

정조 11년(1787)인 정미년에는 사암의 나이도 어느덧 26세가 되었다. 이해 1월에 장인 홍화보가 강계江界에서 서울로 돌아왔으나 처음에는 살 집을 정하지 못했다. 예전에 살았던 회현방 담연재에는 이때 사위인 사암이 살고 있었기 때문이다.

사암은 1월 26일 성균관 반제에 합격해 『팔자백선八子百選』을 상으로 받았으며, 3월 14일 반제 전箋 시험에서 수석을 차지하고 잠箴 시험에는 차석을 차지해 『국조보감國朝寶鑑』을 상으로 받고 밤에 희정당에 들어가 정조 임금을 알현하고 모셨다.

여름 4월 13일에는 아버지 정재원을 모시고 소내로 가다가 당정촌唐汀村에서 묵고 4월 14일 소내에 이르러 4월 15일에는 큰형수의 제사에 참여했다. 소내에 있으면서 둘째 형 정약전과 함께 양평군 서종면 북한강가에 있는 오늘날의 무너미인 문암장門巖莊·門崦莊에 가서 농장을 사서 마련했다. 이 문암의 농장은 벽계檗溪의 남쪽에 있고, 벽계는 미원薇

源의 남쪽에 있다고 사암이 주석을 달아놓았다. 이 '미원'은 「대동여지
도大東輿地圖」에는 '미원迷原'으로 기록되어 있으며, 옛날 고을로 조창이
있었고, 양평 용문산 뒤쪽에 있었다. 이 '문암'은 벽계가 북한강으로 들
어가는 오늘날의 양평군 서종면 문호리인 것이다. 소내에서 배를 타고
양수리에서 북한강 쪽으로 들어 한참 올라가다가 오른편에 있어 소내
에서 배를 타고 오가기에 매우 편리한 곳이다.

4월 25일 아버지 정재원이 종6품인 사도시司䆃寺 주부主簿에 임명되었
다가 곧이어 종4품인 한성부漢城府 서윤庶尹으로 승진했는데, 아마도 채
제공이 다시 등용되면서 남인들도 관직에 임명된 것인 듯싶다. 5월에
정재원이 소룡동에 집을 마련해 이제부터 사암이 아버지를 모시고 살
게 되어 담연재에서 소룡동으로 이사했다.

가을 8월 21일 태학 동재에서 왕의 명령에 따라 표문을 올려 반제에
합격하고, 8월 23일 소룡동 집에서 명령에 따라 표문을 올려 또 반제에
뽑혔으며, 이에 따라 8월 24일 중희당에 들어가 정조 임금을 알현하고
『병학통兵學通』을 은밀히 전해 받았다. 이때 영동 지방에서 김동철金東喆
이 반역한 옥사獄事가 있었는데, 정조가 "다른 날 이런 역모 사건이 또
일어나면 장수의 재능이 있는 네가 군사를 일으켜 싸우러 갈 수 있다."
면서 내려준 병서인 것이다.

정조는 이 무렵부터 친위대인 장용영壯勇營을 설치해 사암을 무신武臣
으로 키워낼 생각도 한 듯하다. 사암도 이 낌새를 알아채고 낙향할 생각
도 해본 듯싶다.

10. 정미반회에 참석하다

9월에는 문암 농장에 추수를 하러 갔다가 10월 초에 서울로 돌아오고, 12월에는 천주교 모임인 정미반회丁未泮會에 이승훈 등과 참석했다. 또 이달에 반제에 집에서 표문을 지어 올려 삼하三下의 낮은 등수로 뽑혔다. 이 무렵부터 문과에 급제할 희망이 옅어지자 과거 공부를 소홀히 하여「자찬묘지명」광중본에 썼듯이 4, 5년 동안 천주교 집회에 적극 참여하지 않았을까 여겨진다.

이 정조 11년(1787) 26세의 사암이 지은 시는 모두 11편인데, 이 가운데「광희문光熙門」이란 시는 곧 원제가「동성음東城吟」인데, 이 한편만 『다산시정선』상권에 실려 있다. 이 시에서 우리는 사암이 얼마큼 실의에 빠져 있었는지를 엿볼 수 있을 것이다.

정조 12년(1788)인 무신년에 27세가 된 사암은 1월 7일 성균관 인일제人日製 시험에 둘째로 뽑혀 희정당에 들어가 정조 임금을 뵈었다. 이때 홍낙안洪樂安(1752~?)이 인일제 대책문對策文에 사암 등이 참석한 정미반회의 천주교 신앙 문제를 폭로했으나 그럼에도 불구하고 사암을 차석으로 합격시킨 것이다.

1월 21일에는 사암의 장인 홍화보가 함경북도 병마절도사에 임명되고, 2월 11일에는 채제공이 우의정에 임명되었으며, 사암은 3월 7일 반제에 수석을 차지해 곧장 회시에 나아갈 수 있게 되었다. 3월 8일에는 성정각에 나아가 정조 임금을 뵈었는데, 승지 홍인호가 사암을 자신의 당숙 홍화보의 사위라고 아뢰었다.

늦가을인 9월에 문암 농장에 추수하러 갔다가 여기서 계산雞山으로 가

서 이승훈을 만나고, 남일원南一源에서 배를 타고 문암으로 돌아왔다. 이
때는 사암도 천주교를 믿을 때라 천주교 신앙 문제를 의논했을 듯하다.

문암 농장에서 추수를 마치고 서울로 돌아온 사암은 겨울 12월에 순
백純百 권영석權永錫의 수정水亭인 마포 만어정晚漁亭에서 사륙문을 공부
하고 그에게 「만어정기晚漁亭記」를 지어 주기도 했다.

정조 12년(1788) 무신년에 27세의 사암이 지은 시는 모두 11편이지만
『다산시정선』에 실린 시는 한편도 없는데, 아마도 사암의 시심詩心이 깊
이 가라앉고 솟아오르지 않았던 듯싶다.

제2부
문과에 갑과로 급제하다

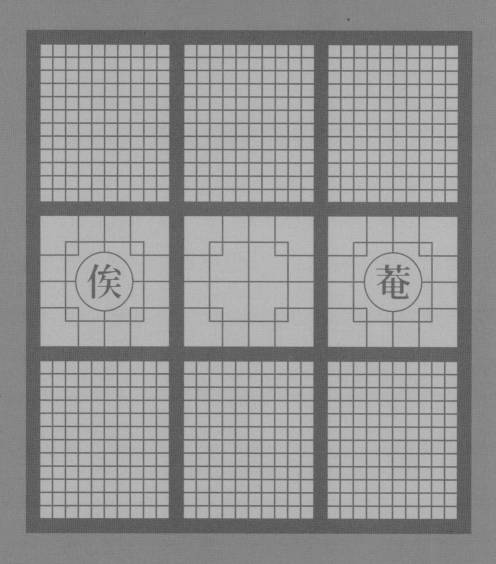

제1장

식년문과에 갑과로 급제하다

1. 종7품 희릉 직장에 임명되다

사암 정약용은 정조 13년(1789) 기유년에 28세에 이르렀다. 사암은
1월 8일 성균관에서 보는 시험 반제泮製 인일제人日製에 표문表文으로써
수석을 차지해 창덕궁 희정당熙政堂에서 정조 임금을 뵈었다. 이때 정조
가 앞으로 나오라고 해서 사암이 임금 앞으로 나아가자, 정조는 한참 동
안이나 아무 말이 없다가 느닷없이 사암에게 물었다.

"너는 문과 초시에 몇번이나 합격했느냐?"

사암이 대답했다.

"초시에 합격한 것이 네번이옵니다."

정조 임금은 한동안 아무 말이 없다가 또 말했다.

"네차례나 초시에 합격하고도 아직 급제하지 못했으니, 언제 어떻게
급제할 수 있겠느냐!"

하고는 물러가라고 했다.

아마도 사암이 오랫동안 문과에 급제하지 못함을 딱하고 걱정스럽게

여겨서 한 말인 듯했다.

사암은 1월 26일에 치른 제술 시험에 수석을 차지했다. 이날 수석을 차지한 사암과 이 시험에 합격한 태학 유생이 모두 희정당에서 정조 임금을 뵈었는데, 정약용이 나아가 엎디어 성명을 아뢰자 정조 임금이 말했다.

"네 나이가 금년에 몇 살이냐?"

사암이 대답했다.

"28세입니다."

라고 아뢰자 지어낸 표문을 외우라고 명했다.

이와 같이 성균관 인일제와 제술에서 수석을 차지해 3월 10일에 치른 식년문과 전시에 갑과 제2인으로 급제했다. 이때 장원狀元으로 급제한 이는 서영보徐榮輔(1759~1816)이고, 이 시험의 고관考官은 우의정 김익金熤(1723~90)이었다. 이 급제 기록은 『국조방목國朝榜目』에 실려 있는 기록을 바탕으로 했으며, 여기서 '狀元'이라고 쓴 것은, 사암이 저서 『아언각비雅言覺非』에서 우리가 지금 쓰고 있는 '壯元'이란 말은 '狀元'을 잘못 쓴 것이라고 한 데 따른 것이다.

사암은 이와 같이 식년문과에 갑과로 급제했기 때문에 3월 11일 탐화랑探花郞의 관례에 따라 2품이나 오른 종7품관 희릉 직장直長에 임명되었다. 전에 사암의 아버지도 이 희릉 참봉에 임명되기도 했었다.

2. 초계문신에 뽑히다

3월 20일에는 대신들의 품의로 서영보 등과 함께 초계문신抄啓文臣에 뽑혀 규장각奎章閣에서 달마다 과제에 답변을 올리면서 영화로운 벼슬살이를 시작하게 되었다. 이때 이기경·김이교金履喬(1764~1832) 등도 같이 초계문신으로 뽑혔다.

4월 1일에는 아버지 정재원이 종3품으로 승진해 울산부사蔚山府使에 임명되어 며칠 뒤에 아버지를 모시고 소내로 내려갔다. 소내에서 아버지의 부임 준비를 차려가지고 출발해 원주 법천에 살고 있는 족부 정범조丁範祖(1723~1801)를 찾아보고, 충주 하담 선영에 가서 참배했다. 부사로 승진해 부임하는 길이었던 아버지와 함께 사암은 문과에 급제해 초계문신에 뽑힌 영광을 할아버지 무덤에 아뢰러 간 것이다. 사암은 어머니 무덤에도 문과에 급제한 영광을 고했을 것이다. 선영에 절하고, 4월 9일쯤에 충주 금탄金灘에서 아버지는 울산으로 떠나고 아들인 자신은 가흥嘉興에 와서 자고 다시 서울로 돌아왔다.

충주 하담 선영에 참배하고 서울로 돌아온 뒤 4월 11일경에 탐화연探花宴에 참석했는데, 4월 16일쯤부터 정조 임금이 희정당에서 초계문신에게 『대학大學』을 강강하게 했다. 이때 강의에 참여한 사암이 집에 돌아와 기록한 것이 『희정당 대학강의熙政堂大學講義』 1권이다.

5월 4일에 희릉 직장으로 부임했는데 곧 임금의 특별명령으로 종7품인 용양위龍驤衛 부사정副司正으로 벼슬이 옮겨졌으나 이날 밤에는 희릉에서 재숙齋宿하고, 5월 5일에 승정원承政院 가주서假注書에 임명되었다. 『사암선생연보』에서는 6월에 승정원 가주서에 임명되었다고 했으나 이는 『승정원일기承政院日記』가 오히려 더 정확할 듯하다. 왜냐하면, 사암은 이미 5월 6일에 승정원 가주서로 성정각의 주강晝講에 임금을 모시고 『대학』 1장을 강했으며, 5월 7일에는 춘당대에서 치러진 무신들의 활쏘기 시험에 정조 임금을 모셨고, 5월 10일에는 임금을 모시고 문희묘文禧廟에 가서 11일에 임금이 제사를 지낼 때도 모시고 있었다. 5월 12일에는 이기경이 대신 가주서에 임명되었으며, 윤5월 16일에는 사암이 사변가주서事變假注書로 임명되었다. 윤5월 19일에는 병이 나서 정필조鄭弼祚(1739~?)로 교체되었다.

윤5월 22일경에는 사암이 초계문신으로 내각內閣에서 시험을 볼 때 역사지리歷史地理에 대한 문답인 「지리책地理策」을 올려 수위를 차지했다. 뒤에 사암은 역사지리서를 편찬해야 한다고 이 「지리책」에서 제기한 주장을 실제로 실천해 귀양지 강진에서 『아방강역고』란 저서를 저술하기도 했다.

3. 산림 이진동을 구원하다

가을 8월에 휴가를 얻어 울산부사로 있는 아버지를 뵙고자 서울에서 떠나 남한산성 부근에서 묵고, 장호원長湖院을 거쳐 새재인 조령을 넘어 비안比安·군위軍威·신녕新寧·영천永川을 거쳐 경주에 이르러 묵고 나서, 8월 15일쯤 울산에 이르러 근친하고 추석을 지냈을 것이다. 추석 명절을 보내고 나서 아버지를 모시고 경주에 이르러 경주부윤慶州府尹 임제원林濟遠(1737~?)이 새로 지은 취벽루翠碧樓에서 밤에 잔치를 했다. 이 누각은 포석정鮑石亭에서 멀지 않은 곳에 있었을 것이다. 8월 17일쯤에는 아버지를 모시고 영천 호연정浩然亭을 방문하고 나서 은해사銀海寺를 관광하고 아버지 정재원은 울산 임소로 가고, 사암은 의흥義興·의성義城을 지나 안동安東에 이르러 영호루暎湖樓에 올라 안동을 바라보았다.

이 무렵 내려진 내각 공문에 따라 서울로 돌아오면서 안동을 지난 것인데, 한 고을 수령이 상소의 일로 자신의 미움을 산 산림山林 이진동李鎭東이란 사람을 다른 일로 트집을 잡아 모함해 바야흐로 붙잡아 죽이려 하는 일이 있었다. 그 때문에 이진동은 닭실 권씨의 집에 숨었는데 그를 체포하려는 자들이 새재와 죽령竹嶺에 매복해 있어 사사로이 그곳들을 넘을 수 없었기에 가까운 친구들이 그 위태로운 정경을 사암에게 알린 것이다. 사암은 사태가 위급하기에 비록 내각에 죄를 짓는 한이 있어도 그를 구원해주지 않을 수 없었기 때문에 어슬녘에 말에 올라 120리를 달려 날이 밝을 무렵 영주榮州에 이르렀다. 또 길을 50리나 돌아 호평虎坪의 좌랑 김한동金翰東(1740~1811) 집에 이르러 이진동이 청암정靑巖亭에 숨어 있음을 알아내고 마침내 그를 데리고 죽령을 넘어 단양丹陽에 이른 후 오엽吳㻿이 운암장雲巖莊에 있음을 듣고 드디어 이진동을 여기 머무르게 하여 재앙을 모면하게 했다. 사암은 이 와중에도 영주 줄파茁坡의 족부 진사 정협조丁協祖(1734~1819)와 처사 정재종丁載鍾(1741~99)을 산집으로 찾아뵈었다.

산장山長 이진동을 운암장에 무사히 피신시키고 나서 청풍淸風 한벽루寒碧樓에 올랐다가 광주廣州 경안역慶安驛을 거쳐 서울로 돌아왔다. 경안역은 소내에서 멀지 않으나 이때 소내에 들를 시간이 없어 큰형 정약현에게 편지만 보냈다.

4. 한강 배다리를 설계하다

서울에 돌아온 사암은 9월 하순에 한강에 배다리舟橋를 설치하는 계획에 참여해 그 설치를 성공시켰으며, 이는 관료로 맡은 일을 잘 수행한 첫번째 업적인 셈이다. 10월 5일 배봉산拜峰山에 있던 정조의 아버지 사도세자의 묘인 영우원永祐園을 화성華城 현륭원顯隆園으로 옮기는 상여가 화성으로 출발했다. 10월 7일 화성 현륭원에 사도세자가 안장되었으며, 사암은 이때 개장改葬 행렬에 참여해「현륭원 개장만사顯隆園改葬輓詞」를 지었다. 10월 9일 정조의 행차를 따라 서울로 돌아왔다.

11월 7일에 족부인 해좌海左 정범조가 이조참의에 임명되었다. 정범조는 사암의 아버지 정재원이 울산부사로 부임하러 갈 때 부자가 같이 원주 법천으로 가서 방문한 분으로 예문관藝文館 제학提學에 오른 뛰어난 문인이다. 사암이 때때로 찾아뵙고 장시長詩를 써서 바치기도 했으며, 해좌는 뒷날 채제공의 비문碑文을 지었다.

사암은 11월 23일에는 희정당의 초계문신 친시親試에 패사소품稗史小品의 문체를 배격하는「문체책文體策」을 지어 바쳤는데, 이는 정조의 문체반정책文體反正策과 일정한 관련이 있는 대책인 듯하다. 『다산논설선집』은 앞서 말한「지리책」은「지리서의 편찬」이란 제목으로,「문체책」은「문체개혁책」이란 제목으로 중요한 곳을 가려 뽑아 번역하여 실었고 원문도 아울러 실어놓았다. 사암은 11월 29일 희정당에서 실시한 친시에 제2인으로 뽑혀 표범가죽옷 한벌을 상으로 받고, 또 12월 20일 이전 규장각에서 숙직할 때 음식을 하사받기도 하며, 임금 정조의 지우知遇를 받았다.

이 기유년(1789) 연말경인 12월 25일 셋째 아들 구장懼㦂이 태어났으나 정조 15년(1791) 3세로 요절했다.

사암은 28세인 정조 13년(1789) 식년문과에 갑과로 급제하여 초계문신에 뽑히고, 아버지 정재원도 울산부사로 임명되는 등 겹경사를 맞이하며 그 날개를 펼쳐 날기 시작했다. 이 기유년에는 모두 35편의 시를 짓고, 2편의 책문策文을 지었다. 35편의 시 가운데 「새재를 넘으며踰鳥嶺」
「안동 영호루登安東暎湖樓」「단양에서丹陽絶句 五首」 등 3편은 『다산시정
선』 상권에 그 번역시와 원문이 실려 있다. 이해에 문과에 급제하고 초
계문신이 되는 바람에 사암은 다시 시심詩心이 솟아오르기 시작하고, 또
관각시館閣詩도 짓기 시작한다.

5. 한림을 사직하는 상소를 올리고 해미로 유배를 가다

사암은 29세가 되는 정조 14년(1790) 초계문신으로 있었는데, 2월
14일 김이교·심능적沈能迪(1761~?)·윤광안尹光顔(1757~1815) 등의 초계
문신과 함께 의금부義禁府에 갇혔다가 석방되었다. 2월 24일 정조 임금
을 수행하여 공자를 모신 문묘에 참배하고 나서 춘당대에서 치러진 알
성문과에 참관했다. 이때 고시관은 좌의정 채제공으로 갑과 1명, 을
과 1명, 병과 2명이 급제했는데, 사암의 죽란시사 친구인 윤지눌尹持訥
(1762~1815)과 이중련李重蓮(1765~?)이 이 알성문과에 병과로 급제했다.

사암은 2월 26일에는 규장각 초계문신 친시에 나아가 「인재책人才策」
을 짓고 한림翰林 후보자에 올랐다. 또 2월 29일에는 희정당에서 한림 소
시翰林召試에 합격해 김이교와 함께 한림에 뽑혔다. 이날 곧바로 예문관
검열檢閱에 홀로 임명되어 예문관에서 숙직을 했다.

이 2월 29일 예문관에서 숙직하면서 첫번째 「한림을 사직하는 상소
辭翰林疏」를 올렸다. 이 예문관 검열, 곧 한림은 조정에서 누구나 하고 싶
어서 탐내는 청선직淸選職인데, 아마 이때 정조 임금이 특별히 총애해
찍어 임명한 듯하다. 이에 따라 사암은 한림원에서 숙직하면서, 자신을

의금부에서 조사하라는 사헌부의 탄핵이 있자 첫번째 상소를 올린 것이다. 상소를 올리고 예문관에서 집으로 돌아가자 승정원에서 "검열 정약용은 소장을 올리고 곧바로 나갔습니다. 원래는 상소가 비록 물리쳐졌더라도, 금추禁推하라는 명령이 내리기 전에는 나갈 수 없는데 나가 버렸으니 어떻게 처리해야 할까를 여쭙니다."고 아뢰자 정조 임금은 "우선 금추하여 공초供招를 받으라."고 명령했다.

사암은 이와 같이 첫번째 사직하는 상소를 올렸어도 면직되지 않았기에 예문관에 나가지 않고 또 두번째 상소를 올리게 된다. 두번째 상소에서 "엎드려 바라옵건대, 임금님께서 굽어살피시어 신하가 띠고 있는 검열의 직함을 빨리 거두어들이어 나라 공기公器를 무겁게 하시고, 잇따라 신하의 오만한 죄를 다스려 나라의 법률 기강을 밝히십시오." 했으나 정조 임금은 "새로 벼슬에 오른 소관이 사정私情이라 일컫고 궁궐 밖에 머문 것이 이미 여러날이 되었으니, 어찌 이러한 기강이 있겠느냐? 거조가 대단히 무엄하니 검열 정약용을 충청도 바닷가로 유배를 보내라."고 명령했다. 그러나 유배를 보내면서도 한림 벼슬에서 해임하지는 않았던 듯싶다.

이때 사헌부에서 사암을 탄핵한 구실은 "갑과에 급제해 사사로운 정으로 한림 권점圈點에 올랐기 때문에 격식에 맞지 않는다."는 것이었다. 그러나 문과에 갑과로 급제하는 경우 본디 한림 권점이 없어도 예문관 검열에 임명될 수 있는 것이다. 따라서 사헌부의 탄핵 자체가 잘못인 것이다. 또 예문관 검열은 정9품 직책인데, 정7품에 올랐던 사암을 두 품계나 낮추어 임명한 것도 그 까닭을 알 수 없는 것이다.

어떻든 이런 우여곡절을 겪으며 사암은 3월 10일 충청도 해미海美로 생애 첫번째 유배를 떠나게 되어 오후 늦게 서울에서 귀양길에 올라 동작나루를 건너고, 3월 11일엔 수원水原에서 잔 뒤, 또 이튿날 수원과 해미 중간쯤에서 묵고 3월 13일 유배지 해미에 이른다. 형식은 유배라 해도 한림 벼슬이 유지된 상태라 유배지인 해미에 있는 정승 남구만南九萬 (1629~1711)의 사당祠堂에 참배하고, 또 태안군수泰安郡守 유회柳誨(1739~?) 와 개심사開心寺를 유람하고 절에서 하룻밤을 자기도 했다. 3월 19일에 귀양을 푼다는 명령이 내려 사암은 3월 22일 귀양지 해미를 떠나 덕산德山에 이르러 호방한 성품의 덕산현감 정후조鄭厚祚와 술 한잔 마시고, 온양溫陽에 이르렀다.

6. 사도세자의 유적을 정비하다

다음에 서술하는 사실은 온양온천에서 있었던 일로『사암선생연보』에 기술된 것을 정리해놓은 것이다.

사암은 이때 몸에 난 옴을 씻으려고 온천탕에 들렀는데, 온천탕 사람들을 불러 영조 36년(1760) 경진년에 사도세자(莊獻世子)가 온양온천에 왔을 때의 일을 물으니, 한 노인이 그때 있었던 일을 자세히 말했다.

"그때 동궁께서 행궁行宮에서 묵으셨는데, 동궁을 호위하던 금군禁軍의 말들이 백성의 수박밭을 짓밟아 수박이 깨어지고 덩굴이 뽑혀 남은 것이 없었습니다. 동궁께서 그 상황을 들으시고는 피해를 입은 수박값이 얼마인지 묻고, 즉시 넉넉히 변상해주도록 하셨습니다. 그러고 나서 그 수박을 금군에게 나누어주니, 백성들은 가난을 모면하고 금군들은 갈증을 해소할 수 있어 기뻐하는 소리가 우레와 같아 부로父老들도 감탄해 마지않았습니다."

동궁이 온천의 서쪽 담장 아래에서 과녁에 활을 쏘아 다섯발을 맞히고는 '기분이 상쾌하구나!'라 하면서, 그 땅을 골라 다듬어 단壇을 만들게 하고 홰나무 한그루를 손수 심었는데, 그때까지 살아 있었다. 그러나 우뚝 치솟다가 옹이가 맺혀 높이가 몇길밖에 자라지 않았고, 오이덩굴과 칡덩굴이 가지와 줄기에 얽히고, 기와조각·똥덩이 등 오물이 쌓여 있었다.

사암이 분개하여 말했다.

"이와 같이 된 것은 너희들이 잘못한 것이다. 동궁께서 손수 심으신 나무요, 친히 명령해 쌓은 단인데, 어찌 이처럼 더럽힐 수 있단 말인가?"

온천 사람이 말했다.

"그때 동궁께서 가시고 나서 저희들이 군수에게 아뢰어 단을 쌓도록 요청했으나 관아에서 꾸짖고 물리치는 바람에 저희들도 어찌할 수 없었습니다."

사암이 말했다.

"돌을 주워다 둘레에 쌓아놓고 풀을 뽑아 나무가 잘 자라도록 하는 일을 누가 못하게 하겠느냐? 내가 돌아간 뒤에 네가 그 일을 하도록 하라."

이 뒤에 온천탕 사람들이 관아에 호소하면서, 정한림丁翰林이 이곳을 지나다가 홰나무와 단이 황폐해져 있는 죄를 꾸짖었다는 말을 했다고 한다. 이에 따라 관아에서 쌀 2석石을 주어 단을 쌓고 풀을 뽑게 했다.

이런 일이 있은 뒤에 충청 관찰사와 온양 군수가 홰나무와 단의 일을 아뢰자, 정조 임금이 비碑를 세우고 사적事蹟을 기록하게 했다.

사암은 귀양살이가 풀려 돌아오던 길에 온양온천에서 사도세자의 유적을 잘 보존하게 하는 등 귀양 아닌 귀양 때도 9편의 시를 짓고, 「해미

남상국사당기海美南相國祠堂記」 1편을 지었다. 이 「해미남상국사당기」는
『다산문학선집』에 번역문과 원문이 실려 있다.

7. 풍자시의 걸작을 짓다

3월 10일 해미로 귀양을 갔다가 보름 남짓 귀양을 살고 3월 25일쯤 돌
아온 사암은 5월 3일 김이교와 더불어 예문관 검열에 환부還付되었기에
한림을 사직하는 상소를 세번째로 올리고, 패초牌招되어도 나아가지 않
았는데, 윤행임尹行恁(1762~1801)이 이를 아뢰자 임금이 체포하라고 명령
했다. 5월 5일에 품계가 종6품으로 오르고 용양위 부사과副司果에 임명
되었고, 6월 초순에는 동방同榜 급제한 윤지눌이 상원군수祥原郡守로 나
가기에 전송하는 시를 지어 보냈다.

6월 10일경에는 아버지 정재원의 회갑잔치를 서울에서 열었다. 이
때 아버지는 울산에서 올라왔다. 6월 하순쯤에 장맛비로 신광하申光河
(1729~96)의 오두막이 무너졌다는 소식을 듣고 풍자시 「신광하의 집이
무너졌다네破屋歎 爲白澤申佐郎作」를 지었다. 사암의 이 시는 채제공이 평
론하기를, "내가 듣기로 백택白澤 신광하의 부서진 집은 한푼어치도 안
된다고 했는데, 웬일로 이와 같이 수많은 구슬을 얻었는가! 백택은 장
사를 잘했다고 할 만하다."라고 한 시로, 진택震澤 신광하는 석북石北 신
광수申光洙(1712~75)의 아우로 형제가 나란히 뛰어난 시인이었다.

이 신광하가 유람하기를 좋아해 1789년 백두산白頭山을 유람할 때 사
암은 전송하는 글을 지어주었고, 1796년 그가 사망하자 만사를 지었다.
2권으로 간행된 임형택林熒澤 교수의 『이조시대 서사시』(초판, 창작과비평

사 1992; 개정판, 창비 2013)에는 「모녀편毛女篇」을 비롯해 신광하의 서사시 6편이 실려 있다.

사암의 풍자시 「신광하의 집이 무너졌다네」는 사암 시의 걸작으로 『다산시정선』 상권에 실려 있는 전편을 원문과 아울러 그대로 옮겨놓는다.

신광하의 집이 무너졌다네

서울에 허물어진 집 모두 몇채나 되나
선생의 집 허물어진 건 축하할 만도 해.
선생은 주린 듯 목마른 듯 시짓기를 좋아해
가난과 궁함도 모두가 시 소재였네.
시상이 더러 막힐 땐 광기가 나서
온 사방의 산천을 헤매었다네.
지난해엔 묘향산에서 돌아와서는
쓸쓸한 오두막에 곤궁하게 살았었다오.
우주를 둘러보며 한번 껄껄 웃어대니
불우함을 시름한다 시쳇사람 착각했네.
양웅揚雄과 한유韓愈의 가난 쫓는 시와 문장
예로부터 문장가란 춥고 굶주렸다오.
정건鄭虔은 북두칠성 비치는 구멍도 막지 못하고
두어간의 집에서 의젓하게 살았다오.
저녁엔 들어와 쉬고 아침이면 나가 놀며
집안의 잡다한 일 모두 내버려두었지.

터진 담도 수리하지 않고 서까래는 들쭉날쭉
굶주려 곤히 잠든 종 그 누가 다그치랴.
방안의 거문고 서책 갑자기 비에 젖어
낙숫물과 고인 물에 소리 울려 퍼지더라.
일만섬의 은하수 곧바로 내리쏟더니
밤새도록 위세를 떨치다가 갑자기 뚝 끊겼네.
처음에는 이 빠지듯 주춧돌이 밀리더니
아뿔싸 기둥 부러져 기우뚱 쓰러졌네.
언제 전에 해마다 이엉으로 지붕 이은 적 있나
날마다 장시 짓는 일엔 게으르지 않았다네.
요강이며 세숫대로 새는 빗물 받다보니
가래침 뱉을 그릇도 남는 게 없어라.
떨어지는 온갖 빗소리 들을 만하고
큰 구슬 작은 구슬 옥밭에 뿌려지네.
거문고 젓대 아니어도 음률에 들어맞아
기묘한 흥취 세속 사람에겐 알리기 어렵도다.
함께 앉은 늙은 아내 억지로 웃음짓고
쌀독 비었으니 절구질 키질하라 귀찮게 재촉 않네.
처마물에 씻은 그릇 어찌나 깨끗한지
작은 텃밭 어린 아욱 손 가는 대로 베어다가
서문 장터 파는 나무 귀하기가 계수나무라
문빗장을 부러뜨려 마른 풀로 불을 지펴
즐겁게 한번 배불리고 누워서 하늘 보니
온갖 별들이 맷돌 위의 개미처럼 돌아가네.

붉고 푸른 이끼를 좌우로 둘러보며

물로 둘러싸인 중간에서 누웠다네.

벽돌로 된 가리개로 붉은 비단 찾을쏘냐

지지고 구운 고기로 쌀 바꾸길 원치 않네.

우화虞龢가 이불 펴서 책을 덮은 건 비록 기쁘게 받들 만하나

사마상여司馬相如의 텅 빈 방안 본래 무슨 죄인가.

고루할사 용문의 태사 지낸 사마천司馬遷은

무슨 괴로움으로 붓을 적셔 화식전貨殖傳을 지었는가.

대부 깃발 털장막은 참으로 얻기 어렵고

안일하면 정교한 구상 게을러질까 두렵네.

도를 넉넉히 씹어 삼키면 모든 혈맥 되살아나니

흙바닥에 살아가도 미친 병에 걸릴 걱정 없구나.

올곧은 큰 선비 진가를 발휘하여

읊조리는 그대로 갈고 새긴 흔적 없다네.

破屋歎 爲白澤申佐郎作

城中破屋凡幾箇, 先生破屋而可賀.

先生嗜詩如饑渴, 家貧道窮皆詩佐.

詩或鬱轖欲發狂, 雲山處處天荒破.

去年身自妙香歸, 茅棟蕭然自困坷.

俯昂宇宙一大笑, 時人錯料愁轗軻.

揚雄逐貧愈送窮, 自古文章有寒餓.

廣文七星竅未塞, 有屋數間寄阿那.

暮入而息朝出游, 室中百務皆延扡.

垣缺不補椽如牙, 飢僕長眠誰督過.

忽驚屋裏琴書濕, 簷溜葉滴鳴相和.

直瀉銀河萬斛水, 終夜震凌勢頓挫.

初來潰礎觖如齭, 不虞折柱屈如姕.

何曾束茨年年覆, 無賴長篇日日課.

溲杯盥枰勤承漏, 更無餘物供咳唾.

嘈嘈昕昕聲可聽, 大珠小球瑤田播.

非絲非竹似中律, 妙趣難從熱客譣.

老妻并坐強解顏, 罌空不煩催舂簸.

盆溜滌器何淨潔, 小圃新葵隨手剉.

白門市上薪如桂, 剡移折爨兼枯莝.

歡然一飽臥看天, 二十八宿旋蟻磨.

紫蘚蒼苔左右看, 三江七澤中間臥.

休將甌甀問紫絲, 不願胜褓換黃穇.

虞龢舒被雖自欣, 相如壁立原何坐.

陋哉龍門太史遷, 何苦濡毫傳殖貨.

曲旃紋罽誠難得, 却恐安佚匠心惰.

道腴咀嚼蘇六脈, 不愁土處成癲癉.

颯颯大雅發眞機, 一唱天然去彫磋. (1790)

8. 중형 정약전도 문과에 급제하다

사암은 해미로 귀양살이를 다녀오고, 아버지의 회갑잔치를 여는 등 바쁘게 지내다가 7월 11일 정6품인 사간원 정언正言에 임명되었다가 각과閣課로 말미암아 7월 19일 체직遞職을 허락받고 부사과로 옮겼다. 이 무렵 「농책農策」을 올리고, 7월 20일 이후에 울산부사인 아버지에게 근친하러 울산에 다녀왔다.

울산에 근친하러 갔다가 돌아온 뒤 8월 6일 춘당대에서 실시된 칠석제七夕製에 대독관對讀官으로 참여하고, 8월 15일 참시관參試官으로 중회당에서 왕을 모셨으며, 8월 16일 문무과가 실시되고, 8월 28일 희정당에서 초계문신 친시가 시행될 때 사암도 여기에 나아갔다고 여겨진다.

9월 6일 사암은 정6품 사간원 정언에 다시 임명되어 잡과雜科 감대監臺에 나아가게 되자 이를 사양하면서 「사간원 정언을 사직하며 아울러 과거 폐단을 논한 상소辭正言兼陳科弊疏」를 올렸다.

9월 10일 정5품 사헌부 지평持平과 무과 감대에 임명된 뒤 역시 이를 사양하면서 「사헌부 지평을 사직하며 아울러 과거 폐단을 논한 상소辭持平兼陳科弊疏」를 올렸다.

사헌부 지평으로 훈련원의 무과를 감찰할 때 먼 지방에서 온 무사武士들이 재기才技가 뛰어나 이미 높은 등수에 들었으나 참시관들이 이들에게 『삼략三略』을 강講하게 하고 꾀를 써서 교묘한 질문을 하여 마침내 이들을 떨어뜨리고, 오직 서울의 장신가將臣家 자제들만이 강에 응하여 무과를 독점하는 그릇된 예가 이미 이루어지고 있음을 보고, 여러차례 바로잡을 것을 얘기했으나 받아들여지지 않았다. 이에 부리府吏를 불러

급히 상소할 종이를 가져오게 했다. 이에 주시관主試官이 깜짝 놀라 "상소 종이는 무엇에 쓰려고 하오?"라 하자 사암이 말했다.

"내가 막 병이 났는데, 더러 나라 일에 보탬이 있는 일을 한다면 병을 참으면서 일을 함이 옳을 것입니다. 그러나 지금 시험관이 사정私情을 따르고 있는데도 감찰하여 멈추게 하지 못하고, 과거에 응시한 사람들이 원망을 품고 있는데도 그 원망을 풀어줄 수 없으니, 감찰한다는 것이 무엇을 두고 한 말입니까? 이미 왕사王事에 보탬이 없음을 알았으니, 나의 병이나 요양하는 것이 차라리 낫지 않겠습니까?"
이에 주시관이 너그럽게 용서해줄 것을 간절히 요청했다.

이렇게 해서 이때 급제한 사람 가운데 먼 지방에서 온 사람이 매우 많았다.

이는 『사암선생연보』에 기록된 일화로, 사암의 청렴함과 강직함을 보여주는 것이다. 그러나 이 주시관은 속으로 앙심을 품고 있었을 것이고, 뒤에 앙갚음할 기회를 호시탐탐 노리고 있지 않았을까 싶다.

9월 15일 증광문무과 별시 초시가 시행되고, 이때 김상집·민종현閔鍾顯(1725~98)·심환지沈煥之(1730~1802)가 1소 고관考官이 되었는데, 모든 이들이 사암에게 시험문제를 내라고 위촉했다. 고관이 모두 예부 쇄원鎖院에 연금되어 있었다. 9월 19일에는 정조 임금이 북한산성北漢山城 연융대鍊戎臺에서 군사를 사열할 때 수행했다.

9월 20일에 인정전仁政殿에서 증광문과 전시殿試가 시행됐는데, 이 전시에 사암의 둘째 형 정약전이 참여하여 9월 26일 병과로 급제했다. 이 증광문과에는 갑과 3명, 을과 7명, 병과 37명, 총 47명이 급제했으며, 진사·생원 장원 1명씩도 급제했다.

둘째 형 정약전은 이 증광문과에 급제하고 나서 울산으로 아버지 정재원에게 근친하러 가고, 사암은 축하시를 지었다.

9. 아버지가 진주목사로 승진하다

둘째 형 정약전이 증광문과에 병과로 급제하여 울산 아버지 임소로 근친하러 가는 등 사암 집안에 경사가 났는데, 11월 10일에는 아버지 정재원도 정3품인 진주목사晉州牧使로 승진하게 된다. 이렇게 경사가 이어질 때 사암도 12월 18일 초계문신 친시에서 1등을 하며 아마兒馬 1필을 상으로 받는다.

이 무렵 정조 임금이 초계문신들을 궁궐 각 관아에 숙직시키면서『논어論語』를 읽도록 하고, 날마다 두서너편씩 강하게 하여 7일 만에 끝내도록 했다. 이때 사암이 겪은 일화 한토막을『사암선생연보』에서 옮겨본다.

사암이 한밤중에 상의원尙衣院에서『논어論語』를 읽고 있었는데 문득 내각 아전이 와서 소매 속에서 종이 한장을 꺼내 보이면서 "이것이 내일 강할 장章입니다."라 하였다.

사암이 깜짝 놀라서 "어찌 이것을 강하는 사람이 미리 얻어 볼 수 있단 말이오?"라고 하자 그 각리閣吏가 "걱정하지 마십시오. 임금님이 명령하신 일입니다."라고 했다.

사암이 "비록 그렇다 하더라도『논어』전편全篇을 읽는 것이 마땅하다."라고 하며 끝내 살펴보지 아니하자 그 각리가 웃고 돌아갔다.

다음 날 경연經筵 자리에 올라『논어』를 강하는데, 임금이 각신閣臣에게 이르기를 "정아무개는 특별히 다른 장을 강하게 하도록 하라."고 했다.

사암이 강을 끝냈을 때 조금도 틀린 곳이 없었다. 정조 임금이 웃으면서 "과연 전편을 읽었구나!"라 했다.

10. 전학사顚學士로군

며칠 뒤 한밤중에 눈보라가 치고 날씨가 매우 추웠는데, 내전內殿으로부터 글을 읽는 여러 신하들에게 음식이 내려진 일이 있었다. 사암이 칠흑같이 깜깜한 밤에 상의원에서 내각으로 나아가다가 담장에 부딪쳐 얼굴에 상처가 났다. 그 이튿날 춘당대에서 임금을 뵈었는데, 임금이 사암의 얼굴에 납지蠟紙가 붙어 있는 것을 보고, "납지는 왜 붙였는가? 어젯밤에 과음해 넘어진 것이나 아닌가?"라고 하였다.

사암이 여쭈기를 "과음해서 다친 것이 아니오라 밤이 칠흑같이 깜깜해서 그랬습니다."라고 하자, 임금이 말하기를 "옛날에 취학사醉學士가 있고 전학사顚學士가 있었다는데, 과음하지 않았다면 취학사는 아닐 테니 전학사가 아니겠는가?"라고 하였다.

강서講書하기를 마치니, 임금이 "얼굴에 상처를 입고서도 오히려 글을 잘 읽었으니, 마땅히 높은 점수를 주어야 할 것이다."라고 말했다. 이런 연유로 사암은 『논어』 내용에 통달할 수 있었다.

이날 임금이 친시를 실시했는데, '내각으로 음식을 내려준 것에 감사한다'라는 내용에 견주어 전箋을 지어 바쳐 또 1등으로 뽑혔다. 임금이 "얼굴에 상처를 입었으나 오히려 가구佳句를 잘도 지었으므로 1등으로 한 것이다."라고 하였다.

그 '전'에 "잘 익은 감귤은 멀리 바다 건너 봉래에서 왔고, 옥소반의 진귀한 음식은 그대로 식전방장食前方丈이로다霜柑老橘, 逖矣從海外蓬萊. 玉盤珍羞, 居然爲食前方丈."라는 구절이 있었는데, 정조 임금이 특히 이 구절을 칭찬하며 아름다운 구절로 삼았다.

12월에 각과 친시에 합격하여 상을 받은 것이 모두 세번이나 되었다. 사암은 29세 때인 정조 14년(1790) 집안에 경사스러운 일이 많았으며, 벼슬살이로 바쁘게 지내면서도 24편의 시를 지었다. 이 가운데 관각시가 7편이나 된다. 이 24편의 시 가운데「신광하의 집이 무너졌다네」「임금께서 마상재를 구경하다大駕至鍊戎臺閱武 觀馬上才有述」「중형 정약전의 문과급제仲氏登第赴蔚山 奉贈一詩」 등 3편은『다산시정선』상권에 실려 있다. 상소문은 3편이 있으며, 책문으로「농책」「인재책」「십삼경책十三經策」 등이 있는데, 이 세편의 책문은「농업진흥책」「인재등용책」「십삼경에 대하여」란 제목으로『다산논설선집』에 그 번역문과 원문이 실려 있고, 상소문도 앞의 두편이 같은 책에 실려 있다.

제2장

천주교 사건이 터지기 시작하다

1. 진주목사인 아버지께 근친하다

이제 사암도 30세의 나이에 접어든 정조 15년(1791) 신해년에 이르고, 문과에 급제해 3년차 벼슬을 하게 된 촉망받는 신진 관료로 승승장구할 단계에 이르렀다. 1월 18일 정조 임금이 화성 현륭원에 참배하고 돌아올 때 노량진 남쪽 언덕에서 규장각 여러 학사와 함께 임금을 맞이하고, 1월 19일에 희정당에서 정조를 모시고 잔치를 했다. 2월 12일에 좌의정 채제공이 시전市廛의 폐단을 고칠 것을 건의했으며, 정조는 조정에서 반드시 문체文體를 고치도록 해야 한다고 했다.

2월 22일 사암의 장인 홍화보가 황해도 병마절도사에 임명되고, 사암은 진주목사로 있는 아버지에게 근친하러 2월 말경에 진주로 떠났는데, 이때 채제공의 서자로 정재원의 사위인 채홍근蔡弘謹도 같이 갔다. 진주로 가는 노정은 과천果川으로 해서 남원南原·운봉雲峰·황산荒山·팔량치八良峙·하동河東을 거치는 것이었는데, 3월 4일쯤 진주에 이르렀을 듯하다. 진주에서 다시 촉석루를 유람하고 아버지와 함께 진주 관아에서 서쪽으로 10리나 떨어진 역말 북쪽에 있는 석갑산石岬山에 올라가 그곳에 있는 이른바 '정씨 6총'을 살펴보고 나서 「석갑산 정씨 육총변石岬山丁氏六塚辨」을 썼는데, '정씨 6총'은 '정'씨의 무덤이 아니라고 단정했다. 낭혜朗慧라는 요승妖僧이 조작해놓았다고 분명히 깨달았던 것이다. 이때 아버지 정재원도 「진주 석갑산 정씨분산변晉州石岬山丁氏墳山辨」이란 글을 써서 낭혜가 조작했다는 것을 분명히 밝혔다.

사암은 19세 때인 1780년 장인 홍화보가 경상우도 병마절도사로 있을 때 한달쯤 진주에서 노닐면서 「진주 기생의 칼춤」이란 시를 짓고, 논개 사당의 「진주의기사기」를 지은 바도 있었다. 이번 진주 근행길에 아버지를 모시고 성주星州에 갔다가 중모현中牟縣에 이르고, 봉산서원鳳山書院에서 아버지와 작별한 후 채홍근과 같이 서울로 돌아왔다. 진주에서 돌아올 때는 성주·추풍령秋風嶺·문의文義를 거쳤다.

이해 여름 4월 2일에 1789년 12월 25일에 태어난 셋째 아들 '구장'이 죽었다. 4월 6일에는 정조 임금이 휴가를 내지 않고 무단히 진주로 근친하러 갔던 사암을 태형 40대를 때리고 석방하라 했다. 이 여름 4월 29일에 장인 홍화보가 황해도 병마절도사로 황주黃州에서 사망했다. 사암은 이때 「장인 홍절도사 만사外舅洪節度輓詞」를 짓고, 또 「함경북도 병마절도사 홍공 묘갈명咸鏡北道兵馬節度使洪公墓碣銘」을 지었다.

이 사암의 장인 홍화보의 무덤은 현재 경기도 고양시 덕양구 대장동에 있는데, 사암이 쓴 이 묘갈명이 새겨진 묘비가 아니라, 1801년에 홍화보의 형님인 홍수보洪秀輔(1723~?)가 짓고, 사암의 6촌 처남인 홍의호가 쓴 묘갈명이 새겨진 묘비가 세워져 있다. 만일 사암이 짓고 쓴 묘갈명이 새겨진 묘비가 세워져 있었다면 장인 홍화보의 무덤은 아마도 명소名所로 알려져 있지 않았을까 싶다.

사암은 5월 23일 정6품 사간원 정언에 임명되었다가 6월 10일 면직되고, 6월 11일 용양위 부사과에 임명되었다가 7월 12일 다시 사간원 정언에 임명되었다. 8월 10일부터 19일까지 감시 출제를 위해 예조의 시원試院에 연금되었다. 이때 심환지와 안정현安廷玹(1730~93) 두 어른도 같이 연금되었다. 8월 22일 칠석제七夕製에 참여하여 「논어 책論語策」을 짓고, 8월 28일 조흘강照訖講 강시관講試官 문제로 2소 시관이었던 사암이 의금부에 갇혔다가 풀려났다. 9월 3일 또 사간원 정언에 임명되었다가 9월 13일 교체되고, 9월 17일 부사과에 임명되었다.

2. 진산사건이 터질 조짐

정조 15년(1791) 신해년 9월 18일 정7품 승정원 주서注書 홍낙안이 좌의정 채제공에게 장문의 편지를 보내 천주교도들을 처벌하라 하고, 9월 20일경 진사 최조崔照 등이 통문通文을 보내 천주교 교인 윤지충尹持忠(1759~91)·권상연權尙然(1750~91)을 성토했으며, 9월 27일경 홍낙안이 채홍원蔡弘遠(1762~?)에게 편지로 채제공을 비판했다.

사암은 10월 2일 단풍정丹楓亭에서 초계문신 친시와 시사試射에 참여하고 북영北營에 머물러 활쏘기를 익히며 정조가 내린 『시경詩經』 조문의 답변을 작성했다.

다음에는 『다산문학선집』에 「나의 삶, 나의 길」이라는 제목으로 실려 있는 「자찬묘지명」 집중본을 인용해 「시경의詩經義」와 진산사건珍山事件(신해사건)의 전말을 알아보려고 한다.

신해년(1791) 겨울에 내각에서 모시강의毛詩講義 8백여 조문條問을 내렸었는데, 사암의 답변이 제일 많이 채택되었다. 정조 임금이 비평한 말씀에 "백가百家의 이론을 인용하여 나타낸 주장이 끝이 없다. 진실로 평소에 쌓아놓은 박식한 공부가 아니고서야 어찌 이러한 내용을 얻어냈겠는가!"라고 하시면서 조목마다 잘했다고 평가해주시어 모두가 기대했던 것보다 훨씬 좋은 평가를 받았다.

이 무렵 호남에서 권상연·윤지충의 신해옥사辛亥獄事가 있었는데, 악인 홍낙안 등이 이 사건을 핑계삼아 착한 무리들을 모두 제거해버릴 것을 꾀하려고 하여 채제공에게 글을 올려 말하기를 "총명한 재주와 지혜로 뚜렷한 관료와 선비들 10명 가운데 7, 8명은 모두가 천주교에 빠져 앞으로 (중국의) 황건적黃巾賊과 백련교白蓮敎의 난리가 일어날 것입니다."라고 했다.

정조 임금께서 채제공으로 하여금 조사하는 관아에 앉히고 목만중·홍낙안·이기경 등을 불러다놓고 그 허실을 조사하도록 했다.

이기경이 답변하기를 "그 책 속에는 좋은 말도 있습니다. 저와 이승훈이 옛날에 성균관에서 공부할 때 같이 그 책을 읽었습니다. 만약에 책을 읽은 죄를 따지게 될 경우 저와 이승훈은 마땅히 똑같이 엄중한 벌을 받아야 합니다."라고 했었다. 이기경은 곧바로 사암에게 편지를 보내 답변했던 내용에 대해서 말하기를 "임금께 대답한 말에 저울질이 있었으며 풀려나게 하려고 한 것이다."라고 했다.

사암이 이치훈李致薰(1759~?)을 불러다가 말하기를 "성균관에서 그 책을 읽은 것은 실제로 조사를 받아야 할 것이고, 마땅히 사실로써 답변을 해야지 임금을 속이는 일은 옳지 못하다."고 했다.

이치훈이 말하기를 "임금님께 비밀히 아뢰었기에 이미 자수한 것이니까 옥중에서 피고가 답변한 것은 사실에 위배되더라도 임금을 속인 것이 아니다."라고 했다.

사암이 "그렇지 않다. 밀고라는 것은 정식의 재판은 아니나 답변한 사실은 곧 임금께 아뢸 것이다. 조정에서는 오직 옥사의 답변 내용만 관찰하지만, 훌륭한 집안과 이름 있는 족당 집안마다의 공론도 무서운 것이다. 지금 어지신 임금이 위에 계시고 정승이 잘 도와 처리하고 있으니, 이런 때에 종기를 따내버림이 옳지 않겠는가? 나중에는 비록 후회한다 해도 손을 쓸 수가 없을 것이다."라고 했지만, 이치훈은 끝내 사암의 말을 듣지 않았다.

이승훈이 감옥에서 조사받을 때 이기경이 무고誣告했다고 말해버리고 마침내 죄가 없다고 풀려나왔다.

이렇게 되자 이기경이 상복을 입은 신하로 조사한 일이 공정치 못하다고 상소해 대신을 헐뜯으니, 성균관에서 천주교 서적을 읽은 일이 더욱 자세하게 드러나고야 말았다. 임금께서 화를 내시고 이기경을 함경도 경원慶源으로 귀양을 보내자 옆에서 구경하던 사람들이 통쾌하게 여겼다.

그러나 사암은 "반드시 그렇게 좋아할 일이 아니다. 우리 편의 화란이 이로부터 시작되리라."라고 말했다. 사암은 때때로 이기경의 연지동蓮池洞 집을 찾아가서 그의 어린 자식들을 어루만져주었고, 그의 어머니 소대상小大祥 제사 때에는 1천전의 돈으로 도와주었다.

정조 19년(1795) 봄에는 나라에서 대사면이 있었으나 이기경만은 석방되지 못하고 있었다. 그래서 사암이 승지 이익운李益運(1748~1817)에게 말하기를 "이기경이 비록 마음은 좋지 못하나 송사訟事에는 그를 당해낼 사람이 없습니다. 일시적으로는 통쾌한 일이나 다른 때의 우환이 될 것입니다. 임금님께 들어가 아뢰어 풀어주게 하느니만 못합니다."라고 하자, 이익운도 "내 생각도 그러하다."라고 하고는 곧바로 임금님께 올라가 풀어주라고 아뢰어 임금께서 특별히 이기경을 풀어주라고 하셨다.

이기경은 귀양에서 풀려 돌아온 지 꽤 지나자 점차로 조정에 들어와 벼슬을 하게 되었는데, 아는 친구들로 그에게 말을 걸어주는 사람이 한 사람도 없었다. 사암만이 홀로 옛날같이 안부와 날씨를 물으며 보통 때처럼 지냈다. 이른바 "친구란 친구로 삼았던 일을 없애버릴 수 없다."라는 까닭에서였다.

그런데 이기경은 그가 주모主謀한 신유옥사辛酉獄事에서도 기어코 사암을 죽여 없애려고 했다. 그러면서도 홍의호 등 사암과 가까이 지냈던 사람들을 대할 때에 사암에 대한 이야기가 나오면 반드시 눈물을 철철 흘렸다고 하니, 비록 큰 계책을 수행하고 있으면서도 한가닥 양심은 사라지지 않고 있었던 것 같았다.

이 이기경은 사암과 과거 시험 공부도 같이 하고 동방同榜에 을과로 급제한 인물로 아마도 사암에 대한 경쟁심과 시기심이 많이 작용한 듯싶다.

3. 신해옥사辛亥獄事

정조 15년(1791) 신해년 9월 10일경에 주서 홍낙안(洪義運)이 진산군수珍山郡守 신사원申史源에게 편지를 보내 권상연·윤지충 등을 즉각 체포해 관찰사와 조정에 보고하라는 편지를 보냈다. 이에 따라 이들을 법에 따라 처리하겠다는 진산군수의 답장이 오고, 홍낙안은 채제공에게 긴 편지를 보내 천주교인들을 처벌하라고 했다.

9월 20일경 진사 최조 등이 통문을 보내 윤지충·권상연을 성토하고, 10월 4일 섬정동蟾井洞 이후李焠의 집에서 모이자고 했다.

9월 27일쯤 홍낙안이 채제공의 양자 채홍원에게 편지를 보내 채제공이 신해 사건을 덮어 조용히 처리하려 함을 비판했다.

10월 6일 최조 등이 또 통문을 보내 성균관 서재西齋에서 모임을 가지자고 했다.

10월 16일 사헌부에서 신해교안辛亥敎案을 조정에서 거론하자 정조 임금이 채제공에게 조사하라고 명령하고, 채제공은 이에 대해 조사를 시작했다. 이기경은 성균관에서 이승훈과 더불어 천주교 서적을 보았다고 진술했다.

10월 18일경 채제공이 이승훈을 조사 신문하였는데 이승훈이 이기경이 무고誣告했다고 하매 이승훈을 석방하고, 정조 임금에게 신해교안의 처리 방침을 아뢰었다.

한편 10월 21일쯤 진사 성영우成永愚 등 20여명이 천주교를 비판하는 통문을 태학에 보냈다.

10월 23일 사헌부 지평 한영규韓永逵와 사간원 사간 이언우李彦祐(1736~?)가 신해옥사 관련자를 처벌하라고 아뢰었다.

10월 24일 채제공이 신해옥사와 관련한 차자箚子를 올려 권상연과 윤지충을 처벌하고 사건을 확대하지 않도록 했다.

이에 따라 권상연·윤지충이 12월 8일 처형되었다.

겨울 10월 22일 사암은 정5품 사헌부 지평에 임명되었으나 사양하고 취임하지 않아 10월 30일 교체되었다. 12월 2일 시경강의 조문에 대한 답변을 완성하여 올렸으며, 12월 중순경 친시에서 제7인으로 뽑혀 종이·붓·먹을 상으로 받고 또 친시에 제10인으로 합격해 상을 받았다.

사암 30세 때인 정조 15년(1791) 신해년에는 모두 19편의 시를 지었는데, 이 가운데 「황산대첩비를 읽다讀荒山大捷碑」 「추풍령을 넘다踰秋風嶺」 「네가 생각나누나憶汝行」 「심환지와 안정현에게 보이다試院奉示沈安二丈」 「한강의 배다리舟橋行」 등 5편은 『다산시정선』 상권에 번역시와 원문이 실려 있다. 「황산대첩비를 읽다」는 진주목사로 있는 아버지에게 근친하러 가던 길에 운봉에 있는 태조 이성계李成桂의 승전을 기리는 황산대첩비를 읽어보고 쓴 역사시이며, 「추풍령을 넘다」도 또한 역사시로 새재·죽령·팔량령八良嶺을 넘을 때마다 사암은 줄곧 국가 방위를 생각하는 마음을 시로 표현했다. 시를 쓸 때도 나라를 걱정하는 마음이 사암의 마음에서 떠나지 않고 나타난다. 정조가 처음으로 한강에 배다리를 놓고 그 다리를 건너 화성 현륭원에 행차한 것은 유명한 이야기로 이 배다리를 설계 고안한 이가 사암이라는 것은 잘 알려져 있는데, 「한강의 배다리」는 이에 대한 시이다. 정조 임금이 배다리를 건너는 모습을 그린 「주교도舟橋圖」가 규장각에 소장되어 있으며, 능내 다산교육관에서는 이를 사진판으로 복사해 병풍을 만들어 전시하고 있다.

또 이 신해년의 중요한 책문으로 「논어책」이 있고, 모시강의 8백여 조문에 대한 답변이 있었는데, 이는 뒷날 『모시강의』 12권과 『모시강의보毛詩講義補』 3권으로 저술된다.

4. 아버지 정재원이 돌아가시다

이제 사암의 나이가 31세에 이른 정조 16년(1792) 임자년이 되었다. 사암은 이해 봄 1월 중순쯤에 공삼차사원貢蔘差使員이 되어 서울에 오신 아버지를 청파동 야곡에 있는 둘째 형 정약전의 집에서 모시고 잤다. 서울에서 아버지를 모시다가 1월 20일경에 진주로 가려고 떠나는 아버지를 동작나루에서 작별했는데, 이것이 마침내 아버지와의 영이별이 된 셈이다.

1월 24일 정조 임금이 한강의 배다리를 거쳐 화성으로 행차할 때 사암도 수행하여 1월 25일 사도세자의 묘인 현륭원에 참배하고 1월 26일경에 임금을 모시고 돌아왔다.

2월 27일에는 둘째 딸이 태어났다. 3월 22일에 홍문관록弘文館錄에 뽑히고, 3월 28일에 도당회권都堂會圈에 뽑혀 3월 29일 정6품인 홍문관 수찬修撰에 임명되며 부름을 받았으나 나아가지 않았기 때문에 4월 2일 수찬에서 해직되었다. 4월 6일 정조의 명령으로 대유사大酉舍에서 임금이 지은 시와 신하들이 이에 화답한 시축詩軸을 필사하다 아버지가 위독하다는 소식을 듣고 4월 7일 진주로 출발했다. 이때 진주목사 정재원은 4월 9일 진주 임소에서 63세로 세상을 떠났는데, 사암은 운봉에 이르러 아버지가 돌아가셨다는 소식을 들었다.

진주에 이르러 아버지 정재원의 관을 운구해 4월 20일쯤 고향 소내로 돌아왔으며, 5월 10일경에 충주 하담 선영에 장사를 지냈다. 지석誌石은 4엽葉으로 광중壙中 남쪽에 묻었다. 이 묘지문墓誌文은 번암樊巖 채제공이 지었다. 이때 정조 임금도 정재원의 안부를 자주 물었다고 한다. 이 목사공 정재원은 효자로 소문이 난 분이었다.

제3장

수원 화성의 건설

1. 수원 화성의 설계도를 만들다

5월 10일 아버지 정재원의 장례를 마치고 나서 소내에 여막盧幕을 지어 형제들과 같이 여묘살이를 하고 있다가 사암은 6월 초순에 서울로 와서 명례방明禮坊 곧 오늘날의 명동으로 집을 옮겼다. 이 무렵 정조 임금이 수원에 화성華城을 쌓기로 작정하고 이에 대해 사암에게 하문하는 것이 많아 명례방 집과 소내를 자주 오가며 왕의 물음에 대답하면서 겨울에 화성의 규모와 제도에 대한 글을 지어 바쳤다.

이때 상황을 「자찬묘지명」 집중본에서 찾아 옮겨놓겠다.

이해(1792) 겨울에 수원에 성을 쌓는 데 대해 임금께서 말씀하시기를, "기유년(1789) 겨울에 한강에 부교浮橋 곧 배다리를 놓을 때 정약용이 그 방법을 아뢰어 일이 성공적으로 이루어졌었다. 그에게 명령해 집에 있으면서 성곽 제도에 대해 조목조목 올려바치게 하라."고 하셨다. 그리하여 사암이 윤경尹耕의 『보약堡約』과 유성룡柳成

82

龍(1542~1607)의 「성설城說」에서 도움을 받아 그 가운데 좋은 방법을 따내서 초루譙樓·적대敵臺·현안懸眼·오성지五星池의 여러가지 방법을 이치에 맞게 밝혀 임금께 올렸다.

임금님은 또 규장각에 있는 『도서집성圖書集成』과 『기기도설奇器圖說』을 내려보내주어 무거운 물건을 끌어올리고 세우는 인중기중引重起重의 방법을 강구하도록 하셨기에 사암이 「기중가도설起重架圖說」을 작성해 올려바치고, 활차滑車와 고륜鼓輪 등을 써서 작은 힘으로 크고 무거운 물건을 운반할 수 있도록 했다.

이 화성 쌓는 일을 끝마쳤을 때 임금이 말씀하시기를 "다행히 기중가를 사용해 4만냥兩의 비용을 절약했다."고 하셨다.

이 겨울에 사암이 복상服喪 중에 『도서집성』과 『기기도설』을 비롯해 『보약』과 유성룡의 「성설」을 참고해 지어 올린 바는 ①「성설城說」②「옹성도설甕城圖說」③「포루도설砲樓圖說」④「현안도설懸眼圖說」⑤「누조도설漏槽圖說」⑥「기중도설起重圖說」⑦「총설總說」등으로 이는 화성 곧 수원성水原城의 총설계도인 셈이다. 결국 정조 임금은 이 사암의 설계도를 가지고 화성 축성 공사를 명령한 셈이다. 이 화성을 쌓고 나서 『화성성역의궤華城城役儀軌』를 편찬 간행했는데, 이 의궤는 당시의 출판문화 수준이 높았음을 알아볼 수 있게 하는 귀중한 국보라 할 수 있다.

이 『화성성역의궤』 맨 앞에는 앞에서 거론한 사암이 지어 올린 글들이 어제御製란 명칭으로 실려 있다. 수원 화성이 '세계문화유산'으로 등재될 수 있었던 것은 이 의궤가 있어 후세들이 파괴된 것을 의궤대로 복원할 수 있었기 때문일 것이다.

2. 사암이 설계한 기중가

다음에 『사암선생연보』에서 해설한 바를 인용해 사암이 성을 쌓을 때 꼭 필요한 무거운 물건을 들어옮기는 기구를 고안해 이를 설명한 한 부분을 살펴보겠다. 여기서는 송재소宋載邵 교수가 번역한 『사암선생연보』의 번역문을 대체로 그대로 썼다.

「기중도설」에 말했다.

"성은 돌을 가지고 쌓아야 하므로 재료는 다만 돌뿐이다. 그런데 돌을 구하는 것이 어려운 것이 아니라, 돌을 들어올리고 운반하는 데에 힘과 재물을 모두 소모하게 된다. 이는 무거워 떨어지려는 성질이 있는 돌을 억지로 높은 곳으로 들어올리기 때문이다.(…)

옛날의 성인聖人은 올빼미 꼬리를 보고 배船를 만들었으며, 가을날 마른 쑥대가 쓸쓸히 굴러다니고 북두성 자루 끝이 북두성 뒤에 있는 여섯개의 별인 건성建星의 곁에 있는 것을 보고 수레를 만들었으니, 이는 반드시 기구器具를 만들어 편리하게 사용하게 함으로써 은택을 후세에 미치고자 함이었을 터인데 전해지는 바가 없으니 안타깝도다.

응소應劭의 말에 '태산泰山에 한 무제漢武帝 때의 돌이 있는데, 다섯 수레로도 실을 수 없어서 그대로 놓아두고 집을 지었다.'라고 한 것을 보면 전한前漢 이후로는 이미 무거운 물건을 옮길 수가 없었던 것 같다. 그런데 지금 그 남겨진 뜻을 찾아볼 수 있는 것이라고는 다만 옛사람들이 사용했던 활차滑車뿐이다. 돛은 무겁고 돛대는 높으니, 몇명의 장정들이 돛을 일으켜 세우는데, 장대 끝에 달린 활차가 회전하면서 번갈아 주는 힘이 없다면 어찌 중도에 포기하지 않을 수 있겠는가?

지금 옛날 사람이 남겨준 뜻을 이어받고 새로운 제도를 참고해 기중소가起重小架를 만들어 화성의 성을 쌓는 일에 쓰게 하니, 이것이 1천개의 솥에 한덩이 고기와 같고, 아홉마리 표범에 한 반점斑點과 같이 보잘것없는 일이지만, 그러나 오히려 이 기계가 신비스럽게도 일을 하는 데 빠른 진척을 보일 것이나 어리석은 사람은 알지 못하고 슬기로운 사람조차도 의혹을 하는도다.

성문 양쪽 곁에 쌓는 돌인 현단석懸端石과 같은 것은 그 하나의 무게가 수만근이나 되어 1천명의 힘으로도 움직일 수 없고, 1백마리의 소로도 잡아당길 수 없는 것인데, 다만 두 사람이 말뚝을 잡아당기기만 하면 번거롭게 영차영차 하고 애를 쓰지 않고서도 하나의 깃털을 들어올리듯 공중에 들어올릴 수 있어서, 일꾼들은 숨차지 않고, 국가의 재정도 허비되지 않을 것이니, 그 이로움이 또한 크고 많지 않겠는가?

만일 축적된 지식을 감추지 않고 점차 공력工力을 들여 둥근 바퀴와 나선형 바퀴를 만들어 서로 밀어주고 끌어주게 한다면, 어린아이의 한팔의 힘으로도 수만근이나 되는 무거운 물건을 들어올릴 수 있을 것이니, 평범한 사고방식으로는 절대로 생각조차 할 수 없는 일이다.

그러나 수원 화성의 역사役事는 큰 공사가 아니고 물건도 가벼우니, 어찌 크고 정밀한 기계를 사용해야만 하겠는가? 다만 구조가 간단하여 쉽게 사용할 수 있는 기구를 만들어 시험해보려고 하는 것이다. 이제 하나하나 그 그림을 그려서 설명하겠다. ①은 가架이고, ②는 횡량橫梁이고, ③은 활차이고, ④는 거簾이다. 거에는 고륜과 녹로轆轤를 달아야 완전하게 사용할 수 있다."

3. 화성 공사에 기중가와 유형거로 4만냥을 절약하다

『사암선생연보』는「기중도설」이외에 또「기중총설起重總說」「성설」에 대한 해설도 기술해놓았으나 이를 다 인용하자면 번거로우므로 화성을 쌓을 때 사암이 제시한 방법대로 성역城役을 진행해 정조 임금이 4만냥의 경비를 절약할 수 있었다는 데 대한 설명을 사암의「성설」에 따라 구체적으로 해보겠다.

① 푼수分數: 이는 화성의 규모를 말하는 듯한데, 성을 쌓는 길이는 3600보이고 성의 높이는 2길 5자라야 사람이 성을 타고 넘을 수 없다고 했으며, 이에 따라 석재石材와 비용을 계산할 수 있다고 했다.

② 재료材料: 우리나라의 기후 조건이나 물자조달 형편상 돌로 성을 쌓아야 한다고 했다. 곧 돌은 성 주변 가까운 곳에서 얼마든지 채취할 수 있다고 보았던 것이다.

③ 호참壕塹: 성 바깥에 해자를 파서 그 흙으로 성을 쌓되 성을 쌓는 데 필요한 석재를 운반할 도로를 먼저 닦고, 석재를 운반해 그 위에 쟁여놓으면 성을 쌓을 때 위에서 아래로 내려보내기가 쉽기 때문에 힘을 절감할 수 있는 가장 효율적인 방안을 제시했다. 이때 성 쌓을 곳과 해자를 팔 곳의 거리와 파는 길이와 너비를 제시하고, 파는 기구 등도 구체적으로 제시했다. 또 파낸 흙을 성지城址를 따라 퇴적하고 그 위를 평탄하게 골라 석재를 실어다 그 위에 쌓아놓았다가 쓰도록 했다.

④ 축기築基: 돌로 성을 쌓을 기초를 팔 때 너비는 1길, 깊이는 4자가 되게 해야 겨울에도 얼지 않으며, 1걸음마다 표목을 세워 3600단으로 나누고, 사람들에게 가까운 개울에서 자갈을 운반해 1단씩 채우도록 하

고 1단에 얼마씩 그 품삯을 주면 비용도 절약되고 공정도 빠를 것이라고 했다. 자갈과 모래를 채우고 나서 방망이로 힘껏 다지면 견고한 기초를 잠시 동안에 만들 수 있다고 했다.

⑤ 벌석伐石: 돌을 캐낼 때는 석공石工을 채석장으로 보내 캐낸 돌을 대략 다듬게 해서 무게를 줄여 실어나르기 좋게 하고, 또 돌을 크고 작은 몇등급으로 나누어 용도에 맞게 잘라 큰 것은 한덩이로 한 수레가 되게 하고 그다음은 두덩이로 한 수레가 되게 해서 이를 성 1보씩에 맞추어 실어날라 쌓고, 성을 쌓을 때는 큰 돌은 맨 아래층에 쌓고 제일 작은 돌은 맨 위층에 쌓도록 계획했다.

⑥ 치도治道: 돌을 캐낼 곳에서 성을 쌓을 곳까지 길을 닦는 일을 가장 먼저 해놓아야 수레가 망가지거나 뒤집힐 걱정이 없어진다고 했다.

⑦ 조거造車: 사암은 또 돌을 싣거나 내릴 때 편리한 유형거游衡車를 고안해 이 수레로 돌을 실어나르게 했다.

결국 화성은 사암이 설계해 만든 거중가와 유형거 등에 의해 축성되었고, 옹성·포루砲樓·적루敵樓·적대·포루鋪樓·노대弩臺·각성角城·현안·누조漏槽 등도 사암이 제시한 대로 건설되었다고 할 수 있다. 행궁이나 문루門樓 등은 건축 기술자인 도목수都木手가 세웠을 것이라 여겨진다.

이와 같이 사암이 「성설」에서 기술한 방법대로 큰 시행착오 없이 빠른 시일에 화성이 건설될 수 있었기에, 앞에서 말한 4만냥의 비용이 절약되었다고 짐작된다. 이 4만냥이 오늘날의 화폐가치로 얼마인지는 필자가 쉽게 알 수 없지만 적지 않은 액수일 것이다.

어떤 분은 사암이 화성 축성 공사에도 참여했다고 했으나 공사에는 전혀 관여한 바가 없음을 이에 밝히는 바이다.

앞에서 사암이 7세에 지은 시를 보고, 그 아버지가 "분수分數에 밝으니, 자라나면 틀림없이 산수와 역법에 통달할 것이다."라고 했는데, 오히려 더 나아가 수학과 과학이나 의학에도 뛰어난 천재성이 있었던 것이 아닐까 싶다. 이 사암의 천재를 조선사회는 잘 활용하지 못한 것이다.

사암은 31세 때인 정조 16년(1792) 임자년에는 4월 9일 아버지 정재원이 진주목사로 임지에서 돌아가시는 바람에 4월 이전에 지은 시 5편이 있을 뿐이다. 이후로 소상·대상이 지날 때까지는 시를 짓지 않았다. 그리고 아버지 복상 중에는 정조 임금의 명령에 따라 지어 올린 「성설」 등 몇편의 논설 이외에는 저술이 없다. 이때 지은 논설 가운데 「성설」은 「화성의 성곽제도」란 제목으로 『다산논설선집』에 번역문이 그 원문과 함께 실려 있다.

4. 수원에 화성이 건설되다

정조 16년(1792) 31세 때 사암은 아버지 정재원이 4월 9일 진주목사로 임지에서 돌아가셨기 때문에 복상 중이라 벼슬자리에 있지 못하고, 다만 수원에 화성을 쌓으려는 정조 임금의 명령에 따라 「성설」 등을 지어 올리고, 거중가와 유형거를 고안해 화성을 순조롭게 쌓을 수 있는 기반을 제공하면서 지냈을 뿐이다.

정조 임금은 사암이 지어 올린 화성의 마스터플랜을 손에 넣고 이제 본격적으로 화성을 건설하기 위해 정조 17년(1793) 1월 12일 채제공을 수원부水原府 유수留守에 임명해 축성 준비를 착실히 하도록 한다. 또 채제공이 수원부 유수로 화성 축성 준비를 해놓자 그를 5월 25일 영의정으로 임명해 화성 건설을 뒷받침하게 하려고 했다.

영의정에 임명되어 수원에서 서울로 돌아온 채제공이 5월 28일 영조 38년(1762) 정조의 아버지 사도세자를 참소해 죽음으로 몰아간 문제를 상소하여 제기하자 좌의정 김종수金鍾秀(1782~99)가 "임오년 사건은 연명으로 차자를 올려 일어난 일이었는데 이제 와서 다시 이 사건을 끄집어내는 자는 역적이다."라고 하며 채제공을 격렬하게 공박했다. 이렇게 되자 정조 임금은 6월 4일 채제공과 김종수를 모두 파직하고, 6월 16일 두 사람을 판중추부사判中樞府事에 임명한다. 또 6월 15일에는 홍인호의 아버지요 사암의 장인 홍화보의 형인 홍수보를 의정부 참찬에 임명했으며, 영의정과 좌의정의 갈등이 수그러들지 않자 영조 임금이 만들어 채제공에게 비밀히 전해준 금궤짝에 갈무리해두었던, 장헌세자莊獻世子(사도세자)의 뛰어난 효성을 밝혀둔 금등지사金縢之詞를 내어 보이고 갈등을 종식시켰다.

사암은 나이 32세 때인 정조 17년(1793)에는 복상 중이라 사회활동을 활발하게 할 수 없었으며, 시도 짓지 않았다고 여겨진다. 이해에는 초하루와 보름에 소내에 내려가 삭망 제사에 참석했으며, 승지 김한동에게 답장한 편지 1통과 홍인호에게 답장한 편지 1통만을 남겼다. 또 정조 임금의 화성 관계에 대한 물음에 답하여 20조의 진술을 올렸다.

5. 상복을 벗고 성균관 직강에

정조 18년(1794) 사암이 33세가 되는 갑인년 1월 1일 3세짜리 딸 효순孝順이 요절했다. 4월 9일 소내에서 아버지 정재원의 대상大祥을 지내고, 6월 27일 담제禫祭를 지낸 뒤 상복을 완전히 벗었다. 이제 사암은 벼슬을 역임할 수 있게 된 것이다.

이때 사암의 6촌 처남인 홍인호가 사암의 아버지 친구인 한광부에 대항해 채제공이 상소한 말 가운데 망발이 많다고 공박했는데, 그의 친구나 관리와 유생 들이 같은 말로 홍인호를 공격했다. 홍인호는 이 공격을 사암이 주동이 되어 한 것이라고 의심해 사암과 사이가 멀어졌다가 그 뒤에 차차 오해가 풀렸다고 한다. 그러나 앙금은 남아 있었다고 여겨진다.

사암은 이해 7월에 서울 명례방에서 살며 족부 이조참판 정범조를 모시고 노닐거나, 또는 참판 이정운李鼎運(1743~1800)을 방문하면서 지내고 있었다. 이 무렵 정한鄭澣(1742~1806)이 동백나무 한그루를 보내주어 이에 시를 지어 감사한 뜻을 사례했다. 또 남고南臯 윤지범尹持範(1752~1821)에게도 시를 지어 보냈다.

마침내 7월 23일 정5품인 성균관 직강直講에 임명되어 태학에 나아가 조흘강 고강考講에 참여하고, 7월 28일 성균관 직강으로 조흘강을 논하는 상소를 올렸다. 8월 19일 조흘강의 시관으로 한 일이 문제되어 의금부에 갇혔다가, 의금부에 고신이 추탈되고 풀려났다.

9월 5일 승지 이익운을 흑산도黑山島에 귀양 보내라는 명령이 내려 9월 7일쯤 흑산도로 귀양살이 떠나는 이익운을 동작나루에서 전송했다.

9월 중순에 벼슬에서 해직되는 바람에 9월 18일 둘째 형 정약전, 남고 윤지범, 무구无咎 윤지눌, 휘조輝祖 이중련 등과 같이 북한산성에 올라가 유람하고 중흥사中興寺에서 하룻밤을 잤다. 여기서 백운대白雲臺에 올라 호연지기를 마음껏 뿜냈다. 이때 백운대에서 하산해 내려와 9월 20일 북한산 행궁과 승가사僧伽寺를 거쳐 세검정洗劍亭으로 내려왔다.

사암은 북한산 기행을 하고 돌아온 뒤 9월 하순경에 또 남한산성에 갔다가 하룻밤 자고 돌아왔으며, 10월 2일 밤에는 명례방 집 죽란竹欄에서 국화 그림자놀이를 했다. 10월달에는 주로 성호 이익의 저서를 읽고 그 박학함에 감탄해 마지않았다. 사암은 9월 16일경에 벼슬에서 해임되어 일정한 수입이 없게 되자 10월 1일 책을 팔고 나서 그 심경을 담은 시를 지어 정릉동 곧 정동에 살고 있는 이가환에게 보여주기도 했다.

제4장
경기 암행어사로 나가다

1. 7개 고을을 암행하다

사암은 벼슬이 떨어져 한가로이 북한산성·남한산성 등을 유람하며 시를 읊조리고 지냈는데, 10월 27일 정5품 홍문관 교리에 낙점되었다가 28일 홍문관 부수찬에 임명되어 사직 상소를 썼으나 올리지 못하고 홍문관에서 숙직했다. 이 홍문관에서 숙직하고 있을 때 갑자기 정조 임금의 명령으로 노량진의 별장別將 겸 장용영 별아병장別牙兵將으로 쫓겨났는데, 밤중에 임금의 침전으로 불려 들어가서 경기 암행어사京畿暗行御史를 시키는 명령이 내렸다.

임금이 명령하되, "관아며 시장이나 촌락 사이에 출몰하면서 백성들의 사정을 거두어 모아 조정에 돌아올 때 하나하나 조목별로 열거해 아뢰거라. 수령의 도장과 장부를 압수할 경우가 아니면 혹시라도 먼저 봉고封庫부터 하지 말 것이며 (…) 마패馬牌는 할 수 없이 출도出道할 경우가 아니면 사용하지 말고, 자기가 가지고 있는 말을 타도록 하라."고 했다.

이때 여러명의 암행어사를 보냈는데, 사암은 암행할 고을이 적성積

城·마전麻田·연천·삭녕朔寧 네곳이고, 갈 때는 양주楊州로 해서 가고, 올 때는 파주坡州를 거치되, 고양高陽도 포함되어 모두 7개 고을을 담당한 것이다.

사암이 경기 암행어사로 출또했다가 돌아와 올린 서계書啓를 『다산논설선집』에 실린 「경기 암행어사 보고서京畿暗行御史論守令臧否啓」에서 가려 뽑아 그 번역문을 옮겨놓는다.

2. 경기 암행어사 보고서

신이 10월 29일에 엎드려 성지聖旨를 받들어 경기 암행어사에 임명되었고, 친히 봉서封書 한통을 주셨사온데, 암행 조건暗行條件과 견휼 조건蠲恤條件 각 한가지씩이었사옵니다. 신은 두 손으로 받들어 들고서 두렵고 떨려 어찌할 줄 몰랐사옵니다.

가만히 엎드려 생각하건대, 신은 본래 재식才識이 없는데다 경력마저 부족한 사람으로 외람되게 무거운 임무를 받아 일을 그르칠까 겁이 난 나머지, 오직 앞길의 평탄과 험난 따위를 가리지 아니하고 변변치 못한 충성을 다하는 것으로써 만분의 일이나마 은혜에 보답하고자 즉시 강촌江村으로 나왔고 다음 날 길을 떠났사온데, 신이 명령을 받은 곳은 네댓 고을에 지나지 않으므로, 마땅히 정신을 가다듬어 잘 살펴서 임금님의 지극하신 뜻을 저버리지 않으려고 하였사옵니다. 먼저 적성에서 삭녕에 이르기까지 마을 구석구석에 드나들며 천민賤民 사이에 신분을 감추고, 각별히 염탐하여 그 실정을 얻어내서는 때로 출또하여 샅샅이 조사하기도 하며, 또는 자취를 숨기고 다시 살펴본 다음에 해당 고을 수령의 잘잘못에 대해 분명하고 자세하게 열거하여 논하였고, 연로沿路의 각읍 실태에 대해서도 대략 낱낱이 들어서 기록하였사오며, 암행 조건 가운데 연천의 민폐에 관한 일은 별도로 원단原單 이외의 별단別單에 기록하여 임금님께서 보시도록 갖추었습니다.

적성현감積城縣監 이세윤李世胤 : 정치를 순후醇厚하고 신중하게 하고 몸가짐을 소탈하게 하며, 송사訟事를 결단함에 있어서는 비록 부족하지만, 굳은 신념으로 백성을 어루만지는 데는 갈수록 더 부지런하였사옵니다. 백성들의 빈부를 기록한 초호抄戶로 말하면 재차 실시하는 수고를 꺼리지 않음으로써, 처음에는 착오가 있었더라도 끝내는 바로잡혔으며, 흉년에 조세를 감면하는 표재俵災로 말하면, 자신의 재량으로 2결結에 대한 조세를 삭감하고, 많은 데에서 덜어내어 적은 데에 보탰습니다. 기장의 환곡還穀을 받으면서 잉여분을 사취私取하였다는 것에 대해서는, 그것을 사용한 곳이 사사로운 데가 아니었으므로 용서하였사옵니다.

마전군수麻田郡守 남이범南履範 : 송사의 심리審理를 강직하고 분명하게 하고, 일 처리는 본말本末을 종합하여 면밀하게 하였습니다. 간사한 무리를 죄주고 도태시키니 백성들은 통쾌하다 일컬었고, 창고지기를 곤장으로 다스렸으니 되와 말升斗을 간혹 함부로 한 것을 먼저 간파하였던 것이오며, 흉년이 들었다고 납세를 거부하는 부잣집 무리에게 조세의 상납을 독촉하는 데 거리낌이 없었고, 피폐疲弊하고 가난한 백성을 초록抄錄하여 실상에 합치하도록 하였습니다. 징병徵兵 인원수가 자주 인구보다 과다하므로 그러한 묵은 폐단을 제거하고자 하였으며, 환곡은 반드시 곱게 찧고 잘 까불게 하여 미리 새봄의 식량을 걱정하는 등, 부임한 지 2년 만에 정사政事가 이룩되고 법이 정착

되었으니, 이런 유능한 솜씨가 이처럼 말_斗만 한 조그만 고을에 처해 있는 것이 아깝습니다.

연천현감漣川縣監 이가운李可運: 조심스럽게 마음을 가다듬고 부지런히 공무公務를 집행하는 자로서, 애초의 평판은 큰 추위를 쉽게 봄 날씨로 바꿀 듯하였고, 눈에 가득한 백성의 근심걱정을 보고는 그 여독餘毒 속에서 백성이 회생하기 어려울까 두려워하였으며, 빈 가마니를 내주고 그 값을 거두어들이는 법을 보고는 그러한 더러운 습속을 영구적으로 개혁하였고, 사들일 쌀을 섶나무로 보충하도록 한 사례는 또한 가난한 살림에 부담을 덜어준 것이었습니다. 또 가난한 양반의 포흠逋欠을 거두어들이지 못하여 비록 탄압하는 힘이 부족하고 일가붙이에게 징수하는 원망이 많아서 바야흐로 대처할 계획을 고려하고 있으며, 보따리를 싸고 장차 흩어지려는 백성을 기필코 안집安集시키려 하고, 뇌물을 상납하고서 하리下吏에 임명된 무리는 병정兵丁에 보충할 것을 요청하기도 하였으니, 만일 스스로 좀더 진작하고 쇄신하는 노력을 가한다면 복잡하여 잘 처리하기 어려운 일을 잘 해결하는 예리한 솜씨를 지닌 자임을 가려낼 수 있을 것입니다.

전 현감 김양직金養直: 5년 동안을 이 고을에 벼슬살이하면서 온갖 나쁜 짓을 다한 자로서, 흐리멍덩한 정신 상태로 아울러 술이나 마시며 탐오貪汚한 것을 일삼고, 게다가 첩妾까지 거느리는 등 허다한 범법 사실은 끝이 없어서 열 사람의 손이 지적하는 것을 한 입으로 말하기 어려우며, 환곡 3500섬에 대한 모조耗條를 제멋대로 나누어 모두 사용私用으로 돌리고, 재결災結 51결에 대한 실혜實惠를 훔쳐먹어서, 아래 백성에게는 혜택이 미치지 못하게 했습니다. 751섬은 무슨 곡식인지 더 남겨두고서 모곡을 너무 과다하게 거두었고, 거두지 못한 곡식 2100여 섬을 허위로 올려두고 무난하다고 속여서 보고했으며, 직책을 팔아 자신을 살찌우느라 신역身役을 무수히 면제해주었고, 종을 놓아주고 돈을 요구하는 등 남긴 악명惡名이 끝이 없었습니다. 이런 사람을 엄중히 징계하지 않는다면 백성을 보존할 수 없기 때문에 그 죄상을 담당 유사攸司로 하여금 아뢰어 조처하도록 하였습니다. 전후의 관찰사가 만일 수시로 살피고 신칙하였거나, 또는 추궁하여 즉시 깎아내려 파직시켰더라면 어찌 이 지경에 이르렀겠습니까. 이 점 또한 경계가 없어서는 안 됩니다.

삭녕군수朔寧郡守 박종주朴宗柱: 본래 순박하고 삼가하며 아울러 부지런히 노력하는 자로서, 조정의 명령을 받들어 시행하되 오히려 미치지 못할까 두려워하고, 민간 사무에 관계되는 것은 항상 친히 집행하였으며, 가난한 자와 부유한 자를 이미 춘곡春穀을 대여할 때에 구별해놓아 초호 작업이 지연되어도 걱정이 없고, 허虛와 실實이 화전세火田稅에 뒤섞이기 쉬운데도 세율稅率의 적용을 가장 정밀하고 간결하게 하였습니다. 일정한 규칙으로 연름捐廩을 행하므로 제수祭需를 쉽게 마련하고, 수시로 아전을 점검하므로 민가民家의 잠자는 삽살개가 짖어대지 아니하며, 쌀과 꿀은 저렴한 가격으로 환산하여 다른 물자로 대신 징수하고, 형장刑杖은 일정한 율을 정하여 신중하게 하니, 군수가 바뀐다는 말이 떠돌자 백성들이 혹시라도 그를 놓칠까 두려워합니다.

전 군수 강명길康命吉: 늘그막의 탐욕이 끝이 없고 야비하고 인색함이 너무나 극심한 자로서, 백성의 소송과 관가의 사무에 머리를 저으며 관리하지 아니하고, 식비食費며 봉록俸祿을 후려쳐서 차지하고 함부로 거둬들이며, 임진왜란 때 전사한 심대沈岱·양지梁誌·강수남姜壽

96

男의 위패를 모신 표절사表節祠의 회감會減할 곡물을 고가로 매겨 부민에게 강제로 징수하고, 산전山田·화전火田에 남세濫稅하는 법을 높은 세율로 흉년에 더 증가시키며, 향임鄕任은 언제나 뇌물을 받고 임명하였고, 벼슬을 마치고 돌아갈 때 가져가는 짐짝은 고을의 작은 배로는 실을 수가 없었으므로 아전의 원망과 백성의 한탄이 지금도 그치지 않았고, 갈려간 지가 오래되었지만 죄가 없을 수 없습니다.(이상은 담당 고을이다. ― 원주)

　양주목사楊州牧使 한광근韓光近: 도적을 잡는 면에는 허술하지만 아전에 대한 단속은 매우 엄중히 하는 자로서, 환곡을 징수할 때 되를 고르게 했다는 칭송이 있었고, 병정을 점고點考할 때 비용을 절감하는 방안을 실행하여, 길가에 전하는 말들이 칭찬만이 있을 뿐 헐뜯는 말이 없었습니다.

　파주목사坡州牧使 조택진趙宅鎭: 하고자 하는 뜻은 스스로 가다듬고 있었지만 사무처리는 대체로 부진한 자로서, 구황救荒정책이란 이미 들어본 적이 없고, 인척관계가 있는 상부의 무신武臣이 이따금 정사에 간섭하는 경우도 있었으니, 만일 백성 무휼撫恤하길 원하신다면 힘써 그를 단속해야 합니다.

　고양군수高陽郡守 왕도상王道常: 아랫사람을 다스릴 때 기력氣力이 있으며, 정사가 정비되고 이루어진 일이 많았으므로 아전은 꺼려하고 백성들은 사모하여, 길바닥에 칭송이 자자하니 흉년에 큰 고을에서 백성을 사랑으로 보살피는 정도正道를 얻었습니다.(이상은 沿路의 고을이다. ― 원주)

별단에 대한 서계는 다음과 같다.

신은 가만히 엎드려 암행 조건 가운데 네가지 조항을 보니, 이는 바로 우리 성상聖上께서 어두운 곳을 밝게 살피시는 지극하신 뜻이며, 고아를 구휼하시는 성대하신 덕이었습니다. 신이 임금님의 그러하신 덕과 뜻을 우러러 받들고 특별히 민정民情을 캐고 더듬어, 이에 감히 사실을 근거로 하여 진달陳達하옵니다. 연천읍 같은 경우는 바로 전에 탐오한 수령이 거쳐가서 민정民情이 간절하고 다급한 처지에 있으므로, 또한 감히 덧붙여 진술하여 임금님의 재가裁可에 대비합니다.

(1) 표재俵災의 일: 삭녕은 읍규邑規에 서원書員이 실지 현장을 답사하여 조사하는 법이 없고, 각각 그 전민田民이 유사有司·면임面任과 함께 입회하여 재해災害 상태를 기록하므로 관아에는 당초부터 만들어진 장부가 없고, 단지 이것에 의거하여 감영監營에 보고하는데, 만일 인준을 얻으면 전량 분배해주고, 혹시 삭감이 있을 경우에는 등분等分하여 골고루 감하므로 그전부터 농간을 부린 폐단이 별로 없었습니다. 그 나머지 세 고을도 비록 이런 규칙은 없었지만 금년에는 재해를 담당한 수령이 모두 직접 살피고 정밀히 가려내어 재해 숫자대로 골고루 세금을 감면해주었으므로, 사실 중간에서 훔쳐먹는 폐단이 없었습니다.

(2) 산전山田·화전火田에 함부로 세금을 부과하는 일: 적성·마전은 본총本總이 5, 6결에 불과하기 때문에 약간의 증감이 있더라도 대단한 정도가 아니었고, 연천은 북면北面 화전세가 본시 순릉順陵의 제수를 마련하기 위한 것으로 되어 있었고, 그밖에 본관本官에서 징수하는 갖가지 곡물은 정례定例가 28석에 불과한데 금년에는 또 3석을 감하였으며, 삭녕은 원총元總이 170결인데 결마다 돈 6냥으로 대납토록

하여 합계 1020여냥이었으나, 금년에는 감관監官에게 일임하지 아니하고 경작인으로 하여금 손수 기록한 것을 자신이 들여보내게 하여 원총과 비교해보았더니 감소된 것이 50결로, 모두 함부로 세금을 부과한 폐단은 없었습니다.

(3) 유기아遺棄兒 수양收養: 감영으로부터 과연 그와 같은 공문이 있었지만, 시골 풍속이 서울과는 달라 길가에 유기하는 경우는 원래 드물기 때문에 수령이 애당초 찾아보지도 아니하고 단지 월말이 되면 상례常例대로 감영에 보고할 뿐이었고, 삭녕은 실지 몇차례 찾아보았으나 끝내 찾지 못했다고 하므로 한두 고을 원에게 간절히 타이르고 부탁하여 지금부터는 길가에서 찾지 말고 여러 마을에서 찾되, 혹시 부모가 함께 죽고 게다가 고모나 할머니·이모·누나 등 수양해줄 만한 사람이 없어, 이웃 마을에서 불쌍하게 생각하여 기르고 있는 일이 있으면, 이 또한 유기아 수양이니, 관가에서 각별히 양식을 보내주어 임금님의 지극하신 뜻을 저버리지 말도록 하였고, 그리고 인접한 관아에 두루 알리게 하여 그들로 하여금 고아를 구휼하라는 임금님의 생각을 함께 선양宣揚하도록 하였습니다.

(4) 정퇴停退·대봉代捧과 초호抄戶: 윤음綸音이 도착한 날짜는 비록 오래되었으나 뽑아서 보고하자면 으레 취사取捨 과정이 있어야 하고 시행 세칙이 최근에 비로소 하달되었으므로, 본관에서 이제 겨우 각 민호民戶의 살림 정도를 뽑아 기록하여, 세금을 당연히 납부해야 할 수효와 정停이며 대代의 분배 비율을 조사하여 장부에 세액을 기록하는 파장把掌을 작성하였기 때문에 저절로 지체되었고, 초5, 6일에 와서야 비로소 파장을 면임에게 내보냈으므로 신이 마을을 암행할 때에 견휼 조건과 비교해보고자 해도 각호의 백성들은 그들 자신조차

아직 어느 등급에 들어갔는지 모르기 때문에 자세히 알 도리가 없었습니다. 초호는 지체하면서 환자還上는 독촉하므로, 이미 바쳐버린 민호가 정·대에 들어갔다면 농민은 본시 무식하여 사실을 조사하는 방법을 모르기 때문에 아전이 이 점을 기화로 농간을 부려 요리할 자료를 만들 것이므로 그 폐단이 있습니다. 하지만 대체로 네 고을은 초호할 때 아전들을 쓰지 아니하고 각각 그 마을 이임里任으로 하여금 공론에 따라 등급을 나누게 한 후 수령이 친히 찌를 뽑아서 농간을 가려내고, 혹 허실虛實이 서로 가려진 민호가 있을 때는 그 등급을 올리기도 하고 내리기도 하여, 빈곤한 민호들로 하여금 누구나 혜택을 입는다는 것을 제각기 알도록 하였습니다. 윤음에 말이 미치자 어린아이들도 모두 감사하여 축하하였삽고, 부유한 집으로서 정·대에 들지 않은 자들 또한 모두 칭송하였사옵니다.

(5) 금년 연사年事: 네 고을 가운데 연천이 가장 심한 형편이온데, 더구나 김양직이 탐욕을 부리고 학정虐政을 한 후 허다하게 남아 있는 해독이 지금까지도 대단히 혹독합니다. 그것은 따로 환자곡 받기를 요청하는 자는 모두 가난하고 궁핍한 양반이거나 빌어먹는 백성이므로 더 분배하기에 급급하여, 소청訴請만 있다면 곧 허락해주었기 때문에 오늘날에 이르러 양반호兩班戶는 몽둥이로 때리면서 긁어내려 해도 나올 것이 없고, 민호는 도망치고 흩어지는 사태가 계속되니, 어지럽고 어수선하여 지적하여 받아낼 곳이 없으므로, 가짜로 명목을 만들어 친족이나 마을 사람에게 전가시켰습니다. 새로 부임한 수령이 벌써 그러한 사실을 낱낱이 보고하였지만, 감영으로부터 아직 제사題辭가 내려오지 아니하여 장부상에 허위로 남아 있는 환곡에 대한 책임의 소재가 신·구 수령 모두에게 해당이 없으며, 비록 전에 없는 은

전을 만났더라도 정·대를 바라볼 수 없고 독촉은 날로 급하니, 뿔뿔이 흩어지는 상황이 금방 벌어질 판이옵니다. 이른바 가류곡加留穀을 공공연히 팔아먹은 후 우두머리가 임의로 분배하여 강제로 충당하기도 하였는데 이방吏房은 조租 몇섬, 창고지기는 기장稷 몇섬이라 한 후 그 수량을 몇십 몇백으로 올려서 감영에 보고를 이미 마쳤으므로, 가옥이며 전답을 모두 팔더라도 오히려 모자랄까 걱정이니, 아전 또한 백성인데 어찌 차마 이대로 보아넘길 수 있겠습니까.

한 사람이 향임鄕任에 오르면 그의 구족九族이 신역을 면제받기 때문에 향임을 돈으로 팔기 시작한 이래, 넉넉한 집안 부유한 백성은 유자儒者의 옷을 몸에 붙이고 군적軍籍에서 이름을 제거하였지만, 어린아이가 군적에 오르고 죽은 사람이 군포軍布를 내야 하는 폐단이 온 고을에 가득찼으니, 이 점은 어느 곳이나 공통된 폐해로서 큰 고을은 그런대로 변통하는 일이 있지만, 작은 고을은 더욱 꼼짝할 수 없었사옵니다. 그래서 신이 출또한 날 즉시 수령으로 하여금 증명서인 완문完文을 작성해 내도록 하여, 무릇 뇌물을 바치고 하리에 임명된 자는 모조리 임명장을 거두어 불에 태워버리고 그 본인 및 친족을 막론하고 결원에 따라 군적에 보충하도록 하여, 한편으로는 부자가 뇌물로 향임을 사는 교활한 풍습을 징계하고, 한편으로는 어린아이가 군적에 오르고 죽은 사람이 군포를 내야 하는 고질적인 폐단을 제거하였사옵니다. 환곡에 이르러서는 신이 감히 독단으로 처리할 문제가 아니었으므로, 고을 백성이 뜰을 메우고 호소하며 길을 막고 간청하였지만 신이 모두 돌아가서 너희들의 큰 부모님이신 임금님께 말씀드리겠다고 대답하였으니, 지금 관찰사로 하여금 별도로 조사관을 정하여 다시금 김양직이 송두리째 팔아먹은 것을 자세히 규명, 숫자를 계산하여 징수해내고, 그외의 환곡을 받아낼 길이 있는 사람은 금년에 절반 혹은 3분의 2를 정퇴停退하도록 하고, 이에 따라 수령으로 하여금 조정의 덕의德意를 선포하여 연천 백성에게 사죄하도록 함이 모르긴 하지만 백성을 안집시키는 방안이옵니다.

3. 경기도 관찰사 서용보의 비리

앞에서 사암이 경기 암행어사로 나가 비리와 부정을 조사해 공적인 보고서를 올린 것 외에 또 더 밝혀낸 비리를 「자찬묘지명」 집중본(『나의 삶, 나의 길』)에 써놓은 것을 인용해보겠다.

이때 서용보徐龍輔(1757~1824) 집 사람으로 마전에 살던 사람이 있었는데, 꾀를 내서 향교鄕校의 땅을 서용보의 집에 바쳐 묘지로 삼게 하려고 '땅이 불길하다'라고 속이고, 고을 유림들을 협박해 향교를 옮기기로 하여 이미 명륜당明倫堂을 헐어버렸었다. 사암이 이 사실을 탐지해내어 곧바로 체포해 처벌해버렸다.

또 경기관찰사 서용보가 임진강 강가에 인접한 7개 고을에서 관아 곡식을 팔아서 돈으로 만들면서 너무 비싸게 팔고 있었다. 그러면서 말하기를 '이 돈은 금천衿川의 도로를 보수할 비용이다. 싼값으로 얻을 수 있겠는가!'라고 했다. 이에 힘없는 백성들이 원망하면서 말하기를 '괴롭구나, 화성이란 곳이여. 과천에도 길이 있는데 왜 하필이면 금천으로 지나는가!'라고 하고 있었다. 이는 정조 임금이 아버지의 묘소를 자주 다니기 때문에 안 내도 될 번거로운 비용까지 물게 된다는 말이었다. 그래서 사암이 암행을 마치고 돌아와 이 사실을 임금께 올려바쳤다.

아무튼 당대 권세에 칼을 들이댄 것이다. 이 일로 앙심을 품게 된 서용보는 일생 동안 기회가 있을 때마다 사암의 앞길을 막아버리려고 있는 힘을 다한 것이다.

또 "내의內醫 강명길은 삭녕군수, 지사地師 김양직은 앞서 연천현감으로 있었는데, 모두가 임금의 총애를 믿고서 법을 어기고 거리낌없이 탐학질을 했었다. 사암이 이들을 탄핵하여 임금께 올려바쳐 법에 따라 처리하도록 했다."고 '묘지명'에 기술해놓았으나 실제로 법에 따라 처벌이 이루어졌는가는 알 수 없다. 강명길은 뒤에 관직이 양주목사에 이르렀고, 김양직은 잘은 몰라도 화성 사도세자의 못자리인 현륭원 터를 잡아준 인연이 있어 무거운 처벌을 받지 않았을 것이다.

4. 사암 사회시의 출발점

사암이 정조 18년(1794) 10월 19일 경기 북부 7개 고을에 암행어사로 나가 11월 15일 복명했는데, 이때 7개 고을을 돌아다니며 백성들의 참상을 살펴보고는 참으로 딱한 현실을 목격했을 것이다. 그때 적성 시골에서 살펴본 백성의 곤궁하고 비참한 처지에 큰 충격을 받아 이를 시로 읊었는데, 아마 이 시가 현실을 고발한 사암 사회시의 출발점을 이루지 않았을까 싶다. 이 시 「적성촌에서奉旨廉察 到積城村舍作」를 『다산시정선』 상권에서 번역시와 원문을 그대로 옮겨보겠다.

적성촌積城村에서

시냇가 허물어진 집 뚝배기처럼 누웠는데
겨울 바람에 이엉 걷혀 서까래만 들쭉날쭉.
묵은 재에 눈 덮여 아궁이는 썰렁하고
어레미처럼 뚫린 벽에 별빛이 비쳐든다.
집안에 있는 물건 몹시도 쓸쓸하니
몽땅 팔아도 칠팔푼이 안 되겠네.
개꼬리 같은 조이삭 세줄기 걸려 있고
닭창자 같은 마른 고추 한꿰미 놓여 있다.
깨진 항아리 뚫려 새는 곳 헝겊으로 발라 막고
떨어져나갈 시렁대는 새끼줄로 얽어맸다.
놋수저는 지난번에 이장에게 빼앗기고
무쇠솥은 엊그제 옆집 부자 빼앗아갔다.
검푸르고 해어진 무명이불 한채뿐이라서
부부유별夫婦有別 따지는 건 마땅치도 않구나.
어린것들 입힌 적삼 어깨 팔뚝 나왔으니
태어나서 바지 버선 입어보지 못했으리.
큰아이는 다섯살에 기병으로 올라 있고
작은애도 세살에 군적에 묶여 있다.
두 아이 군포세로 5백푼을 바치고 나니
빨리 죽기나 바랄 판에 옷이 다 무엇이랴.
갓난 강아지 세마리 애들과 함께 잠자는데

호랑이는 밤마다 울 밖에서 으르렁거린다.

남편은 산에 가 나무하고 아내는 방아품 팔러 가니

대낮에도 사립 닫혀 분위기 비통하구나.

아침 점심 다 굶다가 밤에 돌아와 밥을 짓고

여름에는 늘 솜 누더기 겨울엔 삼베 적삼 걸친다.

들냉이 싹도 깊이 박여 땅 녹기를 기다리고

이웃집 술 익어야만 지게미나마 얻어먹지.

지난봄에 꾸어 먹은 환자가 닷말이라

이로 인해 금년은 정말 못살겠구나.

나졸들 문밖에 들이닥칠까 겁날 뿐

관가 곤장 맞을 일일랑 걱정도 하지 않네.

아아, 이런 집들이 온 천지에 가득한데

구중궁궐 깊고 깊어 어찌 모두 살펴보랴.

직지사자直指使者 그 벼슬은 한漢나라 때 벼슬로서

고을 수령도 마음대로 처벌했지.

폐단의 근원 본디 어지러워 바로잡히지 않고

공수龔遂·황패黃霸 다시 일어나도 뿌리뽑기 어려우리.

먼 옛날 정협鄭俠의 「유민도流民圖」를 본받아

애오라지 시 한편 베껴가지고 임금님께 돌아갈까.

奉旨廉察 到積城村舍作

臨溪破屋如蝸盂, 北風捲茅槺齾齾.

舊灰和雪竈口冷, 壞壁透星篩眼豁.

室中所有太蕭條, 變賣不抵錢七八.

尨尾三條山粟穎, 鷄心一串番椒辣.

破甖布糊厥穿漏, 庋架索縛防墜脫.

銅匙舊遭里正攘, 鐵鍋新被鄰豪奪.

靑綿敝衾只一領, 夫婦有別論非達.

兒穉穿襦露肩肘, 生來不著袴與襪.

大兒五歲騎兵簽, 小兒三歲軍官括.

兩兒歲貢錢五百, 願渠速死況衣褐.

狗生三子兒共宿, 豹虎夜夜籬邊喝.

郎去山樵婦傭舂, 白晝掩門氣慘怛.

晝闕再食夜還炊, 夏每一裘冬必葛.

野薺苗沈待地融, 村篘糟出須酒醱.

餉米前春食五斗, 此事今年定未活.

只怕邏卒到門扉, 不愁縣閣受笞撻.

嗚呼此屋滿天地, 九重如海那盡察.

直指使者漢時官, 吏二千石專黜殺.

弊源亂本焚未正, 龔黃復起難自拔.

遠摹鄭俠流民圖, 聊寫新詩歸紫闥. (1794)

이 「적성촌에서」는 『시경』 시의 뜻과 두보 시의 뜻을 아울러 갖춘 사
암의 뛰어난 사회시로 뒷부분에서 중국 한나라 때의 유명한 원님들이
던 공수나 황패도 어떻게 할 수 없으리라는 탄식이 너무나 절실하고, 유
랑하는 백성들의 모습을 그림으로 그려 임금님께 바친 정협의 고사를
인용한 대목이 시의 전체 뜻을 살려낸 명작이라 할 수 있다.

5. 임금의 총신도 고발하다

사암은 이와 같이 복명서와 시로 암행어사의 직분을 잘 수행했으나 사암을 암행어사로 보낸 정조와 당시의 집권층은 사암의 복명서를 깔 아뭉개고 합당한 뒤처리를 하지 않은 듯싶다. 그러자 사암은 「경기어사로 복명한 뒤의 일을 따지는 상소문京畿御史復命後論事疏」을 올리게 된다. 참으로 사암을 사암이게 하는 상소문이라 『여유당전서』 시문집 소疏에 나온 그 전문全文을 번역하여 싣는다.

엎드려 생각하건대, 신은 사리에 어둡고 덩둘한 하나의 서생으로 정사政事를 하는 직책을 경유하지 못하여 곧 목민관을 지내지 않아 민간의 괴로움을 알지 못함에도 외람되게 암행어사의 명령을 받고서 직지사直指使의 신의를 저버렸고, 또 기일이 촉박함으로 말미암아 두루 다 살피지 못하여 수령의 잘잘못을 논한 것이 솔직하고 사소한 일에 얽매이지 않게 갖추지 못했으니, 신은 바야흐로 부끄럽고 황공해서 임금님께 우대를 받음에 부응하지 못한 것을 걱정하였사옵니다.

전번에 대신이 전 삭녕군수 강명길과 전 연천현감 김양직은 죄에 따라 법을 적용하여 죄인을 조사해 처벌해서는 안 된다고 진달한 바 있습니다. 신은 이에 대해 진실로 지극히 의아스러운 마음을 이기지 못하겠습니다. 대저 강명길은 태의太醫이고 김양직은 현륭원을 옮길 때의 지사地師입니다. 진실로 그가 저지른 것이 신이 논한 바와 같이 부정한 재물을 탐내고 가혹하게 함부로 거두어들인 데 이르지 않았다면, 그 공적을 생각하여 그 허물을 용서하는 것이 불가한 바가 없으나 지금 이 두 사람의 죄는 진실로 수령 제도가 생긴 이래로 아직 듣지 못한 바입니다. 그 백성을 소중히 여기고 법을 지키는 도리에 있어서 해당 법으로 죄를 논하되 차율次律로 그 죄를 물어 무거운 형벌을 가볍게 하고, 마땅히 멀리 귀양을 보내야 할 것을 가까운 곳으로 하는 것은 오히려 괜찮습니다. 그러나 죄를 온통 용서해 조금도 손상됨이 없게 한다면, 형정刑政의 큰 테두리를 해침이 없겠습니까? 진실로 이렇게 한다면 전하께서는 무엇 때문에 신을 암행어사로 보내셨나이까? 이들이 총애와 비호에 기대어 이와 같이 방자했으니, 바야흐로 탄로나기 전에는 오히려 조금이라도 두려워하는 마음을 가졌겠으나 이미 탄로나서 암행어사의 장계狀啓에 올랐는데도 끝내 아무 일이 없으면, 바야흐로 날개를 펴고 꼬리를 치며 의기양양하게 굴면서 다시는 더욱 거리낌이 없을 것입니다.

그리고 그 후배들 중 흠모하여 본받는 자가 이를 전하여 미담으로 삼고 보통의 일로 알 것이니, 이는 작은 일이 아닙니다. 또 신이 듣건대, 강명길은 의술이 본디 자세하고 깊지 못한데, 오직 임금님 뜻을 좇으며 수의首醫에 이르렀으니, 세상에서는 가만히 의논하면서 감히 말하지 못하는 경우가 매우 많습니다.

또 현륭원이 좋은 곳에 자리잡은 것은 바로 전하의 효심과 사모의 마음이 감동시킨 바이며 전하께서 옛사람들의 말에 감동되어 그렇게 하신 것입니다. 김양직에게 무슨 공이 있겠습니까. 그는 늙은 서생으로, 하루아침에 수령의 도장을 차고 수령이 된 것만으로도 족하거늘, 장오贓汚의 법을 위반하였는데도 그대로 놓아주고 죄를 묻지 않으시니, 신의 어리석은 소견으로는 잘 헤아릴 수 없사옵니다. 대저 법을 씀에는 마땅히 임금님의 가까운 신하로부터 시작해야 합니다. 신이 생각하건대, 이 두 사람의 경우는 빨리 의금부義禁府로 하여금 법을 적용하여 죄를 조사해 법에 따라 처벌하도록 해서 인명을 소중히 여기고 국법을 높이시면 매우 다행하겠사옵니다.

사암의 이 상소문을 읽어본 정조의 심경은 어땠을까? 지사 김양직은 뒤에 어떻게 되었는지 알지 못하겠으나 강명길은 양주목사에 이르고 『제중신편濟衆新編』 5책을 저술했으며, 1801년 정조의 병환을 잘못 치료해 결국 사형을 당했다. 만일 사암의 상소가 받아들여져 적절한 조처가 취해졌다면 정조와 강명길의 운명이 어찌 되었을지는 알 수 없는 일이다.

또 앞의 상소문 가운데 "법을 씀에는 마땅히 임금님의 가까운 신하로부터 시작해야 합니다."란 사암의 말은 오늘날 우리에게도 큰 교훈이 될 만하다고 하겠다.

6. 충신을 넘어 골경신이 되려고

경기 암행어사를 다녀온 뒤 12월 7일 경모궁추상존호도감景慕宮追上尊號都監 도청랑都廳郎에 임명되고, 12월 13일 종5품인 홍문관 부교리에 임명되었는데, 부교리를 사직하는 상소를 올렸다. 정조는 이듬해가 장헌세자가 회갑이 되는 해이므로 존호尊號를 올리려고 상호도감上號都監을 설치하였는데, 채제공이 도제조都提調에 임명되고, 사암과 권평權坪 (1734~?)이 도청랑에 임명된 것이다. 이때 사도세자의 휘호徽號를 우여곡절 끝에 '장륜융범 기명창휴章倫隆範 基命彰休'로 지어 바쳤고, 대제학大提學 서유신徐有臣(1735~1800)이 지은 옥책문玉冊文도 사암의 의견에 따라 다시 지어졌으며, 태빈궁太嬪宮에 바쳐질 옥책과 금인金印에도 '신 근봉臣謹封'이라고 써야 한다고 사암이 의견을 내어 그대로 실행되었다.

또 12월에 옥당에 들어갔을 때 "내각학사內閣學士 정동준은 병을 핑계로 집에 머무르면서 아침저녁으로 공부하고 몸을 닦는 일도 하지 않으니, 그 일을 괴이하게 여겨 의심하지 않는 사람이 없습니다. 더구나 그의 저택은 규제를 벗어나 지나가는 사람마다 손가락질을 하고 있으니, 이것은 내각 신하로 있는 다른 사람들에게까지 좋은 소식이 되지 않으리라 여겨져 걱정입니다. 엎드려 바라옵건대, 임금님께서 조금씩 억제해주시고 분수를 지킬 수 있게 해주신다면 조정이나 조정 밖의 의심을 푸는 것만이 아니라 자신에게도 다행일 것입니다."라고 적어놓았는데, 갑인년(1794) 겨울에 두번째로 옥당에 들어갔다가 곧 자리가 바뀌는 바람에 상소를 올리지 못했다. 그러다가 을묘년(1795) 봄에 정동준이 반역을 꾀한 일이 들통나자 자살해버려 상소를 하지 않았다.

사암은 정동준의 비리를 고발하는 상소를 비록 올리지는 못했지만, 정조가 감싸고 비호하는 내의와 지사 등 측근일지라도 탄핵을 서슴지 않는 진짜 충신인 골경신骨鯁臣이 되려고 애쓴 것이다.

사암은 33세 때인 갑인년에 그동안 아버지의 복상 중이라 시를 짓지 못하고 억눌렀던 창작욕을 쏟아내어 47편이나 되는 많은 시를 읊었다. 이 가운데 「윤지범을 기다려도 오지 않기에秋雨 期南皐不至 簡邀」「헌납 한치응에게鳴鳳篇 贈韓獻納」「백운대에 올라登白雲臺」「성호 이익의 넓은 학문博學」「적성촌에서」「대장장이 노래鍛人行 奉示都監諸公」 등 6편은 『다산시정선』 상권에 번역시와 원문이 함께 실려 있고, 「적성촌에서」는 앞에 전문을 인용해 참고하도록 했다.

7. 정3품 병조참의에 임명되다

사암의 나이도 어느덧 34세가 되고, 문과에 급제해 벼슬살이를 시작한 지도 7년째 되는 정조 19년(1795)이 되었다. 1월 17일 상호도감 실무자인 도청랑으로 있을 때 준비한 존호를 사도세자 경모궁景慕宮과 혜경궁惠慶宮 홍씨에게 올리고, 종3품인 사간원 사간司諫에 임명되었다가 1월 18일 무관직인 부사직副司直에 임명되었다. 1월 23일 정3품 당하관堂下官인 승정원 동부승지同副承旨에 임명되자 동부승지 사직을 청하는 상소를 올렸으나 오히려 2월 17일에 정3품 당상관堂上官인 병조참의에 임명되었다.

병조참의에 이르러 2월 19일 병조에서 숙직을 하면서 문관이 무관 직무를 하면서 어딘가 소외된 듯한 느낌이 드는 「병조에서 짓다騎省作」란 시를 짓고, 또 전해에 암행어사로 나가 백성들의 굶주리는 모습을 떠올려 「굶주린 백성飢民詩」이란 시를 짓는다. 이 시는 또한 앞서 지은 「적성촌에서」와 더불어 사암의 대표적인 사회시의 하나라 할 수 있기에 『다산시정선』 상권에서 번역시와 원문을 그대로 옮겨 사암의 초기 우국 애민 정신을 음미해보도록 한다.

굶주린 백성

1

인생이 풀이라냐 나무라냐
물이랑 흙으로만 살아갈거나.

힘껏 일해도 초목만 먹고 살라니
콩과 조 그걸 먹어야 하는데
콩과 조 귀하기 보배 같으니
혈액과 생기가 어떻게 기름질쏘냐.
야윈 목은 구부러져 따오기 모습
병든 살결 주름져 닭껍질이네.
우물 있어도 새벽물 긷지도 않고
땔감 있어도 저녁밥 짓지를 않네.
팔다리는 그런대로 움직이지만
걸음걸이 맘대로 못하는구려.
너른 들판 찬 바람이 많은데
기러기 슬피 우는 저녁에 어디로 가나.
고을 사또 어진 정사 행한다고
사재 털어 구제해준다는 말에
엉금엉금 고을 문에 다다라
입 쳐들고 죽가마 앞으로 간다.
개돼지도 내버리고 돌아보지 않을 걸
사람으로 엿처럼 달게 먹으리오.
어진 정사 행하기는 바라지 않았지만
재물 덜어 구제함도 어림없구나.
관가 재물 남이 엿볼까 꺼리리니
우리가 굶주리지 않을 수 있으리오.
관가의 마굿간에 살지고 아끼는 말은
진실로 우리들의 살갗이라네.

슬피 울며 고을 문을 나서니
아찔하고 핑 돌아 갈 길이 까마득하다.
누런 잔디 언덕에 잠깐 나아가
무릎 펴고 보채는 아기 달랜다.
고개 숙여 서캐를 잡고 있자니
두 눈에선 눈물이 왈칵 쏟아지네요.

2

까마득한 하늘 땅의 만물 기르는 이치
고금에 어느 누가 알 수 있으랴.
저 많은 백성들 태어났건만
야윈 몸에 재해까지 겹쳐
메마른 산 송장이 쓰러져 있고
거리마다 만나느니 유랑민들이네.
이고 지고 다니나 오라는 데 없어
어디로 가야 할지 아득하기만.
부모 자식 사이에 부양도 못하고
재앙이 닥치니 천륜도 해치고
상농군도 거지가 되어
서투른 말솜씨로 구걸하노라.
가난한 집에서는 도리어 하소연
부잣집에서는 일부러 늑장 피우지.
새 아니라서 벌레도 쪼지 못하고
고기 아니라서 물에 살지도 못하네.

얼굴빛은 누렇게 떠서 야위고
머리털 뒤얽힌 실타래 같다.
옛날 성현들이 어진 정치 베풀 때는
늘 홀아비 과부 불쌍히 여기라고 말했으니
이젠 그들이 진실로 부러울 줄이야
굶어도 자기 한몸 굶을 테고
매인 가족 돌아볼 걱정 없으니
그 어찌 온갖 근심 맞이하리오.
봄바람이 단비를 이끌어오면
온갖 초목 꽃 피고 잎이 돋아나
생기가 천지를 뒤덮으리니
빈민을 구제하기 좋은 때라오.
엄숙하고 점잖은 조정의 고관들이여
경제에 나라 안위 달려 있다오.
도탄에 빠져 있는 백성들을
구제할 자는 그대들 아니면 누구일까.

3

누렇게 수척한 얼굴 생기도 없고
가을 오기 전에 시든 버들가지네.
구부러진 허리에 걸음조차 못 걸어
담장을 부여잡고 억지로 일어나네.
부모 자식 사이도 보전하지 못하는데
길 가는 남을 어떻게 동정하리오.

어려운 삶에 착한 본성을 잃어버려
굶주리고 병든 자를 웃으며 보네.
이리저리 앞뒷집에 돌아다니나
마을 풍속 본디가 이러했으랴.
부러워라 저 들판 참새떼들은
잎 떨어진 가지에 앉아 벌레를 쪼네.
고관 집엔 술과 고기 많기도 하여
이름난 기생 맞아 풍악 울린다.
태평세월 만난 듯 한껏 즐기고
대감님네 풍도라고 거드름 피운다.
간사한 백성은 거짓말을 쉽게 하고
오활한 샌님은 시절을 걱정함이 많아서
오곡이 풍성하여 지천인데도
농사에 게으르니 굶을 게 당연하고
총총히 수풀같이 많은 백성은
요순도 널리 베풀지 못하니
하늘에서 곡식비나 내린다면 모를까
무슨 수로 이 흉년 구할 수 있겠나.
두어라, 한병 술이나 마시고
펄럭이는 깃발에 봄꿈이나 꾸자꾸나.
골짝엔 묻힐 땅 남아 있거니
한번 죽음 사람이면 기약한 것이니
비록 들보리인 오매초烏昧草가 있다더라도
대궐에 이걸 바쳐 무엇을 하랴.

형제간에도 서로 안타까워 않는데
부모인들 자애를 베풀겠느냐.

飢民詩

人生若草木, 水土延其支.

俛焉食地毛, 菽粟乃其宜.

菽粟如珠玉, 榮衛何由滋.

槁項類鵠形, 病肉縐鷄皮.

有井不晨汲, 有薪不夜炊.

四肢雖得運, 行步不自持.

曠野多悲風, 哀鴻暮何之.

縣官行仁政, 賑恤云捐私.

行行至縣門, 喁喁就湯糜.

狗彘棄不顧, 乃人甘如飴.

亦不願行仁, 亦不願捐貲.

官篋惡人窺, 豈非我所羸.

官廐愛馬肥, 實爲我膚肌.

哀號出縣門, 眩旋迷路歧.

暫就黃莎岸, 舒膝挽啼兒.

低頭捕蟣蝨, 汪然雙淚垂.

悠悠大化理, 今古有誰知.

林林生蒸民, 憔悴含瘡痍.

116

槁莩弱不振, 道塗逢流離.

負戴靡所聘, 不知竟何之.

骨肉且莫保, 迫厄傷天彝.

上農爲丐子, 叩門拙言辭.

貧家反訴哀, 富家故自遲.

非鳥莫啄蟲, 非魚莫泳池.

顏色慘浮黃, 鬢髮如亂絲.

聖賢施仁政, 常言鰥寡悲.

鰥寡眞足羨, 飢亦是己飢.

令無家室累, 豈有逢百罹.

春風引好雨, 草木發榮滋.

生意藹天地, 賑貸此其時.

肅肅廊廟賢, 經濟仗安危.

生靈在塗炭, 拯拔非公誰.

黃馘索無光, 枯柳先秋萎.

傴僂不成步, 循墻強扶持.

骨肉不相保, 行路那足悲.

生理梏天仁, 談笑見尪羸.

宛轉之四鄰, 里俗本如斯.

羨彼野田雀, 啄蟲坐枯枝.

朱門多酒肉, 絲管邀名姬.

熙熙太平象, 儼儼廊廟姿.

奸民好詐言, 迂儒多憂時.

五穀且如土, 惰農自乏貲.

林蔥何其繁, 堯舜病博施.

不有天雨粟, 何以救歲飢.

且復倒一壺, 曲旃春迷離.

溝壑有餘地, 一死人所期.

雖有烏昧草, 不必獻丹墀.

兄長不相憐, 父母安施慈. (1795)

이 「굶주린 백성」은 3장으로 된 시인데, 원주에 따르면 제1장에 대해
소릉少陵 이가환의 평론은 "찬란할사 당나라 때 원결元結처럼 문장의 기
운이 드넓고 거침이 없도다." 하고, 제2장에 대해서는 "어조가 격렬하다
가 갑자기 가라앉았다 하며 종횡으로 리듬이 오르락내리락하다가 맺는
말은 완곡하면서 엄숙하다. 몽둥이로 때리고 욕설과 꾸짖는 것보다 아
프고 쓰라리다. 말하는 자에게 죄가 없고, 듣는 자는 경계삼아야 할 것
이다."라고 했으며, 또 남고 윤지범은 "정협이 그려 바친 「유민도」와 견
줄 수 있는 시다."라고 평론했다.

8. 관각문학의 역사시 걸작을 짓다

2월 21일 사암은 경모궁에서 재숙齋宿하며 군호軍號 곧 지금의 말로
는 암구호를 잘못 지은 벌로 7언 배율排律 1백운韻의 역사시 「왕길의 까
마귀 쏜 노래騎省應敎 賦得王吉射烏詞一百韻」를 하룻밤 사이에 지어 바쳤다.
정조 임금은 이 시를 보고 칭찬하는 한편 "예문관과 규장각의 여러

학사들인 민종현·심환지·이병정李秉鼎(1742~1804) 등에게 비평해 올리라고 명령하고, 내각학사 이만수李晩秀(1752~1820)에게 낭독하게 하시고는, 임금이 비평을 곁들여 장려하고 깨우쳐주심이 매우 융숭했고, 사슴가죽을 하나 하사해 총애해주셨다. 임금께서 가까이 있는 신하들에게 말씀하시기를, '내가 앞으로 약용에게 관각館閣의 일을 맡기려고 먼저 그 뜻을 보인 것이다.'라고 하셨다."

이 「왕길의 까마귀 쏜 노래」는 사암이 지은 관각문학의 걸작이며, 정조 임금이 사암의 시재詩才를 시험해본 작품이다. 밤 11시에 시제詩題를 받고 이튿날 새벽 5시에 정서를 끝냈으니, 6시간 만에 7언시 1백운 곧 1400자의 시를 짓고 또 정서까지 한 것이다.

이 「왕길의 까마귀 쏜 노래」에 대한 정조 임금과 세 대제학의 논평이 음미할 만하다.

정조 임금은 다음과 같이 논평했다.

"어젯밤 군호의 일로 말미암아 시험삼아 1백운 배율을 지어 올리도록 했는데, 그때는 2고鼓가 지났고 제목도 분명치 않았다. 승지를 통해 더 자세한 것을 물어왔기에 '인물은 한나라 장안長安 시대이고 내용은 활쏘기이다.'라고만 적어주고 그에 관한 고사를 널리 찾아 지어 새벽 대궐문을 열 때까지 그 시축詩軸을 바치게 했다. 대궐문을 열자마자 시축이 먼저 올라왔는데, 문장이 원만하고 구절이 매끄러운데다 경구警句도 꽤 많았다. 이서구李書九(1754~1825)·신기申耆(1741~?)·한만유韓晩裕(1746~1812) 같은 이가 지은 「장안 저자의 술집에서 잠들었네長安市上酒家眠」라는 제목의 1백구 고시百句古詩 같은 것은 기한이 충분했으므로 특별히 말할 것도 없고, 황기천黃基天(1760~1821)이 1경更 사이에 지은 백구부百句賦는 사람들의 입에 널리 오르내렸으며, 윤행임이 지은 백구百句의 표表와

세편의 책策은 더운 여름 한밤중 8각刻 동안에 일필휘지로 이루어짐으로써 문원文院이 크게 빛났었다. 오늘 이 사람의 작품은 신속한 점은 시부詩賦보다 낫고 법도에 맞는 점은 표책表策보다 못하지 않으니, 이와 같은 사람은 참으로 알찬 재주꾼으로서 보기 드문 경우라 할 만하다.”

세 제학의 논평은 다음과 같다.

“꾸불꾸불 뻗어나간 것은 구름이 퍼지고 강물이 흐르는 듯하며, 깔끔하고 치밀하기는 옥을 다듬고 비단을 짜는 듯하니, 이것이 곧 이른바 문원文苑의 기재奇才란 것이 아니겠습니까.”(심환지이다. 이때 규장각 제학으로 있었다.─원주)

“한밤중 짧은 시간에 지어낸 1백구의 배율이 구상 면에서 깊은 맛이 있고 운자를 단 것도 구차하지 않으니, 어려운 일이라 하겠습니다.”(이병정이다. 이때 예문관 제학으로 있었다.─원주)

“아름다움이 넘쳐흐르고 어감이 맑고 깨끗하니, 진정 온종일 애써 생각해 지었더라도 훌륭한 작품이라 할 것인데, 더구나 두세경更 동안에 지은 것이겠습니까.”(민종현이다. 이때 홍문관 제학으로 있었다.─원주)

앞에서 말한 「왕길의 까마귀 쏜 노래」는 『다산시정선』 상권에 번역시와 원문이 실려 있고, 정조 임금과 세 제학의 논평도 아울러 수록되어 있다.

9. 『화성정리통고』를 편찬하다

사암은 2월 24일 식년시 감시의 회시 1소의 참시관으로 임명되고, 윤2월 1일에는 사마시 회시가 시행되어 고시관으로 참가했다. 윤2월 9일 정조 임금의 화성 행차를 병조참지兵曹參知로 수행하고, 시흥 행궁에서 가승지假承旨에 임명되어 윤2월 12일 화성 현륭원에 참배했으며, 이날 밤에 화성 서장대西將臺에서 무예를 관람하고, 윤2월 13일 행궁 봉수당 奉壽堂에서 거행된 혜경궁 홍씨의 회갑연에 참석했다. 또 윤2월 14일에는 낙남헌洛南軒에서 열린 양로연養老宴에 참여했으며 윤2월 16일 서울로 돌아왔다.

윤2월 20일경 사암이 사마시 회시 고시관으로 참여하여 부정을 저질렀다는 보고로 말미암아 다른 죄목으로 의금부에 갇혔다가 3월 3일 석방되었다. 앞서 사마시 회시 1소의 고시관으로 참여했을 때 남인南人으로 사마시에 합격한 이가 50명이나 되었는데 모두 2소에서 뽑혔고, 사암이 참여한 1소에서 뽑힌 사람은 남인이 겨우 3명뿐이었다. 이때 1소의 고시관이 사정私情을 썼다고 잘못 알려졌고, 그 말이 임금 귀에 들어가 의금부에 갇혔다가 석방된 것이다.

3월 3일 의궤청 찬집 문신에 임명되어 『화성정리통고華城整理通考』편찬 작업에 종사했다. 이 『통고』를 편찬할 때 사암이 담당한 부분이 제일 많았다.

10. 삼일제 시험 대독관으로 겪은 일화

또 3월 5일에는 춘당대 삼일제三日製 시험에 임금의 특명으로 대독관에 임명되었다. 이때는 사마시 1소 고시관을 하다가 모함을 받고 의금부에 갇혔다가 풀려나온 지 며칠 안 되었기 때문에 굳이 사양했으나 정조 임금이 굳이 임명한 것이다. 이때 사암이 겪은 일화를 『사암선생연보』에서 인용해본다.

정조 임금이 제학 서유린徐有隣(1738~1802)에게 말했다.

"가려 뽑거나 버리며 흠을 잡고 병통을 지적하기를 대독관과 같이 서로 의논해서 함이 옳을 것이다."

하시자 사암이 일어나 사양했다.

"문원文苑의 고사에 대독관은 다만 답안만 읽을 뿐 외람되게 좋고 나쁘다고 해서는 안 된다고 했으니, 신이 외람되어 명령을 받들지 못하겠사옵니다."

임금이 말했다.

"함께 의논할 수 있음을 알고 있으니 굳이 사양하지 말라."

사암이 굳이 사양했으나 임금이 명령을 거듭 내리므로 할 수 없이 의논하는 데 참여하게 되었다. 답안을 평할 때 제학 서유린은 사암이 임금의 명령을 받았다고 하여 한점을 찍거나 지울 때마다 모두 사암의 말을 기다렸다.

사암은 엄한 명령을 받은 이래로 한평생 다시는 고시관이 되지 못할 것이라고 생각했는데, 불과 며칠 만에 이와 같은 은혜로운 명령이 있게 되었다. 이는 아마도 지난번 과거 시험장에서 일어났던 참소에 대해서 임금이 이미 그것이 무고임을 아셨기 때문이리라.

이때에 배율排律 답안 한장이 내버림을 당했는데, 이를 내버리려 할 때 임금이 다시 한번 훑어보고 떨어짐을 아깝게 여기는 뜻이 있었다. 답안 채점이 다 끝났을 때, 배율은 뽑힌 것이 없었다. 임금이 "아까 그 한장이 아깝다."라고 하고, 모시던 신하를 시켜 찾아오게 했다. 구석구석 뒤져도 찾지 못했다. 사암이 일어나 한장을 집어왔는데 아까 버린

122

것이었다. 마침내 제1등에 놓고 이름을 펴보니 정약선丁若鏽이었다.

사암은 오장을 벌벌 떨며 큰 함정에 빠진 사람처럼 얼굴빛이 파랗게 질렸다. 임금이 "무엇 때문에 그러느냐?"고 하여 "신의 족제族弟입니다."라고 대답했다. 또 "그 사람 됨됨이와 문예는 어떠한가?" 하고 물어 "평범한 선비입니다."라고 대답했다.

사암이 물러나와 채홍원에게 말했다.

"나는 이제 죽음이 있을 뿐입니다. 새로 사정私情에 기대 임금의 보살피는 뜻을 얻었는데, 또다시 가까운 어탑御榻 앞에서 이런 혐의쩍은 일을 저질렀으니, 죽음이 있을 뿐입니다. 대저 고시관이란 반드시 죽는 자리인가 싶습니다."

며칠 뒤에 임금이 채홍원에게 말했다.

"어제 정약선을 만나보았는데, 그 행동거지가 단정하고 조심성이 있었으며, 응대하는 것도 얌전하고 우아했소. 그의 문예는 어떻소?" 하고 물어 채홍원이 대답하기를 "문예도 또한 정묘精妙합니다."라고 하였다.

임금이 "정아무개에게 물었더니 평범하다고 대답했는데, 무슨 까닭이 있소?"라 하여, 채홍원은 사암이 앞서 한 말을 낱낱이 아뢰었다 한다. 그랬더니 임금이 크게 웃으셨다고 했다.

앞에 나온 족제 '정약선'은 『나주정씨족보』나 『사마방목司馬榜目』에 그 이름이 나오지 않는다. 아마도 정조 19년(1795) 식년 사마시에 진사 3등으로 합격한 사암의 4촌 아우, 곧 사암의 작은아버지 정재운의 아들 정약련丁若鍊(1764~1828)의 다른 이름이 아닐까 싶다.

11. 주문모 사건이 일어나다

정조 임금은 윤2월 화성 현릉원에 참배하고 수원으로 돌아와 행궁 봉수당에서 어머니 혜경궁 홍씨의 회갑연을 베풀고 나서 서울로 돌아왔는데, 이때도 사암은 병조참지와 가승지에 임명되어 수행하면서 어제시에 화답하는 등 정조 임금 측근에서 총애를 한몸에 받으며 지냈고, 3월 7일 육상궁毓祥宮과 세심대洗心臺에 수행하고, 3월 10일 부용정芙蓉亭 잔치에도 수행했으며, 또 3월 18일 용산 읍청루挹淸樓에 수행해 수군水軍 훈련을 관람하고, 우부승지에 임명되었다가 3월 20일 부사직으로 임명되었는데 4월에는 규장각에서 교서校書를 하며 지내다 또 정직을 당했다.

5월 11일에는 전해에 압록강을 건너 몰래 들어온 청나라 신부 주문모周文謨(1752~1801)를 체포하라는 명령이 내려졌는데, 주문모는 놓쳐버리고 주문모를 숨겨준 지황池潢(1767~95)·윤유일尹有一(1760~95)·최인길崔仁吉(1764~95) 등이 체포되어 장형을 맞고 순교했다. 이때 사암은 산직散職인 부사과로 있으면서 남고 윤지범과 자주 왕래하며 지내다가 갑자기 몹시 앓고 나서 정릉동 곧 정동에서 살고 있던 윤필병尹弼秉(1730~1810)·채홍리蔡弘履(1737~1806)·이정운 등을 찾아다니며 모시는 등 한가롭게 지내고, 6월 15일경에 세검정에 놀러가 장마 뒤에 시냇물이 힘차게 흐르는 모양을 바라보며 근심스런 마음을 씻어내리기도 했다.

7월 4일 권유權裕(1730~1804)가 주문모 사건을 덮으려고 한 조규진趙圭鎭을 문책하라고 상소했고, 『사암선생연보』에 따르면 7월 7일에 목만중 등이 선동을 하고 뜬소문을 퍼뜨리며 이 주문모 사건을 트집 잡아 무고無辜한 무리들을 완전히 구렁텅이에 빠뜨리려 하고는 음험하게 박장설

朴長卨(1729~?)을 부추겨서 상소를 올리게 했다. 그 상소문에서 이가환을 무고誣告했는데, 그 내용은 "정약전이 경술년(1790) 회시 때 지은 책문의 답변에 오행五行을 사행四行으로 하였어도 이가환이 뽑아서 회시의 장원으로 뽑았다."는 것이었다.

정조 임금이 그 대책문을 읽어보고 무고임을 살핀 후 유시를 내려 잘잘못을 가리고 나서 박장설을 육지의 끝 변두리로 귀양을 보냈다. 그러자 악당惡黨들이 유언비어를 날마다 퍼뜨렸으니 당시의 재상과 세력 있는 집안에선 이런 일을 귀에 익도록 들어서 말하기를 "이가환 등이 주문모 사건에는 참으로 밑바탕이니 죄를 주지 않으면 안 된다."라고 했다.

제5장

금정찰방으로 쫓겨나다

1. 금정에서 귀양 아닌 귀양살이

정조 임금이 괴로워하다 가을에는 이가환을 충주목사忠州牧使로 좌천
시키고, 사암을 가을 7월 26일 종6품인 금정찰방金井察訪으로 좌천시켜
임명하는 한편, 이승훈은 예산현禮山縣으로 귀양을 보냈다. 그리고 그날
"그가 만일 눈으로 성인의 책이 아닌 걸 읽지 않고 귀로 상도에 어긋나
는 말을 듣지 않았다면 죄없는 그의 형(若銓)이 벌을 받았겠느냐? 그가
만일 뛰어난 문장을 쓰고 싶었다면 육경六經과 서한西漢·동한東漢의 문
장이 좋은 모범이 될 터인데, 기이奇異에 힘쓰고 새로운 것을 찾으려다
가 몸과 이름이 낭패를 보기에 이르렀구나! 무슨 버릇이란 말인가! 비
록 그의 행적이 온전히 드러나지 않았다 하더라도 사건의 깊고 얕음을
캐냈으니 그 죄가 판명된 것이다. 만일 착함으로 마음이 향해 그가 이로
말미암아 스스로 뉘우친다면 그에게 있어서는 훌륭한 인재로 되는 길이
다. 전 승지 정약용을 금정찰방으로 임명하니 즉시 출발해 목숨이나 살
아 한강을 넘어 돌아올 방법을 도모하도록 하라."고 유시諭示를 내렸다.

금정은 홍주洪州에 있는 역으로 역속驛屬들이 대부분 서교를 믿고 있었다. 정조가 사암으로 하여금 이들을 잘 회유하여 서교를 믿지 말도록 하려는 뜻이 있었다.

사암은 금정찰방으로 부임하려고 7월 27일쯤 서울을 출발해 수원에서 수원부 유수 조심태趙心泰(1740~99)를 만나 같이 점심을 들며 이야기를 나누고, 화성의 오성지五星池와 성루 등을 둘러보았다. 사암은 이 화성을 설계했고, 조심태는 화성 성역城役을 총지휘하였다. 유수 조심태와 헤어지고 수원을 떠나 진위振威에서 묵은 후, 7월 28일 진위에서 출발해 평택平澤에서 쉬고 아산牙山 곡교曲橋에서 묵었다가, 7월 29일 곡교를 출발해 예산 신례원新禮院에서 쉬고 또 대흥大興 광시역光時驛에서 쉬고 나서 밤에 금정역金井驛에 이르렀다.

유배지 비슷한 금정역에 7월 29일 밤 늦게 도착한 사암은 8월 1일 충청도 관찰사 유강柳炯(1736~?)에게 연명延命 대신 인사 편지를 보냈다. 이때도 대사헌 이의필李義弼(1738~1808)이 이가환의 무리를 시급히 뿌리 뽑으라고 상소를 올린다. 정조는 8월 2일 이의필을 단천端川으로 유배시키라는 명령을 내린다.

금정역에 이르러 안정을 찾자 8월 5일 목재木齋 이삼환李森煥(1729~1813)에게 편지를 드리고, 8월 7일 아버지 정재원의 친구요 사돈이기도 한 나주목사羅州牧使 이인섭이 퇴계 이황을 본받아 주자朱子의 글에 힘쓰라는 편지를 보내자 이에 대한 답장을 올렸다. 사암은 뒤에 『퇴계집退溪集』을 구해 읽으며 「도산사숙록陶山私淑錄」을 쓴다.

사암은 산수를 좋아하는 터라 금정역에 온 뒤 내포內浦 주위의 명사名士들을 방문하는 한편 영보정永保亭을 유람하고 오서산烏棲山에 올라 천정암天井庵을 관람하고 용봉사龍鳳寺도 돌아보았다. 또 백마강白馬江을

건너 부여현감扶餘縣監 한백원韓百源과 조룡대釣龍臺·평백제탑平百濟塔·
고란사皐蘭寺 등 역사 유적을 둘러보고 공주에 가서 공북루拱北樓에 올라
술을 마시며 금강錦江을 굽어보는 등 금강과 백마강 일대의 기행紀行을
하면서 지냈다. 부여현감 한백원은 1796년 사암의 명례방 죽란사竹欄舍
에서 결성된 죽란시사에 참여한다.

이때 공주에서 맹화孟華 오국진吳國鎭(1763~?)과 요신堯臣 권기權夔
(1765~?) 등 두 벗이 공주 창곡倉穀의 부정부패한 정치로 말미암아 백성
들이 제대로 살 수 없음을 낱낱이 말하기에 그 말을 시로 기술한 것이
「공주 창곡의 부정부패孟華堯臣 盛言公州倉穀爲弊政 民不聊生 試述其言 爲長篇
三十韻」이다. 이 시는 앞에서 우리가 읽어보았던 「굶주리는 백성」과 더
불어 사암의 사회시로 1795년에 지어졌는데, 이 시에 그려진 폐정弊政의
행태가 1894년 동학혁명東學革命이 일어날 때까지 1백년 동안이나 그대
로 계속되고 있었다는 것을 알게 해주는 시라고 할 수 있다. 이 시도『다
산시정선』 상권에 번역시와 원문이 실려 있어 읽어볼 수 있음을 안내하
는 바이다.

2. 봉곡사에서『가례질서』를 교정하다

사암은 금정찰방으로 7월 29일 부임하고 나서 며칠 지나지 않은 8월
5일에 성호 이익의 종손從孫으로 당시 예산에 살고 있던 목재 이삼환 선
생에게 편지(「上木齋書」)를 보낸다. 그 편지에서 "오늘날 서울의 사우士友
중에 또한 사윤士潤 심유沈浟(1748~1808), 황이수黃耳叟 등 몇몇 분도 학
문을 수립한 바가 모두 우뚝 뛰어났는데, 진실로 일세의 표준이 될 만한

성호의 문하門下인 선생께서는 남보다 선구가 되어야지 겸양하고 자신을 낮추기만 하고 응답하지 않으심은 많은 사람들의 바람을 저버리는 것입니다. 어떻습니까, 어떻습니까? 성호의 문집을 간행하는 일은 더러 이가환 형과 상의하시는지요? 이는 결국 상경한 뒤의 일일 것이므로 평소에 생각했던 바를 다 말씀드리지 않겠습니다. 혹시 가까운 절간에서 회합하기를 약속해주신다면 모시고 머물면서 즐기겠습니다. 일찍부터 영질令姪 우성虞成 이재위李載威(1745~1826)의 지식과 견문이 넓어 필적할 만한 자가 없다는 것을 알고 있으니, 그분도 함께 참석시키면 좋을 것입니다."라고 했다.

이 편지는 필자가 편역한 『다산문학선집』과 『다산서간정선』에도 번역되어 원문과 함께 실려 있다. 사암은 이렇게 편지로 또는 몸소 목재 선생을 찾아뵙기도 하며 설득해 10월 27일부터 11월 5일까지 온양 서암西巖 봉곡사鳳谷寺에서 목재 선생을 모시고 강학講學을 하는 한편 성호 이익의 유서遺書를 교정해 이를 정서해 편찬했다. 이때 목재 선생이 교정해 정리한 것이 『성호전서星湖全書』에 실린 『가례질서家禮疾書』 6권인 듯싶다. 이때 봉곡사에 모인 선비는 이재위를 비롯해 모두 13명인데, 그때 모습이 「봉곡사시 서문鳳谷寺述志詩序」과 「서암강학기西巖講學記」에 나와 있다.

이렇게 사암은 성호 선생 유저인 『가례질서』 6권을 교정해 정서하고 나서 11월 19일부터 『퇴계집』을 얻어 읽고 수양을 쌓으며 「도산사숙록」을 쓴다. 이는 아버지와 절친했던 나주목사 이인섭의 부탁을 저버리지 않고 실천한 것이다.

3. 「도산사숙록」을 쓰다

「도산사숙록」을 쓰면서 사암이 퇴계의 편지글을 읽고 자기 반성을 하는 두가지 사례만 초들어보겠다.

첫째로 퇴계가 중구仲久 이담李湛(1510~74)에게 답하는 편지에서 "내 「도산기陶山記」와 「도산잡영陶山雜詠」이 공의 안석에까지 미치어 들렸다 하니 크게 송구스럽습니다. 우스개로 나온 말이라 반드시 이치에 맞지는 않는 것입니다. 낮고 천한 허물은 이미 뉘우쳐도 소용이 없습니다." 라고 한 구절을 보고 사암은 다음과 같이 자기 반성을 한다.

"나는 평소에 큰 병통이 있다. 대체로 떠오르는 생각이 있게 되면 저술하지 않을 수 없고, 저술함이 있으면 남에게 보이지 않을 수 없었다. 바야흐로 그 생각이 나게 되면 붓을 들고 종이를 펴서 잠시도 머뭇거리지 않고 글을 쓰고, 글을 짓고 나서는 스스로 아끼고 스스로 기뻐하여 곧 조금만 문자를 아는 사람을 만나면 내 글이 완전하냐 치우치냐 하는 것과 그 사람이 친밀하냐 소원하냐 하는 것을 헤아리지 않고 급히 전해 보이려고 했다.

그러므로 다른 사람과 더불어 한바탕 말하고 나면 마음속과 상자에는 도통 한가지 물건도 남아 있는 것이 없다. 이로 말미암아 정신과 기혈氣血이 모두 흩어져 없어지고 새어나가서 쌓이고 길러지는 뜻이 없어진다. 이와 같아서야 어찌 잘 성령性靈을 함양하고 몸과 명예를 보전할 수 있겠는가?

요즘 와서 점검해보니, 모두가 '경천輕淺' 두 글자가 빌미가 된 것이다. 이것은 덕德을 갈무리하고 수壽를 기르는 공부에 크게 해로움이 있을 뿐만이 아니다. 비록 그 언론言論이 빛나더라도 모두 자신의 행동이나 평판에 대하여 조심하지 않고 어지럽게 체신을 떨어뜨리는 것이므로 점점 재주와 덕행이 천박하고 비루해짐으로써 남에게 존중을 받지 못하게 되는 것이다.

지금 퇴계 선생의 말을 살펴보고 나니 더욱 느끼는 바가 많이 있다."

둘째로 퇴계가 영천군수榮川郡守 안상安瑺(1511~73)에게 보내려고 써두었던 편지에서 "소수서원紹修書院 유사有司 김중문金仲文이 비록 두번의 허물이 있었으나 능히 그 허물을 고치면 허물이 없는 것과 같습니다."라는 구절을 보고 자기 반성을 한다.

"우리들은 허물이 있는 자이다. 마땅히 힘써야 할 것 가운데 급한 일은 오직 '허물을 고치는 것改過' 두 글자인 것이다. 세상을 거만하게 대하며 남을 능멸함이 한가지 허물이고, 기예를 뽐내고 재능을 뽐내는 것이 한가지 허물이고, 영화를 탐내고 이익을 사모하는 것이 한가지 허물이고, 은혜나 혜택을 생각하고 원한을 생각하는 것이 한가지 허물이고, 뜻이 같으면 한패가 되고 뜻이 다르면 배척하는 것이 한가지 허물이고, 잡된 책 보기를 좋아하는 것이 한가지 허물이고, 새로운 견해 내기에 힘쓰는 것이 한가지 허물이며, 여러가지 허물은 이루 다 셀 수 없다.

여기에 맞는 약처방이 하나 있으니, '고칠 개改'자가 그것이다. 진실로 그 허물을 고치면 우리 퇴계옹도 또한 '아무개는 허물이 없는 사람이다.' 할 것이다. 아아! 어떻게 해야 이를 얻을 수 있겠는가?"

또 사암은 훗날 강진에서 귀양살이를 하면서 두 아들에게 당부하기를, 문집이나 역사책을 보다가 조상들의 행적이 기록되어 있으면 꼭 베껴두라고 했다. 이때 자신도 『퇴계집』을 보다가 선조 이야기가 나오자 이를 기록해두고 내용을 풀이했다.

퇴계 선생이 태수台叟 송기수宋麒壽(1507~81)에게 답한 편지에 말씀하셨다. "당시 정상丁相이 나(퇴계)를 책망한 뜻도 '또한 돌아와서 사은숙배謝恩肅拜한 뒤에는 다만 자신이 하고 싶은 대로 하라.' 한 것이었습니다. 그러나 내가 생각하기에 정상은 병이 없는 사람이므로 병의 괴로움을 알지 못한 것이고, 또 내가 앞뒤로 물러나기를 빌었으나 이루지 못한 까닭을 헤아리지 못하고 이렇게 말하는 것이니, 서로 사정을 알지 못하기 때문에 전날 편지에 이러저러한 것입니다. 그런데 지금 영감의 뜻을 살펴보니, 정상이 책망한 바와 더불어 뜻이 서로 멀지 않습니다."

퇴계 선생이 이 편지에서 말한 정상은 곧 나의 선조이신 좌찬성 정응두를 두고 이른 것이다. 당시에 퇴계 선생의 출처出處에 대해 이해하기 어려운 말이 있었으므로 그렇게 말한 듯하다.

정응두는 사암의 9대조가 되며 중종 29년(1534) 식년문과에 갑과 2등으로 급제했는데, 이 9대조와 동방同榜에 을과 1등으로 급제했으며, 같은 시대에 같이 벼슬한 동료이기도 하다. 정응두의 둘째 아들 정윤희丁胤禧(1531~89)는 퇴계 선생 문도로 기록되어 있다.

4. 금정에서 내포의 천주교도를 제도하다

사암이 금정에서 찰방을 하면서 내포의 이름난 선비들과 사귀며 성호 유저를 정리하고 「도산사숙록」을 쓸 때 이미 겨울도 어느덧 많이 지났다. 「자찬묘지명」 집중본, 곧 「나의 삶, 나의 길」에서 그때의 상황을 옮겨보겠다.

　겨울에 임금의 특명으로 내직으로 옮기게 되었는데 이때 이정운이 충청도 관찰사가 되어 나갔다. 전 관찰사 유강이 이존창李存昌(1752~1801)을 체포하여 말하되, 그 일을 사암과 함께 모의한 일이라 했으니, 공로가 사암에게 돌아가 사암을 발탁되게 하려는 뜻이었나 싶다. 임금께서 그 이야기를 듣고는 이정운에게 은밀히 명령해 부임하는 즉시 자세히 올려바치게 했으니, 그것으로 인하여 사암의 앞길이 열리게 하려 했던 것이다.

　이익운이 또 전해주되, 임금이 유시하기를 "약용으로 하여금 사실을 열거해서 이정운의 이야기와 부합하게 하라."고 하셨다기에 사암이 말하기를 "그럴 수는 없다. 사군자士君子가 몸을 세우고 임금을 섬길 때 비록 반란자인 이징옥李澄玉(?~1453)이나 이시애李施愛(?~1467)를 체포했다 하더라도 오히려 그런 일로 자기의 공로를 삼지 않는 것인데, 하물며 그따위 조그만 놈을 잡아서 그렇게 하겠는가. 그리고 그 자를 체포하려고 모의하거나 계획을 꾸몄던 적이 없었는데, 이제 와서 보라는 듯이 과장해서 뽐내며 임금의 혜택을 얻어내려 하는 일은 죽어도 못할 짓이다."라고 하여, 임금의 뜻이라도 자신을 부끄럽게 하는 일에는 따르지 않았더니, 이익운이 겸연쩍은 듯이 가버렸다. 모두들 이것 때문에 임금의 뜻을 어겼다고 말하기도 했다.

　이 뒤에 김이영金履永(1755~1845)이 금정찰방으로 나갔다가 돌아와 사암이 금정에 있으면서 성심으로 천주교도를 제도濟度하였고, 또 직무를 청렴하고 근엄하게 수행했다고 아뢰자 심환지가 임금께 아뢰기를 "정약용은 군복사軍服事 때문에 특명으로 관리에 추천하지 못하도록 되어 지금까지 풀리지 못하고 있는데, 그 사람을 등용하는 게 옳습니다. 또 금정에 있을 때 백성을 많이 제도하였으니 다시 임용하기를 요청합니다."라고 하자 임금이 허락했다.

앞의 이 이야기는 정조 임금이 조급한 마음에 사암을 권도權道로 빨리 등용하려 했음을 알려준다. 그러나 이는 사암이 앞서 암행어사로 나가 부정과 비리를 고발했을 때 그 비리를 저지른 김양직이나 강명길 등이 임금의 총신이기 때문에 죄가 다스려지지 않고 유야무야로 넘어가자 상소문을 다시 올려 그 죄를 법으로 다스리라고 촉구했듯이, 아무리 임금이 지시한다 해도 권도는 받아들일 수 없다는 사암의 골경신 같은 강직한 충성심을 엿볼 수 있는 사례라 할 수 있다.

5. 시와 산문을 가장 많이 지은 해

사암은 금정찰방으로 부임한 뒤 8월 1일부터 6개월 동안 거의 쉴 새 없이 바쁘게 지내다 12월 연말경인 12월 20일에 내직으로 종5품인 용양위 부사직에 임명된다. 이에 따라 12월 22일 늦게 금정역을 출발해 대흥 광시점光時店에서 잔 후, 새벽에 출발해 예산에 이르러 현감 박종우朴宗羽를 만나고, 이승훈이 귀양살이하는 곳을 방문하는 한편 목재 이삼환에게도 편지로 작별을 아뢰었다. 신창현新昌縣에서 쉬고, 30리를 더 가서 아산 요로원要路院에서 잤다. 박두세朴斗世(1650~1733)가 쓴 소설 「요로원 야화기要路院夜話記」의 무대가 된 그 요로원이다. 12월 24일 요로원을 떠나 평택·진위를 거쳐 수원 유천점柳川店에서 자고 12월 26일쯤 서울 명례방 집에 이르렀다.

사암에게 35세 때인 정조 19년(1795) 을묘년은 다사다난多事多難한 한 해였다. 그런데 사암은 그렇게 바쁘게 지내면서도 모두 104편이나 되는 많은 시를 지었고, 또 산문도 35편이나 썼다.

이 104편의 시 가운데「굶주린 백성」「왕길의 까마귀 쏜 노래」「진양 절도사 이격李格을 전송하다送李護軍 爲晉陽節度使」「윤지범에게 보내다對 雨寄南皐」「전원을 그리워하며懷田園 五首 酬南皐韻」「강변에 살어리랏다懷 江居 二首 次杜韻」「북악산에 올라登北嶽」「그림 배우는 대릉의 세 늙은이 大陵三老學畫歌」「장맛비苦雨歎 示南皐」「취해볼거나醉歌行」「화폭에 쓰다題 畫 五首」「시로 쓴 역사 인물론古詩 二十四首」「조룡대釣龍臺」「공주 창곡의 부정부패」「성호 선생 유저十一月一日 於西巖鳳谷寺~」[1]「금정역驛樓四面皆山 也 其南有九峰山最高 當前擁塞 始來時頗不堪 戲作絶句示伴客云」「금정 구봉산近日 習靜漸久 每日夕覺山氣益佳 時誦此詩 不勝愧作 遂更作二絶句 以謝九峰山云」등 17편 은『다산시정선』상권에 번역시와 원문이 실려 있어 사암의 시정신을 참고할 수 있다.

---

1 [원제] 십일월 초하룻날 서암 봉곡사[온양 땅이다]에서 목재 이선생을 모시고 성옹의 유 서를 교정하였다. 이때 이웃 고을에서 모인 선비들이 많았는데 각기 시 한편을 지었다. 모 인 사람은 이광교 문달[승지 이수일의 손자]·이재위 우성[홍문관 제학 이하진의 현손]· 박효긍 사옥[교리 박효성의 아우]·강이인 사빈[삼휴당 강세귀의 현손]·이유석 여앙[승 지 이일운의 아들]·심로 중심[이조판서 심액의 현손]·오국진 맹화[우의정 오시수의 현 손]·강이중 용민[강이인의 재종제]·권기 요신[대제학 권유의 현손]·강이오 백휘[교리 강침의 종자]·이명환 패겸[목재의 아우] 등이었다.(十一月一日 於西巖鳳谷寺[溫陽地] 陪 木齋李先生校星翁遺書 時鄰郡士友多會者 各賦詩一篇 會者 李廣敎文達[承旨秀逸 孫] 李載威 虞成[弘文提學夏鎭 玄孫] 朴孝兢嗣玉[校理孝成 弟] 姜履寅士賓[三休堂世龜 玄孫] 李儒錫汝 昂[承旨日運 子] 沈潞仲深[吏曹判書澩 玄孫] 吳國鎭孟華[右議政始壽 玄孫] 姜履中用民[履寅 再從弟] 權夔堯臣[大提學愈 玄孫] 姜履五伯徽[校理忱 從子] 李鳴煥佩謙[木齋 弟])

또 35편의 산문 가운데 금정에서 쓴 편지 「목재 이삼환에게 올립니다
上木齋書」 제1서와 「방산 이도명李道溟에게 답합니다答方山」 「북계 윤취협
尹就協에게 보냅니다與北溪尹進士」 「문달 이광교李廣敎에게 답합니다答李
文達」 「인백 강이원姜履元에게 보냅니다與姜仁伯」 「만계에게 답합니다答
蔓溪」 등 6통은 『다산서간정선』에 원문과 더불어 실려 있다. '만계蔓溪'
는 이승훈의 호이다. 기문記文인 「부용정 시연기芙蓉亭侍宴記」 「조룡대기
釣龍臺記」는 『다산문학선집』에 그 번역문이 원문과 아울러 실려 있다.

6. 사암이 보고 느낀 정조 임금

정조 19년(1795) 봄에 지은 기문인 「부용정 시연기」에 나오는, 사암이
그 당시에 느낀 정조 임금의 모습을 한번 살펴보고 넘어가야 하겠다. 여
기에 인용한 번역문은 『다산문학선집』에 있는 것을 썼다.

"우리 성스러운 임금께서는 평소의 뜻이 공손하고 검소하시어 말을
치달려 사냥하는 것을 즐기지 않으시며, 성색聲色을 즐기고 좋아하거나
가까이하지 않으시며, 환관과 궁첩宮妾이라도 사사로운 정을 주지 않는
다. 다만 진신대부搢紳大夫들 중에 문학과 경술經術이 있는 자를 좋아하
여 그들과 함께 잔치를 베풀어 즐기신다. 비록 온갖 악기를 어지럽게 늘
어놓고 즐기신 적은 없으나, 음식을 내려주고 즐거운 낯빛으로 대해주
어서 그 친근함이 마치 한집안의 부자 사이와 같았으며, 엄하고 딱딱한
위풍을 짓지 않았다. 그러므로 여러 신하들이 각기 말하고자 하는 것을
숨김없이 모두 아뢰니, 백성들의 고통과 답답한 사정을 모두 환하게 들
을 수 있었으며, 경經을 말하고 시詩를 이야기하는 자도 의심하거나 두

려워하는 마음이 없어 그 질정하고 변석하는 데에 정성을 다할 수 있었
다. 아아! 이것이 이른바 군자君子의 도가 생장하고 소인小人의 도가 소
멸한다는 것이 아니겠는가?"

제6장
죽란시사 결성

1. 정조의 뜻을 거스르며 지조를 지키다

정조 19년(1795) 금정찰방으로 있다가 12월 20일 내직인 용양위 부사
직으로 옮기고, 이듬해인 정조 20년(1796) 1월 실직에 임명되기를 기다
리고 있었다. 그러나 정조가 승지 이익운을 보내 금정에서 천주교도 이
존창을 체포하는 데 공을 세웠다는 뜻으로 장계함을 상의하자 이에 대
해 강경히 거절하였고, 또 충청도 관찰사 이정운도 편지로 사암에게 임
금의 뜻에 따르라고 타이르자 곧 다음과 같은 답장을 보냈다. 사암은 이
편지에서 "저 이존창이란 자는 겨우 이름이나 바꾸고 자취를 감추어 이
웃 고을에 몸을 숨기고 있던 자인데 그를 잡은들 무슨 공이 있겠습니
까? 이미 그가 몸을 숨기고 있던 곳을 알았으니, 한명의 포졸만 데리고
도 그를 결박하여 잡아오는 것은 독 안에 든 자라를 잡듯이 쉬운 일인
데, 더구나 저는 처음부터 염탐하는 방책에 참여하지 않았으니 무슨 공
이 있겠습니까? 지금 이처럼 보잘것없는 일을 가지고 장황하게 늘어놓
아 한세상의 이목을 속임으로써 자신을 진출시키는 바탕으로 삼는다면

또한 잘못되고 군색한 일이 아니겠습니까? 차라리 불우하게 살다가 죽을지언정 이런 일을 하고 싶지 않습니다. 성스럽고 밝은 임금님께서 이 몸의 허물을 떨치고 닦아내려고 하심이 오래되었습니다. 은총을 내리시는 데 급급하셔서 이와 같이 지극히 어질고 친절한 은혜로운 명령이 있게 되었을 것이라 조용히 생각해보아도 골수에 사무칩니다. 그러나 이 보잘것없는 몸의 작디작은 지조 때문에 이와 같은 성스러운 은혜를 받들 수가 없으니, 저는 만번 죽어야 마땅하거늘 다시 무슨 말을 하겠습니까? 진실로 당신께서 저의 이와 같이 지극히 간절한 뜻을 생각해주지 않으시고 충청 감영에 도착하자마자 장계를 올려 한 구절이나 반 글자라도 더러 저에게 공을 돌리는 말씀을 하신다면, 저는 곧바로 상소하여 당신께서 사정私情을 좇아 임금을 속였다는 잘못을 초들어 극렬히 따져 탄핵할 것입니다. 이 지경에까지 이르게 되면 앞으로 어떻게 되겠습니까? 저는 다만 만리 밖의 외딴곳으로 귀양 갈 것을 결심하고 있으니, 또한 깊이 헤아려주십시오. 위로는 임금님의 명령을 어기고 아래로는 대감의 뜻을 저버렸으니 송구스러운 마음 막을 길이 없습니다."라고 함으로써 자신의 굳은 뜻을 전했다.

사암은 이와 같이 정조 임금의 뜻을 거스름으로써 벼슬자리에 나아가지 못한 채, 시나 읊고 친구와 더불어 지내면서 날을 보냈다. 그러나 사암이 만일 이때 임금의 뜻을 덥석 따랐다면 사암의 앞길이 어떻게 되었을까? 아마도 임금이 속으로 업신여기면서 내시처럼 부리려 하지 않았을까도 싶다. 사암이 이정운에게 편지로 자신의 뜻을 이와 같이 전한 것이야말로 참으로 사암다운 처세인 것이다.

이러구러 김이영이 사암의 뒤를 이어 금정찰방으로 갔다가 돌아와 사암이 금정에 있을 때 백성들을 깨우치고 청렴했다고 아뢰고, 또 심환지가 사암을 쓸 만한 때가 되었다고 하자 2월 6일 정조 임금은 잊지 않고 있음을 알리는 중화척中和尺을 내리고, 자신이 지은 시 두수를 내리면서 화답하는 시를 지어 올리라고 했다.

2. 양평·원주·충주 기행

정조 20년(1796) 3월 21일 사암은 자형인 만계 이승훈이 귀양에서 풀려 집으로 돌아와 편지를 보내자 답장을 하고, 4월 6일 아버지 정재원의 제사에 참석하려고 동대문을 나섰다. 이때 사암은 배를 타고 가지 않고 말을 타고 갔을 듯하다. 4월 9일 아버지 제사를 지내고 나서 4월 12일 남자주藍子洲로 갔다가 양평군 옥천玉泉에 사는 당숙부 정재규丁載達(1757~1822)를 방문하고, 4월 13일 원주 법천 정시한의 도동사道東祠에 배알하고 나서 족부 정범조의 집으로 가 그를 찾아뵙고 그곳에서 잤다. 4월 14일 충주 하담 선영에 성묘하고 나서 4월 16일 남한강 가흥에서 배를 타고 다시 정범조를 찾아뵌 뒤, 족부 예산공 정술조丁述祖(1729~99)의 집으로 가 그를 찾아뵙고 그곳에 머물렀다.

4월 19일 이애梨厓에서 출발했으나 비 때문에 양평 대탄大灘에 머물렀다가 4월 20일 대탄을 출발해 배로 월계粵谿를 지나며 용문산龍門山을 바라보고 「용문산을 바라보다望龍門山」라는 시를 지었다. 사암은 고향 소내에서 늘 용문산을 바라볼 수 있었으나 정작 용문산에는 유람하지 못하고 뒷날 오랜 귀양살이에서 돌아온 뒤에야 용문산 기행을 하고 산에도 올랐다.

또 배를 타고 서울로 돌아오는 길에 양평 일대의 남한강을 말하는 양강楊江에서 배를 타고 동자 하나, 소년 하나를 데리고 유유히 고기잡이로 세월을 보내는 늙은 고기잡이가 사암의 그때 심경으로는 신선처럼 팔자가 좋아 보였는지 「양강의 고기잡이楊江遇漁者」란 시를 읊어 그 고기잡이 늙은이를 몹시 부러워하기도 했다. 사암은 4월 6일 서울 명례방에서 떠나 소내로 간 뒤 원주로 해서 하담 선영에 이르렀다가 4월 20일에 보름 동안의 기행紀行을 마치고 서울로 돌아왔다.

그러나 서울에 돌아와서도 실직에 임명되지 않아 남고 윤지범, 주신周臣 이유수李儒修(1758~1822), 홍칠洪七 홍낙진洪樂眞, 이숙邇叔 채홍원 등과 시를 수창酬唱하며 비교적 한가하게 지내면서 고달픈 벼슬살이의 끈을 풀어놓은 셈이다.

3. 명례방 죽란시사

사암이 금정에서 돌아온 지도 이제 5개월이 지났으나 정조 임금은 아직도 벼슬을 내려주지 않았다. 사암은 5월 하순쯤 명례방 집에서 드디어 소장少壯 관료들을 모아 죽란시사竹欄詩社를 결성하고, 이 '시사'에 대한 「죽란시사첩 서문竹欄詩社帖序」을 썼다. 『다산문학선집』에 실린 그 「서문」에 따르면, "내가 오래전에 이숙 채홍원과 시사를 결성하여 함께 어울려 기쁨을 같이하자고 의논한 적이 있다. 채홍원이 말하기를, '나와 자네는 동갑이네. 우리보다 9세나 더 먹은 사람들과 우리보다 9세 덜 먹은 사람들 중에서 나와 자네가 찾아내 벗으로 삼도록 하세.'라고 했다. 그러나 우리보다 9세나 더 먹은 사람과 9세 덜 먹은 사람은 서로 만날 때 허리를 굽신굽신하며 절해야 하고, 자리도 따로 해서 앉아야 되니 그 모임은 이미 어수선해진다. 그래서 우리보다 4세 더 먹은 사람으로부터 시작해 우리보다 4세 덜 먹은 사람 사이에서 그치기로 했다."

이 죽란시사에는 당시 같은 또래의 뛰어난 시인과 명사 들인 이유수·홍시제洪時濟(1758~?)·이석하李錫夏(1758~?)·이치훈·이주석李周奭(1760~?)·한치응·유원명柳遠鳴(1760~?)·심규로沈奎魯(1761~?)·윤지눌·신성모申星模(1763~?)·한백원·이중련·정약전·정약용·채홍원 등 15명이 구성원이 되었다.

이 죽란시사의 규약은 다음과 같았다.

"살구꽃이 피면 한차례 모이고, 복사꽃이 피면 한차례 모이고, 한여름에 참외가 익으면 한차례 모이고, 서늘한 바람이 불어 서지西池에 연꽃이 피면 연꽃을 구경하기 위해 한차례 모이고, 국화꽃이 피면 한차례 모이고, 겨울에 큰눈이 오면 한차례 모이고, 세모歲暮에 화분에 매화가 피면 한차례 모인다.

모일 때마다 술과 안주, 붓과 벼루와 종이를 준비하여 술을 마시며 시가詩歌를 읊조릴 수 있게 해야 한다. 나이가 가장 어린 사람부터 준비물을 마련토록 하여 차례대로 가장 나이가 많은 사람까지 한바퀴 돌아가다 끝나면 다시 시작하여 돌아가게 한다. 그러는 사이에 아들을 낳으면 한턱 내고, 고을살이를 나가는 사람이 있으면 또 한턱 내고, 벼슬이 승진한 사람도 한턱 내고, 아우와 아들 가운데 과거에 합격한 사람이 있어도 한턱 내도록 한다."

이 시사는 사암의 명례방 집 죽란사에서 대부분 모였기 때문에 '죽란시사竹欄詩社'라 이름한 것이다.

채제공은 이 모임에 대한 이야기를 듣고 다음과 같이 감탄하는 한편 당부도 했다.

"훌륭하도다 그 모임이여! 나는 젊었을 때 왜 이러한 모임을 가지지 못했을까. 이야말로 우리 어지신 임금께서 20년 동안 백성들을 빛나게 길러냈고, 문화와 문명을 창조해낸 성과로구나! 한차례 모일 때마다 시사 사람들은 임금의 은택을 노래 부르고 읊으면서 그 은혜에 보답할 길을 생각해야지 쓸데없이 곤드레만드레 취해서 떠들어대기나 해서는 안 된다."

4. 시로 쓴 「죽란시 평어」

한번은 7월 19일쯤에 죽란사에 다섯 사람이 모여 각기 4수씩 모두 20수의 시를 지었는데, 이때 사암이 네 사람의 시를 보고 시평詩評으로 시를 지었다. 다만 이 시평을 쓰노라고 자신이 지은 시의 시평은 하지 못했다. 그 시로 쓴 「죽란시 평어」의 번역시와 원문을 『다산시정선』 상권에서 옮겨 실어 음미하도록 한다.

죽란시 평어

1. 남고 윤지범 시

긴 수염에 하얀 얼굴 인물이 특이하니
충헌忠憲 윤선도 가문의 뛰어난 인물이네.
일찍 출세하여 세상을 좌지우지할 것 같더니
늘그막엔 그대로 뛰어난 시인 되었구려.
언행 남달리 거칠어도 마음은 되레 연약했고

남이 따르면 사귀지만 안목은 다시 높다오.
나머지 그대 마음이야 깊이 따질 것 없지
죽란시사에는 오직 남고가 있고말고.

2. 주신 이유수 시

어린 시절 고향에서 일찍 어울린 친구건만
지금에야 열에 아홉 마음 알 만해라.
넓디넓은 삼강에 홀로 뜬 조각배인데
연뿌리 구멍으로 해와 별 뚫어 보네.
애절하고 슬픈 시만 세상이 좋다 하고
뜻이 깊고 격조 높은 시 알아주는 이 적어라.
가슴속에 박힌 작은 무기 누가 잘 뽑아낼까
오사모 쓰고 대궐 귀퉁이에 깊숙이 살고 있네.

3. 중형 정약전 시

푸른 수염 훤칠한 키 장후張侯와 비슷하고
고결하고 훌륭한 인품으로 벼슬을 마다하네.
넓은 들 만나지 못했으니 누가 큰 박 갈무리할 것인가
권모술수에 빠질까봐 바둑판은 안 대한다오.
초楚나라 점쟁이는 정첨윤鄭詹尹에게 물으려 하는데
연燕나라 노래꾼은 술꾼과 점점 어울리지.
분단장을 배우려도 지금은 때가 늦어
봉두난발 그대로 기주夔州에서 늙으려네.

4. 혜보 한치응 시

너야말로 천지간에 썩은 선비인데
어찌하여 마주 대하면 문득 서로 좋다던가.
맑은 의표 흐린 세상에 살기가 도리어 알맞고
부드러운 성품 도리어 나약한 사내 일으켜세우지.
담박하게 가는 구름 높은 산에 노닐고
깨끗한 방초는 잡초 우거진 속에 숨어버린다.
멀지 않아 동강을 함께 가게 될 것인데
해 저문 길 가면서 야윈 말을 몰까보냐.

竹欄小集 與者五人 各賦四詩 爲四人月朝之評 不得自贊

鬖鬖白面異凡曹, 忠憲家中是鳳毛.
早達若將關世道, 晚年仍亦作詩豪.
疏狂拔俗心還隘, 許與隨人眼更高.
且莫備論餘子意, 竹欄唯識有南皋.

弱歲鄕園早盍簪, 年來纔得九分心.
芥舟獨汎三江闊, 藕孔交穿七曜森.
蜀客詞才偏見幸, 竟陵詩體少知音.
胸中寸鐵能誰拔, 烏帽深棲紫閣陰.

蒼鬚頎幹似張侯, 歷落嶔崎欲白頭.
不逢廣漠誰藏瓠, 積屈權奇未聘楸.

楚卜願從詹尹問, 燕歌漸與酒人游.

欲學粉脂今已晚, 且將蓬髮老夔州.

汝是乾坤一腐儒, 云胡相見便相娛.

淸標却善居淆俗, 柔性還須立懦夫.

澹澹行雲游巘崿, 涓涓芳草隱蓁蕪.

東江早晚成偕往, 肯策羸驂涉暮途. (1796)

공교롭게도 죽란시사 구성원 15명 가운데 언젠가 5명만이 시사 모임에 참여해 4수씩 시를 지었고, 이때 지은 시와 인물을 사암이 시로써 비평했는데, 이 네 사람만이 시세가 크게 변해도 서로의 우정을 끝까지 지킨다. 그리고 사암의 형인 정약전에 대해서는 "쓸모 있는 재능이 있는데도 그것을 쓸 곳이 없고, 나라에서는 그를 인재로 여겨 등용하려 하는데, 정작 본인은 오히려 방랑 생활로 자기 재능을 숨기고 있다."고 평론했다. 이 시평으로 쓴 사암의 시를 깊이 음미하려면,『다산시정선』에 실려 있는 역주와 해제를 찾아가 살펴볼 일이다.

아무튼 죽란시사를 결성하고 나서 돌아가며 시사를 연 것이 9월까지 10여차례쯤 되고 이후 사암이 규장각에서 교서校書를 하면서부터 시사 모임이 뜸해진 듯싶다.

5. 규장각에서『사기영선』을 교정하다

정조 20년(1796) 사암이 금정에서 내직으로 들어와 실직에 임명되지 못하고 지내던 가을에 정조 임금이 『규운옥편奎韻玉篇』의 의례儀例에 대하여 이가환과 사암에게 상의하도록 하기 위해 검서관檢書官 유득공柳得恭(1748~1807)을 보냈다.

11월 5일 넷째 아들 삼동三同이 태어나고, 11월 16일에야 규장각에서 교서에 종사하게 된다. 11월 18일에 규장각에서 숙직하면서 이만수·이익진李翼晉(1747~1819)·박제가朴齊家(1750~1805)·이재학李在學(1745~1806) 등과 『사기영선史記英選』을 교정할 때는 정조 임금이 자리를 함께 했으며 진귀하고 맛있는 음식을 내려주어 우대하고, 또 내각의 장서를 볼 수 있도록 허락해주어 각신閣臣과 같이 특별히 대우해주었다.

11월 21일 또 병조참지에 임명되었다가 이튿날 좌부승지로 승진했으나 또 부호군副護軍으로 임명되고, 12월 11일 병조참지로 임명되어 병조에 나아갔다. 12월 25일 『사기영선』을 인쇄해 올려바치고 상을 받았으나 틀린 글자가 있어 이익진과 함께 파직당했다. 사암은 이『사기영선』을 교서하면서 틀린 글자가 생겨 파직당한 경험이 큰 교훈이 되어 일생동안 책을 편찬 저술하면서 조심했을 것이다. 그리하여 모든 사암의 저술이 틀린 글자가 드물고 또 대체로 정자로 쓰인 것은 아마도 사암이 이 경험을 뼈에 잘 새기고 있었기 때문이 아니었을까. 12월 30일 부호군에 다시 임명되었다.

이와 같이 뒤늦게 실직에 나아갔어도 벼슬살이가 순탄치 못했다. 또 정조 임금은 사암을 끊임없이 무관직인 병조에 있게 해 병권을 가지게 하려 했다. 이는 아마도 정조 임금이 즉위 초기에 홍국영洪國榮(1748~81)이 했던 역할을 사암에게 맡기려고 하지 않았나 하는 생각도 언뜻 들게 하는데, 사암은 한결같이 사양했다.

이 정조 20년(1796) 35세 때는 전년에 이어 92편이나 되는 많은 시를 읊고 또 산문도 여러편을 지었다. 이 92편이나 되는 시 가운데「도동사謁道東祠」「아름다운 벗을 그리워한다猗蘭 美友人也」「양강의 고기잡이」「남고 윤지범에게又寄南皐五絶句」「신광하 만사申承旨輓詞」「죽란시 평어」「국화꽃 활짝 피자竹欄菊花盛開 同數子夜飮」「한 무제 때 역사 인물을 노래하다重熙堂賜對 論史記漢書 退述玉音 爲詠史詩 五首」「유쾌한 노래不亦快哉行 二十首」등 9편의 시는『다산시정선』상권에 번역시와 원문이 실려 있다.

또 이해에 지은 산문 가운데「규영부 교서기奎瀛府校書記」도『다산문학선집』에 그 번역문과 원문이 실려 있다.

6. 규장각에서 두시杜詩를 교정하다

사암은 나이 36세가 된 정조 21년(1797)에는 앞서 정조 20년(1796) 12월 30일 산직인 부호군에 임명되어 별다른 직임이 없어 그동안 모아둔 자료를 정리해 홍역과 천연두의 백과사전인『마과회통』을 편찬하기 시작했을 듯싶다. 1월 초순경에 남고 윤지범이 화성 곧 수원에서 상경해 명례방을 찾아 같이 새해 인사를 나누고, 3월 6일 태학의 절일제節日製 시험의 대독관으로 참여하러 희정당에 들어가 정조 임금을 모셨다.

"이날 사알司謁이 붉은 분盆과 붉은 붓을 대독관 앞에 가져다놓고 '임금님의 분부입니다.' 하고, 임금님이 어탑에서 눈여겨보다가 '끝내 붉은 붓을 쥐게 될 것이니, 오늘은 시험삼아 먼저 붓을 잡아보거라.' 하였으나 사암이 우물쭈물하면서 감당하지 못했다. 임금님이 거듭 명령을 내려서 할 수 없이 시험지를 채점하게 되었다. 관례는 시관이나 상시관이 아니면 감히 가려 뽑을 수 없는 것이다. 임금이 특별히 명령을 내려 사암더러 많이 뽑으라고 했다.

채점이 끝난 뒤 합쳐서 살펴보니, 사암이 뽑은 것이 3장이었는데 모두 윗자리를 차지하고, 시관과 상시관이 뽑은 것은 제4·제5위를 차지해 보는 사람들이 영광스럽게 여겼다. 이때 임금님이 '끝내 붉은 붓을 쥐게 될 것'이라고 말씀한 것은 앞으로 홍문관이나 예문관 제학(종2품)이 되리라는 말이다."

사암은 또 규장각의 대유사大酉舍 잔치에 참석해 두보 시에 나오는 '우율芋栗'에 대해 정조 임금이 묻자 이는 '우율'이 아니라 '서율芧栗'이 맞다고 대답하고, 『사기』『한서』의 여러가지 뜻에 대해 의론하기도 했다. 이 무렵 외각인 교서관校書館에서 『춘추좌씨전春秋左氏傳』 교정을 이서구·윤광안·이상황李相璜(1763~1841) 등과 같이 했다. 이때 교정을 한 『춘추좌씨전』이 뒷날 사암이 곡산부사谷山府使로 있을 때 출판되자 임금이 곡산으로 1부를 보내 그 노고에 보답했다.

4월 초순경에 『춘추좌씨전』 교정 작업이 끝나자 사암은 규장각 소유사小酉舍에서 임금을 모시는 잔치에 참여하고, 4월 중순쯤에는 이문원摛文院에서 이서구·김조순金祖淳(1765~1832)·이상황·김이교 등과 두시杜詩를 교정했다. 이때 이의준李義駿(1738~98)·이만수·남공철南公轍(1760~1840) 등은 육유陸游의 시를 교정했는데, 임금이 먼저 교정을 끝마치는 팀에게 상을 주고, 뒤처진 팀에게는 벌주罰酒를 마시도록 하겠다고 명령했다. 이때 두시 교정이 먼저 끝나고 육유의 시 교정이 나중에 끝났다.

정조 임금이 상벌을 내리려 하자 이의준 등이 호소하기를 "육시는 두시에 비해 곱절이나 시가 많아 신들은 원통합니다."라고 하자 임금이 "그러나 이미 명령을 했으니 지키지 않을 수 있겠는가?"라고 하며 김조순 등에게는 환약을 상으로 주고, 이의준 등에게는 술잔을 벌로 내렸다.

그러자 "비록 벌술이지만 환약보다 낫다."라 하기도 하면서 서로 더불어 찬양을 했다.

이상은 『사암선생연보』에 기록된 것을 옮긴 것이다. 이 『사암선생연보』의 번역은 송재소 교수의 『다산시 연구』(초판, 창작사 1986; 개정증보판, 창비 2014) 초판에 부록으로 실려 있으며, 뒤에 별도로 『다산의 한평생: 사암선생연보』(창비 2014)란 제목으로 간행되었다.

7. 천주교를 믿었던 죄를 뉘우치는 상소문

정조 21년(1797) 5월 1일에 사암은 큰형님 정약현을 모시려고 소내로 가기 위해 늦게 뚝섬에서 작은 배를 타고 출발해 몽동주藜蕫洲에 이르러 미음촌에서 자고, 이튿날 미음촌을 떠나 소내에 이르렀다. 소내에 다다른 사암은 5월 4일 정약현과 또다른 한 형을 모시고 천진암天眞菴에 놀러 가서 이벽이 독서하던 곳을 바라보기도 하다 천진암에서 잤는데, 이때 한 형은 정약전인지 정약종인지 잘 알 수 없다.

5월 6일이나 7일쯤에 서울로 돌아와 이유수의 산정山亭에서 놀며 장시를 짓고, 또 철원鐵原으로 귀양살이 떠나는 무구 윤지눌을 작별하는 시를 지었는데, 10일 뒤에 윤지눌이 귀양이 풀려 돌아오자 다시 기쁘게 맞이하는 시를 지었다. 5월 하순경에는 명례방 죽란사에서 윤지범·이유수·한치응 등이 모여 5언 80구나 되는 장시 「농가의 여름 노래竹欄小集 與尹彝叙李周臣韓侯父 賦得田家夏詞 八十韻」를 지었다. 또 이때 쓴 「죽란화목기竹欄花木記」는 사암이 관아에서 돌아오면 죽란사 뜰에다 꽃과 나무를 가꾸며 정서를 함양하고 있었음을 보여준다.

6월 20일 정3품 동부승지에 임명되었으나 당시 6촌 처남인 홍인호가 좌승지로 있어 인척 혐의로 패초에 따르지 않고, 6월 21일 금호문金虎門 밖의 누원漏院에 나아가 「천주교와 관련된 비방을 변명합니다辨謗辭同副承旨疏」란 상소문을 올렸다. 이른바 자명소自明疏로, 모두 3천 글자쯤 되는 장문의 상소문이다.

이는 사암이 지어 올린 많은 상소문 가운데 가장 명문으로 알려져 있고 또 이를 읽어보아야 사암의 억울함을 알 수 있기에 그 변명하는 중요한 대목을 골라 인용하는 바이다. 번역문은 『다산논설선집』에 「천주교 관계의 전말을 상소합니다」란 제목으로 실려 있는 것을 좀더 새로 다듬어서 썼다.

천주교와 관련된 비방을 변명합니다(抄)

신은 본디 초야의 외롭고 한미한 사람으로, 부모의 음덕과 사우師友의 조력이 없었습니다. 그런데 홀로 우리 전하께서 교화 양육해주시는 공덕에 힘입어 어린 나이에서 장년壯年에 이르렀고, 미천한 사람으로 고귀해지기에 이르렀으며, 6년 동안 태학太學에서 시험을 치렀고, 3년 동안 내각內閣에서 각과閣課에 종사하여 욕되게도 학사學士에 뽑혀 대부大夫의 품계에 뛰어올랐습니다. 무릇 그 식견이 조금 나아가고 작록을 엿보기에 이른 것은 모두 우리 전하께서 지극한 가르침으로 도야陶冶시킨 것이고, 지극한 뜻으로 거두어 다스린 바입니다. 신이 비록 목석木石이라 한들 차마 이 은혜를 저버리겠습니까.(…)

신은 이미 다행스럽게도 영조 임금님의 세상에 태어났고 또 다행스럽게도 임금님의 문하에 노닐었으니, 비록 궁장宮墻 안으로 한걸음

들어가 종묘宗廟나 백관의 성대함을 능히 엿보지 못했으나 그 교화를 입어 몸에 밴 것은 또한 깊습니다. 마땅히 그 행실을 법도에 맞게 하여 보이는 데서나 보이지 않는 데서나 한결같이 삼가서 훌륭한 명망名望을 얻음으로써 은택을 내려주신 임금님의 지극한 공을 저버리지 않았어야 할 것입니다. 그러나 신이 불초함으로 말미암아 10여 년 동안 얻은 비방의 내용은 이미 음흉하고 요사스럽고 괴이하고 허망하고 간사하다는 것이어서 반목과 갈등 속에 빠져 늘 논란의 대상이 되었습니다. 그리하여 전하께서 곡진히 이루어주려는 뜻을 저버리고, 분발하게 하여 스스로 배우고 깨우치도록 하시려는 전하만 수고롭게 하였으니, 곧 그 실정이 어떠한가는 따지지 않더라도 그 죄는 이미 벌을 감당하지 않을 수 없습니다.(…)

신은 이른바 서양 천주교에 대하여 일찍이 그 책을 보았습니다. 그러나 책을 본 것이 바로 죄가 되겠습니까. 말을 박절하게 할 수 없어 책을 보았다고 했지, 진실로 책만 보고 말았다면 어찌 바로 죄가 되겠습니까. 대개 일찍이 마음속으로 기뻐하며 사모했고, 또한 일찍이 이를 들먹여 남에게 자랑하기도 했습니다.(…)

신이 천주교 책을 얻어 본 것은 대개 약관弱冠 초기였는데, 이때에 원래 일종의 풍조가 있어 능히 천문天文의 역상가曆象家와 농정農政의 수리기水理器와 측량의 추험법推驗法을 말하는 이가 있으면, 세속에서 서로 전하면서 이를 가리켜 해박하다 했는데, 신은 그때 어렸으므로 그윽이 홀로 이것을 사모했습니다.(…)

그러나 신은 그동안 뜻하고 종사한 것이 영달榮達에만 있어서, 태학太學에 들어온 뒤로 오로지 뜻을 구체적이고 한결같이 하여 공부한 바는 곧 과문科文으로, 월과月課와 순시旬試에 응시하기를 새매가 먹이를 잡으려는 듯이 정신을 쏟았습니다.(…) 하물며 벼슬길에 나아간 뒤로 어찌 능히 방외方外에 마음을 쓸 수 있었겠으리오. 해가 오래고 깊어갈수록 마침내 다시는 마음속에서 왕래하지 않아서 막연히 지나간 먼지와 그림자처럼 여겼는데, 어찌 그 명목名目을 한번 세워 청탁淸濁을 분별하지 못하고서 고지식하게 지금까지 벗어나지 못하였겠습니까. 헛된 이름만 사모하다가 실제의 재앙을 받는다는 것은 신을 두고 이른 것입니다. 그 책 속에 윤상倫常을 해치고 천리天理에 어긋나는 말은 진실로 이루 다 헤아릴 수 없이 많고 또한 감히 전하의 귀를 더럽힐 수 없사오나 제사祭祀를 폐하는 말에 이르러서는 신이 옛날에 읽은 그 책에서 또한 본 적이 없습니다.(…)

신이 마땅히 위벌威罰을 받아야 할 일은 실지로 8, 9년 전에 있었는데, 그러나 다행히 전하의 비호하심에 힘입어 해당 관아의 형법 조항에서 피할 수 있었습니다. 죄가 있었지만 처벌받지 않아 무거운 짐을 등에 진 것 같았는데, 이어 재작년 7월에 특별히 엄지嚴旨를 받고 금정찰방으로 임명되었지만 오히려 늦었다 이르겠습니다. 어찌 그리도 가볍게 처벌하셨습니까.(…)

더구나 신이 부임한 지방은 곧 사설邪說이 그르친 지방으로서, 어리석은 백성이 사설에 현혹되어 진실로 돌이킬 줄 모르는 무리가 많았습니다. 그리하여 신이 관찰사에게 나아가 의론하여, 수색해서 체포할 방법을 강구해 그 숨은 자를 적발하고 화복의 의리를 일깨워주어 그들이 의심하고 겁내는 것을 깨우쳐 타이르고, 척사斥邪하는 계契를 만들어 그들에게 제사를 권하고, 사교邪敎를 믿는 여자를 붙잡아다가 그들에게 혼인을 하도록 하고, 다시 한 고을의 착한 선비를 찾아내서 서로 더불어 질의하고 논란하여 성현의 글을 강론하게 했습니다. 이

옥고 생각하건대, 신이 한 일이 자못 진보가 있었으니, 스스로 다행스럽고 스스로 기쁘게 여깁니다. 이것이 누구의 은혜이겠습니까. (…)

지금 전하께서 신을 불쌍히 여기시어 버리지 않으시고 다시 이에 거두어 쓰시고는, 하나의 사건이 있을 때마다 문득 한번 잘못을 나무라시면, 꿈에도 생각이 미치기 전에 명예를 더럽힘이 먼저 이르러 지쳐서 기운이 빠진 채 앉아서 조롱을 받게 될 것입니다. 이전에 증험이 있으니 뒤엔들 어찌 혹시라도 다르겠습니까. 원리는 이와 같은 것입니다. 차라리 신을 한결같이 오래도록 관직에 임명하지 마시어 때로 굴屈하고 때로 펴져서 부질없는 은혜만 더욱 욕되게 하여 죄를 더욱 무겁게 짊어지도록 하지 마십시오.

신은 그윽이 생각하건대, 성현이 나오면 재해나 이단도 반드시 함께 일어나서 그로 하여금 환난과 재액을 구제하여 그 공덕을 크게 세우도록 하는 것이니, 요堯임금 때의 홍수와 탕湯임금 때의 가뭄과 맹자孟子 때의 양주楊朱·묵적墨翟과 주자朱子 때의 소식蘇軾·육구연陸九淵이 모두 그 증험입니다. (…)

지금의 신의 계획은 오직 경전經傳에 잠심潛心하여 만년의 보답을 꾀하고, 영화로운 벼슬길에서 종적을 멀리하여 자정自靖하는 뜻을 본받을 뿐이옵고, 뻔뻔스런 얼굴로 머리를 쳐들고 승정원에 출입하는 것은 거듭 맑은 조정의 염치를 손상시키고, 더욱 일세一世의 공의公議를 불러일으키는 것이니, 신은 감히 나올 수 없습니다. 이에 감히 패초를 따라 대궐에 나와 정성을 다하여 글로 아뢰어서 우러러 위엄 있는 임금님의 귀를 욕되게 하오니, 엎드려 바라옵건대, 성스럽고 자애로우신 전하께서는 신의 정경을 헤아리시고 신의 간절한 충정을 살피시어 빨리 신의 직명을 바꾸시고, 잇따라 물리쳐 내치어 신으로 하

여금 죄와 허물을 속죄하고, 그 타고난 본성을 이루어서 천지가 생
성生成하는 혜택을 다 누리게 하시는 것이 더없이 큰 소원입니다. 신
은 하늘을 바라보고 성상을 우러러보며, 격절激切하고 간곡한 기원을
감당할 수 없습니다.(6월 일 — 원주)

사암이 이와 같이 간절한 상소를 올리자 우의정 이병모李秉模(1742~
1806)는 사암의 상소에서 맹자 때의 양주·묵적과 주자 때의 소식·육구
연을 이단으로 일컬은 것은 옳지 않다고 하여 죄를 주자고 했다. 아마
자신들이 크게 떠받들고 기대는 주자를 사암이 방패로 삼아 등에 짊어
지자 발끈한 듯하다. 정조 임금은 "이 상소가 구태의연함을 벗어나려고
노력함이 좋았으나 다만 잡박함을 벗어나지 못했다."고 평가했다.

또 정조 임금은 다음과 같이 비답批答을 내렸다.

"상소를 자세히 살펴보니, 착한 마음의 싹이 마치 봄바람에 만물이
자라는 것 같다. 종이에 가득히 자신에 대해 열거한 말은 듣는 이를 감
동시킬 만하다. 너는 사양치 말고 직책을 수행하라."

8. 박제가와 교유하고 『북학의』를 보다

6월 25일 두보 시를 교정한 공으로 상을 받았으며, 박제가를 찾아보
고 『북학의北學議』를 보았다. 6월 27일에 사암은 다시 동부승지에 임명
되었으나 취임하지 않아 교체되고, 6월 28일 호군에 임명되어 녹봉을
받았다. 이 와중에도 윤6월 1일 『사기영선』 주석 작업을 시작한다.

정조 21년(1797) 윤6월 2일 사암이 곡산부사로 임명되어 곡산으로 떠

나기까지 읊은 시는 모두 19편이나 되고, 산문도 2편이 있다. 이 19편의 시 가운데 「천진암에서端午日 陪二兄游天眞菴」「천진암의 밤寺夕」「농가의 여름 노래」 3편은 『다산시정선』 상권에 그 번역시와 원문이 실려 있다. 상소문 「천주교와 관련된 비방을 변명합니다」는 『다산논설선집』에 그 번역문과 원문이 실려 있는데, 여기서도 바로 앞에 그 중요한 대목을 인용해 제시했다.

제7장
곡산도호부사로 부임하다

1. 죄인 이계심을 무죄로 석방하다

사암은 정조 21년(1797) 윤6월 2일 정조의 특별명령으로 황해도 곡산
도호부사谷山都護府使에 임명되어 윤6월 3일 새벽 7시경 성정각에 들어
가 임금에게 사은숙배하고 나서 조정을 두루 돌며 인사를 차렸다. 이때
윤6월 4일 병조판서 이조원李祖源(1735~1806)을 찾아뵙고, 윤6월 5일 우
의정 이병모와 심환지도 찾아뵈었다. 또 곡산으로 떠나기에 앞서 판서
이시수에게 편지로 답장하며, "아직 『마과회통』을 완성하지 못했으나
곡산에 가서 곧 완성할 것"이라고 했다.

이렇게 두루 작별 인사를 다니고 나서 윤6월 7일 임명된 지 닷새 만
에 황해도 곡산으로 부임하려고 수안군수遂安郡守로 임명된 남속南涑
(1751~?)과 같이 출발해 개성에서 묵고, 윤6월 8일 임꺽정의 산채가 있
던 청석골을 지나 해주海州에서 잤다. 사암은 죽령·추풍령·새재 등 험산
준령을 지날 때면 늘 외적의 침략에 대한 방어책을 생각한다. 이 청석골
을 지나면서도 정묘호란이나 병자호란 당시 청淸나라 군사가 쳐들어왔

을 때 이런 요새를 놔두고 방어하지 못한 것을 안타까워하는 영사시詠史詩를 짓고는 한다. 이때 해주에서 황해도 관찰사에게 연명延命을 마치고 나서 6월 11일 곡산부 경계에 들어가자 이계심李啓心이 부임 행차 앞에 와서 곡산 백성들의 괴로운 사항 12가지 조목을 적어 올려바치고 길가에 엎드려 자수하였다. 부임 행차를 영접하여 같이 가던 사람들이 이계심을 체포하기를 요청했으나 체포하지 않고, 곡산부 관아에 이르러 그날로 무죄 방면을 했다.

사암이 이때 이계심을 무죄로 석방하며 "한번 자수한 사람은 스스로 도망가지 않는다."면서 "수령이 밝지 못하게 되는 까닭은 백성이 자기 몸을 위해서만 교활해져 폐막을 보고서도 수령에게 항의하지 않기 때문이다. 너 같은 사람은 관아에서 마땅히 1천냥의 상을 주고서라도 사야 할 사람이다."라고 했다.

참으로 썩고 고루한 선비라면 상상도 할 수 없는 말을 서슴없이 내뱉은 것이다. 곡산 백성들은 처음으로 어질고 밝은 수령을 만난 것이다. 이계심을 석방하고 나서 사암은 서울 군영에 상납해야 할 군포軍布는 몸소 눈앞에서 자尺로 재어 받아들이게 조처했다. 이는 아전들의 농간을 원천적으로 차단하는 조처인 것이다.

이계심 사건의 내막은 다음과 같다. 전에 이지영李祉永(1730~?)이 곡산 부사일 때 아전이 포보포砲保布 1필당 2백푼씩 거두어야 할 것을 9백문文을 거두어 법에 위반되는 행위를 하자 백성들이 원망하며 부당함을 외치고 부르짖었다. 이에 이계심이 앞장서서 1천여명을 모아 곡산 관아에 들어가 호소했는데, 말이 공손치 않아 수령이 형벌을 내리려 하자 1천여 백성이 일시에 이계심을 가려 에워싸고 대신 매를 맞겠다고 요청해 끝내 이계심에게 형벌을 가하지 못하였다. 간사한 관노가 각기 몽둥이를 쥐고 호소하는 백성들을 마구 어지럽게 때리자 백성들이 모두 흩어지고 이계심은 몸을 빼서 달아나 숨었는데, 수령의 보고를 받은 관찰사가 오영五營으로 하여금 조사해 체포하도록 하였다. 이때 원래 거두어야 할 돈은 8천문인데 3만 6천문을 거두었으니, 이는 수령 곧 이지영의 불찰인 것이다.

이 이계심 사건을 사암은 곡산부사로 부임하자마자 곧바로 명쾌하게 해결한 것이다.

2. 곡산 백성들에게 베푼 선정 ①

윤6월 중순에 금천金川에서 아내와 아들을 맞이해 곡산으로 돌아와 본격적으로 곡산을 다스리기 시작한다. 7월 말부터 8월 말 사이에 감영에서 꿀을 함부로 많이 거두는 것을 바로잡았으며, 검지법檢地法을 써서 살인범을 체포하고, 곡산 고을에서 귀양살이하는 사람을 위해 여럿이 힘을 모아 도와주는 겸제원兼濟院을 세웠다.

사암이 곡산부사로 부임한 첫해 윤6월부터 곡산 백성을 위해 일하며 남긴 공적을 『사암선생연보』에서 뽑아 기록해보겠다.

첫째, 당시(1797) 수령이 출장 다닐 때 드는 말馬의 비용을 대는 고마庫雇馬庫에 가하전加下錢이 7백여냥이 있었는데, 향관鄕官으로 하여금 민간에 명령을 전해 더 받아들이게 하고 있었다. 사암은 횡렴橫斂이 이루어지지 않나 의심하고, 명령을 내려 이를 잠시 늦추도록 했다.

며칠 뒤 수안군遂安郡에서 살인 사건에 대해 같이 조사하자는 요청이 왔다. 사암은 이때 이질을 앓고 있어서 임시로 문서로써 감영에 보고했는데, 그 이튿날 고마고에서 돈 24냥을 이방 앞으로 보내왔다. 사암이 그 까닭을 물으니, 이방이 "대체로 이웃 고을과 함께 죄를 다스린다는 문서가 감영에 보고되면 그 예가 이와 같습니다."라고 대답했다. 사암이 말하되 "문밖에 한발짝도 나가지 않고 백성들로 하여금 말을 바치게 하는 것은 잘못된 관례다. 한달에 세번씩 심문을 한다면 1년이면 9백냥이나 될 것이니, 이미 지나치게 세금을 거두어들이는 것이 된다."고 하고 드디어 이 관례를 없애버리니, 곡산 백성들이 사암의 첫 정사를 바라보고 각기 안도의 한숨을 내쉬었다.

둘째, 곡산에 보민고補民庫가 있었는데, 해마다 가하전이 반드시 1천 꿰미도 더 되었다. 관에서 그 이유를 조사해보니, 대체로 감영에서 꿀에 부과하는 세금 때문이라고 했다. 관찰사가 봄·가을로 으레 공문을 보내 백밀白蜜 3두斗와 황밀黃蜜 1섬을 징수해 갔는데, 감영에 딸린 아전들이 제멋대로 백밀 3두를 6두로 받고, 황밀 1섬을 백밀 2섬으로 받아내면서 감영에서 지급하는 액수는 단지 공문에 있는 숫자대로 했다. 또 봄·가을로 으레 공문을 보내 징수해 가는 것 이외에 별도로 공문을 띄워 저희들 마음대로 징수해갔다.

그러니 보민고에서 더 거두어들이는 것은 오직 이 때문이었다. 이에 사암이 아전과 백성들에게 "감영에서 하나를 요구하는데 수령이 둘을 바치고, 감영에서 황밀을 요구하는데 수령이 백밀을 바치는 것은 아첨이다. 그 숫자와 빛깔을 다만 공문대로만 하라."고 얘기하자, 아전이 말하기를 "감영에 딸린 아전들은 승냥이나 이리와 같은 자들이므로 반드시 말썽이 일어나게 될 것입니다. 죄를 짓게 되면 반드시 돈을 허비해야 할 것이고, 또한 백성들에게 거두어야 할 것이니, 그전대로 경비를 무는 것만 못합니다."라고 했다.

사암이 "일단 가보거라."고 했다. 아전들이 감영에 이르니, 정말로 감영에서는 물리치고 받지 않았다. 이윽고 비장裨將이 아뢰자, 감사가 말하기를 "저 사람은 그 고을의 백성들을 등에 지고 있고, 나는 내 입만 가지고 있으니, 저와 다툴 수 없는 일이다."라 하고 받아들이라고 명령했다.

이때 사암은 관찰사에게 다음과 같은 편지를 썼다.

"백밀과 황밀은 품질이 각기 다르다고 하여 언제나 담당자들이 마음대로 점퇴點退를 하고, 황밀을 백밀로 바꾸라 합니다. 백성들이 그 피해를 입기 때문에 이제 꿀을 진상하면서 제가 모두 직접 검사를 하고 지시한 대로 지켰으니, 담당자에게 주의를 주어서 되돌리는 일이 없도록 해주시기를 바랍니다." 하자 관찰사도 순순히 받아들이라고 아전을 단속했다.

사암이 곡산부사로 있는 3년 동안 이와 같이 하는 것으로 관례를 삼으니, 보민고의 남은 돈이 해마다 1천꿰미로 곡산 관아 정사당政事堂을 건설하고, 중국에서 오는 칙사勅使의 접대비에 충당하고도 충분히 여유가 있었다고 한다.

셋째, 곡산의 백성 김오선金五先이란 이가 함경도 영풍永豊 시장으로 소를 사러 갔다가 시일이 지나도 돌아오지 아니하자 그 아들이 뒤를 밟아가다가 문암동門巖洞 입구에서 아버지 시체를 발견했는데, 목·가슴·배에 칼자국이 네군데나 있었다. 문암은 김오선이 살던 이화동梨花洞과의 거리가 10리에 지나지 않았다.

아내와 자식과 마을 사람들은 김오선이 도적에게 살해당한 줄 알면서도 후환이 있을까 두려워 그 사실을 숨겨 관아에 아뢰지 않고 곧장 시체를 묻어버렸다. 오랜 뒤에야 아뢰는 이가 있었다.

사암은 그곳에 가지 않는다면 그 실상을 알지 못할 것이라 여기고, 말을 재촉해 가면서 말하기를, "옛날에 사건 현장을 조사하는 법檢地法이 있었으니, 내가 현장을 조사해야 하겠다."고 하고, 그곳에 이르러 현장을 조사하고 돌아오다가 이화동에 들러 마을 사람들을 불러 이리저리 캐물었으나 끝내 그 진상을 규명하지 못했다. 밤에 이르러서야 비로소 그 단서를 얻어 곧바로 군졸 수십명을 풀어 영풍촌을 급습해 도적의 얼굴을 아는 자를 붙잡아 돌아왔다. 돌아와서 군졸들에게 계략을 일러주고 함경도 노인령老人嶺 아래에 가서 엄습하여 범인을 체포하게 했더니, 정말로 김오선을 죽이고 소를 빼앗은 자는 김대득金大得이었다. 마침내 곡산부의 문앞 시가지에서 형장을 쳐서 죽이자 이미 도적의 무리들이 이 소문을 듣고 흩어져 달아났다.

넷째, 곡산읍에 귀양살이하는 사람이 10여명 있었는데, 읍내 고을의 4백호에서 돌아가며 그들을 먹여주도록 하니, 교대로 수자리 살러 나가는 법과 같아서 그 고통이 빌어먹는 것보다 더 심했다. 귀양 온 사람들이 날마다 울부짖으며 죽기를 바라고, 그들을 먹여주는 사람들도 또한 몹시 괴롭게 여겼다. 사암이 곧 화전세 1백여결을 덜어서 겸제원을 세워 귀양 온 사람들에게 기와집과 돗자리에서 살게 하고, 끼니를 항상 마련해주니, 이들이 그 은혜에 감격하고 읍내 백성들도 편하게 여겼다.

사암이 곡산부사로 부임한 지 4개월 초에 이르러 여덟가지 규약을 만들었는데, 이 여덟가지 규약의 첫째는 호적을 정리하는 일이었다. "백성은 자녀와 같고 수령은 부모와 같다. 자녀의 빈부 허실貧富虛實을 부모가 되어 살피지 않을 수 있겠는가. 오늘날 수령이 된 이들이 으레 가좌책家坐冊을 만들지만 엉성하고 정확하지 못하며 번잡하기만 하고 요점이 적으니, 다만 백성들을 귀찮게끔 소란하게 할 뿐 실제로 쓸모가 없다."고 했다.

이에 향관과 이교吏校 가운데 제일 무던하다고 일컬어지는 자를 엄격히 골라 모든 마을에 사는 백성들의 전지와 집, 재산, 인구, 우마牛馬의 실제 숫자 및 신분의 높고 낮음, 양역良役의 여부를 조사해 낱낱이 열거해 가져오게 했고, 관아에서 여비를 지급해 마을에서 얻어먹지 못하도록 했다.

그들이 마을로 떠날 때 경계하되, "깊은 산 외딴 골짝과 외딴 마을 작은 집은 수령이 이르지 못하는 곳이니, 조사해 징험할 필요가 없다고 너희들은 생각할 것이다. 그러나 송사訟事는 뜻하지 않은 곳에서 나오고, 자문을 구할 수 있는 것도 무심한 곳에서 나오는 법이니, 너희들은 삼가거라."라고 거듭거듭 타일렀다.

그들이 돌아오자 총괄해서 경위표經緯表를 만들었는데, 곡산부 전체가 12권에 지나지 않았다. 방리坊里를 구별해놓아 찾아보기에 편리했다. 이에 모든 백성들의 빈부·허실·강약·고락苦樂이 손바닥 들여다보듯이 분명해 감추고 숨기는 바가 없게 되었다. 경위표의 실제 사례가 『목민심서牧民心書』 제6부 제4장 호적제도에 나온다.

이것을 기준으로 삼아 호적을 만들고 수령이 증호增戶와 손호損戶를 직접 작성하자 간리奸吏나 간민奸民이 손을 쓸 곳이 없게 되었으며, 일을 시키고 임무를 맡기는 데 체통이 서지 않음이 없었다.

그 여덟가지 규약의 다섯째는 관고官庫의 규약이다. 곡산부에는 보민고·고마고·보폐고補弊庫·군수고軍需庫·칙수고勅需庫·군기고軍器庫·양현고養賢庫 등 7개가 있었는데 모두 그 절목節目을 바꾸었다. 대체로 매년 마땅히 써야 할 물건은 그 비용을 절목에 따라 지출하고 장부에는 기록하지 못하게 했으며, 다만 뜻밖에 비용이 별도로 지출되는 물건에 대해서만 장부에 정리하게 했다. 이렇게 되자 아전들이 농간질을 하지 못하게 되었고, 연말에는 각 창고에 남은 재정이 5백~6백꿰미나 되었으며, 적은 곳이라도 수십꿰미가 되었다. 이것을 칙수勅需로 돌려 '애칙고艾勅 庫'란 이름을 붙였다.

그 규약 여덟째는 과사課士의 규정이다. 우리나라 과거제도는 일정한 정원이 없었으며, 아래로 군현郡縣에 이르러서도 이렇다 할 규정이 없었 다. 사암이 학궁學宮에 명령을 내려 유생 1백여명을 천거하게 하고 사암 이 직접 시부詩賦로 시험을 하여 능력이 없는 이는 도태시키고 80명을 뽑아내 '사림생詞林生'이라 불렀다. 대체로 가과家課나 정과庭課를 모두 오직 이 80명에게만 응시하게 했으며, 이들 중 누군가 죽어 결원이 생기 면 규정에 따라 보충해 넣었다. 무사武士도 또한 이러한 제도로 권무청 勸武廳에서 주관하게 했다.

정조 21년(1797) 가을 9월 9일 곡산 문성보文城堡에 갔다가 오연烏淵에 서 배를 타고 또 오연산烏淵山에 올랐다. 이때는 그냥 유람이나 기행을 한 것이 아니고 공무를 수행하러 갔다가 잠시 틈을 내서 노닐었을 것이 다. 이 무렵 유민을 뽑아 문성보 아병牙兵을 억지로 충원한 것이 실정이 었다. 이를 보민堡民만으로 충원해달라는 장계와 각종 군포를 돈으로 바 치게 해달라는 장계를 올렸다. 이들 장계는 모두 백성들의 고충을 해결 하려 한 것이다.

9월 15일경에는 해주에서 수안군수 남속, 서흥부사瑞興府使 임성운林 性運과 함께 감시監試 고시관을 했다. 또 9월 하순쯤에는 환자곡이나 세 금을 받아들이려고 용연龍淵 등에 출장을 다녀왔을 것 같다.

다섯째, 겨울 10월경에 관찰사가 보낸 비밀 공문이 왔는데 그 대략은 다음과 같다.

"토산현감兎山縣監이 서면으로 보고하기를 '본현의 토포討捕 장교가 금천金川 시가지에서 한 도적을 잡아 결박해 몇리를 가자 흰말을 탄 도적 대장이 길을 가로막고 도적을 빼내어 묶은 것을 풀어주고 도리어 장교를 묶어 앞세우고 산을 돌고 냇물을 건너 매우 깊숙한 곳에 이르렀는데, 그곳에는 공청公廳이 있었으며 당상堂上에는 여러 도적 두령들이 앉아 있었다고 합니다. 그 장교를 끌어들여 죄를 낱낱이 손꼽은 다음 돌려보냈는데, 다음 날 새벽에 50~60명의 도적 무리들이 관아의 뜰을 침범하여 제가 호각을 불어 군사를 모으고 아전과 관노들로 하여금 싸우게 했더니 모두 흩어져 달아났습니다.'라고 했소. 곡산부사는 영장營將을 겸하게 되어 있소. 관하의 여러 고을에서 도적의 변란이 이와 같으니 매우 편안하지 못합니다. 곧바로 교졸校卒 수십명을 일으키고, 또 관하 여러 고을에 명령을 내려 군사를 일으키게 해 도적을 체포하는 일을 돕도록 하시오. 도적의 소굴을 수색해 없애버리고 도적의 무리들을 섬멸하도록 하시오. (…)"

사암이 이 비밀 공문을 다 보고 나서 아전과 장교 들에게 펴서 보이자, 두려워하고 놀라지 않는 자가 없었다. 용맹한 자들을 엄격히 뽑아 부서별로 약속을 정하고 나아갈 계획을 세우려 했다. 사암이 "그만들 두거라." 하고 손수 아전 1명과 장교 1명을 뽑았다.

두 사람 모두 제 옷도 제대로 가누지 못할 정도의 약질이었는데, 사암이 도적의 소굴에 가라고 명령하자, 두 사람 모두 눈물을 흘리면서 살려달라고 빌었다.

사암이 말했다.

"너희들은 두려워하지 말고 떠나도록 하거라. 붉은 오랏줄은 가져가지 말고 옷갓을 벗고 가서 내 뜻을 알아듣도록 얘기해 적장으로 하여금 오도록 하거라." 하자 모두들 말하기를 "어떻게 하시려고 그러십니까?"

라고 하니, "좀더 두고 보자."고 했다.

3일이 지나자 소리小吏와 소교小校가 적장 10여명을 데리고 왔다. 그들을 조사해보니 모두 양민良民이었다. 죄를 사하여 돌려보내고, 도리어 토산의 장교를 붙잡아다가 형장을 쳐 다스렸다.

모두들 "왜 이러십니까?" 하자 사암이 말하기를, "평온한 세상에는 이런 일이 없는 법이다. 내가 이 때문에 이 일이 무고임을 이미 알고 있었다."고 했다.

만일 이때 관찰사의 공문대로 곡산부 군사를 일으키고, 이웃 고을에 공문을 보내 군사를 일으키게 했다면 곡산부 일대가 시끌벅적하고 쓸데없는 비용만 들었을 것이다. 사암은 이와 같이 고을 백성들이 편안히 살 수 있도록 슬기롭게 잘 처리한 것이다.

여섯째 공로는 다음과 같다.

소리 최태두崔泰斗란 자는 3년 동안 입역入役했는데, 경저리京邸吏에게 빚 13만냥을 지고 있었다. 이방에게 캐물으니, 이방이 대답하기를 "그의 부형과 종족으로 봉명방鳳鳴坊에 사는 자가 수십호인데 모두 부자들입니다."라고 했다.

사암이 "이는 무슨 말인가?" 하고 이방을 끌어내려 형장으로 다스리게 했다.

최태두가 빚진 까닭을 조사해보니, 대개 최태두가 해마다 군포를 담당하는 아전이 되어 군포돈을 축내고 경저리에게 저채邸債를 끌어다 쓴 것이었다. 곧 최태두를 붙잡아다 조사하니, 대체로 고을의 호걸들과 도박인 마조馬弔를 해서 진 빚이었다.

사암이 이방에게 말하기를 "이 일을 알 만하구나. 최태두가 어릴 적에 마조를 좋아하니, 그의 부형과 종족들이 매를 치며 나무랐으므로 원

166

한이 맺혔던 것이다. 최태두가 맹세코 이 원한을 갚고자 부리府吏가 되려고 했는데, 너희들은 그 사실을 알면서도 그를 받아들여 가만히 앉아서 재물을 낚아채려고 했다. 바야흐로 그 군포돈을 빌려 마조를 할 때에도 너희들은 버젓이 알면서도 '걱정할 것 없습니다. 저 사람의 종족들은 모두 부유한 백성들입니다.'라고 했다. 상경上京해서도 글을 경저리 집에 보내 '너무 걱정할 것 없습니다. 저 사람은 종족이 모두 부자들입니다.'라고 했다. 너희들이 이와 같이 말하는 것이 이미 몸에 배어 있어, 오늘 또 수령에게 아뢸 때도 그와 같이 말하니, 이는 간사한 자를 돕는 것이 아니겠는가?"라고 했다.

이에 고을의 호걸들이 마조를 해 딴 돈의 실제 액수와 청례廳例와 정례情例를 조사하고, 가정 재물을 조사해 모두 10만냥을 얻었다.

곧 경저리를 불러 앞으로 나오게 하고, "네가 빌려준 본전이 얼마나 되느냐?"라고 물으니, "7만냥입니다."라 했다. 사암이 "네가 바야흐로 돈을 빌려주려 할 때에 응당 여러 아전들의 편지를 받아보았을 터인데, 그들이 '봉명방에 부유한 백성들이 많다'고 말한 적이 있었지?"라 물으니, 경저리가 "참으로 그런 말이 있었습니다."라고 했다.

사암이 말하기를 "뭇 간악한 자들이 무리를 이루었는데, 너도 거기에 참여했으니 이자 6만냥 중에서 반은 손해를 보는 것이 당연한 일이다."라고 했다.

봉명방에 사는 여러 백성들을 불러 최태두의 실정을 수소문해보니, 정말로 대쪽을 합한 것처럼 들어맞았다.

3. 곡산부 정사당 신축

사암은 이해 겨울에 『마과회통』 초고본을 완성하고, 12월 20일에 『춘추좌씨전』이 인쇄되어 나오자 어린 말 1필을 임금에게 상으로 받았다.

곡산부사로 도임하여 7개월 동안 여섯가지 선정善政을 베풀고 나서 정조 22년(1798) 새해를 맞아 1월 초순에 고려 공민왕이 지은 것으로 신계현新溪縣 동쪽 70리에 있는 북소궁北蘇宮을 유람했다.

3월 27일 새벽에 곡산부 북쪽 70리에 있는 흘엽촌屹葉村 북창北倉에서 환자곡을 방출했다. 사암은 환자곡을 세번에 나누어주지 않고 한번에 다 나누어주어 백성들이 여러번 오가는 수고와 비용을 덜어주었다. 북창의 환자곡을 나누어준 뒤 출발해 생황촌에 있는 동창東倉에 이르러 갔다. 3월 28일 환자곡을 방출하고 저녁 늦게 배를 띄워 유람하고, 오연을 지나 문성진文城鎭에 이르러 마하탄摩訶灘에서 배를 내리고 마하탄가의 시골집에서 잤다. 3월 29일 병이 나서 서창西倉으로 가지 못하고 곡산부로 돌아왔다.

4월 중순이나 하순경에 곡산부 정사당이 완공되었을 듯하다. 사암이「상산 정사당 상량문象山政事堂上梁文」을 무오년 여름戊午夏(1798년 여름)에 지었기 때문에 정사당은 4월 언젠가 완공되었을 것이라 추측할 수 있다.

이 상량문에는 '병진년 을유일' 아침에 단청한 기둥을 먼저 세웠고 주춧돌이 36개나 되며 높은 추녀가 곡산 읍내 8백여 집을 내려다본다고 했다.

우리는 여기서 사암이 '곡산부 정당'을 오해와 구설수를 무릅쓰고 짓지 않을 수 없었던 사정과 곡산 백성들에게 민폐를 끼치지 않고, 훌륭한

'정당'을 건립한 자세한 내막을 「곡산 정당 신건기谷山政堂新建記」와 「상산부 정당 개건일력象山府政堂改建日曆」을 통해 알아볼 수 있다. 먼저 「곡산 정당 신건기」를 『다산문학선집』에서 옮겨보겠다.

곡산 정당 신건기

세상에 고을의 수령이 된 자가 크게 경계해야 할 일이 있는데, 그 하나가 곧 관아를 수리하는 일이다. 관아 수리에 든 비용에 대해 관찰사는 살펴보고 말하기를 "재물을 남겨서 자기가 착복했군."이라고 하고, 힘든 노역을 들인 것에 대해 백성들은 괴로워하며 말하기를 "농사철을 여러번 놓쳤다."고 하며, 창문과 들창문의 제도에 대해 후임자가 그것을 보고 좋으면 그 재주를 기롱하고 나쁘면 그 거친 것을 조롱하니, 재주를 기롱받는 것은 수치스런 일이요, 거친 것을 조롱받는 것은 구차스런 일이다.

그러므로 고을살이를 잘하는 자는 비록 건물이 부서지고 무너져 땅에 쓰러져 썩는다 하여도 기왓장 하나도 바꾸려고 하지 않으며, 서까래 하나라도 고치려 하지 않는다. 친한 친구로서 관직에 있는 자가 심법心法으로 전한 것인데, 이는 진실로 도道를 얻었다 하겠으니, 관직에 몸담고 있는 자는 작은 일이라고만 여길 것이 아니다. 비록 그러나 1백대나 전해도 망가지지 않고 온 백성에게 베풀어 구애될 것이 없는 떳떳한 것이라면 내가 말한 그 도가 해당되지 않는 것이다.

내가 곡산에 온 뒤 몇달이 지나자, 아전과 백성들 중에 동헌東軒을 고쳐 짓자고 요청하는 자가 1백여명이 넘었다. 처음에 나는 머리를 저으며 앞에서 말한 도를 얻은 것으로 자처하고 있었다. 그러나 얼마 뒤에 큰바람이 대지를 뒤흔들자 벽의 흙이 머리에 떨어지기에 사방을 살펴보니, 벽이 이미 기둥에서 떨어져나갔다. 그후 얼마 안 되어 무엇이 무너지는 소리가 요란하게 나더니 뒤이어 고통스럽게 부르짖는 사람 소리가 들려왔다. 내가 무슨 소리냐고 물으니, 군교軍校가 가판架板에 걸터앉았다가 가판이 무너져내리는 바람에 다리를 다쳤다고 했다. 나는 조용히 생각하기를 '아직도 나의 도를 지킬 것인가? 그럴 수 없다. 이는 내 한몸을 이롭게 하는 것이지, 다른 사물에게 은택을 주는 것이 아니다'라고 했다. 그리고 문무文武의 장교와 아전을 모두 불러모아 그들에게 각각 할 일을 주고 나서 말하기를 "집은 오직 터를 굳게 다지지 않기 때문에 단청丹靑이 마르기도 전에 주춧돌이 먼저 내려앉는다. 관아 건물이 규모가 작아서 보통 사람이 사는 여염집과 같으면 체모를 높이기에 부족하다."고 하였다.

터를 다지는 데는 3개월 동안 달구질을 그치지 않게 했으며 규모와 모양은 크고 높아서 구름 위에 치솟을 듯하게 하였다. 그러나 밀실密室과 회랑回廊을 만들어 아름답게 꾸미지는 말도록 하였다. 일을 감독한 지 반년이 지나서 공사를 마쳤는데, 낙성하는 날에 향중鄕中의 부로父老를 불러놓고 이렇게 말하였다.

"내가 돌아간 뒤 이 정당을 보면 생각나는 것이 있을 것인데, 그것은 내가 이 정당을 건립한 것이 나의 도를 지킨 것보다 낫다는 것이리라."

4. 곡산부 정사당 건축 일기

사암은 곡산 정당을 건축하기에 앞서 정조 16년(1792) 아버지 정재원이 작고해 상중喪中에 있으면서 겨울에 화성 성제城制에 대한 총기획서를 저술해 바친 경험이 있어 곡산 정사당을 건축하는 일쯤은 크게 어려운 일이 아니었을 듯하다.

다음에는 필자가 편역주한 『목민심서정선』 제10부 공전工典 제3장 관아 건물의 신축과 수리에 나와 있는 「상산부 정당 개건일력」에 쓰여 있는 것을 가지고 사암이 어떤 자세와 생각을 가지고 어떤 과정을 거쳐 '곡산 정당'을 건축했는지를 꼼꼼히 살펴보려 한다.(『목민심서정선』하 812면)

"정당을 건축하는 데 있어서 중요한 일은 첫째 마땅한 사람을 얻어 일을 주관케 하는 것이요, 둘째 마땅한 사람을 얻어 소임을 분담시키는 것이요, 셋째 장인匠人을 뽑는 것이요, 넷째 비용을 염출하는 것이요, 다섯째 재목을 모으는 것이요, 여섯째 흙을 그러모으는 것이요, 일곱째 용수用水를 확보하는 것이요, 여덟째 석재를 채취하는 것이요, 아홉째 기와를 굽는 것이요, 열째 철물을 사들이는 것이요, 열한째 장정을 조발調發하는 것이요, 열두째 장부를 기록하는 것이다."

현대에 용인用人하는 기본 원칙인 경륜과 전문성을 2백여년 전에 사암은 벌써 가장 중요시하고 이를 몸소 실천하고 있었다.

첫째로 일을 주관할 자로, 읍내에서 물러나 있는 아전이나 노련한 군교 가운데 걸출하여 으뜸이 되는 자를 도감都監으로 뽑아 임명하여 충성되고 근면함을 권장해 믿고 썼다.

둘째로 철물·재목·용수·흙 등의 일에 대해 사람들에게 각각 그 직책을 분담시키고 오로지 한가지 일만 책임지워 다른 일과 뒤섞이지 않도록 했다.

셋째로 장인은 삼경三京(서울·평양·개성)에서 국수國手를 가려 뽑아 도장都匠으로 삼았다. 주위에서 사사로이 추켜세워 천거함을 물리쳤다.

넷째로 건축 비용은 여러 창고의 비용을 아껴서 마련했는데, 앞서 보민고와 고마고의 비용을 아껴 정당 건축비의 상당 부분을 충당했다.

다섯째로 재목을 모으는 것이 매우 중요한 일인데, 사암은 먼저 간가도間架圖를 작성하고 서울의 장인을 불러 의논해 대들보와 들보, 기둥, 서까래, 문지도리, 문지방, 빗장, 문설주 등의 각각의 갯수를 나열하고, 장인이 대송大松과 중송, 잡송, 소송이 각각 몇그루 필요한지를 알고 나서, 곡산 고을 읍내 10리 안에서는 대목을 베어 오고, 20리 안에서는 중목을 베어 오고, 30리 안에서 소목을 베어 오도록 해 목재를 운반하는 노력을 절약한 것이다. 목재 계산이 이루어지자 군교와 아전을 불러들여 관아 건물을 짓겠다고 말하고, 아전들에게 각각 임무를 나누어 맡긴 후 즉시 내보내 벌목하게 하되, 인첩印帖을 주어 그 나무 숫자를 산 주인에게 보여주고 더하거나 줄이지 못하게 했다.

또 나무는 반드시 중동仲冬(11월)에 벌목해야만 좀이 먹거나 곰팡이가 피거나 뒤틀리지 않으며 말리기 쉽고 운반하기도 편리하다고 했다. 사암은 이때 수원 화성을 쌓을 때 고안 설계해 만든 유형거游衡車 10여량을 만들고 이를 이용해 땅이 얼어 굳은 12월에 베어둔 재목을 운반하게 해 백성들의 노력을 크게 덜어주었다.

여섯째로 흙을 마련하기 위해서는 정당을 세울 곳에서 표면 흙을 걷어내고 몇자를 파는 것이다. 그러고 나서 파낸 구덩이에 삼화토三和土

곧 석회·모래·황토를 섞어서 달구질을 하도록 했는데, 이는 곧 오늘날의 기초 콘크리트 공사를 하는 것과 같은 것이다. 그리고 그 부근 흙을 깊이 파낸 구덩이에 물을 끌어들여 못을 만들어 그곳의 물을 가지고 공사에 필요한 물로 쓰고 화재도 진화할 수 있게 했다. 사암이 현대적인 공법과 같이 삼화토로 달구질하여 세운 곡산 정당은 20년이 지난 뒤에도 조금도 금이 가거나 기울어진 일이 없다고 했다.

일곱째로 공사를 하는 곳에 우물이나 샘물이 없을 경우 물을 확보하기 위해서는 공사하는 곳 부근 구덩이에 못을 만들고 물을 끌어오는 긴 홈통을 만들어야 한다고 했다. 무거운 물을 퍼나르는 인력을 절감하는 조처라 할 수 있다.

여덟째로 석재는 가장 가까운 산을 파서 채취해야 한다고 했다. 이렇게 캐낸 돌을 잘라내 대강 다듬은 다음 기중소가起重小架와 유형거를 써서 운반해 비용을 절약했던 것이다.

아홉째로 춘분날 이전에 가마를 정당이 세워질 근처에 설치하고 기와를 구워서 그곳에 쌓아두었다가 기와를 얹는 날에 기와 쌓아놓은 곳에서부터 정당 지붕 위까지 사람이 죽 늘어서서 차례대로 기와를 전해 지붕에 올리면 기와가 한장도 깨지지 않는다고 했다. 기와의 재료가 되는 흙과 물이 가장 무거운 반면 기와를 굽는 데 쓰는 땔나무가 가장 가벼워 인력이 많이 절감된다.

열째로 철물 비용은 농간을 막기가 가장 어려우니 청렴하고 정직한 자를 특별히 뽑아 이 일을 맡겨야 한다고 하면서 철광석을 제련해 못이나 고리를 만들 때도 비율을 시험해 농간을 막는 방법을 썼다.

열한째로 일꾼을 동원하려면 마땅히 아전과 관노를 주로 하고 민정民丁을 보조로 하여 공사를 하도록 해 백성 동원을 절제했다. 이때 곡산부 관내 부호富戶에는 2일의 부역을, 편호編戶에는 1일의 부역을 지우되, 아침에 와서 저녁에 돌아갈 수 있는 자는 몸소 나와 일을 하도록 하고, 멀리 살아 자고 가야 할 자는 돈 25닢으로 대납하도록 했다. 더러 멀더라도 몸으로 부역을 하려는 경우는 그렇게 하도록 했다. 부역하러 나와 술에 취해 싸우는 자는 벌로 2일의 부역을 더 시키고, 남을 때려 상처를 입힌 자는 벌로 3일의 부역을 더 시키며, 위세를 부려 남을 때린 자는 벌로 10일의 부역을 더 하도록 했다. 참으로 합리적으로 공사장 질서를 바로잡았다.

열두째로 장부를 기록함에는 자세하고 신중하게 했다. 특히 경비 지출을 신중히 기록하게 해 탈 잡힐 끄트러기가 없게 꼼꼼히 했을 것이다.

앞에서 살펴보았듯이 사암은 곡산 정사당을 건설하면서 농번기에 백성을 동원하지도 않고, 부역도 합리적으로 시켰으며, 아전을 철저히 단속해 그들이 부정을 저지를 여지도 원천적으로 차단함으로써 곡산부 백성들에게 큰 혜택을 준 것이다. 참으로 목민관의 모범을 보이며 청백리淸白吏의 공덕을 쌓은 셈이다. 사암은 황해도에서 베푼 이와 같은 선정으로 말미암아 음덕을 쌓아서 훗날 신유옥사에서 살아남을 수 있었을 듯하다. 또 우리는 사암이 곡산 정사당을 건축하면서 시행한, 기초를 파내서 삼화토로 다지는 공법과 음력 11월에 나무의 수액이 밑으로 내려간 뒤에 벌목해야 한다는 큰 교훈도 살펴 얻을 수 있었다.

이상은 사암이 곡산부사로 나가서 거둔 일곱째 공로이면서 가장 큰 업적이기도 하다.

5. 화가 장천용과의 만남

사암은 이해 여름 4·5월 언젠가 곡산 정사당을 건축하려고 흙을 파낸 곳에다 연못을 만들고 그 옆에다 정사당을 짓고 남은 목재와 물자로 두 아들의 공부방인 서향묵미각書香墨味閣을 지었다. 4월에는 『사기찬주史記纂註』를 완성해 정조 임금에게 바쳤다. 또 5월경 달 밝고 시원한 밤에 사암은 통소라도 듣고 싶은 생각이 나서 혼잣말로 탄식했더니, 누군가 장생張生이라는 사람이 피리도 잘 불고 거문고도 잘 탄다고 하기에 서향묵미각에서 장천용張天慵을 불러 보았다.

장천용은 통소는 자기 장기가 아니라면서 그림을 그리겠다고 하며 비단폭을 가져오게 해 산수, 신선, 호승胡僧, 괴조怪鳥, 오래 묵은 등나무, 고목古木 등 수십폭을 그려냈다. 아마도 선치善治 수령에게 보답하려는 마음이 우러나서 스스로 따라왔던가 싶다.

사암은 이 장천용을 만나보고, 또 그림 솜씨를 높이 평가해 시 「천용자 노래天慵子歌」를 짓고, 「장천용의 예술張天慵傳」이란 전기傳記도 썼다. 이 전기는 『다산문학선집』에 번역문과 원문이 실려 있다. 사암이 장천용을 시로 묘사한 「천용자 노래」는 『다산시정선』 상권에 실려 있는데 이를 그대로 옮겨보겠다.

천용자 노래

천용자는 자가 천용天慵인데
뭇 사람들 어리석다 다투어 손가락질하지요.

평생에 갓이나 망건 머리에 쓰지 않고
마주보면 헝클어진 쑥대머리라오.
술이라면 입술도 축이지 않고 곧바로 꿀꺽
달건 시건 묽건 진하건 도통 살피지 않네.
쌀술도 보리술도 이도 저도 가리지 않고
고양이눈 같은 맑은 술도 고름 같은 뿌연 술도 좋을씨고.
어깨에는 가야금 하나 둘러메고
왼손에는 피리 하나 바른손엔 지팡이 하나
봄바람엔 묘향산 찾아 서른여섯 골짝으로
가을이면 금강산 1만 2천봉 달빛에
가야금 뜬다가 피리 불다가 휘파람도 불다가
구름에 노닐고 안개에 자고 발자취 쉴 새 없이
산길에선 새벽에 회초리로 숲을 뒤져 잠자는 범 찾아내고
물길에선 바위 굴려 천둥소리로 못의 용 놀래키고
갈 때 입은 무명옷은 거지에게 벗어주고
바꿔 입은 떨어진 옷 꿰맬 곳도 없다네.
돌아와 방에 드니 아내의 싫은 소리
바락바락 땅을 치고 하늘에 울부짖고 가슴을 두들기니
천용자는 묵묵부답
머리 숙이고 공손하다오.
길에서 주먹만 한 괴석 하나 주워 와서
자루를 막 끌러 서옥瑞玉인 양 만지작거리다가
배고프면 이웃집으로 달려가
새로 빚은 술 한잔 두잔 석잔 넉잔 빌어 마시고

얼큰하면 목청 높여 노래 부르네.

높은 음은 이칙夷則에 맞고 느린 곡은 임종林鐘에 맞거늘

노래가 끝나면 종이 찾아 묵화를 치는데

가파른 봉우리 성난 바위 경사 급한 여울목과 늙은 소나무나

뇌성벽력 소리나는 을씨년스런 풍경이며

얼음·눈·눈꽃·유빙流氷과 안개·구름 희게 피어오르는

혹은 늙은 덩굴 괴상한 덩굴이 서로 얽혀 있는 모양도 그리고

혹은 송골매·보라매가 서로 부딪치는 광경도 그리고

혹은 하늘에 노니는 신선이 구름 쫓는 모습도 그리고

미세한 화필로 많고 흐트러진 머리털 늘어서 솟구치는 모습 그린다.

혹은 가난한 중 오똑이 앉아 가려운 등 긁는 모습이나

상어 뺨에 원숭이 어깨 비뚤어진 입술에 속눈썹이 눈을 덮은 스산
한 몰골도 그리고

혹은 용과 귀신이 불 뿜으며 뱀과 싸우는 괴상한 형상도 그리고

혹은 요사한 두꺼비가 달을 집어삼켜 토끼가 방아 못 찧게 하는 광
경도 그리네.

그러나 팔이 잘린대도 부녀자는 그리려 하지 않고

더구나 모란꽃 작약꽃 붉은 연꽃도 그리지 않는다오.

또 그림 팔아 술빚을 갚기만 하고

하루 벌어 그날에 맞게 쓴다지.

늘 자기 성명 관가에 알려질까 두려워서

알리려고 하는 자 있으면 노기발발 서슬이 시퍼렇다네.

곡산에 내가 온 지 2년이 넘었는데

관아 짓고 못을 파도 백성 재물 거두지 않자

천용자가 찾아와 문지방을 두드리며
사또 좀 만나자고 큰 소리로 외치더니
곧바로 뜰을 지나 동헌으로 들어오는데
버선 벗은 맨다리에 농부 같은 행색으로
절도 않고 고개도 숙이지 않고 두 다리 뻗고 앉아 웃더니만
거듭거듭 하는 말이 술 달라는 말뿐이라
자리 위에 맑은 바람 부는 듯하다.
한번 보매 보통 사람 아님을 알고 무릎 거뒀지.
손 잡고 흉금 터놓고 온갖 소리 쏟아내며
비 오는 아침 달 뜨는 저녁 늘 상종했었다.
배우지 않은 헌원미명軒轅彌明이 한유韓愈를 꺾었으며
어쩌면 대옹戴顒 찾은 지둔支遁과 같다.
천용자 성은 장씨張氏라는데
시험삼아 사는 동네를 물었더니 그 입 다무네.

天慵子歌

天慵子字天慵, 千人競指爲癡憃.
生來不用巾網首, 對面蓬髮愁鬔鬆.
酒不經脣直入肚, 不省甜酸與醲醲.
稻沈麥仰斯無擇, 清如猫睛濁如膿.
肩荷伽倻琴一尾, 左手一笛右一筇.
春風妙香三十六洞府, 秋月金剛一萬二千峰.
彈絲吹竹劃長嘯, 雲游霞宿無停蹤.

178

山行朴朔搜林覓睡虎, 水行砰訇碾石駭湫龍.

去時綿裘施行丐, 換着敗衣襤褸無完縫.

歸來入室妻苦詈, 嘖嘖叩地叫天摽其胸.

天慵子默不答, 俛首摧眉順且恭.

道拾一拳怪石至, 方且解橐摩弄如璜琮.

飢來走鄰屋, 乞飲新醅一二三四鍾.

酒酣發高唱, 激者中夷則徐者中林鐘.

歌竟索紙蘸筆爲墨畫, 畫出峭峰怒石急泉與古松.

震霆霹靂黑陰慘, 氷雪凇澌皎龍淞.

或畫壽藤怪蔓相糾縮, 或畫快鶻俊鷹相撞挶.

或畫游仙躡空放雲氣, 須眉葩髣森欲衝.

或畫窮僧兀坐搔背癢, 鯊腮攫肩喎脣盍睫酸態濃.

或畫龍鬼噴火鬥蛇怪, 或畫妖蟇蝕月侵兔舂.

斷捥不肯畫婦女, 與畫牧丹勻藥紅芙蓉.

亦肯賣畫當酒債, 一日但酬一日傭.

常恐姓名到官府, 有欲告者怒氣勃勃如劍鋒.

我來象山越二歲, 建閣穿池民物雍.

天慵子來叩闠, 大聲叫我與官逢.

直躡曾階入重閤, 赤脚不襪如野農.

不拜不揖箕踞笑, 但道乞酒語重重.

清風洒然吹四座, 一見斂膝知非庸.

握手開襟寫磈磊, 雨朝月夕常相從.

不學彌明枉韓愈, 頗似支公訪戴顒.

天慵子張其姓, 試問鄉里其口封. (1798)

6. 『마과회통』을 완성하고 「농정책에 대한 건의」를 올리다

사암은 장천용을 만나보고 나서 6월 말경이나 7월 초에 자효사資孝寺에서 노닐고 수안에 공무로 다녀왔다. 7월 중순쯤에 신계현령新溪縣令 박성규朴性圭와 서홍부사 임성운을 만나 시를 지어 보이고, 7월 말경에 해주에 조사관으로 가서 정자 부용당芙蓉堂에서 황해도 관찰사 이의준이 초청한 잔치에 참여하고 「부용당기芙蓉堂記」를 지었다. 이 관찰사 이의준과는 정조 21년(1797) 4월에 사암은 두시杜詩를 교정하고, 이의준은 육유의 시를 교정하면서 그들이 속한 팀 중 어느 팀이 먼저 교정을 끝내는가 서로 경쟁한 바도 있었다.

해주에서 관찰사와 헤어져 강서사江西寺에서 배를 타고 벽란도碧瀾渡를 건너 연안성延安城을 지나고 금교金郊를 거쳐 홀로 고달사高達寺를 유람했다.

8월 15일에는 관찰사 이의준과 자하담紫霞潭에서 배를 띄워 오연에 이르러 달구경을 했다. 관찰사 이의준은 이때 관내를 순찰하면서 수령들의 정사를 살피는 자리였을 것이다.

정조 22년(1798) 9월 4일에 넷째 아들 삼동이 죽고 다섯째 아들이 태어났다. 9월 14일쯤 다섯째 아들이 태어난 지 10여일 만에 천연두를 앓다가 죽었다. 이해 10월경에 『마과회통』 수정본을 완성했다.

11월에는 곡산부에서 환자곡인 평안도의 좁쌀과 함경도의 콩을 돈으로 바치라는 공문을 받고, 돈으로 바치지 못하겠다는 상소를 올렸다. 12월에는 「농정책에 대한 건의應旨論農政疏」를 올려바쳤다. 이는 「권농정구농서윤음勸農政求農書綸音」에 대해 응답한 상소인 것이다. 연암燕巖 박지원朴趾源(1737~1805)도 경상도 안의현감安義縣監으로 있을 때 정조의 이 윤음을 받고 충청도 면천군수沔川郡守로 있으면서 「과농소초課農小抄」를 지어 올렸을 듯하다.

7. 환자곡 좁쌀과 콩을 돈으로 내라는 명령을 막아내다

사암이 11월에 올린 「관서소미 부득작전사장關西小米不得作錢事狀」은 '평안도 좁쌀(환자곡)을 돈으로 바꾸어 낼 수 없음을 아룀'이라는 뜻인데 그 실상은 다음과 같다.

사암이 곡산부사로 있던 1798년 겨울 11월에 곡산부가 백성들에게 대여해준 환자곡(평안도의 좁쌀과 강원도의 콩)과 모조耗條를 합해 이들이 갚아야 할 좁쌀이 3935섬이고, 콩이 806섬인데, 이것을 좁쌀과 콩으로 갚지 말고 이때 싯가보다 비싸게 정해진 상정례詳定例 금액으로 돈으로 갚으라고 비변사備邊司에서 황해도에 공문을 보내고, 황해도에서도 이 비변사 공문대로 곡산부에 공문을 내려보냈다. 이때 곡산부사였던 사암은 상정례대로 환자곡을 돈으로 갚게 하면, 환자곡을 갚아야 할 곡산부 백성 3540호가 1호당 1냥 7전 5푼을 더 내야 하기 때문에 이 환자곡을 받은 가호가 손해를 볼 뿐만 아니라 가뜩이나 가난한 민호가 다른 고을로 달아나버리면 곡산부는 더 어려운 처지에 놓일 것이라며, 이 공문 지시를 철회해달라고 방보防報를 올렸다. 이때 사암은 이미 환자곡 모조와 이자를 절반이 넘게 곡물로 받아놓은 상태였다. 이 좁쌀과 콩을 돌려주고 싯가보다 훨씬 비싼 상정례 액수로 돈을 바치라고 할 수는 없었을 것이다. 이는 나라가 백성들을 골탕 먹이는 부조리라 더욱 그대로 따를 수 없었을 것이다.

이 사람의 방보가 비변사에 올라가자 비변사 당상인 정민시鄭民始 (1745~1800)가 경연에서 정조에게 아뢰었다.

"시종신侍從臣(承旨)으로 수령이 된 사람들은 묘당廟堂의 공사公事에 대해서 걸핏하면 방보를 일삼으니, 이런 일이 그치지 않는다면 앞으로는 명령이 통하지 않을 것이고 법과 기강도 날이 갈수록 문란해질 것입니다. 바라옵건대, 방보를 올린 곡산부사를 먼저 파직시키고, 거두어두었던 좁쌀·콩 등을 모두 돈으로 바꾸어 바치도록 하십시오."

이때 정조는 곡산부사의 보고서를 가져오라 하여 다 보시고 명령했다.

"경(정민시)은 큰 풍년이 든 지역에도 하지 못할 일을 시행하기 위해 도리어 수령을 논죄하려고 하니 또한 잘못이 아니겠느냐? 시종신 출신의 수령을 귀중히 여기는 까닭은, 은미한 일을 살피는 데만 전심하고, 윗사람을 두려워하지 않고 오직 백성들을 이롭게 하되, 아는 것을 다 말하지 않음이 없기 때문이다. 명령을 받들어 시행하는 데 오직 조심하기를 쇠잔한 음관蔭官이나 냉정한 무관과 같이 한다면 어찌 시종신을 귀중히 여기겠는가? 오늘 경이 아뢴 것은 매우 이치에 어긋나므로 마땅히 추고推考해야겠으나 대신이 수령 한 사람을 논했다가 도리어 추고를 받으면 사체事體를 손상할까 싶어 우선 처분하지 않겠노라. (…) 곡산부에 있는 좁쌀·콩 등을 돈으로 바꾸어 내라는 그 일을 철회하여 민생을 안정시키는 것이 옳다."

이는 승지 이익운이 자세히 기록해 사암에게 보여준 것이다.

이와 같이 사암은 곡산부사로서 곡산 백성의 괴로움을 덜어준 여덟째 공로를 또 세운 것이라 하겠다.

8. 곡산 백성들에게 베푼 선정 ②

사암은 앞에서 말했듯이 환자곡에 대한 모조와 함께 갚아야 할 좁쌀과 콩을 돈으로 바꾸어 내라는 비변사의 지시를 방보하여 철회시키는 한편 문성진 아병을 읍민으로 충원하는 일에 대해 부당함을 차분히 따져 논보論報하고, 범을 잡으라는 지시를 수행했으나 여름철이라 범을 잡을 수 없었으며 겨울철에 잡도록 해달라는 공문을 보냈다. 또 장용영에서 재령군載寧郡 둑에 물길을 뚫는 데 있어 거리가 3백리나 되는 곡산의 연군鉛軍을 파견할 수 없는 실정을 알리고, 수령의 봉록을 덜어 30명의 3일 동안의 품삯을 보내겠다고 아뢰자 백성을 위한 성의가 있다면서 연군을 다른 고을에 배정하겠다는 지시가 내려졌다.

또 이인화李仁華·이인번李仁蕃이 『선원계보璿源系譜』를 사다가 후손이 끊어진 뒤에다 계보를 붙여 족보를 위조해서 군역軍役을 모면한 것을 밝혀내 보고했다. 이처럼 족보를 위조한 짓에 대해서는 곡산 고을 부로들이 너무 심했다고 고개를 저었다고 한다.

그리고 사암이 곡산에서 군포를 받아들이면서 쓰는 자가 긴 듯해서 곡산 향교에 있는 『국조오례의國朝五禮儀』에 그려져 있는 자와 이를 비교해보니 이 자가 2치寸나 길었다. 그래서 군영에서 군포를 받아들일 때 쓰는 구리자銅尺를 『국조오례의』에 있는 그림대로 만들어 면포를 거두어들였더니 백성들이 기뻐했다. 그 이듬해에는 포목이 더욱 귀하게 되자 사암은 칙수전勅需錢과 수령의 월급 2천냥을 풀어서 평안도에 가서 면포를 사다가 서울에 바칠 것을 충당하고 사용된 돈은 원래의 가격대로 백성들에게 거두어서 채웠는데, 모두 한 집에 2백푼이 넘지 않아 백성들은 매호마다 송아지 한마리를 거저 얻은 셈이었다.

또 이 무오년(1798) 겨울 12월에 평안도에서 괴이한 질병이 들어와 사암이 먼저 이 질병에 걸려 앓아누웠다. 곡산 고을의 노인들이 이 병에 걸리면 며칠이 안 되어 틀림없이 죽어갔다. 사암은 백성들에게 권해서 서로 도와 병을 낫게 하거나 급한 대로 곡식을 풀어 주기도 했고, 주인 없는 시체를 묻어주도록 했다.

이와 같은 정사는 사암이 곡산부사로서 아홉번째 공로를 세운 것이라 하겠다.

9. 통찰력을 곡산 백성을 위해 쓰다

사암이 기미년(1799) 새해가 되어 전해 겨울에 걸린 질병으로 요를 둘러쓰고 있으면서 칙수감리勅需監吏를 불러서 배천白川 강서사에 가서 진 땅에 까는 화문석을 사오게 했다. 모두가 깜짝 놀라며 알아차리지 못하고 "칙사가 나옵니까?"라고 해서, "그렇지 않다."라 하고는 빨리 가서 사오기나 하라 하였다. 아전이 가서 사가지고 오는 도중에 평산平山에 도착했는데, 의주義州에서 파발말이 나는 듯이 달려가며 "황제가 죽어 칙사가 왔다."라고 했다. 아전이 고을에 돌아와 소문을 내자 온 마을이 깜짝 놀라 야단법석이었다.

사암이 말하되 "이상할 것이 없다. 돌림병이 서쪽으로부터 왔으며 노인들이 다 죽는 것을 보고 알았다."라고 했다. 이것도 결국 통찰력으로 미리 대비해 경비를 줄여 곡산 백성들에 혜택을 준 사암의 열번째 공로라 할 수 있다.

정조 23년(1799) 1월에 청나라 건륭제乾隆帝가 죽었다. 또 1월 18일에
는 채제공이 사망했다. 사암은 1월 22일 청나라 황제가 죽었다는 소식
을 전하는 사신을 맞이하는 황주영위사黃州迎慰使에 호조참판이라는 임
시 직함을 띠고 임명되어 2월 초에 황주에 가서 50일 동안 머물렀다.
2월 황주에 있으면서 황주목사 조영경趙榮慶(1742~?)과 월파루月波樓에
서 술을 마시고, 또 태백산성太白山城 동루에서 풍천도호부사豐川都護府使
이민수李民秀, 장연도호부사長淵都護府使 구강具絳과 삼태사三太師를 배알
하고 술도 마셨다. 2월달에 「번암 채제공 만사樊巖蔡相公輓」와 「정승 채
제공 선생 제문祭蔡相國樊巖先生文」을 지었다.

3월 2일 이후 정조의 비밀 명령으로 황해도 수령의 잘잘못 및 도내의
두 의옥疑獄 사건에 대해 비밀히 아뢰자 정조가 관찰사 이의준에게 곡
산부사인 사암을 시켜 조사케 해 두 옥사를 해결했다. 그 가운데 한 옥
사는 해주에서 옥졸 최악재崔惡才가 죄수 이종봉李從奉을 시켜 죄수 박
해득朴海得을 살해한 사건으로, 사암이 이를 밝혀낸 것이다.

황주영위사 일을 마치고 곡산으로 돌아온 뒤 이제 마음에 여유가 생
겨 4월 2일 두 아들을 데리고 마하탄에서 배를 타고 서창을 거쳐 창옥
동蒼玉洞을 유람하고, 4월 3일엔 관적사觀寂寺를 유람한 후 확연폭포鑊淵
瀑布를 보고 나서 돌아왔다. 4월 5일경에 월현령月峴嶺 아래에 배를 대고
나서 다시 고달굴高達窟을 보고 갈현동葛玄洞에 들어가 입암사立巖寺를
관광하고 비를 만났다.

아마도 곡산을 떠나게 될지도 모른다는 예감이 들어 이렇게 곡산부
의 명승지를 유람한 듯하다.

사암이 곡산부사로 임명되어 나간 1797년 윤6월 7일부터 내직으로
옮기는 1799년 4월 27일까지 곡산부사로 햇수로는 3년에 걸치고 실제

로는 23개월 동안 있으면서 곡산 백성을 위한 10가지 공로를 세우고, 지은 시는 모두 52편이며, 산문도 20편 남짓이나 썼다. 이 52편의 시 가운데 「청석골青石谷行」 「붉은 천리마 노래赤驥行 示崔生」 「홀곡 노래笏谷行 呈遂安守」 「천용자 노래」 「연안성過延安城」 「자하담에 배를 띄우고八月十五日 陪李觀察汎舟紫霞潭 至烏淵候月 泛至文城橋夜還 此間山水絶勝 而前此無人來游 余與 李公實舣爲之」 「매사냥에 화답하다和崔斯文游獵篇」 「송골매를 풀다縱鷹篇」 「번암 채제공 만사」 「확연폭포鑊淵瀑布歌」 등 10편은 『다산시정선』 상권에 그 번역시와 원문이 실려 있고, 「곡산 정당 신건기」 「서향묵미각기書 香墨味閣記」 「부용당기」 「자하담 범주기紫霞潭汎舟記」 「창옥동기蒼玉洞記」 「곡산 북쪽의 산수谷山北坊山水記」와 「장천용의 예술」은 『다산문학선집』에 그 번역문이 원문과 더불어 실려 있다. 이 「천용자 노래」와 「곡산 정당 신건기」는 앞에서도 인용했다. 또 「농정책에 대한 건의」는 『다산논설선집』에 그 번역문이 원문과 더불어 실려 있다.

제8장

형조참의에 임명되다

1. 억울한 세 목숨을 살려내다

정조 23년(1799) 여름 4월 24일 38세의 사암은 곡산도호부사에서 내직인 정3품 당하관 병조참지에 임명되고, 또 부호군에 옮겨졌다가, 5월 3일쯤 곡산을 떠나 서울로 상경하다 동부승지에 임명되었고, 5월 5일 서울에 도착한 뒤 5월 6일 정3품 당상관인 형조참의刑曹參議에 임명되어 5월 7일 입시入侍했다. 이때 정조 임금이 형조판서 조상진趙尙鎭(1740~1820)에게 이르기를 "경은 이제 늙었소. 참의는 나이가 젊고 매우 총명하니, 경은 마땅히 베개를 높이 베고 쉬면서 일을 참의에게 모두 넘기구려."라고 했다.

형조판서 조상진이 이 정조의 명령을 받고는 모든 일반 범죄 사건이나 판결해야 할 상소 사건을 사암에게 위임하자 사암은 밀려 있는 옥사를 상당히 해결했다.

그 첫째로 서울 북부의 함봉련咸奉連 형사 사건을 철저히 조사해서 12년 동안 살인 누명을 쓰고 갇혀 있던 함봉련을 무죄 석방하도록 아뢰었다.

이 함봉련은 양주 의정리議政里 백성이다. 평창平倉의 나졸 아무개가 환자곡을 독촉하러 의정리 김태명金太明의 집에 가서 송아지를 끌고 가다가 길에서 김태명을 만났다. 김이 다시 송아지를 빼앗으려 하자, 나졸 아무개는 빼앗기지 않으려 했는데, 김이 마침내 나졸의 배를 깔고 앉아 그 무릎으로 가슴을 짓찧은 후 송아지를 도로 빼앗아 가다가 땔감을 해서 지고 돌아오는 김태명의 일가의 머슴인 함봉련을 만나 "저기 가는 자가 도둑으로 우리 송아지를 훔친 자이니 너는 혼을 내주거라."라고 하였다. 그러자 함봉련이 땔감을 짊어진 채로 서서 그 나졸의 등을 떼밀었는데, 그는 밭 사이에 넘어졌다가 곧 일어나 갔다.

나졸은 평창리로 돌아가 두어되의 피를 토해내고, 그 아내에게 "나를 죽게 한 자는 김태명이니 너는 원수를 갚으라." 하고 그 까닭을 갖추 설명하고 나서 죽었다. 그 아내가 서울의 북부로 달려가 김태명을 고발했다.

북부의 초검장과 시체 검험서는, 가슴 한곳이 검붉고 딱딱하며 둘레는 3치 7푼이며, 코와 입이 피로 막힌 것 이외에는 별로 다친 자국이 없어서 죽은 원인을 얻어터져 죽게 되었다 하고, 주범을 함봉련, 목격한 증인을 김태명이라 했으며, 이장 및 세 겨린의 진술도 모두 함봉련이 떼밀어 죽였다는 것이었다.

한성부의 재검도 초검과 같았고, 형조에서 세번째 합동 조사해 회계回啓한 것도 모두 목숨으로 보상死刑할 것을 요청했고, 승정원에서 의론해 아뢴 내용도 모두 같은데다 이미 12년이나 지난 사건이었다.

이 형사 사건에 대해 사암은 유족의 진술과 겨린의 진술에 모두 함봉련이 때렸다는 말이 한마디도 없고, 시체 앞면과 뒷면에도 또한 몽둥이에 맞은 자국이 하나도 없는데, 얻어터져 죽게 되었다 했으니, 이와 같은 사건 내용이 어떻게 세상에 있겠느냐며 함봉련을 주범으로 몬 사건 심리의 허구성을 낱낱이 파헤쳐 비판해 아뢰었다. 그러자 정조는 함봉련에게 옷갓을 내려주며 무죄로 석방하라 하고, 사건 문서도 불태워버리라고 명령했다.

밀려 있던 옥사 중 둘째로, 사암은 황주의 신착실申着實 형사 사건을 경연에서 아뢰어 정상을 참작해 신착실을 석방시키도록 했다.

황주 백성 신착실은 본디 엿장수로 아무개가 외상으로 엿 두개를 먹고 그 값을 갚지 않아 연말에 신착실이 그 집으로 찾아가 독촉했으나 아무개는 갚지 않았다. 이로 말미암아 말다툼이 벌어져서 신착실은 손으로 떼밀고 아무개는 떼밀렸는데, 때마침 그 등 뒤에는 지게가 넘어져 있어 지게뿔이 아무개 똥구멍에 바로 꽂히며 위로 배를 찌르면서 아무개가 즉시 죽음으로써 형사 사건이 이루어진 것이다.

이 형사 사건은 사암이 곡산부사로 정조 22년(1798) 가을 해주 감영에서 들은 얘기로 "두닢의 돈 때문에 사람을 즉시 죽였으니 용서하면 안 된다."고 다른 수령들이 말했으나 판관判官 정술인鄭述仁과 사암은 그렇지 않다고 했다.

사암이 정조 23년(1799) 형조참의로 있으면서 이 사건을 심리해 신착실이 죽일 의사가 전혀 없이 다만 떼밀었기 때문에 아무개는 공교롭게 죽은 것이라며 경연에서 다시 심리해야 한다고 아뢰니 임금이 정상을 참작해 석방시키도록 했다.

이와 같이 사암은 형조참의가 된 지 얼마 지나지 않아 억울한 죄인 2명의 목숨을 살려냈다.

또 무신 이성사李聖師가 계집종 하나를 샀는데, 이성사가 죽자 소송이 일어났다. 이때 마침 사헌부의 진언에 격노한 정조 임금이 이성사의 손자 아무개를 잡아다가 장형杖刑 1백대를 치라고 하자 형조 전체가 그 위세에 눌려서 장형을 집행하려고 하면서 잔뜩 겁에 질려 떨고 있었다.

이때 사암이 "참으로 형장을 참혹하게 하면 죽을 것입니다. 선비를 죽이는 것은 임금의 뜻이 아닐 것입니다."라고 하고, 형리에게 주의시켜 매의 숫자만 채우게 하고는 그가 무죄임을 아뢰었더니, 임금의 마음이 누그러졌던 일이 있었다. 사암은 이렇게 또 한 선비의 목숨을 살려냈다.

2. 초도 둔우의 폐단과 지칙조례

정조 23년(1799) 여름 5월 중순쯤에 정조 임금이 사암에게 "네가 황해도로부터 왔으니, 당연히 그곳의 고질적인 폐단을 말해야 한다."고 하자 사암은 황해도 초도椒島 둔우屯牛의 폐단에 대해 아뢰었다. 또 사신이 왔을 때 영접하는 비용을 마감하는 일에 대해 아뢰어 그 폐단을 제거하고 지칙조례支勅條例를 합리적으로 만들도록 해 말썽이 일어날 소지를 없앴다.

초도 둔우의 실상은 다음과 같다.

처음 초도에 진鎭을 설치할 때 그 섬에 들어가 농사지을 백성을 모집한 후 이들에게 소 몇마리를 지급해 번식시키도록 했는데, 한해 거른 뒤에 사복시司僕寺에서 암소를 계산해 송아지를 징수하며, 해마다 소의 마리 숫자를 더하여 한마리마다 돈 15냥을 마련해내라고 했다. 정조 8년(1784) 우안牛案에 47마리였던 소가 정조 22년(1798)에는 우안상으로 221마리로 늘어나 섬 주민 11명이 소 20~21마리씩 책임을 맡게 되어 있었으나 사실은 한명도 살아 있는 사람이 없고, 소 한마리도 남아 있지 않아 이웃에서 징수하고 친족에게서 징수하여 육지 고을인 장연長淵·풍천豐川 지방의 백성이 곤욕을 치르기에까지 이르렀다. 이에 관찰사 이의준이 돈을 마련해 초도 소값을 갚아주려 했으나 실행하지 못했기에 사암이 이 폐단을 없앤다면 초도만이 아니라 바닷가 여러 고을의 백성들도 걱정을 모면할 것이라고 아뢰었다.

사암이 초도의 소 문제를 이와 같이 아뢰자 정조가 모든 소의 장부를 없애버리라고 명령해 초도만이 아니라 황해도 바닷가 고을의 근심도 덜어낸 것이다.

또 칙사가 왔을 때 영접하는 비용을 회감會減할 때 상급 관아와 중앙에서 비용으로 인정하지 않는 경우가 많아 칙사를 영접하는 평안도·황해도에 허류虛留가 많다고 아뢰고 비용을 정례대로 갈라 지급한 원전元錢으로써 회감하도록 해야 한다고 아뢰어 「지칙정례보설支勅定例補說」을 만들었으나 우의정으로 원접사遠接使인 이시수가 원칙을 들어 트집을 잡고, 또 말이 많아져 결국 지칙정례의 개정이 이루어지지 못했다. 이때 사암이 만든 「해서 지칙정례 보설海西支勅定例補說」은 26조목이나 되며, 이 「보설」은 『목민심서』 제7부 제2장 손님의 접대 맨 뒤에 실려 있다.

예나 지금이나 규칙을 합리적으로 고치려고 할 때는 기득권자의 방해를 많이 받아 결국 뜻을 이루지 못하게 되기 십상인 것이다.

3. 형조참의에서 물러나다

사암이 곡산에서 서울로 돌아와 형조참의로 있으면서 정조 임금의 보살핌과 관심이 날로 깊어져 밤늦어서야 문답이 끝나매 좋아하지 않는 자들이 시기 질투를 했다.

이 무렵 홍시보洪時溥(1749~?)가 사암에게 말했다.

"자네 좀 조심하게나. 우리 청지기로 옥당의 아전이 된 자가 있는데, 그가 말하기를 '밤중에 정공丁公의 야대夜對가 끝나지 않으면 옥당에서 아전을 보내 엿보며 걱정하느라 잠을 자지 못합니다.'라고 하네. 자네는 그런 걸 감당할 수 있겠는가?"라고 했다.

이로부터 며칠이 지나지 않아 대사간大司諫 신헌조申獻朝(1752~?)가 계啓를 올려 권철신權哲身(1736~1801)에 대해 죄를 따지고, 이어 정약전의 일을 아뢰자, 주청이 끝나기 전에 정조 임금이 성을 내며 꾸짖었다 한다. 조보朝報에는 이런 내용이 없어 사암은 그런 사실도 모르고 있었는데, 사간원의 헌납獻納 민명혁閔命爀(1753~1818)이 6월 12일 또 사암이 혐의를 무릅쓰고 벼슬살이를 하고 있다는 상소를 올려 탄핵하자 6월 22일 사암은 형조참의를 사직하는 상소를 올리고 형조에 출사하지 않아 7월 26일에 체직을 허락받는다.

이 사암의 상소(「辭刑曹參議疏」)는 앞서 1797년에 올린 「천주교와 관련된 비방을 변명합니다」란 장문의 상소문과 아울러 쌍벽을 이루는 명문장이라 『다산논설선집』에서 옮겨 싣는다.

사직 상소를 하려 하니 눈물이 앞을 가려

엎드려 생각하건대, 신이 마땅히 벼슬살이를 할 생각을 말았어야 했는데 벼슬살이를 한 지가 오래되었습니다. 남에게 힐뜯음을 받은 것이 쌓이고 쌓여 드디어 불안하고 위태한 지경에 다다르고야 말았습니다. 조정에 선 후 11년 동안에 두루 여러 직책을 거치면서 일찍이 하루도 편할 날이 없었으니, 첫째도 스스로 취한 것이요 둘째도 스스로 취한 것이니, 어찌 감히 자기를 용납하고 남을 탓하여 거듭 스스로 그물과 함정 속에 빠져들겠습니까. 다만 신이 남몰래 아파하고 속으로 병든 것이 있으니, 신과 같은 더러운 존재를 전하께서 더럽다 여기지 않으시고, 신과 같이 곤궁한 자를 전하께서 버릴 것으로 여기지 않으시며, 죄를 털어주시고 감싸주시어 혹시라도 도야하여 성취되기를 바라셨으나, 신의 운명이 기구 험난하고 분복이 척박해서 토끼가 그물망에 걸린 듯, 새가 그물에 걸린 듯하여 한갓 성념聖念만 수고롭게 했을 뿐이오며 끝내 큰 은혜를 저버리고 언제나 기괴망측한 일로 해마다 지리하고 번잡하게 배척이니 변명이니 하여 어지럽게 호소하니, 비록 천지 같은 인덕과 부모 같은 자애로도 귀찮다고 손을 저어 물리쳐서 구원하는 수고로움을 덜려고 하지 않겠습니까. 신은 이 때문에 밤중에도 잠을 못 이루고 엎치락뒤치락하다가 자신도 모르게 눈물이 뺨을 적십니다.

신이 며칠 전에 헌납 민명혁의 상소를 얻어 보았는데, 전 대사간 신헌조의 계사啓辭 가운데 신의 형의 이름을 들먹여 말하면서 신에게 편안하고 태연히 의기양양하게 공무를 보고 있다고 논죄하였는데, 아아, 신에게 올바르게 처신하라는 말은 그만두고라도 신의 형이 진실로 무슨 죄입니까. 그 죄는 다만 신처럼 불초不肖한 자를 아우로 둔 것뿐입니다. 아직도 우리 전하께서 신을 꾸짖으신 전교를 기억하고 있습니다. 그 전교에 이르기를 "죄없는 네 형이 어찌하여 소장疏章에 올랐느냐"고 하셨으니, 그때의 열줄 은혜로운 말씀은 더할 나위 없이 밝고 확실하였습니다. 신은 오직 장엄하게 외고 감축感祝하며 이를 안고서 황천으로 돌아갈 따름이며, 지금 어찌 다시 필설筆舌을 놀려 부질없이 쓸데없는 짓을 하겠습니까. 아아, 신의 형이 급제한 뒤 10년 동안 뜻을 잃어 아무것도 이룬 것이 없는데, 지금 벌써 머리가 희끗희끗합니다. 그 이름 석자도 조정이 아직 잘 모르는 처지인데, 어찌 증오가 맺혀 이토록 단단하단 말입니까. 그 뜻은 신을 조정에 서지 못하게 하려는 데 불과합니다. 신은 어려서 배우지 못하고 자라서는 더욱 부박해져서 이설異說에 점점 젖어들어가 거의 양성良性을 잃었는바, 신의 정사년(1797) 상소 중에서 간절하고 애틋한 신의 마음을 모두 말씀드렸습니다. 신의 사사로운 뜻은 본래 지난 허물을 부당하게 숨기고서 무턱대고 영도榮途에 나아가려고 하지 않은 데 있었으니, 지금 만약 신을 내쫓아 폐기하시어 신으로 하여금 조정에 발을 들여놓지 못하게 하시면, 명분은 바로 서고 언론은 순하게 될 것이며 일은 간결해지면서 공효가 신속할 것입니다. 돌이켜보건대, 어찌 반드시 이리저리 굴곡하여 별도로 층절層節을 만들어서 이처럼 수고롭고 또 오활하게 할 필요가 있겠습니까.

아아, 아우를 배척하면 형이 막히고 형을 배척하면 아우가 막혀서 일거양득으로 이해가 이미 똑같은데, 어찌 그 가운데 나아가서 옥석玉石을 구별해서 말이 이치에 맞게 하지 않는단 말입니까. 곧 그 말이 이치에 맞고 안 맞는 것은 물론하고라도, 상참常參이나 경연석상에서 오고간 이야기를 신이 만약 진작 들었다면 신은 황송하고 움츠러져서, 마땅히 자정自靖하여 진실로 민명혁의 말과 같이 할 것을 생각하련마는, 경연에 나아갔던 여러 신하들 중 한 사람도 신을 위해 일러준 이가 없는 것은 무엇 때문이겠습니까. 비록 백천만인으로 하여금 신을 어지럽게 모함하여 경각에 죽게 한다고 하더라도, 수차 경연에 참석했던 신하들 중에서 신의 집에 통보하여 신으로 하여금 죽게 된 원인을 알고 죽게 하려고 할 자가 누가 있겠습니까.

여기에 어린아이가 있는데, 그의 골육과 친척이 그 아이를 막 함정에 빠뜨리려고 하는데도 그 이웃 사람들이 그 아이에게 말해주려고 하지 않는다면 그 아이는 막연히 아무것도 모른 채 한창 놀이에 빠져 스스로 즐거워할 것입니다. 이렇게 되면 그 일을 아는 어진 군자는 이치상 마땅히 측은히 여기고 불쌍하게 여겨야 할 것인데, 차마 또 그에 따라서 죄를 주겠습니까.

상참이 있은 며칠 뒤에 과연 알쏭달쏭 분명치 않은 말이 점차 신의 귀에 들렸으나 당장 문적文蹟이 없어서 의義를 내세워 인책하기가 어려웠는데, 다행히 실제로 마침 병이 나서 다시 공석公席에 나가지 못하였으니, 의기양양했다는 말은 자못 지나친 것입니다. 신은 구차스럽게 염치를 무릅쓰고 애써 영화와 봉록을 취하려고 하지 않으며, 또한 높고 멀리 피하여 관직에서 급히 벗어나려고 하는 자도 아닙니다. 대체로 일생의 허물을 스스로 당세에 밝혀 일세의 공의公議에 따라 세상이 과연 용납하면 구차하게 떠나지 않을 것이고, 세상이 용납하지 않으면 구차스럽게 나아가지 않으려고 합니다. 지금 세상 추세를 보니, 용납하지 않을 뿐만 아니라 한 가문을 아울러 연루시키려고 하니, 지금 떠나지 않으면 신은 한갓 세상에 버림받은 사람이 될 뿐만 아니라 가문에 있어서도 패역한 아우가 될 것이니, 신이 어찌 차마 이런 일을 하겠습니까.

신은 지금 나아가도 있을 곳이 없고 물러나도 돌아갈 곳이 없습니다. 다만 신이 태어나서 자란 곳은 강과 호수, 새와 물고기가 또한 성정性情을 도야할 만하니, 미천한 백성들과 함께 살면서 죽기까지 전원에서 여생을 쉬며 보양補養하고 성스런 임금님의 은택을 노래할 수만 있다면 신에게는 남의 표적 안에 들 염려가 없고, 세상에는 눈엣가시를 뽑은 기쁨이 있을 것이니 또한 좋지 않겠습니까. 눈앞의 관직은 다시 논할 것도 없습니다. 엎드려 바라옵건대, 성상께서는 빨리 신의 직명을 깎도록 명하시고 이어 이조吏曹에 명을 내려 사적仕籍에 실려 있는 모든 신의 이름을 아울러 삭제하게 하십시오. 또 형조刑曹로 하여금 임금님의 큰 은혜를 저버리고 신명身名을 더럽힌 신의 죄를 다스리게 하시어, 공의를 펴게 하시고 저의 사사로운 뜻이 편안케 되도록 하여주소서. 살아서 성대聖代를 만나 높은 은혜를 보답하지 못하고, 아직 늙지 않은 나이에 영원히 대궐문을 하직하려 하며, 종이를 대하매 눈물이 쏟아져서 말할 바를 모르겠습니다. 신은…… 감당할 길이 없습니다…… (대체로 이르기를 "다른 사람의 말이 망극하여 마음이 슬프고 괴로우니 척출하는 은혜를 입어 마침내 생성生成의 혜택을 잘 마치기를 바랍니다."라고 했다. — 원주)

임금님께서 비답批答하기를 "상소에 자세히 갖추어 다 아뢴 것을 살펴보았다. 너는 아무쪼록 사양치 말고 빨리 직책을 수행하라." 하시고, 이어 전교하기를 "다른 사람들의 말은 크게 믿을 만한 것이 못 되니 한번의 상소면 충분하다. 패초하여 형조참의로 부임하여 직책을 수행하도록 엄중히 신칙하노라." 하셨다.(7월 26일에 이르러 형조의 좌부좌단자坐不坐單子로 인하여, 전교하기를 "병에 걸린 참의의 체직을 허락하노라."라고 했다.)

4. 보학자로 『압해정씨가승』을 편찬하다

형조참의를 사직한 사암은 7월 27일 산직인 부호군에 임명되고, 8월
2일 둘째 형 정약전이 식솔을 거느리고 소내로 낙향하는 길에 같이 따
라간다. 8월 2일 평구平丘에서 묵고 8월 3일 소내에 이르렀다. 이때 둘째
형이 사는 집의 당호를 매심재每心齋라 지었는데, 사암이 그 기문인 「매
심재기每心齋記」를 지었다.

8월 7일 뒤에 명례방 죽란사에서 한치웅·윤지눌 등이 모여 잔치를 하
고 시를 읊었다. 8월 추석에 소내로 갔다가 아버지 정재원이 자료를 모
아 편찬한 압해 가승押海家乘 자료와 유사遺事 자료를 가지고 돌아와 『압
해정씨가승押海丁氏家乘』을 편찬하고 나서 「압해가승 서문押海家乘序」을
썼다. 이때 「아버님을 회상하며先人遺事」도 같이 쓴 듯싶다.

9월에는 북경北京에 사신단으로 떠나는 이기양李基讓(1744~1802)·한치
웅·박종순朴鍾淳(1762~?)·한치윤韓致奫(1765~1814) 등에게 전송하는 글을
써주고, 또 금강산으로 유람을 떠나는 교리 심규로와 한림 이중련을 전
송하는 글을 써주었다.

10월에 들어서 조화진趙華鎭이 이가환과 사암을 무고했다. 사암은
12월 10일 정조의 세책례 어제시에 화답하는 시를 지었다.

12월에 여섯째 아들 농장農䍩이 태어났다.

이와 같이 사암은 7월부터 산직에 있으면서 12월까지 시문을 짓고 편
서編書를 하면서 보내게 된다.

이 정조 23년(1799) 곡산부사에서 내직으로 옮긴 뒤부터 연말까지 지
은 시는 모두 14편이며 산문도 30여편쯤 썼다. 그리고 『압해정씨가승』

외에『동원유고東園遺稿』 3권도 편찬했는데,『동원유고』는 일부만 남아 있다.

시 14편 가운데「중형 정약전의 귀거래八月二日 因仲氏挈眷東還 同尹无咎 上舟偕行 次朱竹坨駕鴌湖櫂歌諸韻」 1편은『다산시정선』 상권에 실려 있고, 산문 가운데「영남인물고서嶺南人物攷序」「이기양을 북경에 떠나보내며送 李參判使燕京序」「한치응을 북경에 떠나보내며送韓校理使燕序」와 기문 가운데「매심재기」와「가승에 덧보탠다家乘遺事」「아버님을 회상하며」 등은 『다산문학선집』에 원문과 함께 실려 있다.

또 사암이 편찬한『압해정씨가승』은 사암이 그 아버지 정재원의 보학譜學을 이어받아 편찬한 우리나라의 유일한 가보家譜인데 정갑진丁甲 鎭과 필자가 역주해 2003년 현대실학사에서 간행한 바 있다.

5. 낙향해 살 여유당을 마련하다

정조 24년(1800) 사암의 나이도 39세가 되었다. 이때까지 사암은 산직으로 직책이 없이 지내며 1월 18일 정조가 아버지 묘소인 화성 현륭원에 행차했다가 돌아올 때 한강 배다리 북쪽에서 기다렸다. 사암과 잘 통하며 사귀고 있던 실학자 박제가는 경기도 영평현령永平縣令이 되었으며, 이 무렵 사암과 종두種痘에 관한 논의를 시작해 공동으로 인두법人痘 法을 연구해낸다.

사암은 2월 2일 집복헌集福軒에서 치르는 세자 관례를 영춘헌에서 보고, 2월 말경에 정학유의 아내인 둘째 며느리 심씨沈氏를 맞이했다. 3월 초순에는 박제가와 편지를 왕래하며 천연두에 대한 의견을 교환하는 한편 그의 시문과 함께 이덕무李德懋(1741~93)의 『기년아람紀年兒覽』도 빌려 본다.

4월 7일 아버지 제사에 참석하기 위해 아침 일찍 동대문으로 나가 육로로 소내에 가서 4월 9일 제사를 지내고, 4월 10일쯤 채제공의 양자인 채홍원과 채제공의 비문碑文을 상의하려고 원주 법천으로 가서 정범조를 찾아뵙고 3일쯤 모시고 지내다가 채홍원을 서울로 떠나보내고 사암은 성묘를 하려고 충주 하담 선영으로 갔다. 하담 선영에 참배하고 나서 4월 14일 배를 타고 섬강蟾江 어귀로 내려와 여주 신륵사神勒寺에서 자고 동대東臺에 올라가보고, 배를 타고 광주廣州로 떠났다.

아버지 제사를 지내고 충주 하담에 가서 성묘하고 서울로 돌아온 사암은 이때 고향으로 내려가 살 결심을 굳히고 그 준비를 하려고 소내로 다시 와서 4월 26일쯤 유산酉山 밑에 있는 서고조할아버지 정도길의 집을 사서 여유당與猶堂이란 당호堂號를 붙이고, 또 「여유당기與猶堂記」를 지었다. 이 「여유당기」는 우리가 꼭 읽어야 할 매우 중요한 글이므로 『다산문학선집』에 실려 있는 글을 조금 더 고쳐서 여기에 옮겨놓겠다.

여유당기

자기는 그만두고 싶어도 어쩔 수 없이 자기로 하여금 그 일을 하게 하는 것은 이 일이 그만둘 수 없는 일이어서다. 자기는 그 일이 하고 싶어도 남에게 알리고 싶지 않아 자신에게 못하게 하는 것은 이 일이 그만두어야 하는 일이어서다. 그만둘 수 없는 일은 늘 하게 되지만 자기가 이미 하고 싶지 않기 때문에 때에 따라 그만두게 되며, 하고 싶은 일은 늘 하게 되지만 이미 남이 알지 못하도록 하고 싶기 때문에 또한 때에 따라 그만두게 된다. 참으로 이와 같이 되면 천하에는 온통 일이 없어진다.

나는 나의 약점을 스스로 알고 있다. 용기는 있으나 일을 처리하는 지모智謀가 없고, 착한 일을 좋아하나 가려서 할 줄을 모르고, 정에 끌려서는 의심도 아니하고 두려움도 없이 곧장 행동해버리기도 한다. 그만두어야 할 일이지만 참으로 마음에 내키기만 하면 그만두지를 못하고, 하고 싶지 않으면서도 마음속에 담겨 있어 개운치 않으면 반드시 그만두지를 못한다. 이 때문에 바야흐로 어린 때에는 일찍이 방외方外에 몰두하며 의심하는 마음을 가지지 못했고, 이미 장년이 되어서는 과거 공부에 빠져 다른 것은 돌아보지도 않았으며, 서른살이 넘어서는 지난 일에 대한 후회를 깊이 했었지만 두려워하지를 않았다. 이 때문에 무한히 착한 일만 좋아하다가 남의 욕만 혼자서 실컷 얻어먹게 되었다. 안타까운 일이다. 이 또한 운명일까. 성격 탓이겠으니 내가 또 어찌 감히 운명이라고 이르겠으랴.

노자老子의 말에 "여與여! 겨울의 냇물을 건너는 듯하고, 유猶여! 사방 이웃이 두려워하는 듯하거라"[2] 라고 하는 것을 내가 보았다. 안타깝도다! 이 두마디의 말이 내 성격의 병통을 치유해줄 약이 아니겠는가. 무릇 겨울에 내를 건너는 사람은 차가움이 파고들어와 뼈를 깎는 듯할 테니 몹시 부득이한 경우가 아니면 하지 않을 것이며, 사방 이웃이 두려운 사람은 자기를 감시하는 눈길이 몸에 닿을 것이니, 몹시 부득이한 경우가 아니면 하지 않을 것이다.

남에게 편지를 보내어 경례經禮의 이동異同에 대하여 논변하고 싶

---

2 여(與)는 의심이 많은 동물 이름이며 유(猶)는 겁이 많은 동물의 일종이다.

은데 이윽고 다시 생각해보니 비록 하지 않는다 해도 괜찮은 일이다. 비록 하지 않더라도 괜찮은 일은 부득이한 경우가 아니니 부득이한 경우가 아니면 또한 그만둔다. 상소를 올려서 조정 신하들의 잘잘못을 의론하고 싶은데 이윽고 다시 생각해보니 이는 남에게 알리고 싶은 일이 아니다. 남이 알지 못하게 하고 싶은 것은 마음에 크게 두려움이 있는 경우이니, 마음에 크게 두려움이 있는 것은 또한 그만둔다. 진귀한 골동품들을 널리 수집하여 감상하고도 싶지만 또한 그만두며, 벼슬살이하면서도 관의 재화를 요리해서 그 나머지를 훔치고 싶어도 또한 그만둔다.

무릇 마음에서 일어나고 뜻에서 자라나는 것이 매우 부득이하지 않으면 또한 그만두며, 비록 매우 부득이하더라도 남이 알지 못하게 하고 싶은 것은 또한 그만둔다. 참으로 이렇게 하면 세상에 일이 있겠는가. 내가 이러한 뜻을 해득해낸 지가 또한 6, 7년이나 된다. 당堂의 이름으로 하고 싶었지만 이윽고 다시 생각해보고 또한 그만두었다. 소내로 돌아옴에 이르러 비로소 써가지고 상인방에 써서 붙여놓고 아울러 이름 붙인 이유를 기록해서 아이들이 보도록 한다.

6. 여유당은 사암의 생가가 아니다

사암은 정조 24년(1800) 초여름인 4월 말경에 소내로 낙향할 결심을 굳힌 후 고향으로 돌아와 유산 아래 있는 집을 사서 여유당이란 당호를 써서 달고, 또 막내 작은아버지 정재진丁載進(1740~1812)과 강마을에서 한적하게 살려고 작정했으며, 이 무렵 광주 경안천에 있는 석림石林을 유람하고 「유석림기游石林記」를 짓고 나서 또 「임청정기臨淸亭記」도 지었다.

이 「임청정기」에는 소내 고향 마을인 반고盤皐가 생겨난 유래와 사암의 5대조인 병조참의 정시윤이 이곳에 마련한 터전에서 사암까지 5대째 살고 있다는 소내 여유당의 내력이 자세히 기술되어 있다. 이 임청정은 참의공 정시윤이 지었는데, 참의공이 돌아간 몇십년 뒤에 저 암행어사로 유명한, 실제로는 암행어사로 나간 적이 없다는 박문수朴文秀(1691~1756)가 탐내서 많은 돈으로 꾀어 이를 차지하고 '송정松亭'이라는 이름을 붙였다는 역사가 기술되어 있다.

또 이 「임청정기」에 따르면, 이 반고를 셋으로 나누어 동쪽에는 큰아들 정도태가 살고, 그 서쪽에는 둘째 아들 정도복이 살고, 그 3분의 2가 되는 가장 서쪽인 임청정 터전에는 막내아들 정도제丁道濟(1675~1729)가 살도록 했다. 그리고 동쪽 '유산' 아래에 조그만 집을 지어 측실에서 낳은 아들 정도길이 살게 했다. 이 사암의 서고조할아버지가 살던 터전에 그 아들이 크게 집을 지었는데, 그 사실을 다음에 자세히 기술하려고 한다.

왜냐하면 '여유당'을 모든 이가 사암이 태어난 생가生家라고 잘못 전하고 있기에 생가가 아니라고 자세히 말하려 하는 것이다.

사암 정약용이 정조 24년(1800) 4월 말경에 지은 「임청정기」에 따르면, 1백년 전(1600년대 말기)에는 북한강이 지금의 양수리 저 위쪽에서 동쪽으로 흘러 남한강으로 들어가 두 강물이 합쳐져 물살이 빠르고 세차게 서쪽 곧 하류로 흐르다가 반고(岩川)에서 합쳐져 홍수가 날 때마다 '반고'는 물에 잠겼다. 그 뒤에 북한강이 부암鳧巖 남쪽에 이르러 물길이 서쪽으로 나서 곧 지금의 두물머리 아래에서 남한강과 만나 남한강의 거센 물살을 북한강 물이 밀어내 물리치는 바람에 반고가 높은 언덕을 이루어 비로소 사람이 살 수 있게 되었다고 한다.

숙종 25년(1699)경에 사암의 5대조인 참의공 정시윤이 이 '반고'를 만년에 살 곳으로 점치고 반고 산 아래 사는 사람들을 말다래를 주며 설득해 이를 얻은 후 반고 서쪽 3분의 2쯤 되는 곳에 정자를 짓고 '임청정'이란 이름을 붙였다.

앞에 나온 바와 같이 유산 아래에는 사암의 서고조할아버지 정도길이 살던 조그만 오두막집이 있었다. 정도길이 영조 50년(1774) 5월경 채제공이 평안도 관찰사로 나갈 때 호방비장으로 따라가서 받은 녹봉으로 그 아들이 집을 크게 중수했는데, 동지공同知公 정도길이 이듬해 5월 평양에서 돌아와 새로 지어진 큰 집을 보고 기뻐하지 않으며 말하기를 "비록 작더라도 돌아가신 아버님이 끼쳐주신 것이다. 그런 줄을 알면서 어찌 크게 지었느냐? 적당한 사람을 기다려 팔고 후손에게 전해주지 말라."고 했다. 이는 사암이 편찬한 『압해정씨가승』 동지공 정도길 행장에 쓰여 있다.

이처럼 1775년경 이 유산 아래 크게 지어진 정도길의 집을 사암이 1800년 4월에 벼슬에서 물러나 고향 소내로 가서 살려고 그 후손에게 사서 '여유당'이란 당호를 붙이고 「여유당기」를 지었던 것이다. '유산'은 사암이 현재 잠들어 있는 무덤이 있는 산의 이름이고 큰아들 학연의 호이기도 하다. 또 이 여유당이 새로 지어진 해가 1775년 초 무렵이니 이때는 사암의 나이 14세 때이다. 따라서 여유당을 사암의 생가라 함은 잘못인 것이다.

아마도 사암은 여유당 바로 앞쪽에 있는 정시윤의 큰아들 정도태의 종손인 정재원의 집에서 태어났을 것이다. 이 터에 정재원의 맏아들인 정약현이 아버지 정재원이 돌아가신 뒤에 '망하정望荷亭'을 지었을 것이다.

7. 사암의 뛰어난 글솜씨

사암이 고향 소내로 낙향해 살려고 서울을 떠났다는 소식을 들은 정조 임금이 4월 말경에 그에게 돌아오라는 명령을 내려 사암은 다시 서울로 돌아왔다. 5월 초순에 참판 윤필병의 집에서 판서 권엄權𤩺(1729~1801), 판윤 이정운 등과 모여 잔치를 하고, 6월 초에도 권엄의 집에 모여 잔치를 열었으며, 6월 3일경에 명례방 죽란사에서 시를 짓는 모임을 가졌다. 6월 5일쯤 소내에 갔다가 곧 서울로 돌아왔다.

5월 초순 참판 윤필병의 집에서 잔치할 때 소장 문신들은 글짓기를 하여 그 재주를 겨루고, 여러 어른인 윤필병·권엄·이정운 등이 글솜씨의 높낮이를 평가했는데, 사암은 이때 참판 윤필병의 '무호당無號堂'이란 호를 가지고 풍자하는 「무호암기無號菴記」를 지은 듯하다. 그때 이 사암이 지은 기문이 높은 평가를 받았는지는 알 수 없으나 아무튼 사암의 발랄한 풍자로 말미암아 윤필병의 호가 어쩔 수 없이 '무호암'이 되고 말았다.

지금 우리가 이 글을 보면, 당시 잔치를 하면서도 품위 있게 풍류를 즐기는 태평스런 기상을 엿볼 수 있기에 『다산문학선집』에 실린 이 기문을 옮겨보았다.

무호암기

지금 병조참판兵曹參判인 윤공尹公(이름은 弼秉이다. —원주)이 평상시에 살고 있는 집에 '무호암無號菴'이라고 이름을 붙였다. 그리고 날마다 여러 명사들과 함께 그 안에서 술을 마시고 바둑을 두면서 이렇게 말했다.

"여러분은 내가 내 집에 무호암이라고 이름 붙인 까닭을 아는가? 옛날에는 이름뿐이더니 세월이 흘러 점점 내려오면서 자字를 짓고, 시諡를 짓고, 호號를 지었소. 오언시五言詩만 지을 수 있어도 호를 가지고, 집이 한간만 있어도 호를 가지고, 주먹만 한 돌을 얻고도 맘에 들면 호로 쓰고, 고인古人의 한마디 말이 마음에 맞으면 호로 삼으니, 호라는 것이 천하에 가득차서 개백장이나 비단장수도 모두 호를 가지게 되었소. 나는 이것이 부끄러워 '무호無號'라고 이름을 붙였는데, 그 뜻은 세상을 바로잡으려는 데에 있소."

그때 앉아 있는 손님 중에 자기의 호를 여유당거사與猶堂居士라고 하는 소내苕溪 정약용이 있었는데, 그는 일어나 이렇게 말했다.

"공公의 뜻은 이름남을 피하려고 하는 것입니다. 옛날에 어려서 집을 떠난 사람이 있었는데, 그의 성姓을 알 수 없어서 사람들이 서로 말하기를 '저 사람은 하성何姓인가?'라고 말하다보니, 결국은 하何가 성이 되어버렸다고 했는데, 그렇다 해도 그것이 성이 아닌 것은 아니지요. 또 예禮를 좋아하는 무식쟁이가 그 아들의 관례冠禮를 행하면서 축복하여 말하기를 '모보某甫'라고 하였더니, 결국은 모보某甫가 자가 되었는데 그렇다 해도 그것이 자가 아닌 것은 아니지요. 지금 공이 무호無號로 이 집의 당호를 삼았으나 그 또한 당호가 아닌 것은 아닙니다. 또 세상에서 그 집에 호를 붙이는 것은 대략 규칙이 있소. 집에 앉아서도 남산南山을 볼 수 있으면 호를 '유연悠然'이라 하고, 돌빛이 문에 다다라 있으면 호를 '읍취挹翠'라 하고, 강물빛이 난간에 들어오면 호를 '영파映波'라 하고, 세속을 멀리하고자 하는 사람은 호를 '둔와遯窩’라 하고, 말을 적게 하고자 하는 사람은 호를 ‘눌재訥齋’라 합니다. 이와 같이 호는 사람이 보아서 눈에 익숙하고 들어서 귀에 익숙하기 때문에 그를 대하여서는 호를 부르지만 뒤돌아서면 잊어버리게 되오. 그러므로 이와 같은 것은 이름을 피하지 않아도 이름이 따라붙지 않습니다. 지금 공은 이 몇가지 호보다 빼어나게 ‘무호’라고 호를 지었는데, 사람들은 공의 새로운 발견에 놀라 기이하게 여겨 집에 돌아가서도 외게 되어 종신토록 잊지 못할 것이오. 곧 공은 비록 이름을 피하고자 하였으나, 이름이 더욱 따르게 될 것이니, 선생의 호는 훌륭하지 않습니까. 이름을 드러내기를 좋아한 사실은 없는데 이름남을 피한다는 명분만 가지게 되었으니 말입니다. 나는 감히 알 수가 없습니다.”

윤공尹公은 웃으면서 이렇게 사과했다.

“내가 어찌 이름을 피하며, 내가 어찌 이름을 좋아하겠소. 나는 세상이 좋아하는 짓을 미워하여 그것을 바로잡으려고 한 것인데, 그대의 말처럼 내가 세상 사람들을 허물하면서 도리어 그들을 본받는 것이 되지나 않았는지 모르겠소. 그만두시오. 결국은 내가 호를 가진 사람이 되었소.”

이 「무호암기」를 읽을 때마다 고인이 된 다산연구회의 정창렬鄭昌烈 박사의 호인 ‘물호勿號’가 자꾸 떠오르는데, 아마도 호 짓기를 손사레를 치며 굳세게 거부하다가 붙은 별명이 마침내 호로 철석같이 굳어진 것이 아닐까 싶다.

8. 정조 임금의 승하

사암이 소내에 갔다가 돌아온 뒤 여름 6월 12일 마침 달밤이어서 한가하게 앉아 있었는데, 문을 두드리는 사람이 있어 들어오도록 하니 내각의 아전이었다. 『한서선漢書選』 10질을 가져와서 하는 말이, 임금께서 명령하시기를 "오래도록 서로 보지 못했다. 너를 불러 책을 편찬하고 싶어서 주자소鑄字所의 벽을 새로 발랐으니, 그믐께에는 경연에 나올 수 있을 것이다."라고 하셨다 하니, 임금이 대단한 위로의 말을 한 것이었다. 또 아전은 "이 『한서선』 5질은 남겨서 가전家傳의 물건을 삼도록 하고, 5질은 제목의 글씨를 써서 돌려보내도록 하라." 하셨다고 한다.

또 아전이 말하기를 "명령을 내리실 때 얼굴빛이 몹시 그리워하는 듯하였고, 말씀도 온화하고 부드러워 다른 때와 달랐다."고 했다.

아전이 나가자 사암은 감격하여 눈물을 흘리고 마음이 동요되어 어찌할 줄 몰랐는데, 그다음 날부터 임금의 건강에 탈이 났고, 6월 28일에 이르러 하늘이 무너지고 말았다.

결국, 그날 밤에 하인을 보내 책을 하사해주고 안부를 물은 것이 끝내는 영결永訣의 말이었고, 임금과 신하의 정의情誼는 그날 밤으로 영원히 끝나고 말았다. 사암은 이 일에 생각이 미칠 때마다 눈물이 펑펑 쏟아지는 것을 막지 못하곤 했다고 한다.

6월 28일 정조 임금이 승하한 날 급보를 듣고 창경궁昌慶宮 홍화문弘化門 앞에 이르러 조득영趙得永(1762~1824)을 만나 서로 가슴을 쥐어뜯으며 목놓아 울었다. 임금의 관이 빈전殯殿으로 옮겨지는 날에는 숙장문肅章門 옆에 앉아 조석중曹錫中(1763~?)과 함께 슬픔을 나누었다.

7월 30일 공제公除의 날이 지난 뒤부터 점차 들리는 소리에 따르면 악당들이 참새떼 뛰듯이 날뛰며 날마다 유언비어流言蜚語와 위험한 이야기를 지어내서, 사람들의 귀를 현혹시키고 있다 했다.

"이가환 등이 앞으로 난리를 꾸며 4흉 8적四凶八賊을 제거한다."는 이야기까지 꾸며대고, 그 4명과 8명의 이름에 절반은 당시의 재상과 명사들의 이름을 끼워넣었고, 절반은 자기네 음험한 무리들의 이름을 끼워넣고는 당시의 사람들에게 분노를 불러일으키고 있었다.

사암은 화란의 낌새가 날로 급박해짐을 헤아리고 가을 8월 초순에 곧바로 아내와 아들을 소내로 다시 돌려보낸 후 혼자 서울에 머무르며 세상이 변해감을 살피고 있었다. 겨울에 들어 졸곡卒哭이 지나자 열상洌上 소내로 내려가 오직 초하루나 보름날의 곡반哭班에만 참여했다.

이런 속에서도 저술로 마음을 달래며『문헌비고간오』를 완성했다. 옛날 사암이 교리 홍낙정을 좇아 놀며 공부할 때『동국문헌비고』를 홍교리에게 빌려 본 일이 있었다. 책 사이사이에 검은 줄 위에다 말뜻에 대해 고증해놓은 것이 있었는데, 말뜻을 자세히 조사 연구한 것이 많았다. 이는 홍교리 아버지 고 판서 홍명한이 손수 기록한 것이었다. 여기에다 사암이 자기 뜻을 세워 다듬고 매끄럽게 해 편차를 만든 후『문헌비고간오』를 저술해 정조 임금이 보게 하려 했으나, 갑자기 임금이 승하함으로써 올려바치지 못했다. 사암은 이를 몹시 안타까워했다.

9월 하순에 임금이 하사한『번암시첩樊巖詩帖』에 발문을 쓰고, 11월 3일 정조의 영가靈駕를 따라 화성에 갔다가 장례가 끝나자 11월 7일경 서울로 돌아와 11월 19일쯤 소내로 간 뒤 서울로 돌아오기를 거듭했다.

12월 18일 대왕대비 정순왕후貞純王后(1745~1805)가 말로 명령을 내려 천주교 탄압을 시작했다.

9. 정조의 효성스런 마음

사암은 정조 24년(1800) 6월 28일 정조 임금이 승하하고 나서 소내와 명례방 죽란사를 오가며 초하루·보름 곡반에 나아가면서 지내다가 옛날 정조 19년(1795) 『화성정리통고』를 편찬 기술할 때 왕의 명령으로 장헌세자의 묘소인 현륭원에 심은 나무에 대해 지어 바쳤던 「식목연표植木年表」의 초본草本이 책상자에 남아 있는 것을 보았다. 이로 인해 돌아가신 정조 임금에 대한 감회가 일어나 「식목연표에 대하여跋植木年表」란 글을 지어 아버지 장헌세자에 대한 정조의 효심을 밝혔는데, 이는 또한 사암이 관리로서 행정문서 처리를 얼마나 뛰어나게 잘했는가를 보여주는 한 증거이기도 하다. 사암은 2백여년 전에 벌써 '통계표'를 만들어 임금에게 브리핑을 한 것이다. 현륭원이었던 융릉隆陵과 용주사龍珠寺를 지금 가서 보면 그때 심은 나무가 상당수 고목으로 남아 있는 것을 볼 수 있다.

이 발문은 『다산문학선집』에서 그대로 옮겨 보인다. 이 「식목연표에 대하여」를 쓴 연대는 확실치 않으나 문집에 실린 순서나 글의 분위기로 보아 정조 임금이 돌아가신 1800년 7월 이후부터 연말까지로 추정해보았다.

식목연표에 대하여

이 「식목연표」는 장헌세자의 묘인 화성 현륭원에 심은 나무 숫자를 기록한 책이다. 을묘년(1795) 봄에 임금이 서국書局을 열도록 명하여 『정리통고』를 찬술撰述하게 하였는데, 화성에 있는 사도세자의 비궁閟宮·침원寢園 및 용주사·배봉진拜峰鎭의 여러가지 유래와 제도 등을 나에게 편찬하도록 명하셨다. 명을 받고 나니, 임금이 식목부植木簿를 내려주면서 이렇게 명령을 내리셨다.

"7년 동안(1789년부터 1795년까지이다.—원주) 8읍邑(수원·廣州·용인·과천·진위·始興·안산·南陽이다.—원주)에서 현륭원에 나무를 심은 장부가 수레에 실으면 소가 땀을 흘릴 정도로 많은데, 그 공로는 누가 더 많으며 나무의 숫자는 얼마인지 아직도 명백하지 않으니, 네가 그 번거로운 것은 삭제하고 간략하게 간추려서 되도록이면 명백하게 하되 1권이 넘지 않게 하라."

신이 물러나와 연표를 만들되, 가로 12칸을 만들고(7년을 12칸에 배열하였다.—원주) 세로 8칸을 만들어(8邑을 배열하였다.—원주) 매 1칸마다 그 수를 기록하고 그 총수를 계산하니, 소나무·노송나무檜·상수리나무 등 여러가지 나무가 모두 12만 9712그루였다. 그 끝에다 이를 기록하여 올리니, 임금이 "한권이 아니고서는 상세하게 기록할 수 없을 것으로 여겼는데, 수레에 실으면 소가 땀을 흘릴 정도로 많은 분량의 문서를 너는 종이 한장에 마무리하였으니, 참으로 훌륭하다."라고 하시며 오랫동안 감탄하셨다.

그해 여름에 내가 언관言官의 탄핵을 받아 가을에 금정으로 귀양 갔다. 지금 그 초본이 책상자에 있으므로 이렇게 기록하여 후손에게 전해주어 현륭원에 대한 임금의 효심이 이와 같이 정성스러웠음을 알게 하고자 한다.

10. 서울을 떠나면서

정조 24년(1800) 사암이 읊은 시는 모두 41편이나 되고 산문도 15편쯤 된다. 또 『문헌비고간오』도 저술했다. 시 41편 가운데 「옛 뜻古意」1편만 『다산시정선』 상권에 실려 있고, 또 능내 여유당 경내에 이 번역시가 금석문으로 새겨져 있다.

산문 가운데 「화앵첩에 대하여跋畵櫻帖」 「식목연표에 대하여」 「상형고 초본에 부쳐跋祥刑攷草本」와 「여유당기」 「임청정기」 「늙은 낚시꾼의 뱃집苕上煙波釣叟之家記」 등은 『다산문학선집』에 그 원문과 더불어 실려 있다.

옛 뜻

한강물 흘러 흘러 쉬지 않고
삼각산 높고 높아 끝이 없도다.
산천은 변해 바뀔지라도
당파 짓는 나쁜 버릇 깨부술 날이 없구나.
한 사람이 모함을 하면
뭇 입들이 차례로 전파하여
간사한 말들이 사실처럼 되거니
정직한 자 어느 곳에 둥지를 틀랴.
외로운 난새는 깃털이 약해
가시 찔림 감당할 수 없기에

구차하게 돛단배 얻어 타고서

멀리멀리 서울을 떠나리라네.

방랑을 좋아해서가 아니라

머물러도 쓸데없음 짐작한다오.

대궐문을 범과 표범이 지키니

무슨 수로 이내 속마음 아뢰오리.

옛사람의 지극한 교훈 있거니

향원鄕愿은 덕德의 도적이라네.

古意

洌水流不息, 三角高無極.

河山有遷變, 朋淫破無日.

一夫作射工, 衆喙遞傳驛.

詖邪旣得志, 正直安所宅.

孤鸞羽毛弱, 未堪受枳棘.

聊乘一帆風, 杳杳辭京國.

放浪非敢慕, 濡滯諒無益.

虎豹守天闍, 何繇達衷臆.

古人有至訓, 鄕愿德之賊. (1800)

212

제3부
18년 동안의 귀양살이

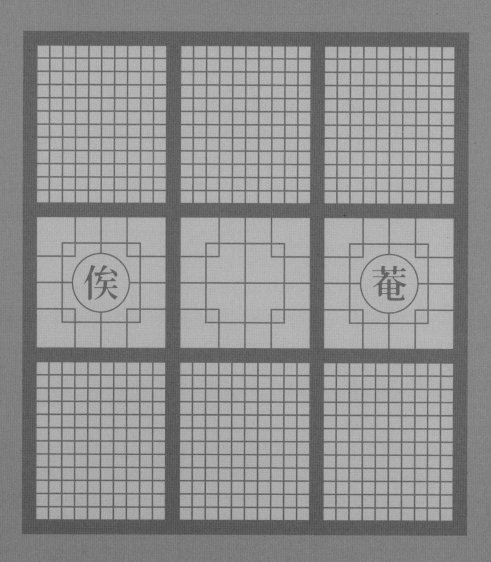

제1장
신유옥사

1. 사암과 서용보의 악연

순조 1년(1801)인 신유년 사암의 나이는 40세가 된다. 40이라는 숫자는 우리나라 풍속에서 대단히 꺼리는 숫자이기도 하다. 이해 1월 10일 12세로 즉위한 순조의 수렴청정垂簾聽政을 한 사람은 영조의 계비였던 정순왕후인데, 천주교 금지령을 내리고, 천주교를 믿으면 역적죄로 몰아 코를 베어 죽이라고 하면서 오가작통법五家作統法을 실시해 천주교 신앙을 감시하라고 명령했다.

1월 27일에는 사암에게 앙심을 품고 기회만 있으면 해코지하려는 서용보가 우의정에 임명되고, 1월 28일에 내시노비를 없애고 정조가 설치한 장용영으로 하여금 그 비용을 물게 하라는 정순왕후의 명령이 내려졌다.

1월 28일 이유수와 윤지눌이 소내에 낙향해 있는 사암에게 편지를 보내 책롱사冊籠事, 곧 정약종이 자기 집에 있던 천주교에 관한 물건과 책 및 신부 등과 대여섯 사람이 주고받은 편지 등을 농籠에 넣어 숨겨놓으려고 일꾼을 시켜 땔감과 더불어 지게에 짊어지고 가게 했다가 1월 19일에 압수당한 사건을 알려주어 소내에 있던 사암은 곧장 서울로 달려왔다.

"이때 윤행임이 이 상황을 알아내 이익운과 의논하고, 유원명을 시켜 상소해 사암을 붙잡아다 조사를 해 사암과 관계 없음을 밝혀서 재앙의 꼬투리를 미리 꺾어버리자 하여 최헌중崔獻重·홍시보·심규沈逵(1742~1820)·이석李晳(1767~?) 등이 간절히 그렇게 받아들이기를 권하며 앞으로 전화위복이 되게 하라고 했으나 사암이 이를 받아들이지 않았다.

2월 8일 사헌부와 사간원에서 (사암의) 죄상을 적어 임금께 올리어 국문鞫問을 요청하기에 이르자 이가환·정약용·이승훈이 모두 투옥되었고, 사암의 형인 정약전·정약종 및 이기양·권철신·오석충吳錫忠(1743~1806)·홍낙민洪樂敏(1751~1801)·김건순金健淳(1776~1801)·김백순金伯淳(1770~1801) 등도 차례로 투옥되었다.

그러나 그 문서 뭉치 가운데서 도리어 사암은 관계가 없음이 분명히 드러났다. 이에 따라 형틀에서 풀어주고 사헌부 안에서 편히 지내게 해주었다. 여러 대신들이 모여 의론을 하고 있었으며, 옥사獄事의 위관委官인 이병모가 말하기를 '자네는 앞으로 무죄로 풀려날 것이네. 음식도 많이 들며 몸을 아끼게나.'라고 했고, 심환지도 말하기를 '쯧쯧, 혼우婚友의 운명이 어찌 될지 알 수 없구나.'라고 했다. 지의금부사知義禁府事 이서구, 승지 김관주金觀柱(1743~1806) 등도 공정히 판결하여 용서한 것이 많았고, 국문할 때 참관했던 승지 서미수徐美修(1752~1809)가 은밀히 기름 파는 노파를 불러다가 재판 소식을 사암의 아내와 아들에게 전해주라고 하면서, 사암의 죄질은 가벼워 죽을 걱정이 없으니, 식사를 잘 하도록 하여 살아나게 하라고 시켰다 한다.

이때 여러 대신들이 모두 사암을 무죄로 풀어주기를 의론했으나 오직 서용보만 안 된다고 고집을 부려서 사암은 장기현長鬐縣으로 귀양 보내지고 둘째 형 정약전은 신지도新智島 유배형을 받았다.

또 정약종과 이가환·권철신·이승훈·김건순·김백순·홍낙민은 살아남지 못했다. 다만 이기양은 함경도 단천端川, 오석충은 전라도 영광 임자도荏子島로 귀양 보내졌다."

이상은 「나의 삶, 나의 길」에서 인용한 사암이 귀양을 가게 된 전말이다.

2. 사암과 19라는 숫자

사암이 2월 8일 사간원의 주청으로 체포되어 2월 9일 새벽에 감옥에 갇히고, 사헌부에서는 사암과 이가환·이승훈을 탄핵했다. 2월 10일에 의금부에서 사암을 신문하기 시작하고 2월 13일에 또 신문했으며, 2월 14일에 형장을 더하면서 신문하고, 2월 15일에도 또 신문했다. 그러나 사암의 죄가 드러나 밝혀지는 것이 없자 의금부 안에 보방保放하고, 2월 18일에 김근순金近淳(1772~?)의 상주에 따라 수갑을 풀어주라는 윤허를 받았다.

한편 권엄·윤필병 등 63명이 이가환·이승훈·정약용 형제 및 권철신 등을 격렬하게 비판하는 상소를 올렸다. 2월 21일 경기도 관찰사 이익운이 이가환·이승훈·정약용·권철신 등을 사학邪學 죄인이라고 성토했다. 2월 23일에는 대사간 목만중이 상소해 사암과 이가환·이승훈을 성토했다.

나라에서는 2월 26일에 정약전·정약용 등은 사형에서 감면해 귀양을 보내도록 하고, 정약종·홍낙민·이승훈 등을 처형하도록 했다. 사암은 2월 27일 의금부에서 석방되었다.

앞서 1월 19일에 책롱사로 말미암아 압수당한 편지에서 사암이 죄를 위반한 사실도 없고, 또 문서에서 증거로 삼을 만한 것이 없었다. 다만 "재앙의 기색이 닥쳐올 것이니, 서교를 믿으라고 종용하는 자가 있으면 내(사암)가 손수 칼을 잡으리라."고 한 것이 사암의 편지였고, 감옥에 있을 때 "정영감(사암)의 말은 모두 공갈이니 마음 쓸 것 없다." "정영감이 알면 반드시 큰일이 일어날 것이다."라고 한 것들은 저들 가운데서 사사로이 서로 주고받은 편지들이었다.

여기서 『사암선생연보』에 있는 이야기를 하나 더 꼭 소개하고 넘어가야 하겠다.

"내가 처음 감옥에 들어갔을 때 밤낮으로 생각하는 것이 오직 『대학大學』의 성의장誠意章뿐이었다. 대개 죽고 사는 것은 운명에 달려 있으니, 노심초사勞心焦思해본들 무슨 소용이 있겠는가. '성의' 두 글자는 죽을 때까지 간직해 지켜야 하리라 했다. 또한 우환憂患이나 재화災禍가 있을 경우에는 오직 이 '성의'를 간직하며 옳다고 여겨 편안히 있으면서 마음에 깨달아 얻은 것이 있어야 하리라. 이렇게 다짐하고 스스로 마음을 너그럽게 가졌는데, 며칠 뒤 문득 또 마음에 번뇌가 일어나 굳게 마음먹지 못함을 스스로 탄식하고 있었다. 그런데 갑자기 꿈속에 한 어른이 '쯧쯧' 하고 혀를 차면서 나무라기를 '자네는 동심動心·인성忍性하는 공부를 더욱 성의로써 해야 하겠네. 옛날 소무蘇武는 19년 동안 감옥에 갇혀 있었어도 오히려 참고 견뎠는데, 자네는 겨우 19일 동안 감옥에 갇혀 있으면서 도리어 스스로 번뇌하는가?' 했다. 이날 정말로 석방되었는데 체포된 날로부터 19일 되는 날이었다."

우연의 일치인지는 모르겠으나 경신년(1800) 낙향한 뒤부터 무인년 (1818) 귀양살이에서 풀려 돌아올 때까지가 또한 19년이었고, 또 귀양 살다가 고향 소내로 돌아와 살다가 세상을 떠난 해가 또 19년이 된 해였 으니, 19란 숫자는 사암의 운명의 숫자인 듯도 싶다.

또 감옥에 갇혀 있는 동안 두가지 안건이 밝혀져 옥석玉石이 분명하 게 되었다. 감옥에 갇혀 있을 당시 조사관 이하 옥관들이 하나하나 캐물 어서 억울한 이를 신원伸冤시켜주었다. 당시 홍헌영洪獻榮·유이환兪理煥 (1776~?)이 사헌부의 계啓에 들어 있어서 또한 감옥에 갇혀 있었으나 사 암이 극구 보증하여 무죄로 풀려났다.

이 신유옥사에 사암이 죽지 않는다는 것을 악당들이 알고 나서, 뒤섞 여 헝클어진 편지 뭉치 속에서 삼구三仇의 학설을 억지로 뜯어맞추어 정씨丁氏 집안의 문서에 있는 흉언凶言이라고 무고誣告하여 끝내 정약 종에게 사형을 추가시킴으로써 사암이 다시 일어날 수 있는 길까지 기 어이 막아버렸다. 그런데 순암順菴 안정복安鼎福(1712~91)의 저서에 삼 구三仇의 해석이 있는바, 천주교에서 선행을 하지 못하도록 하는 세가 지 원수로 육신肉身과 세속世俗과 마귀를 삼구라 했으니, 이 '삼구의 학 설'은 사암 집안에서 만든 말이 아니고 무고임이 밝혀진 것이다.

제2장
장기의 귀양살이

1.「돌모루의 이별」

　사암은 순조 1년(1801) 2월 27일 중형 정약전과 같이 의금부에서 석방
되어 각기 집으로 가서 있다가 2월 29일 오후에 귀양 땅 장기長鬐로 출
발했다. 서울 명례방 죽란사에서 떠나 숭례문을 나서 남쪽 3리 밖에 있
는 돌모루말石隅村에서 작은아버지와 형제 들과 헤어졌는데, 이 돌모루
는 중형 정약전의 야곡 집에서 가까운 곳이다. 중형과 같이 귀양길에 오
른 사암은 한강을 건너 모랫들沙坪로 가서 잔 뒤 이튿날 새벽에 가족과
도 헤어져 동쪽으로 가고, 중형은 동작나루를 건너 과천 쪽으로 해서 남
쪽으로 귀양 땅 신지도薪智島를 향해 떠났을 것이다. 이때 이들 형제는
각기 말을 타거나 걸어서 갔을 듯싶다.
　사암이 장기로 귀양을 살러 떠나면서 읊은 시가「돌모루의 이별石隅
別」인데, 이는 사암이 귀양을 가면서 읊은 세 이별시의 첫번째 시로, 『다
산시정선』 상권에 실려 있는 번역시만 옮겨 그 작은아버지들과 형제들
이 이별하는 정경을 살펴보겠다.

돌모루의 이별

쓸쓸하고 처량한 돌모루 마을
가야 할 앞길 세갈래로 갈리네.
서로 장난치며 울어대는 두마리 말
갈 곳 몰라 그러는 것 같네.
한마리는 남으로 갈 말
한마리는 동으로 달려야 할 말이라오.
숙부님들 머리 수염 하얗게 세고
큰형님 두 뺨엔 눈물이 엇갈리네.
젊은이들이야 다시 서로 만나겠으나
노인들 일이야 누가 알 수 있겠나.
잠깐만 더 조금만 더 머뭇거리다
해가 이미 서산에 기울었구나.
가자꾸나, 다시는 돌아보지 말고
마지못해 다시 만날 기약을 남기면서. (1801)

2. 「모랫들의 이별」

돌모루에서 중형 정약전과 2월 29일 길을 나누어 중형은 남쪽으로 전라도를 향해 가고, 사암은 동쪽으로 경상도를 향해 가서 모랫들에서 자고, 2월 30일 새벽에 아내와 아들과도 또 이별했다. '모랫들'은 오늘날

반포 고속버스터미널이 있는 일대이며 터미널 뒤 서울성모병원 앞길을 '사평로'라고 하니, 분명 고속버스터미널 근처 어디쯤에서 가족들과도 헤어졌을 것이다.

사암은 가족과 이별하면서도 두번째 이별시를 지었는데, 이 「모랫들의 이별沙坪別」도 『다산시정선』 상권에 실려 있는 시를 또한 번역시만 옮겨 사암이 아내와 아들딸과 슬프게 헤어지는 눈물겨운 정경을 살펴보고 나서 귀양길을 따라가보려고 한다.

모랫들의 이별

동쪽 하늘에 샛별이 떠오르자
하인배들 서로 부르며 떠들썩하네.
산바람이 가랑비를 흩날려
헤어지기 섭섭하여 머뭇거리듯 하는구나.
서성거린들 무슨 소용 있으리오
끝내는 이 이별 어쩔 수 없는 것을.
옷자락 떨치고 길을 떠나서
가물가물 벌판 넘고 내를 건넌다.
얼굴빛이야 안 그런 체해보지만
마음이야 나라고 어찌 다르랴.
고개 들어 날아가는 새를 보니
오르락내리락 짝지어 날고 있네.
어미소는 음메 하고 송아지를 돌아보고
암탉도 구구구 제 새끼 부르는구려. (1801)

3. 「하담의 이별」

사암은 3월 1일 가흥에서 자고, 3월 2일 충주 하담 선영에 이르렀다. 40세나 먹은 사암은 아버지·어머니 무덤에 절하고 나서, 그 앞에 엎드려 하늘 같은 부모님 은혜를 갚지도 못하고 귀양살이 떠나노라고 통곡하며 세번째 이별시를 지었다.

이 세번째 이별시 「하담의 이별荷潭別」도 『다산시정선』 상권에 실려 있는 시를 또한 번역시만 옮겨 사암이 부모님을 애타게 부르짖으며 통곡하는 소리를 들어보려 한다.

하담의 이별

아버님이여 아시나요 모르시나요
어머님께선 아십니까 모르십니까?
집안이 갑자기 무너져버려
죽고 살아남 이 지경이 되었어요.
이 목숨 비록 부지는 했지만
몸뚱이 아깝게도 이미 이지러졌습니다.
아이들 낳아 부모님 기뻐하시며
부지런히 붙잡아 기르셨지요.
하늘 같은 그 은혜 꼭 갚으려 했더니
깎아버림 당할 줄 생각이나 했겠습니까.
이 세상 사람 대부분

다시는 아들 낳았다 기뻐하지 않겠네요. (1801)

4. 장기현 마산리에 다다르다

3월 2일 부모님 무덤에 작별을 아뢰고 나서 충주 하담을 떠나 신립申
砬(1546~92) 장군이 1592년 임진왜란이 일어났을 때 왜군과 싸우다 크게
패배한 탄금대彈琴臺를 지나 연풍현 북쪽에 있는 무교蕪橋를 거쳐 새재를
넘어 문경 남쪽에 있는 토천兔遷을 지난 뒤, 함창현咸昌縣에 있는 공골피
空骨陂를 거쳐 3월 9일 장기현에 이르렀다. 이튿날 장기현 동쪽 마산리馬
山里에 있는 노교老校 성선봉成善封의 집에 머물러 귀양살이를 시작한다.

사암은 귀양길에도 지나는 곳마다 시를 일기 대신 지었는데, 스스로
의 행적과 심경을 드러내면서 시를 벗삼아 마음을 추슬러 달래며 간 것
이다.

탄금대를 지날 때는 「탄금대過彈琴臺」란 역사시를 지어 신립 장군의
무모함을 탄식했고, 문경 새재를 넘어가면서는 새재가 우리나라 남쪽
을 방어하는 제일 요충지임에도 임진왜란 때 여기를 지키지 않았음을
탄식하는 「새재鳥嶺」란 시를 지으며 귀양길에도 국가 방어책에 대한 걱
정을 쏟아낸다.

사암이 귀양을 떠나 장기에 이른 뒤인 3월 12일에는 중국인 신부 주
문모가 금오金吾에 자수하고, 3월 13일과 16일·19일에 사헌부 장령 권한
위權漢緯(1743~?)가 사암과 정약전을 의금부에 불러다 다시 신문할 것을
주청했다. 3월 16일에도 사헌부 집의 유경柳耕(1756~?)과 장령 홍광일洪
光一(1738~1822)이 의금부에서 다시 엄중히 신문할 것을 아뢰고, 18일에

도 또한 탄핵하라고 아뢰었다.

　3월 22일과 4월 2일에는 홍희운洪羲運이 사암 형제를 신문할 것을 거듭 요청하고, 3월 27일에는 윤지현尹之鉉(1749~?)이 희정당에서 사암 형제를 다시 신문할 것을 요청했다. 4월 3일에는 사헌부 지평 정시선鄭時善(1767~?)이 사암 형제를 다시 신문할 것을 요청했으며, 4월 4일에도 집의 김선金銑(1750~?)이 사암 형제를 다시 엄중히 신문할 것을 요청했다. 이와 같이 귀양살이하는 사암 형제를 다시 신문할 것을 한달 동안이나 참으로 끈질기게 사헌부에서 요청했으나 이는 모두 허락되지 않았다.

　사헌부에서 사암 형제를 다시 의금부에서 조사 신문해 죽이라고 끊임없이 요구하던 사람들은 당시 공서파의 홍희운·이기경·목만중이고, 이들과 부화뇌동하며 승진하려는 양심 불량자였을 것이다. 또 이들을 뒤에서 부추겨 사암에게 앙갚음을 하려던 서용보도 크게 한몫했을 듯싶다.

　사암은 정조 18년(1794) 경기 북부 암행어사로 나가 서용보 집안 사람이 마전에서 저지른 협잡과 서용보가 당시 경기관찰사로 임진강변 7개 고을의 관아 곡식을 비싸게 팔아서 돈으로 만들면서, 정조 임금이 화성에 행차할 때 지나는 금천(시흥)의 도로를 보수할 비용이라며 저지른 부조리를 밝혀낸 바 있다. 서용보는 그 앙갚음을 1824년에 죽을 때까지 계속한 것이다.

5. 장기의 풍속을 읊다

　경상도에서도 궁벽한 오지인 장기로 귀양 간 사암은 서울에서 일고여덟 '악당'이 자신을 의금부에 붙잡아다 다시 조사 신문해 죽이려는 음모가 한달이 넘도록 끊임없이 일어나는 줄은 아마도 알지 못했을 듯싶다. 그러나 적당인 악당들이 음모를 꾸며 해코지하려 할 것이라는 공포와 불안감은 늘 품고 있었을 것이다.

이 해코지당한다는 불안감을 떨쳐내기 위해서 사암이 할 수 있는 일은 시를 짓거나 저술을 하는 것밖에 없었을 것이다. 그래서 장기에서 귀양살이하는 9개월 20일 동안에 67편이나 되는 많은 시를 짓고, 「백언시百諺詩」와 『촌병혹치村病或治』 「기해방례변己亥邦禮辨」 등을 저술하고 아들에게 보내는 편지도 여러통이나 썼다.

사암이 장기에 도착해 심신이 조금 안정되고 나자 바로 지은 시가 『시경』 시의 정신을 본받아 장기의 풍물을 노래한 「장기의 귀양살이에서 본 풍속鬐城雜詩 二十六首」이다. 이 26수 시 가운데 장기 풍물을 읊은 12수를 골라 번역시만 싣는다.

이 번역시는 『다산시정선』 상권에 실려 있는 것을 그대로 썼다.

장기의 귀양살이에서 본 풍속

1

성산포星山浦 포구는 바위가 수문인데
동쪽 곧바로 부상扶桑까지 바닷물만 아득하다.
어찌 용이 와서 섬 없앴다고 할 수 있겠는가
계림鷄林의 육부 또한 황폐한 마을이었다오.

4

조해루朝海樓 용마루에 지는 해 붉을 무렵

관리가 나를 몰아 성 동쪽으로 나왔다네.
봄날 시내 위 자갈밭에 띠집이 있고
응당 농사짓는 집일 텐데 그 집을 주인 삼으라네.

5

집집마다 두 길 넘게 울짱을 세우고
처마 머리에 그물 치고 긴 창을 꽂았다오.
어찌하여 이렇게 방비가 심하냐고 그에게 물었더니
예부터 장기에는 범과 이리 날뛰었다네.

6

여인들 말씨 화가 난 듯 어찌 보면 애교스럽고
손목孫穆처럼 쓴다 해도 묘사를 다는 못해.
한푼이나마 돈을 들여 다리 살 생각 않고
두 가닥 붉은 머리채 이마 앞에다 꽂는다오.

8

구름과 바다 사이엔 한 조각 외로운 돛배
울릉도 갔던 배가 이제 막 돌아왔다오.
만나서는 태풍 파도 위험했음은 묻지도 않고
배에 가득 베어 온 대나무 보고 문득 웃음짓는다.

11

마산리 남쪽의 죽림서원竹林書院엔

느릅나무 대나무가 장맛비를 머금었네.
멀리서 가져온 납촉을 주어도 받지 않으면서
마을 사람들 도리어 송시열宋時烈은 들먹인다.

13

제주도의 말총 갓 쓰고 소나무 평상 앉아서
일본산 자기잔에다 보리숭늉을 마신다.
금년에는 미역 다시마 모두 잘 말랐는데
이른봄 날씨가 맑고 시원한 덕이라네.

15

금화전金華殿에 오르고 옥당에 가까이 붙질랑 말게
어촌의 생존 이치는 젊은 어부를 부러워하기만 해.
아내 맞으면서는 고래수염 자를 선물로 주고
자식 분가시킬 때는 게딱지솥 나눠준다오.

17

습한 데서 봄을 나니 마비 증세 일어나고
북녘에서 길들인 입맛 남녘 음식 맞지 않네.
비방인 창출술이나 담그려는데
아이 머슴 괭이 메고 가며 고향이 어디냐고 묻더라.

18

이 인생 그르친 것 책인 줄 깊이 알아

남은 생애 맹세코 책과의 정리 끊으렸더니
마음속엔 그 뿌리 갈아 없애지 못해
이웃 아이 역사책 읽는 소리 누워서 듣는구나.

23

살 뜯는 벼룩과 이로 잠을 이룰 수 없고
벽에선 지네 기어다녀 나를 또 놀래키지.
모름지기 등에 이빨도 내 것 아닌 바에야
이렇게 생각하고 즐겨 세상 물정에 따를 수밖에.

24

날씨 풀리자 남새밭에 장다리꽃이 피어나니
노랑나비 푸른 벌레 번갈아 오고가네.
장자莊子가 자연의 섭리 알았음을 느끼겠으니
대지팡이 짚고 이리저리 거닐면서 근심에 잠긴다. (1801)

이 「장기의 귀양살이에서 본 풍속」에 나오는 '성산포'는 '감포'를 말하는 듯한데, 여기에 신라 문무왕文武王의 해중릉이 있다. 조해루는 장기에 있는 누각이며, 2백여년 전인 이때 울릉도와 붙어 있는 죽도竹島에 거친 파도를 헤치며 목숨을 걸고 배를 타고 가서 대나무를 베어온 풍속도를 우리가 알 수 있게 해준다. 죽림서원은 송시열宋時烈(1607~89)을 모신 서원으로 뒷날 대원군大院君이 서원철폐령을 내려 없애버렸다고 한다.

5. 귀양살이 정취를 읊다

이제 사암은 장기에 이르러 어느정도 시간이 지나자 몸과 마음을 추스르고 평정심을 찾아 귀양지의 자연과 인물을 바라보기 시작했고, 또 시심詩心도 자연스레 일어나게 된 셈이다.

다음에 인용하는 「귀양살이 정취 여덟가지遷居八趣」는 사암의 이 무렵 시인으로서의 정서를 잘 엿볼 수 있는 시라고 하겠다. 이 번역시도 『다산시정선』 상권에 실린 것을 그대로 옮겨놓았다.

귀양살이 정취 여덟가지

1. 바람

서풍은 고향집 지나서 오고
동풍은 나를 지나 고향길 간다오.
바람 불어오는 소리 들릴 뿐
바람 일어나는 곳 보이지 않네.

2. 달

밝은 달이 동해에서 떠오르면
금물결이 만리에 일렁이도다.
어찌하여 강물 위에 뜬 달은
고요하게 강물만을 비추고 있나.

3. 구름

뜻이 있어 구름 보는 것 아니지만
뜻없이 구름 보는 것도 아니라오.
그런대로 뜻이야 있건 없건
석양이 되도록 쳐다본다오.

4. 비

고향은 8백리나 떨어졌지만
맑거나 비가 오나 거리는 변함없네.
맑은 날은 가까워진 듯싶고
비 오는 날은 멀어진 듯하다오.

5. 산

북극이 땅 위로 솟은 것이
천리마다 4도가 틀리다네.
오히려 망향대望鄕臺 올라서는
서글픈 마음으로 해 지도록 있다오.

6. 물

흐르는 물 저절로 흘러가면서
콸콸 흘러 막힘이 없구나.
생각하면 천지가 창조될 때
언덕이 무너지는 사태가 있었기에.

7. 꽃

온갖 꽃 꺾어다 구경을 해도
우리 집 꽃만은 못하구려.
꽃의 종류가 달라서가 아니라
다만 우리 집에 있었기 때문이지.

8. 버들

실버들 천 가지 만 가지
가지마다 온통 푸른 봄이구려.
가지마다 알맞은 비에 젖으면
가지마다 사람을 애태우게 하네그려. (1801)

6. 사암을 살린 말 추록이

순조 1년(1801) 여름 4월 26일 종 아이가 2월 30일 사평에서 이별한 지
58일 만에 집안 편지를 가져왔다가 4월 28일쯤 돌아갔다. 사암은 5월 중
순쯤부터 6월 초순까지 「백언시」를 정리했다. 이 「백언시」는 성호 이익
이 수집한 우리나라 속담 「백언해百諺解」를 가지고 다시 시를 만든 것으
로 뒤에 『이담속찬耳談續纂』이란 저술로 진화 발전하게 된다.

6월 초순 끝 무렵에 소내 집에서 보낸 사람이 장기에 이르러 약초와
의서醫書를 전해주었다. 사암은 이 의서를 참고해 『촌병혹치』란 간명한
의서를 편찬해 장기 사람들이 일상적인 병을 치료하는 데 도움을 주려
했다.

이 시골 사람들은 병에 걸리면 무당에게 달려가거나 뱀을 잡아 고아 먹는 것이 고작이라 사암은 가까운 곳에서 쉽게 또는 값싸게 구할 수 있는 약재로 간단한 처방을 만들어 치료할 수 있게 한 것이다. 이는 사암이 곡산부사로 있을 때 『마과회통』을 편찬해 우리나라 백성들을 구제하려 했던 애민愛民 정신이 시골 사람들을 위하여 또 발로發露한 것이다.

이『촌병혹치』는 사암이 「황사영백서黃嗣永帛書」 사건으로 10월에 다시 서울로 붙잡혀 와서 조사받는 소용돌이 속에 잃어버렸다. 사암 의학의 한귀퉁이가 없어진 것이다.

7월 초에 신지도로 귀양 간 중형 정약전이 보낸 편지가 장기에 이르고, 7월 11일 사헌부 지평 이중련이 사암 형제를 다시 의금부에 불러 엄중히 신문할 것을 요청했으나 허락되지 않았다. 이 이중련은 사암의 죽란시사 동인이었는데 어떤 절박한 사정이 있어 이런 요청을 했는지 모르겠으나 아무튼 이로 말미암아 사암과의 우정을 저버린 것이라 하겠다.

사암이 장기로 귀양 올 때 고문받아 망가진 몸을 태우고 8백리 길을 온 추록이追鹿馬라는 말이 있는데, 어쩌면 이 말은 사암의 목숨을 지탱시켜준 말이라고도 할 수 있겠다. 이 말에 얽힌 이야기를 사암의 기술에 따라 살펴보겠다.

"집에서 기르는 말 한마리가 매우 날쌔 이름을 추록追鹿이라 했는데, 눈 오는 어느날 갑자기 달아나버려 석달을 제멋대로 돌아다녔다. 금년 (1801) 봄 난리통에 개·닭까지도 빼앗겼으나 말은 달아나버렸기 때문에 온전했다. 북새통이 끝나자 말이 제 마굿간으로 돌아와 그 말을 몰고 장기까지 온 것이다. 거기에 느낌이 있어 이 시를 써본 것이다."

이는 사암이 장기에서 지은 시「추록이 노래追鹿馬行」에 달려 있는 원주原註인데, 이 동화 같은 이야기가 얽혀 있는 시로 말미암아 오늘날 우리가 그 많은 사암의 저술을 볼 수 있게 된 행운에 이 추록이의 공로가 크다고 말할 수 있지 않겠는가. 이로써 본다면 하늘도 사암을 보호한 듯싶다.

이 「추록이 노래」도 『다산시정선』 상권에서 그 번역시만 옮겨보겠다.

추록이 노래

푸른 갈기에 흰눈 같은 털빛 추록이
옛날에는 조정 가는 길에 탔었는데
지금은 소와 같은 구유 쓰네.
네 뼈대는 이다지도 뛰어난데
네 운명은 왜 그리 곤궁하냐.
발 묶인 참새는 날 수가 없듯이
내가 너를 오래도록 마굿간에 처뜨렸지.
네가 전에 굴레를 벗어버리고
풀뿌리 파먹고 얼음물 마실 때
아리따운 들판엔 곳곳마다 풀밭인데
왜 멀리 달아나서 멋대로 날아오르지 않고
지금처럼 초막집에서 파리떼에 시달리나.
훔쳐가려는 농부들 뿌리치고
길게 울며 옛 주인에게 돌아왔구나.
남들이 다 죽이려 하여 마음조차 괴로운데
아아! 뭇사람들 무시 못할 준마로구나. (1801)

234

7. 풍속시 「아가 노래」와 「장기 농가」

사암은 장기에서 그 무더운 긴긴 여름날을 보내며 많은 시를 읊었는데, 『시경』 시의 시정신을 본받아 또 장기의 풍속시를 짓는다. 이 장기 풍속시 가운데 「아가 노래兒哥詞」와 「장기 농가長鬐農歌十章」「보리타작打麥行」 3편의 시를 『다산시정선』 상권에 실려 있는 번역시와 원문 그대로 옮겨 싣는다. 사암은 뒤에 강진으로 귀양지를 옮겼을 때도 강진의 풍속시를 짓는다.

아가 노래

아가야, 몸에 실오라기 하나 안 걸친 아가
맑은 연못같이 짠 바다 들락거리네.
꽁무니 들고 머리 처박고 바닷물에 자맥질하고
오리처럼 자연스레 잔물결 희롱하네.
소용돌이 무늬도 흔적 없고 사람도 보이지 않고
박 한통만 두둥실 수면에 떠다닌다.
갑자기 물쥐같이 머리통 솟구치고서
휘파람 한번 불고 몸을 따라 돌이킨다.
손바닥처럼 큰 아홉 구멍 희고 깨끗한 소라는
고귀한 양반님네 부엌에서 안줏감으로 쓰인다오.
때로는 바위틈에 방휼蚌鷸처럼 착 달라붙어
솜씨 좋은 사람도 그때는 죽고 만다오.

아아! 아가가 죽는 거야 말할 것도 없지마는
벼슬길에 빌붙으려는 아부꾼도 모두들 물 위로 헤엄쳐 가네.

兒哥詞

兒哥身不着一絲兒, 出沒鰺海如淸池.

尻高首下蘿入水, 花鴨依然戱漣漪.

洄文徐合人不見, 一壺汎汎行水面.

忽擧頭出如水鼠, 劃然一嘯身隨轉.

矸螺九孔大如掌, 貴人廚下充殽膳.

有時蚌鷸黏石齒, 能者於斯亦抵死.

嗚呼兒哥之死何足言, 名途熱客皆泅水. (1801)

'아가'는 사람들이 그 며느리를 정답게 부르는 말인데, 이 시는 장기 해녀의 풍속을 노래한 것이다. 우리는 오늘날 제주도 해녀에 앞서 2백 년 전의 장기 해녀를 사암의 이 시로써 만나볼 수 있다.

장기 농가

1

보릿고개 험준하기 태항산같이 가파르군
단오 명절 지난 뒤라야만 풋보리라도 겨우 나온다.
풋보리죽 한사발을 어느 누가 가져다가
비변사 대감께 맛보라고 나눠줄까.

236

2

모심기노래 구슬프고 논물도 이드르르한데
잘못 심는다 꾸중 들은 아가는 유달리 부끄럽네.
흰 모시 새 적삼에 노란 모시 치마
장롱 속에 소중히 넣어두고 추석 명절 기다린다.

3

부슬부슬 새벽비는 담배 심기 알맞기에
담뱃모 작은 울타리 가에다 옮겨 심어야지.
올봄에는 별다르게 영양英陽의 담배 심는 법 배워다가
금실같이 썬 담배 팔아 일년을 잘 보내세.

4

새로 돋은 호박 싹 두 잎사귀 탐스러워
밤사이에 덩굴 뻗어 사립문 타고 갔네.
평생에 못 심을 것은 수박 종자로다.
강퍅한 관노官奴 놈과의 시비가 시끄러워서.

5

갓 까놓은 병아리 주먹 같은데
연노랑 고운 털빛 너무도 사랑스러워.
어린 딸 공밥 먹는다 말하는 자 누구더냐
마당가에 붙어 앉아 솔개를 지킨다오.

6

어저귀 삼은 초벌 순 베어주고 수컷삼밭 김을 매라
시어미 헝클어진 머리 밤 되어야 빗질하네.
일찍 자는 영감을 발로 차 일으켜서
풍로에 불 피우고 물레도 손봐야지.

7

상추쌈에 보리밥을 둥글게 싸 삼키고는
고추장에 파뿌리도 곁들여 먹는다오.
금년에는 넙치마저 구하기 더 어려운 건
모조리 건포 만들어 관가에 바쳤느니.

8

송아지가 외밭에 들어가지 못하도록
서편 뜰 써레 곁에 단단히 매두어라.
이정이 새벽같이 와 코를 뚫어 몰고 가며
동래東萊에서 일본 보낼 세미를 싣기 시작했다나.

9

뜰 절반을 떼어내어 배추를 심었는데
몹쓸 놈의 벌레 먹어 구멍이 숭숭.
어찌하면 훈련원訓鍊院 앞 배추 가꾸는 법 알아다가
파초같이 푸른 배추 길러볼 건가.

10

시골 사람 꽃이래야 장독대 둘레뿐인데
기껏해야 맨드라미 봉선화뿐이라오.
쓸모없는 바다 석류 붉기가 불 같기에
늦은 봄날 옮겨다가 객창 앞에 심었다오.

長鬐農歌 十章

麥嶺崎嶇似太行, 天中過後始登場.[1)]
誰將一椀熬靑麨, 分與籌司大監嘗.[2)]

秧歌哀婉水如油, 嗔怪兒哥別樣羞.[3)]
白苧新襦黃苧帔, 籠中十襲待中秋.[4)]

曉雨廉纖合種煙, 煙苗移揷小籬邊.
今春別學英陽法, 要販金絲度一年.[5)]

新吐南瓜兩葉肥, 夜來抽蔓絡柴扉.
平生不種西瓜子, 剛怕官奴惹是非.

鷄子新生小似拳, 嫩黃毛色絶堪憐.
誰言弱女糜虛祿, 堅坐中庭看嚇鳶.

爞麻初剪牡麻鋤, 公姥蓬頭夜始梳.
蹴起僉知休早臥, 風爐吹火改繰車.[6]

萵葉團包麥飯呑, 合同椒醬與葱根.
今年比目猶難得, 盡作乾鯆入縣門.

不敎黃犢入瓜田, 移繫西庭碌碡邊.
里正曉來穿鼻去, 東萊下納始裝船.[7]

菘葉新畦割半庭, 苦遭蟲蝕穴星星.
那將訓鍊臺前法, 恰見芭蕉一樣靑.[8]

野人花草醬甖邊, 不過鷄冠與鳳仙.
無用海榴朱似火, 晚春移在客窓前. (1801)

【원주】

1) 4월이면 민간에선 식량이 달리고 어려워 세속에서는 이때를 보릿고개(麥嶺)라고 부른
   다.(四月民間艱食 俗謂之麥嶺)
2) 우리말로 재상(宰相)을 대감(大監)이라 부른다.(方言 宰相曰大監)
3) 우리말로 새 며느리를 '아가(兒哥)'라 부른다.(方言 新婦曰兒哥)
4) 누런 모시는 경주에서 나온다. 치맛감이다.(黃紵布 出慶州 帔裙也)
5) 영양현에서 좋은 담배가 산출된다.(英陽縣 産佳煙)
6) 우리말로 자기 집 영감을 첨지(僉知)라 부르는데, 아무 직첩(職牒)이 없어도 함부로 부
   르고 있다.(方言 家翁曰僉知 雖無職牒 亦得濫稱)
7) 하납(下納)이란, 경상도 세미(稅米) 절반을 일본으로 실어 보내는데 그것을 말하는 것이
   다.(下納者 嶺南稅米半 下納輸日本 名之曰)

240

8) 서울의 배추는 훈련원(訓鍊院) 밭의 것이 가장 좋다고 한다.(京城菘菜 唯訓鍊院田最佳)

이 시도 장기 지방의 농촌 풍속을 노래한 것이다. 사암은 나중에 강진으로 귀양지를 옮기고 나서도 「탐진 노래耽津村謠 十五首」등을 읊고 있다. 귀양살이를 하면서도 이른바 '채시관採詩官'의 역할을 하고 있는 것이다.

보리타작

새로 거른 막걸리 젖빛처럼 뿌옇고
큰 사발에 보리밥은 높이가 한자로세.
밥 먹은 뒤 도리깨 잡고 타작마당 둘러서면
검게 그은 두 어깨가 햇빛에 번들번들
호야호야 소리치며 발맞추어 두드리니
잠깐 동안에 보리 이삭 온 마당에 가득해라.
주고받는 잡가 소리 갈수록 높아지고
보이느니 처마 위에 흩날리는 보릿대 가루.
그 기색 살펴보니 즐겁고도 즐거워
육신의 노예가 된 마음들이 아니로다.
낙토樂土가 멀리 있지 않거늘
어찌하여 괴로운 벼슬길 떠나버리지 않으리오.

打麥行

新蒭濁酒如湩白, 大碗麥飯高一尺.

飯罷取耞登場立, 雙肩漆澤翻日赤.

呼邪作聲擧趾齊, 須臾麥穗都狼藉.

雜歌互答聲轉高, 但見屋角紛飛麥.

觀其氣色樂莫樂, 了不以心爲形役.

樂園樂郊不遠有, 何苦去作風塵客. (1801)

이 시도 귀양지 장기의 농가 풍속을 읊은 노래로, 봄에 귀양 온 사암
이 이제 무더운 여름을 보내고 있는 것이다.

8. 「뜻이 꺾인 아픔의 노래」

사암은 벽지 중의 벽지인 장기에서 귀양 살면서 그곳 풍속을 노래하
면서도 한편으로는 귀양살이하는 자신의 서글픈 신세도 때때로 떠올리
며 슬픔을 이기지 못하고 이 「뜻이 꺾인 아픔의 노래惜志賦」도 여름에 읊
었는데, 저 유명한 한유韓愈나 소식蘇軾도 피할 수 없는 액운이 자신에게
닥친 것이라면서 스스로를 다그쳐 일어나려 하는 모습을 느낄 수 있다.
이 '부'는 사암이 2편만 지어 남긴 것의 한편이다.

이 「뜻이 꺾인 아픔의 노래」도 『다산시정선』 상권에 실려 있는 번역
시와 원문을 그대로 옮겨 싣는다.

뜻이 꺾인 아픔의 노래

내 인생의 좋은 때를 만나지 못함이여

자주 재앙을 당해 나아가기 어려웠네.

진기한 재주 품고서 방황함이여

뭇사람들 하찮게 여겨 재앙만 남았네.

자신을 반성하며 행실 더욱 닦았었건만

나를 괴롭힘이 멈추지 않네.

대궐문이 이미 막혀 뜻을 이루지 못함이여

쇠스랑과 괭이로써 논밭인들 어찌 다스리나.

애초에는 작은 소리로 은밀히 퍼뜨렸음이여

마침내는 시끌짝 떼지어 소란 피운다네.

스스로 반성해보아도 뚜렷이 밝기만 함이여

허물 들추어 고발한들 어찌 다치랴.

공야장公冶長은 새소리 듣고 오랏줄에 묶였음이여

공자께서 억울함 변호해 이름이 드날렸었네.[1]

장재張載는 부처를 믿어 중년에 숨었음이여

주자朱子가 스승으로 받들자 공격이 그쳤다네.

아름답고 좋은 사람 끌어당겨 흔들어대는 애달픔이여

방정하지 못하도록 어지럽히고 서로 꺾었네.

입으로는 말하고 싶어도 말을 잘 못함이여

숨길도 불안하여 가슴에 맺혔네.

---

1   공야장~드날렸었네 공야장(公冶長)은 새와 짐승의 울음소리를 잘 알아들었다. 그가 위(衛)나라에서 노(魯)나라로 가던 도중 "시냇가에서 죽은 사람의 고기를 먹자"고 지저귀는 까마귀 소리를 듣고 마침 아이를 잃고 길가에서 울고 있는 한 노파를 만나 시냇가에 한번 가서 보라고 일러준 일이 동티가 되어 살인범으로 몰려 감옥에 갇혀 있다가 죄가 없음이 밝혀져 풀려났다. 공자가 "공야장은 딸을 시집 보낼 만하다. 포승줄에 묶여 옥에 갇혔었으나 그의 죄가 아니다."라고 하고, 자신의 딸을 그에게 시집 보내 아내로 삼게 했다고 한다.

검게 물들여도 의를 지켜 검게 물들지 못함이여

나더러 더러움 씻기 어렵다 이르더군.

그들의 어리석음 어떻게 탓하지 못함이여

내 죄를 애써 살펴 장차 잘하면 그만이지.

용은 꿈틀꿈틀 높이 올라 달려감이여

도마뱀은 피곤하여 머리 숙이고 배회하네.

준마 발굽 씩씩하여 드넓은 길 치달음이여

두꺼비는 엉금엉금 제 신세 슬퍼하네.

두 아름다움 지니고서 이를 모두 놓쳐버림이여

곡식이 무성하게 농사나 짓기 바란다네.

맛좋은 오자五齊² 음식 놓아두고 맛보지 못함이여

맛없는 걸 씹으며 어찌 만족할 수 있으리.

아득히 넓은 바다 들고 나는 조수 없음이여

고래가 모두 쓸어 한입에 삼킨 탓이리.

가난을 이기려는 한유韓愈에게 더 한층 가난함이여

재주 뽐낸 소식蘇軾 또한 좌천을 당했었네.

이미 임금 명령 받들어 어기지 못함이여

또한 혐의를 받아들였으니 어떻게 하리.

惜志賦

憫余生之不際兮, 數迍邅以離尤.

---

2 **오자(五齊)** 나물을 잘게 썰어 요리한 다섯가지 술안주로 맛좋은 음식이다.

抱瓊瑋而徊徨兮, 衆芥視而詬災.
聿反躬而篤修兮, 遝僇慭其靡休.
闇旣閟而弗達兮, 何銚銕以治疇.
始譻譚而微吹兮, 乃諷擾而群啾.
余內視其的皪兮, 雖糾譑亦何傷.
治聆禽而速纆兮, 尼訟枉而名揚.
載信釋而中遯兮, 晦師崇而息攻.
悲燿嬈之倖躓兮, 紛攓挈而胥折.
口欲言而詭譳兮, 氣蟄蟉而內結.
義雖緇而不涅兮, 謂吾涴其難雪.
彼怐愗其奚訕兮, 覆省戾以追來.
龍蚴蟉以上騰兮, 蜿委頓而低回.
驥駊騀以騁康兮, 蟾蜍蠢而自哀.
執兩美而並遺兮, 冀峻茂而栽培.
旨五齊其莫況兮, 曰饗澂而可厭.
海漫漫其無潮兮, 鯨鯢噴而欲餂.
愈餞窮而益附兮, 瞻詡才亦遭貶.
旣戴命而莫違兮, 又何爲乎內慊. (1801)

9. 「황사영백서」사건 때문에

사암이 장기에서 귀양살이를 시작한 지도 이제 6개월이 지나 가을도
막바지에 접어든 9월 10일 신지도에 유배된 윤행임을 죽이라는 정순왕

후의 명령이 내려졌다. 이 윤행임은 사암 등 신서파信西派를 감쌌던 인물이다.

9월 15일에 「황사영백서」를 쓰게 한 황심黃沁(1756~1801)이 체포되고, 이 황심이 9월 26일 황사영이 숨어 있는 곳을 실토하는 바람에 황사영이 충청도 제천堤川에서 체포되어 10월 3일 의금부로 이송되었다. 또 9월 16일에는 사헌부 장령 강휘옥姜彙鈺(1748~?)이 사암 형제를 다시 엄중히 문초하기를 요청하는 계를 올렸으나 허락되지 않았다.

10월 13일에 홍희운·신귀조申龜朝(1748~?)가 「황사영백서」 사건과 관련하여 유배 중인 죄인 정약용·정약전·이치훈 등을 체포해 다시 조사 신문하라고 요청했다.

다음에 「나의 삶, 나의 길」에서 황사영이 체포되자 사암이 장기에서 체포되어 의금부에서 조사를 받고 다시 강진으로 귀양 가게 된 전말을 인용해본다.

"겨울이 되어 역적 황사영이 체포되자 악인 홍희운·이기경 등이 백 가지 계책을 동원하여 조정을 공갈 협박하기도 하고, 자기들이 자원해서 사헌부의 벼슬자리에 들어가기도 해서는 계문啓文을 일으켜 다시 조사 신문하자고 요청하여 정약용 등을 기어코 죽이고야 말겠다고 했다. 홍희운이란 놈은 '낙안'의 바꾼 이름이다.

이때 정일환鄭日煥이 황해도로부터 들어와 '정아무개丁某는 서쪽 지방에서 백성을 아끼는 정사를 펼쳤으니 죽여서는 안 된다.'고 세차게 이야기했고, 또 죄인의 공초供招에 이름이 나오지도 않았는데 체포해 오는 법은 없다고 하며 심환지에게 심문하자는 요구에 동의하지 말라고 권했으나, 심환지가 정순왕후에게 요청해 봄철 대간臺諫의 계사啓辭를 윤허받았다.

이에 정약전·정약용 및 이치훈·이관기李寬基(1771~1831)·이학규李學逵 (1770~1835)·신여권申與權 등이 또 체포되어 감옥에 들어갔다. 위관委官이 백서를 사암에게 보여주자 사암이 말하기를 '역적의 변고가 이 지경에 이르렀으니, 조정에서도 무슨 걱정인들 미치지 않으리오. 무릇 서양서적의 글자 하나라도 읽은 사람은 죽음이 있을 뿐 살아날 수 없다.'라고 했다.

그런데 백서 사건을 조사해보니, 모두 참여해서 알았던 정상이 없었고, 또 여러 대신들이 압수된 「기해방례변」이나 「이아술爾雅述」 및 여러 시부詩賦들을 검토해본바 모두가 안한安閒하고 정밀하여 알맹이가 있고, 역적 황사영과 서로 통했던 낌새가 없기 때문에 이를 불쌍하게 여겨서 어전에 들어가 무죄임을 아뢰어 올리자, 정순왕후도 그것이 무고임을 살펴보고 여섯 사람을 모두 적당히 석방하라고 명령하고 나서 말하기를 '호남에는 아직도 서교에 대한 우려가 있으니, 사암을 강진현으로 귀양을 보내 진정시키도록 하고, 정약전은 흑산도, 나머지는 모두 영남·호남으로 옮겨서 귀양 보내라'고 했다.

이 무렵 윤영희尹永僖(1761~1828)가 사암이 사나 죽나를 알아보러 대사간 박장설의 집을 찾아가 재판이 되어가는 형편을 물어보았는데, 마침 그때 홍희운이 이르렀기에 윤영희가 골방으로 회피해 들어가자 홍희운이 말에서 내려 박장설의 집으로 들어오며 발끈 성질을 내면서 말하기를 '1천 사람을 죽이더라도 정약용을 죽이지 않으면 아무도 죽이지 않은 것과 같소. 공은 왜 힘껏 다투지 않습니까?'라고 하니, 박장설이 대답하기를 '그가 스스로의 힘으로 죽지 않는데 내가 어떻게 죽일 수가 있겠나'라고 말했다 한다.

홍희운이 가버리자 박장설이 윤영희에게 말하기를 '답답한 사람 같

으니라고, 죽어지지를 않는 사람을 음모를 꾸며 죽이려고 재차 큰 옥사
獄事를 일으켜놓고는 또 나더러 다투지 않는다고 책망하는구려'라고 하
더란다."

사암은 10월 20일 저녁에 「황사영백서」 사건으로 장기에서 체포되어
10월 27일 의금부 감옥에 들어가 11월 1일부터 4일까지 추국推鞫을 받았
다. 이때 중형 정약전도 신지도에서 붙잡혀 와서 의금부에서 추국을 받
았다. 한편 이학규도 다시 추국을 받았다. 그러나 「황사영백서」와는 관
련이 없어 11월 5일 정약전은 전라도 흑산도로, 정약용은 강진현으로,
이학규는 경상도 김해부金海府로 귀양지가 결정되어 밤늦게 감옥에서
나왔다. 이학규는 운수 사납게도 사암보다 6년이나 더 귀양살이를 하고
순조 24년(1824)에야 귀양이 풀려 돌아왔다. 벌을 내린 사람이 그러고 나
서 그 사실을 잊고 있었던 것이나 다름없이 된 꼴이다.

10. 손암과 율정에서 이별하다

11월 5일 밤늦게 의금부 감옥에서 풀려나온 사암 형제는 집에서 다소
나마 몸을 추스른 다음 11월 9일쯤 다시 귀양지로 출발했을 것이다. 그
런데 이때는 귀양지가 같은 전라도라 함께 출발해 같이 귀양길 동무가
되어 갈 수 있었던 것이다.

이들 형제가 귀양길을 다시 떠나기도 전인 11월 7일 사헌부 장령 이
기경이 사암 형제를 다시 엄중히 신문하자고 요청했으나 윤허를 얻지
못했다. 이기경이나 홍희운 등은 참으로 끈질기게 사암 형제를 죽이려
고 애썼던 것이다. 아마도 이렇게 남을 죽이려고만 애썼던 사람들은 그

죄악으로 앞길이 열리지 않았거나 앙화를 입었을 듯싶다.

사암 형제는 그나마 다행스럽게도 같이 귀양길에 올라 11월 9일 밤에 동작나루를 건너 승방평僧房坪에서 같이 자고, 11월 15일쯤 금강을 건너 11월 21일 나주 북쪽 5리에 있는 율정점栗亭店에 도착하여 이곳에서 잤다. 11월 22일 사암 형제는 여기서 헤어져 손암巽菴 정약전은 흑산도를 향해 떠나고, 사암은 강진을 향해 영암靈巖 쪽으로 떠났다.

사암 형제의 이 이별이 결국 살아서는 다시 만나보지 못한 영이별이 되고 말았다.

이 율정에서 중형을 떠나보내며 지은 시가 저 유명한 이별시 「율정의 이별栗亭別」로 앞서 장기로 귀양을 가면서 지은 삼별시三別詩와 더불어 사암의 사별시四別詩가 되겠다.

이 「율정의 이별」도 『다산시정선』 하권에 실려 있는 번역시와 원문을 그대로 옮겨 싣겠다.

율정의 이별

초가 주막 새벽 등불 푸르스름 꺼지려는데
일어나 샛별 보니 이별할 일 참담해라.
두 눈만 말똥말똥 둘이 다 할 말 잃어
애써 목청 가다듬으나 오열이 터지네.
흑산도 아득한 곳 바다와 하늘뿐인데
그대는 어찌하여 그 속으로 가시나요.
고래 이빨 산과도 같아
배를 삼켰다 다시 뿜어낸다오.

지네도 크기가 쥐엄나무 같고
독사가 등나무 덩굴처럼 엉켜 있다오.
내가 장기 고을 있을 때에는
낮이나 밤이나 강진康津 바라보며
날갯죽지 활짝 펴고 푸른 바다 뛰어넘어
바다 가운데서 저 형님 보려 했는데
지금 나는 높은 나무에 오른 귀양살이나
밝은 진주 없어진 빈 독만 산 것 같구나.
또 마치 바보스런 애가
망령되이 무지개 붙잡으려고
서쪽 언덕 바로 앞에
아침 무지개 분명히 보이나
애가 쫓아가면 무지개는 더욱 멀어져
또 저 서쪽 언덕 쫓아가도 다시 서쪽이라오.

栗亭別

茅店曉燈靑欲滅, 起視明星慘將別.
脈脈嘿嘿兩無言, 強欲轉喉成嗚咽.
黑山迢迢海連空, 君胡爲乎入此中.
鯨鯢齒如山, 吞舟還復噀.
蜈蚣之大如皁莢, 蝮蛇之糾如藤蔓.
憶我在髻邑, 日夜望康津.
思張六翮截靑海, 于水中央見伊人.

今我高遷就喬木, 如脫明珠買空櫝.

又如癡獃兒, 妄欲捉虹蜺.

西陂一弓地, 分明見朝隮.

兒來逐虹虹益遠, 又在西陂西復西. (1801)

11. 형조참의에서 강진의 나그네 신세로

사암은 40세 액운의 해인 신유년(1801)에 「돌모루의 이별」 등 삼별시를 비롯해 「율정의 이별」과 어쩌다가 강진 땅 밥을 파는 노파의 집까지 떠밀려온 심회를 토로한 「나그네 신세客中書懷」까지 모두 75편의 시를 짓고 부賦도 1편을 지었다. 귀양지 장기에서 두 아들에게 쓴 편지가 3통이 있고, 답장한 편지도 1통이 있다. 이해에 지은 시 75편 가운데 장기 땅에서 지은 시부는 60편이 된다.

또 장기에서『촌병혹치』란 의서와 「기해방례변」이란 예서禮書를 저술했으나 이 저술은 「황사영백서」 사건으로 다시 의금부로 붙잡혀 가서 신문을 받는 와중에 없어져버렸다고 한다. 이때 의금부에서 조사 신문하며 사암이 장기에서 쓴 시문과 저술도 참고했을 터인데, 시문이나 저술에서 트집을 잡을 만한 꼬투리를 전혀 발견할 수 없어 강진으로 귀양지를 옮기는 것으로 일단락한 것이라 여겨진다.

75편의 시 가운데 「돌모루의 이별」 등 삼별시와 「장기의 귀양살이에서 본 풍속」 「귀양살이 정취 여덟가지」 「추록이 노래」 「아가 노래」 「장기 농가」 「보리타작」 「율정의 이별」 등 10편과 부賦 「뜻이 꺾인 아픔의 노래」는 독자들이 이 전기에서 직접 읽어 감동을 받을 수 있도록 했는데, 이들은 모두 『다산시정선』 상·하권에 실려 있다.

이밖에도 『다산시정선』 상권에는 「탄금대」 「새재」 「느릅나무 숲을 거닐다楡林晩步 二首」 「스스로를 웃다自笑」 「외로이 앉아獨坐 二首」 「울적함을 풀어내다遣興」 「장맛비苦雨歎」 「솔피 노래海狼行」 「고향 마을 소내의 상상도戲作苕溪圖」 「약전 형님의 편지得舍兄書」 「단옷날端午日述哀」 「어린 딸이 보고지고憶幼女」 「칡을 캔다네采葛 遷人自傷也 父子兄弟離析焉」 「고향 생각酉山 遷人之思也 離其室家 不能安土焉」 「귀양살이 신세東門 遷人自悼也」 「미원薇源 은사의 노래薇源隱士歌」 「오징어 노래烏鰂魚行」 「큰형님 약현若鉉에게 화답하다奉和伯氏 次杜韻二首」 「아들에게 부치다寄兒」 「동해에 해가 뜨다東門觀日出」 「홀로 서서獨立」 「수선화 노래水仙花歌 復次蘇韻」 「여름날 울적함을 풀려고夏日遣興 八首」 「약전 형님을 생각하며秋日憶舍兄」 등 장기에서 지은 시가 26편이나 더 실려 있다.

이 『다산시정선』에는 사암이 장기에 귀양 가서 지은 시가 비율로는 가장 많이 뽑혀 실려 있다. 아무래도 몹시 절박한 심경을 담아냈기 때문이 아닐까 싶다.

제3장
강진의 귀양살이

1. 2600리 귀양길을 와서

순조 1년(1801) 11월 22일 나주 율정에서 사암 형제가 헤어져 중형 정
약전은 서쪽으로 흑산도를 향해 떠나고, 사암은 남쪽으로 강진을 향해
떠났다. 사암은 영암을 거쳐 11월 23일 강진읍에 이르렀을 것이다. 사암
이 강진에 이르러 귀양살이할 집을 찾아보았으나 모두 문을 닫고 아무
도 만나주지 않았다. 그러다 겨우 동문 밖 밥을 파는 노파의 주막집에
머물 수 있었다.

사암은 이 밥 파는 노파의 집에 살며 「나그네 신세」라는 시를 지었으
며, 순조 3년(1803) 겨울 12월 10일에 이 주막집의 당호를 사의재四宜齋라
짓고 「사의재기四宜齋記」도 지었다.

사암이 이렇게 강진에 이르러 겨우 주막집 노파로 보수주인保授主人
을 정하고 있을 때인 12월 10일에도 악인들은 정약전과 정약용을 다시
붙잡아다 조사 신문하자는 요청을 계속하고 있었다.

사암은 이 신유년 한해 동안 장기로 유배되어 귀양길 왕복 1600리를

갔다 오고, 다시 강진 귀양길 천릿길을 내려오면서 액운의 40세를 보내며 천운天運으로 살아왔다. 그러나 이는 곡산부사로 선정善政을 베풀고, 형조참의로 억울하게 12년 동안이나 감옥살이를 한 죄수를 무죄로 풀어주게 하고, 운수 사납게 사람을 죽게 한 살인 죄수를 살려낸 음덕陰德으로 목숨을 스스로 지켜 살려낸 것이기도 했다.

사암은 귀양지 강진에서 악운의 신유년 연말을 보내고 임술년 새해를 맞이했다. 이 임술년은 순조 2년(1802)으로 이제 사암의 나이도 41세가 되었다.

이 순조 2년 1월 18일에 사헌부 장령 한영규가 또 정약용 형제를 의금부에 붙잡아다 엄중히 신문하자고 요청했다. 1월 20일에는 정조가 설치한 장용영을 없애라고 정순왕후가 명령을 내렸다.

2월 5일쯤에 어린 종 석石이가 강진에 이르러 집에서 보낸 편지를 받고, 2월 7일쯤 돌아가는 석이 편에 두 아들에게 쓴 편지(「答二兒」)를 부치고, 또 작은아버지 정재운에게 시로 쓴 편지를 보냈다. 이때 17세인 작은아들 학유에게는 "필법筆法이 차차 나아지고 문리文理도 또한 나아감이 있다. (…) 폐족으로서 글을 배우지 않고 예의도 없다면 어떻게 하겠느냐? 모름지기 보통 사람보다 1백배의 공력을 더 들여야 사람 축에 들 것이다."라고 아버지의 마음으로 신신당부하고, 큰아들 학연에게는 "아무쪼록 4월에 말을 사서 타고 오도록 하여라. 그러나 헤어질 일을 생각하니, 벌써부터 마음이 괴롭구나!"라며 육친의 정을 드러냈다. 이 편지에 말을 사서 타고 오라고 한 것은 아마 사암이 공부하고 저술할 때 꼭 필요한 책을 말에 실어 오도록 하기 위함이었을 것이다.

또 2월 17일에 두 아들에게 쓴 편지에서는 "폐족 중에서 더러 기재奇才들이 많이 나오는데, 이는 다름이 아니라 과거 시험 공부에 얽매이지 않기 때문에 그러한 것이니, 절대로 과거에 응시할 수 없다 하여 스스로 주눅들지 말고 경전經傳에 힘과 마음을 써서 독서하는 사람이 끊어지지 않게 하기를 바란다."라고 하며 아들들에게 공부할 것을 다그치면서 어쩔 수 없는 잔소리꾼 아버지 노릇을 한다.

또 그 뒤에 두 아들에게 보내는 편지에 "『고려사高麗史』에 대한 공부는 아직도 착수하지 않았느냐? 젊은 사람이 멀리 내다보는 생각과 통달한 생각이 없으니 한탄스럽구나! 네 편지 가운데 모든 의심스럽고 모르는 부분을 물어볼 곳이 없다고 한탄했으나 정말로 네 마음에 참으로 의심나서 견딜 수 없고 생각이 나도 감내할 수 없다면, 왜 조목조목 기록해서 인편이 날 때 보내오지 않느냐? 부자간에 스승과 제자가 되는 것 또한 즐겁지 않겠느냐?" 하면서 큰아들을 제자로 삼을 뜻도 은연중에 내비쳤다. 이때 사암은 아들이라도 제자로 삼지 않으면 괴로워서 견딜 수 없었을 듯하다.

2월 25일에도 악당들이 정약전·정약용을 엄중히 신문하라고 아뢰는 일이 있었고, 또 2월 27일과 3월에 들어서도 같은 상주가 계속 있었다.

2. 강진에서 얻은 첫 제자 황상

이 순조 2년(1802) 봄에 이안묵李安默(1756~1804)이 강진현감으로 내려와서 사암을 무고했으나 그 사실이 밝혀져 탈이 없었다. 이 이안묵은 신유옥사 때 기록관을 지내기도 했다. 그는 순조 4년(1804) 죄를 얻어 절도絶島에 귀양 가서 죽었다.

여름 4월 10일경에 큰아들 학연이 강진의 아버지 배소配所로 근친하려고 소내 여유당을 떠나 4월 15일쯤 강진에 이르고, 사암과 같이 구강포九江浦와 백련사白蓮寺를 유람하고 나서 소내로 돌아갔다. 학연은 아버지가 편지에서 당부한 대로 말을 사서 타고 오면서 아마도 아버지의 저술과 공부에 꼭 필요한 책을 여유당에서 싣고 왔을 것이다.

여름 5월 16일에 악당들이 또 귀양 중인 사암 형제를 의금부에 불러다 엄중히 신문할 것을 요청하고 있다. 그러나 사암은 강진에 이르러 어느 정도 심신이 안정되자 예서를 읽고 주를 달며 공부를 하기 시작한다.

10월 10일에 15세인 황상黃裳(1788~1863)이 사암의 제자로 들어와 공부를 배우기 시작하고, 사암의 아버지 정재원의 친구인 윤광택尹光宅(1732~1804)은 이 무렵 조카 윤시유尹詩有를 시켜 자주 물건을 보내고 안부를 물으며 위로한다. 이 윤광택은 해남 윤씨로 큰 부자였으며, 정재원이 화순현감으로 왔을 때 소를 잡아 잔치를 베풀어 환대했다고 한다. 아마도 이때부터 사암의 저술 작업을 물심 양면으로 도왔을 것이다.

11월 30일에는 여섯째 아들 네살배기 농장이 요절하는 큰 슬픔을 겪었다. 이 농장은 강진으로 귀양 올 때인 전해 11월 10일 과천에서 어머니 품에 안겨 아버지 사암과 이별한 것이 또 영이별이 된 것이다. 이 아들을 잃는 바람에 사암은 6남 3녀를 낳아 그 3분의 2를 잃고 2남 1녀만 키워냈다. 사암은 이 아들을 위해 「농아광지農兒壙志」를 지어 보내 그 애총에 묻게 한다.

사암은 12월 22일부터 두 아들에게 편지(「寄二兒」)를 쓰기 시작해 4통이나 썼다. 첫통의 편지에서는 "폐족으로서 잘 처신하는 방법은 무엇이라 하겠느냐? 오직 독서하는 한가지 길밖에 없다. 독서라는 것은 사람에게 있어 가장 중요하고 깨끗한 일이며, 호사스런 집안 자제들에게만 그 참맛을 알도록 인정하는 것도 아니다. 또 시골 구석의 수재秀才들이

256

그 심오함을 넘겨다볼 수도 없는 것이기 때문이다. 오직 벼슬하는 집안의 자제로서 어려서부터 듣고 본 바도 있는데다 중년에 죄에 걸린 너희 같은 또래들만이 참된 독서를 할 수 있을 것이다. 그들이 책을 읽을 수 없다는 것이 아니라 뜻도 모르면서 건성으로 책만 읽는다고 해서 책을 읽었다고 할 수 없는 것이다. 의원醫員이 3대를 계속해 내려오지 않았다면 그 의원의 약을 지어 먹지 않듯이 문장 또한 반드시 몇대를 내려가면서 글을 해본 집안이라야 잘할 수 있는 것이다. (…) 너야말로 참으로 독서할 때를 얻었다. 내가 이미 말했듯이, 가문이 망해버린 것 때문에 오히려 더 좋은 처지가 된 게 바로 이런 것이 아니겠느냐."라고 큰아들 학연에게 '독서만이 살아갈 길'이라는 교훈을 내렸다. 둘째 아들 학유에게도 "독서를 하려면 반드시 먼저 기초를 확립해야 한다. 기초란 무엇인가. 학문에 뜻을 두지 않으면 독서를 할 수 없으며, 학문에 뜻을 둔다고 했을 때에는 반드시 먼저 기초를 확립해야 한다. 기초란 무엇인가. 오직 효孝·제弟가 그것이다. 먼저 모름지기 효·제를 힘써 실천함으로써 기초를 확립해야 하고, 기초가 확립되고 나면 학문은 자연스럽게 몸에 배어들고 넉넉해진다. 학문이 이미 몸에 배어들고 넉넉해지면 독서에 대한 특별한 단계를 꾀하지 않아도 괜찮을 것이다."라고 교훈을 주었다.

또 한편으로 "너희들이 참말로 독서를 하지 않는다면 내 저서는 쓸모가 없어지고, 내 저서가 쓸모가 없어진다면 나는 할 일이 없어진다. 그렇게 되면 나는 앞으로 마음의 눈을 닫고 진흙으로 빚은 사람처럼 될 뿐만 아니라 열흘이 안 되어 병이 날 것이다. 병이 들면 이 병을 고칠 수 있는 약도 없을 것이니, 곧 너희들이 독서하는 것은 내 목숨을 살리는 것이 아니겠느냐!"라고 비장한 마음으로 두 아들에게 하소연 겸 은근한 압박을 하기도 한다.

세번째로 쓴 편지에서는 "모름지기 실용의 학문 곧 실학實學에 마음을 두고 옛사람들이 나라를 다스리고 세상을 구했던 글들을 즐겨 보아야 한다. 마음에 항상 만백성에게 혜택을 주어야 하겠다는 생각과 만물을 자라게 해야겠다는 뜻을 가지고 있는 뒤라야 바야흐로 참다운 독서를 한 군자君子라 할 수 있겠다. (…) 또 『아주잡록鵝洲雜錄』『반지만록盤池漫錄』『청야만집靑野謾輯』 등의 책을 널리 찾아서 두루두루 보아야 할 것이다."라고 두 아들에게 꼭 읽어야 할 교양서를 추천하기도 했다.

네번째로 쓴 편지에서는 "두 아들이 효자가 되고 두 며느리가 효부가 된다면, 나는 귀양지 강진에서 늙는다 해도 도리어 유감이 없겠다. 효도하기를 힘쓸지어다."라고 어머니에게 효도하기를 간곡히 당부하면서 편지글을 마무리지었다.

이상의 편지글은 모두 『다산서간정선』에서 옮겨 썼다. 뒤에 나올 편지글도 모두 같은 책에서 인용할 것이다.

3. 우의를 변치 않은 이유수와 윤지눌

사암이 강진으로 귀양지를 옮기고 나서 가장 먼저 주신 이유수에게 시를 지어 보냈는데, 이 이유수는 사암의 죽란시사 친구로서 좋을 때나 궂을 때나 무구 윤지눌과 함께 우정이 변하지 않았는데, 신유년(1801) 겨울 사암이 강진으로 귀양 갈 때 동작나루를 건넌 뒤에 이유수가 그 두 아들을 불러 술을 데우고 고기도 구워 먹이며, 측은한 마음으로 위로하고 어루만져주기를 골육骨肉 이상으로 했다. 그러나 얼마 뒤에 사암에게 아첨을 하고, 중형 정약전에게 노자를 주었다고 사헌부 장령 강세륜

姜世綸(1761~?)이 무함誣陷하는 바람에 이유수가 함경도 무산茂山으로 귀양을 가자 사암은 그 옛날이 생각나서 「이유수에게鵝籠曲 四首 擬贈李」란 시를 지어 보냈고, 귀양이 풀려 소내로 돌아간 뒤에는 「사헌부 장령 금리 이주신李周臣 묘지명司憲府掌令錦里李墓誌銘」을 지어 그 변하지 않는 우정을 기렸다.

4. 또 강진의 풍속을 시로 읊다

이 「이유수에게」란 시를 짓고 나서 사암이 늘 그랬듯이 또 강진의 풍속시 「탐진 노래」, 「탐진 농부가耽津農歌」 10수, 「탐진 어부가耽津漁歌」 10장을 짓는다. 탐진耽津은 강진康津의 옛이름인데, 사암이 귀양살이하면서도 참다운 시인의 역할과 임무를 잊지 않고 이들 시를 지었기 때문에 우리가 그 옛날 2백년 전 강진의 인정과 풍속을 알 수 있게 되었다.

사암은 이들 풍속시에서는 속어와 뱃사람의 말을 대담하게 시어詩語로 사용하기도 했다. 또 순조 5년(1805) 「강진의 환경과 풍속耽津對」이란 잡문도 지었는데, 이 글은 『다산문학선집』에 그 번역문과 원문이 실려 있다.

다음에 강진의 풍속시 세편의 번역시·원문·주석을 『다산시정선』 하권에서 전문 그대로 옮겨 싣는다. 이는 앞으로 18년 동안 사암이 강진에서 귀양살이하는 모습을 잘 이해하기 위해서이다.

탐진 노래

1

누리령³ 꼭대기엔 바위가 험준한데
길손이 눈물 뿌려 사시장철 젖어 있다.
월남리月南里를 향하여 월출산月出山 보지 말자⁴
봉우리마다 도봉산道峰山 솟은 것과 그렇게도 같은지.

2

동백나무 붉은 잎은 얼어도 깨끗하고
눈 속에 꽃이 피면 학 이마같이 붉다오.
갑인년(1794)에 소금비가 한번 내린 뒤부터
유자나무 왕귤나무도 모두 마른 숲이 되었다오.

3

바닷가 왕대나무 백자나 높이 크나
지금은 낚싯배 상앗대로도 못 쓴다오.
정원지기가 날마다 새 죽순竹筍 길러서
죽력고 만들어 권문세가에 바치기 때문.

---

3 **누리령** 영암과 강진 사이에 월출산이 있고 영암에서 강진으로 넘어오는 가파른 재가 누릿재(黃峰)인데, 사암은 누릿재를 그냥 음만 빌려다가 '누리령'이라 표현했다.
4 월남리는 월출산 남쪽 마을 이름이고, 다산의 고향에서 서울로 올 때 바라보이는 도봉산과 월남리 북쪽의 월출산은 생긴 모습이 비슷하여 월출산을 바라보면 고향 생각이 나기 때문이다.

4

성벽은 무너져 언덕바지 썰렁한데
해가 지면 징소리만 옛 주춧돌 울린다네.
여러 섬에선 해마다 헛되이 나무만 베어내나
청조루聽潮樓[5] 중건하는 사람은 없네.

5

논바닥에 바람 불면 보리 물결 펼쳐지고
보리타작 할 무렵엔 모내기를 한다오.
배추는 눈 속에서 새로 잎이 파릇하고
병아리는 섣달에도 솜털이 노랗다네.

6

석제원石梯院[6] 북쪽 길은 갈림길이 많아서
예부터 낭자들이 이별하는 곳이라네.
한스럽구나 문 앞의 수양버드나무들
여름 가을 가지 꺾여 남은 가지 적구나.[7]

7

무명베 새로 마전하니 눈처럼 고운데

---

5 **청조루(聽潮樓)** 전남 강진현 객관(客館) 남쪽에 있는 정자로 현감 오순종(吳舜從)이 건립
   했다.
6 **석제원(石梯院)** 지금의 강진군 성전면 삼거리에 있던 옛날의 원(院)인데 지금은 없어졌다.
7 옛날에는 이별의 정표로 버드나무 가지를 꺾어 주던 풍속이 있었다.

이방전 내라면서 수군이 와서 가져가고
누전세漏田稅를 성화같이 독촉하여
3월도 중순이면 조운선을 띄운다네.

8

완도莞島의 황칠은 맑기가 유리 같아
이 나무가 진기한 것 세상이 다 알고
작년에 임금께서 세액을 줄였더니
봄바람 불자 베어낸 그루터기에 가지가 또 났다오.

9

오만족烏蠻族[8] 총각인지 머리털은 더부룩한데
써내는 글씨 보니 중국 문자 아니라오.
자바섬이 아니면 루손섬에서 왔을 테지
장밋빛 옥합에서 야릇한 향내 풍긴다.

10

백련사 절간 앞에 한가닥 둥그렇게 그린 물결
봄이면 눈 같은 밀물이 문중방까지 오른다네.
유명한 절 모두가 두륜사頭輪寺에 딸렸는데
서산대사西山大師 공적 기린 어제비御製碑가 있어서지.

---

8 오만족(烏蠻族) 중국 사천성 남부와 운남성 동북부 등지에 살던 종족들.

11

시골 애들 습자법이 어찌나 엉망인지
점획과파點畫戈波[9] 낱낱이 기울어져
서예방이 옛날에 신지도에 열려 있었기에[10]
아전들 모두가 이광사李匡師를 본받았으련만.

12

가시밭길 어느 해나 앞길이 열릴는지
누른 띠집 참대나무 주릿대 비슷하고
형방 아전 전갈 소리 급하니
서울에서 누군가 귀양을 온 모양이군.

13

삼월이면 송지松池[11]에 말시장이 열리는데
한마리 5백푼에 천재마天才馬를 골라내지.
흰말총 체나 검은말총 갓이랑은
모두가 한라산 목장에서 온다지요.

14

전복이야 옛날부터 점대漸臺[12]에서도 즐겼지만

---

9 점획과파(點畫戈波) 글씨 쓰는 기본 법칙으로, 점을 찍고, 건너 긋고, 삐치고, 파임하는 것을 말한다.
10 서예방이~열려 있어 명필 이광사가 신지도에서 귀양살이를 하며 글씨를 가르쳤다.
11 송지(松池) 지금의 해남군 송지면인데, 옛날에는 말(馬)시장이 섰던 곳으로 유명했다.
12 점대(漸臺) 중국 한(漢)나라 때 세운 미앙궁(未央宮) 서쪽에 있던 누대.

동백기름이 창자 훑어낸다는 것 헛말이 아니로다.
성안의 아전들 들창문 안에
규장각 학사들의 서찰이 두루 꽂혀 있네.

15

전라도 병마절도영 연 지가 2백년이 되었는데
포구에는 왜놈 배를 다시 매지 못했었다.
진린陳璘의 사당 속엔 봄풀이 나왔는데
아낙네들 때때로 아들 비는 돈 던진다오.

耽津村謠 十五首

樓犁嶺上石漸漸, 長得行人淚灑霑.
莫向月南瞻月出, 峰峰都似道峰尖.[1]

山茶接葉冷童童, 雪裏花開鶴頂紅.
一自甲寅鹽雨後, 朱欒黃橘盡枯叢.

海岸箕簹百尺高, 如今不中釣船篙.
園丁日日培新笋, 留作朱門竹瀝膏.

崩城敗壁枕寒丘, 鐃吹黃昏古礎頭.
諸島年年空斫木, 無人重建聽潮樓.

水田風起麥波長, 麥上暘時稻插秧.
菘菜雪天新葉綠, 鷄雛蜡月嫩毛黃.

石梯院北路多歧, 終古娘娘此別離.
恨殺門前楊柳樹, 炎霜摧折少餘枝.

棉布新治雪樣鮮, 黃頭來博吏房錢.
漏田督稅如星火, 三月中旬道發船.[2)]

莞洲黃漆瀅琉璃, 天下皆聞此樹奇.
聖旨前年蠲貢額, 春風髡枿又生枝.

烏蠻總角髮如雲, 寫出三倉法外文.
不是爪哇應呂宋, 薔薇玉盒潑奇芬.[3)]

蓮寺樓前水一規, 春潮如雪上門楣.
名藍總隸頭輪寺, 爲有西山御製碑.

村童書法苦支離, 點畫戈波箇箇敧.
筆苑舊開薪智島, 掾房皆祖李匡師.

荊棘何年一路開, 黃茅苦竹似珠雷.
刑房小吏傳呼急, 知是京城謫客來.

三月松池馬市開, 一駒五百揀天才.[4]

白駿蘿子烏駿帽, 都自拏山牧裏來.

自古漸臺嗜鰒魚, 山茶濯腦語非虛.

城中小吏房櫳內, 徧揷奎瀛學士書.

都督開營二百年, 皐夷不復繫倭船.

陳璘廟裏生春草, 漁女時投乞子錢. (1802)

【원주】

1) 월출산(月出山)은 강진에 있고 도봉산(道峰山)은 양주(楊州)에 있다.(月出山在康津 道峰 在楊州)

2) 국가 조세 장부에 누락된 민전(民田)이 6백여결에 이르는데 그것을 재결(災結)로 허위로 보고했으니, 국가 조세가 얼마나 많이 축났겠는가.(民田之漏於王籍者六百餘結 其僞 災稱 是公室之賦幾何)

3) 이때 표류선(漂流船)이 제주도에 정박하고 있었는데 어느 나라 사람인지 알 수가 없었다.(時有漂船泊濟州 不知何國人)

4) 우리말에 좋은 말을 천재마(天才馬)라 일렀다.(方言 良馬謂天才馬)

탐진 농부가

1

납일臘日에 따뜻한 바람 불고 눈도 바로 개었는데
울타리 가에는 이랴이랴 쟁기 끄는 소리로다.
주인 영감은 머슴 놈 게으르다 지팡이 던지며
금년 들어 이제 겨우 두벌갈이냐고.

2

볏논에 물을 빼고 보리를 심었다가
보리 베고는 즉시 모를 다시 심는다오.
땅을 하루라도 놀리려고 하지 않아서
푸른빛 누른빛이 계절 따라 바뀐다오.

3

한강 부근 가래들은 그 길이 두발이라
장정들이 힘 합쳐도 허리가 시큰거리는데
남쪽의 짧은 삽은 아이들도 한 손으로 쥐고
두둑 치고 물을 대기 쉽사리 하네그려.

4

김을 매고 북을 줘도 호미를 쓰지 않고
논에 나는 가라지도 손으로 뽑아 없앤다오.
어찌하면 맨다리에 거머리 물려 흐르는 피를
승정원에서 올리는 상소문에 그리다가 덧붙일까.

5

집집마다 모품팔이 아낙네들도 허둥지둥
보리 베는 남편도 돕지를 않는다네.
이가에게 한 약속 가볍게 어기고 장가에게 불려가는 건
돈모가 밥모보다 더 낫기 때문이라네.

6

부잣집은 1만꿰미 돈도 아끼지 않고
썰물 때 돌을 쌓아 방조제 만들어
옛날엔 조개·소라 줍다가 지금은 벼를 수확하고
내려오던 간석지가 기름진 논이 되었다네.

7

게으른 습성은 진정 옥토에서 생겨나기에
상농가는 오히려 해가 높이 뜨도록 잠을 자고
느릅나무 그늘에서 술주정을 부리다가 때를 놓치고
천천히 소 한마리 가지고 밭갈이한다네.

8

넓디넓은 연못에도 물고기를 안 기르고
애들더러 제발 연꽃을 심지 말란다네.
연밥 따면 관가에다 바쳐야 할 뿐 아니라
관리들이 겨를 있으면 낚시질 올까 꺼려서라네.

9

대통에다 쇠꼬챙이 가장귀를 만들어서
이삭 하나 훑으려면 손이 한번 꼭 간다네.
볏단째 털어내는 북쪽 지방 타작법을
그 시원스런 타작법 너희에게 자랑하면 좋을 텐데.

10

모래밭 곳곳마다 목화 심기 알맞은데
봄에 짠 옥천玉川[13] 무명이 제일 좋다는 칭찬이지.
어찌하면 써레로 살짝살짝 펼쳐놓아
바둑판에 바둑돌처럼 씨앗을 고르게 심을까.

耽津農歌 十首

臘日風薰雪正晴, 籬邊札札曳犂聲.
主翁擲杖唄傭懶, 今歲纔翻第二耕.

稻田洩水須種麥, 刈麥卽時還揷秧.
不肯一日休地力, 四時嬗變色靑黃.

洌水之間丈二鍬, 健夫齊力苦酸腰.
南童隻手持短鍤, 容易治畦引灌遙.

穭荟從來不用鋤, 手搴稂莠亦須除.
那將赤脚蜞鍼血, 添繪銀臺遞奏書.[1]

秧雇家家婦女狂, 不曾刈麥助盤床.[2]

---

13 옥천(玉川) 지금 해남군 옥천면이지만 본디는 영암군 옥천면이었다. 강진군과 이웃한 마을이며 이곳의 무명베가 품질이 좋기로 이름났다.

輕違李約趨張召, 自是錢秧勝飯秧.³⁾

豪家不惜萬緡錢, 疊石防潮趁月弦.
舊拾蚌螺今種稻, 由來瀉鹵是腴田.

懶習眞從沃壤然, 上農猶復日高眠.
楡陰醉罵移時歇, 徐取一牛耕旱田.⁴⁾

陂澤漫漫不養魚, 兒童愼莫種芙蕖.
豈惟蓮子輸官裏, 兼怕官人暇日漁.

竹管鐵箸夾成丫, 一穗須經一手爬.
北方打稻皆全穗, 豪快眞堪向汝誇.

處處沙田吉貝宜, 玉川春織最稱奇.
那將碌磚輕輕展, 落子調勻似置棋. (1802)

【원주】

1) 은대(銀臺)는 정협(鄭俠)이 「유민도(流民圖)」를 그려 바친 것을 원용한 것이다.(銀臺用鄭 俠事)

2) 이곳 강진 사람들은 자기 남편을 '반상(盤床)'이라고 불렀다.(土人 謂夫曰盤床)

3) 돈만으로 품삯을 치르는 것을 '돈모(錢秧)'라 하고, 밥을 제공하고 품삯을 줄이는 것을 '밥모(飯秧)'라 했다.(純以錢防雇者 謂之錢秧 與之飯而減雇曰飯秧)

4) 경기도 지방에서는 마른갈이를 할 때는 소 두마리에 쟁기를 메워가지고 간다.(京畿旱田 皆用兩牛耕)

탐진 어부가

1

계랑桂浪[14]의 봄물엔 뱀장어 득시글거려
선뜻 활배를 푸른 물결에 띄운다.
높새바람 불어대면 일제히 나갔다가
마파람 급히 불면 이때가 돌아올 때라네.

2

세물 때가 만일 돌아나가고 네물 때가 오면
까치파도 물결에 옛 어대 잠겨버리고
어촌에선 복어만 좋다 말하면서
농어는 몽땅 털어주고 술을 얻어 마신다네.

3

물에 비친 관솔불이 아침노을 비슷하고
차례차례 늘어선 통발 모래펄에 꽂혀 있네.
물결 속에 사람 그림자 비쳐들게 하지 말라
큰 상어 이끌어 덤벼들까 두렵구나.

4

추자도楸子島 장삿배가 고달도古獺島에 이르렀는데

---

14 계랑(桂浪) 계랑포를 말한다. 강진읍 앞의 바다에서 다산초당이 있는 도암면 만덕리로 연
결된 포구 이름이다.

제주산 삿갓 차양 가득 싣고 왔다네.
돈도 많고 장사를 잘한다고 떠들어대지마는
가는 곳마다 거센 파도 마음놓을 수 있으랴.

5

물머리에 옹기종기 모여 있는 계집애들
오늘은 그 어미가 헤엄을 시험해보네.
그 가운데 몇이나 오리처럼 물속을 헤엄칠는지
남포 사는 신랑감이 혼숫감을 보낼까.

6

조각배와 관리들이 물가에 가득찼는데
올해부턴 선첩船帖을 선혜청에서 받는다네.
어부들 살기가 좋아졌다 말을 말라
작은 종다래끼 놓아둘 상홍양桑弘羊 아니란다.

7

조운선이 떠나면서 북을 둥둥 울리고는
지국총지국총 들리느니 뱃노래요
수신사水神祠 아래 가선 일제히 엎드려서
칠산 바다 순풍 불길 마음속으로 빈다오.

8

어촌에선 모두가 낙짓국을 먹고요

붉은 새우 녹색 맛살은 쳐주지를 않는다오.
홍합이 연밥같이 작아진 것 싫어하니
돛을 달고 동쪽으로 울릉도엘 간다네.

9

선혜청 관리 서슬 수령을 억누르고
붉은 패찰 차고 날마다 어촌엘 나온다오.
선첩의 진짜 가짜 가릴 것이 뭐라던가
관이란 게 원래부터 문 지키는 호랑이지.

10

완도 포구 앞에는 나무가 배에 가득
황장목黃腸木 한그루면 값이 천금이라오.
수군영水軍營의 방자 놈은 인정도 두터워서
남당포 버드나무 술집에 취해서 누웠구나.

耽津漁歌 十章

桂浪春水足鰻鱺, 榜取弓船漾碧漪.[1)
高鳥風高齊出港,[2)] 馬兒風緊是歸時.[3)]

三汎纔廻四汎來,[4)] 鵲漊波沒舊漁臺.[5)]
漁家只道江豚好, 盡放鱸魚博酒杯.[6)]

松燈照水似朝霞, 鱗次筒兒植淺沙.
莫遣波心人影墮, 怕他句引赤胡鯊.[7]

楸洲船到獺洲淹,[8] 滿載耽羅竹帽簷.
縱道錢多能善賈, 鯨波無處得安恬.

兒女脘脘簇水頭, 阿孃今日試新汹.
就中那箇花凫沒, 南浦新郎納綵紬.

瓜皮革履滿回汀, 船帖今年受惠廳.[9]
莫道魚蠻生理好, 桑公不赦小笭箵.

綜船初發鼓鼕鼕,[10] 歌曲唯聞指掬蔥.
齊到水神祠下伏, 默祈吹順七山風.

漁家都喫絡蹄羹, 不數紅鰕與綠蟶.
澹菜憎如蓮子小, 治帆東向鬱陵行.[11]

掾閣嵯峨壓政軒, 朱牌日日到漁村.
休將帖子分眞贗, 官裏由來虎守門.

弓福浦前柴滿船,[12] 黃腸一樹值千錢.[13]
水營房子人情厚, 醉臥南塘垂柳邊.[14] (1802)

274

【원주】

1) 배 위에다 그물을 장치한 배를 우리말로 '활배(弓船)'라고 한다.(船上張罾者 方言謂之 弓船)

2) '조(鳥)'는 '새(乙)'이고 '새'는 동쪽을 말하므로 동북풍을 '높새바람(高鳥風)'이라고 일컫 는다.(鳥者 乙也 乙者 東方 東北風曰 高鳥風)

3) '마(馬)'는 '말(午)'이므로 남풍을 '마파람(馬兒風)'이라고 일컫는다.(馬者 午也 南風曰 馬 兒風)

4) 가령 첫째 날이 초승이면 셋째 날은 '한물', 다섯째 날을 '세물'이라고 한다.(假令 甲日弦 丙日曰第一水 戊日曰第三水)

5) '루(漊)'는 큰 파도를 말하는데, 파도가 하얗게 일어 마치 까치떼가 일어나는 듯한 것을 '까치파도(鵲漊)'라고 일컫는다.(漊者 大波也 波白如鵲起曰 鵲漊)

6) 복어를 먹다가 죽는 사람이 자주 있었다.(食江豚 頻有死者)

7) 상어의 큰 놈을 '신적호(新赤胡)'라고 하는데 그놈은 사람 그림자만 보이면 뛰어올라 삼 켜버린다고 한다.(沙魚大者曰 新赤胡 見人影 躍而啗之)

8) 추자·고달은 다 섬 이름이다.(楸子古獺 皆島名)

9) 균역법(均役法) 시행 이후로는 아무리 작은 배라도 그 표첩(標帖)을 모두 선혜청(宣惠 廳)에서 발급받게 되었다.(均役以來 雖小艓 皆受標帖於宣惠廳)

10) 자서(字書)에는 '종(艕)'이란 글자가 없는데 주교사(舟橋司)가 척계광(戚繼光) 제도를 가져다가 종선(艕船)이란 명칭을 붙였던 것이다. 지금의 조운선(漕運船)은 모두 주교사 에 소속된 배이기 때문에 '종선'이라고 한 것이다.(字書無艕字 舟橋司 取戚氏之制 有艕 船之名 今漕船 皆舟橋之船 故曰艕船)

11) '낙체(絡締)'란 장거(章擧, 낙지)를 말한다.『동국여지승람(東國輿地勝覽)』에 나와 있 다.(絡蹄者 章擧也 見輿地勝覽)

12) 궁복포(弓福浦)는 바로 완도이다.(卽莞島)

13) 임금 관을 만드는 데 쓰이는 소나무를 황장목(黃腸木)이라 한다.(梓宮所用之松曰黃腸)

14) 우리나라 풍속에 뇌물을 인정(人情)이라 이른다.(東俗 賄賂曰人情)

5. 우이섬에서 보낸 손암의 편지를 받다

순조 3년(1803) 계해년은 사암도 42세의 나이로 강진에 귀양 와서 두 번째로 맞이하는 새해이다. 할 일이 없고 쓸쓸하고 초라한 처지라 고향 소내를 생각하면서 정월 초하룻날부터 두 아들에게 보낼 편지를 2통이나 썼다.

그 한통(「奇兩兒」)에는 "폐족에게 재주 있는 뛰어난 선비가 많은 것은, 하늘이 폐족에게만 재주 있는 사람을 태어나게 하여 후하게 여기는 것이 아니다. 부귀영화를 얻으려는 마음이 하늘이 내려주는 근본 정신을 가리지 않았기에 깨끗한 마음으로 독서하고 이치를 궁구하여 진면목과 바른 뼈대를 잘 얻었기 때문이다. 평민으로 배우지 않으면 다만 못난 사람이 될 뿐이지만, 폐족으로서 배우지 않는다면 끝내는 도리에 어그러지고 비천하고 더러운 신분으로 타락하게 되어 아무도 가까이 하려고 하지 않아 결국 세상의 버림을 받게 되고, 따라서 혼인할 길마저 막혀 미천한 집안과 결혼을 하게 될 것이며, 한번 더 거쳐 물고기의 입술이나 강아지의 이마 몰골을 한 자식이 태어나면 그 집안은 마침내 물을 것도 없는 것이다." 하고 현재 처해 있는 환경에 꺾이지 않으면 폐족도 문장가가 될 수 있다고 두 아들을 격려하면서, 8대 옥당 집안의 장래를 걱정하여 노심초사勞心焦思하는 모습이 편지에 뚜렷이 드러나 있다.

1월 17일 사헌부 지평 정언인鄭彦仁(1753~1820)은 계를 올려 사암 형제를 공격하는 한편 김이교도 공격하고 윤2월 5일에도 정약용과 이가환을 양흉兩兇이라고 공격했으며, 윤2월 7일에도 계를 올려 공격하였다.

3월 초순에는 우이섬牛耳島에 귀양 가 있던 중형 정약전의 편지를 받았다. 사암은 이 편지를 받고 나서 「둘째 형님 편지에 화답하다和東坡聞子由瘦」란 시를 지었다. 5월 26일에도 정약전과 정약용을 다시 불러 엄중히 신문하라는 계가 올라갔고, 6월 1일·12일·13일·16일과 7월 11일·15일·16일에도 악당들의 이런 요청이 계속되었다. 정국이 바뀌면 처지가 위태로울까 싶어 악당들이 발악을 하고 있는 형국이었다.

사암의 「나의 삶, 나의 길」에 따르면, 계해년(1803) 겨울에 정순왕후가 특별 명령으로 사암과 채홍원을 함께 석방하라고 했으나 정승 서용보가 또 가로막아버렸다.

12월 28일 대왕대비 정순왕후의 수렴청정이 끝났다. 이로 말미암아 노론 '벽파僻派'의 세력이 약화되고 노론 '시파時派'로 권세가 이동하기 시작한다.

6. 백성들의 고통을 노래한 시편들

사암이 강진에 이르러 귀양살이를 한 지도 햇수로 2년이 지났다. 이 순조 3년(1803)에는 모두 10편의 시를 짓고, 2편의 잡문을 쓰고, 『단궁잠오檀弓箴誤』 「조전고弔奠考」 『예전상의광禮箋喪儀匡』 17권을 저술했다. 이제 바야흐로 겨를을 얻어 본격적으로 공부를 하고 저술에 몰두할 수 있게 된 것이다.

10편의 시 가운데 「남근을 잘라내다니哀絶陽」 「송충이蟲食松」 「황칠나무黃漆」 「늦봄의 농촌田家晚春」 「둘째 형님 편지에 화답하다」 「보은산 꼭대기에 올라九日 登寶恩山絶頂 望牛耳島」 등 6편은 『다산시정선』 하권에 실려 있고, 「사의재기」는 『다산문학선집』에 번역문과 원문이 실려 있다.

『다산시정선』하권에 실려 있는 시 가운데 삼정三政의 문란으로 말미암아 빚어진 백성들의 고통을 노래한 시로 특히 군역의 부조리 때문에 남자가 그 생식기인 자지를 잘라낼 수밖에 없었던 처절한 비극을 읊은 「남근을 잘라내다니」와 송충이 곧 인간 송충이가 큰 재목이 될 소나무를 갉아먹어 해치는 모습을 보고 분개하는 우화시寓話詩인 「송충이」의 번역시와 원문을 여기에 옮겨 싣는다.

남근을 잘라내다니

갈밭 마을 젊은 아낙네 울음소리 길어라
고을문 향해 울다가 하늘에다 부르짖네.
수자리 살러 간 지아비 못 돌아올 때는 있었으나
남정네 남근 자른 건 예부터 들어보지 못했네.
시아버지 초상으로 흰 상복 입었고 갓난애 배냇물도 마르지 않았는데
할아버지 손자 삼대 이름 군보軍保에 올라 있다오.
관아에 찾아가서 잠깐이나마 호소하려 해도 문지기는 호랑이처럼 지켜 막고
이정里正은 으르대며 외양간 소 끌어갔네.
칼을 갈아 방에 들어가자 삿자리에는 피가 가득
아들 낳아 고난 만난 것 스스로 원망스러워라.
무슨 죄가 있다고 거세하는 형벌을 당했나요
민閩 땅의 자식들 거세한 것¹⁵ 참으로 근심스러운데
자식 낳고 또 낳음은 하늘이 준 이치기에

278

하늘 닮아 아들 되고 땅 닮아 딸이 되지.

불깐 말 불깐 돼지 오히려 서럽다 이를진대

하물며 뒤를 이어갈 사람에 있어서랴.

부잣집들 일년 내내 풍류 소리 요란한데

낟알 한톨 비단 한치 바치는 일 없구나.

우리 모두 다 같은 백성인데 어찌해 차별하나

객창에서 거듭거듭 시구편/鳲鳩篇[16]을 읊노라.

哀絶陽

蘆田少婦哭聲長, 哭向縣門號穹蒼.

夫征不復尙可有, 自古未聞男絶陽.

舅喪已縞兒未澡, 三代名簽在軍保.

薄言往愬虎守閽, 里正咆哮牛去皁.

磨刀入房血滿席, 自恨生兒遭窘厄.

蠶室淫刑豈有辜, 閩囝去勢良亦憾.

生生之理天所予, 乾道成男坤道女.

騸馬豶豕猶云悲, 況乃生民思繼序.

---

15 민(閩) 땅의 자식들 거세한 것 중국 '민' 땅의 사람들은 자식을 '건(囝)', 아버지는 '낭파 (郎罷)'라고 불렀다. 당나라에서 그곳 자식들을 환관(宦官, 내시)으로 썼기 때문에 형편이 부유한 자들이 많았다. 그곳 사람들은 자식을 낳으면 거세를 하여 장획(臧獲)으로 만들었 다 한다.

16 시구편(鳲鳩篇) 『시경』 조풍(曹風)의 편 이름으로 군자의 마음이 오롯하고 공평한 것을 찬미한 시이다. 비둘기가 여러 새끼를 골고루 먹여·살린다는 뜻으로 분배의 공정함을 염 원한 시편이다.

豪家終歲奏管弦, 粒米寸帛無所捐.
均吾赤子何厚薄, 客窓重誦鳲鳩篇. (1803)

송충이

그대 보지 않았던가 천관산天冠山에 가득찬 소나무를
천그루 만그루가 뭇 봉우리 덮었구나.
어찌 푸르게 우거진 꿋꿋한 늙은 고목뿐이랴
새로 돋은 어리고 작은 귀여운 풀도 무성히 벌어져 있다.
하룻밤새 해충이 천지를 뒤덮어
뭇 주둥이가 솔잎을 인절미같이 먹었다오.
갓난 것도 살갗이 까맣고도 징그럽고
노란 털에 붉은 반점 갈수록 점점 흉악해져
처음에는 솔잎을 먹어 진액을 말리고는
점차 살갗까지 물어뜯어 옹이를 만드네.
가지 하나 까딱 못하고 소나무 날로 시들어서
곧추서서 죽는 꼴 어찌 그리 공손하냐.
연주창에 문둥병 걸린 줄기와 가지 마주 바라보이니
시원한 솔바람 우거진 그늘을 어떻게 찾을거나.
하늘이 솔을 낼 때는 깊은 생각 있었기에
사시장철 보호하고 길러 한겨울에도 푸르르다.
뭇 나무 내놓고 은총 입는 영광이 융숭하고 두터웠으니
하물며 복사꽃 오얏꽃과 빛나고 화려함 다툴쏘냐.
큰 집과 명당이 만약에 기울어 무너지면

280

들보나 곧은 기둥으로 크고 작은 대로 가다듬어 쓰려 했도다.
왜놈이나 유구국이 만약에 쳐들어 올 때는
큰 전함 만들어 적의 예봉 꺾으려 했다.
네가 이제 사사로운 욕심으로 함부로 죽여놨으니
말을 하자니 내 기가 치받쳐 오르노라.
어찌하면 번개의 벼락도끼 얻어다가
네 족속들 몽땅 잡아 이글대는 용광로에 녹여버리나.

蟲食松

君不見天冠山中滿山松, 千樹萬樹被衆峰.

豈惟老大鬱蒼勁, 每憐稱小羅丰茸.

一夜沴蟲塞天地, 衆喙食松如養饕.

初生醜惡肌肉黑, 漸出金毛赤斑滋頑兇.

始咂葉針竭津液, 轉齧膚革成瘡癰.

松日枯槁不敢一枝動, 直立而死何其恭.

癙柯顚幹凄相向, 爽籟茂樾嗟何從.

天之生松深心在, 四時護育無大冬.

寵光隆渥出衆木, 況與桃李爭華穠.

太室明堂若傾圮, 與作脩梁矗棟來朝宗.

漆齒流求若隳突, 與作艨艟巨艦摧前鋒.

汝今私慾恣殄瘁, 我欲言之氣上衝.

安得雷公霹靂斧, 盡將汝族秉畀炎火洪鑪鎔. (1803)

7. 둘째 형님 손암을 보고지고

사암은 가을도 막바지에 접어든 9월 9일(『연보로 본 다산 정약용』에서 추정) 그립고 보고 싶은 중형 정약전이 귀양 가 있는 흑산도의 우이섬이 혹시라도 보일까 싶어 강진읍 북쪽 5리에 있는 보은산寶恩山 꼭대기에 올라 멀리 2백리나 떨어진 서쪽을 바라보았다. 바닷속에 산들이 얽혀 있고 연기와 구름 사이로 나주의 여러 섬들, 곧 오늘날의 목포 서쪽에 있는 여러 섬들이 보일락 말락 하면서도 대체로 눈앞에 뚜렷했다. 다만 어느 섬이 우이섬인지 분간이 잘 되지 않았다.

이날 한 스님이 산행에 따라왔었는데, 그 스님이 말하기를 "보은산을 우이산牛耳山이라고도 하고, 그리고 꼭대기에 봉우리가 둘 있는데 형제봉이라고 합니다."라고 했다. 이때 사암은 바다를 사이에 두고 서로 함께 바라보면 이는 우이봉牛耳峰이 되는 것인데, 또한 형제봉이라 했으니, 이 역시 우연이 아니므로 마음이 슬퍼져 기뻐하지 않고 산에서 돌아와서 「보은산 꼭대기에 올라」란 시를 지은 것이다. 이 시도 『다산시정선』 하권에서 그 번역시와 원문을 그대로 옮겨 싣는다.

보은산 꼭대기에 올라

나주 바다와 강진이 2백리인데
높고 험한 두 우이산을 하늘이 만들었나.
3년 동안 머물면서 풍토를 익히고도
현산玆山이 여기 또 있는 것 미처 몰랐네.

사람 눈으로는 오히려 멀리 보기 힘들어

백보 밖의 얼굴도 이미 흐릿한데

하물며 막걸리 같은 안개 짙으니

눈앞의 섬들도 오히려 자세히 보기 어렵다오.

한껏 멀리 바라본들 무슨 소용 있을 건가

괴로운 마음 쓰라린 뱃속을 남들은 모를 테지.

꿈속에나 서로 보고 안개 속을 바라보다

뚫어지게 바라보다 눈물 마르자 천지도 깜깜하다오.

九日 登寶恩山絶頂[1] 望牛耳島[2]

羅海耽津二百里, 天設巃嵷兩牛耳.

三年滯跡習風土, 不省玆山又在此.[3]

人眼之力苦不長, 百步眉目已微芒.

況復雲霾濃似酒, 眼前島嶼猶難詳.

瓊雷騁望嗟何益, 苦心酸腸人不識.

夢中相看霧中望, 目穿淚枯天地黑. (1803)

【원주】

1) 보은산은 강진현에서 북쪽으로 5리 거리에 있다.(在康津縣北五里)

2) 보은산 꼭대기에 올라 서쪽을 바라보니 바닷속에 산들이 얽혀 있고 연기와 구름 사이
로 나주의 여러 섬들이 보일락 말락 하면서도 대체적으로 눈앞에 역력했다. 다만 어느
것이 우이섬인지 그 분간이 잘 안 되었다. 이날 스님이 하나 따라왔었는데 그 스님이
말하기를 "보은산을 일명 우이산이라고도 하고 그 봉우리가 둘 있는데 그것을 형제봉
(兄弟峰)이라고 하지요." 하는 것이었다. 나는 바다를 사이에 두고 서로 바라보면 그게

모두 우이산인데 그 봉우리 이름이 형제봉이라니 그 산 역시 단지 우연이 아닌 것이라서 기쁘지도 않고 서글픈 마음이 들어 돌아와 다음과 같이 읊어보았던 것이다.(既登絶頂西望 海山糾錯 煙雲滅沒 羅州諸島 大抵歷歷在前 但不省何者爲牛耳也 是日一僧隨之 僧之言曰 寶恩山一名牛耳 而絶頂兩峰爲兄弟峰 余唯隔海相望 俱是牛耳 峰名兄弟 亦殊不偶爲之 愴恨不樂 歸而爲詩如左)

3) ‘흑산(黑山)’이라는 이름이 듣기만 해도 끔찍하여 내가 차마 그렇게 부르지 못하고 편지를 쓸 때마다 ‘현산(玆山)’으로 고쳐 썼는데 ‘현(玆)’이란 검다는 뜻이다.(黑山之名 幽黑可怖 余不忍呼之 每書札改之爲玆山 玆者 黑也)

8. 초학 교재『아학편』을 편찬하다

사암이 강진에 흘러와서 귀양살이를 한 지도 어느덧 4년이 되고, 나이도 43세로 순조 4년(1804) 갑자년에 이르렀다. 이때 사암이 귀양을 가서 4년에 이르렀어도 악인 이기경은 사헌부 집의가 되어 이 갑자년 1월 9일과 26일, 2월 11일, 3월 15일 등에 끊임없이 정약용 형제를 다시 불러 신문하라고 요청하고 있었다. 그러나 정순왕후의 수렴청정이 끝나고 권력이 노론 벽파에서 시파로 서서히 옮겨가고 있던지라 이기경의 요청은 점차 김이 빠져가고 있었을 듯하다. 6월 9일과 14일에도 사암에 대한 공세는 계속된다.

4월 16일에는 순조 2년(1802) 봄에 강진현감으로 내려와 사암을 무고했던 이안묵이 절도에 유배되었다가 8월 8일 처형되었다. 이제 악당들이 그 위세를 잃어갈 조짐이 나타났다고 하겠다. 그러나 8월 15일과 23일에도 사암을 다시 신문하라는 요청이 있었으며, 9월 10일·15일·26일에도 계속 이어졌고, 11월 28일에도 정약용을 다시 신문하라는 요청이 있었다. 이 요청이 있은 뒤 이듬해 1월 12일 정순왕후가 사망하자 당분간 사암을 신문하라는 요청이 뜸해졌다.

가을 9월 3일경에 강진 고금도古今島에 귀양 갔던 김이교가 귀양이 풀려 돌아가는 길에 사암을 찾아보고 떠나갔다.(『연보로 본 다산 정약용』)

사암이 순조 4년(1804) 갑자년에 지은 시는 20편이나 되고, 초학 교재인 『천자문』을 대신할 『아학편훈의兒學編訓義』를 편찬 저술했는데 2천자의 한자를 수록했다. 이는 귀양지 강진에서 초학 아이들을 가르치기 위해 편찬한 책이다. 사암이 이렇게 참으로 훌륭한 한자·한문 입문서를 편찬해놓았지만 2백년이 지나도록 우리나라에서는 아무리 배워도 편지 한장이나 시 한편 지을 수 없는 저 허황한 『천자문』을 일반 가정에서 한자 입문 교재로 삼아 가르침으로써 한자와 한문을 멀리하게 하는 교육에 매달리고 있다. 또 「상례사전서喪禮四箋序」와 「탐진농가 발문跋耽津農歌」도 썼다.

20편의 시 가운데 「남원에 노닐 사람 보내며送人游南原」 「일곱가지 그리움七懷」 「미운 모기憎蚊」 「장님의 아내道康瞽家婦詞」 「여름날 술을 마시다夏日對酒」 「새벽에 깨어서曉坐」 「홀로 웃다獨笑」 「근심걱정에 싸여憂來十二章」 「근심을 끄려고遣憂 十二章」 「벗을 떠나보내며送別」 등 10편은 『다산시정선』 하권에 그 번역시와 원문이 실려 있다.

9. 친척과 가족을 그리워하며

『다산시정선』 하권에 실려 있는 1804년에 읊은 시 10편 가운데서 다시 3편을 골라 여기에 옮겨 싣겠다. 첫째로 싣는 「일곱가지 그리움」은 ① 둘째아버지 정재운丁載運과 ② 막내 아버지 정재진丁載進, ③ 큰형님 정약현丁若鉉, ④ 둘째 형님 정약전丁若銓, ⑤ 아우 정약횡丁若鐄과 ⑥ 두 아들, ⑦ 조카들에 대해 그리워하는 마음을 머나먼 강진 귀양지에서 읊은 것이다. 사암이 장기로 귀양 갔을 때는 정조 임금을 모시고 잔치를 했던 궁궐의 부용정을 추억하거나 고향 소내에 가고 싶고 어린 딸이 보고 싶어 애태웠는데, 이제 강진에서는 그 지친과 조카들까지 비로소 그립도록 보고 싶어하기에 이른 것이다.

일곱가지 그리움

1. 둘째아버님

아직도 생각나네 이교坭橋 주막에서
문에 다가서자 콧물과 눈물 뒤엉켰어요.
농사짓는 일 뒷날을 도모함이요
묘소 찾음은 노년에도 생각나는 정이로다.
보내주신 글자에서 시력은 짐작되고
옛날 모습으로 눈썹은 있겠지요.
띠집이 너무나 낮고 작지만
누울 만한 실堪臥室이라 일부러 부른다지요.

2. 막내 아버님

새로 옮겨 사시는 가곡稼谷은
어천漁川 마을에 비교하여 무엇이 나은지요?
나라를 떠나듯이 떠도시더니
나이 들자 형님에게 의지하시네.

땅이 넓으면 농사지어 넉넉하나
산이 깊으면 세상 물정엔 어둡지요.
처량한 몇줄의 서찰을 받고
큰 소리로 부르짖으며 눈물 흘러 갓끈 적셨어요.

3. 큰형님

쓸쓸한 강마을 집에서
고독하게 근심하며 늙는 몸이 되셨구려.
인간 세상에 아우가 있다지만
마을 속엔 오히려 아무도 없어
제사 지내는 의식이야 생략되어도
고향 집의 기색은 새롭겠지요.
다만 바라건대 오래도록 사시어
이생에 형제 인연 다시 한번 맺읍시다.

4. 둘째 형님

아아! 경세제민의 재주 지니고
늙도록 고기잡이 신세라니요.
뗏목이나 타야지 탄식하던 공자님 잘못 배우고
길이 경쇠 치던 사양자師襄子를 사모했지요.
가는 곳마다 고래가 나타나고
도깨비들 사람 쫓느라 바쁘다지요.
아직도 생각나는 건 정조 임금께서 살아 계실 때
재상감이 틀림없다고 인정하던 일이라오.

5. 아우 약횡

아버님께서 두셨던 여벌 아들
늙도록 늘 너를 사랑했었지.
충주 가는 길을 벌써 알고서
늙은 어머니 모시고 살겠다 했었는데.
옛날에 보기로는 그림 그리길 몹시 좋아했으나
지금엔 의서를 읽으라 권하고 싶구나.
의지할 곳 없는 두 누이동생은
죽었느냐 살아 있느냐 근황이 어떻더냐?

6. 두 아들

두 아들 다 조정에 있을 만한 인재들인데
꺾이고 파괴되어 집만 지키네.
일생 동안 눈에선 두줄기 눈물 흐르고
석달 만에 보내는 서신 한통.
부지런히 힘써 보리 거두고
쓸쓸하더라도 채소 심는 법 배우거라.
복희伏羲 문왕文王의 오랜 성학聖學을
너희 아니면 누가 나의 학문 이어가겠나.

7. 조카들

몸은 진퇴양난의 형편에 놓인 운명이지만
가문에는 준수한 남자가 태어나
독서하는 소리 늘 또랑또랑하고

시부詩賦도 벌써 무성히 짓는구나.

뜻은 늘 크고 굳세게 지니고

몸뚱이는 마땅히 나처럼은 크려무나.

애들 추키는 버릇이 있어서가 아니라

늙을수록 잊기가 더 어렵구나.

七懷

尚憶圯橋店, 臨門涕泗橫.

田園他日計, 丘墓晚年情.

眼力徵來字, 眉毫憶舊莖.

茅齋絶低小, 堪臥強爲名.[1]

稼谷新移處, 漁川較孰贏.

流離如去國, 衰晚欲依兄.

土廣饒農事, 山深遠物情.

凄涼數行札, 長嘯一沾纓.

寥落江山屋, 勞孤獨老身.

人間猶有弟, 村裏更無親.

祭祀儀文略, 池臺氣色新.

但敎年壽永, 重結此生因.

嗟哉經濟手, 投老作漁郞.

枉學乘桴叟, 長懷擊磬襄.
鯨鯢隨地見, 魑魅逐人忙.
尙憶先王日, 丁寧許廟堂.

先人有餘子, 垂暮每憐渠.
已識忠州路, 能將老母居.
舊看多畫癖, 今勸讀醫書.
零丁有二妹, 存沒近何如.

二子金閨器, 摧殘守敝廬.
百年雙淚眼, 三月一封書.
勤力謀收麥, 凄涼學種蔬.
羲文舊心法, 微爾孰宗余.

身値屯邅運, 家生俊邁郎.
讀書常了了, 作賦已蒼蒼.
志每依渠壯, 軀應似我長.
譽兒非有癖, 垂老奈難忘.[2] (1804)

1) 둘째아버지께서 용인에 새로 마련한 집에다 '감와실'이라고 써서 걸었다.(仲父自題新居
   曰 堪臥室)
2) 소식(蘇軾)이 여러 자식과 조카들에게 부친 시에, "애들 추켜세우는 것도 영감들 습성이
   기는 하지만, 삼세 이전부터 덕을 심어온 터란다." 했다.(子瞻寄諸子姪詩云 譽兒雖是兩
   翁癖 積德已自三世種)

290

10. 사회제도의 모순을 통탄하여

두번째로 싣는 「여름날 술을 마시다」는 5장으로 된 비교적 긴 시로 제1장과 제5장 첫부분과 중간 부분을 생략하고 실었다. 이 시에서 사암 은 귀양살이하면서 당시 사회제도와 정치제도의 모순 때문에 우리나라 에 인재가 양성되지 못함을 탄식했다. 이 제도의 모순을 개혁해야 백성 들이 편히 살고 나라가 나라 구실을 할 수 있다고 여기면서, 뒤에 이런 제도의 틀에서나마 이를 공정하게 운용하여 백성들의 삶을 조금이라도 편안하게 하기 위해 『목민심서牧民心書』와 『경세유표經世遺表』를 편찬 저 술하기에 이른다.

여름날 술을 마시다

2

셀 수 없이 많은 인민인 창생들
똑같이 우리나라 백성들인데
정말로 세금을 거두려면
부자들에게 거두어야 옳은 일이다.
어찌하여 벗기고 베어내는 정치를
가난한 무리에게만 치우쳐 행하는가.
군보軍保[17]는 이 무슨 명색인지

---

17 군보(軍保) 남자가 16세가 되면 군적에 오르는데, 직접 군역에 종사하는 상번군(上番軍)과 군포를 내는 군보(軍保)가 있다. 군보에 편입되면 상번 대신 일정한 쌀이나 베를 바친다.

유달리 좋지 않게 만들어진 법이다.

1년 내내 힘들여 일을 해도

어찌 그 몸뚱이도 덮어 가릴 수 없고

뱃속에서 갓 태어난 어린 것도

백골이 재와 티끌이 된 사람도

몸뚱이엔 오히려 요역徭役이 남아 있어

곳곳에서 가을 하늘에 부르짖고

몹시 억울해 남근까지 잘라버리기에 이르렀으니

이 일은 참으로 슬프고 쓰라리구나.

호포戶布[18] 문제도 오랜 논의 끝에

조금 고르게 하는 결정을 해서

작년에 평양 감영에서

겨우 몇십일 동안 시험했다오.

만인이 산에 올라 통곡하거늘

어떻게 임금의 조서를 얻어 선포하리.

멀리 이르려면 반드시 가까이로부터 가고

소원한 자 다스리려면 반드시 친척부터 다스려야지.

어찌하여 고삐와 굴레를 갖추고

야생마부터 먼저 길들이려 하는가.

물이 끓는다고 두려워하고 조심만 하면

계책을 어떻게 펼 수 있으랴.

평안도 백성 오래도록 억눌리어

---

18 호포(戶布) 16~60세까지 양민 남자에게만 부과되던 군포세를 양반·상민 구별 없이 매호에 부과하자 한 것이 호포 제도이다. 시행되지 못했다.

10대 동안이나 벼슬길 막혔으니
겉모습으로는 비록 공손하고 신중하지만
뱃속은 늘 뒤틀려 있지.
왜군들 옛날에 우리나라 삼켰을 때
의병이 일어나 달리며 싸웠지만
평안도 백성들은 홀로 팔짱 끼고 보기만 했는데
모름지기 앙갚음한 까닭이 있다고 짐작된다.
생각하면 할수록 속이 끓어올라
취하도록 마시고 본성이나 되찾으려네.

3

농사짓는 이는 반드시 식량을 저축하여
3년이면 1년치를 비축하고
9년이면 3년치를 저축하여
갈무리했다가 나누어주며 백성 먹여 살리는 건데
한번 사창社倉 제도 시작된 뒤로
수많은 생명 곤란하고 고통스러워졌다.
빌려주고 빌리는 건 모름지기 양쪽이 원해야지
이를 강요하면 불편하다오.
온 나라 백성이 모두 머리 흔들지
침을 흘리는 자는 한명도 없다오.
봄철에 벌레 먹은 곡식 한말 받고
가을에 두말을 찧어야 가득찬다네.
하물며 벌레 먹은 곡식을 돈으로 갚으라니

찧은 쌀 팔아 돈으로 갚을 수밖에.
남는 이윤은 교활한 관리만 살찌워
벼슬아치 하나의 밭이 1천두락이고
가난한 백성에게 돌아가는 건 괴로움이어서
긁어가고 벗겨가고 매질이 요란하오.
가마솥 작은 솥은 벌써 다 나갔기에
자식이 팔려가고 송아지도 끌려간다.
군량미 비축한다 말도 말게나
이 말은 부질없이 꾸며내고 속이는 말이라오.
섣달 그믐 가까우면 창고문 닫아걸고
새봄이 되기 전에 곳간에 쌓은 곡식 바닥나니
쌓아둔 것은 겨우 몇달치요
일년 내내 늘 텅텅 비어 있다오.
전쟁이 일어남은 본디 때가 없거늘
어느 때건 반드시 공교롭게 탈이 없으랴.
농가 식량 대준다는 것 말도 말게나
자애로운 마음 너무 부지런히 펴는군.
자녀들이 이미 살림을 갈랐으면
부모는 저희들 하는 대로
헤프거나 아끼거나 그들 성격에 맡겨야지
죽을 쑤건 말건 간섭할 수 있겠나.
부부가 상의해서 그들이 좋을 대로 따르고
부모의 사랑은 바라지도 않는다네.
상평법常平法[19] 본디 좋은 법이나

까닭없이 버림을 당했으니

그만두고 또 술이나 마시자꾸나

백병 술이 샘물처럼 되게시리.

4

해마다 춘당대春塘臺에서 과거 시험 보는데

수많은 사람이 한 장소에서 겨루니

눈 밝은 이루離婁가 백명 있을지라도

자세히 꼲아 살펴보기는 힘든 일이지.

붉은색으로 제멋대로 그어버리고

헤아려 가려 뽑기는 시험관 손에 달렸다네.

별똥별이 하늘에서 떨어지면

온갖 눈이 같이 우러러보지.

법이 허물어지면 요행심만 열어주어

온 세상이 모두 미친 듯하다.

지금까지 지식인들 논하기는

변계량卞季良의 잘못을 거슬러 책망하네.

본디 격조가 낮고 더러운 시로

너무 까마득히 큰 해독을 끼쳐

마을마다 앉아 있는 선생들이

한나라 당나라의 옛글은 가르치지 않고

어디서 온 것인지 백련구百聯句만

---

19 상평법(常平法) 상평창을 설치하여 미곡의 가격을 조절하는 제도로 곡가가 오르면 상평
창의 곡식을 풀어 가격을 평준해지게 조절했다.

읊고 외우느라 서당에 가득하고
항우項羽와 패공沛公에 관한 것만
지루하게 쓰고 또 쓴다네.
강백姜柏은 입부리가 호방했고
노긍盧兢은 교묘한 마음 묘사했는데
한평생을 통달한 사람처럼 배우면서
죽도록 소동파蘇東坡 황정견黃庭堅은 엿보지 않았다.
시골 마을에선 비록 뛰어났지만
더욱 시대를 장식할 줄 몰랐다오.
대대로 이름 못 이루고도
오히려 돌아가 농사짓지도 않았는데
과거에 뽑히고 말고는 논하지 않더라도
문장이래야 아직 미욱한 정도였다오.
어찌하면 대나무 1만그루로
천길이나 긴 빗자루 만들어
쭉정이나 먼지를 다 쓸어서
한꺼번에 바람에 날려버릴까.

5

(…)
우리나라 어찌하여 어진 사람 벼슬길 좁아
수많은 장부들 움츠러들어야 하나.
오직 양반 귀족만 거두어 쓰고
나머지 양반은 종과 같구나.

평안도·함경도 사람들 늘 머리 숙이고 허리 굽히고
서얼들은 죄다 통곡들 하네.
뛰어난 몇십 가문이
대대로 벼슬자리 삼켜왔는데
그 가운데서도 패가 쪼개져
엎치락뒤치락 서로 죽이며
약자의 살을 강자가 먹고는
대여섯 권세 있는 집안만 남아
점점 더 정승 판서가 되고
점점 더 팔도 관찰사가 되고
점점 더 승정원도 관장하며
점점 더 임금의 귀와 눈이 되고
점점 더 모든 벼슬도 차지하고
점점 더 서민의 옥사獄事도 주관한다오.
(…)
세력 있는 부잣집은 자식 하나 낳아
흉포하고 오만한 좋은 말 같고
아이 낳아 팔구세가 되어
예쁘장한 옷 입어 뚜렷하고 선명하자
손님이 이르기를, 너는 걱정 말라
너희 집안은 하늘이 복을 주었으니
네 벼슬도 하늘이 정해놓아
좋은 벼슬자리 하고 싶은 대로 할 수 있으니
쓸데없는 고생 아니해도 괜찮으니

글공부 날마다 애쓸 것 없다.
때가 오면 좋은 벼슬은 저절로이니
편지나 쓸 줄 알면 이것으로 괜찮다.
아이 깡충깡충 좋아라고
책상자는 다시 엿보려 하지 않고
마작이랑 골패며
장기 바둑 쌍륙놀이로
주색에 빠져 놀다 인재人材 이루지 못하고도
절차대로 승진해 금관자·옥관자 단다오.
일찍이 법도를 가르치지 않았는데
어떻게 큰 집 재목 되겠는가.
두 아들조차 모두 자포자기라
세상에 온통 훌륭한 자 없다네.
깊이 생각하면 뱃속만 타기에
또 술잔이나 들어 마신다네.

夏日對酒

芸芸首黔者, 均爲邦之民.
苟宜有徵斂, 尙矣是富人.
胡爲剝割政, 偏於傭丐倫.
軍保是何名, 作法殊不仁.
終年力作苦, 曾莫庇其身.
黃口出胚胎, 白骨成灰塵.

猶然身有徭, 處處號秋旻.

冤酷至絕陽, 此事良悲辛.

戶布久有議, 立意差停勻.

往歲平壤司, 薄試纔數旬.

萬人登山哭, 何得布絲綸.

格遠必自邇, 制疏必自親.

如何羈堅具, 先就野馬馴.

探湯乃由沸, 計謀那得伸.

西民久掩抑, 十世閔簪紳.

外貌雖愿恭, 腹中常輪囷.

漆齒昔食國, 義兵起踆踆.

西民獨袖手, 得反諒有因.

拊念腸內沸, 痛飲求反眞.

耕者必蓄食, 三年蓄一年.

九年蓄三年, 檢發以相天.

社倉一濫觴, 萬命哀顚連.

債貸須兩願, 強之斯不便.

率土皆掉頭, 一夫無流涎.

春蟲受一斗, 秋糴二斗全.

況以錢代蟲, 豈非賣糴錢.

贏餘肥奸猾, 一宦千頃田.

楚毒歸圭蓽, 割剝紛箠鞭.

銼鍋旣盡出, 孥粥犢亦牽.

休言備軍儲, 此語徒謾諼.
封庫逼歲除, 傾困在春前.
庤稸僅數月, 通歲常枵然.
軍興本無時, 何必巧無愆.
休言給農饟, 慈念太勤宣.
兒女旣析産, 父母許自專.
靡嗇各任性, 何得察粥饘.
願從夫婦議, 不願父母憐.
常平法本美, 無故遭棄捐.
已矣且飮酒, 百壺將如泉.

春塘歲試士, 萬人爭一場.
縱有百離婁, 鑑視諒未詳.
任施紅勒帛, 取準朱衣郞.
奔彴落九天, 萬目同瞻昻.
敗法啓倖心, 擧世皆若狂.
于今識者論, 追咎卜季良.
詩格本卑陋, 流害浩茫洋.
村村坐夫子, 敎授非漢唐.
何來百聯句, 吟誦方滿堂.
項羽與沛公, 支離連篇章. [1]
姜柏放豪嘴, 盧兢抽巧腸.
終身學如聖, 逝不窺蘇黃.
縱爲閭里雄, 又昧時世粧.

世世不成名, 猶未歸農桑.

選擧且未論, 文字尙天荒.

那將萬箇竹, 束箒千丈長.

盡掃秕穢塵, 臨風一飛颺.

(…)

如何賢路隘, 萬夫受局促.

唯收第一骨, 餘骨同隷僕. [2]

西北常摧眉, 庶孽多痛哭.

落落數十家, 世世呑國祿.

就中析邦朋, 殺伐互翻覆.

弱肉強之食, 豪門餘五六.

以玆爲卿相, 以玆爲岳牧.

以玆司喉舌, 以玆寄耳目.

以玆爲庶官, 以玆監庶獄.

(…)

豪門産一兒, 桀驁如驥騄.

兒生八九歲, 粲粲被姣服.

客云汝勿憂, 汝家天所福.

汝爵天所定, 淸要唯所欲.

不須枉勞苦, 績文如課督.

時來自好官, 札翰斯爲足.

兒乃躍然喜, 不復窺書簏.

馬弔將江牌, 象棋與雙陸.

荒嬉不成材, 節次躋金玉.

繩墨未曾施, 寧爲大廈木.

兩兒俱自暴, 擧世無賢淑.

深念焦肺肝, 且飮杯中醁. (1804)

【원주】

1) 시골 서당에서 출제(出題)하는 것들이 모두 초·한(楚漢) 시대의 사실뿐이었다.(村塾出題
   皆楚漢時事)

2) 신라시대에 귀족을 제1골(第一骨)이라 했다고 『당서(唐書)』에 나와 있다.(新羅貴族曰 第
   一骨 見唐書)

11. 벗은 귀양이 풀려 돌아가는데

셋째로 싣는 「벗을 떠나보내며」는 『다산시정선』을 편역주할 때는
1805년에 지어진 것이며 벗은 김이재金履載(1767~1847)라고 여겼으나,
『연보로 본 다산 정약용』에서 조성을 교수는 사암이 강진 고금도에 귀
양 갔다가 1804년 9월 3일경에 귀양이 풀려 돌아가던 도중에 자신을 찾
아온 김이교를 만나고, 그를 역정驛亭에서 송별한 시라고 고증했다. 이
고증에 따라 이 시를 다시 차분히 살펴보니, "대유사大酉舍에서 글짓던
일 잊을 수 없고"라는 구절처럼 사암이 1797년 4월에 이문원에서 김이
교와 같이 두시杜詩를 교정한 일이 있었는데, 이런 사실로 보아 이 시의
벗은 김이교가 더 타당할 듯싶다.

사암보다는 5세나 나이가 적은 김이재는 김이교의 아우이다. 사암
은 김이재와도 사귐이 깊어 뒷날인 1809년 6월 그에게 남도 지방에 흉

년이 들어 ① 유민流民이 생기고, ② 감사와 수령의 흉년 대책이 없으며, ③ 민란民亂의 조짐이 보이고, ④ 탐관오리의 횡포가 심하며, 남도 지방의 가뭄이 극심하여 그 대책이 시급하다고 알리는 3통의 편지를 보내면서, 자신의 귀양이 풀리는 문제는 한몸의 슬픔일 뿐이라고 했다. 다만 1805년 3월 22일 김이교·박제가·이익운 등을 모두 방면한다는 교서가 내리는 것은 무슨 뜻인지 다시 살펴보아야 할 것이다.

벗을 떠나보내며

역사驛舍에 가을비 내리는데 이별하기 더디구나
이 머나먼 외딴곳에서 아껴줄 이 또 누가 있으랴.
반자班子의 신선에 오름 부럽지 않으랴만
이릉李陵의 귀향이야 기약이 없네.
대유사大酉舍에서 글 짓던 일 잊을 수 없고
경신년(1800)의 임금님 별세 그 슬픔 어찌 말하랴.
대나무 몇그루에 어느날 밤 달빛 비치면
고향 향해 고개 돌려 눈물만 주룩주룩.

送別

驛亭秋雨送人遲, 絶域相憐更有誰.
班子登儒那可羨, 李陵歸漢邈無期.
莫忘酉舍揮毫日, 忍說庚年墜劍悲.
苦竹數叢他夜月, 故園回首淚垂垂. (1804)

12. 백련사에서 아암 혜장과 만나다

사암이 44세가 되는 순조 5년(1805) 을축년 1월 12일 노론 벽파의 뒷배이던 정순왕후가 사망했다. 이때 사암의 귀양 생활도 5년에 접어들었다. 1월 말경에 보은산방寶恩山房에 유람을 갔다.

2월 하순에 『주역사전周易四箋』(을축본)을 중형 정약전에게 보내고, 3월에 정약전이 이 을축본 『주역사전』의 서문인 「주역사해서周易四解序」를 쓴다.

4월 17일 백련사에서 노닐고 혜장惠藏(兒菴)을 처음 만나서 함께 북암北菴에서 자며 『주역周易』을 논했다. 이때 아암 혜장과 처음 만나는 장면이 사암이 1812년에 지은 「아암장공탑명兒菴藏公塔銘」에 자세히 기술되어 있다.

5월 3일 중형이 사암에게 쓴 편지와 아울러 앞에서 말한 『주역사전』에 대한 서문을 보냈다. 사암은 이후로 중형인 손암 정약전과 학문적인 지기지우知己之友가 된바, 사암이 저술을 하여 흑산도로 보내면 손암이 그 저술을 읽어보고 논평을 하면서 형제가 골육의 정을 더욱 끈끈히 나눈다.

5월 12일 사암 형제를 다시 신문하자고 요청하는 상주가 또 시작되고, 6월 2일과 10일, 윤6월 13일과 27일, 7월 15일에도 계속되었다.

6월 2일 사암은 아암 혜장이 고성사高聲寺에 와서 스님을 보내 자신을 모시자 고성사에서 가서 묵었다. 6월 19일 또 고성사 보은산방에서 혜장과 함께 묵었다. 여름에 「정체전중변正體傳重辨(己亥邦禮辨)」이 완성되었다.

가을 9월 16일 김세준金世俊과 황상을 데리고 정수사淨水寺를 유람했다. 이 무렵에도 사암에 대한 악당들의 공세가 여전히 계속되었다. 사암은 가을인 9월 19일 큰아들 학연이 소내를 출발해 10월 3일 강진에 이르러 근친하자, 10월 9일 학연을 데리고 보은산방에 가서 『주역』과『예기禮記』를 12월 중순까지 가르치면서 『승암문답僧菴問答』 52칙則을 썼다. 12월 18일쯤에 아암 혜장이 또 고성사로 와서 사암 부자, 황상과 시를 지었다. 12월 24일 정학연은 아암·황상과 같이 두륜산頭輪山 대둔사大芚寺(大興寺)로 가서 표충원表忠院에서 자고, 아암은 상원上院으로 갔다. 이때 정학연은 두륜산을 유람하고 나서 「유두륜산기游頭輪山記」를 지었다.

13. 혜장과 『주역』을 토론하다

사암이 순조 5년(1805) 귀양지 강진에서 읊은 시는 모두 28편이며, 「정체전중변」『승암문답』을 저술하고 「강진의 환경과 풍속耽津對」을 썼다. 이 「강진의 환경과 풍속」에서 사암은 강진의 기후와 풍토, 인심과 풍속을 기술하고, 강진에 비록 뱀이나 지네가 많지만 이들을 잘 이용하면 병을 고치는 약이 된다고 하며 실학자의 면모를 드러내는 한편 귀양지 강진 지방에 대해서도 예의를 지킨다. 이 「강진의 환경과 풍속」은 『다산문학선집』에 번역문과 원문이 실려 있다.

귀양지 강진에서 읊은 시 28편 가운데 「혜장이여 차를 보내주오寄贈惠藏上人乞茗」 「보은산방에서 큰애와 함께將學稼在寶恩山院~」 두편은 『다산시정선』 하권에 실려 있는데, 여기서도 이 두편의 시를 번역문과 원문 그대로 옮겨 실어보겠다. 스님 혜장은 4월 17일 백련사에서 사암과 처음 만나 『주역』을 토론하고 나서 끊임없이 사암과 오가며 10여편 이상의 시를 주고받았다.

혜장이여 차를 보내주오

전해 듣기엔 석름봉石廩峰[20] 밑에서
예부터 좋은 차가 생산되었네.
때는 마침 보리 말릴 시절이라
찻잎도 피고 작설차雀舌茶도 돋아났겠군.
곤궁하게 살면서 장재長齋[21]가 습관이 되어
누린내는 이미 생소해졌다오.
돼지고기와 닭죽은
사치하고 호사스러워 함께 하기 어렵네.
다만 근육이 땅기는 괴로움 때문에
때로 술에 취해 깨지 못한다오.
절간에 사는 기공己公(齊己)의 위력을 빌려
육우陸羽의 솥에다 차를 조금 끓였으면 하오.
보시布施해주면 참으로 병을 없애겠으니
나루를 건네주는 구제와 무엇이 다르겠는가.
불에 쪄 말리기를 법대로 한다면
물이 차츰 스며들며 빛깔이 맑아지리.

---

20 **석름봉(石廩峰)** 전남 강진군에 있는 산 이름.
21 **장재(長齋)** 불가(佛家)에서 한낮이 넘도록 굶는 것을 재(齋)라고 하고, 그것을 반복하는 것을 장재(長齋)라고 한다.

寄贈惠藏上人乞茗

傳聞石廩底, 由來産佳茗.

時當曬麥天, 旗展亦槍挺.

窮居習長齋, 羶臊志已冷.

花猪與粥鷄, 豪侈邈難竝.

秪因痃癖苦, 時中酒未醒.

庶藉己公林, 少充陸羽鼎.

檀施苟去疾, 奚殊津筏拯.

焙曬須如法, 浸漬色方澄. (1805)

14. 학연에게『주역』을 가르치다

사암은 큰아들 학연이 강진에 두번째로 와서 근친하자, 보은산방에
서 같이 지내며 아버지와 스승으로서 학연에게『주역』과『예기』를 가르
쳤는데, 이때 학연의 나이는 23세였다. 내년에는 돌아가 자신을 대신해
농사를 지으며 가정을 경영하라고 하면서 써준 교훈시가 이「보은산방
에서 큰애와 함께」이다. 이 큰아들 학연은 아버지가『마과회통』을 지었
듯이『종축회통種畜會通』 8권 3책을 저술했다. 이 시는 사암이 오랫동안
혼자서 그믐밤을 보내다가 5년 만에 큰아들과 함께 새해를 맞으며 아들
에게 이야기하듯이 교훈을 남기고 있다. 사암은 이 시에서 자신의 호를
'사암俟菴'으로 삼겠다는 뜻을 은근슬쩍 내비쳤다.

보은산방에서 큰애와 함께

늘그막이라 해가 바뀌어도 무덤덤
슬픔이나 기쁨도 느낌이 없네.
유유히 흐르는 세월 속에
초하루가 우연히 첫머리라오.
우두커니 홀로 섣달 그믐밤을 보내기는
멀리 신유년(1801)부터였다네.
호탕하고 너그러운 마음 기대어
풍습에 이끌리지 않았구나.
금년에는 네가 또 있으니
복록이 이와 같이 두텁구나.
어찌하여 걱정 꼬투리 일으켜
때와 먼지 갑자기 뒤집어쓴 것같이 굴쏘냐.
오래도록 오는 비가 무더운 철 같고
장독 습기가 산언덕에 가득차네.
가난한 절이지만 강진 읍내 가까운데
미천한 중이나마 겨우 팔구명이라네.
『화엄경華嚴經』『능엄경楞嚴經』은 결국 엿보지도 못하고
입에 붙은 것이라곤 귀신 주문뿐이라
이상하고 추악한 깃발만 세워놓고
어지럽게 많은 음식 벌여놓았네.
우렁차게 징과 북을 치면서

뛰어오르고 주먹과 팔을 휘두르네.
급급히 조왕경竈王經을 외우니
시끄럽기 소경들과 비슷하구나.
머리를 움츠리고 깊숙한 방에 앉아
아비와 아들 서로 쓸쓸히 견딘다네.
깜박이는 등불마저 병든 눈 같고
산바람은 창호지 뚫고 들어온다.
네 얼굴빛 처량하고 슬픔 머금어
혼자서 정말로 부끄러움 느끼네.
이제야 알겠다 이런 밤중에는
준수한 자식도 못난 벗에 미치지 못함을.
화로 안에 가득 채운 재를 헤쳐놓고
침상 위엔 술 한잔 있을 만하지.
네 아내와 네 누이동생도
바로 네 어머니 모시고 있겠구나.
올망졸망 등불 아래 앉아
머나먼 남쪽 하늘 생각하리라.
흑산도는 바다 가운데 있어
절벽 돌며 고래가 울부짖겠다.
흉포하고 오만해도 기가 쉬이 꺾일 텐데
하물며 곤욕을 오래 겪었음에랴.
아득히 먼 데서 요행 끊어버리고
활달한 마음 구차하지 않으시겠지.
천지의 운행 수레바퀴처럼 돌고

만물도 바람 속을 달려가겠지.

나만 홀로 멀리서 마음 지치고

늙어감이 서글퍼 초조하고 불안하구나.

눈이 어두운 건 벌써 반년이나 되었고

근육이 시끈거려 손 하나는 쓰지 못해.

아직도 바라기는 더 늙기 전에

돌아가 강상의 어부 되는 것이지.

경서 공부에 온 힘을 다하여

1백세 뒤나 기다리자는 것이로다.

둥근 달은 오래도록 쓸쓸하고

시들어버린 버들에 찬바람만 부는구나.

죽을 날 이제 얼마나 남았으랴만

대대로 수명도 인색한 집안인 것을.

너희들 학문은 뿌리 없는데

경전 한권도 제대로 가르치지 못했구나.

참으로 학자라는 이름만 얻는다면야

나는 이제 늙고 추하다 해도 달갑겠구나.

숨어 살면서 채마밭 가꾸다가

벼슬을 하라면 반드시 사양할 건 없단다.

기름진 땅엔 마늘을 심고

부드러운 땅에는 파나 부추 심거라.

미개한 사람들과는 가까이 하지 말고

친구는 신중히 가려 사귀어야지.

영락한 선비의 몇마디 말이다만

또한 좌우명은 충분하다고 하겠구나.
네 돌아가 일을 주관해 잘 처리하면
아마 내 허물도 없어질 테지.

將學稼在寶恩山院~[22]

老覺歲時輕, 戚歡兩無有.
袞袞流年中, 一日偶爲首.
兀兀送除夜, 遯焉自辛酉.
浩蕩心界寬, 不被謠俗誘.
今年汝又在, 福祿如此厚.
胡爲起憂端, 忽若蒙塵垢.
苦雨似炎序, 瘴濕彌陵阜.
貧菴偪城邑, 陋髡僅八九.
華楞了不窺, 鬼呪唯被口.
怪惡樹旛幢, 雜遝陳奎糗.
鏗訇擊鉦鼓, 踴躍揮拳肘.
急急誦竈經, 詀詀類曚瞍.
縮首坐深房, 父子冷相守.
殘燈似病眼, 山風穿紙牖.
汝色含凄楚, 我懷良自忸.

---

22 [원제] 학가(學稼, 丁學淵)를 데리고 보은산방에 있다가 드디어 섣달그믐이 되었다. 그믐
날 밤에 마음이 서글퍼져서 별 생각없이 이렇게 읊어 아이에게 보였다.(將學稼在寶恩山院
遂値歲除 除之夜 心緒怊悵 率爾成篇示兒)

因知此夜中,俊男遜劣友.

厭撥爐中灰,匪無牀上酒.

汝妻汝弟妹,正亦侍汝母.

小小燈下坐,渺渺憶南斗.

黑山在中洋,鯨鯢繞壁吼.

桀驁必易折,窘辱況經久.

曠莽斷微幸,廓落意非苟.

天行如車輪,萬物風中走.

我獨極勞心,耿耿惜衰朽.

眼暗已半年,筋酸廢一手.

尚冀未遲暮,歸爲江上叟.

竭力典籍內,以俟百世後.

玉環久寂寞,悲風吹衰柳.

乘化亦幾時,家世嗇年壽.

汝輩學無根,一經嗟未授.

苟幸獲儒名,我此甘老醜.

隱居理園圃,未必讓組綬.

肥壤蒔葫蒜,酥地植葱韭.

蠻髳不可親,交游愼所取.

枯槁數端語,亦足箴左右.

汝歸能幹蠱,庶幾我無咎. (1805)

15. 제자 이정의 집으로 옮기다

병인년인 순조 6년(1806) 사암의 나이도 45세가 되고, 귀양살이도 이제 6년에 접어들었는데, 1월 5일·6일·19일·20일·22일·24일·28일·29일 최후의 발악이 이루어지기라도 하듯이 사암 형제를 다시 신문하라고 요청하는 상주가 끈질기게 이어졌다.

사암은 2월 중순쯤에 『주역사전』 병인본(16권)을 저술했다. 2월 16일 쯤에는 보은산방에서 아버지를 스승 삼아 공부하던 큰아들 학연이 아버지에게 하직하는 절을 올리고 강진을 떠났다.

4월 8일에는 사암 형제를 다시 신문하라는 요청이 있었고, 5월 4일에는 사암을 끊임없이 모해하던 이기경이 평안도 운산군雲山郡으로 귀양을 갔다. 6월 4일·10일·25일에도 다른 무리들이 사암 형제를 다시 신문하라고 요청하는 주청이 있었고, 9월·10월·11월에도 있었다.

7월에 사암 18제자의 한 사람인 학래鶴來 이정李晴(1792~1861)의 집으로 거처를 옮겼다 한다. 8월 17일에는 강진과 영암에 걸쳐 있는 월출산月出山 꼭대기에 처음으로 올랐다.

이해에는 앞에서 말했듯이 『주역사전』 병인본 16권을 저술한 것 외에 20편의 시를 지었다. 이들 시 가운데 「산으로 가자꾸나山行雜謳 二十首」「고향 생각水調歌頭」「아내 생각如夢令: 寄內」「영호정 팔경映湖亭八景 爲長興丁氏作」 등 4편이 『다산시정선』 하권에 수록되어 있는데, 「산으로 가자꾸나」「아내 생각」 2편의 시를 번역문과 원문 그대로 옮겨 싣는다.

첫째로 실은 「산으로 가자꾸나」에서 사암은 강진으로 귀양살이 온지 6년 만에 비로소 자연에도 눈길을 돌릴 만큼 마음이 안정되고, 자연

경물景物이 흥겹게 보임을 드러낸다. 만덕사萬德寺 곧 백련사에 갔다가 우연히 찾아온 혜장을 만난 기쁨을 읊은 자연시自然詩의 명편이라 할 만하다. 이 시는 1806년 3월 18일에 지었다.

산으로 가자꾸나

1

봄을 머무르게 할 계책 없으니
오는 여름 맞이할 수밖에 없구나.
알겠구나 절간이 좋다는 것을
산속에 정자와 누대 있으니.

2

그윽한 회포가 갑자기 일어날 때는
가을 하늘 날아오르는 새매가 되네.
아무 집 산이건 따지지 않고
녹음 짙은 곳으로 간다네.

3

고기와 채소 적다고 싫어하랴
어지럽게 소란일랑 피우지 말자.
다만 한병의 술만을
동자 주어 가지고 오면 되겠네.

4

본디 산과 숲이 좋아 그렇거니
성안의 나무 아름다움 어찌 알리.
하루 이삼리만 가도
나무마다 꾀꼬리가 다 있다네.

5

넘실넘실 서쪽 연못 물에
연밥을 심자 말하는 사람도 없네.
해마다 초가집 허물면서까지
둑 쌓을 돈만 챙겨간다네.

6

모래밭 위는 생선 시장이요
다릿가엔 막걸리 주막집.
목롯집 계집들은
붉은 머리털 왜놈 같다오.

7

물가에 자리잡은 누런 띠집
그 속에서 약장수 영감이 산다네.
버드나무 몇 가지가 한들한들
바람결에 발처럼 흔들거리네.

8

대지팡이가 댕그랑 울리는 소리
산허리론 지름길 하나 가느다랗구나.
시골 중 취한 몸 가누며 지나가고
아낙네는 땔감 이고 돌아오네.

9

몸이 고달퍼 자주 쉬느라
마음은 한가로워 오랫동안 앉았다네.
석양빛이 기울어가는 곳에
빼어난 봉우리 몇개 높고 크도다.

10

산언덕은 첩첩이 바위인데
철쭉꽃이 조금씩 피어 있다네.
해마다 도끼질 재앙을 당해
괴롭게도 나뭇가지 마구 뒤엉켰네.

11

점점 취할수록 마음껏 노래 부름 막기 어렵고
작은 소리로 읊으면 직성이 안 풀리네.
어부사漁夫辭 몇마디를 외우다가
새로 만강홍滿江紅을 지었다.

12

병 속에 술이 이미 말라버려
바윗구멍 샘물을 찾아냈다오.
자루바가지는 참으로 번거로우니
허유許由가 뛰어남을 더욱더 깨달았네.

13

절 아래 천그루 비자나무 드러나고
푸른 장막 매우 깊이 둘러쳐져 있다네.
아름답고 사랑스런 두갈래 오르막길
모두가 산골을 걷는 것 같다.

14

산길 걸어 바야흐로 피곤한데
절간에 이르니 내 집과 같다.
담황색 띤 온갖 나뭇잎들은
고요한 꽃보다 훨씬 낫다네.

15

삼경에 비가 내려 나뭇잎 때리더니
숲을 뚫고 횃불이 하나 왔다오.
혜장惠藏과는 참으로 연분이 있는지
절간 문을 밤 깊도록 열어놨다네.

16

좌우의 언덕엔 동백나무들
저물녘 지금껏 붉은 꽃 남아 있다네.
어떻게 장차 비단 장막으로
늦봄에 부는 화신풍花信風 가려서 막아볼까.

17

밤새도록 내리는 영매우迎梅雨²³가
나를 머물게 해 즐겁게 얘기했지.
돌아가도 또한 나그네 신세라
절 문을 나설 생각 없었다네.

18

문에 붙인 주련은 김생金生의 글씨이고
누각 현판은 도보道甫(李匡師)가 썼다네.
세대가 멀어 가짜일까 의심스럽지만
무거운 그 이름 허전이 아니로군.

19

옛날 비석 왜놈이 깨버렸어도
공자 이름은 아직까지 남아 있구나.
아아! 구리로 용을 새긴 문에

---

23 영매우(迎梅雨) 음력 3월에 내리는 비.

임금의 형이요 부처의 형이 된다 했다네.

20

몇굽이 산골 시냇물이
유유히 돌아가는 나를 전송하는구나.
떠나는 그 순간에도 자연 경치가 좋아
곳곳마다 어정거려 더뎌지는군.

山行雜謳 二十首

無計留春住, 何如迎夏來.
也知僧院好, 山裏有亭臺.

幽懷猝發時, 鷹隼秋天鷙.
不問某家山, 綠陰多處去.

殽蔌誠難少, 紛紜且勿爲.
唯將一壺酒, 付與小童持.

本爲山林好, 那知城樹奇.
一行三二里, 無樹不黃鸝.

瀲灩西池水, 無人話種蓮.
年年破茅屋, 但索築隄錢.

沙上鮮魚市, 橋邊濁酒家.
由來壚上女, 紅髮似夷鰕.

臨水黃茆屋, 中棲賣藥翁.
婆娑數枝柳, 搖作一簾風.

笻竹鏗鳴響, 山腰一徑微.
野僧扶醉過, 溪女戴樵歸.

體倦休因數, 心閒坐逶遲.
偏於夕陽處, 覺有數峰奇.

疊疊山坡石, 些些躑躅花.
頻年斤斧乏, 辛苦有权枒.

漸醉狂難禁, 微吟意未通.
數聲漁父曲, 新製滿江紅.

已竭瓶中酒, 初尋石竇泉.
瘿瓢眞作累, 彌覺許由賢.

寺下千章樻, 深深翠障橫.
可憐汉上路, 都似峽中行.

山路行方困, 禪樓到似家.
嫩黃千萬樹, 全勝寂寥花.

打葉三更雨, 穿林一炬來.
惠公眞有分, 巖戶夜深開.[1]

夾岸山茶樹, 猶殘畹晚紅.
那將錦步障, 遮截楝花風.

連夜迎梅雨, 淹留喜有言.
只緣歸亦客, 無意出山門.

門帖金生筆, 樓懸道甫書.
世遙疑有贋, 名重覺無虛.

倭奴昔破碣, 公子尙留名.
惆悵銅龍闥, 王兄做佛兄.[2]

數曲山谿水, 悠然送我回.
臨辭好泉石, 無處不遲徊. (1806)

【원주】

1) 이때 혜장이 약속이 없었는데도 백련사에 이르렀다.(時惠藏不期而至)

16. 꿈속에서라도 아내가 보고 싶다

둘째로 싣는 「아내 생각」은 꿈속에서라도 보고 싶은 아내를 그리워하는 마음을 진솔하게 드러낸 시로, 사암은 아들딸이나 형제 친척에게 시와 편지를 써서 그리움을 나타냈으나 아내에게 쓴 편지나 시는 드물다. 옛날 양반 어른님 티가 사암에게도 별수없이 나타났다고 할 수 있다. 매우 드문 귀한 자료라 여기에 옮겨 싣는다.

아내 생각
−아내에게 부치다

하룻밤 지는 꽃은 1천 잎이고
우는 비둘기와 어미 제비 지붕 맴돌고 있다.
외로운 나그네 돌아가란 말 없으니
어느 때나 침방에 들어 꽃다운 잔치를 여나.
생각을 말아야지.
생각을 말아야지 하면서도 애처롭게 꿈속에서나 얼굴 보고지고.

322

如夢令(寄內)

一夜飛花千片, 繞屋鳴鳩乳燕.

孤客未言歸, 幾時翠閨芳宴.

休戀, 休戀惆悵夢中顏面. (1806)

17. 『주역사전』 24권이 저술되다

사암이 46세가 되는 순조 7년(1807) 정묘년 1월 초에 『주역사전』 24권이 이정의 도움으로 이루어져 이를 정묘본이라 했다. 병인본 16권에서 8권이 더 늘어난 것이다.

1월 29일에 사암 형제를 다시 신문하라는 상주가 있었고, 2월 12일에는 교리 강준흠姜浚欽(1768~?)이 상소하여 또 정약용을 공격했으며, 4월 16일·29일, 5월 6일, 6월 6일에도 정약용 형제를 다시 신문하라는 요청이 있었다.

5월 28일에 맏손자 정대림丁大林(1807~95)이 태어났다.

7월 19일에 손암 정약전의 아들 정학초丁學樵(1791~1807)가 죽었다. 사암은 뒷날 "내가 유배되어 낙척한 이후로 육경六經과 사서四書의 학설에 대하여 240권의 책을 저술한 것은 학초를 기다려 전해주려고 했던 것인데 이제 끝났도다!" 하고 이 학초의 묘지명을 지어 조카의 죽음을 슬퍼했다.

7월 12일·16일·25일·29일에도 악당들이 사암을 다시 신문하기를 요청했다. 8월 23일에 사헌부 집의 여동식呂東植(1774~1829)이 정약용 형제를 다시 신문하기를 요청하고, 9월 14일과 15일에도 또 요청했다. 10월 6일에도 여전히 정약용 형제에 대한 공세가 계속되었다. 아마도 꺼져가려는 불씨를 다시 불붙이려는 속셈이 아니었을까 싶다.

사암이 순조 7년(1807) 정묘년에 지은 시는 모두 23편인데 이 가운데 「둘째 형님께奉簡巽菴」「이광사李匡師의 글씨和子由新修 汝州龍興寺吳畫壁韻」「서호부전도에 쓴다題西湖浮田圖」「동시東施의 찡그린 얼굴題東施效顰圖」 등 4편은 『다산시정선』 하권에 실려 있다.

이해에는 산문으로 「사촌서실기沙村書室記」를 썼는데, 사촌沙村은 손암 정약전이 우이섬에서 흑산도 본섬으로 옮겨 귀양 살던 곳이다. 현재 흑산도에는 손암 정약전의 『현산어보玆山魚譜』를 기리기 위한 기념관이 있고, 사촌에는 손암이 어린아이들을 가르치던 서당인 사촌서실이 복원되어 있었는데, 사암이 지은 이 「사촌서실기」는 흔적도 없었고, '사촌서실沙村書室'이란 현판만 초라하게 걸려 있었다.

흑산도 사촌으로 옮겨 살고 있는 둘째 형님 손암 정약전을 회상하며 쓴 시 「둘째 형님께」 4수 가운데 3수만 『다산시정선』 하권에서 번역시와 원문을 그대로 옮겨 싣는다.

둘째 형님께

1

살아서는 미워할 율정의 주막
문앞에는 두갈래로 길이 갈렸네.
본래는 같은 뿌리에서 태어났건만
지는 꽃잎처럼 흩날려버렸네.

넓고 넓은 하늘 땅 바라보노라면
예전에야 한집안이 아니었던가.
조심스럽게 제 몸뚱이만 살피다보니
슬픈 생각 언제나 가이 없구려.

2

슬픔이 골수에 사무쳐지면
이별쯤이야 조그만 근심일러라.
뜬구름은 늘상 흘러가는데
날아가는 새들 무엇을 찾으려는지.
망령스런 마음으로 나를 몰아가면
해와 달은 빨리 흐르는 물과 같아라.
걱정 없이 무성한 풀을 씹는
저 수풀 속의 소가 부러워져요.

3

북풍이 나를 몰고 오다가
가고 또 가다가 바다를 만나 멈추었네.
우리 형님 풍세가 사나워서
크나큰 바닷속까지 들어갔어요.
남겨둔 아내는 생과부 되고
이별한 아이들 고아가 됐다오.
형님은 바다로 들어갈 때도
활달하게 스스로 기뻐하던 모습.

가슴속에는 호걸스러운 기상 있어

백번 눌러도 오히려 다 일어났지요.

해와 달이 방안을 비추는데

지극히 공정함은 하늘 이치 애처로워해.

어디에선지 두사발 밥이 와서

급하게도 나를 길러주네.

황제처럼 큰 부자라 하더라도

두사발 밥밖에 더 먹겠는가.

적현赤縣은 본디 멀리 떨어진 외딴섬이니

사람 눈으로는 아득하여 끝이 보이지 않네.

권세 있던 집안이 모두 뒤엎어졌으니

그사이는 겨우 5년이었다.

奉簡巽菴[1]

生憎栗亭店, 門前歧路叉.[2]

本是同根生, 分飛似落花.

曠然覽天地, 未嘗非一家.

促促視形軀, 惻怛常無涯.

深悲鎪骨髓, 離別亦小憂.

浮雲常搖颻, 征鳥將何求.

毒龍驅我去, 雙丸如湍流.

無愁齕豊草, 羡彼林中牛.

北風驅我來, 行行遇海止.

我兄風力猛, 乃入滄溟裏.

留妻作寡婦, 別兒爲孤子.

方其入海時, 曠然若自喜.

傑氣在胃中, 百壓猶百起.

日月照房屋, 至公嗟天理.

何來兩盂飯, 欻然來養己.

皇帝雖巨富, 如斯而已矣.

赤縣本絶島, 目短迷涯涘.

豪門盡顚覆, 其間僅五祀.[3] (1807)

【원주】

1) 소철(蘇轍)·소식(蘇軾) 형제가 서로 주고받던 여러 시에서 차운한 것이다.(次子由子瞻
   相和諸詩韻)

2) 율정(栗亭) 주막이 나주 북쪽 5리에 있는데 1801년 11월 22일 나와 약전 형님이 서로
   작별한 곳이다.(栗亭店 在羅州北五里 辛酉十一月二十二日 余與巽菴相別處)

3) 1801년에서 1805년까지.(辛酉至乙丑)

18. 이광사의 글씨 헌걸차도다

「이광사의 글씨」란 시는 사암이 정묘년(1807) 4월 3일 또 백련사에
서 기약도 없이 혜장 스님과 만나고, 도보道甫 이광사李匡師(1705~77)가
쓴 '白蓮寺' 편액扁額을 보고 나서 그 글씨를 감상 비평한 시다. 이광사는

'나주 벽서사건'에 연좌되어 강진 신지도에 귀양 와서 그곳에서 죽었는데, 원교체圓嶠體를 이룩한 서도書道의 대가이다. 사암은 같은 시대의 저술인『연려실기술燃藜室記述』을 가끔 인용하기도 하는데, 사암의 기록을 감안하면 이『연려실기술』은 이광사가 저술하기 시작한 것을 그 아들 이긍익李肯翊(1736~1806)이 완성한 것으로 보이는 기사본말체 역사책이다. 이 시도『다산시정선』하권에서 그 번역시와 원문을 그대로 옮겨 싣는다.

이광사의 글씨

우리나라 글씨는 뛰어난 작품이 적은데
근래엔 이광사李匡師 있어 그만 홀로 세상에 유명하다.
북쪽 변방 끝에서 남쪽 섬으로 귀양살이를 옮겨서
미개한 천민들에게도 예악과 제도 가르쳐 배우게 했다네.
거룩하다 일개 포의布衣로 귀양을 살았지마는
우레 같은 명성이 백세를 울리네.
그가 쓴 백련사 편액을 볼라치면
꿈틀대는 용의 기세 붙잡아 헌걸차구나.
거칠고 질박한 김생金生은 헛이름만 얻어
시골 백성들 계약서나 써줄 만한 글씨였다오.
경수涇水·위수渭水가 함께 흐르면 맑고 흐림이 뚜렷해지고
도척盜跖·맹획孟獲이 함께 있으면 어리석고 지혜로움 분명하다오.
큰 인재 외진 바닷가에서 불우하게 죽다니
남긴 자취 처량해서 눈물이 줄줄 흐른다.

328

명망이 높으면 살인죄라도 풀어주어야 할 뿐인데
듣자 하니 임금님도 그날로 화를 풀었다네.
난쟁이들만 배불림도 괴이해하지 말구려
예로부터 부잣집 자제들 모두 소매만 흔들었다오.
옥사쟁이는 두루 안다오 이 강진현에
선생이 죽어간 뒤에 우리 형제 있는 것을.

和子由新修 汝州龍興寺吳畫壁韻[24]

三韓墨妙少絶藝, 近有道甫獨名世.
自從端明謫儋崖, 頗學儀曹敎蠻隸.
偉哉編配一布衣, 聲若雷霆殷百歲.
觀其白蓮題額書, 佶屈故作挐龍勢.
金生頑朴浪得名, 堪與村氓寫券契.
涇渭交流判淸濁, 蹤獲同門了愚慧.
大器轗軻死窮海, 遺跡淒涼瘵破涕.
只爲高名解殺人, 已聞天威當日霽.
休怪侏儒獨飽飯, 自古綺紈皆掉袂.
獄吏偏識康津縣, 先生去後吾兄弟. (1807)

---

24 [원제] 자유(子由) 소철(蘇轍)이 새로 수리한 여주(汝州) 용흥사(龍興寺)에서 오도자(吳道子)가 그린 벽화를 보고 쓴 시의 운으로 화답하다.(和子由新修汝州龍興寺吳畫壁韻)

19. 호남으로 이사할 계획도 세우다

사암은 순조 7년(1807)경에 귀양살이로 말미암아 아내와 자식들과 친인척들과 떨어져 지내야만 하는 고달픈 처지를 견딜 수 없어 가족을 남쪽 강진 땅으로 옮겨 가족과 같이 살 계획을 세우고, 이 자신의 계획을 큰형님인 정약현에게 슬프고 괴로운 많은 말로 아뢰어 그 허락을 얻어내려 했다. 또 둘째 형인 손암 정약전에게도 성이 잔뜩 난 울분의 말을 쏟아내며 호남 땅으로 자신의 가족을 이사하겠다는 뜻을 편지로 전했기에 손암도 홧김에 거친 말로 답장을 했다고 한다.

손암은 사암의 말이 한때 분김에 허투루 한 것이 아님을 큰형님과 아내의 편지를 보고 알았기에 사암에게 편지를 보내 그의 이사 계획이 참으로 가당치 않은 까닭을 조목조목 초들며 그로 하여금 이사 계획을 그만두게 하려고 말렸다. 손암이 그 아우인 사암에게 보낸 편지(「寄茶山」)에 말했다.

"(1) 우리들은 본디 번성한 집안으로 변고를 만난 뒤에 갑자기 혈육이 없어지고 옛 친구들은 고개를 돌리며 친척들도 코를 가리었네. 대저 혈육이 없는 사람은 학철지어(涸轍之魚)와 같아 서로 의지해야 오히려 잠시라도 오붓한 도움을 얻을 수 있고, 따로따로 살기를 도모하면 반드시 오래지 않아 소멸할 근심이 있는 것이 필연의 이치인데 이를 어찌 생각하지 아니하였는가. 다른 사람과 친하고 정의가 두터움도 부자나 형제의 사이가 성기고 친하지 않은 정에 미치지 못하니, (…) 하물며 다른 사람과 친하고 정의가 두터움은 또한 반드시 기대할 수도 없네. 그러므로 비록 재화와 보배가 있는 사람이라도 혈육과 떨어져 외롭게 살 수는 없

330

는 것이네.

(2) 속담에 고향을 떠나면 미천해진다 했는데 참으로 지극한 말이네. (…) 그런데 하루아침에 갑자기 호남으로 낙향하면, 옛 선조 대대로의 문벌을 누가 알아주며, 후손의 외롭고 한미함을 보고 누가 있어 불쌍히 여기리오. 또한 태어나지 않은 자손은 알 수 없을 것이네. (…)

그러니 오히려 마땅히 경기도를 지키고 있어야 거의 다른 날의 희망이 있네. 하루아침에 호남으로 낙향하면 비록 범 같은 사내를 낳는다 하더라도 발탁이 될 수 있겠는가. 자네는 호남 양반 가운데 쇠미함으로부터 중간에 다시 일어서는 집안을 몇 집이나 보았는가?

(3) 호남은 살 만한 곳이 아니라는 것을 평일에 보고 들어 빠짐없이 자세히 알았네. 7년 동안 귀양살이하면서 보니, 권모술수와 음양이 서로 뒤바뀐 풍속이 있어 결코 자손을 기를 만한 곳이 아님을 알았네.

(4) 지금 당장 생각하기에는 먹을 것이 없어 남쪽 고을을 생각하는 것 같으나 그러나 이 또한 크게 그렇지 않은 것이네. 대개 세상에 부자가 될 사람은 있어도 반드시 부자가 되는 땅은 없는 것이네. 호남은 거지가 없고 경기도에는 넉넉하게 사는 집이 없던가. (…) 만일 저 춥고 배고 픔을 모면하려면 이곳 소내苕川도 또한 온화하고 넉넉하네. 자네는 어찌 우리 막내아버지의 처지를 보려 하지 아니하는가. 가난으로 말미암아 옮겨간 것인데 1백에 하나도 이룸이 없네. 왜냐하면 살 곳을 바꾸는 경우 이미 기름진 땅에 살던 나를 오히려 메마른 땅에 살 수 있는 나로 바꾸지 못하는 것이네. 재물이 많아도 절약하지 않으면 많을수록 더욱 모자라고, 재물이 적어도 잘 절약하면 비록 적으나 여유가 있으니, 재물의 많고 적음이 어찌 빈부에 관계되겠는가. (…)

대저 이 계획은 이별의 괴로움에서 많이 나왔네. 그러나 일이 이미 이에 이르렀으니 어찌할 수 없네. 우리들 나이가 이미 오십이네. 남은 날을 손꼽아 헤아려보아도 많아야 20년, 적게는 10년이나 더러는 6, 7년뿐이네. 이왕의 세월을 돌이켜보면 10년도 또한 잠깐인데 얼마나 되어야 이별의 괴로움을 잊으랴. 우리들은 그만이거니와 다시 어찌 차마 죄없는 자손으로 하여금 각처로 떠돌아 이사하도록 해서 살아서는 나그네의 슬픔과 죽어서는 타향의 넋을 짓게 할 것인가. 그들이 그들의 집을 삼가 지켜 굶주리면 굶주리는 대로 추우면 추운 대로 살면 살고 죽으면 죽을 따름이니, 모름지기 지나치게 씀을 헤아려 스스로 끝없는 후회를 끼치지 않는 것이 어떠한가.

자네가 만일 결심을 바꾸지 않으면 나의 아내와 아들도 당연히 함께 와서 내가 죽기 전에 온다면 오히려 바다를 건너 서로 바라볼 수야 있겠지. 그러나 토지와 집을 모두 팔아도 길 떠난 비용을 충당할 수 없고, 어리고 쇠약해 병든 고아孤兒들을 나아가거나 물러가게 주선할 수 없으리니, 오직 마땅히 옛집에 엎드려 기어다니며 죽을 날을 기다릴 뿐이네. 또 늙으신 큰형님의 한 아들이 아비 없이 외로운 고아로 또한 길이 의지할 곳이 없게 되네그려. 그대의 이 계획은 3, 4집의 남은 사람들로 하여금 모두 장차 쓰러지고 넘어지게 함이니, 그대는 어찌 차마 이렇게 하겠는가."

이 편지는 손암이 흑산도에서 귀양살이한 지 7년이 되고 나이가 50세에 이른 1807년경에 쓴 것이다. 사암은 이때 귀양살이의 외로움과 고통을 견디지 못해 고향에 있는 가족을 강진으로 이사시키려 했던 듯하다. 그러나 엄중히 꾸짖는 손암의 편지를 받고 그만둔 것으로 짐작된다. 손암이 형으로서 행한 역할이 크게 돋보이는 편지다. 과연 지기요 골육인 그 형에 그 아우인 것이다. 사암은 이듬해 봄에 '다산초당'으로 거처를 옮겨 드디어 안정을 찾고 가족을 이사할 계획을 접은 것 같다.

제4장

다산학 산실 다산동암

1. 귤동 다산초당으로 옮기다

순조 8년(1808)인 무진년에는 사암의 나이도 47세에 이르고 귀양살이도 8년에 접어들었다. 이 무진년으로 접어들자 사암에게도 이제부터는 본격적으로 학문에 몰입할 수 있는 서광이 점차 비치기 시작했을 것이다.

3월 15일에 사헌부 장령 조장한趙章漢(1743~?)이 아마도 고약한 무리들의 사주를 받고서 정약용·정약전을 다시 엄중히 신문할 것을 아뢰었다.

사암은 강진 귤동橘洞에 있는 문거文擧 윤규로尹奎魯(1769~1837)의 다산서옥茶山書屋으로 놀러 가서 10일이 지나도록 묵었다. 사암은 차츰 이곳에서 세상을 피하여 노년을 보낼 뜻이 생겨 자신의 마음을 담은 시 2편을 써서 공윤公潤 윤종하尹鍾河(?~1810)에게 보여주었다.

사암은 3월 말쯤에 거처를 이정李晴의 집에서 '다산서옥'으로 옮겼다. 오늘날 우리가 말하는 다산초당茶山草堂이다. 이 다산서옥은 강진현 남쪽에 있는 만덕사(백련사) 서쪽에 있는데, 처사 윤단尹慱의 산정山亭이다. 사암은 이 다산茶山으로 거처를 옮겨 동쪽·서쪽에 두 암자를 짓고 '丁石' 두 글자를 석벽石壁에 새겼다. 이 다산초당에서 동쪽으로 동백숲을 따라 오솔길을 잠시 동안 걸어가면 백련사에 다다른다. 드디어 사암의 다산학茶山學을 잉태할 산실産室이 다산에 마련된 것이다.

사암은 다산으로 거처를 옮기고 나서 3월 말~4월 초에 「다산 팔경茶山八景詞」 「다산에 피는 꽃을 읊다茶山花史 二十首」란 시를 읊었다.

4월 20일에 둘째 아들 학유가 처음으로 강진에 와서 근친했다. 이때 학유는 나이가 23세나 되었는데, 1801년 11월 10일쯤 과천에서 아버지와 헤어지고 나서 8년 만에 아버지를 찾아뵌 것이다.

5월 5일에는 사헌부 지평 윤동수尹東壽(1748~?)가 정약전·정약용 형제를 다시 엄중히 신문하기를 요청했다. 또 윤5월 1일 이후 29일까지 거의 날마다 요청하고, 이 무진년 말까지 계속 요청을 한다. 아마도 사헌부의 집의·장령·지평으로 임명되면 이런 요청을 하는 것이 관례처럼 굳어진 듯하다.

9월에 『주역심전周易心箋』 무진본 24권을 완성했다. 9월 29일 중형 정약전에게 편지를 보냈다.

사암은 다산초당에 옮겨온 뒤로 모두 22편의 시를 지었는데, 이 가운데 「다산 팔경」 「다산에 피는 꽃을 읊다」 「애솔 뽑아버리는 중僧拔松行」 「범 사냥獵虎行」 「우복동牛腹洞 노래牛腹洞歌」 등 5편은 『다산시정선』 하권에 번역시와 원문이 실려 있다.

산문으로는 「다산문답茶山問答」이 있고, 「공후 김이재에게 보냅니다與金公厚」란 편지 1통이 있다. 이 「공후 김이재에게 보냅니다」는 김이재에게 보낸 총 4통의 편지 중 하나로 『다산서간정선』에 편지 4통의 번역문과 원문이 모두 실려 있다.

2. 다산 팔경의 주인이 되다

사암은 1801년 경상도 장기로 귀양 가서는 「장기의 귀양살이에서 본 풍속」「아가 노래」「장기 농가」「보리타작」 등의 시를 읊어 장기 지방에 경의를 표하는 인사를 하는 예절을 차렸다. 그리고 강진으로 귀양 살러 가서 「탐진 노래」「탐진 농부가」「탐진 어부가」 등을 읊어 강진 지방에 도 경의를 표하는 인사를 올리고, 또 「강진의 환경과 풍속」이라는 글을 지은 바 있었다. 이곳 다산에 와서도 「다산 팔경」「다산에 피는 꽃을 읊 다」라는 시를 지어 다산의 자연에 대한 고마운 인사를 차린다.

그 첫번째로 차린 인사는 「다산 팔경」인데, 사암의 이 시로 말미암아 다산은 그 주인 윤규로의 평범한 서옥書屋이 자리잡은 곳에 지나지 않 다가 현인賢人이 은거할 만한 명승지로 일약 발돋움하게 되었다.

이 「다산 팔경」을 『다산시정선』 하권에서 번역시와 원문 그대로 옮겨 싣는다.

다산 팔경

1. 산복숭아

산중턱 지경까진 널따랗게 탁 트인 메아리 담장
붓으로 그린 듯이 봄빛이 그대로네.
봄비가 내린 뒤라 산골짜기 더욱 사랑스럽고
산복숭아 몇 가지엔 붉은 꽃이 예쁘다오.

2. 버들개지

산집에 드리운 발 물결에 어른어른
다락 머리에선 흔들대는 버들가지 그림자라.
산굽이에 눈발이 날리는 게 아니라
봄바람이 버들솜 불어 맑은 못물 희롱한다.

3. 꿩 소리

부드러운 햇살 아래 칡덩굴 우거지고
조그만 화로에 차 달이던 가는 연기 끊겼구나.
어디선가 꿩꿩대는 세마디 꿩소리 들려
구름 속 들창 아래 잠시 든 잠 바로 깨우네.

4. 물고기

오월의 가랑비가 나뭇가지 끝 적실 때면
수면에는 천개나 동그란 무늬 일지.
저녁밥 두세덩이 일부러 남겼다가
난간에 기대 서서 고기 새끼 밥을 주지.

5. 단풍나무

바위 무더기 들쭉날쭉 엷은 구름 둘렀는데
가을 지나면서 돌이끼 동그랗게 자라네.
연지 찍은 잎이 수없이 잇따라 보태지면
짙푸름과 연분홍은 분간이 안 된다오.

6. 국화꽃

바람 잔 꽃다운 못 수면이 거울처럼 말끔하면
이름난 꽃 기괴한 돌이 물속에 많이 비친다오.
돌 틈에 피어난 병두국幷頭菊[25]을 두고두고 보고 싶어
고기 뛰어 물결 일까 바야흐로 겁이 난다.

7. 대나무

눈 덮인 응달에 바위는 멀쩡하고
높은 가지에 잎 지느라 새로운 소리 난다.
산자락에 그대로 남은 푸른 대나무가
서재의 세밑 정경을 보존시켜준다오.

8. 해송나무

작은 시내 감돌아 작은 산 맑게 둘러싸고
푸른 솔잎 붉은 껍질 해송이 쭉쭉 높이 솟았구나.
정말로 거문고나 피리 소리 울리는 곳인데
바람이 불어대어 집안에 찬 기운 가득해라.

茶山八景詞

響牆疏豁界山腰, 春色依然畫筆描.
愛殺一谿新雨後, 小桃紅出數枝嬌.[1)]

---

25 병두국(幷頭菊) 줄기 하나에 두송이 꽃이 핀 국화.

山家簾子水紋漪, 照見樓頭楊柳枝.
不是巖阿有飛雪, 春風吹絮弄淸池.[2]

山葛萋萋日色姸, 小爐纖斷煮茶煙.
何來角角三聲雉, 徑破雲牕數刻眠.[3]

黃梅微雨著林梢, 千點回紋水面交.
晚食故餘三兩塊, 自憑藤檻飯魚苗.[4]

巖苗參差帶薄雲, 經秋石髮長圓紋.
仍添颯杏臙脂葉, 濃翠輕紅不細分.[5]

風靜芳池鏡樣磨, 名花奇石水中多.
貪看石罅幷頭菊, 剛怕魚跳作小波.[6]

淺雪陰岡石氣淸, 穹柯墜葉有新聲.
猶殘一塢蒼篔竹, 留作書樓歲暮情.[7]

小谿廻合抱晴巒, 翠鬣紅鱗矗萬竿.[8]
正到絲簧聲沸處, 天風吹作滿堂寒.[9] (1808)

【원주】

1) 담을 스치고 있는 산복숭아나무.(拂墻小桃)

338

2) 발에 부딪치는 버들개지.(撲簾飛絮)

3) 따뜻한 날에 들리는 꿩 소리.(暖日聞雉)

4) 가랑비 속에 물고기에게 먹이를 주는 일.(細雨飼魚)

5) 단풍나무가 비단바위에 얽혀 있다.(楓纏錦石)

6) 국화가 못에 비친다.(菊照芳池)

7) 한 언덕의 대나무가 푸르른 것.(一塢竹翠)

8) 곧바로 솟아 있는 해송이 마치 대나무 장대 같다.(海松直上如竹竿)

9) 만학의 소나무 풍경.(萬壑松濤)

3. 다산에 피는 꽃

사암이 두번째로 다산에 차린 인사는, 거처를 옮기고 나서 다산초당을 가꾸고 꾸려가면서 다산이 하늘이 주신 탕목읍湯沐邑이라 여기고, 앞에 나온 시에서 나무를 노래한 것에 더해 이「다산에 피는 꽃을 읊다」에서는 다산초당 주위에 있는 꽃과 풍치를 노래한 것이다. 마침내 사암의 이 시로 말미암아 다산초당이 선경仙境이 되어 길이길이 다산학과 더불어 이름이 드날리게 된 것이다. 이「다산에 피는 꽃을 읊다」도 『다산시정선』 하권에서 번역시와 원문을 그대로 옮겨 싣는다.

다산에 피는 꽃을 읊다

1

굴동 마을 서편에 깊숙하고 그윽한 다산
천그루 소나무 사이로 시냇물 한줄기
시냇물 시작되는 바로 그곳에

돌 사이 맑고 깨끗하여 조용한 집 서 있어라.

2

초당草堂 앞에 조그만 연못을 파고
세 봉우리 석가산石假山을 물 가운데 세웠지.
철 따라 온갖 꽃이 섬돌 가를 둘러서니
물에 비친 꽃그림자 자고반鷓鴣斑[26]인 듯하다.

3

대밭 속의 부엌 살림 스님에게 의지하니
가엾은 그 스님 수염이며 머리털 날마다 길어지네.
이제 와선 불가 계율 모조리 팽개친 채
싱싱한 물고기 잡아다가 국까지 끓인다오.

4

오래전에 임원林園에다 아름다운 기약 두었는데
그 기약 한매寒梅 첫 가지에 필 때 있었다오.
맹세해둔 그 말 허사 되어 부끄러워라
요즘 보니 꽃 지고 열매만 알알이 맺어 있네.

5

샘 곁의 붉게 핀 복숭아꽃 두세 가지

---

26 자고반(鷓鴣斑) 자고새의 반점 같은 무늬.

산이 깊어 바깥 사람 구경하지 못한다네.
겹겹이 싸인 산이라도 봄바람 오는 길 막지 못해
들녘 나비 마을 벌들이야 저절로 찾을 줄 아노라.

6

동백나무 잎새 엉겨 푸른 숲을 이룬 사이
두꺼운 껍질 뚫고 나온 학 벼슬같이 붉은 꽃.
다만 봄바람에 온 둘레의 꽃이 피어
멋대로 피고 지며 작은 뜨락 가린다네.

7

바닷바람 억세어 멀리 모래를 날리니
창 앞에 한줄로 바자를 꽂았다오.
산山사람 허약한 몸 보양하려는 게 아니라
마땅히 울을 막아 모란꽃을 보호하기 위해서지.

8

작약 새싹 성내듯 불끈 솟아오르니
죽순보다 뾰족하고 주옥같이 붉구나.
산옹山翁은 몸소 새싹을 돌보고 지키며
손자 아이 둑 곁으로 못 다니게 단속하네.

9

다락 앞의 한그루 꽃나무 여기저기 잎이 트니

꽃봉오리 전혀 없이 가지 끝에서 피어나네.
지난해에 원정園丁이 잘못 베어버려
피어나기 기다리는 것 그게 바로 수구繡毬로다.

10

바다 석류石榴 화판은 크기가 술잔 같은데
그 종자가 처음에는 일본에서 왔다네.
3월이 되도록 말라 있다고 비웃지 말라
모든 꽃 이운 그때에야 피어오르지.

11

인간에겐 치자梔子가 참으로 특별하다는
두소릉杜少陵의 시구가 거짓말은 아니겠지.
느지막이 오는 가랑비에 긴 삽을 들고 가서
한그루에서 분재하여 여러그루 만든다네.

12

경전에서 말하는 부양膚癢이 백일홍인데
한 가지 꽃이 무성하면 한 가지는 시든다오.
자격 없는 원정 되어 꽃책을 짜고 보니
피운 꽃이 그다지 희귀한 꽃도 아니거늘.

13

사계화四季花 따로 끊어 겨우 화분 하나

어린 가지 가냘퍼서 뿌리 아직 못 내겠네.
바람에 부대끼며 눈보라와 싸우기 몇날인지 아는가
병든 나그네 서로 보며 가슴 아파 한다네.

14

접시꽃 잎새마다 미풍에 나부끼고
시간 지나 문득 보면 붉은 꽃 한길이네
이때부터 꽃송이가 해를 향할 줄 알아
뿌리 하나라도 버들 그늘 밑으로 뻗지를 않는구나.

15

꽃피기 시작해야만 국화는 예쁘지 않아
애초부터 잎과 줄기 너무나 예쁘다네.
다만 주인이 동쪽 울타리 연분[27] 작아서
몇그루가 쓸쓸하게 잡초 곁에 있다오.

16

자초紫草는 잗다랗게 하얀 꽃을 피워내고
담장 머리 천남성天南星은 처음으로 싹이 트네.
산에 살며 여러 약초 심지 않은 것은
산속에 일만그루 차나무 있어서라오.

---

27 동쪽 울타리 연분 국화를 가장 가까이할 수 있는 기회. 도잠(陶潛)의 시에 "동편 울타리
아래서 국화를 따다가 물끄러미 남산을 바라보네(採菊東籬下 悠然見南山)." 했다.

17

행랑 아래 포도덩굴 울퉁불퉁 그 등걸은
지난해 눈 얼음에 묵은 덩굴 말랐다네.
아침에 와서 보니 뜻밖에 새순 나와
가을 되면 포도송이 응당 걸리겠지.

18

초당 아래 세금 없는 새 밭을 일구어
층마다 돌을 쌓고 폭포물을 들게 하지.
금년에야 처음으로 미나리 심는 법 배워서
읍내에 가서 채소 사는 돈 들이지 않네.

19

산 위 정자에는 책이라고는 전혀 없고
오직 화경花經과 수경水經뿐일세.
유자나무 밭에 비온 뒤를 사뭇 좋아해
바위틈의 샘물 떠서 차병茶甁을 씻네.

20

하늘이 나를 보내 이 동산에 살게 하니
자고 마시며 봄을 보내느라 문마저 열지 않네.
산속 뜨락 한결같이 이끼 푸른데
때때로 지나가는 사슴 발자국뿐.

茶山花史 二十首

茶山窈窕橘園西, 千樹松中一道溪.
正到溪流初發處, 石間瀟洒有幽棲.

小池眞作草堂顏, 中起三峰石假山.
差次百花常繞砌, 水心交纈鵁鶄斑.

竹裏行廚仗一僧, 憐渠鬚髮日鬅鬙.
如今盡破頭陀律, 管取鱅魚手自蒸.

林園宿昔住佳期, 期在寒梅第一枝.
慚愧盟詞成鯛墨, 如今花落子離離.

井上緋桃三兩枝, 山深不許外人窺.
攢峰未礙春風路, 野蝶村蜂聖得知.

油茶接葉翠成林, 犀甲稜中鶴頂深.
只爲春風花滿眼, 任他開落小庭陰.

海天風力遠飛沙, 故插牕前一字笆.
不是山人養衰疾, 祇應遮護牧丹花.

紅藥新芽太怒生, 尖於竹筍赤如瓊.

山翁自守安萌戒, 不放兒孫傍塢行.

一樹當樓葉亂抽, 都無蓓蕾著枝頭.
前年枉被園丁斸, 待到花開是繡毬.

海榴花瓣大如杯, 種子初從日本來.
莫笑枯寒到三月, 群芳衰歇始應開.

卮子人間誠絕殊, 少陵詩句未應誣.
晚來微雨攜長鑱, 一樹分栽得數株.

膚癢於經是紫薇, 一枝榮暢一枝衰.
直緣承乏編園籍, 不是孤芳絕世稀.

月季移栽僅一盆, 稊枝纖弱未舒根.
含風鬥雪知何日, 瘦客相看欲斷魂.

戎葵葉葉拂輕風, 時至須看一丈紅.
自是芳心知向日, 孤根不入柳陰中.

非是花開始菊娟, 由來莖葉絕堪憐.
主人只少東籬分, 數本蕭條雜草邊.

茈萛些些放白花, 墻頭虎掌始舒芽.

山家種藥無多品, 爲有山中萬樹茶.

廡下葡萄骨格麤, 去年氷雪老藤枯.
朝來忽有龍鬚展, 秋至應懸馬乳酥.

舍下新開稅外田, 層層細石閣飛泉.
今年始學蒔芹法, 不費城中買菜錢.

都無書籍貯山亭, 唯是花經與水經.
頗愛橘林新雨後, 巖泉手取洗茶瓶.

天遣先生享此園, 春眠春醉不開門.
山庭一冪莓苔色, 唯有時時鹿過痕. (1808)

4. 호남의 극심한 가뭄을 김이재에게 알리다

순조 9년(1809) 기사년에는 사암의 나이도 이미 48세나 되고 귀양살
이도 9년째에 접어들었는데, 조정에서는 그렇게도 할 일이 없었는지
1월 10일·28일, 2월 18일·19일에도 고얀 무리들이 귀양살이하고 있는
사암 형제를 다시 신문하기를 요청했다. 그러나 이 뒤로는 어째서인지
사암 형제를 다시 신문하자는 상주가 뜸해졌다.

3월에 사암은 남고 윤지범에게 편지도 쓰고 시도 지어 보낸다. 이제
야 비로소 죽란시사 동인에게도 소식을 전할 만큼 마음에 여유가 생긴

듯하다.

사암은 다산초당으로 거처를 옮긴 이듬해인 가경嘉慶 기사년(1809)에
는 김이재에게 편지를 띄워 호남의 실정을 알렸다. 즉 남도 지방에 큰
가뭄이 들어 6월에는 유랑민이 생겨나는데, 감사와 수령은 흉년 대책
도 없이 더위만을 피하며 부역을 더 일으키고, 교활하고 사나운 이교吏
校들을 풀어 백성들이 저장한 곡식을 수색하여 뇌물을 바치게 하는 등
법과 기강이 없으며, 몹시 어리석은 백성들은 내년 봄에 진제賑濟가 있
으리라 바라나 비축된 곡식이 없어 진제는 가망이 전혀 없다고 하면서,
나주와 순창, 강진과 장흥의 창고에 있는 실제 곡식의 숫자를 제시하고,
그 곡식으로는 1개월도 진제할 수 없어 아무리 뛰어난 이가 감사가 되
더라도 백성을 살릴 수가 없으며, 따라서 호남 일도에 민란의 조짐이 보
이고, 여기에다 탐관오리의 불법과 횡포가 더욱 심해지고 있다는 실정
을 승지로 있는 공후公厚 김이재에게 「공후 김이재에게 보냅니다」라는
편지 2통을 보내 알려주었다. 또 가을에 보낸 세번째 편지에서는 자신
은 귀양살이를 더할지라도 석방을 비는 짓은 결단코 하지 않겠으며, 살
아서 고향으로 돌아가느냐 돌아가지 못하느냐는 다만 자신 한몸의 기
쁨과 슬픔일 뿐이나 지금 만백성이 다 죽게 되었으니, 이에 대한 대책이
더 시급하다고 호소하고 있었다.

이 김이재에게 보낸 편지 3통을 차분히 읽어보면 사암이 뒷날 『목민
심서』를 편찬 저술한 깊은 뜻을 조금이나마 엿볼 수 있을 것이다.

기사년 초가을인 7월에 경상도 김해에서 귀양살이를 하고 있는 성수
惺叟 이학규에게 「성수 이학규에게寄惺叟 三十韻」란 비교적 긴 시를 읊어
보냈다. 이 이학규와는 서울이나 광주廣州를 매개로 해서 수천리에 걸쳐
소식과 시가가 오갔다.

348

이 가경 기사년에 사암은 10편의 시를 짓고, 3통의 편지를 썼으며, 『시경강의詩經講義』 12권을 저술하는 등 다산초당에서 이제 본격적인 경전 주석 및 해석에 매진하기 시작했다. 10편의 시 가운데 「성수 이학규에게」와 「다산 사경茶山四景」은 『다산시정선』 하권에 번역시와 원문이 실려 있고, 「공후 김이재에게 보냅니다」 3통은 『다산서간정선』에 번역문과 원문이 실려 있다.

5. 이학규에게 편지 대신 시를 지어 보내다

사암이 이 순조 9년(1809)에 이학규에게 읊어 보낸 「성수 이학규에게」란 시에는 별도의 서문이 달려 있다. 사암은 거기서 이학규가 자신과 같이 신유옥사에 걸려 김해에서 귀양살이를 하며, 자신이 강진에서 읊은 「탐진 농부가」에 화답해서 「강창농가江滄農歌」를 지었고, 또 그가 읊어 보낸 "탁옹籜翁이 보낸 가사가 좋아 애창하며 / 복사꽃 필 시절에는 발을 걷지 않는다오."라는 시구는 자신에게 슬픔과 한탄을 자아내게 하여 이 장구章句를 써서 보낸다고 밝히고 있다.

이 성수 이학규는 신유옥사로 사암이 영남의 장기로 귀양 갈 때 호남의 능주綾州로 귀양을 갔다. 그후 겨울에 「황사영백서」 사건으로 다시 서울로 붙들려와 조사를 받고, 사암은 강진으로 성수는 김해로 귀양지가 옮겨져 호남·영남이 서로 바뀌었던 것이다.

이 성수 이학규는 김해에서 24년 동안 귀양살이를 했다. 같이 귀양살이를 하면서도 사암의 처지를 부러워하고 또 사암의 시정신에 공명하여 사암의 시를 본떠 지은 시가 많았다.

성수 이학규에게

내가 떠나자 장기長鬐 고을 텅 비고
그대 떠나니 능주綾州도 비었구려.
둘이 다 한자리에 고즈넉이 못 있으니
끝내 같이 만나지 못하는구려.
해와 달도 보름날 되면
제각기 아침에 뜨고 저녁에 뜨네.
바야흐로 제비가 옛집 찾아올 때면
기러기는 이미 떠나고 없네.
강진과 김해가
모두 남쪽에 있는 고을이나
서로 5백리나 떨어져
풍속만 같지 우렛소리도 다르다네.
시도 한양에서 오자면
이리 구불 저리 구불 우체통으로 전달이 되겠지만
그 오는 길 곰곰이 생각하면
긴 무지개가 천리를 뻗은 것 같고
양쪽 활끝이 서로 당겨지지 않는
어쩌면 시위 없는 활과도 같네.
또 어쩌면 나란히 핀 연잎이
연뿌리 끊겨도 속실은 꼭지까지 연결된 것 같네.
이렇게도 기구한 운명들

생각하자면 오장육부가 아프다네.

나 그리워하는 시구를 이리저리 둘러보면

글자마다 나타난 속마음 알겠네.

시대를 슬퍼함은 풍속을 읊은 노래로 느끼겠고

그냥 백성도 홀로 바치는 충성 품었다오.

8, 9년을 서로 떨어져 있으면서

힘을 다해 시나 갈고 연마해야지.

단명전端明殿 드나들면서

조금 있는 것도 산옹을 주었더니

안타깝게도 주팽만朱汧漫이처럼

기예만 배웠으나 써먹을 곳 없네.

내 시는 쓸모없는 피리와 같아

불어도 서툴고 정교해지지 않는다네.

7년 동안 읍내에서 살 때는

새장에 갇힌 새처럼 근심으로 지내다가

요즘 와서 다산으로 옮기자

조금은 소원을 잘 채웠다네.

쓸쓸하고 적막한 띠집 조그맣지만

소나무 숲속에 있고

작은 바위에서 맑은 샘 뚫어내고

빽빽한 덩굴 헤쳐

꽃 가꾸고 채소 심기를

아침저녁으로 조그만 아이들을 재촉한다네.

동떨어진 곳이라서 연구하기 좋고

눈구멍 막고 아울러 귓구멍도 막아
흐릿한 『주역』에 맛들여
밝게 통해보려고 힘을 쌓는다오.
먹구름에 가려짐이 점차 없어지고
넓게 트인 하늘이 드러나네.
뭇 별들 늘어서서 솟아나는 듯
고요한 하늘이 영롱하구나.
저승에 간 성현들을 다시 오게 못할진대
어느 곳에다 목구멍을 열 것인가요.
제아무리 좋은 음악 한꺼번에 울릴지라도
좌중의 손들이 귀막은 귀머거리 같다오.
살아서 이별이라 다시금 처절하니
이 이별 어느 때나 끝날는지
고요한 섬돌에 물풀이 춤추고
홀로 앉아 가을 벌레 소리 듣는다오.

寄悍叟 三十韻

我來髻縣空, 君去綾城空.
兩動無一靜, 終古不會同.
雙曜值三五, 朝暮各西東.
方其鶩來時, 已無先花鴻.
耽津與金官, 遂亦在南中.
相去五百里, 異雷猶同風.

352

詩來自漢城, 曲折傳郵筒.

靜思其來路, 千里垂長虹.

兩彌不相挽, 頗似無弦弓.

又如幷頭蓮, 藕絲由蔕通.

崎嶇乃如此, 撫念肝腎恫.

流觀憶我句, 字字出情衷.

傷時感謠俗, 布韋懷孤忠.

相離八九年, 聲律窮磨礱.

出入端明室, 尺寸遺山翁.

可嗟朱泙漫, 學技終無功.

吾詩如寒竽, 澁然吹未工.

七年居城邑, 悒悒鎖樊籠.

邇來徙茶山, 所願粗能充.

蕭然小茅屋, 乃在松樹叢.

細石疏淸泉, 密藤披群蒙.

栽花與蒔菜, 晨夕課小僮.

研幾賴僻遠, 塞兌兼閉聰.

微茫象象旨, 積力見昭融.

雲霾稍除翳, 谽然呈蒼穹.

衆星森似沸, 玉宇靜玲瓏.

九京不可作, 何處開喉嚨.

韶頀雖交陳, 座客瞆如聾.

生離復悽切, 此別何時終.

空階舞藻荇, 獨坐聞秋蟲. (1809)

6. 사암이 조성한 다산 네 유적

이 「다산 사경」도 『다산시정선』 하권에 실려 있는데, 원래 이 시는 『여유당전서』 시문집에는 실려 있지 않았고, 「다산사경첩茶山四景帖」에 있던 것을 번역하여 원문과 함께 수록했던 것이다. 이 시를 읽으면 다산 초당에 있는 이 네가지 경물의 내력을 알 수 있다.

다산 사경

1. 석가산石假山

모래톱의 기이한 돌 모아 산봉우리 만들며
본디의 지닌 모습대로 실어다 꾸몄다네.
험준한 산 묘하고 안정되어 세 탑 모양
험준한 바위 틈에 소나무 하나 심었네.
빙 두른 기이한 모습 봉황새가 쭈그린 듯
뾰족한 곳 얼룩무늬는 죽순 등걸 솟았네.
거기에다 샘물 끌어 연못으로 둘렀으니
고요히 물 밑 바라보니 푸르름이 어룽어룽.

2. 정석丁石

대나무 집 서쪽 머리에 바위로 된 층계
연꽃성 꽃주인은 정씨丁氏에게 돌아왔네.
학 날자 그림자 떨어져 이끼 무늬 푸르고

기러기 발자국 깊어 글자 자취 푸르르다.
미불米芾은 절할 때도 거만한 모습 드러내고
도잠陶潛은 술 취해서도 꾸민 행위 벗어났네.
부열傅說의 바위와 우禹임금의 굴 온전히 잡초에 묻혔거늘
어찌해서 구구하게 또 글자를 새기랴.

3. 약샘藥泉

옹달샘엔 진흙 없어 모래만 떠냈을 뿐
바가지 하나에 물을 떠서 비친 노을 마신다.
처음에는 돌 속에서 물구멍을 찾아내
끝내는 산속 약 달이는 사람 되었네.
어린 버들 길을 가리고 잎새도 비껴 떠 있고
작은 복숭아 이마 맞대고 거꾸로 꽃이 폈네.
가래 삭이고 고질병 나아 몸에도 맞겠으며
나머지 일이야 푸른 샘물로 차 달이기 알맞겠네.

4. 차 부뚜막茶竈

푸른 돌 평평 갈아 붉은 글자 새겼으니
초당 앞에 차 달이는 작은 부뚜막.
아가미 모양 찻주전자 반쯤 벌려 불에 깊이 휩싸이고
짐승 귀처럼 뚫린 두 구멍 가느다란 김이 난다.
솔방울 주워 새로 숯불 갈아 피우니
매화꽃처럼 보글보글 뒤늦게 샘물을 붓네.
정기를 빼앗음이야 끝내는 농담이니

단약의 화로 만들어 신선 되기를 배우네.

石假山[1]

沙灣怪石聚爲峰, 眞面還輸飾假容.
巉崿巧安三級塔, 谽谺因揷一枝松.
蟠廻譎態蹲芝鳳, 尖處斑文聳籜龍.
復引山泉環作沼, 靜看水底翠重重.

丁石[2]

竹閣西頭石作層, 蓉城花主已歸丁.
鶴飛影落苔紋綠, 鴻爪痕深字跡靑.
米老拜時徵傲物, 陶潛醉處憶忘形.
傅巖禹穴都蕪沒, 何用區區又勒銘.

藥泉[3]

玉井無泥只刮沙, 一瓢斟取夾餐霞.
初尋石裏承漿穴, 遂作山中煉藥家.
弱柳蔭蹊斜汎葉, 小桃當頂倒開花.
消痰破癖身堪錄, 餘事兼宜碧磵茶.

茶竈[4]

靑石磨平赤字鐫, 烹茶小竈草堂前.
魚喉半翕深包火, 獸耳雙穿細出煙.
松子拾來新替炭, 梅花拂去晚調泉.

侵精瘠氣終須弄, 且作丹爐學做仙. (1809년경)

【원주】

1) 석가산(石假山): 내가 처음으로 강진읍에서 다산으로 온 이듬해(1809) 문거 윤규로와 함께 지정(池亭)으로부터 신부둑(新婦埭)에 이르렀다가 돌이켜 농어서덜(鱸魚磯)에 이르렀다. 뒤따르는 자가 6, 7명이었고, 밀물이 개먹은 곳에 변화가 무궁하고 익살스럽고 기이한 돌이 많았다. 위태로웠으나 사람들이 몇십덩이를 주워 배에 싣고 돌아와 석가산을 만들었다.(余始至茶山之明年 與文擧步自池亭至新婦埭 轉至鱸魚磯 從者六七人 潮水之所齧多 詼譎奇詭下石 人拾數十枚 船載而歸 遂作石假山)

2) 정석(丁石): 다산동암(茶山東菴) 서쪽 병풍바위에 오래되어 옛빛이 그윽한데 '丁石' 두 글자가 새겨져 있다. 그것이 누구 이름인지 저절로 인멸되어 알지 못하겠다. 비록 큰소리로 울려퍼진 이름이 아니어서 이름은 이미 없어졌는데, 이름만 홀로 빼어날 수 있겠는가. 사람의 이름이건 자연의 이름이건 관계가 없겠다.(茶山之西 石屛蒼然 刻丁石二字 其不名何名之天湮 雖不名猶轟名之旣湮 雖名能獨秀乎 名與天名無與也)

3) 약샘(藥泉): 지정(池亭) 서북쪽 모퉁이에 있다. 처음엔 지대가 낮고 질퍽하여 씻어내고 나서 내가 이를 파내자 맑은 샘이 바위 가운데서 솟아나왔다.(藥泉在池亭西北隅 始唯沮洳 余鑿之淸泉自石中迸出)

4) 다조(茶竈): 다조는 지정(池亭) 앞에 있다.(茶竈在池亭之前)

7. 홍명주와 이기경의 공로

순조 10년(1810) 경오년에는 사암도 이제 49세가 되었다. 다산초당에 다산학의 둥지를 튼 지도 3년째에 접어들었고, 1808년 여름에 아버지에게 근친 와서 아버지를 스승 삼아 공부하는 한편 아버지의 저술을 돕던 둘째 아들 학유가 2월 초에 절을 올리고 소내로 돌아갔다. 이때 큰아들 학연과 둘째 학유에게 교훈으로 삼도록 가계家誡를 써서 노자路資로 주었다.

2월 말경에는 『시경강의보詩經講義補』 3권의 저술을 완성했다.

4월 초순에는 개보皆甫 윤서유尹書有(1764~1821) 집에 갔다. 이 윤서유는 3년 뒤에 딸의 시아버지가 된다.

5월에는 「송풍루松風樓雜詩」 등 4편의 시를 지어 다산으로 거처를 옮긴 뒤로 시흥詩興이 한껏 일어난 모습을 드러낸다.

6월 초에는 전간기사田間紀事로 묶은 시 6편과 삼리시三吏詩 3편 등 사암시의 명작을 완성했다.

7월 초·중순경에 「두 아들에게 주는 가계示二兒家誡」와 「하피첩霞帔帖」을 썼다.

8월 12일 「윤종하 제문祭尹公潤文」을 지었다. 이 윤종하는 자가 공윤公潤으로 사암을 다산서옥에 살 수 있도록 주선해준, 외가 쪽 해남 윤씨海南尹氏의 한 인척인 듯하다. 다산초당에서 『주역』 괘사卦辭를 사암이 강론하고 이 공윤이 읽었다.

9월 21일에 큰아들 학연이 징을 쳐서 아버지의 억울함을 호소하자 형조판서 김계락金啓洛(1753~1815)이 학연의 원정原情을 왕에게 올려바쳐 향리로 방축放逐하라는 명령이 내려졌다. 9월 28일 교리 홍명주洪命周(1770~?)가 정약용의 향리 방축을 정지해달라고 요청했으나 받아들여지지 않았다. 이때 이기경이 사헌부에서 계를 올려 이를 막아버려 결국 귀양이 풀리지 않았다.

이 전기를 쓰는 필자는 사암 선생의 6대 종후손인데, 선생께는 대단히 죄송하나 선생이 김이재에게 보낸 편지에서 "이 몸이 살아서 고향으로 돌아가느냐 못 돌아가느냐는 내 한몸의 기쁨과 슬픔이지만"이라고 했듯이, 이때 귀양이 풀리지 않았기에 선생은 가루家累에 얽매이지 않고 8년 동안이나 더 다산초당에 있으면서 저 방대한 저술을 남길 수 있었다. 그렇기에 다행스럽게도 오늘날의 우리가 사암이 남긴 큰 업적을 디딤돌 삼아 문명의 세계로 뻗어나갈 수 있는 발판이 마련된 것이다. 만일 사암이 이때 귀양이 풀려 소내로 돌아왔다면 저 다산학 명저가 이루어졌으리라 장담할 수 없다고 여겨지기에 역설적이게도 이 홍명주나 이기경이 다산학에 기여한 공로가 다소나마 있다고 오늘날의 필자는 외람되나마 말하고 싶다.

사암이 이 순조 10년(1810)에 읊은 시는 모두 16편이고, 산문을 쓴 것이 4편이며 부賦도 1편을 지었다. 또 겨울 10월에 『소학주관小學珠串』 3권의 저술이 완성되었다.

16편의 시 가운데 「삵괭이貍奴行」 「산골 늙은이山翁」 「송풍루」와 전간기사 시 「다북쑥 캐네采蒿~」[28] 「모를 뽑아내다拔苗~」[29] 「메밀 심으라네蕎麥~」[30] 「보리죽熬麩~」[31] 「승냥이와 이리豺狼~」[32] 「오누이有兒~」[33] 등 6편

---

28 [원제] 채호(采蒿)는 흉년을 걱정한 시다. 가을이 되기도 전에 기근이 들자 들에 푸른 싹이라곤 없었으므로 아낙들이 쑥을 캐어 죽을 쑤어 그것으로 끼니를 때웠다.(采蒿 閔荒也. 未秋而饑 野無靑草 婦人采蒿爲饘 以當食焉)

29 [원제] 발묘(拔苗)는 흉년을 걱정한 시다. 모가 말라 옮겨 심지 못해 농부가 그것을 뽑아내 버리는데 뽑는 이는 반드시 통곡하여 그 소리가 온 들에 가득했다. 어느 아낙은 하늘에 닿을 듯한 원통한 목소리로 자식을 하나 죽여서라도 비 한번 쏟아지게 했으면 좋겠다고 했다.(拔苗 閔荒也. 苗槁不移 農夫拔而去之 拔者必哭 聲滿原野 有婦人冤號極天 願殺一子 以祈一需焉)

30 [원제] 교맥(蕎麥)은 현령(縣令)을 풍자한 시다. 조정에서 메밀종자를 나누어 주도록 신칙했는데도 그 영은 받들지 않고서 엄한 형벌로 백성들로 하여금 빨리 심으라고 독촉만 하는 것이다.(蕎麥 刺縣令也 朝廷飭授蕎麥之種 令不奉行 徒以嚴刑 督民催種焉)

31 [원제] 오거(熬麩)는 흉년을 걱정한 시다. 추수할 가망이 없어 부잣집들도 모두 보리죽을 먹지만 신세가 외로운 자들은 보리죽도 어려운 실정이었다. 내가 다산에 있을 때 앞마을에서 모두 보리죽을 먹고 있었는데, 나도 가져다 먹어보았더니 겨와 모래가 절반이나 되어 먹고 나면 속이 쓰려 편안할 수가 없었다.(熬麩 閔荒也 無所望秋 富人之家 皆食麥粥 其煢

과 「용산의 아전龍山吏」 「파지의 아전波池吏」 「해남의 아전海南吏」 등 13편
의 시는 『다산시정선』 하권에 번역시와 원문이 실려 있고, 「소학주관서
小學珠串序」와 「파리를 조문한다弔蠅文」는 『다산문학선집』에 번역문과
원문이 실려 있다.

8. 2천권의 서재 송풍루

『다산시정선』 하권에 실린 13편의 시 가운데 「송풍루」는 사암이 다산
초당에서 지낸 3년 동안 자연 속에 파묻혀 자연을 벗 삼아 제자들과 더
불어 조용히 살면서 공부하며 가르치고 저술을 하며 즐겁게 살아가는
모습을 그려냈다. 이 당시가 사암이 귀양살이하는 중 가장 유쾌했던 시
절이 아닐까 싶다. 이 '송풍루'는 다산동암茶山東菴의 다른 이름이다.

獨者 麥粥亦艱焉 余在茶山 前村皆麩取而食之 糠秕沙礫相半 旣食而酸 不可安矣)

32 [원제] 시랑(豺狼)은 백성들의 이산을 슬퍼한 시다. 남쪽에 두 마을이 있는데 하나는 용촌
(龍村)이고 또 하나는 봉촌(鳳村)이다. 용촌에는 갑이 살고 봉촌에는 을이 살았는데 우연
히 서로 장난하며 때렸다가 을이 병들어 죽었다. 두 마을 백성들은 관가의 검시(檢屍)가
두려워서 갑으로 하여금 자진하도록 권했더니 갑은 흔연히 스스로 목숨을 끊어 마을을
무사하게 만들었다. 그로부터 몇달이 지난 후에 관리들이 그 사실을 알고는 두 마을의 죄
상을 캐면서 돈 3만냥을 뜯어냈으므로 베 한오라기 곡식 한톨 남은 것이 없어 그 지독함
이 흉년보다 더했다. 관리들이 돌아가는 날 두 마을 사람들도 다 떠나고 오직 부인 하나가
남아 현령에게 그 사정을 호소했더니, 현령이 "네가 나가서 찾아보라." 했다는 것이다.(豺
狼 哀民散也 南有二村 曰龍曰鳳 龍有某甲 鳳有某乙 偶戲相毆 乙者病斃 二村之民 畏於官檢 令
甲自裁 甲欣然自死 以安村里 旣數月吏知之 聲罪二村 徵錢至三萬 寸布粒粟 靡有遺者 其毒急
於凶年 吏歸之日 二村則流 有一婦訴于縣令 令曰爾出而索之)

33 [원제] 유아(有兒)는 흉년을 걱정한 시다. 지아비는 아내를 버리고, 어미는 자식을 버렸
다. 7세 여아가 자기 동생을 데리고 길거리를 방황하면서 엄마를 잃어버렸다고 엉엉 울고
있었다.(有兒 閔荒也 夫棄其妻 母棄其子 有七歲女子 攜其弟彷徨街路 哭其失母焉)

사암은 귀양 살러 가는 곳마다 언제나 그 주어진 환경에 재빨리 잘 적응해 이를 활용하는 천품을 타고난 듯하며, 다산을 탕목읍이라 여기고 "고향으로 돌아가도 기쁘지만 머물러도 또한 즐거워 / 내가 살고 다니는 곳 이 하늘 이 땅인걸."이라고 했다. 이때 사암은 이 송풍루에 벌써 2천권의 서적을 쌓아놓고 그의 저술에 참고했다.

16수나 되는 이 「송풍루」 시도 『다산시정선』 하권에서 번역시와 원문을 그대로 옮겨 싣는다.

송풍루

1

산속에 사노라니 만사가 한적하기만 해
새로 얽은 띠집이 두칸뿐이네.
방은 겨우 병든 몸 누울 만큼 되고
들창은 푸른 산을 대하도록 뚫었다오.
네 계절 솔바람 소리 피리와 거문고 소리인 듯
푸르른 바위들이 병풍이요 장막이지.
2천권 서적이 쌓여 있기에
문에 들면 언제나 기쁜 얼굴 마주본다오.

2

산속에 사노라니 매사에 청빈해져
외물에 얽매임 끊어 이 몸 하나뿐이라네.
타향은 내 땅이 아니라는 말 믿기지 않고

평지를 거닐면서 신선처럼 군다네.
약절구는 자주 찧어 이끼 끼는 번거로움 없는데
차 달이는 일 드물어 화로에 먼지 끼었지.
법희法喜[34]를 아내 삼으면 참으로 즐거울 수 있다는데
부처님 말씀 다 허망하나 이 말은 진실일러라.

3

산속에 사노라니 세상 물정에 어둡고 민첩하지 못해도
이내 한몸 건강 살피기엔 여유 있다네.
시냇가에 까치 울어야 일어나 자리 거두고
들까마귀 돌아간 뒤라야 책을 걷어치우네.
굽은 둑 새로 늘려 대나무 옮길 계획이고
혼자서 제전梯田 일궈 채소 심기 힘쓰네.
이 언덕에 주인 따로 있다고 말을 말라
비바람 덮어 가리면 그것이 내 집이라오.

4

산속에 사노라니 뜻이 굳고 마음이 곧아져
귀양살이하느라 처사라는 이름 도리어 온전하지.
노루가 버젓이 길에 누워 노는 것 보고
장끼도 섬돌에 올라 우는 대로 버려두네.
망건은 1년이면 세번쯤 쓸까 말까

---

34 법희(法喜) 불법을 듣고 희열을 느끼는 것. 『유마경(維摩經)』에 "법희(法喜)를 아내로 삼고, 자비(慈悲)를 딸로 삼는다."고 했다.

짚신은 3년 가야 한번 갈아서 신는다오.
금마문金馬門이나 석거각石渠閣과도 참으로 바꾸지 않겠고
평생토록 노고만 하는 게 어찌 경상卿相이리오.

5

산속에 사노라니 모든 일에 정미해져
복희씨伏羲氏께 『주역』 건괘乾卦 발휘發揮[35]의 뜻 묻고 싶네.
생사의 요체 알아냄은 다른 길이 없으니
영예와 욕됨이 본래 같은 기틀임을 아는 것일세.
창밖의 구름과 달 밭에서 한가로우니
온 주변의 풍파에도 시비는 작아지네.
사물의 타고난 본성은 즐기는 바가 다르니
물고기는 못에서 뛰고 솔개는 하늘을 나는 대로라네.

6

산속에 사노라니 거니는 때가 많아
발길이 골짜기와 연못에 다다르면 풍류와 운치 왕성하다.
유자 껍질 때로 달여 병든 허파 씻어내고
새로 빚은 솔잎술로 마른 창자 축여주지.
영무자寧武子의 어리석음[36] 미치기 어려움 자세히 알겠고

---

35 발휘(發揮) 깊이 숨어 있는 것을 파헤쳐 겉으로 나타냄.
36 영무자(寧武子)의 어리석음 나라에 도가 없으면 일부러 어리석은 체하는 것. 『논어』 공야장(公冶長)에 "영무자(寧武子)는 나라에 도가 있으면 슬기로워지고, 나라에 도가 없으면 어리석어지는데 그의 슬기는 따를 수 있어도 그의 어리석음은 따를 수가 없다."했다. 4부 1장의 '영무자의 우지'를 참조할 만하다.

양주楊朱의 길[37]도 괜찮음을 점차로 알겠더군.
소년 시절 익혔던 습성 거두어 모아
여생일랑 참된 빛을 깊이깊이 간직하리.

7

산속에 사노라니 모든 것에 여유로워
병들고 고생스러워도 태연히 시내 언덕 지킨다오.
소옹邵雍 주역 해설 뜯어보며 혼자서 빙긋 웃고
도잠陶潛의 시 낭송하니 노랫소리 높아지네.
밤 깊으면 뜰에 비친 달빛 속에 천천히 발 옮기고
바람 일면 큰바다에 이는 물결 멀리 바라보네.
3백권 저서는 부끄럽기 그지없는데
많아야만 군자일까 많지 않아도 군자일걸.

8

산속에 사노라니 모든 일에 초연해져
절간의 규칙을 낱낱이 본뜬다오.
솥이 차가워지자 사내가 불 지피고
추운 날 낫자루 들고 옛사람은 나무했네.
새는 주머니를 고량진미 채우는 데 쓰지 못하고
곡식 부대 쓸 만해도 찌꺼기만 차 있네.

---

37 양주(楊朱)의 길 자기 혼자만을 위하는 길. 『맹자』 진심 상(盡心上)에 "양자(楊子)는 나를 위하는 입장만을 택하여 털 하나를 뽑아 천하를 이롭게 한다고 하더라도 하지 않을 자이다." 했다.

굶어 죽은 시체가 금년에도 많은 구렁 메웠는데
어떤 말로 조정에 보고하는지 모르겠구나.

9

산속에 사노라니 모든 것이 제자리에 놓여 있어
한번 듣고 아는 하늘 뒤엎지는 못하네.
가파른 골짝 따라 돌을 쌓아 누대 만들고
낭떠러지에 홈통 이어 물을 끌어온다오.
소나무 사이 지름길로 손님들도 오가고
대밭 속의 서재엔 꽃이 피고 진다네.
자연이 시키는 대로 살면 모든 일이 괜찮으니
세상에 무슨 일이 마음에 침범할 수 있으리오.

10

산속에 사노라니 모든 것이 편안하고 한가로워
자나 깨나 노래와 말할 자유는 얻었다네.
벌써 10년 동안 그랬으나 참으로 쉽지 않고
비록 천날을 잠잔들 누가 날 탓하리오.
고요 속에 사물 살피면 그림 아닌 것 없고
높은 곳에 집 지으면 이 또한 누대라네.
세계라야 작기가 야자 열매 같은데
누가 나를 이끌어다가 이 사이에 내던졌을까?

11

산속에 사노라니 모든 것이 기쁘고 즐거워
경술이고 문장이고 아울러 거짓을 바로잡네.
사마장경司馬長卿이 참으로 쥐 무리라는 건 이미 알았으나
전해 듣기에는 왕필王弼이도 돼지 같은 놈이 되었다네.
실상 없이 겉치레만 꾸미면 호기롭고 용감한 사람 아니고
두건 찢으며 문벌 다투는 자 모두 썩은 선비라오.
가장 좋은 말은 유창劉蒼이 한 말이니
남은 인생 이밖에 무엇을 다시 바라리오.

12

산속에 사노라니 모든 것이 호방하고 웅대하여
굽이진 못과 모난 누대 동쪽 서쪽에 만들었네.
심어진 대나무 만그루로 바다 장기瘴氣 막아내고
남아 있는 소나무 천그루로 자연의 바람 소리 듣는다네.
정신은 요순·하·은·주 시대에 노닐고
도道는 『주역』 속에 있다오.
귀족집의 꼬마 놈들 조잘대지 말지어다
덩그렇게 누운 영감 아득한 잠에 빠졌노라.

13

산속에 사노라니 모든 것에 너그러워져
별세상의 자연이 그림같이 열렸네.
밝은 달은 스스로 이지러졌다 다시 차며

흰구름은 때때로 갔다가는 또 온다오.
차가운 시냇물 소리 대숲 속에 들리고
뜰 앞 매화 한그루엔 봄기운 남아 있다.
이 속의 지극한 즐거움 말할 곳이 없어
맑은 밤이면 여러번 일어나서 바장인다오.

14

산속에 사노라니 모든 일에 흡족하여
편안하고 한가롭고 마음도 맑아진다.
추위 더위 비바람엔 나들이를 전혀 않고
새와 물고기 동물 식물과 함께 산다오.
한몸의 이로움과 해로움도 곰곰이 헤아려보고
천고의 역사도 정밀하게 살펴봤다오.
근래에 세상을 관장하는 이들에게 시험삼아 묻건대
지금의 나와 누가 더 영화를 누린다고 하리오.

15

산속에 사노라니 일마다 의기소침해져
한해 저무는 산등성이 북쪽엔 눈이 깊이 쌓였네.
문장이야 예쁘게도 화씨和氏의 보옥 같고
경륜은 벌써 고소古昭의 거문고로다.
삼정승의 뜻쯤이야 전혀 흠모하지 않고
요임금과 순임금만을 오히려 따른다오.
숨어 살 생각 더욱 굳어 울적한 마음 없고

당대에 알아주는 사람 적은 것 근심하지 않는다네.

16

산속에 사노라니 일마다 안온하지만
특히 솔바람 바스락거리는 소리 따뜻함 있지.
골짜기 하나 독차지하여 애오라지 속세에서 떠났고
동암·서암 서로 대해 저절로 마을 이뤘네.
약초 씻는 아이 따라 맑은 시내 다다르고
꽃 심는 종 살피러 다른 정원에도 이른다오.
고향으로 돌아가도 기쁘지만 머물러도 또한 즐거워
내가 살고 다니는 곳 이 하늘 이 땅인걸.

松風樓雜詩

山居無事不蕭閒, 新縛茅菴只二間.
製室僅堪容病骨, 鑿窓聊可對靑山.
四時笙瑟松風響, 一面屛帷石翠班.
爲有縹緗二千卷, 入門相見每歡顔.

山居無事不淸貧, 物累消除只一身.
未信他鄕非我土, 好從平地作仙人.
頻春藥臼煩無蘚, 稀煮茶鑪靜有塵.
法喜爲妻洵可樂, 佛言皆妄此言眞.

山居無事不迂疏, 康濟微軀也有餘.
澗鵲噪時初斂篲, 野鴉歸後始收書.
新添曲塢謀移竹, 自作梯田務種蔬.
休道斯丘別有主, 庇吾風雨是吾廬.

山居無事不堅貞, 流落猶全處士名.
見說游麞當路臥, 任他雛雉上階鳴.
網巾一歲纔三著, 菲屨三年始一更.
金馬石渠眞不換, 盡生勞苦豈其卿.

山居無事不精微, 欲向庖羲問發揮.
要識死生無異路, 方知榮辱本同機.
一窓雲月閒田地, 帀域風波小是非.
物性由來殊所樂, 任敎淵躍又天飛.

山居無事不徜徉, 步壑臨池逸興長.
時煮橘皮疏病肺, 新醅松葉潤枯腸.
深知寧武愚難及, 漸識楊朱道不妨.
收取少年閒習氣, 且將餘日葆眞光.

山居無事不婆娑, 藎軸夷然守澗阿.
邵易細評成獨笑, 陶詩朗讀當高歌.
夜深徐步中庭月, 風起遙觀大海波.
慚愧著書三百卷, 多乎君子不應多.

山居無事不高超, 僧院規模細細描.
土銼冷煙男子爨, 木鉤寒日古人樵.
漏囊不用膏粱塞, 糟袋須令滓穢消.
餓莩今年填萬壑, 不知何語報清朝.

山居無事不安排, 一聽之天勿打乖.
疊石爲臺因斷壑, 連筒引水自懸崖.
客來客去松間徑, 花落花開竹裡齋.
任使自然都自好, 世間何物可嬰懷.

山居無事不優游, 寐寤歌言得自由.
已十年間誠未易, 雖千日睡孰吾尤.
靜中觀物無非畫, 高處爲廬是亦樓.
世界只如椰子小, 問誰牽我此間投.

山居無事不歡娛, 經術文章併是迂.
已識馬卿眞鼠輩, 傳聞王弼作豬奴.
雕花鏤葉非豪士, 裂幅爭門儘腐儒.
只有劉蒼言最好, 殘生此外更何須.

山居無事不豪雄, 曲沼方臺西復東.
種竹萬竿遮海瘴, 留松千樹聽天風.
神游虞夏殷周上, 道在乾坤否泰中.

紈袴小兒休哆口, 老夫高枕睡濛濛.

山居無事不寬恢, 別界林泉似畵開.
明月自虧還自滿, 白雲時去又時來.
寒聲澗到千苞竹, 春意庭存一樹梅.
至樂在中無處說, 屢回淸夜起徘徊.

山居無事不怡情, 自在安閒自在淸.
寒暑雨風都不出, 飛潛動植與俱生.
一身利害商量熟, 千古升沈閱驗精.
試問向來持世者, 我今和汝孰尊榮.

山居無事不消沈, 歲暮陰岡雪正深.
文字可憐和氏璞, 經綸已作古昭琴.
都無羨慕三公志, 猶有追攀二帝心.
遯世益堅無悶操, 不愁當代少知音.

山居無事不溫存, 唯有松風籟籟喧.
一壑獨專聊絶俗, 兩菴相對自成村.
隨兒洗藥臨淸磵, 看僕栽花到別園.
歸固欣然留亦樂, 我生行處此乾坤. (1810)

9. 『시경』시의 정신을 살린 사암의 명시

사암은 순조 10년(1810) 전간기사에 묶인 「다북쑥 캐네」 「모를 뽑아내다」 「메밀 심으라네」 「보리죽」 「승냥이와 이리」 「오누이」 등 6편의 시를 완성했다. 그는 「다북쑥 캐네」에 원주를 달아 시를 모은 취지를 다음과 같이 밝혔다.

"기사년(1809)은 내가 다산초당에 있을 때인데 이해에 남도 일대가 크게 가물어 붉은 땅이 1천리나 되고 들에는 풀 한포기 없었다. 6월 초가 되자 유랑민들이 길을 메우기 시작했는데, 마음이 아프고 눈을 뜨고 보기에 처참하여 살고 싶은 마음이 없었다. 죄를 지어 귀양살이 온 몸이라 오매초烏昧草를 바치거나 「유민도」를 그려 바칠 길이 없어 때때로 본 사실들을 시가詩歌로 엮어보았다.

대체로 처량한 쓰르라미나 귀뚜라미가 풀밭에서 함께 슬피 울듯이 그들과 함께 울면서 올바른 이성과 감정으로 천지의 화기和氣를 잃지 않기 위해서였던 것이다. 오래도록 써서 모은 것이 몇편이 되어 '전간기사'라 했다."

사암은 이때 귀양살이 신세라 이 흉년 든 농촌 실정을 궁궐의 임금이나 조정에 알릴 길이 없었으나 공후 김이재에게 편지를 3통이나 써서 보내 유랑하는 백성을 살릴 대책을 세워달라고 애타게 호소했다. 그리고 이렇게 시를 지어 백성들을 위하는 마음을 남겼다.

여기서는 전간기사 6편 가운데 「다북쑥 캐네」와 「메밀 심으라네」 두 편을 골라 『다산시정선』 하권에서 번역시와 원문을 그대로 옮겨 싣는다. 「다북쑥 캐네」는 흉년이 안타까워 쓴 시이고, 「메밀 심으라네」는 현령縣令을 풍자한 시다.

다북쑥 캐네

1

다북쑥 캐네 다북쑥 캐네
다북쑥이 아니라 새발쑥이네.
양처럼 떼지어 다니며
저 산언덕 뒤밟아 따르네.
푸른 치마에 등은 구부정하고
붉은 머리털은 기울어졌다네.
무엇하려고 다북쑥 캐나요
눈물이 줄줄 쏟아진다네.
독에도 남은 곡식이 없고
들에도 풀싹이 없다오.
다북쑥만 자라나서
둥글게 무더기를 지었네.
말리고 말려서는
데치고 소금 쳐서
허기 채우려는 죽이지
달리 무엇이 있겠나.

2

다북쑥 캐네 다북쑥 캐네

다북쑥이 아니라 제비쑥이네.
명아주도 비름도 거의 시들어버리고
쇠귀나물은 떡잎도 안 생겨
꼴도 땔나무도 거의 타고
샘물까지도 거의 말라서
논에는 우렁이도 없고
바다에는 조개 종류도 없다네.
높은 분들 살펴보지도 않고
흉년이다 흉년이다 떠들어댄다.
가을에 이미 죽을 텐데
봄이 되어야만 구제한다네.
남편도 이미 유랑했으니
굶어 죽으면 누가 파묻을까.
오오, 하늘이여!
어찌 그리도 근심하지 않으시나요.

3

다북쑥 캐네 다북쑥 캐네
더러는 산쑥도 얻고
더러는 다북쑥 같은 쑥도 얻고
더러는 다북쑥을 얻기도 한다네.
문드러진 쑥이랑 검은 쑥이랑
미나리 싹이랑
어찌 가리겠는가.

어찌 풍성해지겠는가.

그것을 뽑아 쥐고 따내서

광주리와 바구니에 담아

돌아와 죽을 쑤어

아귀아귀 먹어대네.

형제간에 서로들 가로채니

온 집안이 떠들썩하네.

서로 원망하고 서로 욕하는 몰골

탐욕스런 올빼미 같다네. (3장, 장마다 16구)

采蒿~

采蒿采蒿, 匪蒿伊莪.

群行如羊, 遵彼山坡.

青裙偶僂, 紅髮俄兮.

采蒿何爲, 涕滂沱兮.

瓶無殘粟, 野無萌芽.

唯蒿生之, 爲毬爲科.

乾之蔫之, 瀹之醝之.

我饁我饟, 庶無他兮.

采蒿采蒿, 匪蒿伊菣.

藜莧其萎, 慈姑不孕.

芻楥其焦, 水泉其盡.

田無田靑, 海無廧蜃.

君子不察, 曰饑曰饉.

秋之旣殞, 春將賑兮.

夫堳旣流, 誰其殲兮.

嗚呼蒼天, 曷其不愁.

采蒿采蒿, 或得其蕭.

或得其蔞, 或得其蒿.

方漬由胡, 馬新之苗.

曾是不擇, 曾是不饒.

搴之捋之, 于筥于筲.

歸焉鬻之, 爲饔爲飧.

兄弟相攫, 滿室其囂.

胥怨胥詈, 如鴟如梟.

采蒿三章 章十六句 (1810)

메밀 심으라네

널리 펼쳐진 논에
바람이 불자 먼지 날린다.
사또께선 어린 모 뽑아버리라 호령하고
메밀씨 뿌리라 명령하네.
메밀씨 집안에는 비축하지 못하고
또한 시장에서 살 수도 없다오.

보배는 얻을 수 있어도
메밀씨 만날 수 없다오.
사또가 내린 통첩엔
메밀씨는 너희들 걱정을 말라.
내가 감영으로부터
장차 너희들 위해 구해 주겠다네.
우리들 그 말만 믿고서
벌써 논을 갈고 골랐는데
우리에겐 메밀씨 주지 않고서
우리들 탓하면서 꾸짖는다오.
너희들 메밀씨 뿌리지 않으면
나는 벌을 내리겠다고.
흰 몽둥이 붉은 곤장에
네 살갗을 갈라놓겠다 하네.
아아, 하늘이여!
어찌하여 우리를 보살피지 않으시나요.
메밀씨나마 뿌리지 않으면
우리는 살아갈 수 없거늘.
그러나 사또님은 우리만 탓하면서
호령 소리 우레 같네요.
고기죽 먹지 않는다고
앞으로 또 벌줄 것인가.
메밀씨 내려주라고
조정에서도 명령을 내렸건만

일껏 그 명령은 공손히 좇지 않고
밝으신 임금님도 속인다네. (1장 32구)

蕎麥~

漠漠水田, 堀埉其飄.

言拔其稗, 言播其蕎.

蕎不家儲, 亦罔市貿.

珠玉可得, 蕎不可遘.

縣官有帖, 蕎勿汝憂.

我從察司, 將爲汝求.

我信其言, 旣耕旣耰.

蕎不我予, 而督我尤.

汝不播蕎, 我則有罰.

白棓朱杖, 汝膚其割.

嗚呼蒼天, 胡不予察.

蕎之不播, 我則罔活.

而以咎我, 如雷如霆.

肉糜不食, 將亦有刑.

蕎之授種, 令出朝廷.

曾莫欽遵, 欺我聖明.

蕎麥一章 三十二句 (1810)

10. 사암의 삼리시三吏詩

사암은 다산초당에서 기사년 흉년의 차마 눈뜨고 볼 수 없는 참상을 목도하고 전간기사 6편의 시를 짓고 나서 그 참상을 「파리를 조문한다」라는 글을 써서 남겼고, 또 저 유명한 두보의 삼리시三吏詩를 차운하여 사암의 삼리시를 썼는데, 그 가운데 「해남의 아전」 한편의 번역시와 원문을 『다산시정선』 하권에서 그대로 옮겨 싣는다.

사암은 해남이 강진의 이웃 고을인데다 자신의 외가 고산 윤선도의 녹우당綠雨堂이 있는 고을이므로 이곳 사정을 때때로 들을 수 있었던 터라 전해 들은 사실을 기록한 것이다.

사암은 이 삼리시를 쓴 뒤로 귀양이 풀려 소내로 돌아올 때까지 8년 동안 거의 시를 쓰지 않은 듯하다. 『여유당전서』 시문집에도 이 삼리시를 끝으로 귀양 시절의 시가 더 실려 있지 않다.

해남의 아전

손님이 해남에서 와서는
겁나는 길 피해 왔노라네.
한참을 앉았어도 숨이 가라앉지 않고
아직도 겁에 질려 떨고 있네요.
승냥이나 이리를 만난 것이 아니라면
바로 사나운 오랑캐 만난 것이네.
조세 독촉 아전이 마을에 나와

동남쪽 모퉁이서 어지럽게 때린다오.

신관 사또 명령은 더욱 엄중하여

바칠 기한을 넘길 수 없다고 한다오.

주교사舟橋司의 만섬 싣는 큰 배가

정월달에 벌써 서울을 떠났는데

배가 지체되면 반드시 파직이라오.

이는 전부터 있어왔던 교훈이라네.

이곳저곳 온갖 집의 통곡 소리 시끄럽지만

뱃사공들은 느긋하기만 하다오.

나는 지금 사나운 범 피해 왔으나

물 잦아들면 물고기 누가 다시 구제하나요.

두줄기 눈물이 흐르더니만

길게 한번 울음을 펴네.

海南吏

客從海南來, 爲言避畏途.

坐久喘未定, 怖愓猶有餘.

若非値豺狼, 定是遭羌胡.

催租吏出村, 亂打東南隅.

新官令益嚴, 程限不得踰.

橋司萬斛船, 正月離王都.

滯船必黜官, 鑑戒在前車.

嗷嗷百家哭, 可以媚權夫.

吾今避猛虎, 誰復恤枯魚.

泫然雙淚垂, 條然一嘯舒. (1810)

11. 역사지리서『아방강역고』를 저술

순조 11년(1811) 신미년은 사암의 나이도 50세가 되고, 귀양살이도
10년이 넘어 11년째로 접어든 해이다. 이제 다산초당의 한적한 생활도
4년에 이른 셈이다. 이제 '다산학'의 중요한 저술이 무르익어 그 업적이
쏟아지기 시작한다. 2월에『상서지원록尙書知遠錄』초고본이 완성되고,
3월에 우리나라 고대사 역사지리서인『아방강역고我邦疆域考』(10권)가
저술되었다. 이『아방강역고』는 사암이 귀양지에서 소내 여유당으로 돌
아와 살던 만년인 1833년에 2권분을 더 추술追述해 모두 12권으로 완성
된다.

사암이 순조 11년(1811) 겨울에 손암에게 보낸 편지(「上仲氏」)에서 "『아
방강역고』10권이야말로 10년 동안 모아 쌓아두었던 것을 하루아침
에 쏟아놓은 것입니다. 삼한三韓을 중국 역사책에서는 모두 변진弁辰이
라 했고 변한弁韓이라고는 하지 않았습니다. 우리나라 선비들은 더러
평안도를 변한이라고도 하고 또는 경기가 그곳에 해당한다고도 했으
며 혹은 전라도가 거기에 해당된다고도 했습니다. 근래 처음으로 조사
해보았더니, 변진이란 가야迦耶였습니다. 김해의 수로왕首露王은 변진
의 총왕總王이었으며, 포상팔국浦上八國(咸安·固城·漆原 등이다.—원주) 및
함창咸昌·고령高靈·성주星州 등은 변진의 12국國이었습니다. 변진의 자
취가 이처럼 분명한데도 우리나라 선비들은 지금까지 어둡기만 합니

다. 우연히 못 쓰게 된 종이를 검토했더니, 오직 구암久菴 한백겸韓百謙 (1552~1615)만이 '변진은 아마 수로왕이 일어났던 곳일 것이다.'라고 했습니다. (…)

오직 이 10권의 책만은 역시 우리나라에서는 반드시 업신여길 수 없는 것입니다. 그러나 그 시비를 잘 분별할 수 있는 사람조차도 전혀 찾을 수가 없으니, 끝내는 이대로 티끌로 돌아가고 말게 생겼습니다. 분명히 이럴 줄 알면서도 오히려 다시 고달프게 애를 쓰며 저술을 그만두지 못하고 있으니 또한 미혹된 것이 아니겠습니까." 하고 탄식했다.

6월에는 『매씨서평梅氏書平』 초고본 9권을 둘째 형 정약전에게 보내 7월에 정약전이 「매씨상서평서梅氏尙書平序」를 써서 사암에게 보냈다.

또 사암은 이 9월에 아암 혜장이 입적入寂하자 그 제문을 지었다. 이 아암 스님과는 1805년 백련사에서 처음 만나 교유했다. 1812년에는 「아암장공탑명」을 지었는데, 그를 기리기를 "이름까지 나이 먹은 어린애, 하늘이여, 그분에게 준 나이는 너무도 인색하였네. 이름이야 스님이지만 행실만은 선비였느니, 그래서 군자들이 더욱 애달파한다오."라고 했다. 이 「탑명」은 『다산산문선』에 그 번역문과 원문이 실려 있다.

이해에 사암은 흑산도에서 귀양 살고 있는 둘째 형 손암 정약전과 여러 통의 편지를 주고받으며 형제의 정을 나누고 지기知己로서 학문적인 생각을 교환한다. 또 『아방강역고』 10권과 『상서지원록』 초고본 등을 저술하는 한편 『서경書經』을 공부하고 주를 달기에 바빴다. 반면 기사년 (1809)·경오년(1810)에 너무 비참한 백성들의 모습을 보고 많은 명시를 써서 시를 읊을 마음이 일어나지 않아 시를 짓지 않았는지 시문집에는 신미년에 지어진 시가 실려 있지 않고, 산문인 「조석루기朝夕樓記」 1편만 눈에 띈다.

12. 고적考績에 대한 새로운 해설

(1) 우리나라의 고적법

사암은 옥당에서 벼슬할 때인 정조 14년(1790)부터 정조 16년(1792) 사이에 시험 과목으로 「고적의考績議」를 지어 바친 듯하다. 이때 당시 여덟 글자로 평가하는 우리나라의 수령 고과법考課法은 관리나 수령의 직무를 잘하고 잘못함을 평가하기에는 너무 소략하여 수령의 공과를 낱낱이 열거할 수 없다면서 고과 조목을 6개 강령 4조목을 만들어 모두 24조목으로 세분하였다. 그리고 각 조목마다 9개 등급으로 나누어 연말 고과에서 고과 과목마다 모두 최하등인 9등급을 받는 자는 수령 자리에서 내쫓아야 한다고 하고, 24개 고과 조례를 구체적으로 제시한 바 있다. 그리고 그 실천 방법도 다음과 같이 아뢴 바 있다.

"지금으로부터 고적考績하는 글에 이 24개 항목의 일을 일일이 들어서 그 부지런하고 게으른 것과 잘하고 잘못한 것을 조목조목 논하여 글자 수에 제한을 두지 않고 한결같이 어사御史가 서계書啓하는 형식과 같이 하고, 또 나누어 9등급을 만들되 상지상上之上은 한 사람을 넘지 않게 하여 승진 발탁시키고, 하지하下之下는 세 사람 이하가 되지 않게 하여 (작은 道는 두 사람으로 한다.―원주) 벌로 내쫓는 것입니다. 그 나머지는 감사監司가 임의로 등급을 나누게 하되 수효를 제한하지 않게 하며, 또 언제나 연말마다 한번씩 고적하되, 부임한 날짜가 3백일이 되지 않은 자는 논하지 말고, 그 날짜가 차기를 기다려서 즉시 장계를 올리게 하는 것입니다.

이와 같이 하면, 온갖 제도가 제대로 시행되어 백성을 편안케 하고 나라를 부유하게 하며, 이용利用·후생厚生하는 효과를 1년이면 반드시 볼 수 있습니다. 왜냐하면, 감사는 바야흐로 일일이 들어서 수령을 논하게 되면 24개 항목의 사실에 유의하여 자세히 살피지 않을 수 없으며, 수령은 감사가 장차 일일이 들어서 자기를 논한다는 것을 알게 되면 24개 조목의 사실에 힘을 다하여 제대로 거행하지 않을 수 없기 때문입니다. 감사는 실제로써 요구하고 수령은 실제로써 따르게 되니, 이와 같이 하면 백성은 편안하지 않음이 없고 나라는 부유하지 않음이 없을 것입니다."

「고적의 실천적 사례」, 『다산논설선집』)

(2) 요순시대의 고적법

1790년 옥당에서 「고적의」를 과제로 지어 바친 바 있던 사암은 순조 11년(1811) 2월 다산초당에서 귀양살이하면서 『상서지원록』 초고본을 저술하고 『서경』의 요전堯典·순전舜典과 대우모大禹謨·고요모皐陶謨를 연구한 결과를 가지고, 요순시대의 나라를 다스리는 근본 법과 나라를 다스리는 계책을 새롭게 해석해 그 둘째 형인 손암에게 보낸 편지(「上仲氏」)에 다음과 같이 말했다. 이 사암의 편지는 『다산서간정선』에서 그대로 옮겨 실었다.

"무릇 전典이라는 것은 나라를 다스리는 근본 법이요, 모謨라는 것은 나라를 다스리는 계책입니다. 나라를 다스리는 근본 법과 계책으로는 이전二典과 이모二謨의 고적 제도보다 더 나은 게 없으니, 이게 바로 요와 순의 이상적 정치가 이룩될 수 있었던 까닭입니다.

요즘 사람들은 말하기를, 순임금께서는 옷소매를 드리우고 팔짱 끼고 눈을 감으신 채 진흙으로 빚어 만든 사람처럼 근엄하게 앉아 계시기만 했어도 온 천하가 저절로 태평스럽게 다스려졌다고 하는데, 이야말로 잠꼬대 같은 소리가 아니겠습니까?"

또 사암은 그 편지에서 요순시대가 평화로운 세상이 된 것은 고적 제도가 있었기에 가능했다며, 요순시대의 고적 제도를 실감나게 해설했다.

"공자孔子께서 늘상 말씀하기를 '요순시대는 희희호호熙熙皥皥하였다.'고 했는데, 요즘 사람들은 이걸 순박하고 태평스럽다는 뜻으로 보고 있으나 절대로 그렇지 않습니다. 희희熙熙는 '밝다'는 뜻이고(熙의 글자는 자전의 火부에 나온다.─원주) 호호皥皥는 '희다'는 뜻이니, '희희호호'하다는 말은 만가지 일이 모두 잘 다스려져 밝고 환하여 티끌 하나, 터럭 하나만큼이라도 악이나 더러움을 숨길 수 없다는 뜻입니다. 요사이 속담에서 말하는 '밤이 낮과 같은 세상'이라는 게 참으로 요순의 세상을 말하는 것입니다.

참으로 요순의 세상이 그렇게 된 까닭을 살펴보면, 그것은 오직 고적考績이라는 제도가 있었기 때문입니다. 그 당시의 고적 제도는 요즘 세상의 여덟 글자로 되어 있는 제목만 있는 고적 제도처럼 소홀하여 빠뜨리거나 거칠고 간략하지 않았습니다. 반드시 본인이 직접 임금 앞에 와 얼굴을 맞대고 자기 입으로 백성을 다스린 공적을 말하게 하였기 때문에, 잘못된 짓을 했던 사람은 거짓으로 꾸며서 말할 수 없게 하였고, 잘한 일이 있는 사람이 겸손하고 사양하여 제대로 말하지 못하던 것도 용납되지 않았습니다. 할 말을 다 하고 나면 했던 말을 고찰하는 제도考言之法가 있었으니, 고언考言이라는 것은 고적 제도의 한가지입니다.

그 당시 요순시대에 정말 배를 움켜잡고 허리를 꺾고서 웃지 않고는 못 배겨 깔깔 껄껄 웃음이 터지는 장면이 있다면, 곧 우禹임금이 순舜임금 앞에서 자기 입으로 자기의 치적治績을 말하던 광경입니다.

'순임금이 말씀하기를 '오너라, 우야, 너도 또한 창언昌言하라.'(昌言이라는 것은 드러내어 말하는 것이다. 자기의 공적을 드러내어 말하지 않으려 하기 때문에 오히려 큰 소리로 말하게 하는 것이다.—원주) 우가 대답하기를 '제가 무엇을 말할 게 있겠습니까? 저는 날마다 게으름 피우지 않고 부지런히 힘쓸 것만 생각하고 있었습니다.'(우가 부끄럽고 쭐끄러워 자기의 일을 차마 말 못하고 겸연쩍어하며 얘기하기를, '제가 무슨 할 말이 있겠습니까'라고 하면서 한 일 중 단지 큰 부분만 대강 말하며 '저는 부지런히 일했을 뿐입니다'라고 했다.—원주) 고요皐陶가 탄식하며 말하기를 '오오! 어떤 일에 그렇게 부지런했단 말이오.'(고요가 정색을 하고 무섭게 책망하기를, '고적의 법은 지극히 엄숙한 법이오. 임금이 바로 앞에 계시오. 어찌 감히 이 따위로 당황하여 머뭇거리고만 있는 거요. 열심히 일했다고 했는데, 그 자세한 내용을 조목조목 상세히 개진하시구려.'라고 했다.—원주)

우가 말하기를 '홍수가 온 세상에 넘쳐흘러 있고 엄청나게도 산까지 덮고 언덕을 삼켜 불쌍한 백성들이 우왕좌왕 물에 빠지고 있었기에 제가 네가지 탈 것을 타고 산을 따라가며 나무를 제거하였고, 또한 익益과 함께 모든 고기 먹는 법을 가르쳐주었습니다.(익의 이름을 중간에 삽입한 것은 功을 나누어 가지려는 뜻이다.—원주) 저는 구주九州에 있는 강물을 파헤쳐 큰바다로 물이 빠지게 하고, 논과 밭의 물길을 깊이 파서 강물로 물이 빠지게 하였으며,(두번 자기를 호칭한 것은 모두 治水의 일은 정말 자기 혼자 한 일로 남에게 양보하려야 양보할 수 없다는 뜻이다.—원주) 또 직稷과 함께 곡식 씨를 뿌리고, 어려울 때 먹는 음식과 고기 먹는 법을 가르쳐주고, 있는 것과 없는 것을 힘써 바꾸어 갖게 하고, 쌓여 있는 물건을 날라다 팔도록 했습니다. 그리하여 백성들이 곡식을 먹게 되었고 온 나라가 잘 다스려지게 되었습니다.'(숨길 수도 양보할 수도 모면할 수도 없어 부끄러움을 무릅쓰고 자기

의 공로를 남김없이 다 이야기했다. — 원주)

고요가 말하되 '좋습니다. 당신이 아뢴 말을 모범이 되는 답변으로 삼겠습니다'라고 했습니다.'('兪'란 실제로 그랬음을 인정하겠다는 뜻이며, '師汝昌言'이란 도리가 당연히 이와 같다고 인정하는 것이다. — 원주)

기夔도 또한 스스로 자기의 공적을 아뢰었는데, 대단히 장황하고 중언부언하게 늘어놓았습니다.

그날 한 집에 모여서 이야기를 주고받던 광경을 상상해보면 참으로 그 장면이야말로 한폭의 생생한 그림 같아, 모든 사람들이 눈으로 직접 순임금이 주인 자리에 앉고, 고요·기·우와 직이 쭉 벌려 앉아서 고적하던 걸 볼 수 있게 해줍니다. 축복과 은혜가 충만한 당시의 위정자들의 모습이 역력히 눈에 떠오르는 참으로 절묘한 광경이라 하겠습니다."

사암은 이와 같이 『서경』을 새롭게 해석하고, 그 경서의 참된 뜻을 현실 정치에 적용해 오늘날의 잘못된 정치 현실을 바로잡으려 했으며, 경전을 연구하는 참된 목적으로 삼기도 했던 것이다. 이는 '다산학'이 우리에게 소중한 소이연所以然이기도 한 것이다.

이 신미년 겨울 12월 20일 홍경래洪景來(1771~1812)가 평안도 가산嘉山 다복동多福洞에서 난을 일으켰다.

13. 민방위 대책 『민보의』를 짓다

순조 12년(1812) 임신년은 사암의 나이 51세로 귀양살이도 12년째에 이르렀다. 이해 봄 3월 14일에 막내 작은아버지 정재진이 돌아가셨다는 부음訃音을 받고 「계부가옹행장季父稼翁行狀」을 썼다.

또 봄에 오늘날의 민방위 대책과 같은『민보의民堡議』3권을 저술했다. 이『민보의』는 평화로운 시대에도 외적이 쳐들어왔을 때를 대비해 국가를 방어할 지역 단위의 방위책을 연구해 서술해놓은 것이다.

앞에서 살펴본 바와 같이 사암을 해치려는 무리들이 끊임없이 날뛸때 사암은 귀양살이를 하면서도 나라를 어떻게 지켜야 할까를 늘 생각했고, 이렇게 백성들이 나라를 지킬 방안을 연구해 기술해놓았다. 사암의 숭고하고 투철한 우국憂國 정신이 없었다면 이런 방안의 저술이 나올 수 없었을 것이다. 이『민보의』는 필자가 역주한『임진왜란과 병자호란』(현대실학사 2001)에 그 번역문과 원문이 실려 있다.

사암은 또한 봄에「전라도 창의통문全羅道倡義通文」을 지었다. 평안도에서 토적土賊 홍경래·이희저李禧著 등이 정주定州를 점거하고 반란을 일으켰는데, 정부군이 이를 이기지 못하자 사암이 다산에 있으면서 전라도 사림士林으로 하여금 창의倡義하여 토적을 치게 하려는 뜻으로 시험 삼아 통문을 쓴 것이다. 그러나 정부군이 곧 반란군을 쳐부수어 이겼다는 소식을 듣고 통문을 돌리지는 않았다.

사암은 가을 9월 12일에 강진 월출산 밑의 백운동白雲洞을 유람하고 시「백운동에 써서 부치다寄題白雲洞」9편을 읊었다.

이해에 사암의 딸이 윤서유의 아들 윤창모尹昌謨(1795~1856)에게 시집을 가서 뒤에 대학자가 된 방산舫山 윤정기尹廷琦(1814~79)를 낳았다.

겨울에는『춘추고징春秋考徵』수정본 12권이 저술되었다.

14. 초의가 그린 「백운도」와 「다산도」

사암은 순조 12년(1812) 가을 9월 12일 월출산 남쪽 밑에 있는 백운동으로 놀러 가서 하루를 묵고 돌아왔다. 「백운동에 써서 부치다」에 사암이 쓴 발문에 따르면, "백운동을 다시 보고 싶은 그리움이 오래도록 사그라들지 않았는데, 지금 스님 의순意恂(草衣禪師, 1786~1866)이 「백운도白雲圖」를 그리고, 여기에 열두 아름다운 경치를 읊은 시를 써서 달랬기 때문에 이를 써서 주고는 끝에 「다산도茶山圖」를 붙여 좋고 나쁨을 비교해 볼 수 있게 했다."(9월 22일)

이 「백운동에 써서 부치다」 9편의 시는 백운동에 살고 있던 이덕휘李德輝(1759~1828)의 집에 사암과 초의선사가 놀러 가서 하루를 묵으면서 백운동 12경景을 두고 사암이 앞에 있는 9편의 시를 쓰고, 이덕휘가 「운당원籌簹園」 1편을 지었으며, 초의가 3편을 지어 전서로 썼다. 초의가 쓴 3편은 「풍단楓壇」 「정선대停仙臺」 「홍옥폭紅玉瀑」이다.

백운동 12경은 ① 옥판봉玉版峰, ② 산다경山茶徑, ③ 백매오百梅塢, ④ 취미선방翠微禪房, ⑤ 모란체牡丹砌, ⑥ 창하벽蒼霞壁, ⑦ 정유강貞蕤岡, ⑧ 유상곡수流觴曲水, ⑨ 풍단, ⑩ 정선대, ⑪ 홍옥폭, ⑫ 운당원이다. 이 가운데 초의와 이덕휘가 쓴 4편은 수록하지 않았다.

이 「백운동에 써서 부치다」는 낙원표구사 사장 이효우李孝友 씨가 자료를 제공해 필자가 『다산시정선』 하권에 번역시와 원문을 실어놓은 것이다. 여기서는 『다산시정선』 하권에 실린 것을 그대로 옮겨 싣겠다.

백운동에 써서 부치다

이처사[38]의 조용한 집

백운처사 그윽하고 조용한 곳 점지하니
나라에 헌책함은 형편에 맞지 않도다.
10묘畝 송죽은 지리地利를 얻어
산중턱 정자 베개맡의 시냇물 소리.

그 풍류 예찬倪瓚보다 모자라지 않고
이름난 경치 모두 고덕휘顧德輝에게도 들린다.
남겨진 글은 상자 속에 있으리니
다른 해에 굳은 맹세 저버리지 못하리.

—9월 12일 정약용이 쓰다.

1. 옥판봉玉版峰

나 전에 월출산에 노닐었는데
옷자락 떨치며 산꼭대기를 넘었었지.
힘이 빠져 내려올 수 없게 되자
해도 져서 옷조차 차가워졌네.
사슴가죽 언치로 몸을 싸고서
뒹굴며 걸어서 굴과 산골짜기 지났네.
돌아와서는 큰 아쉬움 지니고

---

38 이처사 백운동에 처음으로 자리잡은 백운동은(白雲洞隱) 이담로(李聃老, 1627~1701)를
가리킨다.

넋을 잃고 구정봉 우러러보았다오.
세월은 흘러 7년이 지났어도[39]
수염과 머리털 곤추서는 것 같았네.
억지로 평소의 소원 이루려 하여
다시금 이렇게 선경仙境에 이르렀다네.
어지럽게 늘어선 뭇 봉우리 경치
나를 보고 어서 오라 이끄는 것 같네.
많은 신선이 세속의 먼지 씻어내고
바르고 가지런히 옥홀을 잡은 듯하다.
빼어난 기상 푸르게 아득하고 깨끗한데
넓게 낀 구름 맑은 그림자 머금었다.
우러러 바라보니 즐거움 일어나고
정강이로 걷는 쓰라림도 없다네.
처음으로 하루 만에 산에 올라서
호기롭고 씩씩한 기상 본받아 채우네.
산에 은거한 사람 산에 오르지 않고서도
편히 앉아 있어도 마음 늘상 고요하다네.

2. 동백나무 숲길

좁은 언덕에 동백나무 수없이 우거져
이제 길 가득 그늘 이루었네.
한 가지 한 가지에 꽃봉오리 맺혀

---

39 7년이 지났어도 사암은 1806년 8월 17일 월출산 맨 꼭대기에 올라갔었다.(시 「登月出山絶頂」 참조)

추운 겨울 이기는 마음 품고 있네.

3. 매화벽 나무 둑

집 둘레는 애초부터 푸른 바위
심은 꽃 백그루가 붉기도 해라.
경치 좋은 산속을 오가노라면
온통 은은한 향기만 피어오른다.

4. 산중턱의 선방 禪房

섬돌과 담장 빛깔이 한 흔적인데
점을 찍고 나자 푸른 산빛이라네.
아직도 세그루 소나무가 있어
예전에 열간 방에 잠잔 적 있네.

5. 모란 뜰

산에 은거한 사람 빛깔 계보 자세히 알아
당시의 호걸에게도 사양하지 않는다오.
스스로 그루 나누어 심는 방법도 꿰고 있어
거듭 약을 캐는 수고도 없다오.

6. 희뿌연 안개 낭떠러지

이는 틀림없이 바람에 깎여 잘리고
그로부터 비와 이끼가 벗겨냈다네.
아깝게도 산꼭대기 비문이 없어지고

큰 글자는 선홍색으로 물들였다오.

7. 정유강貞蕤岡

천자나 되는 붉은 껍질의 소나무
빈 산에 고요한 그림자 길게 뻗었네.
저절로 세그루 소나무 소리 가락 생기자
때로 산중턱 누각이 서늘해지네.

8. 굽이굽이 흐르는 물에 술잔 띄우고

여섯굽이의 담장 뚫은 물줄기
머리 돌리니 다시 담장으로 흘러나오네.
우연히 두세 나그네 찾아와서
한가로이 앉아 함께 술잔 띄운다.

寄題白雲洞

李氏幽居

白雲處士筮幽貞, 獻策君門不稱情.
十畝松篁收地利, 半山樓閣枕溪聲.

風流不減倪元鎭, 名勝皆聞顧仲瑛.
爲有遺書在篋裏, 佗年金石未渝盟.
　　　　　　　　鏞題 九月十二日.

玉版峰[1]

我昔游靈山, 振衣凌絕頂.

力盡不能下, 日落衣裳冷.

裹身鹿皮韉, 丸流度阬阱.

及歸抱深恨, 悵然瞻九井.

荏苒歷七載, 須髮如魚鯁.

強欲酬夙願, 復茲涉仙境.

森羅衆峰色, 見我如引領.

羣眞濯塵垢, 端然秉圭珽.

秀氣澹靑縹, 薄雲含淸影.

仰望有愉悅, 不勞酸行脛.

始知登歷日, 矗豪氣徒逞.

山人不上山, 燕坐心常靜.

山茶徑

夾岸油茶樹, 今成滿路陰.

頭頭結蓓蕾, 留作歲寒心.

籜翁

百梅塢

匝屋曾巖翠, 栽花百本紅.

往來山色裡, 都在暗香中.

頌甫

394

翠微禪房[2)]

一痕墻砌色, 點破碧山光.

尙有三株樹, 曾棲十笏房.

牡丹砌

山人深色譜, 不肯讓時豪.

已慣分株法, 仍無採藥勞.

蒼霞壁[3)]

定是風斤斲, 從他雨蘚渝.

惜無岣嶁刻, 大字染猩朱.

貞蕤岡[4)]

千尺紅鱗樹, 山空靜影長.

自生三籟韻, 時作半樓涼.

流觴曲水

六曲穿墻水, 回頭復出墻.

偶來三兩客, 閑坐共流觴. (1812)

茶山樵者

【원주】

1) 옥판봉(玉版峰): 옥판봉은 월출산 구정봉(九井峰) 서남쪽 봉우리다. 백운동(白雲洞)에 12가지 좋은 경치가 있는데, '옥판봉의 밝고 탁 트인 풍경'이 그 첫째에 자리잡고 있다.(玉版者 九井之西南也 白雲洞有十二勝事 玉版爽氣 居其首焉)

2) 취미란 산허리의 깊숙한 곳이다.(翠微者 山腰也)

3) 창하벽이란 단풍나무 뜰의 낭떠러지다.(楓壇之壁也)

4) 정유란 소나무이다.(貞蕤者 松也)

15. 이중협에게 『비어고』를 편찬해주다

사암이 강진 땅에서 귀양살이한 지도 이제 13년에 접어들고, 다산초
당으로 거처를 옮긴 것도 6년에 이른 순조 13년(1813) 계유년에 사암의
나이도 52세나 되었다. 이 계유년에는 별다른 사암의 행장行狀이 드러나
지 않고, 다만 6월 12일 강진병마우후康津兵馬虞候 이중협李重協(1762~?)에
게 「이중협시첩 서문贈別李虞候詩帖序」을 써서 주었다.

이 이중협은 본관이 연안으로 순조 11년(1811)부터 13년(1813)까지 무
관직 종3품인 강진병마우후로 있으면서 다산을 방문하며 사암과 교유
한 사이다. 이때 사암은 이중협의 『비어고備禦考』 10책 30권을 편찬해 주
고, 그 가운데 10권은 자신의 이름을 밝혀놓았다. 또 『민보의』 뒤에 달
린 「대둔산 축성의大芚山築城議」를 대신 지어주기도 했다. 이중협은 사암
의 매제인 이중식李重植의 가까운 친척으로 사암과 비슷한 또래인데, 그
가 1813년 6월 12일 임기가 차서 떠날 때 작별의 정표를 써달라고 요청
하자 절구 10수를 짓고 이 시권詩卷의 서문을 써준 것이다.

이 시권 서문에서 "내(사암)가 처음 강진에 귀양 와서 읍성 안에 있을
적에는 항상 답답하여 마음이 시원하지 않았는데, 다산에 옮겨 살게 되
어서는 안개와 놀을 마시고 꽃과 나무를 구경하니, 귀양살이하는 시름
을 호연浩然히 잊게 되었다. (…) 얼마 지난 뒤에 도강병마우후道康兵馬虞
候 이중협이 우거진 숲속 그윽한 냇가로 나를 찾아왔다. 그리고 돌아가

고 나서부터는 날마다 편지를 보내오는가 하면, 조각배로 조수潮水를 타고 뱃놀이하거나 한필의 말을 타고 봄놀이를 즐기기 위해 거르는 달이 없이 자주 찾아오기를 3년 동안이나 했다. 그런데 임기가 차서 교체되어 이곳을 떠나게 되자 술자리를 마련하고 나에게 작별을 고한다. 이 뒤부터는 내가 비록 종이나 먹 등 필기구가 있어도 누구와 같이 글을 써서 주고받겠으며, 또다시 거마車馬 소리 울리면서 다산 골짜기를 찾아올 사람이 있겠는가. 이 일을 생각하니 서글프도다."라고 했듯이, 사암은 이 뒤부터 시를 거의 읊지 않았다. 이중협에게 이때 써준 10수의 송별시는 시문집에 실려 있지 않은데, 아마도 인멸되었을 듯하다.

7월 14일에는 서모 김씨가 향년 60세로 사망하여 용진龍津의 산골짜기에 묻혔는데, 이 부음이 다산초당에 언제쯤 이르렀는지 알 수 없으나 사암이 뒤에 귀양이 풀려 소내로 돌아온 뒤 바로 조곡鳥谷에다 이장移葬하고 나서 이 「서모 김씨 묘지명庶母金氏墓誌銘」을 지은 듯하다. 이 「서모 김씨 묘지명」은 『다산산문선』에 번역문과 원문이 실려 있다.

16. 딸에게 「매조도」를 그려주다

이중협을 떠나보내고 나서 한달 뒤인 7월 14일에는 윤창모에게 시집 간 딸에게 「치마폭에 매화를 그리다」란 시를 써서 주었다. 이 시는 사암이 다산동암에서 쓴 것으로 "강진 읍내에서 귀양살이를 하고 몇년 지났을 때 부인 홍씨洪氏가 낡은 치마 6폭을 보냈는데, 세월이 오래자 붉은 빛깔이 변했기 때문에 가위로 잘라서 네 첩帖을 만들어 두 아들에게 남겨주고, 그 나머지로 작은 족자를 만들어 딸아이에게 준다."고 했다.

두 아들에게 준 '네 첩'이 곧 「하피첩」이다. 근래에 이 「하피첩」이 발견되었을 때 그 첩이 쓰인 비단과 사암이 딸에게 그려준 「매조도梅鳥圖」의 비단을 대조해 「하피첩」이 사암의 진적眞蹟임을 증명했다고 들었다.

이 시는 사암이 치마폭에 「매조도」를 그리고 나서 쓴 것으로 고려대학교 박물관에 소장되어 있는 「매조도」에 쓰여 있다. 유홍준의 『나의 문화유산 답사기』 1권(초판, 창작과비평사 1993; 개정1판, 창작과비평사 1994; 개정2판, 창비 2011)에 그림과 함께 시가 번역 수록되는 바람에 유명해졌다. 고려대 도서관에는 사암의 외손자인 방산 윤정기가 손수 베껴 써서 소장했던 『아방강역고』 필사본 4책 12권이 소장되어 있는데, 이 사암이 딸에게 준 「매조도」도 그의 저술과 함께 고려대로 넘겨진 듯싶다.

시 「치마폭에 매화를 그리다」는 사암이 순조 13년(1813)에 쓴 시 가운데 단 하나만 남아 전해지는 것이다. 이 시도 『다산시정선』 하권에서 번역시와 원문을 그대로 옮겨 싣는다.

치마폭에 매화를 그리다

가볍게 펄펄 새가 날아와
우리 뜰 매화나무 가지에 앉아 쉬네.
매화꽃 향내 짙게 풍기자
꽃향기 사모하여 날아왔네.
이제부터 여기에 머물러 지내며
가정 이루고 즐겁게 살거라.
꽃도 이미 활짝 피었으니
그 열매도 주렁주렁 많으리.

翩翩飛鳥, 息我庭梅.

有烈其芳, 惠然其來.

爰止爰棲, 樂爾家室.

華之旣榮, 有蕡其實. (1813)

17. 『논어고금주』 40권이 저술되다

8월에는 스님 초의草衣 의순과 윤종심尹鍾心(1793~1853)에게 교훈을 내리는 증언贈言을 써서 주었다.

겨울 12월에 『논어고금주論語古今注』 40권의 저술을 완성하였다. 이 『논어고금주』는 여러해 동안 수집한 많은 자료를 바탕으로 삼아 저술한 것이다.

사암이 『논어고금주』를 저술하려고 그에 필요한 자료를 모은다는 소식을 흑산도에서 귀양을 살고 있는 중형 손암에게 전하자 손암은 편지(「寄茶山」)로 "『논어고금주』에 대한 저술은 그만둘 수 없는 것이네. 대저 우리들이 가장 빨리 착수할 것은 『논어』가 제일이 되네. 이 『논어고금주』가 만일 이루어진다면, 그 뒤에 『논어』를 배우는 이에게 끼치는 공로는 앞서 저술한 백권의 공로보다 백배나 될 것이네. 다만 다산은 성질이 조급해 한가지 일에 마음을 두면 잠을 자고 음식을 먹는 것도 잊어버리는데, 이는 일이 이루어지는 까닭이기도 하지만 병이 깊어지는 까닭도 되네. 편하고 즐겁게 하되, 문득 잊어버리고 더하지 말며 충분히 양생養生을 해야 할 것이네. 어쨌든 몸을 다치기에 이르지는 말도록 하게."라고 형으로서 지기로서 값진 충고를 했다.

이 방대한 저술 작업에는 제자 이강회李綱會(1789~?)와 윤동尹峒(尹鍾心)
이 함께 도왔다고 했다. 다산초당에서 이룩한 경학 저술의 가장 큰 결실
이다. 이『논어고금주』는 사암 경학 저술에서 가장 분량이 많은 것이다.
아마도 사암이 이 방대한 저술에 몰두하느라 시를 읊을 겨를도 마음도
없었을 듯하다.

18. 문산 이재의와 만나다

순조 14년(1814)은 갑술년으로 사암의 나이도 이제 53세나 되었다. 다
산초당에서 지낸 세월도 7년에 이른다.

3월 4일 문산文山 이재의李載毅(1772~1839)를 백련사에서 처음 만나 다
산초당으로 초청해 하룻밤을 지내고, 이때부터 남은 여생 동안 경서를
토론하는 우의를 맺었다. 이재의는 다산과 주고받은 시를 모아『이산창
화집二山唱和集』을 편찬했다.

4월 9일에 사헌부 장령 조장한이 사헌부의 대계臺啓를 처음으로 정지
시켰다. 이 조장한은 6년 전인 1808년 3월 15일에 정약전·정약용을 다
시 엄중히 신문하기를 요청했던 인물이다. 이 정계停啓에 따라 의금부
에서 해배解配 공문을 보내려 하던 중 4월 13일에 사간원 사간 임한任爔
(1759~?)과 부사과 이유성李游誠(1768~?)이 정약용을 정계시킨 조장한의
죄를 논하는 상소를 했다. 이로 말미암아 4월 하순에 정약용을 풀어주
는 공문을 판의금부사 이집두李集斗(1744~1820)가 두려워서 보내지 못하
고 있었다.

5월 중순에『맹자요의孟子要義』9권의 저술이 완성되었다.

사암이 『맹자요의』 초고를 쓴 후 흑산도의 손암 정약전에게 보내자, 이를 읽어본 손암은 1811년 9월 자신의 생각을 밝히는 편지(「寄茶山」)를 보낸 바 있다. 손암은 이 편지에서 "맹자의 성선설性善說에 대해서는 의심이 항상 있었네. 맹자는 착함을 오로지 주장하는 한편 착하기를 사람들에게 권장한 것인데, 성性 자의 뜻이 기호嗜好에 있음을 듣고 보니, 구름을 헤치고 하늘을 보는 것과 같았네. 『맹자』 7편 가운데 성性을 논한 수많은 곳에서 얼음이 녹듯이 의혹이 풀려 다시는 의심할 수 없었으니, 맹자는 참으로 나의 스승인 것이네. 어떤 상쾌함이 이와 같으리오. 아아! 성을 기호라 함은 사람마다 다반사茶飯事로 말하지 아니함이 없으나 이것이 맹자에게 발생했다는 열쇠는 반드시 다산의 손을 기다렸으니, 이는 그대의 안목이 높은 것이 아니라, 하늘이 그대의 이름을 빛내고자 감추어 막았다가 내놓은 것이므로, 스스로 대단하다 여기지 않았으면 좋겠네."라고 격찬해 마지않았다.

사암은 7월 초순쯤 『대학공의大學公議』 3권의 저술을 완성하였고, 8월 말경에 『중용자잠中庸自箴』 3권의 저술도 끝냈다.

9월 초순에 문산 이재의가 또 다산초당으로 사암을 찾아왔으며, 9월 말경에 『중용강의보中庸講義補』 6권의 저술이 완성되었다. 겨울에는 『대동수경大東水經』 12권이 완성되었다. 사암은 이정에게 이 『대동수경』에 주를 달도록 했다.

겨울에 「해남정사당기海南政事堂記」를 썼다.

이 순조 14년(1814)에도 강준흠의 상소로 사암의 귀양이 풀리지 못했다. 순조 10년(1810) 홍명주와 이기경의 상소로 사암의 귀양살이가 풀리지 않아 이 1814년까지 사암 경학과 역사학의 중요한 저술이 대체로 이루어질 수 있었듯이, 이 강준흠의 상소로 결국 순조 18년(1818)까지 사암의 귀양이 또 풀리지 않아 다산초당에서 사암 실학의 제일 큰 업적인 『경세유표』『목민심서』가 편찬 저술될 수가 있었으니, 아무튼 강준흠이 사암 실학에 또한 다소나마 공헌한 셈이라 하겠다. 이렇게 사암을 끊임 없이 모해한 강백원姜百源(강준흠) 본인은 이로 말미암은 손복損福을 감수 했을 듯하고, 자손은 조상의 음덕을 입지 못하는 불이익을 당하지 않았 을까 싶다.

19. 『소학지언』과 『심경밀험』

순조 15년(1815) 을해년은 사암이 다산초당에 와서 자연에 파묻혀 살 면서 귀양살이도 하늘이 내려준 기회라 여기고 사암 경학 연구 저술에 몰입한 지도 어언 8년에 접어들었고 나이도 54세나 되었다. 이 1월달에 문산 이재의가 다산초당으로 또 사암을 찾아왔다.

이 봄에는 『소학지언小學枝言』과 『심경밀험心經密驗』의 저술(각기 1권)이 이루어졌다. 사암은 『심경밀험』의 머리말에서 말했다.

"내가 가난하게 살면서 일이 없어 육경사서六經四書를 연구함이 여러 해나 되었다. 하나라도 깨달아 얻은 것이 있으면 뽑아서 적어두었다. 이 미 그 독실하게 실행할 방도를 추구해보니, 오직 『소학小學』과 『심경心 經』이 모든 경전 가운데서 꽃을 피운 것이었다.

배우는 이가 이 두 책에 마음을 기울이고 힘써 실천하여 『소학』으로 써 그 밖을 다스리고 『심경』으로써 그 안을 다스린다면 아마도 현자賢者 가 되는 길이 열릴 것이다. 내 일생을 돌아보면 불우하여 늘그막에 결과 가 이와 같지 못한 것이다.

『소학지언』은 구주舊注를 보완한 것이고, 『심경밀험』은 나 자신에게
시험해보아서 스스로 경계한 것이다. 지금부터 죽을 때까지 마음 다스
리는 방법에 힘을 쏟아 경전 연구를 『심경』으로 끝맺으려 한다. 아아!
실천하겠는가 실천하지 못하겠는가?"

가을 9월 중순경에 큰아들 학연이 다산초당에 와서 근친하고 하순경
에 소내로 돌아갔다. 이 큰아들은 1802년 처음으로 강진에 와서 근친했
고, 1805년 10월 3일 두번째로 강진에 와서 근친하고 보은산방에서 아
버지에게 『주역』과 『예기』를 배우고 돌아갔다가 이번에 세번째로 근친
한 것이다.

20. 이종영에게 내려준 교훈

이종영李鍾英(1791~?)은 문산 이재의의 아들로, 문산은 아들의 임지인
영암에 있으면서 다산초당에서 귀양살이를 하고 있는 사암과 『맹자』에
나오는 사단四端의 성性에 관한 논쟁을 편지로 주고받았다. 문산은 사암
의 지기로 또는 제자로 사암이 서거할 때까지 안성 죽산竹山에 살면서
수시로 소내 여유당에 왕래했다.

이 문산의 아들인 영암군수 이종영에게 순조 15년(1815)에 내려준 교
훈이 「영암군수 이종영에게爲靈巖郡守李贈言」란 교훈인데, 그 첫째 교훈
으로 고을을 다스리는, 이른바 '청렴'하라는 부구공浮丘公의 '육자염결
六字廉訣'이란 비결祕訣을 주었다.

그 첫째 '염廉'자는 재물에 실천하고, 둘째 '염'자는 여색女色에 실천
하며, 셋째 '염'자는 직위에 실천하라고 했다. 또 넷째 '염'자는 밝음을

낳으니, 사물이 실정을 숨기지 못할 것이고, 다섯째 '염'자는 위엄을 낳으니, 백성들이 모두 명령을 따를 것이며, 여섯째 '염'자는 곧 강직함을 낳으니, 상관이라도 밑의 수령을 함부로 가벼이 여기지 못하리라는 것이었다. 이 여섯가지 '염'자를 실천하면 백성을 다스림에 아무 부족함이 없다고 했다.

그 둘째 교훈으로 봉록과 지위를 다 떨어진 신발처럼 여기면, 상관이 나를 언제나 휙 날아갈 새처럼 생각하게 되고, 내가 백성을 위해 요구하는 것을 감히 들어주지 않을 수 없을 것이며, 나에게 무례하게 굴지 못할 것이라 했다.

그 셋째 교훈으로 형벌을 씀에는 마땅히 세가지 등급을 적용하라고 했는데, 민사民事에는 상형上刑을 쓰고, 공사公事에는 중형中刑을 쓰고, 수령의 일에는 하형下刑을 쓰되, 사사로운 일에는 형벌이 없어야 한다고 했다.

그 넷째 교훈으로 아랫사람이 수령 개인의 사사로운 일을 그르쳤을 때에는 형벌을 내리면 안 된다고 했다.

그 다섯째 교훈으로 곡식 장부와 전정田政에 대해서는 담당 아전을 불러다 자세하게 묻고 상세하게 배워 농간을 부리지 못하도록 꼼꼼히 살펴야 한다고 하고, 아전들도 지성으로 거느려야 한다고 했다.

그 여섯째 교훈으로 수령으로 일을 처리하기가 어렵다는 것을 알고, 백성과 관련된 모든 일을 조심스럽게 처리하라고 했다.

그 일곱째 교훈으로 백성들에게 재물을 주는 것보다는 빼앗지 않는 것이 낫고, 수입을 헤아려서 지출을 하는 것이 성인聖人의 법이라고 일러주었다.

또 이재의의 아들이 영암군수로 있다가 승진하여 순조 15년(1815) 부령도호부사富寧都護府使에 임명되자 「이종영 도호부사 부임에 앞서送富寧都護李赴任序」란 글을 지어 축하하는 한편 경계해야 될 교훈을 써서 보냈다.

"백성을 다스리는 이는 네가지 두려워할 것이 있다. 아래로는 백성을 두려워하고 위로는 사헌부와 사간원을 두려워하고 더 위로는 조정을 두려워하고 더 위로는 하늘을 두려워해야 한다. 그러나 목민관이 두려워하는 것은 항상 사간원과 사헌부나 조정뿐이고, 백성과 하늘을 때로는 두려워하지 않는다.

하지만 사헌부와 사간원과 조정은 가깝기도 하고 멀기도 하다. 먼 경우에는 천리나 되고, 더욱 먼 경우에는 수천리나 되니, 이목耳目으로 살피는 것이 혹 두루 상세할 수는 없다. 그런데 백성과 하늘은 바로 앞에서 눈으로 보고 마음으로 임하고 몸으로 거느리고 호흡을 함께 하고 있으니, 그 잠시도 떨어질 수 없는 가장 밀접한 것은 이 백성과 하늘인 것이다. 무릇 도를 아는 이라면 어찌 두려워하지 않겠는가. (…)

대체로 백성이 탄식하는 것은 하늘도 또한 탄식하며, 무릇 하늘이 탄식하는 경우에는 원대한 복이 내리지도 않고 벼슬도 현달하지 못하게 되니, 두려워하지 않을 수 있겠는가. (…)

의義로써 겉을 바르게 하면 모든 사람이 두려워하는 것을 나도 또한 두려워하게 되고, 경敬으로써 마음을 곧게 하면 모든 사람이 두려워하지 않는 것이라도 나는 또한 두려워하게 된다.

앞에서 말한 네가지 두려움이 갖추어져야 목민관의 일이 완수되는 것이다. 내가 또 무슨 말을 더 하겠는가. (…)

도호부사는 그 부령부에 이르러 지도地圖와 지지地志를 고증하고 열람해보아야 한다. 만일 엉성하고 잘못된 것이 있거든 바로잡아야 하는 것도 목민관이 마땅히 힘써야 할 일이다."

앞에서 인용한 두 글은 『다산문학선집』에 실려 있는 것을 간추려 썼다.

사암은 정조 21년(1797) 곡산도호부사로 나가 곡산부를 다스려본 경험을 참고하여 이종영에게 목민관의 자세와 할 일을 자상하게 일러주었으며, 『목민심서』 저술에 앞서 자신의 마음도 다시 가다듬었다고 하겠다.

21. 사암의 서릿발 같은 지조론

순조 16년(1816) 병자년에는 사암도 나이가 55세에 이르고, 다산초당에서 다산학을 이룩하기 시작한 지도 9년째가 된다. 강진으로 귀양을 온 것도 16년째이다. 그 아까운 중년을 강진 땅에서 다산 경학을 수립하며 참으로 유용하게 보냈다고 할 수 있다.

봄 2월경에 『악서고존樂書孤存』 12권을 저술했다. 이로써 다산 경학의 큰 토대를 대체로 완성하여 이제부터는 다산 실학 저술로 옮겨갈 준비를 마친 셈이다.

3월에는 일표이서一表二書의 하나인 『경세유표』 편찬 저술 작업을 시작했다.

5월 3일 큰아들 학연에게 답장한 편지(「答淵兒」)는, 큰아들이 사암에게 그의 6촌 처남인 홍의호에게 편지를 해서 잠깐 머리를 숙여 항복을 하고, 또 강준흠과 이기경에게 귀양을 풀어달라고 애걸해 동정을 받아보라고 하자 16년 동안 귀양살이를 하는 고초를 겪고도 결코 불의와 타협하거나 굴복하지 않는 큰 선비 정신이 조금도 무뎌지지 않고, 천리天理와 인사人事를 바탕으로 큰아들을 준절히 꾸짖고 타이르는 사암의 참모습을 보여준다. 이 편지에서 말한 뜻은 오늘날의 우리에게도 귀감이 될 만하다. 그 중요한 대목을 『다산서간정선』에서 인용해보겠다.

"보내온 편지 자세히 보았노라. 세상에는 두가지 큰 기준이 있는데 옳고 그름의 기준이 그 하나요, 다른 하나는 이롭고 해로움에 관한 기준이다. 이 두가지 큰 기준에서 네 단계의 큰 등급이 나온다. 무릇 옳음을 지키고 이익을 얻는 것이 제일 높은 단계이고, 둘째는 옳음을 지키고도 해를 당하는 경우이다. 세번째는 그름을 붙좇고도 이익을 얻음이요, 마지막 제일 낮은 단계는 그름을 붙좇고 해를 당하는 경우이다.

이제 너는 내가 필천筆泉 홍의호에게 편지를 해서 항복을 빌고, 또 강준흠과 이기경에게 꼬리치며 동정을 받도록 애걸해보라는 이야기를 했는데, 이것은 앞서 말한 세번째 등급을 찾아 하는 일이다. 그러나 마침내는 네번째 등급으로 떨어지고 말 것인데 무엇 때문에 내가 그 짓을 해야겠느냐.

장령 조장한의 대계臺啓는 내게 있어서는 불행한 일이었다. 하루 사이에 나에 대한 계는 정지시켜버리고 그들의 죄를 드러냈다.(장령 조장한이 1814년 봄에 이기경이 나에 관해 상소하는 것을 정지시키고 같은 날 이기경이 권유의 죄를 비호하고 있다는 보고서를 올렸다.―원주) 이 일로 그들의 분노를 촉발시키는 일을 어찌 모면할 수 있었겠느냐? 그러나 이왕 일이 이렇게 되었으니 또한 고즈넉이 받아들일 뿐이지 애걸한다고 해서 무슨 보탬이 되겠느냐. 강준흠이 작년에 나의 일에 대해 한 상소는 그에게 있어서는 이제 쏘아버린 화살인지라 지금부터 그는 죽는 날까지 입을 다물지 않고 나에 대해 계속 욕하게 될 뿐인 것이다. 이제 내가 애걸한다고 해도 그가 나에 대한 공격을 늦추고서 자기의 잘못을 후회하는 태도를 취하려 하겠는가?

강준흠은 이미 이와 같거니와 이기경 역시 강준흠과 마찬가진데, 그
가 강준흠을 배반하고 나에게 너그럽게 대할 리가 없다. 그러니 그들에
게 애걸한들 무슨 도움이 되겠느냐? 강준흠·이기경이 다시 뜻을 얻어
요직을 차지한다면 반드시 나를 죽이고야 말 것이다. 죽이려고 해도 또
한 어떻게 할 수 없으니, 오직 고즈넉이 받아들일 수밖에 없다. 하물며
해배의 관문關文을 막는 하나의 잔다란 일을 가지고 문득 절조를 잃어
버려서야 되겠느냐. 비록 그러나 내가 절조를 지키는 사람은 아닐지라
도 세번째 등급도 될 수 없는 것을 알고 있으므로, 네번째 등급으로 떨
어지는 것만 면하려고 할 따름이다.

　만일 내가 한번 애걸한다면 세 사람이 서로 모여서 넌지시 웃으며
'저 작자는 참으로 간사한 사람이다. 지금은 애처로운 소리로 우리를
속이지만 다시 올라와서는 입을 비쭉 내밀고 해치려는 마음으로 언젠
가는 우리를 반드시 멸족시킬 것이니, 아아! 두려운지고.' 하면서 겉으
로는 풀어주어야 한다고 빈말로 나불거리며 뒷구멍으로는 빗장을 걸어
버리고 위기에 처하면 돌멩이라도 던질 것이니, 바야흐로 나는 독수리
에게 잡힌 새 꼴이 되어 네번째 등급으로 떨어지게 되는 것이 아니겠느
냐. 내가 꼭두각시가 아닌데 너는 나로 하여금 무엇 때문에 그들의 장단
에 춤추게 하려느냐.

　필천 홍의호와 나는 원래 털끝만큼의 원한도 없는 사이인데 갑인년
(1794) 이후로 까닭없이 내게 허물을 뒤집어씌우더니, 을묘년(1795) 봄
에 이르러 홍인호洪仁浩가 스스로 잘못 시기하였음을 알기에 환히 알도
록 설명해주자 지난날의 구설수는 모두 물이 흘러가고 구름이 걷히듯
죄다 씻겨버렸다. 하지만 신유년(1801) 이래 편지 한장 왕래가 없었으
니, 그 사람이 먼저 편지를 보내야 옳겠느냐, 내가 먼저 해야 옳겠느냐?

그 사람은 내게 안부 편지 한장 내지도 않고 도리어 나보고 편지가 없다고 허물하니, 이는 그 기세를 세워 나를 지렁이처럼 업신여기는 처사가 아니겠느냐? 그런데 너는 누가 마땅히 먼저 편지를 내야 하는 것은 조금도 밝혀 감히 한마디도 하지 않고 고개를 조아려 그 사람 하는 소리만 예 예 하면서 지나왔으니, 너 또한 부귀영화에 현혹되어 부형을 업신여기고 있는 것이거늘 어찌 슬프지 않겠느냐? 그는 나를 폐족의 더러운 물건이라 해서 먼저 편지를 보내지 않는 사람인데, 내가 이제 머리를 치켜올리고 정색하고 먼저 간청하는 편지를 내야 한다니, 세상에 어찌 이런 일이 있겠느냐?

내가 귀양이 풀려 돌아가느냐, 못 돌아가느냐 하는 일은 또한 참으로 큰일은 큰일이나, 죽고 사는 일에 비하면 극히 잔다란 일이다. 사람이란 때론 물고기를 버리고 웅장熊掌을 취하는 경우도 있다만 귀양이 풀려 집에 돌아가느냐 못 돌아가느냐는 잔다란 일에 문득 다른 사람에게 꼬리를 흔들며 애걸하고 산다면, 만일 나라에 외침이 있어 난리가 터질 때 임금을 배반하고 적군에 투항하지 않을 사람이 몇 사람이나 있겠느냐? 내가 살아서 고향땅을 밟는 것도 운명이고, 고향땅을 밟지 못하는 것도 또한 운명일 것이다. 비록 그러나 사람이 해야 할 일을 다하지 않고 천명만을 기다리는 것도 또한 이치에 합당하지 않지만, 너는 사람으로서 해야 할 일을 이미 다 했으니, 이러고도 내가 끝내 돌아가지 못한다면 이것 또한 운명일 뿐이다. 강씨 집안의 그 사람이 어찌 나를 돌아가지 못하게 하겠느냐? 염려를 그만 그치고 세월을 기다리는 것이 마땅할지니 다시는 이러쿵저러쿵하지 말거라."

5월 3일 큰아들 학연에게 답장한 이 편지에 이어 한달 뒤인 6월 4일에 두 아들에게 답하는 편지(「答二兒」)에서는 "마음속에 사대부의 취향은 한

점도 없고, 늘상 서까래 끝이 두어자가 나오고 생활이 매우 사치한 것만 보고서 부러워하며 침을 질질 흘리면서 마음 가득히 흠모하며, 이 애비는 다시 돌아보고 아낄 것이 없는 사람이라고 여겨서, 끝내 나를 위협하여 나로 하여금 못하는 짓이 없게 하려고 하니, 이것이 무슨 꼴이냐. 다른 사람이 이 애비를 개나 염소처럼 막 보는데도 너희들은 부끄러워할 줄을 모르고 이렇게 나를 독촉하여 일을 이루려고 꾀하며, 너희들은 감히 저들의 비웃고 쌀쌀맞은 말을 이 아비에게 전한단 말이냐. 가령 저들이 권력으로 꺼진 불을 다시 일으켜 공격해서 나를 추자도나 흑산도로 보낸다 할지라도 나는 머리카락 하나 끄떡하지 않을 테다."라고 나무랐다.

22. 손암 정약전이 59세로 작고하다

여름 6월 6일 둘째 형님 손암巽菴 정약전丁若銓이 귀양지 소흑산도 우이보牛耳堡에서 향년 59세로 세상을 떠났다. 사암은 6월 16일쯤에 박재굉朴載宏을 보내 형님의 관을 나주로 운반하게 하고, 6월 17일에는 두 아들에게 편지를 써서 둘째 형님을 추앙했는데 글자마다 눈물이 배어 있었다.

이 편지 「두 아들에게 부치노라寄二兒」를 『다산서간정선』에서 그대로 옮겨 싣는다.

6월 초엿샛날은 곧 어지신 둘째 형님께서 세상을 떠나신 날이다. 슬프도다! 어지신 분께서 이처럼 세상을 곤궁하게 떠나시다니! 원통한 그분의 죽음 앞에 나무나 돌멩이도 눈물을 흘릴 텐데 오히려 무슨 말을 다시 하랴! 외롭기 짝이 없는 이 세상에서 다만 우리 손암 선생만이 나의 지기가 되었는데 이제는 그분마저 잃었구나. 지금부터는 학문을 연구해서 비록 얻은 것이 있다 하더라도 바야흐로 누구에게 입을 열겠느냐. 사람이 자기를 알아주는 지기가 없다면 이미 죽은 것이나 다름없는 것이다. 너희 어미가 나를 제대로 알아주랴, 자식이 이 아비를 제대로 알아주랴, 형제나 집안 사람들이 나를 알아주랴. 나를 알아주는 분이 죽었으니 또한 슬프지 않겠는가! 경서에 관한 240권의 내 저서를 새로 장정하여 책상 위에 보관해놓았는데 이제 나는 불사르지 않을 수 없겠구나.

율정에서 헤어진 것이 드디어 영원한 이별이 되고 말았구나. 더욱 더 슬프디슬픈 일은 그같은 큰 그릇, 큰 덕망, 심오한 학문과 정밀한 식견을 두루 갖춘 어른을 너희들이 알지 못하고 너무 오활한 분, 낡은 사상가로만 여겨 한가닥 흠모의 뜻을 보이지 않은 것이다. 아들이나 조카들이 이 모양인데 오히려 남들이야 말해 무엇하랴. 이것이 가장 슬픈 일이지 다른 것은 애통할 바가 없다.

요즈음 세상에 그 고을 사또가 서울로 영전했다가 다시 그 고을에 올 때는 고을 백성들이 모두 길을 막으며 거부한다는 소리는 들었어도, 귀양살이하는 사람이 다른 섬으로 옮겨가려고 하는데 본디 있던 곳의 섬사람들이 길을 막으며 더 있어달라고 했다는 말은 우리 형님 말고는 들은 적이 없다.

집안에 형님 같은 큰 덕망을 갖춘 분이 계셨으나 자식이나 조카들이 모두 알아주질 않았으니 또한 원통한 일이로다. 돌아가신 선왕正祖大王께서 신하들의 인품을 밝게 파악하시고 우리 형제에 대해 언제나 말씀하시기를 '아무개는 형이 아우보다 낫다.'라고 하셨다. 아아, 밝으신 우리 임금님만은 형님을 알아보셨던 것이다.

23. 정약전의 묘지명을 짓다

가을 8월 10일에는 둘째 며느리인, 학유의 부인 청송 심씨靑松沈氏 (1787~1816)가 죽었다. 이 며느리는 사암의 친구 심욱沈澳의 딸로 효부 孝婦였다. 사암은 귀양이 풀려 고향 소내로 돌아온 뒤 부인 홍씨에게 이 며느리 심씨의 효성스러운 행실을 듣고 「효부 심씨 묘지명孝婦沈氏墓誌 銘」을 지어 그 시어머니에 대한 효성을 기리며 그 공덕을 다음과 같이 기록했다. "시아버지 섬기기는 1년뿐이라 나는 그 어짊을 알지 못한다. 시어머니 섬기기는 17년이라 시어머닌 너를 두고 아깝다 했구나."

가을 9월 13일에 정수칠丁修七(1768~1835)에게 편지를 보내 6월에 세상 을 떠난 손암 정약전의 운구를 도와달라고 하고, 11월 16일에 소흑산도 우이보의 문순득文淳得(1777~1847)에게 떡차 50개를 보내고 감사하다는 편지도 보냈다. 이 문순득은 어부로 서남쪽 바다로 표류해 유구琉球·영 파부寧波府·필리핀·월남 등지에 이르렀다가 돌아왔는데, 그가 표류 사 실을 구술口述하고, 손암 정약전이 이를 기술한 『표해시말漂海始末』이란 표류기가 있다. 아마도 이 문순득이 손암의 운구에 큰 역할을 하지 않았 나 싶다.

사암은 「선중씨 정약전 묘지명先仲氏墓誌銘」을 지어 손암 정약전의 일 생을 기록해 남겨놓았는데, 『다산산문선』에 있는 「선중씨 정약전 묘지 명」에서 중요한 대목을 추려 한 현인賢人을 추모하겠다.

"돌아가신 어머니께서 세 아들을 얻는 꿈을 꾸고 낳으셨기 때문에 어 렸을 때 이름을 삼웅三雄이라 했다.

어려서는 얽매이지 않으려는 성격이었고, 커서는 사나운 말이 아직

길들여지지 않은 듯했지만, 서울에서 노닐며 널리 듣고 뜻을 고상하게 지녔다. 이윤하李潤夏(?~1793)·이승훈·김원성金源星 등과 함께 돌같이 굳게 사귀며 살기로 결정하고, 성호 이익의 학문을 이어받아 주자학을 거쳐서 공자의 유학儒學까지 거슬러 오르기 위해 공손히 격식을 갖추어 강마講磨하고, 서로 어울려 덕德에 나아가려 글을 배웠다. 얼마 뒤 다시 제자의 예를 갖추어 녹암鹿菴 권철신의 문하에 가르침을 요청했다.

언젠가 겨울에 광주廣州의 주어사走魚寺에 우거寓居하여 강학처를 열었는데, 참가한 사람이 김원성·권상학權相學·이총억李寵億(1764~?) 등 여러명으로, 녹암께서 지켜야 할 규칙을 만들어주고는 새벽에 일어나 얼음물을 떠서 세수를 하고 나서「숙흥야매잠夙興夜寐箴」을 암송케 하고, 해가 뜨면 주자의 「경재잠敬齋箴」을 암송하고, 정오가 되면 정이程頤의 「사물잠四勿箴」을 암송하고, 해가 지면「서명西銘」을 암송하도록 했으니, 씩씩하고 엄숙하며 정성스럽고 공손한 태도로 규칙과 법도를 잃지 않았다. (…)

계묘년(1783) 가을에 경전의 뜻을 밝혀 생원시에 합격했으나 과거 공부에는 노력을 기울이지 않으며, '대과大科는 나의 뜻이 아니다'라고 했다. 일찍이 이벽을 따라 놀며 역수曆數의 학문에 대해 듣고『기하원본幾何原本』을 연구하여 정밀하고 오묘한 뜻을 파헤쳐냈으며, 천주교의 학설을 듣자 흔연히 기뻐했으나 몸으로 서교를 믿지 않았다.

경술년(1790) 여름 증광문과가 실시됐는데, 공은 '과거에 합격하지 않으면 임금을 섬길 수 없다'라 하고는 대책對策 공부에 힘써 과거장에 들어갔었다. 책문 제목이「오행五行」이었는데, 공의 답변이 제일위로 뽑혔으며, 또 회시會試에 대책으로 급제하여 승문원 부정자副正字로 임명되었으며, 대신들이 또 초계抄啓하여 규장각의 월과月課의 임무를 맡게 되었다. (…)

공은 책을 편찬하거나 저술하는 데에는 게을렀기 때문에 지은 책이 많지 않다. 『논어난論語難』2권, 『역간易柬』1권, 『현산어보』2권, 『송정사의松政私議』1권이 있는데, 모두 귀양 갔던 흑산도 바다 가운데서 지은 것이다. (…)

갑진년(1784) 4월 보름날 큰형수의 제사를 지내고, 우리 형제는 이벽과 함께 같은 배를 타고 물결을 따라 한강을 천천히 내려오면서 배 안에서 천지조화의 시초, 육체와 정신, 삶과 죽음의 이치 등을 듣고 황홀함과 놀람과 의아한 마음을 이기지 못해 마치 은하수의 끝없음과 비슷했다. 서울에 온 뒤 이벽을 따라다니다 『천주실의』와 『칠극七克』 등 여러 권의 책을 보고 흔쾌하게 그쪽으로 기울기 시작했다. 그러나 그때는 제사 지내는 일을 폐해버린다는 이야기가 없었는데, 신해년(1791) 겨울 이후로 나라에서 금하는 일이 더욱 엄중해지자 한계가 드디어 구별되었다. 다만 얽혀 매어진 것은 풀기가 어려웠으니, 칡덩굴이나 등나무 얽히듯 해 명확하게 화란禍亂이 닥쳐옴을 알면서도 막아낼 수가 없었다.

오호라! 골육이 서로 싸워 자기의 몸과 이름만을 보존한 것과 순수하게 받아들여 엎어지고 뒤집혀 천륜에 부끄러움 없음이 어떻게 같을 것인가. 뒷세상에 그 마음을 알아줄 사람이 반드시 있을 것이다."

또 묘지명에 말한 끝부분만 더 인용한다.

"정밀한 지식과 꿰뚫은 식견을
묵묵히 마음속에만 가득 감추어두고는
못 잊을손 부모님 곁인 양
머나먼 곳에서 찾아와 묻혀버렸도다."

24. 약목의 신영제에게 말하노라

순조 17년(1817) 정축년은 사암도 나이가 56세에 이른 해이고, 강진으로 귀양살이를 온 지도 17년째이며, 하늘이 내려준 탕목읍 같은 다산초당에 와서 산 지도 10년째이다.

경상도 칠곡漆谷 약목若木에 사는 신영제申永躋(1781~1837)가 4월 26일 다산초당을 방문하고 27일 떠났는데, 사암은 이때 「영로 신영제에게 말하노라贈申永老」라는 글을 써서 주었다.

사암은 이 글에서 말했다.

"순조 1년(1801) 봄에 내가 장기로 귀양 살러 갔는데, 이곳 또한 영남 땅이다. 그때는 친척이나 친구들이 감히 서로 알은체를 못할 때였다. 그런데 내가 귀양길로 지나가는 곳에서 무릇 한번 만나서 문안하고 위로해주었으니, 대체로 그는(신영제의 아버지) 돈후질박하고 어질고 두터움이 태어난 그대로였던 것이다.

그해 겨울(12월)에 다시 강진으로 귀양지를 옮기게 되었다. 이로부터 영남 인사人士의 소식이 아득히 멀어졌다. (…)

금년 초여름 음력 4월 26일 약목의 영로穎老 신영제申永躋가 특별히 와서 나와 서로 만나보고 가르침과 의견을 물었는데, 곧 내가 옛날 좋아하던 개천군수价川郡守 신공申公(申善應)의 훌륭한 아들이다. 손을 꼭 쥐어 반기고 몇십년 동안 겪은 일을 털어놓으니 기쁨과 슬픔이 뒤섞였다. 예순살이 넘은 학덕이 높은 여러 노인의 안부를 물으니, 이제는 거의 다 시들고 말라서 떨어지고, 오직 석전石田에 사는 묵헌默軒 이만운李萬運 (1736~1820) 어른만이 지금 연세가 82세인데, 그 학문이 오히려 정미精微

하고 강하고 완전하며, 남을 가르침에 게으르지 않다고 한다. 그 나머지 나이가 아직 높지 않은 이도 또한 남아 있는 이가 적단다. 아아! 그것은 슬픈 일이다. (…)

내가 이제 어느날 죽을지 모르겠다. 다른 해에 혹시 이 몇가지 저서를 휴대하고 영남에 이름이 있을 경우, 바라건대 여러 군자들께선 큰 헤아림과 두터운 덕으로, 사람이 좋지 않다 해서 그 저술까지 버리지 말고 이를 받아들여 거두어주되, 자갈은 줄여 없애버리고 땔나무나 꼴만 가려서 뽑아 그 1백가지에서 하나만이라도 나의 자취를 보존하게 된다면, 아마도 치욕을 참고 견디며 더러움을 너그럽게 받아들이는 크고 훌륭한 덕에 보탬이 있다고 말할 뿐이다."

사암은 이 글에서 1817년 현재까지 완성한 저술 목록을 제시하고, 이 저술을 "다 채용할 수가 없어도 여기에 편찬된 옛사람의 말은 부분적으로는 자못 정미하니, 후진 학자가 거두어들일 것이 있겠다."라고 하며 잘 유념해두라고 했다.

이 사암의 글은 『여유당전서』 시문집에는 빠져 있고 『다산서간정선』에 그 번역문과 원문 및 해제가 실려 있다.

25. 일표인 『경세유표』를 저술하다

사암은 순조 17년(1817) 가을인 7월에 『경세유표』 편찬 저술 작업을 일단 마무리한 듯하다. 사암의 묘지명 「나의 삶, 나의 길」에 따르면, "우리나라를 새롭게 개혁해보려는 생각으로 저술한" 『경세유표』는 "48권으로, 미완성"이라고 했다. 이 글에서 '48권'이라고 권수를 밝혀놓은 것으로 보아 '48권'까지는 편찬 저술해놓았던 것이 아닌가 싶다. 현재『경세유표』는 '44권'으로 그 뒤 45권부터 48권까지 '4권'이 빠져 있다. 이 빠져 있는 추관수제秋官修制와 동관수제冬官修制는 각각 형조의 제도와 공조의 제도에 대한 기술일 것이다.『경세유표』에서는 앞의 각 관아六曹 제도마다 2권씩 기술했으니, 형조 2권, 공조 2권이라 추단한다면 이미 기술한 44권에 이 4권을 더해 48권이 된다.

필자의 생각으로는 사암이『경세유표』를 48권까지 저술해놓았다가 뒤에『목민심서』와『흠흠신서欽欽新書』를 저술하면서 이미 저술해놓은 형조와 공조의 제도 4권을『목민심서』형전 6조와 공전 6조로 옮겼거나 형전 제도 기술을『흠흠신서』로 옮기지 않았을까 싶다. 또『사암선생연보』는 이『경세유표』가 '49권'이라고 하고, "목록에 '아방영국도설我邦營國圖說' '선의船議' 등으로 되어 있는데, 다 완성하지 못했다."고 쓰고 있다. 짐작건대 '도설'이나 '선의'를 써서 합하면 '49권'이 된다고 한 것인 듯하다.

가을 9월 13일에 장조카인, 큰형님 정약현의 큰아들 학수學樹(1797~1817)가 죽었다. 사암은 이듬해 귀양이 풀려 고향 소내로 돌아와「형자학수 묘지명兄子學樹墓誌銘」을 지어주었다.

12월 3일 강진 월출산 아래 백운동에 사는 이덕휘에게 옴을 치료하는 기름(약) 한사발을 보내달라는 편지를 보냈다.

12월에 석옥石屋의 시에 차운하여「산거잡영山居雜詠」24수를 지었다. 이 시는『여유당전서』시문집에는 수록되지 않았다.

사암은 1811년부터 1818년 9월까지 거의 시를 읊지 않았고, 귀양이 풀려 고향 소내로 돌아온 뒤부터 다시 시를 짓기 시작했는데, 이 8년 동안에 지은 몇편 되지 않는 시 가운데 한편이라 매우 값진 시라고 할 수 있겠다.

26. 사암의 18년 귀양이 풀리다

순조 18년(1818) 무인년은 사암이 귀양살이를 한 지도 18년에 접어든 해이다. 3월 하순경에 『목민심서』 초고본이 편찬 저술되었다. 사암은 이 역사적인 저술을 귀양이 풀려 고향 소내로 돌아온 뒤인 순조 21년(1821) 수정 보완하여, 3월에 그 서문을 쓴다. 이 「목민심서 서문牧民心書序」을 쓸 때는 호를 '열수洌水'로 쓰고 있다.

5월 하순경에는 『국조전례고國朝典禮考』(2권)가 저술되었다. 8월 17일에는 사간원 정언 목태석睦台錫(1783~1856)이 정약용을 다시 귀양지로 보내라고 상소했다. 아마 이때 사암의 귀양이 풀릴 것이라는 소문이 조정에 돌았을 것이라 목태석이 이 상소를 했을 것이다. 목태석은 사암을 모해하던 사람의 하나인 목만중의 손자로 조손祖孫이 대를 이어 사암의 앞길을 막는 짓을 서슴없이 하고 있었다. 그러나 이 가을 8월 18일경에 "홍문관 응교 이태순李泰淳(1759~1840)이 상소해 '정계停啓가 되었는데도 의금부에서 석방 공문을 보내지 않은 것은 조선조가 생긴 이래 아직까지 없던 일입니다. 여기서 파생될 폐단이 얼마나 많을지 알 수 없는 일입니다.'라고 하므로 정승 남공철이 의금부의 여러 신하들을 꾸짖자 판의금부사 김희순金羲淳(1757~1821)이 마침내 공문을 보내서 사암은 귀양이 풀려 고향으로 돌아왔다. 가경 무인년(1818) 9월 보름날이었다."

8월 22일쯤에 귀양을 푼다는 공문이 강진에 도착했을 것이다.

사암은 8월 23일 이후 소내로 돌아갈 준비를 하는 한편 『소학주관』 3권을 보완해 완성했다.

9월 1일 다산초당에서 제자들에게 증언贈言을 써서 주고 송별 잔치를 하고 나서 9월 초순에 강진 다산초당을 떠나 9월 14일 고향 소내苕川·牛川 여유당與猶堂에 돌아왔다. 「나의 삶, 나의 길」에는 9월 15일에 돌아왔다고 쓰여 있다.

사암은 1801년 2월 9일에 체포되어 의금부 감옥에 갇혀 추국을 받고, 2월 26일 둘째 형 정약전 등과 함께 사형에서 감면되어 유배형에 처해졌으며, 2월 27일 의금부에서 석방된 뒤, 2월 29일 귀양지인 경상도 장기를 향해 떠났다. 3월 9일 장기현에 도착해 3월 10일 마산리 성선봉의 집에 머물며 장기의 귀양살이를 하다 겨울 10월 20일 「황사영백서」 사건으로 장기에서 체포되어 10월 27일 의금부 감옥에 다시 들어가 조사를 받았다. 11월 5일 사암은 강진으로 귀양지가 결정되어 11월 9일 또 귀양길을 떠나 11월 24일쯤 강진 동문 밖에 이르러 주막 사의재四宜齋에서 살았다. 또 1808년 3월 다산초당으로 옮겨 살다가 18년 동안의 긴긴 귀양살이를 끝내고, 1818년 9월 15일 마침내 소내 여유당으로 돌아간 것이다.

제5장

제자들과 두 아들에게 내려준 교훈

1. 황상에게 준 중요한 교훈

1) 황상은 사암이 강진 땅에 귀양 와서 1802년 10월에 제일 처음 맞이한 제자로 이때 황상의 나이는 15세였다.

사암은 황상에게 산석山石이란 자字를 지어주고, 공부할 때는 마음을 굳게 다잡아 첫째도 부지런해야 하고, 둘째도 부지런해야 하고, 셋째도 부지런해야 한다는 '삼근계三勤戒'를 교훈으로 주었으며, 황상은 사암의 이 가르침을 평생토록 마음에 새기고 실천했다. 또 사암의 분부대로 시학詩學에 정진해 추사秋史 김정희金正喜(1786~1856)에게 "지금 세상에 이같은 작품은 없다."는 격찬을 받았다.

2) 사암은 황상에게 또 상달上達과 하달下達의 교훈을 가르쳤다. '상달의 사람은 의리에 밝고 하달의 사람은 이익에 밝다고 하고, 자기를 낮추면 남이 나를 올리고, 자기를 높이면 남이 나를 끌어내린다'고 했다.

2. 다산초당 제자들에게 준 교훈

1) 공목公牧 윤종심에게 내려준 교훈은 '가난을 슬퍼하거나 걱정하지 말라.'는 것이었다. 공목은 사암의 이 교훈을 잘 실천하여 안빈낙업安貧樂業을 하며 공부를 하였고, 다산체茶山體 해서 글씨를 잘 써서 그 달인達人이 되었으며, 사암의 5백여 권 저서를 다산체로 써서 정리했다고 한다.

2) 혜관惠冠 윤종문尹鍾文(1787~?)에게는 '경서 가운데 『논어』를 죽을 때까지 읽어야 하며, 누에를 치고 원포園圃를 만들어 생계를 꾸리고, 독서를 해야 짐승을 모면하여 성현을 뒤쫓아 따를 수 있고, 백성도 교화할 수 있다.'고 가르쳤다.

3. 초의 의순 선사에게 내린 당부

이 부분은 정민 교수의 『다산 증언첩』(휴머니스트 2017)에 나온 「조기관원산첩朝起觀遠山帖」을 읽고 추려낸 글로 사암이 초의선사에게 준 가르침이다.

"스님으로서 사는 곳을 마음에 두는 것은 더욱이 우스운 일이 아니겠느냐? 구름처럼 사방에 노닐면서 나라 안의 이름난 산을 모두 다 보고, 나라 안의 이름난 선비를 모두 알며, 거친 음식을 먹으면서 바람으로 머리를 빗질하고 빗물로 목욕을 하고, 만년에는 차가운 바위 아래 초가집을 하나 얻어, 죽이나 먹는 스님이 되어 문을 닫아걸고 글을 짓는다면 이름이 틀림없이 전해질 것이다. 이처럼 한다면 헛되이 살지 않았다고 할 수 있겠다."

초의선사는 사암의 이 교훈에 따라 이후 10년을 불국사와 금강산 등을 유람하고, 대산臺山 김매순金邁淳(1776~1840), 연천淵泉 홍석주洪奭周(1774~1842), 추사 김정희 형제, 자하紫霞 신위申緯 등과 교유를 하며, 서울의 사대부들과 시를 주고받았다. 만년에 두륜산 대둔사 산마루에 일지암一枝菴을 짓고 산속에 깊이 숨어 저술에 몰두해『일지암시고一枝菴詩稿』『일지암문집一枝菴文集』『동다송東茶頌』『다신전茶神傳』등을 저술하여 사암이 당부한 대로 헛되이 살지 않았다고 할 수 있겠다.

4. 큰아들 학연에게 준 교훈

순조 8년(1808) 여름에 강진에 근친하러 왔던 둘째 아들 학유가 2년 동안 아버지를 모시고 공부하다가 순조 10년(1810) 2월 초순경에 소내로 돌아갔는데, 이때 사암이 큰아들 학연에게 내린 교훈(「示學淵家誡」)이다.

(1) 친구를 사귈 때 가릴 일

1) 효도와 우애로써 몸을 닦는 근본을 삼아야 한다. 효도와 우애에다 자기의 본분을 다하지 않으면 비록 학식이 매우 고명高明하고 문체가 찬란하고 아름답다 하더라도 흙담에다 아름답게 색칠해놓은 것에 지나지 않는다.

2) 천륜에 야박한 사람은 가까이해서도 안 되고 믿을 수도 없다. 비록 충성스럽고 인정 있고 부지런하고 민첩하여 정성을 다하여 나를 섬겨

주더라도 절대로 가까이해서는 안 된다. 이들은 끝내는 은혜를 배반하고 의리를 잊어먹고 아침에는 따뜻하게 대해주다가도 저녁에는 차갑게 변하고 만다.

3) 무릇 불효자는 가까이하지 말고 또한 형제끼리 우애가 깊지 못한 사람도 가까이해서는 안 된다.

(2) 벼슬살이를 어떻게 해야 하나

1) 임금을 섬길 때에는 임금의 존경을 받아야지 임금의 총애를 받는 것이 중요하지 않다.

2) 임금의 신뢰를 받는 게 중요하지 임금을 기쁘게 해주는 사람이 되는 게 중요하지 않다. 아침저녁으로 가까이서 임금을 모시고 있는 사람은 임금이 존경하는 사람이 아니며, 시나 글을 잘하고 기예를 가진 사람도 임금이 존경한다고 할 수 없다.

3) 글씨를 재빠르게 잘 쓰는 사람, 임금의 얼굴빛을 살펴 비위를 잘 맞추는 사람, 벼슬 버리기를 어려워하는 사람, 위의가 장엄하지 못한 사람, 권력자에게 이리저리 붙는 사람 등을 임금은 존경하지 않는다.

4) 임금이 마음속으로 믿고 의지하여 임금을 수호하고 보좌하도록 함으로써 서신이 자주 오고 가고 하사품이 자주 내려질지라도 그런 것을 모두 임금의 총애나 영광으로 믿어서는 안 된다. 뭇사람들이 노여워하고 시기하게 되니 결국은 재앙이 따르게 마련이다. 뿐만 아니라, 오히려 한 단계의 승진도 못하는 것은 무엇 때문이겠느냐? 임금도 또한 늘 혐의받는 것을 피하려 하기 때문이다. 그런 신하는 임금이 첩같이 다루고 노예처럼 부려먹으므로 대체로 혼자서만 매우 고달프고 힘들기만

하지 등용되기는 쉽지 않다.

(3) 임금의 잘못도 따져야

1) 언관言官의 지위에 있을 때는 아무쪼록 날마다 적절하고 바른 의론을 올려서 위로는 임금의 잘못을 책망하고 아래로는 백성들의 고통이 알려지게 하여야 하고, 더러는 잘못된 짓을 하는 관리들은 물러나게 해야 한다.

2) 벼슬에서 해직된 때에는 그날로 고향으로 돌아가야 하며, 아무리 절친한 벗들이나 동지들이 머물러 있으라고 간청을 해도 절대로 들어서는 안 된다.

3) 군郡이나 현縣의 수령이 되어 외직으로 나갈 때에는 자애롭고 어질게 하고, 청렴결백하도록 힘써서 아전들이나 백성 모두가 편하도록 해야 한다. 가령 나라가 큰 난리를 당했을 때에는 평탄하거나 어렵거나 꺼려 말고 죽음을 무릅쓰고 절개를 지키도록 해야 한다. 이렇게 하는 사람을 임금이 어찌 존경하지 않을 수 있겠느냐?

(4) 음풍영월을 삼가라

1) 아버지를 섬기듯이 큰아버지를 섬기고, 음풍영월吟風詠月을 잘해 한때의 헛된 영예를 얻어도 이는 떠가는 물거품 같은 것이라 곧 없어져 버리니 이를 삼가라.

2) 검소하게 토지에 온 힘을 다하여 분수에 맞추어 도道를 지고 일거리를 줄여 경비를 절약한다면 아마도 집안을 보전하는 훌륭한 큰아들

이 될 수 있을 것이다.

(5) 의원 행세를 그만두거라

네가 갑자기 의원이 되었다니 무슨 의도며, 무슨 이익이 있다고 그리했느냐? 네가 의술을 빙자하여 벼슬아치들과 사귀면서 아버지의 석방을 꾀하고 싶어서 그러느냐? 그런 일을 해서는 안 된다. (…) 돈 안 드는 입술을 나불거려 너의 뜻을 기쁘게 해주고는 돌아가 비웃는 사람이 대부분이라는 걸 너는 아직 깨닫지 못했느냐? (…) 네가 의원 행세를 그만두지 않으면 나는 살아서는 연락도 하지 않을 것이고 죽어서도 내가 눈을 감지 못할 것이다.

(6) 내가 귀양지에서 죽는다면

내가 만약 이곳 귀양지에서 죽는다면 마땅히 이곳에다 묻어놓고, 나라에서 그 죄명을 씻어준 뒤에야 반장返葬하는 게 마땅할 것이다.

순조 10년(1810) 2월에 노자 삼아 써준 이 '가계'들을 보면 조금 격조가 높기는 하나 사암도 별수없이 결국 한 잔소리꾼 아버지임을 벗어나지 않았다.

5. 둘째 아들 학유에게 준 교훈

이 가계는 박석무 전 의원이 편역한 개역 증보판 『유배지에서 보낸 편지』(창작과비평사 1991; 개정3판, 창비 2019)에 실려 있는 사암이 내려준 교훈(『贐學游家誡』)이다.

1) 무릇 하나의 하고 싶은 일이 있다면, 그 목표가 되는 사람을 한 사람 정해놓고 그의 수준에 오르도록 노력하면 그에 이를 수 있으니, 이런 것은 모두 용기라는 덕목德目에서 할 수 있는 일이다.

2) 마음이 너그러워 사물을 잘 포용하는 성품의 근본은 용서해주는 데 있으니, 용서할 수만 있다면 좀도둑 같은 좁은 마음을 지닌 사람이라도 참을 수 있거늘, 하물며 보통 사람에게 용서하고 참을 수 없겠느냐?

3) 집에 늙은 할아버지가 있으면 칡으로라도 노끈을 꼬고, 늙은 할머니는 실꾸리를 들고 실을 뽑는 일을 손에서 놓지 않으며, 이웃집에 마실을 가더라도 일을 계속하는 그런 집안은 반드시 가난을 걱정하지 않아도 될 것이다.

4) 자기 형의 과수원을 잘 보살피지 못하는 사람은 반드시 자기의 과수원도 보살필 수 없을 것이다. 내 땅이고 남의 땅이고를 따지지 않고 마음을 다하고 온 힘을 써서 가꾸는 본성을 가져야 한다.

5) 사나이의 가슴속에는 항상 가을 매가 하늘로 치솟아 오를 기상을 품고서 천지를 조그마하게 보고, 우주도 가볍게 손으로 요리할 수 있다는 생각을 지녀야 할 것이다.

6) 남이 알지 못하게 하려거든 그 일을 하지 말 것이고, 남이 듣지 못

하게 하려면 그 말을 하지 않는 것이 제일이다. 이 두마디 말을 늘 외우고서 실천한다면, 크게는 하늘을 섬길 수 있고, 작게는 한 가정을 보전할 수 있을 것이다.

7) 편지 한장을 쓸 때마다 두세번 읽어보면서 이 편지를 사통오달四通五達한 번화가에 떨어뜨렸을 때 나의 원수가 펴 보더라도 내가 죄를 얻지 않을 수 있다고 생각하면서 써야 하고, 또 이 편지가 수백년 동안 전해져서 안목 있는 많은 사람들의 눈에 띄더라도 조롱을 받지 않을 편지인가를 생각해본 뒤에 비로소 봉해야 함을 너희도 마음에 새기도록 하거라.

6. 두 아들에게 함께 내려준 교훈

사암이 18년 동안 강진에서 귀양살이하면서 두 아들 학연과 학유에게 함께 교훈을 글로 써서 준 것이 모두 6편이나 된다. 이 6편의 글 가운데 중요한 교훈을 가려 조목으로 만들어 나열해보겠다. 이 교훈도 또한 『유배지에서 보낸 편지』에 실려 있는 글에서 추려냈다.

1) 두 아들이 효자가 되고 두 며느리가 효부가 된다면, 나는 귀양지 강진에서 늙는다 해도 도리어 유감이 없겠다.

2) 목표를 세워 용기를 가지고 노력하면 목표에 도달할 수 있다.

3) 만일 하루아침의 분노를 이기지 못해 서둘러 먼 시골로 이사를 간다면 무식하고 미천한 백성으로 일생을 끝마치고 말 것이니, 문명 세계인 서울을 떠나지 말거라.

사암은 순조 7년(1807) 강진에 있으면서 자신의 가족을 강진으로 데려오겠다고 생난리를 쳤는데, 그때 둘째 형님 손암의 엄중히 꾸짖는 만류로 중지했다. 그로부터 3년이 지나서는 두 아들에게 오히려 조상의 터전인 마현 곧 소내를 떠나지 말라고 당부하고 있다.

4) 재물을 몰락한 친척이나 가난한 벗에게 나누어준다면 영원히 없어지지 않고, 자손에게 전해주면 끝내 탕진되고 말 것이다.

5) 사대부의 마음가짐이란 마땅히 광풍제월光風霽月과 같이 털끝만큼도 가림이 없어야 한다. 무릇 하늘이나 사람에게 부끄러운 짓을 저지르지 않는다면 자연히 마음이 넓어지고 몸이 안정되어 호연지기浩然之氣가 저절로 우러나온다.

6) 말을 실속 없이 과장되게 하는 사람은 남이 믿어주지를 않으며, 더구나 가난하고 미천한 사람일수록 더욱 마땅히 말을 적게 해야 한다.

7) 너희들에게 물려줄 밭뙈기도 장만하지 못해 오직 부지런함勤과 검소함儉 두 글자를 유산으로 물려주노니, 이는 일생 동안 써도 다 닳지 않을 것이니, 단단히 명심하도록 해라.

제6장
사암의 두 아들 교육법

사암은 강진에서 귀양살이하면서도 두 아들에게 폐족廢族으로서 집 안을 보존하고 인간의 품위를 지키면서 살아나갈 방법과 길을 편지로 가르쳤다. 또 두 아들을 효자로 그리고 학자로 키워내려고 두 아들에게 부단히 노력할 것을 다그치면서 한편으로는 애처로이 호소하고 있다. 이런 아버지의 간절한 소망을 차마 저버릴 수 없었던 두 아들은 아버지 의 소망대로 훌륭한 문인으로 큰 학자로 성장하여 시문집과 실학 저서 를 남기게 된다.

사암이 편지로 두 아들을 깨우치며 다그치고 협박까지도 서슴지 않 았던 말을 『다산서간정선』의 두 아들에게 보낸 편지에서 조목으로 추 려서 기술해보겠다. 일부는 앞의 서술과 겹치기도 할 것이다.

1. 독서를 해야 하는 까닭과 방법

1) 폐족으로서 잘 처신하는 방법은 무엇이라 하겠느냐? 오직 독서하

는 한가지 길밖에 없다. 독서라는 것은 사람에게 있어 가장 중요하고 깨끗한 일이며, 호사스런 집안 자제들에게만 그 참맛을 알도록 인정하는 것도 아니다. 또 시골 구석의 수재들이 그 심오함을 넘겨다볼 수도 없는 것이기 때문이다. 오직 벼슬하는 집안의 자제로서 어려서부터 듣고 본 바도 있는데다 중년에 죄에 걸린 너희 같은 또래들만이 참된 독서를 할 수 있을 것이다.

　2) 독서를 하려면 반드시 먼저 기초를 확립해야 한다. 기초란 무엇인가. 학문에 뜻을 두지 않으면 독서를 할 수 없으며, 학문에 뜻을 둔다고 했을 때에는 반드시 먼저 기초를 확립해야 한다. 기초란 무엇인가. 오직 효孝·제弟가 그것이다. 먼저 모름지기 효·제를 힘써 실천함으로써 기초를 확립해야 하고, 기초가 확립되고 나면 학문은 자연스럽게 몸에 배어들고 넉넉해진다. 학문이 이미 몸에 배어들고 넉넉해지면 독서에 대한 특별한 단계를 꾀하지 않아도 괜찮을 것이다.

　3) 무릇 독서할 때 늘 도중에 한 글자라도 의미를 모르는 곳을 만나면 모름지기 널리 고찰하고 세밀하게 연구하여 그 근본 뿌리를 깨달아 글 전체를 이해할 수 있어야 한다. 날마다 이런 식으로 책을 읽는다면, 한 가지 책을 읽더라도 수백가지 책을 아울러 엿보는 것이다. 이렇게 읽어야 읽은 책의 뜻을 훤히 꿰뚫어 알 수 있으니, 이 점을 꼭 알아야 한다.

　4) 너희들이 참말로 독서를 하지 않는다면 내 저서는 쓸모가 없어지고, 내 저서가 쓸모가 없어진다면 나는 할 일이 없어진다. 그렇게 되면 나는 앞으로 마음의 눈을 닫고 진흙으로 빚은 사람처럼 될 뿐만 아니라 열흘이 안 되어 병이 날 것이다. 병이 들면 이 병을 고칠 수 있는 약도 없을 것이니, 곧 너희들이 독서하는 것은 내 목숨을 살리는 것이 아니겠느냐!

5) 폐족에게 재주 있는 뛰어난 선비가 많은 것은, 하늘이 폐족에게만 재주 있는 사람을 태어나게 하여 후하게 여기는 것이 아니다. 부귀영화를 얻으려는 마음이 하늘이 내려주는 근본 정신을 가리지 않았기에 깨끗한 마음으로 독서하고 이치를 궁구하여 진면목과 바른 뼈대를 잘 얻었기 때문이다. 평민으로 배우지 않으면 다만 못난 사람이 될 뿐이지만, 폐족으로서 배우지 않는다면 끝내는 도리에 어그러지고 비천하고 더러운 신분으로 타락하게 되어 아무도 가까이 하려고 하지 않아 결국 세상의 버림을 받게 되고, 따라서 혼인할 길마저 막혀 미천한 집안과 결혼을 하게 될 것이며, 한번 더 거쳐 물고기의 입술이나 강아지의 이마 몰골을 한 자식이 태어나면 그 집안은 마침내 물을 것도 없는 것이다.

2. 문장가나 학자가 되는 길

1) 너희들 중에 학연의 재주와 기질과 총명한 기억력은 내가 젊었을 때보다는 조금 떨어지는 듯하다. 그러나 열살 때 지은 네 글을 나는 아마 스무살 적에도 짓지 못했겠고, 이 근래에 지은 글은 대체로 오늘날 나로서도 미치지 못할 것이 더러 있으니, 그것은 네가 효과적으로 공부하는 길을 택했고, 견문이 조잡하지 않았기 때문이 아니겠느냐.

2) 내 생각에는 네가 이미 진사도 되고 과거에 급제할 실력은 된다고 본다. 글을 알면서도 과거 때문에 오는 잘못을 벗어나는 것과 진사가 되고 급제한 사람이 되는 것 중 어느 편을 선택할 것인가는 잘 알 것이다. 너야말로 참으로 독서할 때를 얻었다. 내가 이미 말했듯이, 가문이 망해버린 것 때문에 오히려 더 좋은 처지가 된 게 바로 이런 것이 아니겠느냐.

3) 너희들 중에 학유의 재주와 역량을 보면 맏이보다 주판 한알쯤 뒤질 듯하다. 그러나 성품이 곰살궂고 판단력이 좋으니, 진정으로 열심히 책 읽는 일에 온 마음을 기울이면 도리어 형보다 낫지 못하다 하겠는가. 요즈음 둘째의 글을 보니 조금 나아갔다는 것을 내가 알 수 있다.

4) 요즈음 한두 젊은이들이 원元·명明 시대의 경조부박輕佻浮薄하고 망령된 사람들이 가난과 괴로움을 극단적으로 표현한 말들을 본받아 절구絶句나 단율短律을 만들어 잘난 체하며 세상에 뛰어난 문장인 것처럼 자부하면서 거만하게 남의 글이나 욕하고 고전적인 글들을 깎아내리는 것은 내가 보기에 불쌍하기 짝이 없다. 반드시 처음에는 경학經學 공부를 하여 밑바탕을 다진 뒤에 옛날의 역사책을 섭렵하여 옛 정치의 득실과 잘 다스려진 이유와 어지러웠던 이유 등의 근원을 알아내고, 또 모름지기 실용의 학문, 곧 실학實學에 마음을 두고 옛사람들이 나라를 다스리고 세상을 구했던 글들을 즐겨 보도록 해야 한다. 마음에 항상 만백성에게 혜택을 주어야겠다는 생각과 만물을 자라게 해야겠다는 뜻을 가지고 있은 뒤라야만 바야흐로 참다운 독서를 한 군자라 할 수 있다.

5) 집에 책이 없느냐? 몸에 재주가 없느냐? 눈이나 귀에 총명이 없느냐? 어째서 스스로 포기를 하려 하느냐. 폐족이라 생각하고 그러느냐? 폐족이라도 다만 과거와 벼슬길에 거리낌만 있을 뿐이고 성인聖人이 되는 일이야 거리낄 것이 없지 않느냐. 문장가가 되는 일이나 통식달리通識達理의 선비가 되는 일은 거리낄 것이 없지 않느냐. 거리낄 것이 없을 뿐만 아니라 또 과거 공부하는 사람들이 빠지는 폐단이 없어 크게 낫기도 한 것이다. 그리고 또 가난하고 곤궁하여 고생하다보면 또한 마음과 뜻을 단련하고 지혜와 생각을 넓게 되어 인정人情이나 사물의 진실과 거짓의 모습을 두루 알 수 있게 되는 것이다.

6) 너희들이 마침내 배우지 아니하고 스스로 포기해버린다면 내가 이루어놓은 바 저술과 편찬해놓은 것들을 앞으로 누가 거두어 모아서 책으로 엮어 다듬고 교정을 하며 정리하겠느냐. 이 일을 이루지 못한다면 내 책들은 끝내 세상에 전해질 수 없을 것이며, 내 책이 후세에 전해지지 않는다면 후세 사람들은 단지 사헌부의 계문啓文과 옥안獄案만 믿고서 나를 평가할 것이다. 그렇게 되면 나는 앞으로 어떤 사람이 되겠느냐?

7) 의원醫員이 3대를 계속해 내려오지 않았다면 그 의원의 약을 지어 먹지 않듯이 문장 또한 반드시 몇대를 내려가면서 글을 해본 집안이라야 잘할 수 있는 것이다.

3. 참된 선비와 실학

1) 세상에서 비스듬히 드러눕고 옆으로 삐딱이 서고, 아무렇게나 지껄이고 눈알을 이리저리 굴리면서 경건한 마음을 가질 수 있는 사람은 없다. 때문에 몸을 움직이는 것, 말을 하는 것, 얼굴빛을 바르게 하는 것 動容貌, 出辭氣, 正顔色, 이 세가지가 학문을 하는 데 있어 가장 우선적으로 머리를 들이밀어야 할 곳인데, 진실로 이 세가지도 하지 못하면서 다른 일에 힘을 쓴다면, 비록 하늘의 이치에 통달하는 재주가 있고 다른 사람보다 뛰어난 식견을 가졌다 할지라도 결국은 발뒤꿈치를 땅에 붙이고 바로 설 수 없게 되어 어긋난 말씨, 잘못된 행동, 도적질, 대악大惡, 이단異端이나 잡술雜術 등으로 흘러 걷잡을 수 없게 될 것이다.

2) 나야 이미 이곳에 있어 어쩔 수 없지만 큰형님은 연세가 이미 많으시니 너희들은 아침에 한번 찾아뵙고 저녁에 한번 가서 문안드리는 것

이 도리이다. 이렇게 하는 것은 겨우 사람의 모습만이라도 갖춘 사람이면 그만둘 수 없는 일이다.

3) 내가 유배 생활에서 풀려 몇년간이라도 너희들과 생활할 수 있어서, 너희들의 몸과 행실을 바르게 잡아주어 효제孝弟를 숭상하고 화목하고 돈독한 가풍을 만들며, 경사經史를 연구하고 시례詩禮를 담론하면서 삼사천권의 책을 서가에 진열하고, 1년 정도 먹을 양식 걱정 안 해도 되고, 원포園圃·상마桑麻·소과蔬果·화훼花卉·약초藥草 들을 일정한 간격을 잡아 고르게 심어 흙을 덮어 가리면 즐거울 것이다.

4) 채소밭 가꿀 때는 모름지기 땅을 매우 반반하게 고르고 이랑을 바르게 해야 하며, 그리고 흙을 다룰 때는 매우 가늘게 부수고 깊게 갈아 분가루처럼 부드럽게 해야 한다. 씨는 매우 고르게 뿌려야 하며, 모종은 아주 성글게 해야 한다. 아욱 한 이랑, 배추 한 이랑, 무우 한 이랑씩 심어두고 가지나 고추 종류도 각기 마땅히 따로따로 구별하여 심어놓아야 한다. 그러나 마늘이나 파 심는 일에 가장 힘쓸 것이며, 미나리도 또한 심을 만한 채소다. 한여름 농사로는 참외만 한 것도 없겠다. 절약하고 본농사에 힘쓰면서 아울러 부업으로 좋은 평판을 얻을 수 있는 것이 이 채마밭 가꾸는 일이다.

5) 이미 닭을 기르고 있으니 아무쪼록 앞으로 많은 책 중에서 닭 기르는 이론을 뽑아내어 차례로 정리하여 '계경鷄經'을 짓는다면, 육우陸羽라는 사람의 『다경茶經』, 혜풍惠風 유득공의 『연경烟經』같이 또한 하나의 좋은 책이 될 것이다. 세속적인 일에 종사하면서도 '선비의 깨끗한 취미'를 가지고 지내려면 모름지기 늘 이런 식으로 하면 된다.

제4부

실학을 완성하다

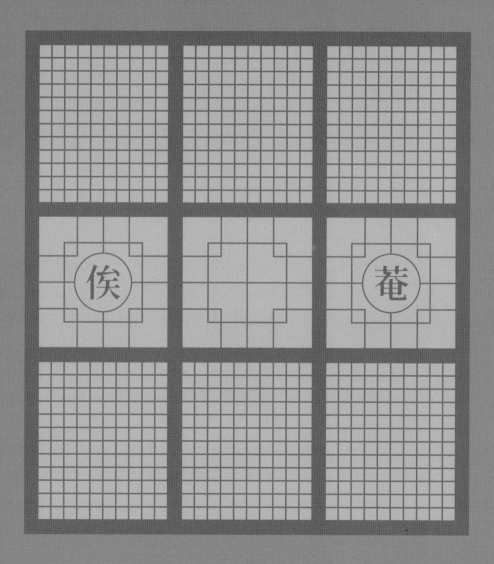

제1장
마침내 여유당으로 돌아오다

1. 『흠흠신서』를 편찬하기 시작하다

사암은 18년 동안 전라도 강진 땅에서 고얀 무리들이 끊임없이 해치려는 와중에 그 고달프고 힘든 귀양살이를 어렵사리 하면서 그야말로 혼신의 힘으로 목숨을 걸다시피 하며 우리나라 역사상 최고·최대의 다산학茶山學을 개척하는 공부를 하였다. 이를 통해 수많은 경학 연구 저술과 성대한 실학 저술을 집필하여 이 저서를 다산동암에 소장했던 2천여 권의 책과 함께 말이나 수레에 가득 싣고 순조 18년(1818) 가을 9월 15일 소내 여유당으로 돌아왔다.

여유당으로 돌아온 사암은 이제 가족과 친인척과 떨어져 살며 그리워하던 회포를 풀려고, 먼저 친구이자 사돈, 곧 딸의 시아버지인 감찰 윤서유와 함께 소내 강가 작은 바위 아래에서 배를 띄우고 놀면서 강진에서 귀양살이의 어려움을 크게 도와준 데 대한 고마운 마음을 전하며 망년우를 맺자고 다짐했다. 겨울날엔 큰형님을 모시고 일감정一鑑亭에 가서 놀다가 배를 타고 돌아오기도 하며 손자들을 대견스레 바라보았는데, 이때 외손자 윤정기가 벌써 6세나 되었다. 두 아들과 세 친구가 모여 시를 지으며 헤어져 지내던 아쉬움을 달래고, 양평군 지평에 사는 당숙 정재규에게도 시를 지어 보내며 봄이 오면 소내로 와서 만나뵙자고 했다.

사암은 다산초당에서 저술에 오롯이 몰두하던 1811년부터 1818년 9월까지 거의 시를 읊지 않았는데, 이제 고향 소내로 돌아오자 다시 시를 짓기 시작하여 이해 세밑까지 6편의 시를 짓는다. 또 앞에서 말한 「효부 심씨 묘지명」을 짓고, 고향에 돌아와 즐거운 가운데에서도 이제 다시 마음을 추슬러 사암 실학의 결정판인 일표이서 가운데 이서의 하나인 『흠흠신서』를 편찬 저술하기 시작한다.

2. 하담 선영에 참배하다

1818년 9월 15일 소내로 돌아와 새해를 맞이한 순조 19년(1819) 기묘년 사암은 이제 나이가 58세나 되었다. 귀양살이로 지친 몸과 마음을 추스르느라 여름 4월 5일에 포의布衣 김상유金商儒와 사라담鈔羅潭에서 배를 띄워 소내 동쪽 남자주에 이르러 생선찌개를 끓여 먹고 놀았다. 이때 경상도 풍기豐基 고을이 살기 좋다는 말을 듣고 언뜻 그리로 옮겨 살고 싶다는 마음이 들기도 했다고 한다.

4월 9일 아버지의 제사를 지내고 4월 15일에는 큰형님 정약현을 모시고 고기잡이배를 타고 충주 하담 선영으로 귀양살이에서 무사히 살아 돌아왔다는 인사를 올리려고 떠났다. 이때 배를 타고 남한강을 거슬러 오르면서 남한강 풍광風光을 읊은 기행시 75수를 지었다. 또 어버이 무덤에 엎드려 큰절을 올리고 「어버이 무덤에 오르다上墓」란 시를 지어 18년 만에 비로소 다시 인사를 드렸다.

사암이 순조 1년(1801) 신유옥사에 걸려들어 3월 2일 장기로 귀양 가는 길에 이 아버지·어머니 무덤에 올라 「하담의 이별」이란 시를 지어 이별을 아뢰고 떠났다가 이제 18년이 지난 4월 17일경에 다시 아버지·어머니 무덤에 참배한 것이다.

이 「어버이 무덤에 오르다」란 시도 『다산시정선』 하권에 실려 있는 것을 번역시와 원문 그대로 옮겨 실었으니, 사암의 효성스런 마음을 느껴보기 바란다.

어버이 무덤에 오르다

나는 정기를 늦게 받아 태어났기에
아버지께선 내 막내아들이라 하셨어요.
순식간에 30년이 흘렀는데
아버님 뜻을 기쁘게 해드리지 못했어요.
무덤 속이 비록 저 세상이지만
옛사람은 여묘廬墓 살며 모셨사옵니다.
아직도 생각나요 신유년(1801)의 봄
통곡하며 묘소를 하직했지요.
말도 먹일 겨를도 없이 떠나면서
의금부의 관리에게 핍박당했어요.
귀양지에서 떠돌다보니
어느새 18년이나 세월이 흘렀습니다.

봉분 앞에 서 있는 한쌍의 나무
가지와 잎새가 예전처럼 푸르르군요.
사람의 생애가 너만도 못하여
버림받는 게 어찌 그리도 쉬운지.

上墓

我生受氣晚, 父曰嗟余季.

忽忽三十年, 未或愉其志.

窀穸雖冥漠, 昔人猶廬侍.

尙憶辛酉春, 痛哭辭靈隧.

未暇秣馬行, 逼迫禁府吏.

漂流嶺海外, 九載於焉二.

墳前一雙樹, 柯葉依然翠.

人生不如汝, 棄捐何容易. (1819)

3. 용문산에 처음으로 오르다

사암은 충주 하담 선영에 귀양살이에서 목숨을 건져 돌아왔다는 인
사를 올리고 나서 소내 집으로 돌아온 뒤, 여름 윤4월 12일 문산 이재의
와 같이 배를 타고 자신의 농장이 있는 양평군 서쪽 북한강가의 문암에
가서 노닐며, 배에서 수종사를 바라보기도 하면서, 소내의 평화롭고 한
가한 삶을 누리고 있었다. 귀양살이에서 돌아온 뒤 처음으로 자신의 농

장에 간 것이다.

6월쯤에 『흠흠신서』 초고본이 편찬 저술되었는데, 이 저서의 처음 이름은 '명청록明淸錄'이라고 했다.

7월 10일경에는 사간원 정언 김상우金商雨(1751~1820)가 주부主簿가 된지 5일 만에 벼슬을 버리고 충주로 돌아가는 길에 소내 여유당에 들렀다. 이 김상우는 자가 좌현佐賢으로 충주 목계에 살았던 것 같다. 또 7월 중순쯤에는 정언 한익상韓益相(1767~1851)이 함경도 경성판관鏡城判官으로 나갈 때 그에게 송별시를 써주었다. 이 한익상은 뒤에 벼슬이 병조 참판에 이르렀다. 8월 초순에는 광주廣州 사촌社村으로 가서 석천石泉 신작申綽(1760~1828)을 찾아보았다. 8월 21일 신작에게 『상례사전喪禮四箋』 7책을 보낸 뒤, 9월 초순쯤에 이 『상례사전』 서평을 받고, 9월 중순쯤에 『매씨상서평梅氏尙書平』을 보냈으며, 10월 중순에 『매씨상서평』에 대한 서평을 받았다.

8월 28일에는 용문산을 유람하려고 양평에 가서 먼저 사천사斜川寺를 유람하고, 8월 30일에 용문산 주봉인 백운봉白雲峰에 올랐다. 이 용문산은 소내에서 멀리 바라보이는 경기도의 명산으로 사암은 늘 바라보기만 하고 유람하거나 오르지 못했는데, 이제 비로소 이 용문산에 올랐다. 백운봉에 오른 감회를 「용문산 백운봉登龍門白雲峰」이란 시를 지어 용문산에 대해 "어진 선비나 호걸처럼 좋아하고 사모해 / 내 손으로 한번 쓰다듬고 싶었네. / (…) / 머나먼 남쪽 땅에 떨어졌다가 / 19년 동안 외로이 지내고 / 낭패한 끝에 고향으로 돌아왔다오."라고 하면서 용문산에 늦게 오게 되었다는 인사를 전한다. 이 「용문산 백운봉」도 『다산시정선』 하권에서 그 번역시만 옮겨 싣는다.

용문산 백운봉

우뚝 솟은 백운봉은
이 용문산 주봉이라오.
우뚝한 봉우리 푸른 하늘 찌르고
두 날개 흘려 보좌를 삼았다.
마치 들판에 장막을 칠 때
한가운데 버티는 기둥이라네.
내가 평소 한강에 배를 띄우고
황효포黃驍浦를 오르내리노라면
아득히 보이는 이 봉우리 빛이
언제나 뱃머리 향해 내리비쳤네.
단정하고 엄숙하며 게다가 아름다워
나도 모르게 노를 가볍게 저어 멈추게 했다.
어진 선비나 호걸처럼 좋아하고 사모해
내 손으로 한번 쓰다듬고 싶었네.
문단에 달려 오르노라고
또 규장각에 얽매여 있었다가
사나운 북풍에 불려 나뭇잎 떨어지듯이
머나먼 남쪽 땅에 떨어졌다가
19년 동안 외로이 지내고
낭패한 끝에 고향으로 돌아왔다오.
수염과 머리털 서리같이 희어져
텅 빈 늙은이가 되어버렸네.

노쇠하여 근력도 모자라

헐떡이며 마을이나 돌더니

꿈에도 그리던 높고 험준한 푸른 산에

묵은 빚 언제나 갚아볼까 했다오.

맑은 서리에 덩굴이 시들고

희미한 구름에 하늘도 고요하여

마음이 먼저 빨리 날아가서

느려터진 걸음 걱정할 겨를도 없었네.

조각배 타고 바위 여울 오르노라니

때마침 서풍도 사납게 불었다오.

친구들이 내가 온다는 소식을 듣고

예를 차려 위문했네요.

시골 늙은이 차림으로 서로 이끌고

술과 음식도 자못 예쁘고 사랑스러워

비록 단풍나무 숲은 없지만

붉은 덩굴이 그림처럼 얽혔고

깎아지른 절벽은 맑은 여울 굽어보니

이런 골짝 처음 보는 기쁨이라니

저물녘에 사천사斜川寺로 들어가니

말끔한 가을 산이 담장을 둘렀다오.

여기에 수운修雲이란 법사가 있어

옛날부터 선방에서 살았는데

세찬 변천 역력히 이야기할 때

한 심지 등잔불이 푸르르구나.

쓸쓸한 가을 아침에 일어나 정강이 묶고

두 겨드랑이에선 날갯소리 휙휙 나고.

발에는 성긴 미투리 신고

어깨엔 짧은 베옷만 걸쳤다오.

둔한 몸 일으키니 뛰어난 기상 있어

몹시 험난한 곳도 도리어 하찮구나.

등나무덩굴 부여잡고 가파른 데 올라

잎을 쓸고 짧은 거리 찾아가니

마른 뿌리에 생명을 기탁하여

부여잡는 게 참으로 괴로울 텐데.

우임금 비석은 들은 적이 없으니

무슨 일로 구루봉岣嶁峰을 오르리오.[1]

뾰족하고 섬세한 이 한 봉우리는

묵은 맹세가 마음속에 새겨졌다오.

바위 밑에 자리한 작은 암자에서

쉬기 겸하여 점심도 먹었지.

정신 맑히려 종을 세번 치고

기운을 돋우려고 북을 두번 울렸네.[2]

---

1 구루봉을 오르리오 하(夏)나라 우임금이 치수(治水)하던 때에 그 공(功)을 형산(衡山)의 주봉인 구루봉(岣嶁峰)의 석벽(石壁)에 새겼는데, 이것이 우비(禹碑)라고 전해지는 데서 온 말로, 근래의 고증에 의하면 명(明)나라 양신(楊愼)이 위조한 것이라고도 한다.

2 기운을 돋우려고~울렸네 춘추시대에 노(魯)나라가 제(齊)나라와 전쟁을 할 적에 노나라의 용사(勇士) 조말(曹沫)이 장공(莊公)에게 제나라 북을 세번 쳐서 제나라 군사의 용기가 다할 때를 기다려 응전(應戰)하기를 권유하여 말하기를 "전쟁이란 용기로 하는 것이라, 한번 북을 치면 군사들의 용기가 나고, 두번 쳤을 때는 용기가 줄어들고, 세번 쳤을 때는 용기가 다하는 것입니다."라고 한 데서 온 말인데, 여기서는 일고(一鼓)를 재고(再鼓)로 전용했다.

분발하여 한번 날아오르길 생각하니
장차 큰 공훈을 세우려듯이
차마 곧 다 이루는 공을 어쩌지 못해
곧장 높다란 곳을 오르는데
넓은 골짝이 갑자기 중간을 끊었으니
그 떨어진 실마리를 누가 가닥 찾을까.
다시금 늙은 소나무 틈을 타고
뜬구름 다니는 문호를 나와서
사뿐히 봉우리 머리에 이르고 나니
마음 만족스러우나 숨결은 아직 거칠다오.
신기하기는 용龍 등어리 오른 것 같고
두렵기는 범을 탄 것 같아라.
찰사察司로 이미 부임했으니
관람하자면 모름지기 부서를 살펴야겠다.
오대산은 동쪽 경계에 벌려 있고
이것이 모든 산의 시조가 되었다.
태백산·소백산은 동남방으로 달려가니
형세가 쇠뇌 자루 이은 듯하다.
속리산은 계룡산 끌어당기고
하나하나 다 산보山譜에 부합되도다.
금빛 물결이 석양에 빛나니
서쪽 바다가 뜨락에 떨어졌구나.
강물 감돌아 흐른 영종도 바다
마땅히 강화로부터 나오리라.

높고 험준한 송악산에는
왕기가 아직도 높다랗게 감도네.
보개산寶蓋山과 청량산淸涼山은 서로 연하여
막힘 없이 환하게 트이었네.
멀리 있는 건 이미 한눈에 뚜렷하고
가까운 건 손바닥으로 어루만질 수 있건만
아까운 건 망원경이 없어서
소나무 참나무를 자세히 구별 못하네.
따라서 생각하니 공자께서도
동산東山에 올라 노나라를 작게 여겼지.
인생이란 풀잎의 이슬같이
아침 햇살에 사라짐과 같다오.
60년을 되돌아보건대
내가 한 일 어찌 그리도 거칠었던가.
세상에선 제멋대로 날뛰다가
끝내는 초라한 썩은 선비 되었지.
육예六藝의 학문도 자질구레하고
경전의 뜻 주석한 것 누가 읽으리오.
한 백성도 이 덕택 못 입었으니
군자가 어떻게 이를 취택하리오.
울퉁불퉁 옹이 많은 나무 오래 사는 건
자귀나 도끼에 베이지 않기 때문이라네.
날개가 꺾인 지 오래되었으나
지금까지 그물 보면 놀란다오.

하늘빛이 점차 어둠침침해지고
가을 구름이 찬비를 빚어내누나.
잠깐 동안에 느끼어 탄식을 이루니
옛사람 누구와 짝할 만할까.
아아, 옛날에 소무蘇武 그이가
백발이 되어서야 포로를 벗어났었지.
바라노니, 이 산에서 동삼童蔘을 캐어다가
내 병든 몸 낫게 해주었으면. (1819)

4.『아언각비』3권을 저술하다

9월에 비변사에서 양전量田의 일로 사암을 조정에 기용하는 문제를 논의했으나 결국 기용되지 않았다.

12월 6일에는 경상도 칠곡부사漆谷府使 성동일成東一에게 선물을 보내 준 데 대한 감사 편지를 보내고, 아울러 약목의 신영제에게도 안부를 전해달라고 했다. 이 신영제는 순조 17년(1817) 다산초당으로 사암을 찾아온 약목에 살던 선비다.

12월에는 신작에게 저술을 끝낸『아언각비雅言覺非』를 보내 이 저서에 대한 평가를 받았는데, 신작이 12개 단어에 대해 붙여 보낸 쪽지는『아언각비』뒤에 실려 있다.

'아언각비'란 뜻은 "정확하고 합리적인 말로 이치에 맞지 않는 잘못된 말을 깨닫는다." 정도로 이해할 수 있겠다. 여기에 나온 한가지 말을 예로 초들자면, 문·무과에 1등으로 급제했다는 '장원壯元'이란 말은 '狀

元'이 올바른 말이라고 자세히 설명해놓았다. 이 '壯元及第'란 말은 오늘날까지도 잘못된 채로 그대로 쓰이고 있다.

　시대가 어지러우면 이에 따라 말도 어지러워지는데, 그 어지러운 시대를 바로잡으려면 우선 말부터 바로잡아야 한다는 것이 옛 성인의 뜻이다. 사암이 『아언각비』를 저술한 뜻이 이에 있지 않았나 싶다.

　고향 소내로 돌아온 이듬해인 순조 19년(1819)에는 '일표이서'의 완성인 『흠흠신서』 30권의 초고본을 편찬 저술하고, 『아언각비』 3권을 저술했다. 이와 같이 고향에 돌아와서도 편히 쉬지 않고 부지런히 저술하는 일을 멈추지 않았다. 이는 하늘이 부여한 운명을 순순히 따라 실천하고 있는 것이라 하겠다. 그동안 절제했던 시심詩心도 차차 되살아나 모두 26편의 시를 지었는데, 이 26편의 시 가운데 「충주 기행四月十五日 陪伯氏乘漁家小艓向忠州 效錢起江行絶句」 「어버이 무덤에 오르다」 「용문산 백운봉」 「신작申綽·신현申絢 형제에게旣歸數日 追述鄙懷 奉呈申學士兄弟」 「늙음도 슬프거니와徂年 惜衰暮也 尤悔積衷 遷改無日 愀然自悼 冀友相憐」 등 5편은 『다산시정선』 하권에 그 번역시와 원문이 실려 있다.

5. 북한강 기행

　사암이 고향 소내 여유당으로 돌아와 가족·친인척 등과 화목하고 한가하게 천명天命에 따라 지내면서 부지런히 시를 읊고 저술을 하며 전원에 산 것도 이제 3년에 이르렀다. 이 순조 20년(1820) 3월 11일, 작년 7월에 벼슬을 그만두고 고향 충주로 돌아가다 소내에 들러 사암을 찾아보고 간 김상우의 제문祭文을 지었다.

3월 24일 큰형님 정약현을 모시고 큰형님의 아들 정학순丁學淳 (1806~83)의 혼례를 치르려고 작은 배를 타고 북한강을 거슬러 올라 춘천春川에 갔다가 3월 29일 소내로 돌아왔다. 이때 지은 「춘천 기행穿牛紀行」 시는 7언 25수로 전해에 지은 「충주 기행」 시 5언 75수와 합쳐 1백수를 채웠다. 이로써 사암은 남한강·북한강 기행시를 1백수나 지었다. 또 이때 두보의 시를 차운해 12편의 시를 짓고, 청평사淸平寺와 관련된 시도 6편을 지어 '천우기행권穿牛紀行卷'으로 묶었다.

이 천우기행권에 묶인 시 가운데 「청평사 폭포淸平寺觀瀑 四首」 1편이 『다산시정선』 하권에 실려 있는데, 이는 청평사 경내에 있는 네 폭포를 보고 읊은 기행시로 그 번역시와 원문을 그대로 옮겨 사암의 기행시의 한 모습을 감상해보겠다.

청평사 폭포

1. 경운대慶雲臺 폭포

물이 흐르는 소리와 형세 백가지로 변하나
그 원인 따져보면 한줄기 샘이라오.
내달릴 땐 누가 너를 다그쳤느냐
머무른 곳에선 문득 쓸쓸하고 고요하구나.
슬프게도 꽃과 함께 가지만
뛰어난 힘으로도 돌을 옮기지 못하누나.
짐작건대 이 산을 나가는 날에는
끝없이 넓고 크고 평평한 냇물을 이루겠구나.

2. 구송정九松亭 폭포

하늘은 두가닥 폭포를 드리웠고
산은 아홉그루 소나무 정자를 내놓았다.
빠르기는 하늘 나는 신선의 수레이고
널리 펼칠 땐 연극 마당이구나.
급한 소리는 변괴인가 걱정이 되나
넉넉한 힘은 소란함을 화해시켜 그치게 하는구나.
시원한 바람 숲의 공기와
물소리로 술기운을 깨게 하는구나.

3. 와룡담臥龍潭 폭포

튼튼한 장벽은 천연으로 이루어졌고
단단한 웅덩이는 네모졌다오.
새로 내린 비를 다시 보태어
큰 원기를 보글보글 끓이는구나.
날카로움은 산을 뚫고 들어가려 하고
시끄러움은 숲을 흔들며 서늘하게 한다오.
노니는 사람 대개는 잘못 지나치므로
숲이 가리어 뛰어난 경치를 보호하지요.

4. 서천西川폭포

깊이 있는 서천폭포의
태을단太乙壇에선 별에 장수를 빌어라.
동잇물을 쏟아라 천하 막강의 형세요

높은 걸상은 대낮에도 차구나.
용꼬리는 나선형으로 돌아가고
술단지엔 탐욕스런 도철饕餮이 서렸다네.
3백가닥으로 나뉘어 흐르다가
끝내는 한 여울로 날아버린다.

清平寺觀瀑 四首

百變渟流勢, 由來一道泉.
走時誰迫汝, 留處忽蕭然.
怊悵花俱往, 雄豪石不遷.
須知出山日, 浩淼作平川.

天垂雙練帶, 山出九松亭.
飄忽飛仙駕, 平鋪演戲庭.
急聲愁變怪, 餘力見調停.
灑落風林氣, 渾令宿醉醒.

鐵壁先天鑄, 銅函一矩方.
更添新雨力, 因沸太和湯.
銳欲穿山入, 喧能撼樹涼.
游人多錯過, 叢翳護龍光.

殷地西川瀑, 祈星太乙壇.

建瓴天下勢, 危榻日中寒.

龍尾螺螄轉, 犧尊饕餮蟠.

分流三百道, 究竟一飛湍. (1820)

6. 석천 신작과의 교유

순조 20년(1820) 경진년 봄에 사암은 『이담속찬耳談續纂』 1권을 저술했다. 소내 여유당으로 돌아와 풍광이 아름다운 전원에 묻혀 살면서, 또 당대의 대학자인 석천 신작과 교유하면서 『아언각비』 3권을 저술하고 나서 바로 『이담속찬』 1권을 또 저술한 것이다.

이 『이담속찬』에 수록된 속담은 모두 391장인데 중국 속담은 177장이고 우리나라 속담은 214장이다. 중국 속담 가운데 10여장은 신작이 수집해준 것이고, 우리나라 속담 214장 가운데 1백장은 사암이 장기에서 귀양살이할 때 성호 이익이 수집한 우리나라 속담 1백여구를 가지고 시로 정리한 '백언시百諺詩'를 다듬어 편입한 것이며, 또 60장은 둘째 형 손암 정약전이 흑산도에서 수집해 보내준 것이다.

이 『이담속찬』과 사암이 1819년에 저술한 『아언각비』를 합해 필자가 역주한 『아언각비·이담속찬』이 2005년 현대실학사에서 간행된 바 있다. 이는 사암 언어학 저술의 쌍벽을 이루는 보배라 할 수 있다.

여름 5월 1일에 이인영李仁榮(1802~?)에게 사암의 문학론이라 할 수 있는 증언贈言을 써주었다. 이 증언은 『다산문학선집』에 「문장이란 어떤 물건인가爲李仁榮贈言」란 제목으로 번역되어 원문과 더불어 실려 있다. 7월 3일 윤규로에게 서리가 내리는 상강까지는 다산초당에서 얻은 어린 딸을 서울로 보내달라는 부탁 편지를 보냈다.

가을 9월에 사암과 같이 귀양을 떠났다가 아직도 경상도 김해에서 귀양살이를 하고 있던 성수 이학규가 장문의 회답 편지를 사암에게 보냈다.

또 가을 9월 14일 제2차로 양평 용문산 기행을 하러 소를 타고 출발해 죽절령竹節嶺·선령船嶺을 넘어 6촌 아우 정약건丁若鍵(1771~1852)을 찾아보았다. 9월 15일 당숙 정재규를 모시고 용문사龍門寺로 갔다. 9월 16일에 용문산 봉황대鳳凰臺에 올랐다. 이때 용문산 기행시 6편을 지었다. 용문산 기행시 6편 가운데 하나인 「용문사를 떠나오다出寺」를 『다산시정선』하권에서 번역시와 원문 그대로 옮겨 싣는다.

용문사를 떠나오다

즐거운 일과는 쉽게 이별해야 하니
인생은 모두가 굴러다니는 쑥이라오.
절간은 가을빛 속에 머무르고
스님은 물소리 가운데 서 있구려.
붉은 잎새는 어느 때나 늙으려는가
푸른 산은 도리어 다시금 비었네.
책 덮는 맛을 깨닫겠으니
좋은 시구가 솔바람에 있다네.

出寺

樂處辭容易, 人生儘轉蓬.

寺留秋色裏, 僧立水聲中.

紅葉何時老, 靑山還復空.

要知掩卷味, 佳句在松風. (1820)

이 순조 20년(1820)에 사암은 모두 30편의 시를 짓고, 저술로는『이담속찬』1권이 있다. 이 시 30편 가운데「청평사 폭포」「용문사를 떠나오다」2편만『다산시정선』하권에 번역 수록되고 이 전기에도 그대로 전재되었다.

7. 일표이서의 하나인『목민심서』완성

순조 21년(1821) 신사년은 사암이 고향 소내로 돌아와 가족이나 친지와 더불어 천명天命에 따르면서 쉴 새 없이 계속 저술에 몰두하면서 늦게나마 유복하게 지낸 지도 어언 4년에 접어들었다. 이제 사암의 연치年齒도 우리 나이로 벌써 60세에 이르렀다.

2월 5일경에는 우리나라에서 명재상名宰相의 한명으로 일컫는 채제공의 신원伸冤 문제를 그의 양아들인 채홍원이 소내 여유당으로 찾아와 의논하고 돌아간 뒤 2월 29일 그 아버지의 억울함을 징을 쳐서 호소했으나 홍명주가 상소해 신원 문제를 비판하고 나섰다. 채제공은 순조 1년(1801) 관작이 추탈追奪당했는데 20여년이 지난 이제야 이를 신원하는 문제가 논의되기 시작한 것이다. 사암은 3월 5일에 채제공 신원에 대한 상주문上奏文 초고를 만들어 채홍원에게 보내게 된다.

3월에 사암은『목민심서牧民心書』수정본 편찬을 마무리하고 그 서문을 썼다. 이리하여 사암의 저 불후의 명저인 일표이서一表二書가 마침내 완성된 것이다. 이는 사암이 자신에게 부여된 천명을 이룩해낸 쾌거라 할 수 있다. 일표이서는 모두 126권인데, 『경세유표』 4권이 미완이라 이 때까지 122권이 저술된 것이다.

7월 1일에는 고명딸의 시아버지요 외손자 윤정기의 할아버지이기 도 하며, 사암이 강진에서 18년 동안 귀양살이를 할 때 큰 도움을 준 옹산翁山 윤서유가 세상을 떠나자 그 묘지명을 지어주었다. 이 윤서유는 1810년대에 강진 목리에서 소내 강 건너편으로 이사를 해서 살았고, 순조 16년(1816) 정시문과에 병과로 급제해 예조의 정랑과 사간원 정언을 지낸 사암의 친구이기도 하다.

7월에는 소내로 돌아와서 얻은 제자인 이인영에게 「예고서정禮考書頂」을 정리하도록 했다. 이 이인영은 사암이 귀양이 풀려 고향 소내로 돌아온 1820년 4월 말경에 19세의 나이로 나관중羅貫中이나 시내암施耐菴·김성탄金聖嘆 등의 문장학文章學 공부를 하겠다고 찾아온 청년인데, 사암은 그를 제자로 받아들이면서 자신의 문장론인 「문장이란 어떤 물건인가」라는 교훈을 다음과 같이 내려주었다.

"문장이란 (…) 학식이 마음속에 쌓여 그 문채가 밖으로 드러나는 것이다. (…) 사서四書로 나의 몸을 채우고 육경六經으로 나의 지식을 넓히고, 여러가지 사서史書로 고금의 변천에 통달하여 예악형정禮樂刑政의 도구와 전장법도典章法度의 전고典故를 가슴속 가득히 쌓아놓아야 한다. 그래서 사물事物과 서로 만나 시비와 이해에 부딪히게 되면 곧 나의 마음속에 한결같이 가득 쌓아온 것이 파도가 넘치듯 거세게 소용돌이치고, 그리하여 세상에 한번 내놓아 천하 만세의 장관壯觀으로 남겨보고 싶은 그 의욕을 막을 수 없게 되면, 내가 하고 싶은 말을 하지 않을 수 없게 된다. 그리고 이것을 본 사람은 서로들 문장이라고 말할 것이다. 이러한 것을 일러 문장이라 하는 것이다.”라고 하면서, 문장학에 대한 뜻을 버리고 빨리 돌아가라고 충고하자 이렇게 경전 공부를 하는 제자가 된 것인 듯하다.

8. 윤선 건조 기술을 이민수에게 자문하다

8월 3일에는 다산초당 18제자의 한 사람인 공목 윤종심이 여름에 와서 4개월 동안 소내 여유당에 머무르다 돌아갔다. 이 윤종심은 어렸을 때의 이름이 윤동尹峒으로 사암의 경서 연구에 크게 기여했고, 다산초당의 역사를 잘 전한 낙천樂泉 윤재찬尹在瓚 옹의 현조玄祖가 되는 이로 사암 집안과는 떼려야 뗄 수 없는 누대의 인연이 있다고 하겠다.

8월 25일에 사암과 일생 동안 시로 교유한 사백詞伯인 윤지범이 세상을 떠나자 이듬해 그의 묘지명을 지었다. 이 윤지범은 1801년 그 이름을 규범奎範이라 고쳤다. 또 9월 4일에는 사암 집안의 큰 기둥이었던 큰형님 정약현이 작고하자 「선백씨 진사공 정약현 묘지명先伯氏進士公墓誌銘」을 지었다.

11월부터 정산鼎山 김기서金基敍(1765~?)와 대산 김매순과 더불어 편지로 또는 집을 오가면서 경전에 관한 학문을 토론하기 시작했다. 김매순은 우리나라 풍속지인 『열양세시기洌陽歲時記』를 쓴 당시의 대학자인데 문집으로 『대산집臺山集』이 있고, 여한십대가麗韓十大家의 한 사람이다.

이 순조 21년(1821) 오랜 귀양살이 끝에 고향 소내로 돌아온 지 4년에 접어들 때에 울산에 있는 병마절도사 이민수가 병선兵船을 윤선輪船으로 건조하는 기술적인 문제를 편지로 문의하자, 이에 대한 기술적인 문제를 4차에 걸쳐 대답해주었다. 또 병선을 어선漁船이나 상선商船으로 백성들에게 임대해주었다가 일단 유사시에 재빨리 회수해 전선戰船으로 쓰는 문제를 자문해주기도 했다. 이 전선 건조의 기술적인 문제와 전선을 민간에 임대해주는 방안에 대한 사암의 처방은 뛰어난 과학기술자이자 경세가經世家의 면모를 유감없이 드러내고 있다. 이런 국가의 큰 인재를 제때에 활용하지 못했기에 조선 후기 사회와 국가가 제국주의의 손쉬운 먹잇감이 되어 결국 식민지로 될 수밖에 없었을 것이다.

병마절도사 이민수는 정조 23년(1799) 사암 정약용이 황해도 곡산도호부사로 있을 때 풍천도호부사를 지낸 무신 동료로 사암을 잘 알았기 때문에 귀양살이에서 돌아온 사암에게 전선이나 병선 건조와 병선 임대 문제를 편지로 상의하지 않았나 싶다. 참으로 썩어버린 시대에도 더러 나라의 장래를 걱정하는 양심 있는 관료가 있어 유유상종하고 있음을 알게 해주는 일화라고 하겠다.

9. 대산 김매순과의 학문 교유

순조 22년(1822) 임오년은 사암이 회갑을 맞이하는 해로 1월 15일에 사암은 김기서의 정산정사鼎山精舍에서 대산 김매순과 만나 하룻밤을 보내고, 1월 20일 이후 김기서 편에 자신의 저술인『매씨상서평』을 김매순에게 보냈다. 1월 29일에 김매순이 김기서 편에『매씨상서평』을 돌려보내고 편지도 보냈다. 또 2월 4일에는 김매순에게『상례사전』(7책)을 보내고, 김기서와도 편지를 주고받았다.

(1) 명철보신

사암은 김매순에게 답한 편지(「答金德叟」)에서, 종래 세상에서는『시경』에 나오는 명철보신明哲保身을 "총명하고 사리에 밝아서 이치에 맞게 일을 처리해 자기 한몸을 잘 보존함"이라 해석했으나 이 해석이 세상을 해치는 말이라 하고, 김매순이 편지로 깨우쳐준 글을 보고 나서 명철보신을 다음과 같이 새로 해석했다. 이 편지도『다산서간정선』에 실려 있는 것을 옮겼다.

"선악善惡의 분별함을 명明이라 하고(鄭玄의 箋註의 뜻―원주), 시비是非를 분별함을 철哲이라 하고(孔穎達의 注疏의 뜻―원주), 어리고 약한 사람을 부지扶持함을 보保라 하였는데(說文解字의 뜻―원주), 보保라는 글자는 보포입니다(아들이 양 곁에서 부축하여주는 것을 형상했다.―원주). 대신大臣의 뜻은 사람이 임금을 섬기는 것이기 때문에 선악을 밝게 분별하여 어진 선비는 나오게 하고, 시비를 밝게 분별하여 뛰어난 사람을 발탁하는 것입니다. 이리하여 어진 선비와 뛰어난 사람으로 내 몸을 부지하고(자신을 보존한다.―원주) 내 몸을 부지한 다음에는 한 사람을 섬기는(왕을 보존한다.―원주) 것이 대신의 직책입니다.

현재 세속에서는『시경』에 나오는 이 말을 해석하기를, 이해利害를 분별하는 것을 명明이라 하고, 침묵할 줄 아는 것을 철哲이라 하며, 몸을 온전히 하여 재앙을 모면하는 것을 보保라 하고 있습니다. 정현鄭玄의 주석이나 주자의 집전集傳에는 이러한 내용이 전혀 없는데도 모든 사람들이 입을 모아 부화뇌동하여 깨뜨릴 수 없이 굳어졌습니다. 이렇게 해서 한몸을 보존하고 한 가문을 보존하는 것이 참으로 지극한 요결要訣

이기는 하지만, 이러한 의리가 확립되고 나면 임금은 앞으로 누구와 더불어 나라를 다스리겠습니까."

(2) 영무자寧武子의 우지愚智

영무자寧兪는 중국 춘추시대 위衛나라 성공成公 때의 대부大夫로 나라에 도道가 있을 때에는 볼 만한 일을 하지 않는 것을 슬기로움이라 했고, 도가 없을 때에는 있는 힘을 다 쏟아 험난한 일을 피하지 않고 위험의 소용돌이 속에 뛰어들어 끝내 그 몸을 지키고 또 그 임금을 구제한 것을 그의 어리석음이라 했다. 공자孔子가 『논어』에서 "그의 슬기로움은 미칠 수 있으나 그의 어리석음은 누구도 미칠 수 없다."고 칭송했다.

사암은 이 영무자의 어리석음과 슬기에 대해서도 논하고, 또 '명철보신'의 참뜻을 실천과 연결해서 다음과 같이 보충 해설했다.

"원래 중산보仲山甫의 덕德은 오늘날의 이른바 명철보신이라고 하는 그것이 아니었습니다. 위에서 '이 천자天子를 보호하도록 중산보를 내셨도다.'라 하고(保는 마땅히 그 신체를 보호한다는 保의 뜻으로 읽어야 한다.―원주), 또 '백관百官과 제후들의 본보기가 되고 왕의 몸을 보중保重하게(또한 保의 뜻은 扶持의 뜻이다.―원주) 하라.'고 하였으니, 이 두 보保자는 결코 자기 한몸을 온전히 하고 자기 가문을 보전한다는 보保가 아닙니다. 그렇다면 '그 몸을 보전하며'라는 데의 보保는 또한 보포保抱한다는 보保의 뜻이 아니겠습니까?

중산보는 강한 자를 억누르고 약한 자를 도와주며 권세가도 두려워하지 않았습니다. 중산보는 부족한 것을 보충하고 빠뜨린 것을 주워서 임금을 보좌하였으며, 중산보는 들어와서는 후설喉舌을 맡고 나가서는 세금의 정사를 폈으며, 요직을 사양하지 않았고 혼자만의 수고로움을 꺼리지 않았습니다. 조용히 그 사람을 관찰해보면, 제 몸을 온전히 하고 처자를 보호하려는 술책은 아니었던 것입니다."

또 사암의 자서전 「나의 삶, 나의 길」에서는 『매씨상서평』을 김매순이 보고 다음과 같이 평했다고 한다.

"미묘한 부분을 건드려서 그윽한 진리를 밝혀낸 것은 비위飛衛가 이虱를 보고 화살을 쏘아 맞힌 것과 같고, 헝클어져 있는 것을 추려내고 견고히 굳어 있는 것을 찢어낸 것은 포정庖丁이 쇠고기를 잘 발라낸 것과 같도다. 세찬 수단으로 간사함을 파헤친 것은 상앙商鞅이 위수渭水를 통치하던 것과 같고, 피 흘리는 정성으로 올바름을 지키려 한 것은 변화卞和가 형산荊山에서 울부짖던 것이로다. 한편으로는 공자의 옛집 벽장에서 나왔다는 『고문상서古文尙書』의 어지러움을 올바르게 밝혀낸 원훈元勳이 되지만, 한편으로는 주자를 업신여긴 일을 막아낸 의지가 굳고 강한 신하다. 유림儒林의 큰 사업이 이보다 더 클 수가 없도다. 아득하게 먼 1천년 뒤에 태어나서 온갖 잡초가 우거져 있는 구이九夷의 가운데서 이와 같이 뛰어나고 기이한 일이 일어났다고 말하지 않겠으리오."라고 했다.

10. 회갑을 맞아 자서전을 쓰다

5월 하순경에 「나의 삶, 나의 길自撰墓誌銘」 집중본集中本·광중본壙中本을 집필했을 듯하다. 집중본은 문집에 실릴 것을 예상해 자세하고 길게 쓴 자서전이고, 광중본은 자기에 쓰고 그 자기를 구워 무덤에 묻을 목적

으로 쓴 것이다. 자기에 쓴 묘지명을 무덤에 묻는 전통이 사암 집안에
선대부터 죽 이어져 내려왔다. 그 남아 있는 선대의 지석誌石이 단국대
박물관에 잘 보존되어 있다.

6월에는 석천 신작과 편지를 주고받으며 『주례周禮』 육향六鄕에 대해
토론하고, 『아언각비』에 대한 신작의 비평에 대해 답장했다.

6월 16일에는 여유당에서 회갑연을 베풀었을 터이고, 이해에 신유옥
사로 화를 당한 녹암 권철신, 정헌 이가환, 복암茯菴 이기양, 매장梅丈 오
석충, 무구 윤지눌, 금리錦里 이유수 등의 묘지명을 지었을 것이다. 이들
의 묘지명은 『다산산문선』에 실려 있다.

사암은 순조 21년(1821) 백씨 정약현의 상을 당한 무렵부터 1822년까
지 아마도 시를 읊지 않은 듯하다. 지나간 과거인 신유옥사에 대한 뒤처
리로 묘지명을 지으면서 그때의 참담한 기억이 떠올라 시를 읊거나 지
을 마음이 사그라든 것일지도 모르겠다.

11. 이인행과의 학술 논쟁

사암은 정조 23년(1799) 공택公宅 이인행李仁行(1758~1833)이 사헌부 감
찰에서 파직당해 고향 영주榮州로 돌아갈 때, 주자의 서적을 끼고 퇴계
이황의 학통을 이어서 천리天理와 인사人事를 탐구하여 훌륭한 저술을
할 수 있는 기회라는 「영주로 돌아가는 이감찰을 떠나보내는 서문送榮
川李監察還山序」을 그에게 써주면서 오히려 그의 파직을 축하한 일이 있
었다. 이인행은 본관이 진보眞寶로 이황의 형인 이해李瀣(1496~1550)의
10세손으로 정조 7년(1783) 사마시에 사암과 동방同榜으로 합격해 사헌

부 감찰로 있다가 파직당해 고향으로 돌아가게 된 것이다.

이 서문은 『여유당전서』 시문집에도 실려 있고, 이인행에게 써준 친필도 전하는데, 『여유당전서』에 실린 서문에는 '오우 사헌부 감찰吾友司憲府監察'로 쓰여 있고, 친필 서문에는 '오우 헌부 감찰'로 쓰여 '사司'자가 빠져 있다.

이 이인행이 순조 22년(1822) 10월에 세자익위사世子翊衛司 익위翊衛를 그만두고 죽령 남쪽 영주로 낙향하는 길에 소내 여유당에 들러 귀양 살고 돌아온 사암과 만났는데, 23년 만에 만났음에도 그와 사암은 학문에 대한 진지한 토론을 한 뒤 사암이 4세가 연상인 그에게 「이익위를 위한 증언爲李翊衛贈言」 2편을 써주었다. 이 증언은 장서각본 『열수전서洌水全書』 증언 항목에 제목만 싣고 나서 베껴둔 것이 없어 싣지 못한다고 주석을 달아놓았다. 따라서 『여유당전서』에도 당연히 실려 있지 않다.

이 2편의 증언은 정민 교수의 『다산 증언첩』에 실려 있는 글을 간추려 제시하려고 한다.

그 첫째 증언에서는, 이인행이 북방 곧 기호지방의 학문이 넓지만 잡박雜駁함에 가깝고, 문장은 번잡스러움에 가까운 폐단이 있다고 비판하자, 사암은 이에 대해 다음과 같이 조목조목 초들어 영남의 학문을 비판했다. ① 위로는 선현先賢을 받들지 않으면서 스스로를 뽐내며 크다고 여기고, 예악은 문장이 화려함에 가깝고, 성리는 질박함에 가깝다. 넓지만 잡박함에 이르고, 문채가 나도 번거롭기에 이르게 된 것은 남방의 학문 또한 폐단이 있다. ② 비록 남방의 선배라 하더라도 더러 그 기미氣味나 논설이 자기와 다르면 문득 배척하여 미워하는 뜻을 품는다. ③ 훈고訓詁를 한 글이 근본과 여줄가리에 이르지 못하고, 가리키는 주된 뜻이 요령을 얻지 못하고, 한쪽으로 치우친 견해를 세우기 위해 이리저리 주워 모아 억지로 합쳐놓고, 그 조금 다른 논의를 힘써 배척하곤 한다. ④무릇 창의적인 견해를 담은 주장은 날을 세워 맞받아 쳐부수고, 견문이 좁고 학식이 얕은 것을 스스로 반성할 생각도 하지 않는다. ⑤대체로 널리 인용한 증거들은 탐구함이 소략하고 공변된 이치로 가르침을 들을 생각도 하지 않는다. ⑥남방의 유자들은 북방의 유자들이 더러 옛 전적을 정밀하게 연구함을 주자가 그랬던 것처럼 해도 문득 이를 박잡하다며 병통으로 여긴다. ⑦배운 것에만 안주하여 감히 한마디도 맞서서 겨루지 못하면서 드디어 뱃속에 든 것도 없이 고상한 체하면서 선배들을 우습게 보나 그 문식文識이 오히려 속유俗儒만도 못하다.

그 둘째 증언에서 퇴계 이황 선생의 제자들인 서애西厓 유성룡柳成龍과 학봉鶴峰 김성일金誠一의 서원인 병산서원屛山書院과 호계서원虎溪書院으로 패가 갈려 일종의 학문 논쟁인 병호시비屛虎是非를 일삼고 있는 것을 다음과 같이 비판했다.

"대체 어쩌다가 문호가 나뉘어 갈라지고 각자 독립함을 표방하여, 졸졸 새는 것을 막지 않아 홍수가 산언덕 위로 넘쳐 흐르기에 이르렀는지 알지 못하겠다. 말의 날카로움은 창보다 예리하고, 마음은 남가새보다 위험하다. 뜻을 같이하는 자는 부추겨서 드넓은 길로 보내어 돕고, 뜻을 달리하는 자는 그 몸을 밀쳐서 구렁텅이에 빠뜨린다. 헛것을 꾸며 모함하는 참언으로 글을 이루고, 기운을 발휘해서 화살과 돌멩이가 비오듯 한다. 듣는 이가 하품하고 기지개 켜는 것도 돌아보지 않고, 논하는 자가 꾸짖어 물리치는 것도 생각지 않는다. 선배의 중후한 풍도는 잃어버리고, 시속時俗의 경박한 기풍만 받아들인다. 공자와 맹자의 고장과 같은 안동이 갑자기 이렇게 변할 줄은 생각지도 못했다. 다툼이 커질 수 없는데도 재앙은 이미 조짐이 보인다. 귀양이 서로 잇달아서 기울고 무너짐이 쉼이 없다. 병장기를 각자 마음속에 숨겨놓고, 덫을 놓았어도 눈앞에서 살피지 못하고 있다."

사암은 이렇게 영남의 유자들을 비판하고 나서, 그 시비를 가라앉히는 방법을 다음과 같이 제시하고 있다.

"언제나 나는 옳고 저는 그르다면서 늘 자기는 펴면서 남을 꺾으려 한다면 시비가 그침이 있겠는가? 내가 비록 백번 옳고 저가 비록 백번 그르다 해도 곧 서로 끊임없이 공격한다면 벌써 더러운 것과 깨끗한 것이 같아지고 만다. 진실로 한 사람의 덕이 크고 높은 선생이 있어 단 위로 올라가 깃발을 흔들고 꽹과리를 치면서 곧 왼쪽에 멈추게 하여 함부로 다시 한걸음도 더 나아가지 못하게 하고서, 만일 다시 이에서 벗어나면 아녀자가 되기로 약속한다면 어지럽지 않게 되고, 10일이나 한달이 지나지 않아서 반드시 갑옷을 벗고 창을 내던지며 전날의 행동을 부끄러워하게 될 것이다.

이에 양편에서 각각 몇 사람이 함께 도산서원陶山書院을 나란히 배알하고 향을 살라 맹세하여 함부로 다시는 편을 나누지 않겠다고 다짐하고는 향기로 가득찬 마음을 가슴속에 베풀어둔다면 또한 좋지 않겠는가?"

이인행은 사암의 이 두 증언에 대해 대체로 긍정하는 입장을 증언 뒤에 써서 남겼다.

제2장

노년에도 천명을 받들려 애쓰다

사암은 1822년 회갑을 맞아 「자찬묘지명」 집중본과 광중본을 쓰면서 자신의 인생을 뒤돌아보고 반성도 많이 했을 것이다. 또 신유옥사로 처형을 당하거나 유배를 당한 녹암 권철신, 정헌 이가환, 복암 이기양, 매장 오석충 등의 묘지명을 써서 그들의 억울한 사정을 기록으로 남겨, 살아남은 자의 도리를 다하려고 애쓰면서 육십 평생을 일단 정리해놓고, 나머지 만년의 삶을 어떻게 살아야 천명을 다하는 것인가를 곰곰이 생각해보았을 것이다.

1.『경세유표』는 비본祕本으로 전하다

순조 23년(1823) 계미년에 사암은 나이가 62세에 이르고 고향 소내로 돌아온 지도 6년에 접어들었다. 2월 5일 저 강진 다산초당에서 만나 줄곧 경서의 주석에 대한 그것도 주로『맹자』의 해석에 대한 토론을 많이 한 문산 이재의에게 소내로 와달라고 했다. 아마도 이때『목민심서』에 대한 구설口說이 많이 일어나 이 문제를 의논하려고 부른 듯하다.

문산 이재의는 경기도 안성 죽산에 살고 있었으며 죽산과 소내의 거리는 120리쯤 된다. 문산은 사암보다 10년 연하인데 사암이 귀양살이에서 돌아온 뒤에도 때때로 소내로 와서 사암과 교유하고 있었다. 아마 이재의가 필사해 간 『목민심서』를 보고 트집을 잡으며 구설수가 일어나지 않았을까 싶다.

당시에는 『목민심서』도 수용할 분위기가 조성되어 있지 않았는데, 하물며 『경세유표』 같은 사암의 저술을 보았다면 고얀 사람들이 벌떼같이 일어나 사암을 공격했을 것이다. 사암은 그런 시대 분위기를 잘 알고 있었기에 『경세유표』를 비본祕本이란 표시를 해 깊숙이 비장祕藏해 두고 공개하지 않았을 듯싶다. 신유옥사에 억울하게 희생된 분들의 묘지명도 또한 깊숙이 간직해두지 않을 수 없었을 것이다. 이때 사암은 석천 신작이나 대산 김매순, 연천 홍석주 등과 경서를 열심히 토론하면서도 『목민심서』나 『경세유표』 등 자신의 뛰어난 저서에 대해서는 일언반구도 언급하지 않았는데, 아마도 당대의 대학자인 이들도 자신의 저술을 허심탄회하게 이해하고 잘 받아들일는지 알 수 없었기 때문이리라.

4월 10일 이전에 다산초당 제자인 금계琴季 윤종진尹鍾軫(1793~1879)과 기숙旗叔 윤종삼尹鍾參(1798~1878)이 소내로 와서 스승을 찾아뵈었다.

2. 「산수심원기」와 「산행일기」

사암은 순조 23년(1823) 4월 15일부터 4월 25일까지 11일 동안 정학연의 아들 정대림의 혼사를 치르려고 배를 타고 북한강을 거슬러 올라가 소양정昭陽亭 아래에 묵으면서 대림의 혼사를 치르는 한편, 소양정부터는 소나 나귀를 타고 문암서원文巖書院·곡운서원谷雲書院을 거쳐 오늘날의 춘천댐 북쪽 화천댐 방향으로 유람을 하고 「산행일기汕行日記」를 쓰는 한편,「산수심원기汕水尋源記」도 편찬 기술했다.

사암은 강진에서 귀양살이를 할 때인 1814년『대동수경大東水經』12권을 편찬한 바 있었는데, 아마도 고향 소내 열수洌水의 한 근원을 탐구하고 또 직접 답사해보고 싶은 욕구도 있었을 것이다. 그 일환으로 1820년 3월 24일 큰형님의 아들 정학순의 혼례를 치르기 위해 춘천에 가면서 북한강을 거슬러 올라 춘천 청평사를 유람하고 나서 「춘천 기행」시를 짓고, 이번에는 큰손자 대림의 혼사에 따라가 본격적으로 산수汕水(北漢江)의 근원을 답사하고 「산수심원기」를 썼다.

사암은 곡산부사로 나가서는 「곡산북방산수기谷山北坊山水記」를 쓰고, 귀양살이에서 돌아와서 1819년에는 남한강을 거슬러 올라 「충주 기행」시 75수를 짓는 등 기행紀行을 좋아해 1789년 백두산을 유람하러 가는 신광하에게 「신광하가 백두산 유람길을 떠나기에送震澤申公游白頭山序」란 서문序文도 써준 바도 있다.

이런 사암인지라 이번 북한강 답사 기행을 기행시와 더불어 자세히 「산행일기」란 일기로 기록해 남겼다. 사암은 회갑년도 지난 이때에도 나라를 걱정하는 마음이 쇠하지 않아 소양정 아래 묵으면서 늙은 향갑鄕甲(風憲)이 전하는 춘천도호부春川都護府의 1823년 4월 현재의 실상實狀을 자세히 기록해놓는다. 야인野人의 처지에 있으면서도 사암은 사관史官의 임무를 수행하고 있는 셈이다.

3. 1823년 현재의 춘천도호부

「산행일기」 1823년 4월 18일자에 사암이 기록한 춘천도호부의 실정實
情을 번역해 싣는다.

"4월 18일. 소양정 아래 머물렀다. 날이 새기 전에 비가 조금씩 내리
더니, 아침나절에도 계속 음산하다가 저녁에 이르러서야 비로소 개었
다. 문산 이재의·학연, 그리고 윤질尹姪·한만식韓晩植·우정룡禹正龍·오상
완吳尙琬 제생이 소양정에 올랐다.

춘천도호부사 경지景祉 이광수李光壽가 정중군鄭中軍·현파총玄把摠을
이끌고 이르러 돼지를 잡고 술을 걸러 잔치하매 그 음악 소리가 요란했
다. 나(사암)는 꿈쩍 않고 누워 참석하지 않고 이르기를 '소양정이 이제
어둡고 음산한 예음정瞖陰亭이 되었으니 오를 수 없다.'고 했다. (…)

홀로 술집에 앉아 있는데 늙은 향갑 한 사람이 찾아왔다. 그에게 전
춘천도호부사(승지 李寅溥―원주)가 왜 그리도 빨리 돌아갔느냐고 물었더
니, 그 향갑이 말했다.

'이제 춘주春州는 망했습니다. 비록 선정을 베푸는 이가 있다 하더라
도 끝내 어떻게 할 수 없어 돌아갈 수밖에 없을 것입니다. 창고가 다 비
었기 때문에 갇힌 아전이 10여명이나 됩니다. 그 집을 적몰籍沒하려 해
도 물건이 없고, 그 일가붙이를 찾아 물리려 해도 그럴 만한 사람이 없
습니다. 수령이 이를 바야흐로 어떻게 하겠습니까?

또 군액軍額이 모두 비었기 때문에 풍헌에게 독촉해 전포錢布를 바치
게 하는데, 한번 풍헌을 지내고 나면 패가敗家하지 않는 자가 없습니다.
그러므로 부유한 백성으로 풍헌의 인망人望이 있는 이는 모두 도망쳐

없어지고, 남아 있는 이는 다만 패랭이에 나무빗을 꽂은 미천한 사람뿐이니, 수령이 바야흐로 어떻게 하겠습니까?

화전세火田稅를 예전에는 춘천부에서 거두어들였는데, 지금은 훈국訓局의 관리가 나와서 거두어들여 그 함부로 거둠이 법도가 없습니다. 그리하여 산언덕 화전이 마침내 묵게 되었으니, 수령이 이를 바야흐로 어떻게 하겠습니까?

사옹원司饔院 분원分院에 백토白土를 실어가는 그 배의 선가船價가 6백 냥인데 모두 이포吏逋를 이루어 해마다 부과되지 못함으로써 사옹원의 책망을 받게 됩니다. 수령이 바야흐로 이를 어떻게 하겠습니까?

춘천부에는 본디 아전이 80여명이나 되지만, 근실한 이는 다 도망치고 지금 30명이 남아 있을 뿐인데, 모두 굶주림의 마귀가 되어 돈을 보나 곡식을 보면 모조리 삼켜버립니다. 수령이 이를 바야흐로 어떻게 하겠습니까? 지금 비록 공수·황패가 부임한다 하더라도 또한 다만 벼슬을 버리고 돌아갈 뿐입니다.'

내가 생각건대, 춘천은 우리나라의 성도成都인 것이다. 제갈량諸葛亮은 촉蜀 땅을 점거하고 한나라의 회복을 도모했으며, 당 현종唐玄宗은 촉 땅으로 도망쳐서 위기를 벗어났다. 춘천 또한 국가에서 반드시 보호해야 할 땅인데, 지금 이와 같이 패망했으니, 아아! 참으로 안타까운 일이다.

다시 아전과 백성을 불러들여 안정시키자면 6~7년 동안이 아니고는 안 될 일인데, 지금 또한 아침에 수령을 임명하면 저녁에 옮기게 되었으니, 아아! 이를 바야흐로 어찌할 것인가?"

정조 임금이 붕어한 지 23년 만에 우리나라의 보장保障이 되어야 할 춘천도호부가 이 지경이 되었으니, 나라의 앞날은 불문가지不問可知라 할 수 있다.

사암은 4월 20일 소양정에서 곡운谷雲으로 떠나 수운담水雲潭을 지나고 보통점普通店을 거쳐 이황을 주벽主壁으로 모신 문암서원에서 유숙하고, 4월 21일 일찍 출발해 김수증金壽增(1624~1701)을 주벽으로 모신 곡운서원을 거쳐 사내창史內倉에서 잤다. 4월 22일 곡운서원으로 갔다가 사외창史外倉에 돌아와 자고, 4월 23일 서어촌鉏鋙村을 지나 문암서원에서 점심을 먹은 후 배를 타고 수운담에 와서 다시 말을 타고 소양정에 이르러 유숙했다.

아마 이때 사암이 소양정에서 문암서원·곡운서원까지 답사한 길을 현재 다산로茶山路라고 이름지어 표석標石을 춘천댐 위쪽에 세워놓은 것 같다. 사암이 지금은 워낙 유명해져서 춘천에까지 다산로가 생길 만큼 세월이 흘렀다.

사암이 이 산수汕水를 기행하는 동안 지은 시는 「문암서원에서 자다 宿文巖書院」 등 14편이 있다.

4. 여동식을 찾아오게 하다

9월 28일 승정원 승지 후보로 낙점되었으나 다시 취소되었다.

대체로 이 무렵에 「우렴友濂 여동식에게 답합니다答呂友濂」란 답장 편지를 썼는데, 매우 짤막한 편지로 여동식에게 섭섭함을 간절히 드러내 사암의 집인 여유당으로 그가 찾아오지 않을 수 없게 했다. 이 편지 전문全文을 『다산서간정선』에서 옮겨보겠다.

"내 집 문앞을 지나면서도 들르지 않는 것이 이미 습관이 되었으니, 원망할 수는 없겠습니다. 다만 세상의 괴로움 중에서 다른 사람들은 기뻐하는데 나만 슬퍼하는 것보다 심한 것이 없고, 세상의 원한 중에 나는 그를 생각하는데 그는 나를 잊은 것보다 심한 것이 없다는 것을 꼭 알아야 할 것입니다.

『시경』에 '어찌 너를 생각지 않으리오마는 집이 멀어서이다豈不爾思室是遠而'라고 한 것을 보시고, 공자는 '생각을 하지 않아서이지 어찌 멀어서이겠는가未之思爾 夫何遠之有'라고 하셨습니다. 돌아가는 길路迂이 집이 먼 것室遠과 같으니 아직도 할 말이 있겠습니까?"

이 여동식은 사암의 소내 여유당에서 한강을 거슬러 올라가다 양수리에서 남한강을 따라 여주와 원주·충주로 올라가다 있는 양평에 살았는데, 정조 19년(1795)에 정시문과에 급제해 정조 임금 밑에서 사암과 같이 벼슬살이를 했다. 그러나 순조 7년(1807) 8월 23일과 9월 14일에 강진에서 귀양 살고 있는 사암 형제를 공격한 전력이 있어 차마 사암을 찾아볼 면목이 없어 피해 다닌다는 소식을 듣고 사암이 이런 편지를 해서 찾아오도록 한 듯하다.

이 뒤로 여동식은 바로 사암을 찾아보고, 그의 형 여동근呂東根 (1768~?)과 더불어 사암과 망년우를 맺어 죽을 때까지 서로 왕래하며 교우했다.

5. 천진암에 다시 가다

순조 24년(1824) 갑신년에 사암은 63세로 이때 1월에서 4월 중순까지 병들어 누워 지낸 듯하다. 사암의 아버지 정재원이 63세로 진주에서 별세했는데, 사암도 아버지가 작고한 나이에 이르러 그런 고비를 넘기려는 병치레를 한 것이나 아닌가 싶다.

갑신년 4월 21일에 전해에 사암으로부터 섭섭하다는 편지를 받은 바 있는 여동식이 이제 소내 여유당으로 찾아와 사암은 그와 같이 석천 신작을 찾아가 신작과 함께 옛날에 갔던 천진암에 가서 하룻밤 자고, 22일 신작의 집에 들렀다. 신작의 집은 당시 광주廣州 지역인 오늘날 하남시 지역에 있었던 듯하며, 천진암과도 그리 멀지 않았을 듯하다.

신작의 집에서 한강가 마을에 가서 자고, 23일 오늘날 팔당댐 아래인 두미협에 배를 띄워 고기잡이를 하며 놀았다. 당대의 대학자들이 산을 유람하고 뱃놀이를 즐기며 자연 속에 묻혀 심신을 수련하는 정경을 그려볼 수 있다.

사암은 그동안 놓아두었던 시심詩心이 왕성하게 살아나 「천진사夜宿天眞寺 寺破無舊觀 余蓋三十年重到也」「출산문出山門」「차운 두미주중次韻斗尾舟中」 등 10여편의 시를 읊었다.

이때 천진암을 유람하고 나서 지은 시가 「천진사」인데, 사암은 1797년 여름 규영부에서 교서校書를 하다가 답답하여 고향 소내에 잠시 들러 세 형들과 함께 처음으로 천진암을 유람하고 「유천진암기游天眞菴記」를 지은 바 있었다.

『다산시정선』을 편역주할 때 필자는 '대개 30년 만에 다시 왔다'는 원제의 구절로 말미암아 사암이 1828년에 「천진사」 시를 지은 것으로 보았다. 하지만 이 책에서는 조성을 교수의 『연보로 본 다산 정약용』에서 새로이 고증한 대로 이를 1824년에 지어진 시라고 여겨 이곳에 인용하려 한다.

이 「천진사」 시를 『다산시정선』 하권에 실려 있는 번역시와 원문 그대로 옮겨 싣겠다.

천진사天眞寺

예전 철쭉꽃 처량하던 자취 아득하여 찾아볼 수 없는데
그윽한 녹음 속에서 꾀꼬리 울어 애를 끊도다.
낡은 홈통에는 물방울 이끌려 졸졸 흐르고
기와 조각은 이어진 밭두둑 갈 때 뒤집혔다.
꿈속 같은 경개 연연하여 오래 머물지 말거라
이름난 산이란 한번 노닐기에 합당할 뿐이다.
새삼 보건대, 흰머리 모두들 이와 같으니
흘러가는 세월이 참으로 여울 내려가는 배 같구나.

夜宿天眞寺 寺破無舊觀 余蓋三十年重到也

前躑凄迷不可求, 黃鸝啼斷綠陰幽.
朽筒引滴涓涓水, 破瓦耕翻壘壘丘.
幻境休留三宿戀, 名山只合一番游.
且看白髮渾如此, 近景眞同下瀨舟. (1824)

6. 시백 송옹 윤영희와 더불어

5월 12일에는 소내에서 배를 타고 내려가 송파松坡에 살고 있는 옛 친구 송옹淞翁 윤영희를 찾아가 하룻밤 자고 돌아오다 두미斗尾에서 역풍과 소낙비와 우레를 만나 고생을 하기도 했다. 사암도 이제는 천명을 수행한 일표이서도 마무리했겠다, 옛 친구나 새 친구와 더불어 자연 속에서 한가로움을 즐기게 된 셈이다. 이때 두미협에서 지은 시가 「두미치 역풍斗尾値逆風」 「천둥 번개斗尾値大雷」 등 6편이나 된다.

이 6편의 시 가운데 「천둥 번개」 시를 『다산시정선』 하권에서 번역시와 원문 그대로 옮겨 싣는다.

천둥 번개

생각건대 공자는 천둥 번개 비바람에 반드시 얼굴빛 고쳤는데
번갯불 번쩍번쩍 빛나 대낮과 똑같구려.
급한 기세는 천길의 절벽을 무너뜨리고
소리 위세 진동하고 사방에서 바람 부네.
하늘의 문은 바로 머리 위에 다다라 있고
반평생의 허물은 눈 속에 있구나.
뱃사공 붙들고 입 삐죽 내밀지 마오
동산에 떠오르는 밝은 달을 함께 보리라.

斗尾値大雷

迅雷必變憶尼公, 飛電流光白晝同.
急勢擊崩千仞壁, 聲威轟動四方風.
九天閶闔臨頭上, 半世愆殃在眼中.
莫把艄工作烏喙, 共看明月吐山東. (1824)

474

이 순조 24년(1824)에는 1백여일 동안 병들어 누웠다가 일어났으나 4월 하순부터 26편의 많은 시를 지었다. 이 가운데 연작시도 10편이나 있다. 이해에는 특별한 저술 활동을 하지 않고 자연을 벗삼고 친구를 만나 즐겁게 노닐며 보냈다.

7. 문산 이재의가 또 찾아오다

순조 25년(1825) 을유년에는 사암의 나이도 64세에 이르렀다. 1월에 「풍수집의風水集義」가 완성되었다.

2월 27일에 문산 이재의가 소내 여유당으로 사암을 찾아보았다. 이재의는 사암과 만년을 같이 보낸 망년우가 되었다.

사암은 이 을유년 11월 5일에 경기도 양천현감陽川縣監 김매순에게 편지를 보내 왜 『주역』에 대한 토론을 계속하지 않느냐고 채근했다.

이 64세 때는 사암이 시를 짓거나 저술을 한 자취가 『사암선생연보』나 시문집 등에 드러나지 않는 것으로 보아 아마도 그가 병을 많이 앓지 않았을까 싶다.

8. 국어학자 유희를 만나보다

순조 26년(1826) 병술년에도 봄·여름이 다 지나도록 사암은 별다른 활동을 하지 않은 듯한데, 6월 20일에는 광주廣州 석호정石湖亭에 가서 신작·신현申綽(1764~?) 형제 및 유희柳僖(1773~1837)와 만나 이야기를 나누었다. 이 유희는 『언문지諺文志』를 쓴 국어학자로 사암과는 이때 처음 만나 인사를 나누었으나 교유를 계속하지는 않았던 것 같다.

9월 23일에는 송옹 윤영희가 소내 여유당에 왔다가 병이 나서 돌아갔다. 11월 8일 서제 정약횡이 송파 윤영희 집에 묵으면서 윤영희의 병세에 관한 소식을 편지로 알려왔다.

사암은 이 병술년에 윤영희·여동근과 아우 정약횡, 동번東樊 이만용李晩用(1792~1863) 등과 왕래하며 시를 지어 주고받으면서 소일했다.

9. 인삼을 재배하여 가계를 꾸리다

순조 27년(1827) 정해년에 사암은 66세로, 1월 12일·13일에 김매순에게 답장 편지를 쓰고, 3월 12일경에는 문산 이재의가 소내 여유당으로 찾아왔다. 7월 16일과 가을에 여유당 앞의 한강 건너편 백아곡白鵶谷에 있는 삼정蔘亭에서 비를 만나고, 이때 「오엽정 노래五葉亭歌」「삼정십영蔘亭十詠」 등 5편의 시를 지었다. 「오엽정 노래」는 사암 집안에서 인삼人蔘을 재배하며 가계를 꾸려갔다는 사실을 알게 해주며, 이는 실학자가 살아갈 수 있는 방법을 실천적으로 보여준 사례로 삼을 만하다. 이 삼포는 여유당 앞 강 건너편에 있었다.

이 「오엽정 노래」의 번역시와 원문을 『다산시정선』 하권에서 그대로 옮겨 싣는다.

오엽정 노래

삿갓만 한 정자에 '오엽'이란 편액을 달았으나
백아곡白鴉谷의 어귀에 산 옆구리 자리라네.
세 가장귀 다섯 잎새 본디는 신선의 약초라
반드시 천겹 만겹의 깊은 산속에 나는 것이지.
현도玄菟와 발해渤海에서는 상등 물화에 충당되고
우예虞芮와 자성慈城에선 이것이 보배 상자라오.
범의 굴까지 깊이 더듬어 한 뿌리를 얻자고
지금도 되놈들이 마냥 캐러 다닌다오.
지금은 곳곳의 삼포밭에 심어
무밭 겨자밭과 두둑이 서로 잇닿았네.
개성에선 크나큰 밭 3백 이랑으로
해마다 북경 점포에 수출함이 영구한 사업 이루었네.
늘그막에 다시금 가난에 찌들리고 욕심도 많아져
온갖 사업 헤아려도 한가지도 만족스럽지 않다오.
아이를 시와 예로 가르치면 먹고 살기 더딜지라
원숭이를 나무 오르게 하고 잽싼 것 예뻐하네.
큰아들은 금년 나이 45세를 세고
작은아들은 금년 나이 42세나 되었구나.
아비의 산 같은 죄악에 어린 싹이 바위에 눌리고
백발이 많으니 어찌 뽑을 수 있으랴.
가꾸는 자는 농부가 되고 파는 자는 장사꾼이라
선비 무리에 못 끼는 걸 겁낼 겨를이 있겠나.

떡갈잎과 검푸른 흙 손수 체질을 하고
삼대의 얇은 인삼막을 허리에 끼기도 하네.
1년 된 삼 뿌리는 잎이 겨우 나오고
3년 된 싹에선 비로소 꽃이 피는데
규벽奎璧처럼 보배롭게 어린애처럼 보호하고
뜨거운 볕 사나운 비 모두 두렵다오.
근래에는 끼니때마다 고깃국이 있고
여름엔 삼베 모시옷에 가을엔 겹옷도 있다오.
꺼림칙한 고기가 바로 이것이 아니랴만
오히려 수저를 대어 탐내어 먹는다오.
이 정자 원래는 수초루守草樓였는데
밤이면 딱따기 울려 도둑을 막았었다오.
이름난 선비가 힘차고 아름다운 글씨로 편액을 꾸며주니
곤궁한 이를 불쌍히 여긴 아름다운 뜻 감사하노라.

五葉亭歌

一笠之亭扁五葉, 白鴉谷口當山脅.
三椏五葉本仙草, 生必深山千萬疊.
玄菟渤海充上貨, 虞芮慈城是寶篋.
窮搜虎穴得一根, 至今胡兒行且獵.
今人處處圃種之, 葑菁菘芥畦相接.
中京大田三百頃, 歲輸燕鋪作永業.
老更多慾窮斯濫, 百事商量一不愜.

478

詩禮敎兒食效遲, 敎猱升木憐趫捷.

大兒今年洛書數, 小兒年今貝經叶.

父罪如山石壓筍, 白髮蝟興那可鑷.

圃者爲農販者商, 不齒士類奚暇怯.

槲葉黔土手自篩, 麻稭薄棚腰自挾.

一年之根葉纔舒, 三年之苗花始燁.

寶如圭璧護如嬰, 烈陽暴雨皆所惕.

邇來每飯有羹哉, 夏有苟芧秋有袷.

鵠鴡之肉無乃是, 老饕猶然下匕筴.

此亭原是守草樓, 鈴鐸宵鳴防盜肤.

名士銀鉤飾外美, 感謝憐窮其志俠. (1827)

10. 홍석주와 『상서』를 토론하다

이 정해년(1827) 10월 겨울에 우레가 크게 울렸는데, 겨울 우레에 대해 충고하는 말을 올리라는 교지敎旨가 내려지자 윤극배尹克培(1777~?)가 정약용을 무고誣告하는 상소를 올렸으나 엄중한 신문을 통해 마침내 무고임이 밝혀졌다. 이 윤극배는 성호 이익의 예학禮學을 물려받은 수제자 윤동규尹東奎(1695~1773)의 증손자로 순조 30년(1830) 5월에도 사서邪書를 날조해 김조순에게 사암을 모함하려 했다.

가만히 생각해보니, 윤극배의 증조할아버지 윤동규는 순암 안정복과 더불어 성호 우파의 큰 제자였는데, 사암이 1795년 금정찰방으로 있을 때 성호 유서遺書인 『가례질서』를 교정 정리하기 위해 성호 우파 제자들의 반대를 무릅쓰고 온양 봉곡사에서 목재 이삼환을 모시고 행사를 강행한 데 대한 유감이 있지 않았나 싶다. 그렇지 않고서야 굳이 사암을 집요하게 모함할 까닭이 없는 것이다.

11월 초쯤에 판서 홍석주가 정조의 사위인 그 아우 해거도위海居都尉 홍현주洪顯周(1793~1865)를 통해 사암의 저서인 『매씨상서평』을 빌려보고 11월 중순쯤에 서평을 했다.

사암은 11월 29일에 연천 홍석주에게 편지를 보내 홍석주의 저서인 『상서보전尚書補傳』에 대한 독후감을 말하고, 염약거閻若璩에 대한 글 「염약거 상서尚書고문소증초閻氏古文疏證抄」를 보냈으며, 홍현주에게도 편지를 보냈다.

12월 20일경에 사암이 홍석주에게 편지로 『상서보전』에 관한 질문을 하자 12월 말경에 홍석주가 이에 대한 대답을 편지로 써서 보냈다.

사암은 3, 4년 동안 멈추고 있던 경서에 대한 학문 활동을 다시 시작하여 연천 홍석주와 편지로 『상서』에 관한 토론을 활발히 하고, 나중에 『상서고훈』과 『상서지원록』을 수정하는 토대를 마련했다.

11. 성수 이학규와 28년 만에 만나다

순조 28년(1828) 무자년에 사암은 67세로, 5월 5일 단옷날에 광주판관廣州判官 이정민李鼎民과 교관敎官 김상희金相喜(1794~1861)와 더불어 남자주에 배를 띄우고 놀며 고기잡이를 했다. 광주유수는 대체로 겸직이기 때문에 판관이 실제로 광주부를 다스린다고 해도 과언이 아니다. 이 판관이 사암을 모시고 뱃놀이를 한 셈이다. 또 교관 김상희는 추사 김정희의 막내아우로 그 형과 더불어 여유당에 왕래하며 사암의 아들 정학연·정학유와 가깝게 지냈을 것이다.

또 5월 5일 무렵에 낙하생洛下生 이학규가 소내 여유당으로 자신을 찾아오자 사암은 그에게 시를 써 주었다. 그 시를 읽어보면 이학규는 탄금대가 있는 충주에 살고 있었던 것 같다. 이 낙하생 이학규는 사암과 같이 1801년 신유옥사에 걸려 사암보다 6년이나 더 긴 24년 동안이나 경상도 김해에서 귀양살이를 하고, 1835년 작고할 때까지 사암을 찾아다니며 망년시우忘年詩友로 지냈다.

12. 시우 윤영희에게 역사시를 지어 보내다

또 5월 5일에 「송옹 윤영희에게端午日 次韻陸放翁 初夏開居 八首 寄淞翁」를 지어 윤영희에게 보냈다. 또 5월 15일쯤에도 「하남위례성南城志感 六首 簡寄淞翁」이란 역사시를 지어 그에게 부쳤다.

「송옹 윤영희에게」라는 시에 따르면, 사암이 황해도 곡산을 떠난 지 30년이 차오는데 곡산 백성이 사암의 선정을 사모해 유애비를 세우는 대신 꿀을 보내온다고 하고, 남녘 땅 강진 선비는 정을 못 잊어 차를 부친다고 노래했다.

이때 5월부터 6월까지 사이에 7편이나 되는 시를 지어 송파에 살고 있는 시우詩友 윤영희에게 부쳤다. 아마도 송옹이 전에 사암에게 많은 시를 지어 보냈으나 이에 화답하지 못했던 것을 이제야 갚으려는 뜻으로 지어 보냈는지 모르겠다.

사암이 이 오뉴월에 지은 시 가운데 「송옹 윤영희에게」 8수와 역사시

「하남위례성」 6수를 『다산시정선』 하권에 실려 있는 번역시와 원문 그대로 옮겨 싣는다.

송옹 윤영희에게
— 1828년 5월 5일

1

매실은 푸르게 살지고 백합꽃도 향기롭고
동남풍이 작은 창으로 조금 서늘하게 불어드네.
나이는 이미 세자루 촛불이 타버리고
인생살이 이제 조그만 한간 방만 남았다오.
보리 이삭 패었으니 굶주릴 때 지났고
나무 그늘 바다 같아 조는 때가 길다오.
옛사람 『주역』 주석 어이 그리 잘못이 많은지
이제부터 빈 주머니는 싸매는 것이 좋겠다오.

2

비 머금은 구름 흘러 대낮이 컴컴하지만
외밭에는 한음漢陰의 두레박³이 필요하다오.
앵두는 일찍 시들어 아직 흰빛이 남았고
파초는 추위에 다쳐 푸르르지 않다오.

---

3 한음(漢陰)의 두레박 공자의 제자인 자공(子貢)이 한음을 지나다가 한 노인을 만났는데, 그 노인이 물동이를 안고 우물로 들어가 물을 퍼가지고 나와서 채소밭에 물을 주었다는 고사에서 온 말이다.

얕은 여울에 배가 걸렸다고 이갑里甲이 소리치고
무너진 도랑에 널빤지 놓느라 원정이 분주하다.
농가는 따로이 날씨 헤아리는 방법이 있어
항상 무저울水秤星⁴이 평평한가 기우는가를 보고 안다네.

3

늘그막엔 이 띠집이 나의 영지로
한 평상에 앉거나 한 침상에 눕나니
보기에 좋은 건 다만 남쪽 들녘 아득한 물이요
마음에 유쾌한 일 북쪽 창이 서늘함이오.
문장을 가지고 겨루는 기세를 부리지 말라
점차로 이 세상이 본디 연극인 것 알았네.
황혼이 되길 기다려 드르렁드르렁 코나 골자니
무더운 밤이면 등불빛이 오히려 더욱 싫어진다네.

4

고요히 살펴보건대 손님들 흩어진 처음엔 쓸쓸하여
한가히 거닐되 굳이 낭창대는 부들 쫓아가랴.
기강이 엄격하여 벌은 여왕벌 높이 받들고
사랑이 고른 제비 새끼를 잘 기르도다.
한나라 시대엔 경학을 말하면서 실제를 빠뜨렸고
송나라 학자는 이치를 통하여 쫓으려 했네.

---

4 **무저울(水秤星)** 미성(尾星) 끝에 나란히 있는 두 별을 가리키는데, 농가에서는 이 두 별이
   나란히 있으면 그해에는 비가 알맞게 내린다고 한다.

무지개 한번 끊어지고 바위 안개 푸르른데
또한 어떤 사람이 이 아님을 이야기할까.

5

세상일에 무관심한 채 얼마나 살는지만 늘 생각하고
식은 재 마른 나무처럼 마음을 기울이지 않는다오.
김매지 않아서 채소는 잡초 속에 파묻히고
저술을 폐지했으나 책은 오히려 책상에 있네.
급한 성품 없어져 기쁨과 노여움 없으나
병든 몸은 지혜롭게 흐리고 갬을 안다네.
시인들의 품격 지키는 좀스러움 시름겨워
웃고 욕하며 붓 가는 대로 따라 짓노라.

6

아들과 손자에게 살림을 주관하도록 맡기고
땔나무 팔아 곡식 바꿔 먹는 생애로세.
황해도 백성은 풍속 넉넉해 오히려 꿀도 보내고
남녘 선비는 정이 깊어 늘 차를 부치네.
지위 없어 가마꾼들 애쓰는 게 부끄럽고
때로는 작은 배 끌고 넓은 골짜기를 즐기네.
한길이나 쌓인 저서가 무슨 도움이랴만
한푼 돈으로 쳤을 땐 또한 스스로 뽐낸다오.

7

까닭없이 이 몸뚱이 세간에 부쳐 있나니
쓸모없는 군더더기 어느 때나 돌아갈는지.
집은 예찬倪瓚의 시 속에 있는 강물에 닥쳐 있고
몸은 서희徐熙의 그림 속의 산에 있도다.
곤궁한 삶이 참으로 부귀임을 이미 알았고
예로부터 달관자는 어리숙한 자와 같다네.
알건대 인생 고해에 떠도는 자들은
다만 재주 많아 한가함을 견디지 못한다오.

8

생각건대 달고 신 세상맛을 다 맛보고
전원에서 늙게 된 건 임금님 은총이로다.
물 빠진 모래톱엔 갈대 순이 돋아나오고
비 끝에는 울타리에 떨어진 밤꽃이 향기롭다.
여종이 차조술을 빚으니 이는 중간 부자요
아전이 세금 독촉 안 하니 조금 안정되었네.
경황지硬黃紙 한장에 글씨 쓰고 나니 비로소 어두워지고
영매우迎梅雨⁵의 시절이라 해가 치우치게 길도다.

---

5 **영매우(迎梅雨)** 음력 3월에 내리는 비를 영매우라 하고 5월에 내리는 비를 송매우(送梅雨)라 하였는데, 이 시의 영매는 송매의 착오인 듯하다.

端午日 次韻陸放翁 初夏閒居⁶

梅子靑肥百合香, 薰風小牖迓微涼.
年光已盡三丁燭, 世界今餘十笏房.
麥穗登場飢境過, 綠陰如海睡時長.
古人說易何多咎, 自是空囊勝括囊.

雨意萋萋作晝冥, 瓜田依舊漢陰瓶.
櫻因早瘁猶留白, 蕉爲多傷未放靑.
淺瀨膠船喧里甲, 敗溝設版走園丁.
農家別有天文志, 平仄常看水秤星.

晚年湯沐此茅堂, 坐一牀仍臥一牀.
悅眼物唯南坨淼, 快心事是北窓涼.
莫將文字施爭氣, 漸識乾坤本戲場.
待到曛黃轟鼻鼾, 炎宵況又惡燈光.

靜觀蕭然客散初, 閒行不必逐風蒲.
紀綱嚴者蜂尊主, 慈愛均哉燕養雛.
漢代談經遺實際, 宋儒通理欲追呼.
虹橋一斷巖煙翠, 亦有何人講此無.

---

6 [원제] 5월 5일 육유(陸游)의 초여름에 한가하게 지내는 시 8수를 차운하여 윤영희에게
   부치다.(端午日 次韻陸放翁 初夏閒居 八首 寄淞翁)

懶散常思幾許生, 死灰槁木不鍾情.
忘鋤菜遂蒿中沒, 廢著書猶案上橫.
急性消磨無喜怒, 病軀靈慧識陰晴.
詩家格律愁煩璅, 笑罵從他信筆成.

一任兒孫自幹家, 販樵兌糴是生涯.
西氓俗厚猶貽蜜, 南士情深每寄茶.
無位肩輿羞鱉蠭, 有時划艇弄谽谺.
等身書在嗟何補, 直一錢時也自誇.

無故形骸寄世間, 贅疣駢拇幾時還.
家臨倪瓚詩中水, 身在徐熙畫裏山.
已識窮生眞富貴, 自來達觀似冥頑.
遙知苦海沈浮者, 應是才多不耐閒.

甘酸世味憶皆嘗, 投老田園是寵光.
水退汀洲蘆笋茁, 雨餘籬落栗花香.
婢能釀秫斯中富, 吏不催租卽少康.
題徧硬黃窓始黑, 迎梅時節日偏長. (1828)

하남위례성

1

남한산성 북문 언덕 아래 푸른 풀 더부룩이 늘펀한 곳

여기가 바로 하남의 위례성이로다.

나무 울짱 세워 멀리 미추홀군仁川과 연락하고

배를 불태워 새로 낙랑 군사를 피하였다.

남은 궁전 터 잡초 속엔 따라왔던 관리들 자취 묻히고

부서진 기와쪽은 농부들이 뒤엎어 밭을 갈도다.

제원루濟源樓[7] 위를 향해 묻지를 말게

예서 곰나루를 가는 길이 분명하다오.

2

삼국이 서로 싸운 게 바둑 두는 것 같아

형주荊州의 옛일이 또 우리나라로 옮겨왔었다.

항상 한강 북쪽에 의지하여 한강 남쪽 엿보았고

여러번 푸른 기를 뽑고 붉은 기를 세웠는데

고구려 군사 점령 기록 없애버리고

신라는 패기 있게 영토를 확장시켜

남한산 경치가 우뚝 솟아 일어났으니

처음 쌓은 외로운 성이 이때부터 있었다오.

3

나라의 운명이 험난했던 병자년(1636) 겨울에는

---

7 제원루(濟源樓) 직산현 객관 동북쪽 남편에 있는 정자이다. 이 정자 이름은 '백제의 시원 (始源)'을 이룬 곳이라는 뜻이다.『고려사』지리지에 직산현을 '위례성'이라 하고, 서거정 (徐居正)도『삼국사절요』에서 또한 백제 온조왕이 처음으로 직산에 도읍하여 '위례성'이 라 했다고 썼다. 그러나 사암은『아방강역고』위례고에서 이를 부정하고 위례성은 서울 혜화문 밖 10리 지경에 있었다고 명확히 고증했다.

우리나라 군대가 이 남한산성 봉우리에 주둔했었네.
푸른 말떼 내달리고 강물도 끊어졌고
청나라 태종의 깃발 하늘까지 뻗고 돌구멍까지 막았다오.
잡혀가는 삼학사 부질없이 소매 잡고
나라 지키던 여러 장수들은 싸우지도 못했다오.
다만 지금 안개비 내리는 삼전도三田渡엔
비각 속의 큰 비석 글자마다 붉구나.

4

청나라 태종의 장수들 모두 정병들이고
서북의 겨울 바람 일고 이곳은 외토리 성이었네.
한 고개 구름엔 용과 범의 기운이 묶이었고
오강五江의 우레는 말과 낙타 소리에 진동했지.
명나라의 끼친 은택은 마음속에 맺혔고
풀거적의 항복 의식은 많은 사람 놀라게 했다.
굽히지 않은 높고 깨끗한 지조 어찌 하찮게 여길쏘냐
그때 오고 갔던 문서는 아직도 눈물로 갓끈 적신다.

5

임금의 도포 천천히 오색 구름 속에서 내려오매
뒤따르던 관리들 콧물도 같이 흘렸다.
강화성江華城 무너지니 하늘과 땅 어두워지고
대포가 터지니 불꽃이 빨갰었다.
한모퉁이서 주화主和한 이들은 끝내 한을 남겼으나

세상의 충성스럽고 현명한 선비들 더러는 그 충정 용서했다오.
싸우던 성루엔 이제 꽃다운 풀만 푸르른데
봄놀이 노래와 피리 소리가 행궁을 감쌌다오.

6

수많은 용양위龍驤衛 군사 움직이던 기해년(1779) 가을
슬픔 속에 임금의 수레 여주驪州를 향해 갈 때
풍년 든 벼와 기장은 가는 수레를 헤매게 하고
숙위하는 깃발은 임금님 수레 실은 배를 가까이 모시었네.
일로의 유생들은 모두 따르고
세종·효종 능갓의 붉은 나무는 청심루淸心樓를 비추도다.
언뜻 지나친 50년 전의 일[8]을 생각하면서
흰머리로 난간 기대 섰노니 눈물 절로 흐른다.

南城志感 六首 簡寄淞翁

北門坡下綠蕪平, 這是河南慰禮城.
樹柵遠連鄒忽郡, 焚舟新避樂浪兵.
遺宮草沒從官跡, 破瓦春翻野老耕.
莫向濟源樓上問, 熊津此去路分明.

---

8 50년 전의 일 정조 3년(1779) 8월에 정조가 세종의 영릉(英陵)에 참배하고 나서 남한산성
에 돌아와서 군사를 사열할 때 불화살과 화포(火砲)를 쏘았는데, 사암도 18세 때 이를 구
경하고 시를 쓴 적이 있다.

三國交爭似奕碁, 荊州古事又東移.

常憑北漢窺南漢, 屢拔靑旗樹赤旗.

鴨水軍聲收簿帳, 雞林覇氣決藩籬.

晝長山色岩嶢起, 一抹孤城在此時.

天步崎嶇丙子冬, 會稽棲甲此高峰.

靑駝蹴地河流斷, 黃屋凌霄石竇封.

出塞三臣空把袂, 勤王諸將未交鋒.

只今煙雨麻田渡, 畫閣穹碑字字彤.

覺羅貝勒盡精兵, 西北陰風者片城.

一嶺雲纏龍虎氣, 五江雷動馬駝聲.

天朝遺澤中心結, 草次新儀萬目驚.

蹈海經溝那可少, 往來書契尙沾纓.

絳袍徐下五雲中, 扈從千官涕泗同.

穴口城崩天地黑, 拂郎砲坼火炎紅.

一隅柔謹終遺恨, 四海忠賢或恕衷.

戰壘卽今芳草綠, 嬉春歌管繞行宮.

千舳龍驤己亥秋, 翠華悽愴向驪州.

豊年禾黍迷行輦, 宿衛旌旄近御舟.

一路靑衿隨委佩, 二陵紅樹照名樓.

飛騰五十年前事, 皓首凭欄涕自流. (1828)

「하남위례성」은 역사시로 사암은 이 시에서 남한산성 북문 아래가 하남위례성이라 고증한 것이다. 병자호란 때 인조 임금이 남한산성에 피란했다가 송파 삼전도에 나와 항복한 역사적 사실을 기술하고, 또 18세 때인 1779년 정조 임금이 여주 영릉英陵·寧陵에 행차했다가 돌아오는 길에 남한산성에서 야간 군사훈련 하는 것을 참관했던 사실도 회고 했다.

제3장

시를 읊고 경서를 토론하던 벗을 떠나보내다

1. 학문우 석천 신작을 애도하다

무자년(1828) 5월 25일 사암이 1818년 귀양에서 풀려 돌아온 뒤인 1819년부터 10년 가까이 경학 토론을 함께 하던 석천 신작이 세상을 떠나 그 만사輓詞로 「신작에게次韻酬石泉」란 만시를 지었다.

이 석천 신작은 사암 노년의 학문우學問友로 사암의 언어학 저술 『아언각비』에도 10여 항목을 보태준 바 있었다. 사암의 만시 「신작에게」의 번역시와 원문을 『다산시정선』 하권에서 옮겨 싣는다.

신작에게

인생은 떠다니는 놀과 같아서
뿌리도 꼭지도 기댈 곳 없어라.
달리려는 마음은 끝없이 넓은데
덧없는 생명은 참으로 미천하다오.

취하거나 버림은 만가지로 다르지만
좋아하는 바는 거스를 수 없구려.
자취 거두고 무너진 실마리 찾아
정미하고 오묘한 말 드러내기 바랐으니
깊기도 해라 주공周公과 공자孔子의 도여
진실로 어김없이 서로 꼭 들어맞았네.
우러러보기만 하고 그곳을 갈 수 없었으니
절름발이거나 중풍 걸린 따위와 비슷하구려.
이빨과 머리털 갑자기 이미 쇠하고
흐르는 세월 따라 늙어버렸네.
실낱같은 목숨 붙어 있으나
멀지 않아 아침 이슬처럼 마르겠지요.
갑자기 현명하고 통달한 선비를 만난다면
원컨대 그를 따라 날개 치며 높이 날고 싶다오.
구슬을 베풀어주면 떨어진 보배를 줍고
난초 집에서 남은 향기로움 맡고 싶다오.
물가의 누각에 경전과 사서 쌓아두고
맑은 낮에 조용히 휘장 드리우고서
슬픔 머금고 황천길 생각하면서
몸 깨끗이 지니고 근교에 은거했지요.
경전을 연마하여 어두운 의혹을 분별하고
글을 지어 단정한 기품 드날렸도다.
길이 뛰어난 기상은 신밀辛謐이요
굴 파고 살았던 대동臺侗이구려.

정확한 말로 번드르르한 말 깎아버리고

힘찬 필치로 군더더기 대패질하며

담박함으로 부러워하는 마음 끊고

침묵으로 그릇된 마음 덮고 가리네.

절묘한 말을 막힘없이 통하도록 뱉어내니

빙그레 웃으며 원망과 비방 없어라.

뛰어난 문장은 허두鄅杜[9]를 거슬러 오르고

멀리 뻗는 흐름은 공자와 연접하였네.

빛나고 빛나는 『시경』『서경』의 주석은

서책에 주옥처럼 엮어져 있네.

고대의 와당瓦當과 비공碑孔[10]에 대해서는

구경하는 이가 벌떼처럼 둘러쌌네.

쇠퇴하고 어두워진 천박한 속에

뛰어난 풍채 70세가 안타까워라.

교분을 맺는 데도 힘쓸 바를 알거니와

도를 바라노니 누가 그 볕 쬠을 막으랴.

부지런히 공의 자취 뒤쫓으려 하나

구름 깃발 잡기처럼 아득했거늘

---

9 **허두(鄅杜)** 특히 당·송(唐宋) 시대에 많은 문사(文士)들이 종유하던 곳으로 낙양(洛陽)의 근처인 호현(鄠縣)과 두릉(杜陵)을 합칭한 호두(鄠杜)인데, 원문의 허(鄅)자는 호(鄠)자의 오자다.

10 **와당(瓦當)과 비공(碑孔)** 와당은 고대에 궁전에서 사용하던 기왓장 끝에 새긴 문자(文字)를 말한다. 그리고 비공은 곧 옛날 천자(天子)나 제후(諸侯)의 장례 때, 큰 나무를 깎아 목비(木碑)를 만들고, 그 목비 상단에 구멍을 뚫어 새끼줄을 묶고 다시 새끼줄의 한쪽 끝을 관(棺)에 매어서 하관(下棺)을 서서히 안전하게 하도록 했던 일종의 장구(葬具)였다.

기쁘게도 평소의 소원 이미 가득찼으니
이렇게 심오하거늘 누구에게 귀의하리오.

次韻酬石泉

人生如漂霞, 根蒂靡攸依.
馳情浩無際, 寄命良獨微.
趣舍紛萬殊, 所好不可磯.
斂跡求墜緒, 微言希發揮.
淵哉姬與孔, 契合洵無違.
能瞻不能往, 殆類痺且痱.
齒髮倏已衰, 暮色隨流暉.
喘息如爛絲, 幾何朝露晞.
忽遇賢達士, 願從欲奮飛.
珠肆擷墜珍, 蘭室嗅餘馡.
水樓貯書史, 淸晝靜垂幃.
銜哀戀泉隧, 潔身潛郊畿.
硏經辨蔀惑, 敷藻揚淸徽.
遐邁辛叔重, 穴居臺孝威.
雅言刪浮華, 勁毫鏟脆肥.
沖淡絶志欹, 訒默韜心非.
妙辭吐愉悒, 逌然無怨誹.
奇文溯酈杜, 曼流接洙沂.
粲粲詩書故, 編簡綴瓊璣.

496

瓦當與碑孔, 觀者如蜂圍.

頹頹淆漓中, 孤標惜古稀.

結交知所趾, 望道誰禦晞.

孳孳躡後塵, 杳若攀雲旆.

夙願欣已充, 微斯誰與歸. (1828)

　10월에 추사 김정희가 평양에서 수선화를 고려자기에 담아 사암에게
보내주었다. 추사는 정학유와 동갑으로 사암의 아들 형제와 제자인 황
상·초의 등과도 매우 친밀하게 지내는 사이였다. 사암은 추사가 보낸
선물을 두고 「수선화秋晩 金友喜香閣 寄水仙花一本 其盆高麗古器也」란 시를 지
었는데 이 시는 『다산시정선』 하권에 번역시와 원문이 실려 있다.
　11월 12일에는 사암이 강진읍에서 귀양살이하던 초기의 제자인 황상
에게 편지를 보냈다.

2. 현계 여동식을 애도하다

　순조 29년(1829) 기축년에는 사암의 나이도 68세에 이르렀다.
　6월에 박경유朴景儒·박종유朴鍾儒 형제와 사귀면서 시를 지어 주고받
았으며, 초당楚堂 정미원鄭美元이 서울에서 소내로 사암을 찾아왔다. 이
해 여름에는 오랫동안 가물다가 정미원이 찾아오자 장맛비가 내려 더
욱 환영하는 마음이 솟아났다는 내용의 시 8수를 지었다. 정미원은 키
가 9척 장신으로 2백년 전의 재상감이라는 시를 써주기도 했다.
　현계玄溪 여동식이 사은부사로 청나라 북경北京에 갔다가 북경에 이

르지 못하고 유관참檢關站에서 병이 나서 8월 6일에 죽는 바람에 돌아오지 못하고 있었는데, 그를 기다리던 사암은 8월 19일「현계를 기다리다 1 八月十九日 待玄溪」을 짓고, 또 9월 16일에도「현계를 기다리다 2 九月十六日 待玄溪」를 만사輓詞로 지어 그 슬픔을 드러냈다. 사암은 귀양이 풀려 고향 소내로 돌아온 뒤 1823년경에「우렴 여동식에게 답합니다」란 답장을 여동식에게 보내 화해하자 당부하고, 이 뒤부터 현계 형제와 망년우로 지내며 왕래하여 교유하다 이렇게 여동식과도 영이별을 하게 되었다.

만시「현계를 기다리다 1·2」는 모두『다산시정선』하권에 번역시와 원문이 실려 있는데 여기에서는「현계를 기다리다 2」만 그대로 옮겨 싣는다.

현계를 기다리다 2

국화꽃 아래 병들어 누워
아득히 멀리 있는 옛 친구 생각하노라.
수많은 산봉우리 석양빛 올라가고
마른 잎은 가을하늘 향했도다.
회나무에는 그대 말 매기를 생각하고
농어로는 손님을 대접하고 싶네.
용문龍門에 사는 것이 더욱 평온한데
어찌 반드시 눈물로 수건 적실 것 있나.

九月十六日 待玄溪

病伏黃花底, 迢迢憶故人.

亂山凌夕照, 枯葉向秋旻.

檜樹思維馬, 鱸魚願及賓.[1]

龍門棲更穩, 何必淚沾巾. (1829)

【원주】

1) 우리나라 속담에 회나무를 노송(老松)이라 하고 농어를 거억정(居億貞)이라 하므로, 새로 그 이름을 회복하여 애오라지 언급하는 바이다.(東俗 以檜爲老松 以鱸爲居億貞 新復 其名聊及之)

12월 3~5일 사이에 문산 이재의가 소내 여유당으로 사암을 찾아보고 3일 만에 돌아갔다. 12월 말경에는 여유당에 친손자·외손자 등과 박경유·박종유 형제가 모이고, 사암도 어린 손자 시에 차운하여 시를 지었다.

3. 초의·이강회와 그믐밤을 보내다

순조 30년(1830) 경인년은 사암의 나이가 69세로, 3월 2일 문산 이재의가 또 여유당으로 찾아와 3일을 묵고 갔다. 3월 15일 강진 월출산 아래 백운동에 사는 제자 이시헌李時憲(1803~60)에게 편지를 보내 과거를 보러 서울에 올 때 꼭 소내에 오라고 했다. 3월 하순쯤에 해거도위 홍현주가 동번 이만용과 같이 소내 여유당으로 찾아왔으며, 윤4월 3일에는 문산 이재의가 여유당으로 또 찾아왔다.

5월 5일 사암은 부호군에 임명되어 세자 익종翼宗의 치료에 참여해 진맥하였는데, 5월 6일 탕약을 올리려 했으나 그 전에 익종이 사망했다.

5월 중순 이후에, 1827년 겨울에 사암을 무고하는 상소를 올렸던 윤극배가 또 사서邪書를 날조해 김조순에게 또 사암을 모함했다.

이해에 사암은 모두 14편의 시를 읊었는데, 이 가운데 10편이 해거 도위 홍현주를 맞이해 읊은 것이다. 10편 가운데 「가을 달밤에 배 띄우다秋日海尉至 前江泛月」 1편은 『다산시정선』 하권에 번역시와 원문이 실려 있다.

12월 30일에 다산초당 18제자의 한 사람인 굉보紘父 이강회와 초의선사가 소내 여유당으로 찾아와 사암은 이들과 같이 경인년 섣달 그믐날 밤을 보내면서 「여러 벗들과 시를 짓다庚寅除夕 同諸友分韻」란 시를 읊으며 신묘년을 맞이했다. 이 신묘년은 사암이 70세인 고희古稀를 맞는 해인데, 이들은 아마도 사암의 고희를 기리기 위해서 멀리 찾아온 듯하다. 이 모임에 이웃에 사는 진재眞齋 박종림朴鍾林도 참여했다. 박종림은 자가 경유景儒로, 앞에서 언급된 박경유를 말한다.

「여러 벗들과 시를 짓다」도 『다산시정선』 하권에 실려 있는 번역시와 원문을 그대로 옮겨 싣는다.

여러 벗들과 시를 짓다

1

닭 한번 울 때 숫자 하나를 내려놓으면
아아, 나이 칠십 이제 이미 차는구려.
돌이켜보건대, 나이 칠십이 어디에 있는가

마셔 없앤 일곱 찻잔 같네그려.

그릇됨은 없어지겠으나 의심난 건 아직 있고

오래 사는 게 복이란 건 참으로 거짓말이로다.

큰자식은 반백에다 낯빛도 꺼칠하고

작은자식은 마비되어 노랗고 동작도 굼뜨니

내 쇠로함을 어찌 말하랴가 바로 나를 두고 말함이니

내 앞길은 바로 연줄기같이 짧다오.

곱게 꾸민 아이들 보면 조금 즐겁고

이웃에서 부르면 짝을 지을 만했는데

바람에 흩어지고 모이는 부평초 인생 다시 언제나 만날까만

냄비에 고기 삶고 은병의 술 데우노라.

2

또래끼리 모여 환호함도 성대한 잔치건만

추운 방에 홀로 누웠자니 마음 쓸쓸하다오.

친구들은 하나둘 바람에 날리는 낙엽처럼 사라지고

세상일 머리 돌이켜보건대 물결 속의 배였네.

병마가 들어와 가는 길 재촉하고

시짓기도 힘이 없어 묵정밭 개간함 같아

노쇠한 나이엔 문필의 일 전혀 분수 아닌지라

온갖 생각을 모두 한바탕 잠 속으로 보내노라.

3

해가 가니 그 누가 손님을 만류하랴만

봄이 와도 곤궁한 귀신을 못 보내네.
산집 등불은 쓸쓸히 스스로 비치고
강가의 나무에 밤이 드니 바람도 많아라.
세속을 고쳐 구제하기엔 글로도 어찌할 수 없으나
잠을 부르기엔 술이 공효가 있도다.
요란한 세속의 잔다란 다툼이야
잠시만 지나면 모두가 아무것도 아니지.

4

고요하고 쓸쓸한 다산茶山 송풍루松風樓에서
아홉해를 자네와 함께 지냈네.
멀리 있는 곳이라 누가 나를 돌아보랴만
마음으로 따라서 서로 좋아하였네.
지리멸렬한 공영달孔穎達·가공언賈公彦의 소疏를 놓고서
머리를 맞대고 세밀히 연구하여
대담하게 감히 정현鄭玄을 반박하면서도
오직 자네와 나는 뜻이 어그러지지 않았네.
나는 도리어 저서를 그쳐버렸으나
이런 기회 다시 있기는 어려워라.
이 북쪽에선 합당하다고 하는 바 적으나
널리 통달하고 깊어 나도 공경하고 사랑했지.
위서緯書의 설은 경례經禮를 어지럽힌지라
공자의 도가 장차 어두워지게 되었네.
나는 노쇠하니 다시 무얼 찾으랴

배운 바나 마땅히 후회 없도록 해야지.

5

축 늘어진 스님의 장삼
머리털 흐트러진 민대머리라.
네 선사라는 껍질 벗겨버리고
네 유자儒者의 뼈 드러냈도다.
묵은 거울 이미 갈고 닦았고
새 도끼는 무디지 않아서
이미 밝게 깨치었으니
이것이 곧 제2월第二月[11]이로다.

6

물가 누각은 바람 없어도 스스로 울리고
산길은 흰눈이 쌓여 도리어 밝도다.
스님의 시는 채소의 기미가 있어 싫지 않고
손님의 그림은 대나무 소리가 들리는 듯하다.
삼막삼보리三藐三菩提는 무엇을 말함인가
술 한잔에 시 한수가 다정하다오.
삼가 서쪽으로 이사를 가지 마소
이곳이 참으로 갓끈을 씻을 만하오.

---

11 제2월(第二月) 불교 용어로 곁에 있는 달. 곧 손가락으로 눈을 누르고 달을 보면 달 곁에
나타나는 희미한 달을 말한다.

7

산 아래 흰 대사립문 쓸쓸한 집에서
신 막걸리 익힌 우유에 돌아갈 줄 모르네.
시인들이 모두 스님이 왔다고 말하며 좋아하기에
만나고 보니 남쪽에서 온 한 초의선사로구나.

庚寅除夕 同諸友分韻

鷄一鳴時釋一算, 吁嗟七十今已滿.

却看七十安在哉, 如茶罄飮空七椀.

謬將旣消疑尙存, 以壽爲福眞虛誕.

大兒班白顔色龘, 小兒痿黃起居懶.

吾衰何說正謂此, 前程直如藕絲短.

童穉靑紅差可娛, 鄰曲招呼聊作伴.

風萍聚散復幾何, 銅銚爇肉銀甁煖.[1]

年輩歡呼亦盛筵, 寒房獨臥意凄然.

親交屈指風中葉, 世事回頭浪裏船.

病與魔來催去路, 詩如力屈墾荒田.

頹齡翰墨渾非分, 百慮都輸一枕眠.

歲去誰留客, 春來未送窮.

山鐙寒自照, 江樹夜多風.

砭俗書無賴, 招眠酒有功.

504

紛紛蠻觸事, 彈指摠成空.

牢落松風樓, 與君同九載.
地遠誰我顧, 意愜斯相愛.
支離孔賈疏, 聚頭研細碎.
膽敢駁鄭玄, 唯君不吾誖.
吾還廢著書, 此會嗟難再.
北方少所合, 博綜深愛戴.
緯說亂經禮, 古道將遂晦.
吾衰復何求, 所學宜無悔.[2]

毿毿草衣, 髿髿禿髮.
剝爾禪皮, 露爾儒骨.
古鏡旣磨, 新斧非鈯.
見明星悟, 是第二月.[3]

水榭無風自響, 山蹊有雪猶明.
僧詩不厭蔬氣, 客畫如聞竹聲.
三藐三菩何說, 一觴一咏多情.
移家愼勿西去, 此地眞堪濯纓.[4]

山下蕭寥白竹扉, 酸醪熟乳不知歸.
詩家摠道僧來好, 會事南方一草衣. (1830)

1) 진재(眞齋) 박종림(朴鍾林)이 다른 데로 옮겨 살 뜻이 있으므로 끝엣구에서 그 사실을
   말했다.(眞齋有移居之意 故末句及之)
2) 굉보 이강회에게 주었다.(贈紘父)
3) 초의선사에게 주었다.(贈草衣禪)
4) 진재에게 바치다.(呈眞齋)

4. 해거도위 홍현주가 운길산에 오르다

순조 31년(1831) 신묘년에는 사암도 이제 70세가 되어 고희를 맞이하
게 되었다. 파란波瀾의 세월을 이미 보내고 이제 편안히 천명대로 살아
갈 수 있게 되었다.

이해에 6촌 아우 당사棠沙 정약건이 회갑을 맞이하므로 이를 축하하
는 시를 지었다. 정약건은 사암의 용문산 기행 때 안내하며 따라다닌 아
우다.

5월에는 문산 이재의가 또 여유당으로 사암을 찾아왔다. 문산은 9월
에도 다시 여유당으로 사암을 찾아왔다.

8월 하순경에 강원도 삼척三陟도호부 관내 평릉찰방平陵察訪으로 임지
에서 죽은 정지학丁志鶴(1768~1831)을 추도하는 시를 지어 보냈다.

9월 12일에 큰아들 학연의 생일에 시를 짓고 둘째 아들 학유에게 차
운하여 시를 짓게 했다. 10월 초순에는 계림季林 박종유가 남쪽으로 여
행을 떠날 때 전송하는 시를 지었다.

10월 16일 해거도위 홍현주와 동번 이만용이 소내 여유당으로 찾아
왔다. 사암은 17일 도위 일행이 운길산 수종사에 오르는 데 따라가지는

못했지만, 18일 도위 일행이 수종사에서 내려와 다시 찾아오자, 동번 이 만용의 시에 차운하여 시를 지었다. 또 해거도위의 형 연천 홍석주가 북경에 사신으로 가는 것을 위로하는 시를 지었다.

이 신묘년에는 사암이 25편 내외의 많은 시를 지었다.

5. 성수 이학규가 또 찾아오다

순조 32년(1832) 임진년에 사암은 71세로 고희도 지나 당시의 기준으로는 상수上壽를 누린 셈이다. 5월 초순경에 문산 이재의가 여유당에 오려고 두모포를 출발해 소내에 와서 며칠 동안 묵었다. 또 5월 초순에 영명위永明尉 홍현주가 김조순의 장례식에 가는 길에 소내에 들렀다.

5월 29일 운환雲寰 이휘영李輝永의 기우祈雨 시에 차운해 시를 지었다.

7월 6일경에 문산 이재의가 찾아오고, 7월 하순경에 평강현령平康縣令 홍길주洪吉周(1786~1841)가 찾아와 산재山齋에서 밤새 이야기했다.

이 임진년 9월 2일 성수 이학규가 소내 여유당에 다다랐다. 1801년 신유옥사로 귀양살이를 한 귀양 동지이자 시우詩友이기도 한 그가 오자, 사암은 「이학규가 왔도다九月二日 惺叟至」라는 시를 지어 참으로 반겼다. 『다산시정선』 하권에서 그 번역과 원문을 그대로 옮겨 싣는다.

이학규가 왔도다

잎새 시들고 국화꽃 피어 홀로 정자에 기대 있는데
그대가 부드럽게 노 저어 황혼에 남자주藍子洲를 지나네.

풀벌레는 산창의 밤에 함께 속삭이고

볏논의 게는 멀리 수향水鄕의 가을 좋아한다네.

새로 빚은 상락주는 초하룻날 마셨건만

떠도는 행색은 또 남녘으로 발길 돌리네.

인생의 헤어지며 하는 약속 원래 정할 것 없노니

몇번이나 거듭해 협곡을 내려온 배 맞이할거나.

九月二日 惺叟至

病葉寒花獨倚樓, 黃昏柔櫓過藍洲.

草蟲同語山窓夕, 稻蟹遙憐澤國秋.

桑落新醅聊朔飮, 蓬飄行色又南輈.

人生契闊元無定, 能幾重迎下峽舟. (1832)

6. 시로 쓴 자화상

확실하지 않으나 대체로 사암 71세 때인 임진년(1832)에 지은 시로
「늙은이의 즐거움老人一快事 六首 效香山體」이란 연작시가 있는데, 이는 이
무렵의 자화상自畫像을 시로 읊어 그린 작품이다.

이 「늙은이의 즐거움」을 살펴보면, 이 무렵의 사암은 머리털이 빠져
대머리가 되고, 이빨도 몽땅 빠져 합죽이가 되어 음식도 잇몸으로 씹어
삼키고, 눈도 침침해 안경을 써야만 글을 볼 수 있으며, 귀도 잘 들리지
않았다. 시도 복잡하고 딱딱한 격식을 떠나서 우리 민족 정서를 자신의

뜻대로 자유롭게 표현하며, 오직 자신이 즐거우면 될 뿐이라는 '조선시선'을 하고, 바둑도 하수下手를 골라 대국하며 유쾌하게 지내는 등 탈속脫俗의 경지에서 노년을 즐기며 보내고 있었다.

이 「늙은이의 즐거움」이란 시도 『다산시정선』 하권에 실려 있는 것을 번역시와 원문 그대로 옮겨 싣는다.

늙은이의 즐거움

1. 대머리

늙은이의 한가지 통쾌한 일은
대머리가 참으로 유독 즐거워.
머리털은 본디 군더더기건만
처리하는 제도가 각기 다르다.
꾸밈이 없는 자들은 땋아 늘이고
귀찮게 여긴 자들은 깎아버림 많구나.
상투와 총각머리 조금 좋기는 하나
폐단이 또한 요란하게 일어나네.
높다랗게 첩지 대어 엮고
어지럽게 쪽 짓고 비녀 꽂고 싸매도다.
망건은 머리의 재액이거니와
고관帽冠[12]은 어찌 그리 헐뜯음을 당하나.
이제는 머리털이 온통 없으니

---

12 고관(帽冠) 고고관의 준말로 원(元)나라 때 귀부인들이 썼다고 한다.

모든 병폐가 어디에 기댈 것인가.
머리 감고 빗질하는 수고로움도 없어지고
또한 백발의 부끄러움 모면했노라.
빛나는 머리통 박통같이 희고
둥근 두개골 모난 발바닥에 맞장구치네.
널따란 북쪽 창 구멍으로
솔바람 불어대니 머릿골 시원하구려.
말총으로 짠 때묻은 망건일랑
꼭꼭 접어 상자 속에 버려두노라.
평생을 풍습에 얽매이던 사람이
이제야 통쾌한 선비 되었네그려.

2. 합죽이

늙은이의 한가지 통쾌한 일은
이빨 몽땅 없어짐이 곧 그 다음이라네.
반만 빠지면 참으로 고통스럽고
온전히 없어야 만족해지네.
바야흐로 움직여 흔들릴 때는
까끄라기 찌르는 듯 매우 시끈거리고 아프다오.
침을 놓고 뜸질해도 끝내 효험이 없고
쑤셔댈 때는 눈물이 났었다오.
이제는 걱정거리 온통 없어
밤새도록 편안히 잠을 잔다네.
다만 가시와 뼈만 제거하면

물고기 살코기도 꺼릴 것 없지요.

잘게 다진 것만 삼킬 뿐 아니라

큰 고깃점도 아울러 잘 삼키고말고.

위아래 잇몸 벌써 굳은 지 오래니

부드러운 고기는 제법 끊을 수 있네.

이빨이 없기 때문에

서글프게도 먹고 싶은 걸 끊어버리지 않는다오.

다만 위아래 턱이 크게 움직여

얌냠 소리가 약간 부끄러울 수밖에.

이제부터는 사람의 질병 이름이

사백네가지가 다 차지 않겠네.

통쾌하도다 의서 가운데에서

치통이란 글자는 지워버려야겠지.

3. 침침한 눈

늙은이의 한가지 통쾌한 일은

눈 침침해짐이 또한 통쾌한 한가지라네.

다시는 『예경禮經』 주소注疏 따지지 않고

다시는 『주역周易』 괘사 연구하지도 않네.

평생 동안 문자에 얽매였으나

하루아침에 깨끗이 잘도 벗어났다오.

급고각汲古閣 판본은 얄미워라

작은 글자를 티끌처럼 새겼도다.

육향六鄕을 교외郊外로 옮겨버리고

재윤再閏을 어느 때에 걸 것인가.

슬프다, 경문의 주석을 바라보건대

뒷사람들 옛사람 본만 따르네.

송나라 이학理學 반박할 줄만 알고

한나라 시대의 틀린 주석 이어받고 부끄러워 않네.

이제는 안개 속의 꽃처럼 눈이 흐리니

두 눈 부릅뜰 번거로움 없다오.

옳고 그름도 이미 다 잊었고

어려움 분별하는 일 따라서 게을러졌구나.

호수와 산의 경치를

바라보는 것만으로 충분하다오.

4. 귀머거리

늙은이의 한가지 통쾌한 일은

귀먹어 소리 안 들림이 또한 그다음이라네.

세상 소리는 좋은 소리 없고

대개 다 옳고 그르다는 다툼이로다.

뜬 칭찬은 하늘에까지 추어올리고

헛된 무함으로 구렁텅이 떨어뜨린다.

예악이 폐기된 지 이미 오래고

뭇 아이들 약삭빠르고 경박해졌네.

개미가 와글와글 교룡을 침범하고

생쥐가 찍찍 사자를 쏠아 뚫도다.

귀막이 솜으로 막지 않고도

천둥소리조차 점점 가늘어지네.

그 나머지는 모두 들리지 않아

누런 낙엽 날려야 바람이 부는 줄 안다오.

파리가 앵앵대거나 지렁이가 울며

난동을 부린들 누가 다시 알리오.

그리고 또 한 집안의 어른이 되었으나

귀 먹고 말 못해 매우 어리석어졌네.

비록 그러나 좋은 약이 있더라도

크게 웃고 의원을 한번 꾸짖으리.

5. 조선 시가

늙은이의 한가지 통쾌한 일은

붓 가는 대로 미친 말을 쓰는 것일세.

경병운競病韻[13]에 굳이 얽매이지 않고

퇴고推敲를 더디 해도 괜찮고말고.

흥취가 미치면 곧 이리저리 생각하고

생각이 미치면 곧 그대로 쓰지.

나는 바로 조선 사람이라

즐거이 조선시를 짓노라.

---

13 경병운(競病韻) 험운(險韻)을 가지고 시를 짓는 것을 말한다. 양(梁)나라 조경종(曹景宗)이 개선(凱旋)할 때에 양 무제(梁武帝)가 잔치를 베풀고 연구(聯句)를 시험했던바, 험운인 경병(競病) 두 글자만 남았을 때 조경종이 최후로 참여하여 바로 지어 쓰기를 "떠날 땐 아녀자들이 슬퍼하더니, 돌아오매 피리와 북 다투어 울리네. 길 가는 사람에게 묻노니, 곽거병 그 사람과 과연 어떤가(去時兒女悲, 歸來笳鼓競. 借問行路人, 何如霍去病)." 한 데서 온 말이다.

그대는 마땅히 그대 법을 써야 하니

오활하다 비난할 자 그 누구리오.

그 잗다란 시격이며 시율을

먼 곳 사람이 어떻게 알 수 있겠나.

업신여기고 깔보는 이반룡李攀龍은

우리를 동쪽 오랑캐라고 조롱했다오.

원굉도袁宏道는 더욱이 백설루白雪樓를 두드렸으나[14]

천하에 다른 말이 없었다오.

등 뒤에 탄환을 지닌 자가 있는데

어느 겨를에 매미 허물 엿보리오.[15]

나는 한유韓愈의 산석山石 시구를 기리노니

여랑女郎이란 비웃음 받을까 두렵다오.

어찌 슬퍼함을 잘 표현하려고

고통스레 창자를 끊을 것인가.

배와 감귤은 맛이 각기 다르니

오직 자신이 즐기고 좋아하면 될 뿐이라오.

---

14 원굉도(袁宏道)~두드렸으나 원굉도는 바로 명나라 때의 시인이고, 백설루는 역시 명나라 때의 시인 이반룡의 서실(書室) 이름이다. 원굉도는 본디 시문(詩文)이 뛰어난 사람으로서 그의 형인 종도(宗道), 아우인 중도(中道)와 함께 모두 당대에 명성이 높았는데, 그가 특히 왕세정(王世貞)과 이반룡의 시체(詩體)를 매우 강력히 배격하고 홀로 일가를 이룸으로써 당대에 많은 학자들이 왕세정·이반룡을 배제하고 그를 따르면서 그의 시체를 공안체(公安體, 공안은 원굉도의 자)라 지목했던 데서 온 말이다.

15 등~엿보리오 기는 놈 위에 나는 놈이 있음을 비유한 말이다. 장자(莊子)가 밤나무 숲에서 이상한 까치를 발견하고 그를 잡기 위해 활시위에 화살을 메기고 있었는데, 이때 보니 사마귀는 신이 나게 울고 있는 매미를 노리고 있었고, 그 뒤에서는 이상한 까치가 그 사마귀를 노리고 있었으며, 또 그 뒤에서는 장자 자신이 그 이상한 까치를 노리고 있었다는 고사에서 온 말이다.

6. 바둑

늙은이의 한가지 통쾌한 일은
때로 벗들과 바둑 두는 것이라오.
반드시 가장 하수를 찾아 두고
강한 적수는 머리를 흔드네.
힘들지 않은 일을 실행한다면
그 힘이 여유가 많아진다오.
도를 이루자면 어진 스승을 찾아내고
산술을 배우자면 역술曆術에 정통한 사람에게 나아가야 하네.
실속 있고 유익한 일은 더위잡고 이루어야 마땅하나
한가하고 즐거운 놀이는 한적함이 귀하다오.
무엇 하러 고통스레 강한 적수 마주하여
스스로 재난을 취하여 맞겠는가.
한결같은 마음으로 날아가는 기러기 쏘듯이 하면
여유 있어 패배하지도 않는다네.
항상 편안히 수고로움을 상대하니
기쁘고 순조롭되 거슬림 없어라.
자못 괴이해라 세상 사람들은
그 뜻과 취미가 괴팍하고 치우친다.
덕에 있어선 낮고 아첨만을 좋아해
어리석고 못난 자를 상객으로 놓아두네.
놀이에 있어서도 제 힘을 헤아리지 않고
국수國手와 서로 대국하기를 생각하네.

그럭저럭 뜨거운 햇빛이나 보내면서 지내야지
정진한들 끝내 무엇이 유익한가.

老人一快事 六首 效香山體[16]

老人一快事, 髮鬖良獨喜.

髮也本贅疣, 處置各殊軌.

無文者皆辮, 除累者多薙.

髻丱計差長, 弊端亦紛起.

䰅縱副編次, 雜杳笄總縰.

網巾頭之厄, 罟冠何觸訾.[1)]

今髮旣全無, 衆瘼將焉倚.

旣無櫛沐勞, 亦免衰白恥.

光顱皓如瓠, 員蓋應方趾.

浩蕩北窓穴, 松風灑腦髓.

塵垢馬尾巾, 摺疊委箱裏.

平生拘曲人, 乃今爲快士.

老人一快事, 齒豁抑其次.

半落誠可苦, 全空乃得意.

方其動搖時, 酸痛劇芒刺.

鍼灸竟無靈, 鑽鑿時出淚.

---

16 [원제] 늙은이의 한갓 즐거운 일 여섯수. 백거이의 향산체(香山體)를 본떴다.(老人一快事
六首 效香山體)

如今百不憂, 穩帖終宵睡.
但去鯁與骨, 魚肉無攸忌.
不唯吞細聶, 兼能吸大嘬.
兩齶久已堅, 頗能截柔膩.
不以無齒故, 悄然絶所嗜.
山雷乃兩動, 嗑嗑差可愧.
自今人病名, 不滿四百四.
快哉醫書中, 句去齒痛字.

老人一快事, 眼昏亦一快.
不復訟禮疏, 不復研易卦.
平生文字累, 一朝能脫灑.
生憎汲古板, 蠅頭刻纖芥.
六鄉郊外去, 再閨何時掛.
嗟哉望經注, 後人依樣畫.
唯知駁宋理, 不恥承漢詿.
如今霧中花, 無煩雙決眥.
是非旣兩忘, 辨難隨亦懈.
湖光與山色, 亦足充眼界.

老人一快事, 耳聾又次之.
世聲無好音, 大都皆是非.
浮讚騰雲霄, 虛誣落汚池.
禮樂久已荒, 儇薄嗟羣兒.

豐豐螳侵蛟, 唧唧鬠穿獅.
不待纊塞耳, 霹靂聲漸微.
自餘皆寂寞, 黃落知風吹.
蠅鳴與蚓叫, 亂動誰復知.
兼能作家翁, 塞默成大癡.
雖有磁石湯, 浩笑一罵醫.

老人一快事, 縱筆寫狂詞.
競病不必拘, 推敲不必遲.
興到卽運意, 意到卽寫之.
我是朝鮮人, 甘作朝鮮詩.
卿當用卿法, 迂哉議者誰.
區區格與律, 遠人何得知.
凌凌李攀龍, 嘲我爲東夷.
袁尤槌雪樓, 海內無異辭.
背有挾彈子, 奚暇枯蟬窺.
我慕山石句, 恐受女郎嗤.
焉能飾悽黯, 辛苦斷腸爲.
梨橘各殊味, 嗜好唯其宜.

老人一快事, 時與賓朋奕.
必求最拙手, 掉頭避強敵.
行其所無事, 恢恢有餘力.
業道求賢師, 學算就巧曆.

實事宜躋攀, 虛嬉貴閑適.

何苦對劼寇, 自取遭困阨.

一念射飛鴻, 猶然不敗績.

恒以逸待勞, 怡然順無逆.

頗怪世上人, 志趣乃乖僻.

於德悅卑諛, 庸愚充上客.

於戲不自量, 國手思對席.

聊以送炎曦, 精進竟何益. (1832)

【원주】

1) 고관(罟冠)은 원(元)나라 때 모자이다.(胡元冠)

7. 문산 이재의 회갑 축시

이 임진년 12월에는 사암이 귀양지 강진 다산초당에 있을 때 백련사
에서 만나 교분을 맺고 경서 토론을 20여년 이상 해오던 학문우學問友이
자 시우詩友이기도 한 문산 이재의의 회갑을 축하하는「문산 이재의文山
李汝弘回甲之詩」란 4언시를 썼다.

이「문산 이재의」란 축하시도『다산시정선』하권에 실려 있는 번역시
와 원문을 그대로 옮겨 싣겠다.

문산 이재의

오래 삶이 귀중한 바는
세월을 길게 연장함이네.
아침에도 멈춰서는 아니 되고
저녁인들 전진하지 않으랴.
산의 높은 언덕처럼 찬란한 행군처럼
달리는 길 끊임없이 이어져야지.
칠십이 되고 팔십이 되도록
천명대로 편안히 살아야 하리.
앎에 대해 걱정을 말리니
그대의 앎은 이미 넉넉하도다.
알고도 실천하지 않으면
공자께서도 논독論篤[17]이라고 일렀다오.
육예六藝를 깊이 연구하고 닦으면
오묘한 뜻 자세히 알게 된다오.
게으르게 세월만 흘려보내면
다만 스스로를 욕되게 할 뿐이라오.
군자는 이것을 걱정하여
항상 힘써 갈고 닦는다오.
논의 벼를 베지 않으면

---

17 논독(論篤) 실천은 못 하면서 언론만 독실한 것. 공자가 말하기를 "언론이 독실한 것만 가지고는 그가 군자인지, 외모만 그럴듯하게 꾸민 사람인지 알 수 없으므로 허여할 수가 없다."고 한 데서 온 말이다.

볏단 하나도 채울 수 없다오.

목숨 길다고 거만하지 말고

저 아득히 먼 길 생각해야 해.

이에 나의 굼뜨고 둔함을 다그쳐서

도달하고 나서 쉬도록 하게.

술이 있어 매우 맛좋고

술안주 이미 향기롭도다.

서로 다 같이 즐겁고 기쁘니

기쁨이 집에 가득하구려.

밤이라도 삼가고 두려워하여

남은 세월 더욱 정성껏 길러야 하오.

몸 닦는 길을 힘써 나아가면

마침내 오래 살고 건강하다오.

文山李汝弘回甲之詩[1]

攸貴乎壽, 脩晷其延.

靡昕不進, 靡夕不前.

高山景行, 行邁綿綿.

侯犛侯耄, 安息維天.

毋患于知, 汝知旣足.

知而勿踐, 時謂論篤.

鑽研六藝, 靡奧不燭.

倦焉以頹, 秖以自辱.

君子是憂, 恒淬恒礪.

稽之不刈, 以罔盈穡.

毋以壽敖, 念彼迢遞.

爰策我駕, 到而後稅.

有酒孔旨, 殽羞旣芳.

胥愉胥怡, 歡諧滿堂.

夕焉惕厲, 撫玆餘光.

勵進修塗, 迺壽迺康. (1832)

【원주】

1) 서(序)도 있다.(幷序)

순조 32년(1832) 임진년에 사암이 읊은 시는 모두 24편 내외로, 이 가운데 「늙은이의 즐거움」 「문산 이재의」 「가마꾼의 탄식肩輿歎」 「이학규가 왔도다」 등 4편이 『다산시정선』 하권에 실려 있다. 「가마꾼의 탄식」을 제외한 3편은 앞에서 그대로 옮겨 실었다.

8. 또 흉년 든 강마을의 봄을 시로써 증언하다

순조 33년(1833) 계사년에는 사암의 나이도 바야흐로 72세에 이르렀고, 전해에 흉년이 들어 이 봄은 소내 마을도 더욱 쓸쓸하기만 했다. 이 72세의 노인이 진정한 시인으로서의 역할을 아직도 내려놓지 않고 흉년 든 농촌 풍경을 또 시로써 증언하고 있다. 「흉년 든 강마을의 봄荒年

水村春詞 十首」이란 10수의 시를 지은 것으로, 이 증언시도 『다산시정선』
하권에 실려 있는 번역시와 원문을 그대로 옮겨 싣는다.

흉년 든 강마을의 봄
— 1833년 봄이다.

1

무성한 봄풀에 봄바람 불어오고
꽃과 버들은 그대로 옛날과 같건마는
다만 이 쓸쓸함은 봄 들어 더욱 심한데
썰렁한 연기 퇴락한 집에 햇빛만 더디구나.

2

누더기 걸친 야윈 백성들 배에 가득 타고 와서
남한산성의 구휼미를 받아 돌아간다.
모름지기 칡뿌리 찧어서 채소를 섞어 죽을 쑤면
반홉의 쌀로도 넉넉히 세그릇 얻겠네.

3

북북 칼을 갈아 산언덕에 올라서
소나무 껍질 벗겨내어 입에 가득 먹는다.
산지기가 입술 태운들 어떻게 금할 수 있으며
1천그루 하얗게 벗겨져 마릉馬陵 글씨 쓰겠네.[18]

4

남도의 조운선들 연달아 서울로 모여들고
소식 듣자니 강화성江華城엔 새로운 풍조가 일었다오.
모두가 세력 있는 상인들의 봉쇄를 당해
소내牛川의 작은 시장에선 쌀을 항상 다툰다오.

5

도적떼들 모인 데는 양반들도 많은데
무리 모아 밤이면 인가를 서슴없이 턴다오.
다만 작은 바람 불어 풀만 움직여도
이자성李自成·장헌충張獻忠·나여재羅汝才 아닌 줄 어찌 알리오.

6

나루터 땔나무 판매하는 집에서는
쌓인 나무 산더미 같아 모두들 감탄했다오.
40만전 땔나무가 횃불 하나에 타버려서
짙붉은 연기 날려서 하늘 가득 안개 꼈다.

7

뼈마디 드러난 소에다가 억지로 쟁기 채운들

---

18 하양게~쓰겠네 전국시대 제(齊)나라 손빈(孫臏)이 위(魏)나라 방연(龐涓)과 싸울 적에 손
빈이 방연을 마릉(馬陵)의 좁은 길로 유도한 다음 그곳에 복병(伏兵)을 배치하고서 큰 나
무의 껍질을 하양게 깎아내고 거기에 쓰기를 "방연이 이 나무 밑에서 죽을 것이다(龐涓死
于此樹之下)"라 했는데, 과연 그렇게 되었던 고사에서 온 말이다. 여기서는 곧 사람들이
먹을 게 없어 송기를 마구 벗겨 먹음으로써 소나무들이 하양게 된 정상을 묘사했다.

백번이나 채찍질해도 어떻게 깊은 진흙땅 갈겠는가.
느릅나무 그늘에 놓아 쉬게 하고 사람 함께 쉬자니
석양까지 꼭 한 두둑만 갈았다오.

8

지난겨울엔 백일 동안 눈이 내리지 않아
바람이 모래먼지 말아다 보리싹을 덮었다오.
보리를 살펴보건대 오이 같아 기대가 또 어긋나니
만백성들 일제히 푸른 하늘 우러러보네.

9

황효黃驍의 흐르는 물에 고기 낚는 배들은
해마다 보리 자라는 계절이면 시세가 났는데
가련하다 백사장 위 그물 말리는 곳에선
석양빛에 해오라기만 졸고 있네.

10

은병의 술과 대자리를 어대 곁에 놓았더니
풍년의 풍류놀이에 머리 거듭 돌리었네.
선위仙尉[19] 매복梅福은 오지 않고 봄도 또한 저물었는데
산집의 벽도화는 누구 향해 피었는가.

---

19 선위(仙尉) 한(漢)나라 때 일찍이 남창현위(南昌縣尉)를 지냈던 매복(梅福)이 왕망(王莽)의 전정(專政)을 증오하여 처자(妻子)를 버리고 떠나서 신선이 되었다는 고사가 있다.

荒年水村春詞 十首

東風吹綠草離離, 花柳依然似昔時.
只是寂寥春更甚, 冷煙衰屋日華遲.

鶉衣鵠脚滿船來, 南漢城中領賑回.
須擣葛根焦作粥, 剩敎一龠得三杯.

磨刀霍霍上山墟, 劚取松皮滿口茹.
冢戶唇焦那禁得, 千株白立馬陵書.

南漕陸續湊王京, 消息風潮穴口城.
總被豪商封鎖了, 牛川小市米常爭.

綠林糾夥兩班多, 嘯聚無難夜打家.
但使小風吹草動, 安知不作李張羅.[1]

柳家灣上販樵家, 積聚如山衆所嗟.
四十萬錢銷一炬, 絳煙飄作滿天霞.

牛骨崚嶒強服犁, 百鞭那得曳深泥.
楡陰放歇人俱歇, 恰到殘陽了一畦.

前冬百日天無雪, 風捲塵沙罩麥苗.

視麥如瓜期又誤, 萬民齊首仰靑霄.

黃驍流水釣魚船, 時勢年年養麥天.
沙上可憐晞網處, 夕陽唯有白鷗眠.

銀甁竹榻傍漁臺, 樂歲風流首重廻.
仙尉不來春亦暮, 碧桃山館向誰開. (1833)

【원주】

1) 이자성(李自成)·장헌충(張獻忠)·나여재(羅汝才)는 모두 명나라 말기의 유적(流賊)이었
다.(李自成·張獻忠·羅汝才 明末流賊也)

여름에 「연대정에서 절구 12수를 읊다練帶亭十二絶句」 등의 시를 지었
다. 6월 27일에 동번 이만용이 소내 여유당으로 찾아왔다. 사암은 7월
17일 성수 이학규를 또 사라담에서 맞이했다.

가을에 순조 11년(1811) 다산초당에서 귀양살이를 하고 있으면서 『아
방강역고』 저술을 10권으로 일단 마무리했다가 22년이 지난 순조 33년
(1833) 72세의 연치로 속강역고續疆域考 3권을 추술追述하여 모두 12권
으로 완성했다. 속강역고 3권을 추술할 때 이왕에 저술되었던 제7권의
1권 분량을 떼내어서 속강역고로 옮겼기에 『아방강역고』 전체 권수가
12권이 되는 것이다.

이『아방강역고』에 대한 평가는 1811년 기술에서 한 바 있어 여기서
더 덧붙이지는 않는다.

이 계사년(1833)에 사암은 「흉년 든 강마을의 봄」을 비롯해 4편의 시
를 지었을 뿐이다.

9. 벽계로 은거하는 김매순을 떠나보내다

순조 34년(1834) 갑오년 사암은 이제 나이가 73세에 이르고 하늘이 내려준 수명도 2년밖에 남지 않았다. 눈이 어두워 안경을 끼고 가물가물한 글자를 붙들어가며 2월 2일부터『상서고훈』과『상서지원록』을 수정하여 합편合編하는 작업을 시작해 128일 만인 6월 10일에『상서고훈』7책 21권으로 편집했다.

이 여름 6월 10일에『상서고훈』합편을 끝내고 나서 6월 하순 무렵부터『매씨상서평』개정 작업을 시작하여 가을 8월 14일『매씨상서평』(9권) 개정 작업을 마쳤다. 이 9권 가운데 4권은 몇년 전에 수정을 했다. 사암은 늙어 정신이 흐림을 무릅쓰고 이와 같이 마지막까지 천명天命을 수행하고 있었다. 이들『상서고훈』과『매씨상서평』수정 작업에는 아마도 대산 김매순과 연천 홍석주와 토론하면서 계발啓發된 결과를 반영했을 것이라 짐작된다.

가을 7월 17일 성수 이학규를 사라담에서 맞이하고 전송했다. 성수도 이 사라담에서 사암과 작별한 이듬해 작고했다.

가을 9월 23일 사암은 화순 적벽 출신 호의縞衣(1778~1868) 스님에게 차를 보내주어 고맙다는 편지를 써 보냈다.

겨울 11월 12일에 순조 임금의 병세가 위독해져 급히 오라는 명령을 받고 소내를 출발해 11월 13일 동점문東漸門으로 들어갔을 때 순조 임금은 숨을 거두었다. 홍화문에서 애도하고 14일 소내로 돌아왔다.

이 갑오년(1834)경에 대산 김매순이 그 고조할아버지 김창흡金昌翕(1653~1722)이 살던 벽계蘗溪로 은거하러 가는 것을 전송하는 시「김매순을 보내며送金直閣入檗溪 次三淵韻」를 지었다.

　벽계는 사암의 농장이 있는 문암門巖에서 용문산 뒤쪽으로 흘러 북한
강으로 합류하는 시냇물을 말하기도 하는데, 이를 거슬러 올라가면 삼
연三淵 김창흡이 살던 벽계 마을이 있다.

　이「김매순을 보내며」란 시는 필자가 『다산시정선』을 편역할 때는
1830년 작으로 추정했으나 이 책에서는 그 배열된 위치로 보아 1833년
이나 1834년쯤으로 보고 여기에 수록했다. 이 시를 『다산시정선』 하권
에서 그대로 옮겨 싣는다.

김매순을 보내며

1

옛날부터 산림에 은거하려 마음먹더니
이제는 백발이 머리에 가득찼구려.
다만 용의 칩거가 늦었으나마
문득 새그물을 벌써 치는구려.
상전벽해는 헛되이 묵은 자취일 뿐이고
순채 나물과 오강의 농어회는 이른 가을 넘겼네.
평소의 품은 생각 증험할 곳 없고
기력과 정신 쇠퇴했으니 다시 무엇을 찾아내리오.

2

황벽나무 시냇가 집은
김창흡 옹이 사립문 닫은 그곳이오.

통달한 사람은 과감히 세상을 잊지 못하고[20]

군자는 본디 걱정되면 떠나버린다오.[21]

옷은 세상 검은 먼지에 물들지 않겠고

몸은 푸른 산봉우리로 둘러싸일 것이오.

지금도 겨우살이덩굴 장막 속에는

남은 향기 숲속에 자욱하다오.

3

형령荊嶺(楚嶺)의 길에 소 타고 다니던 때가

벌써 머나먼 10년 세월이 지났네.

오래된 등덩굴은 예부터 덮여 있고

우묵한 바위는 새로 씻은 듯이 깨끗하구려.

부질없이 천년 전 사람을 벗삼거니와

서로 알아주는 벗은 정히 몇 사람이리오.

나루터 묻는 사람[22]을 거듭 만나서

---

20 통달한 사람~못하고 공자(孔子)가 위(衛)나라에서 경(磬)을 치자, 삼태기를 메고 그 문 앞을 지나던 은자(隱者)가 말하기를 "비루하다, 경쇠 소리여! 자신을 알아주지 않으면 그만둘 뿐이다 (…)"라고 하며, 공자가 세상을 잊지 못함을 알아듣고 공자를 비난했다. 그러나 공자는 "그는 세상을 잊는 데에 과감하구나. 출처(出處)를 그렇게 하기는 어렵지 않을 것이다."라고 했다.

21 군자는~떠나버린다오 "용(龍)의 덕을 지니고 숨어 사는 사람은 숨어 살면서도 걱정이 없고, 남이 옳게 여기지 않아도 걱정하지 않아서, 즐거우면 행하고 걱정되면 떠나버린다."고 『주역』 건괘(乾卦) 문언전(文言傳)에 나온다.

22 나루터 묻는 사람 진(晉)나라 때 물고기 잡는 일을 업으로 하던 무릉(茂陵) 사람이 하루는 고기를 잡다가 갑자기 도화림(桃花林)을 만난 후 그곳에 들어가서 옛날 진(秦)나라 때 피난 와서 사는 사람들을 만나 그들로부터 융숭한 대접을 받고 돌아왔는데, 그 뒤 그가 다시 그곳을 가려고 했으나 길을 잃어 가지 못했다. 또 남양(南陽)의 유자기(劉子驥)도 그 말을

서로 손잡고 진리 탐구함을 얘기하려오.

4

오래도록 강총江總의 정승 지위엔 못 올랐으나
이제 위모魏䫀의 훌륭한 집안을 이루었다오.²³
안개는 처음으로 적삼에 젖어들고
화전 일구니 밥에는 모래가 섞인다오.
마음은 늘상 탁 트여 시원한 땅 생각하나
척박한 땅도 둘 힘은 없으나마
쓸쓸한 동쪽 울타리 밑에다
모름지기 백송이 꽃이나마 심어야 하오.

5

풍류의 유음遺音은 멀기만 하고
산수를 그리는 생각은 길어진다오.
문 밖엔 청렴한 돌이 놓여 있으니
산중 정승이 살고 있는 언덕이로다.
땅이 깊으니 해가 일찍 질 것을 생각하고
꽃은 떨어져도 아름다움 머금었다오.
40년 동안 겪은 일

듣고 몸소 가려고 했으나 역시 이루지 못하고 죽음으로써 마침내 나루터를 묻는 사람이
없게 되었다는 고사에서 온 말이다.
23 강총(江總)의~이루었다오 김매순이 영의정 김수항(金壽恒)의 5세손이며 학자인 김창흡
의 4세손으로서 벼슬만은 재상에 이르지 못했으나 뛰어난 집안임을 일컬은 것이다.

머리 돌려 생각하니 아득하기만 하다오.

6

즐겁고 화평스런 조정의 뛰어난 선비라
어려움에 빠짐을 온통 걱정하지 않고
물가의 갈매기는 원래 물을 좋아하고
집 있는 제비가 어찌 가을을 슬퍼하겠소.
작은 고을에서는 자애로움 베풀고
이지러진 경전에선 황당무계한 뜻을 반박하였다.
북한강 물결이 때마침 평온하니
마음대로 맑은 물 거슬러 오르네.

7

손 보내려고 물가에 다다르고
스님과 같이 억지로 암자를 나서기도 하나
험준한 곳을 넘지 못하는지라
애오라지 깊은 못에 떠서 노닌다네.
첩첩한 푸른 봉우리 슬피 바라보고
흰 새 따라 동쪽으로 좇으려 해도
힘은 쇠약하고 마음만은 다시금 간절하여
닻줄 푸니 헛되이 부끄럽기만 하오.

8

지팡이 울림 소리 고요히 생각하니

구름길 아홉굽이 깊기도 하여라.
정히 벼슬자리 옮길 뜻이 없으니
마땅히 은둔할 마음이 일어난다오.
물과 바위 맑아서 앉아 노닐 수 있고
바위 꽃은 따뜻함을 금할 수 없소.
용산龍山은 대단히 낮고 협소하나
어떻게 이 시냇물에 잠기겠나요.

送金直閣 入檗溪 次三淵韻[24]

夙昔林棲志, 如今雪滿頭.
只緣龍蟄晚, 忽已雀羅投.
桑海空陳跡, 蕁江失早秋.
素懷無證處, 頹墮更何求.

黃蘗溪邊屋, 淵翁此掩扉.
達人非果忘, 君子本憂違.
衣不緇塵染, 身將碧巘圍.
至今蘿帳裡, 遺馥在林霏.

荊嶺騎牛路, 迢迢已十春.
壽藤蒙自古, 窪石洗如新.

---

24 [원제] 벽계로 들어가는 직각 김매순을 보내면서 김삼연의 운에 차운하다.(送金直閣 入檗溪 次三淵韻)

尚友空千載, 相知定幾人.
重逢問津者, 攜手話尋眞.

久迷江總岸, 今作魏薈家.
霞潤衫初裛, 峰燒飯有沙.
每心思爽塏, 無力置汚邪.
寂寞東籬下, 須栽百本花.

風流遺響遠, 丘壑引懷長.
門外鬱林石, 山中華子岡.
地深思嚮晦, 花落且含章.
四十年來事, 回頭一渺茫.

愷弟金閨彥, 沈淪了不愁.
渚鷗元喜水, 宮燕敢悲秋.
小郡敷慈惠, 殘經駁謬悠.
綠驍波正穩, 恣意溯清流.

送客因臨水, 如僧強出菴.
未能踰絕險, 聊與泛回潭.
悵望靑峰疊, 追隨白鳥三.
力衰心更切, 解纜只空慚.

靜憶鏗笻響, 雲蹊九曲深.

定無遷木志, 應惹考槃心.

水石淸堪坐, 巖花煖不禁.

龍山絶湫隘, 何似此溪潯. (1834)

10. 경서 연구를 마무리하다

헌종 1년(1835) 을미년에는 사암의 나이도 74세에 이르렀다. 봄에 성수 이학규가 「기두릉寄斗陵」이란 시를 지어 사암에게 보내고 이해에 66세로 작고했다.

사암은 이 을미년 여름 5월 6일 강진 다산초당이 있는 귤동 마을의 윤규로에게 편지를 보내 다신계茶信契의 무신無信함을 걱정했다. 그도 이때쯤에는 그저 근심 걱정 많이 하는 평범한 한 노인이 되어 있었다고 할 수 있겠다.

이해에 합편을 마친 「상서고훈서례尙書古訓序例」를 쓰고 이로써 경서 연구를 마무리한 셈이다. 사암은 이 글을 끝으로 저술 작업의 붓을 놓게 되었다.

11. 회혼날 3일 전에 「결혼 60주년」이란 시를 짓다

헌종 2년(1836) 병신년에는 사암의 연치도 75세에 이르렀다. 천명에 따라 작년에 모든 저술을 끝내고 이제 편안히 영면永眠을 기다리는 일만 남았다.

사암은 봄 2월 20일에 회혼례回婚禮를 자축하는 시 「결혼 60주년回卺 詩」이란 시를 지었다. 이 시는 그가 읊은 최후의 시가 된다. 이 시를 손수 썼는지 또는 큰아들 학연이 받아썼는지는 알 수 없다. 사암은 15세 때인 1776년 2월 22일 풍산 홍씨豊山洪氏에게 장가를 들어 1836년 2월 22일은 결혼한 지 60주년이 되는 날인데, 마치 숨을 거둘 날을 예견한 듯이 이 결혼 60주년이 되는 날 2일 전에 이 「결혼 60주년」이란 시를 짓고 공교 롭게도 결혼식날에 운명殞命한 것이다.

이 「결혼 60주년」이란 시도 『다산시정선』 하권에 실려 있는 번역시와 원문을 그대로 옮겨 실어, 남아 있는 사암의 시 중 가장 오래된 시로 첫 머리에서 인용한 「그리운 금강산」과 더불어 읽어볼 수 있도록 한다.

결혼 60주년

60년 풍상風霜의 세월 눈 깜짝할 사이 흘러가
복사꽃 활짝 핀 봄 결혼하던 그해 같네.
살아 이별이나 죽어 이별이 늙음을 재촉하나
슬픔은 짧고 즐거움 길었으니 임금님 은혜 감사해라.
오늘밤 목란사木蘭詞[25]는 소리 더욱 좋을씨고.
그 옛날 붉은 치마[26]에 유묵遺墨 아직 남아 있네.

---

25 목란사(木蘭詞) 고악부의 하나로 서사시다. 작자는 미상으로 목란이란 소녀가 늙은 아버 지를 대신해 남장하고 출정하여 12년 만에 개선하고 돌아온 뒤 소녀임이 밝혀져 전우들을 깜짝 놀라게 했다는 내용이다. 옛날에 남편이 아내에게 읽어주던 읽을거리로 알려졌다.
26 붉은 치마 사암의 다른 글 「제하피첩(題霞帔帖)」에서 "내가 강진에서 귀양살이하고 있을 때 몸져 누워 있던 아내가 헌 치마 여섯폭을 인편에 보내주었다. 아마 그이가 시집올 때 입고 왔던 분홍색 치마였나 본데 붉은 빛깔도 거의 바랬고 노랑색 역시 없어져가는 그

536

쪼개졌다 다시 합한 것 그게 바로 우리 운명

한쌍의 표주박 남겨 자손들에게 맡겨주노라.

回巹詩[1]

六十風輪轉眼翻, 穠桃春色似新婚.

生離死別催人老, 戚短歡長感主恩.

此夜蘭詞聲更好, 舊時霞帔墨猶痕.

剖而復合眞吾象, 留取雙瓢付子孫. (1836)

【원주】

1) 1836년 2월 결혼 60주년이 되는 날 3일 전에 짓다.(丙申二月 回巹前三日)

12. 75세로 2월 22일 여유당에서 길이 잠들다

봄 2월 22일, 사암은 강진 다산초당에서 귀양 살다가 귀양이 풀려 1818년 9월 15일 고향 소내 여유당으로 돌아와 아내 홍씨와 자손들과 같이 만년晩年을 살다가 19년 만에 병으로 여유당 정침正寢에서 오전 7~9시 사이에 친인척이 모두 보는 가운데 75세로 천명이 다하여 영면하였다.

런 것이었다. 바르고 곱게 장정된 책으로 만들려고 가위로 재단하여 조그마한 책자를 만들었다. 손이 가는 대로 따라 경계해주는 말을 지어서 두 아들에게 남겨주련다. 그렇게 한다면 뒷날 이 책을 읽으며 회포가 일어날 거고 아버지 어머니의 꽃다운 은택을 높이 받들면서 유연(油然)하게 느낌이 일어나지 않을 수 없을 것이다. 이름을 '하피첩(霞帔帖)'이라고 했는데, 이건 바로 붉은 치마(紅帬)를 은근한 말(은어)로 돌린 것이다."라고 했다.

이날 다산초당 18제자의 한 사람인 굉보 이강회가 서울에 있었는데, 큰 집이 무너져 짓눌리는 꿈을 꾸었다고 한다.

여름 4월 1일 유명遺命에 따라 충주 선영이 아니라 여유당 뒷산에 장사 지냈다.

다음에 사암이 「자찬묘지명」 광중본에 쓴 명문銘文과 정헌 이가환이 쓴 사암에 대한 인물평과 「굶주린 백성」 시평, 사암이 「용문산 백운봉」 이란 시에서 자신을 뒤돌아본 구절을 모아서 필자의 명문을 대신하려 한다. 광중본 명문은 『다산산문선』에 실린 번역문을 따라 쓰고, 나머지는 『다산시정선』에서 옮겨 썼다.

임금님의 총애를 한몸에 받으면서
궁궐의 가장 은밀한 곳에서 모셨도다.
정말로 임금님의 심복이 되어
아침저녁으로 참으로 가까이서 섬겼도다.

하늘의 총애를 한몸에 받으면서
못난 충심衷心 깨우쳐졌기에
정밀하게 육경六經을 연구해내서
미묘한 이치로 해석해놓았도다.

간사하고 아첨하는 무리들이 세력 잡았지만
하늘은 버리지 않고 곱게 성장시키려 하셨도다.
잘 거두어 꼭꼭 간직해둔다면
앞으로 높이높이 멀리까지 날아가리라. (이상은 묘지명)

자신의 허물을 덮어 가리지 않고
마음씨가 넓어 세상을 구제하려는 뜻 지녔다.
재능을 과시하려는 기운은 많고
깊이 감추어 드러내지 않음이 적어
이는 흰구슬의 티가 아닐까 싶다.

문장의 기운이 드넓고 거침이 없도다.
어조가 격렬하다가 갑자기 가라앉았다 하며
종횡으로 리듬이 오르락내리락하다가
맺는 말은 완곡하면서 엄숙하다. (이상은 이가환)

60년을 되돌아보건대
내가 한 일 어찌 그리도 거칠었던가.
세상에선 제멋대로 날뛰다가
끝내는 초라한 썩은 선비 되었지.
육예의 학문도 자질구레하고
경전의 뜻 주석한 것 누가 읽으리오.
한 백성도 이 덕택 못 입었으니
군자가 어떻게 이를 취택하리오. (이상은 「용문산 백운봉」)

후세에 성인聖人이 나와서 자신의 저서를 본다 해도 자신의 주장이
그르다고 하지 않을 것이라는 그 저서에 대한 자긍심을 가지고 지은 사
암俟菴이란 호號가 그 위력을 드러내어 사암은 서세逝世한 1백여년 뒤

나라가 일본에 병합된 식민지 시절에 우리 민족의 사표師表로 추앙되어 겨레의 힘이 모여 그 방대한 『여유당전서與猶堂全書』 76책이 간행되었다. 그리고 이제 여유당과 사암의 묘소는 민족의 성지가 되었을 뿐만 아니라 그 저서가 세계의 문화유산이 될 날도 멀지 않을 것이다.

사암 정약용이 서세한 지 74년 만인 순종 4년(1910) 7월 18일(양력) 정헌대부正憲大夫 규장각 제학奎章閣提學에 추증追贈되고 문도공文度公이란 시호諡號가 내려졌다. 이 뒤로 한달 남짓 지나지 않은 8월 29일 사암이 벼슬하고 살았던 조선왕조는 일본에 강제 병합되어 식민지가 되었다.

일제 시기인 1934~38년 사암 서세 1백주년 기념사업으로 『여유당전서』 76책이 정인보鄭寅普·안재홍安在鴻 등의 교열로 신조선사新朝鮮社에서 신활자본으로 간행되었다. 2012년 12월 15일에는 『정본 여유당전서』 37책이 다산학술재단에 의해 간행되었으며, 2020년 『다산학사전』 1책이 다산학술재단 편찬으로 간행되었다.

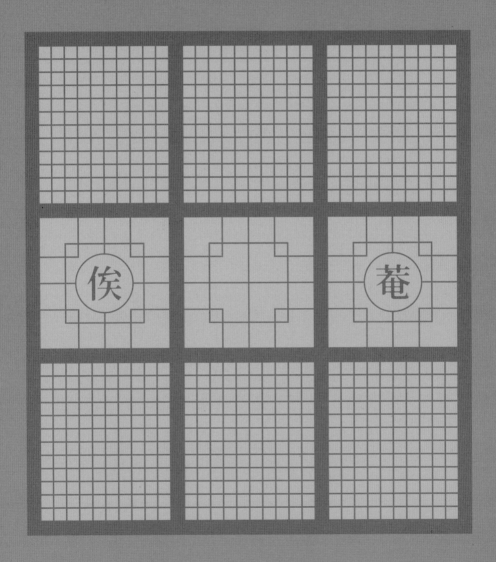

제5부
사암의 문학론과 저술

제1장

사암의 문학론

1. 사암의 시론

사암은 초의선사草衣禪師에게 여러편의 증언贈言을 써 주었으나『여유 당전서』에는 1편만 실려 있다. 여기서는 정민 교수가 지은『다산 증언 첩』에 실려 있는 증언 가운데서 사암의 시론이라 할 수 있는 글을 추려 내고, 또『다산문학선집』『다산서간정선』과 박석무 전 의원의『유배지 에서 보낸 편지』와 사암의 시 등에서 시론이라 할 수 있는 문장을 가려 뽑아 '사암의 시론'이란 제목 아래 정리해 신겠다.

(1) 시인의 큰 법도

시를 배울 때에는 모름지기『시경詩經』의 풍風·아雅·송頌을 시의 근 원으로 삼아 거슬러 올라가 연구하여, 아래로 한漢·위魏와 육조六朝시 대에 미치고, 당唐나라 때의 뛰어나고 아름다운 시를 가려 모은다. 다만 두보杜甫를 옳게 배우되, 마땅히 공문십철孔門十哲이 공자孔子를 배운 것처럼 해야 한다.

　왕유王維와 맹호연孟浩然·위응물韋應物·유종원柳宗元·왕건王建·이상은
李商隱 등도 모두 마땅히 스승으로 삼아 본받아야 한다.

　송宋나라에서는 소식蘇軾·육유陸游·진사도陳師道·진여의陳與義와 진
관秦觀 등이 썩 좋다.

　원元나라 때에는 원호문元好問·살도랄薩都剌·게혜사揭傒師·야율초재
耶律楚材·양유정楊維楨 등을 가려 뽑아야 한다.

　명明나라에서는 고계高啓·이동양李東陽·왕봉王逢·원굉도袁宏道·서위
徐渭·전겸익錢謙益 등을 가려 뽑아야 한다.

　이와 같이 백가에서 찾아서 모아 단점을 버리고 장점을 가려내서, 환
골탈태換骨奪胎하여 낡고 묵은 것을 변화시켜 새롭게 만들어내야 한다.
이것이 시가詩家의 큰 법도인 것이다. (『琴堂記珠』)

　(2) 시는 훌륭한 뜻을 말해야

　시는 뜻을 말하는 것이다. 뜻이 본디 낮고 더러우면 비록 억지로 맑고
고상한 말을 지어도 이치는 이루어지지 못한다. 뜻이 본디 얕고 견문이
좁으면 비록 억지로 통달한 말을 하여도 사정事情에 꼭 맞지 않게 된다.
시를 배움에 있어 그 뜻에 서로 맞지 않는 것은 오히려 맑은 샘물을 더
러운 흙으로 걸러내려는 것 같고, 냄새나는 가죽나무에서 기이한 향기
를 구하는 것과 같아서 평생 노력해도 시의 뜻을 얻지 못할 것이다. 그
렇다면 어떻게 해야 하는가? 천인天人과 성명性命의 이치를 알고 인심人
心과 도심道心의 나뉨을 살펴서, 찌꺼기를 걸러 그 맑고 참됨이 드러나
게 해야 된다.

그렇다면 도잠陶潛과 두보 같은 사람들은 모두 이와 같이 노력하였던 가? 도잠은 정신과 육체가 서로 부리는 이치를 알았으니 더 말할 것이 있겠는가. 두보는 천품이 본디 높아서 충후忠厚하고 측달惻怛한 어진 마음에다가 호매豪邁하고 사납고 용맹스러운 기상을 아울러 지녔다. 보통 사람들은 평생 마음을 다스려도 그 본원이 맑고 투명한 두보의 경지에 이르기는 쉽지 않다. 그 아래에 속해 있는 여러 시인도 또한 모두 대적할 수 없는 기상과 모방할 수 없는 재주와 뛰어난 생각이 있다. 이는 타고난 것이요, 또 배워가지고는 도달할 수 있는 바가 아니다. (「爲草衣僧意洵贈言」)

(3) 시는 나라를 걱정해야

접때 성수惺叟 이학규李學逵의 시를 읽어보았다. 그가 학연 네 시를 논평한 것은 병폐를 깊이 생각해 맞힌 것이니 너는 당연히 마음에 새겨 잊지 말거라. 그의 자작시는 꽤 좋기는 하더라만 내가 좋아하는 바는 아니구나. 『시경』 이후의 시는 마땅히 두보의 시를 스승으로 삼는 것이다. 대개 온갖 시인의 시 중에서 두보의 시가 왕좌를 차지하게 된 것은 『시경』에 있는 시 3백편의 의미에 이르렀기 때문이다. 『시경』에 있는 시는 충신, 효자, 열녀, 진실한 벗들의 슬프고 아픈 마음과 충실하고 순박함이 발로한 것이다.

임금을 사랑하고 나라를 근심하는 내용이 아니면 그런 시는 시가 아니며, 시대를 아파하고 세속을 분개하는 내용이 아니면 시가 될 수 없는 것이며, 아름다움을 아름답다 하고 미운 것을 밉다 하며, 착함을 권장하고 악을 징계하는 그러한 뜻이 담겨 있지 않은 시는 시라고 할 수 없는

것이다. 따라서 뜻이 세워져 있지 아니하고, 학문은 설익고, 삶의 대도大
道를 아직 배우지 못하고, 임금을 도와 백성에게 혜택을 주려는 마음가
짐이 있지 아니한 사람은 시를 지을 수가 없는 것이니, 너도 그 점에 힘
쓰거라. (「寄淵兒」)

(4) 두보·한유·소식의 시

두보의 시는 역사적 사실을 시에 인용하는 데 있어 흔적이 보이지 않
아 스스로 지어낸 것 같지만, 자세히 살펴보면 다 출처가 있으니, 이것
이야말로 두보가 시성詩聖이 되는 까닭이다.

한유韓愈의 시는 글자 배열법에 모두 출처가 있게 하였으나 어구는
스스로 많이 지어냈으니 그게 바로 시의 대현大賢이 되는 까닭이다.

소식蘇軾의 시는 구절마다 역사적 사실을 인용하되 인용한 흔적이 있
는데 얼핏 보아서는 의미를 깨달을 수도 없고 반드시 이리저리 따져보
아 인용한 출처를 캐낸 다음에야 겨우 그 의미를 통할 수 있으니, 이것
이 그가 시의 박사博士가 되는 까닭이다.

소동파의 시로 말하면, 우리 삼부자의 재주로써 죽을 때까지 시를 오
로지 공부한다면 바야흐로 그 근처쯤 갈 수는 있겠지만, 사람이 이 세상
을 살아가면서 할 일도 많은데 무엇 때문에 그런 짓이나 하고 있겠느냐.
그러나 시에 역사적 사실을 전혀 인용하지 아니하고 음풍영월이나 하고
장기나 두고 술 먹는 이야기를 주제로 시를 짓는다면, 이거야말로 시골
의 서너 집 모여 사는 촌구석 선비의 시인 것이다. 이후로 시를 지을 때
는 모름지기 역사적 사실을 인용하는 일에 주안점을 두거라. (「寄淵兒」)

(5) 우리나라 역사를 시에 인용하라

우리나라 사람들은 역사적 사실을 인용한답시고 걸핏하면 중국의 일이나 인용하고 있으니, 이건 또 볼품없는 짓이다. 아무쪼록『삼국사기』『고려사』『국조보감國朝寶鑑』『신증동국여지승람新增東國輿地勝覽』『징비록懲毖錄』『연려실기술燃藜室記述』(李道甫가 모은 책─원주) 및 우리나라의 다른 글 속에서 그 사실을 뽑아내고 그 지방을 고찰하여 시에 인용한 뒤에라야 후세에 전할 수 있는 좋은 시가 나올 것이며, 세상에 명성을 떨칠 수 있다.

혜풍惠風 유득공柳得恭이 지은「16국회고시」는 중국 사람들도 책으로 간행해서 즐겨 읽던 시인데, 그것은 바로 우리나라 사실을 인용했기 때문이다.『동사즐東事櫛』은 본디 이럴 때 쓰려고 만들어놓은 것인데, 지금은 대연大淵 한치윤韓致奫이 너에게 빌려줄 턱이 없으니, 우선 중국의 17사十七史에 있는 동이전東夷傳 가운데서 이름난 자취를 뽑아놓았다가 사용하면 될 것이다. (「寄淵兒」)

(6) 시의 근본 뜻

시는 꼭 힘써야 할 것은 아니나 성정性情을 도야陶冶하려면 시를 읊는 것도 상당히 도움이 된다. 그리고 예스러우면서 힘있고, 기이하면서 우뚝 솟고, 웅혼하고 한가하면서 뜻이 심원하고, 맑으면서 환하고 거리낌 없이 자유로운 그런 기상에는 전혀 마음을 기울이지 않고 다만 새롭고 약하고, 자질구레하고 경박하고 각박한 시에만 힘쓰고 있으니 또한 개탄할 일이로다. 단지 율시律詩만 짓는 것은 곧 우리나라 사람들의 비루

한 습관으로 5자나 7자로 된 고시古詩는 한수도 보지 못했으니, 그 지취
志趣의 낮고 얕음과 기질의 짧고 껄끄러움은 마땅히 잘못을 바로잡음이
있어야 할 것이다.

내가 요즈음 생각해보아도 자기의 뜻을 사실적으로 표현하는 데나
회포를 읊어내는 데는 4자로 된 시만큼 좋은 것이 없다고 본다.

고시 이후의 시인들은 남을 모방하는 것을 혐오하여 마침내 4자로 시
짓는 일을 그만두게 되었다. 그러나 나의 요즈음 같은 처지는 4자시四字
詩 짓기에 아주 좋구나. 너희들도 또한 『시경詩經』 풍風·아雅의 근본 뜻
을 깊이 연구하고 그다음에 도연명陶淵明이나 사영운謝靈運의 빼어난 점
을 본받아 아무쪼록 4자시를 짓도록 하여라.

무릇 시의 근본은 부자父子나 군신君臣·부부의 떳떳한 도리를 밝히는
데 있으며, 더러는 그 즐거운 뜻을 드러내기도 하고, 더러는 그 원망하고
사모하는 마음을 이끌어내게 하는 데 있다. 그다음으로 세상을 걱정하고
백성들을 불쌍히 여겨서 항상 힘없는 사람을 구원해주고, 가난한 사람을
구제해주고자 방황하고 안타까워서 차마 내버려두지 못하는 간절한 뜻
을 가진 다음이라야 바야흐로 시가 되는 것이다. 다만 자기 자신의 이해
利害에만 얽매일 것 같으면 그 시는 시라고 할 수가 없을 것이다. (「示兩兒」)

(7) 자신의 시를 평론함(1808. 여름 윤달에)

번암樊巖 채제공蔡濟恭은 시에 있어서 시인의 기상氣象을 중요하게 여
겼는데, (…) 요즘(1808) (…) 나의 시고詩藁들을 살펴보니, 난리를 만나기
전 한창 벼슬을 하여 문학하는 선비들이 드나들던 한림원翰林院을 훨훨
날고 지내던 때에 지은 시편들은 대개가 처량하고 괴로워하며 우울한

내용이었고, 장기로 귀양 갔던 때는 더욱 우울하고 슬픈 내용이었다. 강진으로 귀양지를 옮겨온 이후의 시작품들은 활달하고 확 트인 시어들이 많이 담겼다.

생각건대, 재난이 앞길에 놓여 있으므로 활달한 기상을 가지지 못했었는데, 재난을 당한 이후에는 이미 근심이 없어져서 그렇게 된 것인가? (…)

그러나 기상을 화려하게만 하려고 해서는 시가 되지 않을 것이다. 시에는 반드시 정신과 기맥氣脈이 있어야 한다. 산만하고 쓸쓸하기만 하여 잘 묶이고 짜여진 묘미가 없는 것은 그 사람의 운명이 곤궁하거나 현달한 것은 차치하고라도 그 수명조차 길지 못할 것이다. 이 점은 내가 여러차례 증험한 바가 있다.

『시경』에 실려 있는 3백편의 시는 모두 현인이나 성인이 실의에 빠져 세상일을 근심하던 때 지은 시이므로 시가 모두 감개感慨한 내용을 중요하게 여겼다. 그러나 그런 뜻을 미묘하고 완곡婉曲하게 나타내도록 해야지 얄팍하게 보이도록 토로해서는 안 된다. (「又示二子家誡」)

(8) 시로 쓴 자유시론

늙은이의 한가지 통쾌한 일은
붓 가는 대로 미친 말을 쓰는 것일세.
경병운競病韻에 굳이 얽매이지 않고
퇴고를 더디 해도 괜찮고말고.
흥취가 미치면 곧 이리저리 생각하고
생각이 미치면 곧 그대로 쓰지.

나는 바로 조선 사람이라

즐거이 조선시를 짓노라.

시인들의 품격 지키는 좀스러움 시름겨워

웃고 욕하며 붓 가는 대로 따라 짓노라.

2. 사암의 문장론

(1) 문장은 경전을 깊이 연구하고 나서 써야

평안도 양덕陽德 사람 변지의邊知意가 1천리나 떨어진 멀리서 문장文章을 배우겠노라고 귀양살이에서 소내로 돌아온 사암을 찾아왔는데, 그에게 「양덕 사람 변지의에게 내려주는 말爲陽德人邊知意贈言」이란 글을 써 주면서 다음과 같이 일러주었다.

문장을 잘 지으려면 "경전經傳을 깊이 연구하고, 예법을 깊이 갈고 닦아서 진액이 돌게 하고, 널리 듣고, 예술적인 재능을 익혀서 가지와 잎이 돋아나게 하고, 그런 다음 그사이에 깨달은 것을 갈래를 나누어서 쌓아두고, 쌓아둔 것을 펴서 글로 지어야만 한다.

이렇게 하면, 이 지은 글을 본 사람이 이 글을 보자마자 문장이라고 여길 것이다. 이를 일러 문장이라 이를 것이니, 문장이란 갑자기 얻을 수가 없는 것이다. 그대는 나의 이 권유하는 말을 가지고 돌아가 문장을 찾아내면 스승으로 삼을 만한 것이 넉넉할 것이다."

(2) 문장이란 어떤 물건인가

순조 20년(1820) 여름에 이인영李仁榮이란 19세 소년이 시인과 재자才子들의 책을 잔뜩 짊어지고 와서 사암에게 문장 공부를 하겠다고 당돌하게 말하므로, 사암이 「문장이란 어떤 물건인가爲李仁榮贈言」란 다음과 같은 문장론을 지어 그 소년에게 내려주었다.

이 문장론은 필자가 편역한 『다산문학선집』에 실려 있는 글을 좀더 다듬어서 인용하겠다.

"대저 문장이란 것은 어떠한 물건인가? 학식이 마음속에 쌓여 그 문채가 밖으로 드러나는 것이다. 기름진 음식이 창자에 가득차면 광택이 피부에 드러남과 같고, 술이 배에 들어가면 얼굴에 홍조가 도는 것과 같은 것이다. 어찌 들어간다고 차지할 수 있겠는가. 중화中和한 덕으로 마음을 기르고 효우孝友의 행실로 성정性情을 닦아 공경으로 그것을 지니고 성실로 일관하되 일정하게 변함이 없어야 한다. 또한 힘쓰고 힘써 도道를 바라면서 사서四書로 나의 몸을 채우고 육경六經으로 나의 지식을 넓히고, 여러가지 사서史書로 고금의 변천에 통달하여 예악형정禮樂刑政의 도구와 전장법도典章法度의 전고典故를 가슴속 가득히 쌓아놓아야 한다. 그래서 사물事物과 서로 만나 시비와 이해에 부딪히게 되면 곧 나의 마음속에 한결같이 가득 쌓아온 것이 파도가 넘치듯 거세게 소용돌이치고, 그리하여 세상에 한번 내놓아 천하 만세의 장관壯觀으로 남겨보고 싶은 그 의욕을 막을 수 없게 되면, 내가 하고 싶은 말을 하지 않을 수 없게 된다. 그리고 이것을 본 사람은 서로들 문장이라고 말할 것이다. 이러한 것을 일러 문장이라 하는 것이다. 어찌 기괴한 문구의 탐색만으로 이른바 문장이라는 것을 붙잡아 마음대로 삼킬 수 있겠는가?"

(3) 경전을 근본으로 삼아야

"세상에서 일컫는 문장학은 성인의 도를 해치는 해충이니 반드시 서로 용납할 수 없을 것이다. 그러나 한 단계 낮추어서 가령 그것을 한다고 해도 또한 그 가운데 문과 길이 있고 기맥氣脈이 있는 것이니, 또한 반드시 경전經傳을 근본으로 삼고 여러가지 사서史書와 제자백가를 날개로 삼아, 두터우면서도 깊게 녹아든 기운을 쌓고 깊숙하고 영원하고 도타운 아취雅趣를 길러야 한다. 그리하여 위로는 왕의 정책을 빛낼 것을 생각하고 아래로는 한세상을 주름잡을 것을 생각한 뒤에야 바야흐로 문장을 이루었다고 할 수 있겠다."

3. 사암의 기술론

(1) 전쟁 대비책과 신무기 개발

1) 평시라도 전쟁에 대비해야

사암은 그의 「군기론軍器論」에서 평상시라도 항상 전쟁물자 곧 군수물자를 비축해두고, 일단 유사시에 즉시 무기를 제조할 수 있도록 기술자를 확보해 대우하며, 기술을 정교하게 연마시켰다가 전쟁이 일어나면 무기를 곧 만들게 할 수 있어야 한다고 했다.

또 시대가 발전함에 따라 전쟁 환경이 바뀌어 성능이 우수한 무기를 개발해야 외적의 침략을 방어할 수 있다고 했다. 사암이 「군기론」에서 제시한 방책의 중요한 대목을 『다산논설선집』에서 인용해 살펴보겠다.

사암은 평화로운 시대라 하더라도 언제나 전쟁에 대비하는 군사제도를 마련해 갖추고 있어야 한다면서 "지금 각 군현郡縣에 저장된 군기軍器로 말하면, 활을 들어보면 좀먹은 부스러기가 쏼쏼 쏟아져 내리고, 화살을 들어보면 새 깃羽이 수북하게 쏟아져 내리며, 칼을 빼어보면 칼날은 칼집에 붙어 있는 채 칼자루만 헛되이 빠져나오고, 총을 보면 녹이 슬어서 구멍을 꽉 메웠으니, 하루아침에 환난患難이라도 있게 되면 온 나라가 모두 맨손이나 다름없는 것이다."

이런 상태에서라도 "활은 그만두더라도 뿔角과 산뽕나무 가지柘枝와 소 힘줄筋만은 간직해두어야 할 것이요, 화살矢은 그만두더라도 대나무 살竹箭과 새의 깃羽과 살촉鏃만은 간직해두어야 할 것이며, 익히 제련된 구리熟銅를 갈무리하고 강철鋼鐵을 갈무리하며, 단단하고 날카로운 재목, 가죽, 짐승의 이齒와 뼈骨 등속의 물건을 간직해두었다가 비상시에 대비해야 할 것이다."

그러나 만일 "하루아침에 환난이 있게 된다면 누가 이를 제조하여 군기를 만들겠는가. 무릇 백성들 가운데 백공百工의 기예技藝가 있는 사람에게는 그 호세戶稅를 면제해주고, 그 부역賦役을 덜어주어, 그들로 하여금 읍에 모여 살게 하고 촌리村里에 흩어져 살지 못하게 하고서, 매월 한 사람의 양식을 대주면서 그의 이름을 군적軍籍에 편입시키고, 수령이 때때로 그 기능의 교묘하고 서툰 것을 심사 비교하여 그 양식을 더 주기도 하고 덜 주기도 하며, 그 가운데 기능이 뛰어난 사람이 있으면 그를 뽑아 장관將官으로 삼아서, 그들로 하여금 각기 격려하고 권장하도록 한다면, 하루아침에 환난이 있더라도 때에 맞춰 군기를 제조할 수 있을 것이다.

장수가 된 사람이 혹 좋은 계책과 훌륭한 생각을 내어 새로운 방법으로 기이한 군기를 만들어서 적을 방어하고, 백공들이 각기 그 기능으로 이바지한다면 적을 쳐부수는 데 무엇이 어렵겠는가. 이것이 무비武備가 되는 데 있어 주도周到하고도 면밀한 것이 아니겠는가."

2) 신무기를 개발해야

"세도世道가 날로 저하됨에 따라 교묘한 생각이 날로 깊이 파고들어 가서, 근세에 남의 나라 치기를 꾀하는 자는 오직 기이한 군기軍器와 교묘한 물건만을 제조하여, 한 사람이 기모機謀를 결단함으로써 만 사람이 목숨을 잃게 되고, 편안히 앉아서 남의 성城을 무너뜨리는 것이 마치 호준포虎蹲礮와 백자총百子銃과도 같은데, 이는 오히려 그리 정교하지 못한 것이다. 이른바 홍이포紅夷砲라는 것은 그 속력이 매우 빠르고 파괴력이 대단히 맹렬하여, 전고前古의 무기에는 비할 것이 없는데, 중국과 일본에서는 이를 사용한 지가 이미 오래다. 만일 불행하여 1백년 뒤에 남방과 북방에 침략 소식이 있으면 외적이 반드시 이 무기를 가지고 이르게 될 것이니, 그때는 조심스레 두 손을 마주잡고 땅에 엎드려서 그 성을 받들어 바치지 않을 자가 있겠는가."라고 하면서 홍이포 같은 성능이 좋은 무기를 개발해 먼 훗날 일어날지 모르는 외적의 침략에 대비할 것을 은연중 내비쳤다.

아닌 게 아니라 사암이 이런 논설을 쓴 지 1백년도 안 되어 조선은 고종 3년(1866) 병인양요丙寅洋擾가 일어나고 운요오호雲揚號 사건이 터져 마침내 외침을 당해 땅에 엎드려 굴복하고야 말았다.

554

(2) 신기술을 도입해야

1) 기술의 발달

사암은 그의 「기예론技藝論」에서 "하늘이 사람에게는 슬기로운 생각과 교묘한 구상을 할 수 있는 기능을 주어 기예技藝를 익혀 스스로 자기의 생활을 하도록 했다. 그러나 (…) 성인聖人이라 하더라도 1천명이나 1만명이 함께 의논한 것을 당해낼 수 없다. (…) 따라서 사람이 많이 모이면 그 기예가 정교해지고, 또 세대가 아래로 내려오면 그 기예가 더욱 뛰어나게 된다."고 했다.

다음에 사암 「기예론」의 핵심 골자를 『다산논설선집』에서 인용해보겠다.

"우리나라는 백공百工의 기예가 모두 옛날에 중국에서 배웠던 방법인데, 수백년 이래로 딱 짤라 끊듯이 다시는 중국에 가서 배워올 계책을 세우지 않고 있다. 그러나 중국의 교묘한 신식 기술은 날로 증가하고 달로 많아져서 더는 수백년 이전의 중국이 아닌데도 우리는 또한 막연하게 서로 새로운 것을 묻지도 않고 오직 예전의 것만 편안히 여기고 있다. (…)"

"직조織造의 기예가 정교해지면, 그 소비되는 물질은 적으면서도 생산된 실絲은 많아지고, 그 힘들이는 시간은 매우 단축되면서도 포백布帛은 올이 섬세하고 결이 아름다울 것이니, 무릇 물에 담그고 씻고 실을 만들고 실을 뽑고 베를 짜고 마전하여 물들이고 풀을 먹이고 바느질을 하는 일에 이르기까지 모두 그 편리함을 돕고 그 수고로움을 덜게 될 것이다.

무기武器의 기예가 정교해지면, 무릇 공격하고 찌르고 방어하고 운반하며 성을 보수하고 쌓는 일이 모두 그 용맹勇猛을 돕고 그 위태로움을 보호할 수 있을 것이다.

의원醫員의 기예가 정교해지면, 무릇 맥을 짚고 병증病證을 살피고 약의 성분을 분변하고 사시의 절기를 살피는 것이 모두 옛사람의 어리석은 점을 발견하고 이전 사람의 그릇된 것을 논박하게 될 것이다.

백공百工의 기예가 정교해지면, 무릇 궁실宮室과 기구器具를 제조하며 성곽과 배와 수레의 제도에 이르기까지 모두 튼튼하고 편리하게 될 것이다. 진실로 그 법을 다 터득해서 힘써 실행한다면 나라가 부유하게 되고, 군대가 강하게 되고, 백성들이 넉넉하여 오래 살 수 있을 것이다."

2) 신기술의 도입

"옛날에 소식蘇軾이, 경적經籍을 고려高麗에 주지 말고 아울러 고려가 구입購入하는 것도 금지할 것을 요청하면서 '오랑캐가 글을 읽으면 슬기로운 생각이 향상될 것입니다.'라고 하였으니, 어쩌면 그리도 마음이 좁고 은혜가 적었던가. 비록 그렇다 하더라도 이 의논이 그때에는 중국에서 시행되었던 것이다. 경적도 또한 서로 보여주지 않으려 하였는데, 하물며 그들이 다른 나라로 하여금 기예技藝와 여러가지 기능을 배우게 하여 그 나라가 강해지도록 하였겠는가."

"근세에는 유구국琉球國 사람이 중국의 태학太學에 10년 동안이나 있으면서 오로지 그 문물文物과 기능만을 배워 갔으며(『芝峰集』에 있다.—원주), 일본 사람 역시 중국의 강소성江蘇省과 절강성浙江省을 왕래하면서 오직 백공의 섬세하고 정교한 기술만을 배워 오도록 힘썼다. 그러므로 유구와 일본은 바다 가운데 멀리 떨어진 지역에 위치해 있으면서도 그 기능은 중국과 대등하게 되어, 백성들은 부유하고 군대는 막강하여 이

윗 나라에서 감히 침략하지 못하게 되었으니, 그 이미 그렇게 된 효과가 이러한 것이다.

마침 지금은 중국의 규제가 엉성하며 좁고 비루하지 않은데, 이때를 놓치고 도모하지 않았다가, 만일 하루아침에 다시 소식 같은 자가 있어 위에 의견을 아뢰어, 중국과 외이外夷의 한계를 엄격하게 단속해서 금지하는 명령이 내려지기라도 한다면, 비록 예물과 폐물을 가지고 가서 하찮은 것이나마 얻어오려 한다 할지라도 어찌 그 뜻을 이룰 수 있겠는가.”

“만일 백성이 사용하는 기물器物을 편리하게 하고 재물財物을 풍부히 하여 백성의 생활을 윤택하게 하는 데에 사용되는 것과 백공의 기예의 재능은 뒤에 나온 제도를 가서 배우지 않는다면, 몽매하고 고루함을 타파하고 이익과 혜택을 일으킬 수 없는 것이니, 이것이 국가를 도모하는 사람으로서 마땅히 강구해야 할 일이다.”

사암은 앞에서 인용한 바와 같이 중국에서 발달된 신기술이 외국으로 빠져나가는 것을 막기 전에 서둘러 그 기술을 배워 올 것을 주장했으며, 벌써 2백여 년 전에 선진국이 기술 장벽을 쌓으리라는 것도 예견했다고 할 수 있다.

제2장
사암의 저술

다산학술재단이 2012년 12월 15일 37책으로 발행한 『정본 여유당전서』의 총목록과 신조선사에서 발행한 『여유당전서』 및 『사암선생연보』에 실린 저술 목록을 참고해 만든 사암 선생의 주요 저술 총목록은 다음과 같다.

1. 시문집과 잡찬 목록

분류	제목	권수	참고
시문집	시집詩集	12	1775~1836년
	문집文集 1~3	60	
잡찬	목민심서牧民心書	48	1821년 수정본 완성
	경세유표經世遺表	44	「자찬묘지명」에 48권으로 미완
	흠흠신서欽欽新書	30	1819년
	아방비어고我邦備禦考	12	묘지명에 30권으로 미완
	아방강역고我邦疆域考	12	1811년 10권, 1833년 2권 보충
	대동수경大東水經	12	1814년 묘지명에 2권이라 기록
	소학주관小學珠串	3	1810년 저술, 1818년 보완
	아언각비雅言覺非	3	1819년

분류	제목	권수	참고
	마과회통麻科會通	12	1798년
	의령醫零	1	
	이담속찬耳談續纂	1	1820년, 『여유당전서』에 빠짐
	아학편兒學編	2	1804년, 〃
	민보의民堡議	3	1812년, 〃
계		255	

2. 경례집經禮集

분류	제목	권수	참고
경집	시경강의詩經講義	12	1809년 다산초당, 묘지명에는 모시강의
	시경강의보유補遺	3	1810년 다산초당, 묘지명에는 모시강의보
	상서고훈서례尙書古訓序例	3	1834년에 상서고훈과 상서지원록을 상서고
	상서고훈尙書古訓	21	훈으로 합편
	매씨서평梅氏書平	10	매씨상서평 9권이 개정 후 10권으로 늘어남
	춘추고징春秋考徵	12	1812년
	주역사전周易四箋	24	1808년, 묘지명에는 주역심전
	역학서언易學緒言	12	
	논어고금주論語古今注	40	1813년
	맹자요의孟子要義	9	1814년
	대학공의大學公議	3	1814년
	희정당대학강의熙政堂大學講義	1	묘지명에는 희정당대학강록
	중용자잠中庸自箴	3	1814년
	중용강의보中庸講義補	6	1814년
	악서고존樂書孤存	12	1816년
	소학지언小學枝言	1	1815년
	심경밀험心經密驗	1	1815년
예집	상례사전喪禮四箋	50	
	상례외편喪禮外編	12	
	檀弓箴誤·國朝典禮考		
	사례가식四禮家式	9	
	喪儀節要·家禮酌儀·禮儀問答		
	풍수집의風水集議	3	1825년
계		247	

앞의 표에서 정리한 바에 따르면, 시문집과 잡찬雜纂의 저술이 255권이고, 경집·예집이 247권으로 실제로는 모두 502권이나 된다. 이로써 보면, 사암의 저술이 5백여권이나 된다고 한 말이 과장이 아님을 알 수 있다. 이 5백여권을 번역하면 10권이 1책이 되므로 오늘날의 책으로 50여책이나 되는 방대한 저술이라 할 수 있다.

사암이 「자찬묘지명」에서 『아방비어고』가 30권이라 한 것을 실제로 저술된 권수로 본다면 앞의 표에서 계산된 12권을 제외하고도 『아방비어고』 18권이 더 있는 셈이다. 또 정민 교수의 「다산 '비어고'의 행방」에 따르면 사암은 「자찬묘지명」 서술 이후 『비어고』 30권에다 12권이나 더 편술해 『비어고』가 모두 42권이나 된다고 했다. 이렇다면 사암의 저술이 502권에 30권 더 보태질 수 있어 532권에 이르는 것이다.

또 다산학술재단에서 간행한 『정본 여유당전서』 중 보유편 3책에는 사암의 저술 가운데 『아학편』 2권, 『민보의』 3권, 『비어촬요備禦撮要』 12권, 『일본고』 4권과 기타의 저술이 실려 있다. 덧붙이고 싶은 말은, 이들 저술은 대체로 사암이 『여유당집』이나 『열수전서』를 편집할 때 제외시켰던 것이라 짐작되어 여타의 저술들과 그 비중이 다르다고 볼 수밖에 없으므로 『여유당전서』에 실려 있는 저술과는 구분해서 논해야 하리라는 점이다.

3. 사암의 경학 저술

사암의 경학經學 저술은 『악서고존』을 포함해 모두 173권이나 되는데, 이는 정법집·지리집·의학집 저술과 함께 쌍벽을 이루므로, 사암이 이들 저술을 「자찬묘지명」이나 편지에서 스스로 해설한 것을 가지고 해설하려 한다. 필자가 다른 분야에 비해서 사암 경학을 바르게 해설하기에는 상대적으로 공부가 부족한 점을 보완하기 위한 방편方便으로 취한 조치라는 점을 이해해주기 바란다. 그리고 경학 저서들의 중요한 가치는 다산학술재단에서 많은 노력을 기울여 편찬한 『다산학사전』을 참고하면 좋을 것이다.

(1) 『시경강의』와 『시경강의보』

『시경詩經』에 대한 이 두가지 저술은 1809년과 1810년 다산초당에서 이루어진 것으로 합해서 15권이다. 『다산문학선집』에 「나의 삶, 나의 길」이란 제목으로 번역된 「자찬묘지명」 집중본에서 이들 책과 관련해 이렇게 얘기했다. "시詩란 임금에게 그 잘못을 충고하는 것이다. 순임금 시대에 '오성육률五聲六律로써 오언五言을 받아들인다.'라고 했을 때 오언이란 육시六詩 가운데 다섯을 말한다. 풍風·부賦·비比·흥興과 아雅가 다섯이다. (…) 소경인 고몽瞽矇이 아침·저녁으로 풍자하는 노래를 부르면, 가수들이 따라서 합창해 부르며 거문고나 비파를 타기도 하면서 임금으로 하여금 착한 것은 들어서 감발하게 하고, 악한 것은 듣고서 잘못을 뉘우치게 하기 때문에 시의 포폄襃貶은 『춘추春秋』보다 더욱 무서운 역할을 하며, 임금들이 두려워하기 때문에 '시가 없어지고 나서 『춘추』를 제작했다.'고 했다. 풍·부·비·흥은 풍자한다는 말이고, 소아小雅·대아大雅란 바른 말로 임금에게 충고한다는 말이다."

(2) 『상서고훈서례』 『상서고훈』 『매씨서평』

이 『서경書經』에 대한 세가지 저술에서 "매색梅賾이 전한 25편은 가짜다. 『사기史記』 『전한서前漢書』 『후한서』 『진서晉書』 『수서隋書』에 있는 유림전儒林傳이나 경적지經籍志를 살펴보면 25편은 가짜임이 분명하여 『서경』에서 그 부분을 없애지 않으면 안 된다.

선기옥형璿璣玉衡이란 하늘을 형상한 의기儀器(渾天儀)를 뜻하는 것이 아니며, 우공禹公의 삼저적三底績은 9년 동안에 3번 고적考績한다 함이고, 홍범구주洪範九疇는 정전井田의 모형이기 때문에 홍범도洪範圖의 2와 8이 서로 대응되고 4와 6이 서로 이어지는 것이다."라고 했다.

(3) 『주역사전』 『역학서언』

이 두 저술은 모두 36권으로 다산초당에서 완성한 방대한 저술로, 사암이 순조 8년(1808) 한여름 다산정사에서 두 아들에게 내려준 교훈(「示二子家誡」)에 말했다.

"『주역사전周易四箋』은 내가 하늘의 도움을 얻어 지어낸 책이다. 절대로 사람의 힘으로 통하거나 지혜로운 생각으로 알아낼 수 있는 책이 아니다. 이 책에 마음을 푹 기울여 오묘한 뜻을 다 통달할 수 있는 사람이 있다면 그는 바로 나의 자손이나 벗으로 여길 수 있는 사람이니 천년에 한명 나오기도 어려울 것이다. 다른 책보다는 곱절을 더 아끼고 중요하게 생각해야 할 것이다."(『유배지에서 보낸 편지』)

손암 정약전은 흑산도에 들어가 귀양살이한 지 5년이 지났을 즈음에 사암에게 부친 편지(「寄茶山」)에서 『주역사전』에 대해 다음과 같이 평가했다.

"『주역사전』에 성인이 다시 일어난다 해도 바꾸지 못할 것이라는 곳은 어찌 다만 이이頤의 큰 잘못 두어곳뿐이리오. 비록 한두곳을 꿰뚫어본 것에 가까운 것이 있더라도 이는 척규尺圭 가운데 작은 구슬에 지나지 않네. 그러나 대체로 공자의 10익十翼[1] 이후로 처음 나온 문자인 것이네. 그러나 지금에 이르러 그 뜻을 아는 자 적으니, 이 주석을 읽고서 싫어하지 아니할 자 적겠네. (…)

이 글은 더러 세상을 속이는 자의 손에 떨어지면 그들이 반드시 머리를 고치고 얼굴을 바꾸어 엷은 술을 타고 술지게미를 섞어 세상에 재앙이 될 터인데 어찌 간행하여 많은 눈에 전달해서 간사하고 음란한 자로 하여금 가리고 덮어버릴 바가 없도록 할 것인가. 진실로 그렇게 할 수 없다면 깊이 감추고 꼭 봉함하여두었다가 천년 백년 뒤에 간행하여 펼칠 날을 기다리는 것만 못하네.

그러나 우리의 생전에도 이미 스스로 보존하기 어려운데 죽은 지 1백 년 뒤 일을 어찌 알리오. 이 일은 매우 꾀하기 어려운 것이네. 기자箕子가 범범하게 오행五行을 말하여 만대가 되도록 하늘에 가득찬 큰 덮개로 삼았고, 64괘는 본디 스스로 정대하거늘, 오늘날 동전을 던지고 대통을 흔드는 점술가들이 그 명성을 쓸 테니 내가 두려워하는 바는 바로 이에 있네."

---

1 **십익(十翼)** 공자가 지었다고 전해지는 『역경(易經)』 가운데의 10전(傳). 『주역(周易)』의 뜻을 쉽게 설명했다. 단전(彖傳) 상·하, 상전(象傳) 상·하, 계사전(繫辭傳) 상·하, 문언전(文言傳), 서괘전(序卦傳), 설괘전(說卦傳), 잡괘전(雜卦傳) 등 10편이다.

(4)『논어고금주』

이『논어고금주論語古今注』는 모두 40권이나 되는 방대한 저술로 1813년 다산초당에서 완성되었다. 사암은 순조 12년(1812)경 다산초당에서 쓴 편지「둘째 형님께 답합니다答仲氏」에서『논어』를 다시 읽고 강독하며 굉보紘父 이강회李綱會를 가르치면서『논어고금주』를 저술하노라고 밥 먹는 것도 잠을 자는 것도 잊었다고 했다.

"평소『논어』에 대한 고금古今의 여러 학설을 수집하였던 것이 많지 않았던 것은 아닙니다만,『논어』1장章씩 대할 때마다 고금의 여러 학설들을 모조리 고찰하여 그 가운데 좋은 것을 취해다가 간략히 기록하고, 그중에서 의견이 대립되고 있는 것은 취해다가 논평하여 단정했으니, 이제야 이밖에 새로 더 보충할 것이 없다고 말할 수 있겠습니다.

그런데도 고금의 학설들을 두루 고찰해보면 도무지 이치에 합당하지 않은 것이 있는데, 이때에는 어쩔 수 없이 책을 덮고 눈을 감은 채 앉아서 더러는 밥 먹는 것도 잊고 더러는 잠자는 것도 잊노라면 반드시 새로운 의미나 이치가 상쾌하게 떠오르게 마련입니다. 학이學而와 위정爲政 두편篇에서 새로운 의미와 이치를 깨달은 것만도 이미 10여 조목이나 됩니다.

또 그 대립되던 학설을 결론지은 것 중에는 두 사람이 인용했던 것 이외에 별도로 있었던 단안斷案을 오늘에야 비로소 드러냄으로써 패배한 이론들로 하여금 다시 말할 수 없게 만든 것이 많습니다. 하늘이 만일 나에게 세월을 주어 이 작업을 마칠 수 있게 해준다면 그 책은 제법 볼 만할 것입니다. 그러나 탈고할 방법이 없으니 매우 안타까운 것입니다."

또「자찬묘지명」에서는 "『논어』에 대한 학설은 새로운 주장이 더욱 많다. 효孝와 제弟란 바로 인仁이다. 인仁이란 총괄해서 하는 말이고, 효와

564

제란 나누어서 하는 말이다. 인이란 효와 제로부터 시작되기 때문에 '효와 제란 인仁을 실행하는 근본이다.'라고 했다. '북신北辰이 제자리를 잡았다.'라고 함은 남극南極으로 마주 서게 한 것으로, 임금이 마음을 바르게 갖는 형상을 말함이다. 임금의 마음이 바르게 되면 백관百官이나 만민萬民이 더불어 함께 운화運化가 되는 것이니, 그래서 '모든 별들이 함께 돈다.'라고 했다. '공拱' 자를 향向이라 함은 무의미한 말이다."라고 했다.

사암은 이밖에도 곡삭告朔·동주東周·승당升堂 등의 의미를 밝혀냈다.

(5) 『맹자요의』

『맹자요의孟子要義』는 9권으로 1814년 다산초당에서 저술했다. 사암은 이 『맹자요의』를 저술하고 나서 문산 이재의李載毅와 편지로 『맹자』에 대한 많은 토론을 하여 그를 제자 겸 지기知己로 받아들였다.

사암의 『맹자』에 관한 학설로는 다음과 같은 언급을 들 수 있다.

"기氣란 의義와 도道와 짝하는 것으로 의와 도가 없다면 기는 시들해져버린다. (…)

성性이란 기호嗜好다. 형구形軀의 기호도 있고 영지靈知의 기호도 있는데 똑같이 성이다. 그러므로 「소고召誥」에 '절성節性'이란 말이 있고, 「왕제王制」에서는 '절민성節民性'이라 했으며, 『맹자』에서도 '동심인성動心忍性'이란 말을 썼고, 또 이목구체耳目口體의 기호가 성이라 했으니, 이들은 형구의 기호다. 천명天命의 성, 성과 천도天道, 성선性善·진성盡性의 성은 영지의 기호다.

본연의 성本然之性은 원래 불서佛書에서 나온 것으로 유교의 천명이나 성性과는 서로 빙탄氷炭이 되어 함께 말할 수 없는 것이다."

이는 성리학性理學을 여지없이 부정하는 말이다.

(6)『중용자잠』『중용강의보』

이 두 저술은 모두 합해서 9권으로 『중용』에 대한 학설로는 다음과 같은 언급을 들 수 있다.

"순舜임금이 전악典樂에게 명령하여 주자冑子를 가르치되 곧으면서도 온화하고, 너그러우면서도 엄하고, 강직하면서도 포악하지 않고, 간결하면서도 오만하지 않도록 했는데, 『주례周禮』에 대사악大司樂이 국자國子를 가르칠 때 중화中和하고 공경하고 떳떳하도록 한 것은 그 유법遺法이다.

고요皐陶는 구덕九德으로써 사람을 등용하였고, 주공周公이 입정立政에서 '구덕의 행실을 충실히 실행함을 가르친다'라고 한 것도 그 유법이다.

홍범洪範에 '높고 밝음에는 부드러움으로 이기고, 숨으려 함에는 강剛함으로 이긴다.'라고 했음은 모두 중화中和의 뜻이다. '진실로 그 중中을 붙잡다.'라고 함은 이러한 모든 말들의 대강설大綱說이다."

(7)『대학공의』『희정당대학강의』

이 두 저술은 모두 4권으로 1814년에 다산초당에서 저술했으며, 「자찬묘지명」 집중본에서는 『희정당대학강록』이라 했다. 『대학大學』에 대한 학설로는 다음과 같은 언급을 들 수 있다.

"대학이란 주자冑子와 국자國子의 학궁學宮이다. 주자나 국자는 벼슬하며 백성을 다스리는 책임이 있기 때문에 치평治平의 술術을 가르쳤다.

필부匹夫나 서민庶民, 일반 백성의 자식들이 함께 어울리는 것이 아니었다. 명덕明德은 효孝·제弟·자慈이지 사람의 영명靈明이 아니다. 격물格物이란 물物에는 본말本末이 있다 할 때의 물을 격格하는 것이다. 치지致知란 먼저 하고 뒤에 할 바를 아는 것이다."

(8) 『악서고존』

『악서고존樂書孤存』은 12권으로 1812년 다산초당에서 초고를 만들고 1816년 완성한 저술로, 사암은 1812년 둘째 형님 정약전에게 답한 편지(「答仲氏」)에서 이 저술에 대해 하늘의 도움을 받아서 이룩한 인간 능력을 벗어난 책이라고 말했다.

"『악서고존』 12권을 그사이에 읽어보셨을 걸로 생각됩니다. 율려律呂[2]의 차례 중 제7권에 논술한 협종夾鐘은 반드시 요순시대의 근본 방법으로 만에 하나의 잘못도 없으리라 믿습니다.[3]

5천년 전 율려(음악)에 관한 학문의 근본 정신을 오늘에 되살려내었으니, 이 일은 제가 마음으로 깨달을 수 있었던 게 아닙니다. 수년 이래 밤낮으로 사색하고 산가지算를 붙잡고 늘어놓고서 오랫동안 심혈을 기울이다보니, 하루아침에 문득 마음에 깨달음의 빛이 나타났습니다. 삼기

---

2 율려(律呂) 육률(六律)과 육려(六呂)를 말하는데 육률은 음악의 12율 중에서 양성(陽聲)에 속하는 여섯가지 음으로 황종(黃鐘)·태주(太蔟)·고선(姑洗)·유빈(蕤賓)·이칙(夷則)·무역(無射)을 말하고, 육려는 12율 중에서 음성(陰聲)에 속하는 여섯가지 음으로 협종(夾鐘)·중려(仲呂)·임종(林鐘)·남려(南呂)·응종(應鐘)·대려(大呂)를 말한다.
3 육경(六經) 중의 하나인 『악기(樂記)』 즉 음악에 관한 경전은 오랜 옛날부터 잃어버려 전해지지 않고 있는데 이 없어진 『악기』에 관한 연구서를 만들어 본래 있던 『악기』, 곧 요순시대의 원형을 그대로 살려냈다고 사암은 자부하고 있었다.

三紀와 육평六平, 차삼差三, 구오具五의 방법들이 환히 밝게 제 눈앞에 열지어 서기 시작했습니다. 이때에 붓을 들고 쓴 게 바로 제7권입니다. 이게 어찌 사람의 능력으로 얻어낸 것이라 하겠습니까?"

4. 사암의 예학 저술

사암은 강진에서 귀양살이하던 초기에 예학에 몰두하여 『상례사전 喪禮四箋』 50권, 『상례외편喪禮外編』 12권, 『사례가식四禮家式』 9권 등 도합 71권의 예경禮經 저술을 남겼고, 이밖에 『풍수집의風水集議』 3권도 저술했다.

(1) 『상례사전』

『상례사전』은 모두 50권으로, 1808년 한여름 다산정사에서 두 아들에게 준 교훈(「示二子家誡」)에서 말했다.

"『상례사전』은 내가 성인聖人의 글을 독실하게 믿고서 만든 것으로, 내 입장에서는 엉터리 학문이 거센 물결처럼 흐르는 판국에 그것을 흐르지 못하도록 모든 냇물을 막아 수사洙泗(공자)의 참된 학문으로 돌아가게 하려는 뜻에서 저술한 책이다. (…)

만약 내가 사면을 받게 되어 〔『주역사전』『상례사전』〕 이 두가지 책만이라도 후세에 전해진다면 나머지 책들은 비록 없애버린다 해도 괜찮겠다.

『주역』과 『예기』 두 책은 나의 견해로써 이미 상당히 많은 부분의 미개척 분야가 개척되었다. 하늘이 총명함을 아껴서 한 사람에게 아름다움이 다 돌아가도록 하지 않는다는 것을 알겠다."(『유배지에서 보낸 편지』)

이상은 사암이 1808년까지 저술한 것만 가지고 한 말이다.

(2) 『단궁잠오』

사암이 『단궁잠오檀弓箴誤』 2권을 저술해 흑산도에서 귀양살이하고 있는 손암에게 보냈는바, 손암이 이 저술을 읽어보고 나서 편지로 장문의 서평을 써서 사암에게 보냈다. 사암이 1807년 호남으로 자기 가족을 이사시키려는 계획을 세운 후 이를 손암에게 편지로 알리고 실행하려 하자, 손암은 사암의 이사 계획을 엄중하게 나무라며 만류했는데, 이 서평도 그 무렵에 써서 보낸 것이다.

손암의 이 서평을 보면, 사암이 당시에 얼마나 울분에 차서 선유先儒의 잘못을 통쾌하고도 가차없이 꾸짖는 서술을 했나 알 수 있으며, 손암은 형으로서 지기로서 사암의 이 저술을 혹독하게 비판해 사암의 울분을 가라앉히고 사암의 저술 자세를 올바른 방향으로 이끌어주었음을 알 수 있다. 손암의 『단궁잠오』에 대한 서평을 『다산서간정선』에 실린 1807년경의 그의 편지(「寄茶山」)에서 추려내 길게 인용한다.

"잠오箴誤라 이르는 것은 앞사람의 그릇됨을 깨우치는 것이네. 사물의 이치를 분석할 때에 스스로 논난論難이 있네. 그러나 두편을 두루 살펴보니, 이는 곧지만 저것은 굽었다는 구분보다 더 나은 것이 없고, 사설辭說을 잘못 펴서 앞사람을 꾸짖는 것은 아마 선비의 근본이 아닌 것이네. 옛날에는 깜깜하게 꽉 막힌 것을 자네가 아득히 먼 후생後生으로서 1자 칼을 잡아 남김없이 분석하면 그 형세가 말씨의 호기롭고 영매함에는 반드시 이를 터이네. 그러나 이는 자네가 한때 스스로 통쾌하고자 하는 글이 아니고, 또 자네가 1백년 동안 상자 안에 넣어두려는 글도 아닐세. 이는 천하 후세의 어둠을 열고 어리석음을 깨뜨리며 어지러운 세상을 평정하여 질서 있는 세상으로 회복하는 큰 사업이 될 것인데, 자네의 한마디 말과 한구절의 글자에 관련된 바가 어떠하기에 스스로 가볍기가 이와 같은가. 세상에 마음이 공정한 자는 1백에 하나도 얻을 수 없으니, 대저 모두가 치우친 견해인 것이네.

천년 뒤에 한 심술궂고 질투하는 자가 나와서 헐뜯기를, 정현鄭玄과 공융孔融·가공언賈公彦의 무리는 육경六經을 드러내어 밝혀 1백대의 큰 선비가 되었고 유교에 큰 공로가 있거늘, 정모丁某는 어떤 사람이기에 이들을 조금도 소중히 여김이 없이 어린아이를 나무라듯 하니, 이는 터무니없는 사람이며, 이 글은 읽을 수 없는 것이니 이 글을 마땅히 불태워버리라 할 것이네. 한 사람이 주창하면 1백사람이 이에 어울리리니, 한두명 공정한 사람이 거듭 간곡히 충고해 보호하더라도 장차 막을 수 없다면 자네는 장차 어찌하리오. 그렇다면 세상을 위해 깨우쳐주려는 그대의 고심에 찬 지극한 뜻을 장차 펼칠 곳이 없으리니, 어찌 자신의 어진 마음을 해치지 아니하겠는가.

대저 변론을 하려면 따뜻한 말 공손한 말로 웃으며 이에 대처해야만 사람들이 복종하여 마지않는 것이며, 세찬 기세로 눈을 부릅뜨고 높고 큰 소리를 냄으로써 자신은 비록 마음으로 복종하더라도 먼저 노기怒氣를 나타내면 이것이 어찌 우리의 도를 밝히는 데 유익하리오.

이뿐만이 아니네. 오직 1천년 뒤에 성현의 경서를 어지럽힌 자가 다만 정현·공융 등 두 사람만이 아닌데 오늘날 매우 받들고 믿지 아니할 자가 다만 이 몇 사람뿐일까. 그러니 자네가 이 두어 사람을 헐뜯고 배척하며 업신여기고 모욕하는 데 치우치더라도 소중하게 여기는 바가 없는 경우 거의 무른 땅에 나무를 꽂음에 가까운 것과 같으니, 어찌 군자의 공정함에 부끄러움이 있지 아니하리오. 두어 사람이라도 만일 알고 있다면 반드시 스스로 복종하지 아니하고 대장부다워야 한다고 할 것이니, 성현을 높이고 도道를 밝히는 글이 오히려 세속의 얄팍한 인심을 모면치 못했다 하면, 자네는 장차 무슨 말을 가지고 답하리오. 선비는 뒷사람에게 남겨줄 글을 바꾸기를 싫어하지 아니하니, 다행히 모름지기 빗질을 자세히 더하여 잘못을 분별하는 데 보탬이 없는 말이나 글에 해로움이 있는 것을 하나하나 깎고 고쳐서 맑고 깨끗하여 흠집이 없고, 뛰어나게 엄격하고 공정하여 유학의 지도자가 되게 함이 어떠하겠는가."

아마도 사암은 이 편지를 보고 나서, 손암의 나무람과 충고를 겸허하게 받아들여 자신의 학문 자세를 크게 반성하고 올바로 가다듬어 다산초당에서 그 많은 뛰어난 저술을 할 수 있었을 터이다. 손암과 사암 형제 간의 우애가 얼마나 크고 두터웠나를 이 편지로써 엿볼 수 있을 것이다.

이하 『사례가식』 『풍수집의』 등의 저술은 『다산학사전』으로 그 해설을 미루고 생략하겠다.

5. 사암의 저 유명한 일표이서

사암의 불후의 명저인 일표이서一表二書는 『경세유표經世遺表』 44권, 『목민심서牧民心書』 48권, 『흠흠신서欽欽新書』 30권으로 모두 122권인데, 이 가운데 『경세유표』는 '48권으로 미완'이라고 「자찬묘지명」 집중본에 밝혀놓았다. '48권'이란 권수를 표시해놓은 것으로 보아 48권까지 저술했다가 4권 분량을 떼어내서 다른 저술로 옮긴 듯싶다.『경세유표』에 빠져 있는 부분은 형조와 공조에 관한 기록으로 4권 분량쯤 될 것이다. 이 4권 분량은 아마도『흠흠신서』나『목민심서』로 떼어 옮긴 듯하다.

이 일표이서인『경세유표』『목민심서』『흠흠신서』에 대해서는 필자 의『편집·교정 반세기』와 필자가 편역하거나 역주한『역주 경세유표』 『목민심서정선』상·하,『역주 흠흠신서』에서 자세히 해설한 바 있기에 여기서는「자찬묘지명」집중본에서 사암이 스스로 해설한 것만 인용하 고 지나치겠다.

"『경세유표』는 어떤 내용인가. 관제官制·군현제郡縣制·전제田制·부역 賦役·공시貢市·창저倉儲·군제軍制·과제科制·해세海稅·상세商稅·마정馬政· 선법船法 등 나라를 경영하는 제반 제도에 대해서 현재의 실행 가능 여 부에 구애되지 않고 경經을 세우고 기紀를 나열하여 우리의 구방舊邦을 새롭게 개혁해보려는 생각에서 저술한 것이다.

『목민심서』는 어떤 내용인가. 현재의 법을 토대로 해서 우리 백성을 다스려보자는 것이다. 율기律己·봉공奉公·애민愛民의 세가지를 기紀로 삼았고, 이吏·호戶·예禮·병兵·형刑·공工을 여섯가지 전典으로 만들어 진 황賑荒 한 단원으로 끝맺었으며 하나의 조목마다 6조條를 포함케 하였 다. 고금의 이론을 찾아냈고 간위奸僞를 열어젖혀 목민관牧民官에게 주 어 백성 한 사람이라도 그 혜택을 입을 수 있게 했으면 하는 것이 나의 마음씀이었다.

『흠흠신서』는 어떤 내용인가. 사람의 목숨을 다루는 옥사獄事에서 다 스리는 사람이 더러 알지 못하는 게 있기에 경사經史로써 근본을 삼고 비의批議로써 보강하고 공안公案으로써 증거가 되게 하였으며, 모든 것 을 상정商訂하여 옥사를 관리하는 사람들에게 주어 백성들의 억울함이 없기를 바라는 게 나의 뜻이었다.

육경사서六經四書로써 자기 몸을 닦게 하고, 일표이서로써 천하 국가를 다스릴 수 있게 하고자 함이었으니, 본本과 말末이 구비되었다고 하겠다. 그러나 알아주는 사람은 적고, 꾸짖는 사람만 많다면 천명이 허락해주지를 않는 것으로 여겨 한 무더기 불 속에 처넣어 태워버려도 괜찮겠다."

6. 역사지리서와 비어고 기타

일표이서를 제외한 사암의 잡찬 저술로는 『아방비어고我邦備禦考』 12권, 『아방강역고我邦疆域考』 12권, 『대동수경大東水經』 12권, 『소학주관』 3권, 『아언각비』 3권, 『마과회통』 12권, 『의령』 1권, 『이담속찬』 1권, 『아학편』 2권, 『민보의』 3권 등 모두 61권이 있다. 이 가운데 『아방강역고』 『아언각비』 『마과회통』 『의령』 『이담속찬』 『민보의』 등은 필자가 이미 역주한 바가 있어 그 책들이나 『편집·교정 반세기』에서 해설했기에 그리로 미루고 여기서는 『아학편』과 『아방비어고』에 대한 해설만 하련다.

(1) 『아학편』

사암이 순조 11년(1811) 흑산도에서 귀양 살고 있는 손암 정약전에게 보낸 편지(「上仲氏」)에 이렇게 설명했다. "제가 편집한 『아학편兒學編』 2권은 2천 글자로 한정하여, 그 상권에는 형태가 있는 물건의 글자를, 하권에는 물정物情과 사정事情에 관계되는 글자를 수록했으며, 여덟 글자마다 『천자문千字文』의 예와 같이 1개의 운韻을 달았습니다만 어떨는

지 모르겠습니다. 이 2천 글자를 다 배우고 나면 곧바로『시경詩經』국
풍國風을 가르쳐주어도 또한 저절로 통할 수 있을 것입니다."

이『아학편』은 사암이 우리나라에서 한자漢字 초학 교과서로 널리 쓰
고 있던『천자문』을 대신해 아이들을 가르치려고 귀양살이 초기에 강
진 읍내에서 편찬한 책인데,『아학편훈의兒學編訓義』라고도 일컫는다. 한
자를 체계적으로 또는 합리적으로 가르칠 수 있는 실용적인 교과서라
할 수 있다.

그런데 사암이 혹평한『천자문』은 오늘날에도 한자 초학 교재로 적
잖이 쓰이고 있다. 어린이들로 하여금 한자를 배우기 어렵고, 또 쓸데없
는 글자라 여겨 멀리하도록 하는 조선시대 교육 교재와 방법이 현재까
지도 그대로 쓰이고 있다는 것은 참으로 우리나라 한자·한문 교육의 큰
문제가 아닐 수 없다.

사암이 편찬한 이『아학편』2천 글자에서 2백년이나 지난 오늘날의
문자 생활 환경을 감안하여 뺄 것은 빼고 보탤 것은 보태 사암의 편찬
방법대로 새로 2천 글자의 '교육한자'를 만들어 초학 교과서 또는 국민
교육 한자·한문 교과서로 쓴다면 우리나라는 동아시아 한자 문화권에
서 가장 선진화된 한자·한문 교육을 하는 나라가 될 것이다. 이것이 사
암의 과학적인 교육 방법을 올바로 계승 발전시키는 참된 방법이 아닐
까 싶다.

(2) 국가방위백서『아방비어고』

사암은 순조 22년(1822) 회갑을 맞이해 쓴 일종의 자서전인「자찬묘지
명」집중본에서 잡찬 저술 목록을 나열하면서 '『아방비어고我邦備禦考』'

30권은 미완성'이라고 적어놓았다. 이 기록으로 보아 사암은 이미『아방비어고』30권을 1822년까지 대강 편집해놓고, 이를 좀더 다듬어 마무리할 작정이었던 듯싶다.

사암이 우리나라 국가 방위에 관심을 기울인 것은 일찍이 젊었을 때부터였다. 벼슬길에 올라서 문경새재나 팔량령·추풍령·청석동 등을 지나면서는 늘 국가를 외적으로부터 방어할 만한 요새임을 살피는 시를 짓기도 했다.

이런 사암이 순조 8년(1808) 한여름 다산정사에서 귀양살이하면서도 두 아들에게 편지(「示二子家誡」)로 "모원의茅元儀가 지은 『무비지武備志』는 (…) 우리나라에는 이러한 책이 없기에 그 편찬 목차를 본받아 우리나라의 국방國防에 관한 책을 따로 편찬하고 싶다만, 평소 마음속에 뜻만 서려 있을 뿐 귀양 생활 이래로 참고할 책을 구할 수 없어 끝내 손을 대지 못했다. 너희들이 나의 뜻을 알고 있으니, 아무튼 편찬 계획을 세우고 내용의 토대를 작성해두어라."

또 1808년이나 1809년경에 편지 「두 아들에게 부치노라寄兩兒」를 보내『비어고』를 편찬하는 방법을 자세히 일러주기도 했다.

이『비어고』를 편찬하는 방법을 구체적으로 적은 편지의 전문全文을 『다산서간정선』에서 그대로 옮기겠다.

"『비어고』는 아직 구분한 항목을 다 나열해 해설하지 못했다만 그러나 수집해둔 것도 이미 적지 않다. 아무쪼록 다음에 적은 것에 따라 더 수집해야 괜찮을 것이다. 그러나『무비지』의 범례와 같을 필요는 없겠다.

○ 일본고日本考·여진고女眞考·거란고契丹考·몽고고蒙古考·말갈고靺鞨考·발해고渤海考·유구고琉球考·탐라고耽羅考·하이고鰕夷考(울릉도于山國를 첨부할 것 — 원주)·해적고海賊考·토적고土賊考

○ 또 한병고漢兵考(漢武帝, 隋煬帝, 唐太宗·高宗이 정벌해 온 내용—원주), 역내고域內考(삼국시대의 전쟁과 견훤과 궁예 등 포함—원주) 등은 언제나 공격당하는 쪽을 주체로 삼을 것(신라가 백제를 쳤을 때는 백제를 주체로 하여 쓰고 고구려나 다른 나라의 침략을 곁들여 적을 것—원주).

○ 삼별초三別抄는 당연히 해적고에 넣고 이시애李施愛 난과 이괄李适의 난 등은 토적고에 넣을 것.

○ 예맥濊貊·가락국駕洛國 따위의 잔다란 침략도 당연히 역내고 끝에 붙일 것.

관방고關防考·성지고城池考·군제고軍制考·진보고鎭堡考·기계고機械考·장수고將帥考·교련고敎練考 등도 넣을 것.

○ 척계광戚繼光의 『기효신서紀效新書』나 모원의의 『무비지』 같은 책에서 우리나라에 관계된 사례나, 『무예도보武藝圖譜』『병장도설兵將圖說』 따위의 책에서도 중요한 것은 꼭 뽑아 넣을 것.

○ 봉수고烽燧考는 성지고의 끝부분에 붙여도 무방하다.

○ 일본고나 여진고 등은 당연히 두가지로 분류해야 하는데, 전쟁戰爭이나 조빙朝聘을 한 부류로 삼고서 전략고戰略考의 예를 따라 기록하고, 그곳의 풍요風謠·물속物俗·토산土産·궁실宮室·성곽城郭·주거舟車의 제도 등을 마땅히 한 부류로 만들어 점도재占度載의 외이고外夷考 예와 같이 한다.

『서애집西厓集』『백사집白沙集』『오리집梧里集』『오봉집五峰集』『오음집梧陰集』『월정집月汀集』『월사집月沙集』『한음집漢陰集』『계곡집谿谷集』『지봉집芝峰集』『노저집鷺渚集』『이충무공전서李忠武公全書』『자암집紫巖集』 등은 모두 아주 필요한 책들이다.

중국 압록강 어귀로부터 여순旅順 입구까지, 금주金州의 산동성山東省

연안 지역에서 밑으로 절강성浙江省과 복건성福建省의 남쪽까지 그 바닷길이 안전한가 위험한가와 당시의 조공 사신의 항로를 꼭 적어넣어야 한다.

○ 책을 저술하는 방법은 반드시 그 시대의 앞뒤를 자세히 하는 것이다. 그런 다음이라야 따져 증험할 수 있는 것이니, 전쟁과 조빙朝聘 따위는 언제나 한 조목마다 반드시 연월을 자세히 기록해 넣어야 한다."

또 학유에게 보낸 편지(「寄游兒」)에서도 『비어고』에 쓸 자료를 뽑아 보내라고 했다.

"『고려사』에서 내 지시에 따라 뽑아 빨리 돌려보내지 않으면 안 되겠다. 거기에서 가려 뽑을 방법은 너의 형에게 자세히 가르쳐주었으니, 이번 여름 동안에 너희 형제가 정신을 집중하고 힘을 기울여 『고려사』에서 가려 뽑는 일을 끝마치기 바란다."

사암이 두 아들에게 보낸 이런 편지 내용을 보면, 사암이 집념을 가지고 『비어고』를 편찬했다고 할 수 있겠으며, 또 두 아들이 『비어고』 편찬에 공동으로 참여한 것이라고 해도 틀린 말은 아닐 것이다.

끝으로 정민 교수의 「다산 '비어고'의 행방」이란 논문을 보면, 사암은 1822년까지 『비어고』 30권을 편찬하고 나서도 계속 이 책 편찬 작업을 해서 42권쯤으로 보충했었으나 이때도 완전히 정돈되지는 못한 듯하다고 했다.

우리의 임무는 사암이 편찬해 남긴 자료를 잘 정돈해서 조선 후기 '국방 백서'로 만드는 것일 터이다. 이렇게 우리나라 국방에 관한 역사 교훈 자료로 참고할 수 있도록 마무리해놓으면, 이것이 바로 사암의 국가 방위 정신을 올바르게 잘 계승하는 것이 아닐까?

어리석은 생각을 감히 덧붙인다

1

　사암 정약용 선생이 일생 동안 크나큰 역경 속에서 공부하고 탐구해 저술하거나 편찬한 책이 경학經學과 예학禮學 분야는 247권이나 되고, 시문학과 정경집·역사지리학·국방학·의학 등 기타 분야가 285권으로 모두 합하면 532권에 이른다. 이들 532권에 이르는 방대한 편저編著는 당시대 우리나라의 최고 수준에 도달한 저서일 뿐 아니라 일부 저술은 당세기 동아시아와 세계에서도 가장 수준 높은 저서라 할 수 있다.

　그러나 사암의 이들 저술은 한문으로 기술되었기 때문에 당시대 최고 수준의 학자들만이 읽고 이해하거나 그 논리에 찬성하고 그 가치를 알아볼 수 있었다. 이들 이외의 사람들은 있다는 것조차 모를 정도로 사암의 저술은 여유당의 서고에 파묻혀 있었다. 우리 민족의 보배이자 자산이 여유당에 그냥 비장祕藏되어 낮잠을 자고 있었다고 하겠다.

　만일 당시에 사암의 이 저술들이 간행되어 널리 읽힘으로써 백성을 그리고 민족을 각성시키고 현실 정치를 개선해 우리 민족의 교양 수준을 높이는 자료로 활용될 수 있었더라면 우리는 사암이 서거한 1836년 이후 70여 년 만에 나라가 일본에 강제 병합되는 치욕을 그리 쉽게 겪지는 않았을 것이다. 아무리 훌륭한 보배라 하더라도 갈고 닦지 않으면 그냥 돌일 뿐이다.

보배와 같은 이 저술은 사암俟菴이란 호의 의미대로 1900년대 초인 광무光武 연간에 『목민심서』와 『흠흠신서』가 신활자본으로 간행되고, 사암 서세逝世 1백여 년 뒤 일제 시기인 1936년부터 1938년까지 신조선사新朝鮮社에서 『여유당전서與猶堂全書』 76권으로 간행되었다. 드디어 우리 민족 앞에 그 장엄한 모습을 드러내 '조선학운동'의 원동력이 되어 움직이기 시작한 것이다.

2

그러나 한문으로 기술된 『여유당전서』는 한문에 능숙한 일부 식자층이나 읽고 이해할 수 있었을 뿐, 현대의 대다수 국민은 이를 읽지 못해 나라와 백성을 위하는 사암의 뜻을 알 수 없었다. 다만 사암이 뛰어난 학문을 이룩한 실학자요 경세가經世家라는 학자와 지식인의 논설에 의지해 사암을 막연히 알고 지낼 수밖에 없었다.

더구나 사암이 『여유당전서』를 한문으로 저술할 당시와는 문자 환경이 바뀌어 한문 교육을 전문적으로 받지 못한 모든 민족 구성원은 사암의 보배로운 저서에 접근할 수 없었다. 우리나라 문자 생활 환경이 한문에서 한글로 바뀌었기 때문이다. 이는 혁명 이상의 천지개벽과도 같은 변화인 것이고 한문 문화와의 단절이나 마찬가지라고 할 수 있다.

오늘날 우리가 우리 민족의 큰 자양분이 될 사암의 뛰어난 저술을 일반 국민이 널리 읽게 하려면 결국 한문으로 쓰인 그의 저술을 한글로 번역하는 수밖에 다른 방법이 없을 것이다. 그러므로 사암의 저술에 대한 심오한 연구에 앞서 우리가 공들여야 할 것은 그 저술을 한글로 쉽고 간명하게 번역하는 문제가 가장 우선인 것이다.

민족의 역량이 모여 신조선사에서 『여유당전서』가 간행된 뒤 20년이나 30년쯤 지나서야 사암의 저술이 띄엄띄엄 한글로 번역되어 간행되기 시작하다가 1970년대 말부터 본격적으로 번역 간행되었다. 2021년 현재까지 사암의 시문집·정법집·국방집·역사지리집·의학집 등 기타 분야 285권은 대부분 번역이 이루어졌으나 경례집經禮集 247권의 번역은 4분의 1 정도만 이루어진 듯하다. 그 번역도 전문가만이 읽을 수 있는 만큼의 수준으로.

3

사암이 귀양살이 18년 동안에 10여 년 이상을 목숨을 걸다시피 온 정력을 기울여 공부하고 탐구한 경학·예학 저술은 당시의 사암에게는 크나큰 의미가 있다고 할 수 있겠으나 시대 환경이 변한 오늘날에는 왜 사암이 이 경례학에 그토록 애써 매달렸나 하는 의구심이 든다. 사암 선생이 그 종후손인 필자를 '예끼 이 어리석은 놈아, 그 까닭을 모르느냐' 하고 꾸짖어도 어찌할 수 없다. 다만 이 못난 후손의 생각으로는, 이 경례 저술에서 『논어』『맹자』『대학』『중용』과 『시경』『서경』『주역』 등에 대한 사암의 주석이나 해석을 기본 바탕으로 삼아 중지衆智를 모아 사서삼경四書三經을 간명하고 쉽게 우리말로 번역하고 해설해 '사암의 사서삼경'을 만들고 앞으로는 다시 중국에 가서 사서삼경의 새로운 해석을 얻어오지 말고, 이를 더 쉽고 정확하게 다듬어가면서 우리만의 경학교양 문화를 만들어간다면 어떨까 싶다.

　가령 외국의 선진 기술을 도입한 후 갈고 닦아 확실한 우리 기술을 만들어 이를 후손에게 물려주듯이 말이다. 이것이 문화 자립을 이루는 방법이 아닐까 싶다. 이런 나의 생각은 사암의 「기예론」에서 유추해낸 것이다.

　다음으로 또 사암의 예집禮集 저술 가운데 『사례가식四禮家式』을 잘 탐구하는 한편, 시대 환경이 변한 것을 고려하고 또 현대 세계 여러 나라의 이 방면의 풍속을 조사해 우리가 본받을 만한 것들을 찾아내 『사례가식』의 예절이나 풍습과 비교 검토한 후 우리 실정에 맞는 우리나라만의 가정교육이나 생활 보감寶鑑을 편찬해내면 어떨까 싶다. 이것이 우리가 사암의 지혜와 식견을 잘 계승하는 방법이 아닐까 싶다.

　4

　또 어리석은 생각을 하나 더 말하고 싶다. 가령 사암의 저술을 분야별로 잘 분석 연구해 사암의 수준 높은 사고思考를 바탕으로 국민교양 교재를 만들거나 전문 분야 교육 교재를 만들어도 좋지 않을까. 이를테면 『아학편』을 바탕으로 시대 변화를 반영해 2천자의 한자·한문 입문시門 교재를 만든다거나, 『목민심서』를 가지고 국가 공무원의 청렴 의식이나 공무 집행의 자세를 바로잡는 교육 교재를 만든다거나, 『흠흠신서』를 가지고 사법기관 교육 교재를 만든다거나, 기타 여러가지 사암 저술을 활용해 국민교양 수준을 높이는 교재를 편찬하는 등 그의 저술을 국격國格을 높일 수 있는 도구로 삼을 수 있지 않을까 생각해보았다. 참으로 어리석고 터무니없는 생각을 해보았다.

끝으로 반드시 덧붙이고 싶은 말은, 나는 사암이 두 아들에게 보낸 편지에서 "아버지와 아들 사이에는 칭찬하는 법이 없다."고 했듯이 집안 선대 할아버지에게 후손도 또한 칭찬 또는 칭송하면 안 되는 것이 마땅한 도리라 사암 할아버지에 대한 칭송을 삼가면서 이 전기를 기술하려고 애썼다. 나의 이 전기가 사암 할아버지께 누가 되지 않았으면 큰 다행이겠다.

| 참고문헌 |

사암의 저술 및 자료

『국역 다산시문집 색인』, 민족문화추진회 1997.

『국역 다산시문집』 1~9, 정약용 저, 민족문화추진회 편, 솔 1994.

『국조문과방목』 1~3, 태학사 1988.

『나주정씨족보』 권1~권7, 정대의 편, 정규홍 발행, 회상사 단기4294.

『다산논설선집』, 정약용 저, 박석무·정해렴 편역, 현대실학사 1996.

『다산문학선집』, 정약용 저, 박석무·정해렴 편역, 현대실학사 1996.

『다산산문선』, 정약용 저, 박석무 역주, 초판, 창작과비평사 1985; 개정증보판, 창비
　　　2013.

『다산서간정선』, 정약용·정약전 저, 정해렴 편역주, 현대실학사 2002.

『다산시선』, 정약용 저, 송재소 역주, 초판, 창작과비평사 1981; 개정증보판, 창비
　　　2013.

『다산시정선』 상·하, 정약용 저, 박석무·정해렴 편역, 현대실학사 2001.

『마과회통』, 정약용 저, 김남일·안상우·정해렴 역주, 현대실학사 2009.

『목민심서정선』 상·하, 정약용 저, 정해렴 편역주, 현대실학사 2004.

『아방강역고』, 정약용 저, 정해렴 역주, 현대실학사 2001.

『아언각비·이담속찬』, 정약용 저, 정해렴 역주, 현대실학사 2005.

『압해정씨가승』, 정약용 편찬, 정갑진·정해렴 역주, 현대실학사 2003.

『역주 경세유표』 1~3, 정약용 저, 정해렴 역주, 현대실학사 2004.

『역주 흠흠신서』 1~3, 정약용 저, 박석무·정해렴 역주, 현대실학사 1999.
『유배지에서 보낸 편지』, 정약용 지음, 박석무 편역, 초판, 창작과비평사 1991; 개정
　　1판, 창작과비평사 2001; 개정2판, 창비 2009; 개정3판, 창비 2019.
『임진왜란과 병자호란』, 정약용 저, 정해렴 역주, 현대실학사 2001.
『초의선사전집』, 용운 편, 아세아문화사 1985.

단행본
김상홍 『다산 정약용 문학연구』, 3판, 단국대학교출판부 1991.
박석무 『다산에게 배운다』, 창비 2019.
박석무 『다산 정약용 유배지에서 만나다』, 한길사 2003.
박석무 『다산 정약용 평전』, 민음사 2014.
송재소 『다산시 연구』, 초판, 창작사 1986; 개정증보판, 창비 2014.
정민 『다산 증언첩』, 휴머니스트 2017.
정민 『파란』 1·2, 천년의상상 2019.
정해렴 『편집·교정 반세기』, 한울 2016.
조성을 『연보로 본 다산 정약용』, 지식산업사 2016.

논문
정민 「다산 '비어고'의 행방」, 『대동문화연구』 100집, 성균관대학교 대동문화연구
　　원 2017.
정민 「새 자료 정학유의 흑산도 기행문 '부해기(浮海記)'와 기행시」, 『한국한문학연
　　구』 79집, 한국한문학회 2020.

일러두기

1. 이 '사암 정약용 선생 연보'는 현손 정규영이 편찬한 『사암선생연보』를 기본 자료로 삼아 편찬했다.
2. 이 『사암선생연보』 번역본이 실린 송재소 교수의 『다산시 연구』 초판도 크게 참고했다.
3. 조성을 교수의 『연보로 본 다산 정약용』을 역시 크게 참고했 다.
4. 박석무·정해렴이 편역한 『다산논설선집』에 부록으로 실린 '다산 정약용 선생 연보'도 참고했다.
5. 송재소 교수의 『다산시선』 초판에 실린 '다산시 총목차'를 크게 참고했다.
6. 민족문화추진회 편 『국역 다산시문집』 1~9권과 10권 색인을 크게 참고했다.
7. 정갑진·정해렴 역주 『압해정씨가승』을 참고했다.
8. 정대의 편 『나주정씨족보』 1~7책을 참고했다.
9. 정민 교수의 「새 자료 정학유의 흑산도 기행문 '부해기(浮海記)'와 기행시」를 참고했다.

1762년(1세, 영조 38, 임오)

• 6월 16일(음력, 이하 같음) 오전 10~11시 사이에 오늘날의 경기도 남양주시 조안면 능내리인 경기도 광주부(廣州府) 초부방(草阜坊) 마현리(馬峴里) 구제(舊第)에서 정재원(丁載遠)의 넷째 아들로 태어났다. '마현'은 우리말로 소내(召川·牛川)라고도 쓴다. '구제'라고 한 것은 소내에 있던 종손 정재원의 집을 가리키며 현재의 '여유당'이 아니다. 어머니는 해남 윤씨(海南尹氏)로 공재(恭齋) 윤두서(尹斗緖)의 손녀딸이다.

• 본관은 압해(押海, 羅州)로 초자(初字)는 귀농(歸農), 자(字)는 미용(美庸)·용보(頌

甫), 호는 삼미자(三眉子)·다산(茶山)·사암(俟菴)·열수(洌水)·태수(苔叟)·문암일
인(門巖逸人)·탁옹(籜翁)·철마산초(鐵馬山樵) 등이며, 당호(堂號)는 여유당(與猶
堂)·사의재(四宜齋)·송풍암(松風菴)이다.
※ 윤5월, 사도세자(思悼世子)를 뒤주에 가두어 죽이다.
※ 루쏘의 『사회계약론』 간행.

1763년 (2세, 영조 39, 계미)

• 가볍게 완두창을 앓았다.(『다산연보』에는 가볍게 천연두를 앓았다고 나온다.) 이때
눈썹에 자국이 남아서 뒤에 스스로 '삼미자(三眉子)'라 불렀다고 한다.

1765년 (4세, 영조 41, 을유)

• 『천자문(千字文)』을 배우기 시작하다.

1767년 (6세, 영조 43, 정해)

• 아버지가 연천(漣川)현감으로 부임해 연천에 따라가서 교육을 받았다.

1768년 (7세, 영조 44, 무자)

• 처음으로 오언시를 짓다. 9세까지 지은 시를 모아 『삼미자집』으로 엮었으나 현
재 남아 있지 않다. 이 시기에 지은 것으로 "작은 산이 큰 산을 가렸으니 멀고 가
까움이 다르기 때문이다(小山蔽大山, 遠近地不同)"라고 읊은 시가 있는데, 아버지
가 기특하다고 칭찬했다고 한다.

1769년 (8세, 영조 45, 기축)

• 처음으로 서울 구경을 하다.

1770년 (9세, 영조 46, 경인)

• 11월 9일, 어머니 해남 윤씨가 아버지 정재원의 연천 임소에서 별세했다. 무덤은
소내에 있다가 1792년 작고한 정재원을 충주 하담에 모실 때 합장한 듯하다.
※ 『문헌비고(文獻備考)』 100권 40책이 간행되었다.

1771년(10세, 영조 47, 신묘)

• 경서와 역사서를 소내 고향집에서 아버지에게 배웠다.

※ 영국에서 『백과전서』 출판.

1773년(12세, 영조 49, 계사)

• 서모 잠성 김씨(岑城金氏)가 아버지와 혼인했다. 이때부터 서모의 정성스런 보살 핌으로 경서와 역사서 공부에 몰두할 수 있었다.

1774년(13세, 영조 50, 갑오)

• 두보(杜甫)의 시를 베낀 뒤 두시를 모방한 시 수백수를 지어 아버지의 칭찬을 받 았다.

• 아버지가 문과에 응시했다가 낙방했다.

※ 괴테의 『젊은 베르테르의 슬픔』 출간.

1775년(14세, 영조 51, 을미)

• 이해에 홍역을 앓았다.

• 금강산을 유람하고 돌아온 아버지의 감탄하는 이야기를 듣고 「그리운 금강산(懷 東嶽)」이란 시를 지었다. 이 시가 남아 있는 사암의 시 가운데 최초로 쓰인 시가 된다.

• 12월 7일, 영조 임금이 세손 정조에게 대리청정(代理聽政)의 명령을 내리다.

※ 미국 독립전쟁을 시작. 이듬해 독립을 선언.

1776년(15세, 영조 52, 병신)

• 2월 15일, 소내에서 관례를 올렸다.

• 2월 22일, 서울에서 무승지(武承旨) 홍화보(洪和輔)의 딸 풍산 홍씨(豊山洪氏)와 혼례를 치렀다.

• 3월에 영조 임금이 승하했다.

• 3월 10일, 정조가 즉위했다.

• 6월 하순경 아버지가 마련한 명례방 소룡동(小龍洞) 집에서 아버지를 모시고 살 게 되었다.

- 겨울에 소내에 내려갔다가 병을 1개월 정도 앓았고, 이때 의사 이헌길(李獻吉)의 약을 먹고 나았다.
※ 7월에 홍국영(洪國榮)이 도승지에 임명되었다.
※ 애덤 스미스의 『국부론』 간행.

1777년(16세, 정조 1, 정유)
- 3월쯤에 성호(星湖) 이익(李瀷)이 남긴 문집을 보고 사숙했다.
- 이 무렵 봄에 이벽(李檗)과 교유하기 시작했다.
- 9월에 아버지가 화순(和順)현감에 임명되자 아버지를 따라 화순에 갔다.

1778년(17세, 정조 2, 무술)
- 화순 아버지 임소에서 가을 무렵 동복현의 적벽(赤壁)에 있는 물염정(勿染亭)에서 노닐며 시와 기문을 짓고 또 광주(光州) 서석산(瑞石山, 무등산)에 올라 시와 기문을 지었다.
- 겨울에 둘째 형 약전(若銓)과 화순에 있는 동림사(東林寺)에서 글을 읽고 시를 짓고 독서기를 썼다.
※ 박제가(朴齊家)가 『북학의(北學議)』를 지어 왕에게 바쳤다.

1779년(18세, 정조 3, 기해)
- 아버지의 명령으로 화순에서 서울로 올라가 과문(科文)인 공령문(功令文)의 여러 문체를 공부했다.
- 장인 홍화보가 경상우도 병마절도사가 되어 진주(晉州)로 부임해 갔다.
- 겨울에 성균관에서 시행한 승보시(陞補試)에 합격했다.
※ 홍국영이 훈련대장에 임명되었다.

1780년(19세, 정조 4, 경자)
- 2월 22일에 화순현감이었던 아버지가 예천(醴泉)군수로 승진해 예천으로 부임하자 화순에서 아내 홍씨와 함께 진주에 이르렀다가 예천으로 갔다.
- 경상우도 병마사로 있던 장인을 찾아뵙고 촉석루를 유람하고 시 「진주 기생의 칼춤(舞劍篇 贈美人)」을 썼으며, 마침 논개 사당이 중수되자 그 기문 「진주의기사

기(晉州義妓祠記)」를 지었다.

- 아버지가 예천군수로 있을 때 반학정에서 공부했으며 「반학정기(伴鶴亭記)」를 지었다.
- 12월에 아버지가 어사의 모함을 받고 파직되어 아내와 더불어 먼저 예천을 떠나 새재를 넘어 충주 하담의 선영에 참배하고 고향 소내로 돌아왔다.

※ 홍국영이 전리(田里)로 내쫓겼다.

※ 11월 28일 채제공(蔡濟恭)이 해직되었다.

1781년(20세, 정조 5, 신축)
- 4월에 소내에서 큰형수 제사를 지내고 이벽과 배를 타고 서울로 돌아왔다.
- 7월 초에 딸을 낳았으나 4일 만에 죽었다.
- 8월에 성균관 과시에 합격했다.
- 이해에는 아내와 함께 오랫동안 병에 시달렸다.

※ 칸트의 『순수이성비판』 출간.

1782년(21세, 정조 6, 임인)
- 서울 북창동 체천(棣川)에 처음으로 집을 사서 살았다.
- 3월에 수종사(水鐘寺)에서 노닐고 시를 지었다.
- 4월에 한치응(韓致應) 등과 교유했다.
- 7월에 정약전과 함께 봉은사(奉恩寺)에 가서 경의(經義) 공부를 하며 선릉(宣陵) 참봉으로 있던 작은아버지 정재운(丁載運)을 찾아뵈었다.

※ 서명응 등이 『국조보감』을 찬집했다.

※ 『사고전서』가 편찬됨.

1783년(22세, 정조 7, 계묘)
- 2월에 증광시 감시 초시에 합격하고, 4월에 회시에 생원 3등 제7인으로 합격해 창덕궁 선정전(宣政殿)에서 정조 임금을 뵈었다. 성균과 현신의 최초의 상면이었다.
- 4월에 운길산에 오르고 수종사에서 잤다.
- 충주 하담 선영에 참배하고, 진천현감 정지덕(丁志德)을 뵙고, 용인 가마실 선영에 참배하고 나서, 또 안산 선영에 참배하고 성호 이익의 옛집을 지나왔다.(하담·

용인·안산은 모두 사암의 직계 선조의 무덤이 있는 곳이다.)

- 4월에 성균관에 들어가 상상(上庠)에 올랐다.
- 회현방 재산루(在山樓) 아래에 집을 사서 살았다.(누산정사樓山精舍)
- 9월 12일에 큰아들 학연(學淵, 아명은 무장武牂)이 태어났다.
- 10월에 중형 정약전도 사마시에 생원 2등으로 합격했다.

※ 이승훈(李承薰)이 사신을 따라 북경(北京)에 가서 남천주당(南天主堂)에서 세례를 받았다.

1784년(23세, 정조 8, 갑진)

- 여러 사우 1백여명과 서교(西郊)에 나가 향사례(鄕射禮)를 행하고, 여름에 정조 임금이 내린『중용』 80여 조문에 대한 답변을 쓰기 위해 이벽과 토론해 6월에 답변을 제출했다.
- 6월 16일, 반제(泮製)에 3하로 뽑혀 종이와 붓을 상으로 받았다.
- 9월 28일, 정시문과 초시에 합격했다.(2소 3등 제1인으로)
- 12월에 강계(江界)도호부사로 나가는 장인 홍화보를 전송했다.

※ 6월에 『규장각지(奎章閣志)』가 간행되었다.

1785년(24세, 정조 9, 을사)

- 1월에 회현방 누산정사에서 회현방 담연재(澹然齋, 처가)로 이사했다.
- 2월 25일, 반제에 율부(律賦)로 뽑혀 상을 받았다.
- 2월 27일, 반제에 3중으로 뽑혀 종이와 붓을 상으로 받았다.
- 3월 중순에 형조에서 천주교 적발 사건이 일어났다.
- 3월 21일, 서제 정약횡(丁若鐄)이 태어났다.
- 4월 16일, 반제에 뽑혀 종이와 붓을 상으로 받았다.
- 7월에 친구 이벽이 죽어 「이벽의 죽음(友人李德操輓詞)」을 지었다.
- 10월, 정시문과 초시에 2등 17인으로 합격했다.
- 11월 3일, 황감시에 2등으로 합격해 희정당에 나아가 정조 임금을 뵈었다.
- 12월 1일, 정조 임금이 춘당대에 납시어 「식당명(食堂銘)」을 짓게 하여 수석을 차지하고, 이튿날 다시 임금이 유생들을 성정각(誠正閣)으로 불러 「비궁당명(匪躬堂銘)」을 짓게 하자 또 수석을 차지해 12월 4일에 『대전통편(大典通編)』 1질을 하사받았다.

※ 9월에 『대전통편』이 간행되었다.

1786년(25세, 정조 10, 병오)

• 2월 4일 별시문과 초시에 또 합격하고, 2월 6일 치러진 복시에는 합격하지 못했다.

• 7월 29일, 둘째 아들 학유(學游, 아명은 문장文牂)가 태어났다.

• 8월 6일, 도기(到記)의 초시에 합격했다.

※ 5월 11일, 문효(文孝)세자가 사망했다.

※ 12월 22일, 채제공을 임명하라는 명령이 내려졌다.

1787년(26세, 정조 11, 정미)

• 1월에 장인 홍화보가 강계에서 서울로 돌아왔다.

• 1월 26일, 반제에 뽑혀 『팔자백선(八子百選)』을 상으로 받았다.

• 3월 14일, 반제에 수석으로 뽑혀 『국조보감』 1질과 백면지 1백장을 상으로 받았다.

• 4월에 양평 벽계(檗溪) 남쪽에 있는 문암(門巖)에 농장을 장만했다.

• 아버지가 사도시 주부를 거쳐 종4품인 한성부 서윤에 임명되어 다시 벼슬살이를
  시작하고, 5월에 서울 소룡동(소공동)에 집을 마련했다.

• 8월 21일, 반제에 높은 등수로 뽑혀 정조를 뵙고 『병학통(兵學通)』을 상으로 받
  았다.

• 9월에 문암 농장에 추수를 하러 갔다가 서울로 돌아왔다.

• 12월 겨울, 반인(泮人) 김석대(金石大) 집에서 모인 천주교 집회인 정미반회(丁未
  泮會)에 참석했다.

• 12월에 반제에 낮은 등수로 뽑혔다.

1788년(27세, 정조 12, 무신)

• 1월 7일, 반제 인일제에 지차로 합격해 희정당에서 정조를 뵈었다.

• 1월 21일, 장인 홍화보가 함경북도 병마절도사에 임명되었다.

• 3월 7일, 반제에 수석으로 합격해 회시에 나감을 허락받았다.

• 5월 1일, 왕세자 죽음에 대한 책임 문제를 정약용 등이 상소했다.

• 9월에 문암 농장에 추수하러 갔다가 계산(雞山)으로 가서 이승훈을 만나고 문암
  농장으로 돌아왔다.

- 이해에 두 아들 학연·학유가 천연두를 앓았다.

※ 2월 11일, 채제공이 우의정에 임명되었다.

1789년(28세, 정조 13, 기유)

- 1월 8일, 반제 인일제에 표문으로 수석을 차지해 희정당에서 정조를 뵈었다.
- 1월 26일, 도기 제술(製述)에 수석으로 합격하고 곧장 전시에 나가게 되었다.
- 3월 10일, 식년문과 갑과 제2인으로 급제했다.(이때 서영보徐榮輔가 갑과 1등)
- 3월 11일, 탐화랑의 관례로 종7품 희릉(禧陵, 또는 의릉懿陵) 직장(直長)에 임명되었다.
- 3월 20일, 초계문신(抄啓文臣)으로 뽑혀 4월에 희정당(熙政堂)에서 『대학(大學)』을 강독하는 데 참여해 『희정당 대학강의(熙政堂大學講義)』를 기술했다.
- 4월 1일, 아버지 정재원이 울산부사에 임명되었다.
- 4월 초에 아버지를 모시고 소내에 돌아갔다가 원주 법천(法泉)의 족부 정범조(丁範祖)를 찾아뵙고 나서 충주 하담 선영에 참배했다. 여기서 아버지는 울산으로 부임하러 떠나고, 가흥에서 배를 타고 서울로 돌아왔다.
- 5월 4일, 희릉 직장으로 부임했으나 당일로 종7품 용양위 부사정으로 옮겼다.
- 5월 5일, 정7품인 승정원 가주서에 임명되어 문희묘(文禧廟)에 제사 지낼 때 시종했다.
- 윤5월 22일경 「지리책(地理策)」을 지어 바쳤다.
- 8월 11일경 울산부사로 있는 아버지에게 근친하러 갔다가 8월 20일경에 서울로 돌아왔다.
- 9월에 한강에 배다리(舟橋)를 놓는 계획에 참여해 이를 성공시켰다.
- 10월에 「현륭원 개장만사(顯隆園改葬輓詞)」를 짓다.
- 11월 23일에 초계문신 친시에 「문체책(文體策)」을 지어 바쳤다.
- 12월 25일에 셋째 아들 구장(懼牂)이 태어났다.

※ 프랑스대혁명이 일어났다.

※ 사도세자의 묘를 배봉산에서 수원 현륭원으로 옮겼다.

1790년(29세, 정조 14, 경술)

- 2월 26일, 규장각 초계문신으로 친시에 참가해 「인재책(人才策)」을 짓고 한림회

권(翰林會圈)에 뽑혀, 2월 29일에 한림 소시(召試)를 보고 김이교(金履喬)와 함께 뽑혔다. 예문관 검열에 단부(單付)되었다.

- 3월 8일에 해미현(海美縣)으로 유배되어 13일에 해미에 도착했는데, 19일에 용서를 받고 풀려났다.
- 5월 3일에 예문관 검열에 임명되고, 5월 5일 용양위 부사과로 승진했다.
- 6월 10일경에 아버지의 회갑연을 서울에서 열었다.
- 7월 11일에 정6품 사간원 정언에 임명되었다가 19일에 체직을 허락받았다.
- 9월 6일, 사간원 정언에 다시 임명되어 잡과 감대에 나아갔다.
- 9월 10일에 정5품 사헌부 지평에 임명되어 무과 감대에 나아갔다.
- 9월 26일, 중형 정약전이 증광문과에 병과로 급제했다.
- 11월 10일, 아버지 정재원이 정3품 진주목사(晉州牧使)로 승진했다.
- 12월 18일, 각과 친시에 1등으로 어린 말 1필을 받고, 과시(課試) 제3등으로 호피(虎皮) 1벌, 과강 제10등으로 종이·붓·먹을 상으로 받았다.
- 12월 말경 초계문신으로 「십삼경책(十三經策)」을 올렸다.

※ 채제공이 다시 좌의정에 임명되었다.

※ 이덕무(李德懋)·박제가가 편찬 주해(注解)한 『무예도보통지(武藝圖譜通志)』가 간행되었다.

1791년(30세, 정조 15, 신해)

- 2월 22일, 장인 홍화보가 황해도 병마절도사에 임명되었다.
- 2월 말경에 아버지를 뵙기 위해 진주로 떠났다. 3월 초순에 진주에 도착했다.
- 4월 2일, 셋째 아들 구장이 죽었다.
- 4월 29일, 장인 홍화보가 임지 황주에서 별세했다.
- 5월 23일, 정6품 사간원 정언에 임명되었다.
- 6월 11일, 병조에서 부사과에 단부됨을 알려주었다.
- 7월 12일, 다시 사간원 정언에 임명되었다.
- 8월 10~19일, 사마시 출제 때문에 시원(試院)에 연금되었다.
- 9월 3일, 다시 사간원 정언에 임명되었다.
- 10월 2일, 단풍정에서 초계문신 친시와 활쏘기가 있었고, 임금이 북영에 숙직시키며 활쏘기를 익히게 하고, 『시경』 조문에 대답하라고 했다.
- 10월 22일, 정5품 사헌부 지평에 임명되었으나 취임하지 않아 체직되고, 종5품

용양위 부사직에 임명되었다.

- 11월 8일, 형조판서 김상집(金尙集)이 전라도에 명령해 윤지충(尹持忠)·권상연(權尙然)을 처형하라고 아뢰자, 정조가 이를 윤허했다.(진산珍山사건 또는 신해사옥辛亥邪獄)
- 11월 13일, 이기경(李基慶)이 이승훈·정약용 등이 천주교에 연루되었다는 상소문을 올리고 경원부(慶源府)에 유배되었다.
- 12월 2일, 시경강의(詩經講義) 8백여 조문에 대한 답안을 작성해 올리고 몹시 칭찬을 받았다.
- 12월에 친시에서 제7인과 제10인으로 상을 받았다. 또 『시경』 친강(親講)에서 제6인으로 상을 받았다.

※ 채제공의 건의로 신해통공(辛亥通共)이 이루어졌다.

※ 12월 16일, 좌의정 채제공이 파직되었다가 복직되었다.

1792년(31세, 정조 16, 임자)

- 2월 27일, 둘째 딸이 태어났다.
- 3월 22일 홍문관록(弘文館錄)에 뽑혔으며, 28일에 도당회권(都堂會圈)에 뽑혔다.
- 3월 29일 정6품 홍문관 수찬에 임명되었으나 취임하지 않아 4월 2일에 무관직인 부사과에 임명되었다.
- 4월 3~6일에 남인으로 대통(臺通)을 시급히 해야 할 28명을 추천했다.
- 4월 7일, 진주목사인 아버지가 위독하다는 소식을 듣고 진주로 내려가다 4월 10일에 운봉현에서 4월 9일 아버지가 돌아가셨다는 소식을 듣고 분상(奔喪)했다.
- 4월 20일, 정재원의 운구(運柩) 행렬이 소내에 도착하고, 5월 10일경 충주 하담 선영에 장사 지냈다.
- 6월 초순경에 명례방(明禮坊)으로 이사했다.
- 겨울에 화성(華城) 성제(城制, 「성설城說」·「기중총설起重總說」·「기중도설起重圖說」)를 지어 바쳤다.

※ 윤4월 27일 유성한(柳星漢)을 처벌하라는 영남만인소가 올라왔다. 5월 7일 영남만인소가 재차 올라왔다.

1793년(32세, 정조 17, 계축)

• 4월에 아버지의 소상(小祥)을 지내고 연복(練服)으로 갈아입었다.

• 4월 9일 이후에 서울에 올라와 화성 성제와 관련해 정조의 물음에 답하여 20조를 진술하다.

• 이해에는 아버지의 초하루·보름 삭망 제사에 참석하러 한달에 두번씩 소내에 다녀왔을 것이다.

※ 1월 12일, 채제공을 수원부(水原府) 유수(留守)에 임명하다.

※ 5월 25일, 채제공을 영의정에 임명하다.

1794년(33세, 정조 18, 갑인)

• 1월 1일, 세살짜리 둘째딸 효순(孝順)이 죽었다.

• 4월 9일, 소내에서 대상을 지냈다.

• 6월 27일, 담제를 지내고 탈상(脫喪)했다.

• 7월 23일, 정5품인 성균관 직강에 임명되었다.

• 8월 23일, 의금부에서 이소(二所) 시관(試官) 정약용의 고신(告身)을 추탈할 것을 아뢰어 고신을 추탈당하고 내보내졌다. 8월 25일 잡혀가 연금되어 있다가 풀려났다.

• 10월 27일, 정5품인 홍문관 교리에 임명되었다.

• 10월 28일, 홍문관 부수찬에 임명되었다가 29일 성정각에서 경기 암행어사(京畿暗行御史)의 명을 받고 나갔다가 11월 15일 복명(復命)했다. 이때 「경기 암행어사 보고서(京畿暗行御史論守令臧否啓)」를 올려바쳤다.

• 12월 7일, 경모궁추상존호도감 도청랑(都廳郞)으로 임명되었다.

• 12월 13일, 종5품인 홍문관 부교리에 임명되었다.

※ 1월에 화성을 건설하는 공사를 시작했다.

※ 청나라 신부 주문모(周文謨)가 압록강을 건너 몰래 서울에 들어왔다.

1795년(34세, 정조 19, 을묘)

• 1월 17일, 경모궁(景慕宮, 사도세자)과 혜경궁(惠慶宮)에게 존호를 올렸다.

• 1월 17일, 종3품인 사간원 사간(司諫)에 임명되었다.

• 1월 18일, 무관직인 부사직(副司直)에 임명되었다.

- 1월 23일, 정3품 당하관인 승정원 동부승지에 임명되었다. 1월 25일에 다시 또 임명되었다.
- 2월 17일, 정3품 당상관인 병조참의에 임명되었다.
- 2월 21일, 병조에서 숙직하다 군호를 잘못 지은 일의 벌로 1백운 배율(排律)의 시를 지어 올리고 상을 받았다. 이때 지은 장시가 「왕길의 까마귀 쏜 노래(騎省應敎賦得王吉射烏詞一百韻)」이다.
- 2월 24일, 식년 감시 회시 1소 참시관에 임명되었다.
- 윤2월 9일~윤2월 16일까지 정조가 현륭원에 참배한 뒤 화성 행궁 봉수당(奉壽堂)에서 혜경궁 홍씨 회갑연을 베풀고 환궁할 때까지 병조참지(兵曹參知)로 시종했다.
- 윤2월 20일 무렵에 사마시 회시 합격자가 발표되고, 정약용이 시관으로 부정을 저질렀다는 보고가 들어가 의금부에 갇혔다.
- 윤 2월 23일경, 병조참지에서 해직되었다.
- 3월 3일에 석방되고, 의궤청 찬집 문신에 임명되어 『화성정리통고(華城整理通考)』편찬에 종사했다.
- 뒷날 화성 현륭원(지금의 융릉)과 가까운 수원부 인근 고을에서 나무를 심고 올린 보고서를 간단히 정리해 「식목연표(植木年表)」를 썼다.
- 3월 5일, 춘당대 시험에 대독관(對讀官)이 되었다.
- 3월 7일, 병조참지와 가승지로 정조의 육상궁·세심대 행차에 시종하였다.
- 3월 10일, 정조의 부용정 잔치에 참여하여 시를 지었다.
- 3월 18일, 정3품 우부승지에 임명되었다.
- 3월 20일, 무관직인 부사직에 임명되었다.
- 4월에는 규장각에서 교서(校書)하였다.
- 6월 18일, 혜경궁 회갑 진찬에 참여했다.
- 7월 26일, 금정찰방(金井察訪)에 임명되어 일종의 유배에 처해지다.
- 10월 27일, 목재 이삼환(李森煥) 등과 11월 5일까지 온양 봉곡사에서 강학하며 성호 이익의 유서인 『가례질서(家禮疾書)』를 교정 정리했다.
- 11월 19일, 『퇴계집』을 읽고 「도산사숙록(陶山私淑錄)」을 쓰기 시작했다.
- 12월 20일, 용양위 부사직에 임명되었다.

※ 5월에 주문모의 밀입국 포교 사실이 발각되어 지황(池潢)·윤유일(尹有一)·최인길(崔仁吉) 등

이 처형되었다.

※ 5월 11일, 주문모를 체포하라는 명령이 내려졌다.

※ 7월 7일, 이가환을 사학(邪學)의 영수라고 탄핵하는 박장설(朴長卨)의 상소가 올라갔다.

※ 아버지의 친구인 나주목사 이인섭(李寅燮)이 퇴계 이황의 글을 본받아 주자의 글에 힘쓰라는
   편지를 보냈다.

1796년(35세, 정조 20, 병진)

• 3월 말경부터 『마과회통(麻科會通)』 저술을 위해 자료를 수집하기 시작했다.

• 11월 5일, 넷째 아들 삼동(三同)이 태어났다.

• 11월 16일, 규영부(奎瀛府) 교서(校書)에 임명되었다.

• 11월 21일, 병조참지에 임명되었다.

• 12월 2일, 우부승지에 임명되었다가 좌부승지로 승진했다.

• 12월 3일, 무신직인 부호군에 임명되었다.

• 12월 11일, 병조참지로 입시(入侍)했다.

• 12월 25일, 『사기영선(史記英選)』을 간행해 바쳤다.

• 12월 26일, 『사기영선』에 오자가 발견되어 이익진(李翼晉)과 함께 파직당했다.

• 12월 30일, 무관직인 부호군에 임명되었다.

※ 8월에 『어정규장전운(御定奎章全韻)』을 반포했다.

1797년(36세, 정조 21, 정사)

• 3월 6일, 교서관에서 『춘추좌씨전』 교정을 시작했다.

• 4월 초순, 『춘추좌씨전』 교정 작업을 완수했다.

• 4월 중순 이후, 이문원(摛文院)에서 이서구(李書九)·김조순(金祖淳)·김이교와 더
  불어 두보 시(杜甫詩)를 교정하기 시작했다.

• 5월 4일, 정약현(丁若鉉)·정약전 두 형님을 모시고 천진암(天眞菴)에 가서 유람하
  고 묵었다.

• 6월 20일, 동부승지에 임명되었으나 취임하지 못했다.

• 6월 25일, 두보 시를 교정한 공로로 상을 받았다. 또 박제가를 찾아보고 『북학의』
  를 보았다.

• 6월 27일, 다시 동부승지에 임명되었다.

- 윤6월 1일, 『사기영선』에 주석을 다는 일을 시작했다.
- 윤6월 2일, 곡산도호부사(谷山都護府使)에 임명되었다.
- 윤6월 7일, 임지인 곡산으로 출발했다.
- 윤6월 11일경, 포보포 문제로 관아에서 호소하다 달아난 이계심(李啓心)이 자수하자 무죄로 석방했다.
- 7월~8월 말, 꿀의 남부(濫賦)를 바로잡고, 살인범을 체포했다. 또 귀양살이하는 죄인을 위해 겸제원(兼濟院)을 설립했다.
- 9월 15일경에 감시(監試) 고관(考官)으로 임명되어 해주(海州)로 출장을 갔다.
- 겨울에 『마과회통』 초고본이 완성되었다.
※ 『오륜행실(五倫行實)』을 인쇄하여 왕에게 바쳤다.

1798년(37세, 정조 22, 무오)
- 3월 27일, 곡산 북창(北倉)으로 출장을 나가 환자곡을 나누어주었다. 이때 출장 길에 아울러 유람을 했다.
- 4월 중순이나 하순경에 곡산 정당(政堂, 관아)이 신축되었다. 여름에 「상산 정사당 상량문」과 「곡산 정당 신건기」를 썼다.
- 4월에 곡산 관아를 신축하고 남은 물자를 써서 아들을 위한 공부방인 서향묵미각(書香墨味閣)을 짓고 기문(記文)을 썼다.
- 4월에 『사기찬주(史記纂註)』를 완성해 왕에게 올려바쳤다.
- 8월 15일, 황해도 관찰사 이의준(李義駿)의 순행길을 맞이해 곡산의 자하담(紫霞潭)과 오연(烏淵)을 유람했다.
- 9월 4일, 넷째 아들 삼동이 천연두를 앓다 죽고, 다섯째 아들이 태어났으나 10일 만에 천연두를 앓다 죽어 이름도 짓지 못했다.
- 10월경에 『마과회통』 저술을 끝내고 그 서문을 썼다.
- 11월경에 환자곡을 돈으로 받아들이라는 명령을 시행할 수 없다고 방보(防報)했다.
- 12월 또는 이듬해 봄에 농정(農政)에 대한 의견을 구하는 왕의 명령에 따라 「농정책에 대한 건의(應旨論農政疏)」를 올려바쳤다.
※ 맬서스의 『인구론』 출간.

1799년(38세, 정조 23, 기미)

- 2월 초에 황주영위사로 뽑혀 50일 동안 황주에 머물렀다.
- 2월, 태백산성에서 풍천도호부사 이민수(李民秀), 장연도호부사 구강(具絳)과 술을 마셨다.
- 2월 18일경 채제공의 만사(輓詞)를 지었다.
- 4월 2일, 정학연·정학유 두 아들을 데리고 서창(西倉)에서 환자곡을 나누어주고 창옥동(蒼玉洞)과 관적사(觀寂寺)를 유람했다.
- 4월 4일, 확연(鑊淵)폭포를 유람하고 관아로 돌아왔다.
- 4월에 곡산 관내 승경(勝景)인 고달굴(高達窟)·갈현동(葛玄洞)·입암사(立巖寺) 등을 유람했다.
- 4월 24일, 내직으로 병조참지에 임명되었다.
- 4월 27일, 무관직인 부호군에 임명되었다.
- 5월 3일경, 곡산을 떠나 서울로 향했다.
- 5월 4일, 동부승지에 임명되었다.
- 5월 5일, 서울에 도착했다.
- 5월 6일, 형조참의에 임명되었다. 5월 7일에 입시했다.
- 5월 12일, 밤에 중희당에서 정조 임금을 뵙고 황해도의 지칙(支勅)에 관한 일과 초도(椒島) 둔우(屯牛)에 관한 폐단을 아뢰었다. 대사간 신헌조(申獻朝)가 이가환과 정약전을 탄핵했다.
- 6월 초순경, 살인범이란 누명을 쓰고 12년 동안 갇혀 있던 함봉련(咸奉連)을 무죄 방면토록 했다.
- 6월 12일, 민명혁(閔命爀)이 정약용을 탄핵하는 상소를 했다.
- 6월 22일, 형조참의 사직을 요청하는 상소를 올렸다.
- 7월 26일, 형조참의 체직을 허락받았다.
- 7월 27일, 부호군에 임명되었다.
- 8월 2일, 둘째 형 정약전의 낙향길에 같이 갔다.
- 10월경에 조화진(趙華鎭)이 이가환과 정약용을 무고했다.
- 12월 10일, 임금의 세서례(洗書禮) 어제시(御製詩)에 화답하는 시 「봉화성제세서례지희(奉和聖製洗書禮識喜)」를 지었다.
- 12월에 여섯째 아들 농장(農牂)이 태어났다.

※ 1월 김종수(金鍾秀)가 사망했다.

※ 1월 채제공이 사망했다.

1800년(39세, 정조 24, 경신)

- 1월 초에 박제가가 찾아와 종두에 관한 문서를 보고 자신이 베껴두었던 자료를 보내주었다.
- 봄에 전원(田園)으로 돌아갈 계획을 굳게 세웠다.
- 2월 말경 청송 심씨를 아들 정학유의 아내로 맞이했다.
- 4월 10일경 채홍원(蔡弘遠)과 같이 원주 법천으로 가 정범조를 찾아뵈었다.
- 4월 26일경 고향 소내로 낙향하여 살기로 작정하고 여유당(與猶堂)을 마련해서 「여유당기」를 썼다.
- 4월 29일경 서울로 돌아오라는 정조의 명령이 소내에 이르렀다. 이에 따라 4월 30일경에 서울로 돌아왔다.
- 5월 초순경 윤필병(尹弼秉)의 집에 권엄(權欄)·이정운(李鼎運) 등과 모여 잔치했다.
- 6월 1일경 권엄의 집에 모여 채제공이 주도했던 '풍단시회(楓壇詩會)'를 열었다.
- 6월 3일경 명례방 집에서 죽란시사(竹欄詩社) 모임을 가졌다.
- 6월 5일경 소내로 내려갔다가 6월 7일경 서울로 돌아왔다.
- 6월 12일 밤에 정조 임금이 내각 아전을 보내 『한서선(漢書選)』 10질을 내리며, 5질은 제목을 써서 올리고 5질은 집안에 보물로 간직하라고 했다.
- 6월 28일 이전에 『문헌비고간오(文獻備考刊誤)』가 쓰여졌다.
- 6월 28일 오후 4~6시에 정조대왕이 창경궁 영춘헌(迎春軒)에서 승하하였다. 홍화문(弘化門) 앞에 나아가 통곡했다.
- 7월 30일, 정조의 거상(居喪) 기간이 끝났다.
- 8월 초에 아내와 자식을 소내로 내려보냈다.
- 11월 3~6일까지 정조 임금의 장례에 참여하고, 11월 7일경 서울로 돌아왔다.
- 11월 18일, 정조 임금의 졸곡제(卒哭祭) 곡반(哭班)에 참여하고 나서 소내로 돌아가서 초하루·보름의 곡반에 참여하며 소내에 머물렀다.
- 12월 28일, 서울 명례방 집에 올라와서 시세를 관망하면서 「신라론(新羅論)」 등 여러 편의 역사론을 쓴 듯하다.

※1월 하순경 박제가가 영평현감으로 나갔다.

1801년(40세, 순조 1, 신유)

• 1월 1일, 곡반에 참여했다. 대왕대비 정순왕후(貞純王后)가 홍국영을 추탈(追奪) 하라는 명령을 내렸다.

• 1월 6일, 장령 이안묵(李安默)이 홍낙임(洪樂任)을 탄핵하는 계를 올렸다.

• 1월 10일, 정순왕후가 천주교를 금지하라는 명령을 내렸다.

• 1월 28일, 윤지눌과 이유수가 정국이 심상치 않다고 소내에 편지로 알렸다. 이에 따라 상경했다.

• 2월 4일, 이익운(李益運)이 경기관찰사에 임명되었다.

• 2월 8일, 사간원의 계로 사암 정약용과 중형 정약전이 체포되고, 2월 9일 새벽에 의금부 감옥에 갇혔다.

• 2월 10일, 추국(推鞫)이 시작되었다.

• 2월 11일, 권철신(權哲身)과 정약종(丁若鍾)이 체포되었다.

• 2월 13일, 의금부에서 심문을 받았다.

• 2월 14일, 형장을 맞고 신문을 받았다.

• 2월 15일, 또 신문을 받았다.

• 2월 17일, 의금부 안에 보방(保放)되었다.

• 2월 18일, 김근순(金近淳)이 언계(言啓)로 정약용의 수갑을 풀어주라는 윤허를 얻었다.

• 2월 21일, 이익운이 이가환·정약용 등이 사학(邪學) 죄인임을 성토하였다.

• 2월 23일, 대사간 목만중(睦萬中)이 상소하여 이가환·이승훈·정약용 등을 성토 하였다.

• 2월 26일, 정약전·정약용 등은 사형에서 감면해 유배하도록 하고, 정약종·홍낙 민(洪樂敏)·이승훈 등은 처형하도록 하는 판결이 내려졌다.

• 2월 29일, 오후에 유배지인 장기(長鬐)로 출발했다.

• 3월 9일, 장기현에 도착해 관아에서 자고, 3월 10일 마산리(馬山里) 성선봉(成善 封)의 집에 머물러 귀양살이를 시작했다.

• 3월 13일, 사헌부 장령 권한위(權漢緯)가 정약전·정약용을 의금부에 불러 엄히 문초하자는 계를 올렸으나 번거롭게 굴지 말라는 비답이 내려졌다.

- 3월 16일, 사헌부 집의 유경(柳耕)과 장령 홍광일(洪光一) 및 권한위가 다시 정약전·정약용을 의금부에 불러 문초할 것을 요청하는 계를 올렸으나 물리침을 당했다.
- 3월 18일, 유경·홍광일이 다시 정약용·정약전 형제를 탄핵했다. 이와 같은 계가 4월 4일까지 계속되었으나 윤허되지 않았다.
- 4월 26일, 가동(家僮)이 58일 만에 편지를 가지고 왔다.
- 5월에 「백언시(百諺詩)」를 저술했다.
- 6월에 『촌병혹치(村病或治)』를 기술했으나 겨울 옥사 때 분실했다.
- 7월, 신지도(薪智島)에서 보낸 정약전의 편지를 받았다.
- 9월 15일, 황심(黃沁)이 체포되었다.
- 9월 16일, 사헌부 장령 강휘옥(姜彙鈺)이 정약용 형제를 다시 엄중히 문초할 것을 요청하는 계를 올렸으나 물리침을 당했다.
- 10월 3일, 황사영(黃嗣永)이 제천(堤川)에서 체포되어 의금부에 보내지고 「황사영백서(黃嗣永帛書)」도 몰수되었다.
- 10월 20일, 「황사영백서」 사건으로 귀양지 장기에서 체포되어 27일 의금부 감옥에 들어갔다.
- 11월 1일, 의금부 감옥에 있다가 신문을 받았다.
- 11월 5일, 정약전은 흑산도로, 정약용은 강진으로, 이학규(李學逵)는 김해부(金海府)로 유배지가 결정되었다.
- 11월 7일, 사헌부 장령 이기경 등이 정약전·정약용 등을 다시 엄중히 신문하기를 아뢰었으나 물리침을 당했다.
- 11월 9일경, 정약전과 함께 유배지로 떠났다.
- 11월 22일, 정약전과 나주 율정(栗亭)에서 헤어졌다.
- 11월 24일경, 강진 동문 밖 주막에 거처 사의재(四宜齋)를 정했다.
- 12월 10일, 정약용 형제를 다시 잡아다 신문하자는 계가 계속 올라왔다.

※ 신유옥사가 일어났다.

※ 3월 12일에 중국인 신부 주문모가 자수했다.

1802년(41세, 순조 2, 임술)

- 1월 18일, 사헌부 장령 한영규(韓永逵)가 정약용 형제를 다시 의금부로 잡아다

엄중히 신문하기를 요청했다.
- 2월 5일경, 어린 종 석(石)이가 집에서 부친 편지를 가지고 강진에 이르렀다.
- 2월 25일, 정약전과 정약용을 엄중히 신문하라는 주청이 올라왔다. 2월 27일과 3월달에도 있었다.
- 봄에 이안묵이 강진현감으로 내려와 정약용을 무고했다 한다.
- 4월 10일경, 큰아들 학연이 강진의 아버지께 근친하러 소내를 출발해 15일경에 강진에 이르고, 구강포와 백련사를 유람하다 4월 16일경에 돌아간 듯하다.
- 5월 16일, 정약용 형제를 다시 엄중히 신문하라는 상주가 또 있었다.
- 7월 2일, 홍문관 수찬 여동식(呂東植)이 병조판서 이병정(李秉鼎)을 탄핵하다가 교체되었다.
- 겨울, 윤광택(尹光宅)이 조카 윤시유(尹詩有)를 시켜 자주 물품을 보내고 안부를 물었다.
- 10월 10일, 황상(黃裳)이 제자로 들어왔다.
- 11월 30일, 여섯째 아들 농장이 요절했다.
- 이해 2~3월 사이에 시 「탐진 노래(耽津村謠)」 「탐진 농부가(耽津農歌)」 「탐진 어부가(耽津漁歌)」 등 다산시의 명작을 지었다.

※ 정조가 설치한 장용영(壯勇營)을 없애라는 명령이 내려졌다.

※ 9월 6일, 김조순의 딸이 순조의 왕비로 간택되었다.

※ 10월 11일, 김조순이 훈련대장에 올랐다.

1803년(42세, 순조 3, 계해)
- 1월 17일, 사헌부 지평 정언인(鄭彦仁)이 정약용 형제를 공격하는 계를 올리고 김이교도 공격했다.
- 윤2월 5일, 정언인이 또 정약용·이가환을 두 흉악으로 공격하고, 김이교도 공격했다.
- 3월 초순경 우이섬(牛耳島)에 유배된 중형 정약전의 편지를 받았다.
- 5월 26일, 정약전·정약용을 다시 불러다가 엄중히 신문하라는 요청이 있었으며, 6월에도 있었고, 7월 11일·15일·16일에도 또 있었다.
- 12월 28일 대왕대비 정순왕후의 수렴청정이 끝났다.

1804년(43세, 순조 4, 갑자)

- 1월 9일과 26일에 사헌부 집의 이기경이 또 정약용 형제를 다시 불러 신문하라는 요청을 했다.
- 2월 11일, 이기경이 또 정약용 형제를 불러 신문하라고 요청했다.
- 3월 15일, 이기경이 또 정약용 형제를 불러 신문하라고 요청했다.
- 봄에 『천자문』을 대신할 『아학편훈의(兒學編訓義)』를 편찬했다.
- 4월 16일, 전에 강진현감으로 내려와 정약용을 무고하던 이안묵을 절도에 유배하라는 명령이 내려졌다.
- 6월 9일·14일에 정약용에 대한 공격이 계속되었다.
- 8월 8일, 이안묵이 추국을 받고 사형에 처해졌다.
- 8월 15일·23일에도 정약용에 대해 다시 신문하라는 요청이 있었다.
- 11월 28일, 정약용에 대해 다시 신문하라는 요청이 있었다.

※ 『나폴레옹법전』 공포.

1805년(44세, 순조 5, 을축)

- 1월 12일, 대왕대비 정순왕후가 사망했다.
- 2월 하순경 『주역사전(周易四箋)』(을축본)이 완성되어 중형 정약전에게 보냈다
- 3월에 정약전이 『주역사전』을 읽고 그 서문 「주역사해서(周易四解序)」를 썼다.
- 4월 17일, 백련사(白蓮寺)에서 노닐고 혜장(惠藏)을 처음 만나서 함께 자며 『주역』을 논했다.
- 5월 3일, 정약전이 아우 약용에게 편지를 썼다.
- 5월 12일, 정약용 형제를 다시 신문하자고 요청하는 상주가 시작되고, 6월 2일과 10일, 윤6월 13일과 27일에도 계속 있었다.
- 6월 2일, 혜장이 고성사(高聲寺, 보은산방)로 와서 사람을 보내므로 고성사에서 함께 묵었다.
- 6월 19일, 또 고성사에서 혜장과 만나서 묵었다.
- 여름에 「정체전중변(正體傳重辨)」(己亥邦禮辨, 을축본)이 완성되었다.
- 9월 19일, 큰아들 정학연이 아버지에게 근친하려고 소내를 출발해 10월 3일 강진에 이르렀다.
- 10월 9일, 정학연을 데리고 보은산방(寶恩山房)에 가서 『주역』과 『예기』를 가르

쳤다.(12월 중순까지) 이때『승암문답(僧菴問答)』을 저술했다.
- 12월 18일경 혜장이 또 고성사로 와서 정약용·정학연·황상과 더불어 시를 짓고, 12월 24일 정학연·황상과 같이 두륜산으로 돌아갔다.
- 12월 29일, 보은산방에서 시를 써서 아들 학연에게 보여주었다.
※ 트라팔가르해전. 영국의 넬슨 제독이 프랑스함대를 무찌름.

1806년(45세, 순조 6, 병인)
- 1월 5일·6일·19일·20일·22~24일·28일·29일까지 정약용 형제를 다시 신문하자고 요청하는 상주가 끈질기게 이어졌다.
- 2월 중순경『주역사전』병인본(16권)이 이루어졌다.
- 2월 16일경 큰아들 학연이 아버지에게 절하고 강진을 떠났다.
- 4월 8일, 정약용 형제를 다시 신문하라는 주청이 있었다.
- 5월 4일, 정약용을 끈질기게 모해하던 이기경이 결국 운산군(雲山郡)으로 유배되었다.
- 6월 4일·10일·25일에도 정약용 형제를 다시 신문하라는 요청이 있었고, 9월과 10월, 11월에도 있었다.
- 7월에 제자인 이정(李晴)의 집으로 거처를 옮겼을 듯하다.
- 8월 17일, 월출산(月出山) 꼭대기에 처음으로 올랐다.
※ 나폴레옹이 '대륙봉쇄령' 공포.

1807년(46세, 순조 7, 정묘)
- 1월 초에『주역사전』(정묘본) 24권이 이정의 도움으로 이루어졌다.
- 1월 29일, 정약용 형제를 다시 신문하라는 상주가 있었다.
- 2월 12일, 교리 강준흠(姜浚欽)이 또 정약용을 공격했다.
- 4월 16일·29일, 5월 6일, 6월 6일에도 정약용 형제를 다시 신문하라는 요청이 있었다.
- 5월에 맏손자 정대림(丁大林)이 태어났다.
- 7월 12일·16일·25일·29일에도 정약용을 다시 신문하라는 요청이 있었다.
- 7월 19일, 정약전의 아들 정학초(丁學樵)가 죽었다.
- 8월 23일, 여동식이 정약용 형제를 공격했는데, 9월 14일과 15일에도 계속되었다.

- 10월 6일, 아직도 정약용 형제에 대한 공격이 계속되었다.

1808년(47세, 순조 8, 무진)

- 3월 15일, 사헌부 장령 조장한(趙章漢)이 정약전·정약용을 다시 엄중히 신문할 것을 아뢰었다.
- 3월 16일, 귤동의 윤규로(尹奎魯)의 다산서옥(茶山書屋)으로 놀러 가서 2일 동안 묵고 드디어 10일이 지나서는 차차 이곳에서 세상을 피하여 노년을 보낼 뜻이 있어 시 두편을 써서 공윤(公潤) 윤종하(尹鍾河)에게 보였다.
- 3월 말쯤에 이정의 집에서 다산서옥으로 거처를 옮겼다.
- 3월 말~4월 초순경에 「다산 팔경(茶山八景詞)」 「다산에 피는 꽃을 읊다(茶山花史)」(20수)를 지었다.
- 4월 20일, 둘째 아들 정학유가 강진에 처음으로 와서 근친했다.
- 5월 5일, 사헌부 지평 윤동수(尹東壽)가 정약전·정약용 형제를 다시 엄중히 신문하기를 요청했다. 또 윤5월 1일 이후 29일까지 거의 매일 요청하고 이해 말까지 계속 요청했다.
- 9월에 『주역사전』 무진본이 완성되었다.
- 9월 29일, 중형 정약전에게 편지(제1서)를 보냈다.

1809년(48세, 순조 9, 기사)

- 1월 10일·28일, 2월 18일·19일에도 정약전·정약용 형제를 다시 엄중히 신문하라는 요청이 있었다. 이 뒤로는 정약용 형제를 다시 신문하자는 주청이 뜸해졌다.
- 2월 3일, 전해(1808) 4월 20일 처음으로 아버지에게 근친하러 왔던 정학유가 아버지의 명에 따라 흑산도에서 귀양살이하고 있던 중부 정약전을 찾아뵈려 다산초당(茶山草堂)을 떠나 3월 12일 손암을 만나 절을 올렸다. 3월 21일 손암과 작별하고, 3월 24일 저녁 다산초당에 돌아왔다.
- 3월, 남고(南皐) 윤지범(尹持範)에게 편지를 쓰고 시를 읊어 보냈다.
- 7월 7일, 스님 은봉(隱峰)에게 「중수만일암기(重修挽日菴記)」와 편지를 보냈다.
- 초가을 7월, 김해에서 귀양살이를 하고 있는 이학규에게 「성수 이학규에게(寄惺叟三十韻)」란 장시를 지어 보냈다.
- 가을에 『시경강의(詩經講義)』 12권의 산록(刪錄) 작업을 끝냈다.

1810년(49세, 순조 10, 경오)

- 2월 초경 1808년 여름에 강진에 왔던 둘째 아들 학유가 소내로 돌아갔다. 이때 정학연 및 정학유에게 가계(家誡)를 써주었다.
- 2월 말경 『시경강의보(詩經講義補)』를 완성했다.
- 4월 초순경 주작산 아래 개보(皆甫) 윤서유(尹書有) 집에 갔다.(윤서유는 나중에 딸의 시아버지가 된다.)
- 4월 하순경 앞서 받은 매실과 죽순에 대한 답례로 새로 난 참외를 윤서유에게 보냈다.
- 5월, 「송풍루(松風樓雜詩)」 등 4편의 시를 지었다.
- 6월 초, 전간기사(田間紀事)로 묶은 시 6편과 삼리시인 「용산의 아전(龍山吏)」 「파지의 아전(波池吏)」 「해남의 아전(海南吏)」 등 다산시의 명편을 지었다.
- 7월 초·중순경에 「두 아들에게 주는 가계(示二兒家誡)」와 「하피첩(霞帔帖)」을 썼다.
- 8월 12일, 「윤종하 제문(祭尹公潤文)」을 썼다. 윤종하는 자가 '공윤(公潤)'으로 정약용을 다산서옥에 살도록 주선해준 듯하다.
- 9월 21일, 큰아들 정학연이 징을 쳐서 아버지의 억울함을 호소해 향리로 방축하라는 명령이 내려졌다.
- 9월 28일, 교리 홍명주(洪命周)가 정약용의 향리 방축을 정지해달라고 요청했으나 왕이 이를 받아들이지 않았는데, 이기경이 대계(臺啓)를 올려 결국 귀양이 풀리지 않았다.

1811년(50세, 순조 11, 신미)

- 2월에 『상서지원록(尙書知遠錄)』 초고본이 저술되었다.
- 3월에 『아방강역고(我邦疆域考)』(10권)가 저술되었다.(1833년에 사암이 2권을 추술追述해 모두 12권으로 완결된다.)
- 6월 중순경 『매씨서평(梅氏書平)』 초고본을 둘째 형에게 보내 7월에 정약전이 「매씨상서평서(梅氏尙書平序)」를 썼다.
- 9월에 아암(兒菴) 혜장이 입적해 그 제문을 지었다.(아암 스님과는 1805년에 처음 만나 교유했다.)
- 이해에 흑산도에 유배되어 있는 둘째 형 정약전과 편지를 주고받았다.
- ※ 12월 20일, 평안도에서 홍경래(洪景來)의 난이 일어났다.

1812년(51세, 순조 12, 임신)

- 봄에 작은아버지 가정공(稼亭公) 정재진(丁載進)의 부음을 받고 「계부가옹행장 (季父稼翁行狀)」을 기술했다.
- 봄에 오늘날의 '민방위' 대책과 같은 『민보의(民堡議)』(3권)가 저술되었다.
- 가을 9월 12일에 강진 월출산 밑의 백운동(白雲洞)을 유람하고 시 「백운동에 써 서 부치다(寄題白雲洞)」 9편을 지었다.
- 이해에 딸이 윤서유의 아들 윤창모(尹昌謨)에게 시집을 가서 뒤에 대학자가 된 방산(舫山) 윤정기(尹廷琦)를 낳았다.
- 겨울에 『춘추고징(春秋考徵)』 수정본이 완성되었다.

※ 4월에 홍경래가 죽고 난이 평정되었다.

1813년(52세, 순조 13, 계유)

- 6월 12일, 강진병마우후 이중협(李重協)에게 「이중협시첩 서문(贈別李虞候詩帖 序)」을 써 주었다.
- 7월 14일, 서모 김씨가 사망했다.
- 7월 14일, 윤창모에게 시집간 딸에게 부인 홍씨의 헌 치마폭에 「매조도(梅鳥圖)」 를 그리고 시를 써서 주었다.(「치마폭에 매화를 그리다」)
- 8월에 초의(草衣) 의순(意恂)과 윤종심(尹鍾心)에게 증언(贈言)을 써주었다.
- 12월경에 『논어고금주(論語古今注)』(40권)가 완성되었다. 이는 이강회(李綱會)와 윤동(尹峒)이 도왔다.

1814년(53세, 순조 14, 갑술)

- 3월 4일, 문산(文山) 이재의(李載毅)를 백련사에서 만났다.
- 4월 9일, 사헌부 장령 조장한이 사헌부의 대계(臺啓)를 처음으로 정지시켰다(停 啓). 이 조장한은 1808년 3월 15일에 정약전·정약용을 다시 엄중히 신문할 것을 아뢰었던 인물이다. 그러나 강준흠의 상소로 귀양살이가 풀리지 못했다.
- 4월 13일, 사간원 사간 임한(任煤)과 부사과 이유성(李游誠)이 정약용을 정계시 킨 조장한의 죄를 논하는 상소를 했다.
- 4월 16일, 부사직 강준흠이 정약용을 유배지에 그대로 있게 하고 조장한을 멀리 유배시키라고 상소했다.

- 4월 하순에 정약용을 유배에서 풀어주는 조치를 중단했다.
- 5월 중순 『맹자요의(孟子要義)』(9권) 저술이 완성되었다.
- 7월 초순경 『대학공의(大學公議)』(3권)의 저술이 완성되었다.
- 8월 말경 『중용자잠(中庸自箴)』(3권)의 저술이 완성되었다.
- 9월 초순경 문산 이재의가 다산초당으로 정약용을 찾아왔다.
- 9월 말경 『중용강의보(中庸講義補)』(6권)의 저술이 완성되었다.
- 겨울에 『대동수경(大東水經)』(12권)이 완성되었다. 이정에게 주를 달게 했다.
- 겨울에 「해남정사당기(海南政事堂記)」를 썼다.

※ 3월에 규장각에서 『홍재전서(弘齋全書)』를 인쇄해 바쳤다.

1815년(54세, 순조 15, 을해)

- 이재의가 1월에 다산초당으로 사암을 찾아왔다.
- 봄에 『소학지언(小學枝言)』(1권) 『심경밀험(心經密驗)』(1권) 저술이 이루어졌다.
- 9월 중순경, 큰아들 정학연이 다산초당으로 근친하고 9월 하순에 소내로 돌아 갔다.

1816년(55세, 순조 16, 병자)

- 2월경에 『악서고존(樂書孤存)』(12권) 수정 작업을 끝냈다.
- 3월에 『경세유표(經世遺表)』(邦禮草本) 편찬 작업을 시작했다.
- 5월 3일, 큰아들 학연에게 답장하여 이기경 등이 유배에서 풀어주는 데 도와주 겠다는 말에 속지 말라고 준절히 타일렀다.
- 6월 6일, 둘째 형님 정약전이 우이보(牛耳堡, 소흑산도)에서 작고했다.
- 6월 16일경 정약전의 부음을 듣고 박재굉(朴載宏)을 보내 나주(羅州)로 운구하게 했다.
- 6월 17일, 두 아들에게 편지를 써서 둘째 형 정약전의 모습을 뒤돌아보았다.
- 8월 10일, 둘째 며느리인, 정학유의 부인 청송 심씨(靑松沈氏)가 죽었다. 며느리 는 사암의 친구 심욱(沈澳)의 딸이다.
- 9월 13일, 정수칠(丁修七)에게 편지로 6월에 작고한 정약전의 운구를 도와달라 고 했다.
- 11월 16일, 우이보의 문순득(文淳得)에게 떡차를 50개 보내고 감사하는 편지를

보냈다. 문순득은 어부로 서남쪽 바다에 표류해 유구·영파부·필리핀·월남 등에 이르렀는데, 그가 구술하고 정약전이 기술한 『표해시말(漂海始末)』이란 표류기가 있다.

- 「선중씨 정약전 묘지명(先仲氏墓誌銘)」을 지었다.

1817년(56세, 순조 17, 정축)

- 4월 26일 경상도 칠곡 약목에 사는 신영제(申永躋)가 다산초당을 방문하고 27일 떠났는데 사암은 이때 「영로 신영제에게 말하노라(贈申永老)」라는 글을 써서 주었다.
- 7월에 『경세유표』(방례초본) 편찬 저술 작업을 마무리하고 『목민심서(牧民心書)』 편찬 저술을 시작한 듯하다.
- 9월 13일, 큰형님의 아들 정학수(丁學樹)가 죽었다. 뒤에 「형자 학수 묘지명(兄子學樹墓誌銘)」을 지었다.
- 12월 3일, 월출산 아래 백운동에 사는 이덕휘(李德輝)에게 옴을 치료하는 기름(약)을 보내달라는 편지를 보냈다.
- 12월에 고려 말기 태고(太古) 보우(普愚)의 스승인 석옥(石屋)의 시에 차운한 「산거잡영(山居雜詠)」 24수를 읊었다.

※ 6월, 북한산의 진흥왕순수비가 발견되었다.

※ 7월에 큰 외국 선박이 도합도(叨哈島)의 앞에 이르렀다.

1818년(57세, 순조 18, 무인)

- 3월 하순경 『목민심서』(48권) 초고본이 완성되었다.
- 5월 하순경 『국조전례고(國朝典禮考)』(2권)가 완성되었다.
- 8월 17일, 사간원 정언 목태석(睦台錫)이 정약용을 다시 유배지로 보내라고 상소했다.
- 8월 18일경 홍문관 응교 이태순(李泰淳)의 상소와 대신 남공철(南公轍)의 주청에 따라 의금부에서 귀양을 푼다는 공문을 강진현에 보냈다.
- 8월 22일경 귀양을 풀라는 공문이 도달했다.
- 8월 23일 이후 고향 소내(苕川·牛川)로 돌아갈 준비를 하는 한편 『소학주관(小學珠串)』(3권)을 보완하여 완성했다.

- 9월 1일, 다산초당에서 제자들에게 증언을 써주고 제자들과 송별 잔치를 했을 듯하다.
- 9월 15일, 소내 여유당으로 돌아왔다.
- 10월경에 『흠흠신서(欽欽新書)』 편찬 작업을 시작했을 듯하다.
- 이해에 「효부 심씨 묘지명」을 썼다.

1819년(58세, 순조 19, 기묘)

- 4월 5일, 김상유(金商儒)와 같이 사라담에서 남자주까지 배를 타고 놀고 생선을 끓여 먹었다.
- 4월 15일, 큰형님 정약현을 모시고 배로 충주 하담으로 성묘하러 떠났다.
- 4월 17일경 하담 선영에 참배했다. 1801년 장기로 귀양살이 떠날 때 참배하고 18년 만에 절한 셈이다.
- 이때 기행시 「충주 기행(四月十五日 陪伯氏乘漁家小艓向忠州 效錢起江行絶句)」 75수를 지었다. 또 「어버이 무덤에 오르다(上墓)」를 지어 귀향 인사를 했다.
- 윤4월 12일, 이재의와 같이 배를 타고 문암 농장에 갔다.
- 6월경에 『흠흠신서』 초고본이 편찬되었다. 처음에 지은 이름은 '명청록(明淸錄)' 이라 했다.
- 7월 10일경 사간원 정언 김상우(金商雨)가 주부(主簿)가 된 지 5일 만에 벼슬을 버리고 돌아가는 길에 소내에 들렀다.
- 7월 중순경 정언 한익상(韓益相)이 경성판관(鏡城判官)으로 가기에 송별했다.
- 8월 초순경 광주(廣州) 사촌(社村)으로 석천(石泉) 신작(申綽)을 찾아보았다.
- 8월 21일 신작에게 『상례사전』 7책을 보냈다.
- 8월 28일 용문산 유람을 하러 배를 타고 양평에 가서 사천사(斜川寺)를 유람하고 8월 30일에 용문산 백운봉(白雲峰)에 올랐다.
- 9월 초순경에 『상례사전』에 대한 평을 받았다.
- 9월 중순경에 신작에게 『매씨상서평(梅氏尙書平)』을 보냈다.
- 9월에 비변사에서 양전(量田)의 일로 조정에 기용하는 일을 논의했으나 이루어지지 않았다.
- 10월 중순 뒤에 『매씨상서평』에 대한 평을 받았다.
- 12월 6일, 칠곡부사 성동일(成東一)에게 선물을 보내준 데 대한 감사 편지를 보

내고 다산초당에 왔던 약목 신영제에게도 소식을 전해달라고 했다.

- 12월에 신작에게 9월경에 저술한『아언각비(雅言覺非)』(3권)를 보내 평을 받았다.

1820년(59세, 순조 20, 경진)

- 3월 11일, 세자시강원 필선(弼善) 김상우가 작고하여 그 제문을 지었다.
- 3월 24일, 큰형님 정약현을 모시고 그 둘째 아들 정학순(丁學淳)의 혼례를 치르려고 소내를 떠나 작은 배를 타고 북한강을 거슬러 올라 춘천에 갔다가 3월 29일 소내로 돌아왔다.
- 이때 지은「춘천 기행」시는 7언 25수로 1819년「충주 기행」시 5언 75수와 합쳐 1백수를 채웠다.
- 또 이때 두보의 시를 차운하여 12편의 시를 짓고, 청평사(淸平寺)와 관련한 시 6편을 지어 '천우기행권(穿牛紀行卷)'으로 묶었다.
- 봄에『이담속찬(耳談續纂)』(1권)을 저술했다.
- 5월 1일, 이인영(李仁榮)에게 문학론인 증언을 써 주었다.
- 7월 3일, 귤동 윤규로에게 상강까지는 어린 딸을 서울로 보내달라는 부탁 편지를 썼다.
- 8월 14일, 경성판관을 지내고 돌아온 한익상에게 편지를 썼다.
- 9월 14일, 제2차로 용문산 기행을 하러 소를 타고 출발해 죽절령(竹節嶺)·선령(船嶺)을 넘었다. 6촌 아우 정약건(丁若鍵)을 찾아보았다.
- 9월 15일, 당숙부 정재규(丁載逵)를 모시고 용문사(龍門寺)로 출발했다. 9월 16일 용문산 봉황대(鳳凰臺)에 올랐다.
- 용문산을 기행한 시 6편을 지었다.
- 9월에 이학규가 장문의 회답하는 편지를 보냈다.(이때 이학규는 김해에서 귀양살이를 하고 있었다.)

1821년(60세, 순조 21, 신사)

- 2월 5일경 채제공의 양자인 채홍원이 소내로 찾아와 아버지의 신원을 의논했다.
- 2월 29일, 채홍원이 아버지의 억울함을 징을 쳐 호소하자 홍명주가 상소해 비판했다.
- 3월 5일, 채제공의 신원과 관련된 상주문(上奏文)의 초본을 편지와 더불어 채홍

원에게 보냈다.

- 3월에 『목민심서』(48권) 수정본 편찬을 끝냈다.
- 7월 1일, 딸의 시아버지 옹산(翁山) 윤서유가 세상을 떠났다. 「사간원 정언 옹산 윤공 묘지명(司諫院正言翁山尹公墓誌銘)」을 지었다.
- 7월에 이인영에게 「예고서정(禮考書頂)」을 정리하도록 했다.
- 8월 3일, 공목(公牧) 윤종심이 4개월 동안 소내에 머무르고 떠나갔다.
- 8월 25일, 남고 윤지범이 세상을 떠났다. 1822년경에 「남고 윤참의 묘지명(南皐 尹參議墓誌銘)」을 지었다.
- 9월 4일, 큰형님 정약현이 돌아갔다. 「선백씨 진사공 정약현 묘지명(先伯氏進士公 墓誌銘)」을 지었다.
- 11월에 정산(鼎山) 김기서(金基敍)에게 답장을 보냈다.
- 11월 23일, 대산(臺山) 김매순(金邁淳)이 정약용 산재(山齋)를 찾아왔다가 비로 하룻밤 묵고 갔다.
- 11월 27일, 김매순에게 편지를 보냈다.
- 12월 초순경 김매순에게 답장을 받았다.

1822년(61세, 순조 22, 임오)

- 1월 15일경 김기서의 정산정사(鼎山精舍)에서 김매순과 만나 하룻밤을 보냈다.
- 1월 20일 이후쯤에 김기서 편에 『매씨상서평』을 김매순에게 보냈다.
- 1월 29일에 김매순이 김기서 편에 『매씨상서평』을 돌려보내고 편지도 보냈다.
- 2월 4일, 김매순에게 『상례사전(喪禮四箋)』(7책)을 보내고, 김기서와 김매순과 편 지를 주고받았다.
- 2월 29일~3월 초순에도 김매순과 편지를 주고받았다. 이때 '명철보신(明哲保 身)'의 해석(2월 20일경)에 공감했다.
- 윤3월 중순에 큰형님 산역(山役)으로 충주 하담에 가서 성묘하고 돌아왔다.
- 5월 하순경 「나의 삶, 나의 길(自撰墓誌銘)」 집중본·광중본을 집필했을 듯하다.
- 6월 6일경부터 13일 사이에 석천 신작과 편지를 주고받으며 육향(六鄕)에 대하 여 논하고 『아언각비』에 대한 신작의 비평에 답했다.
- 6월 16일, 여유당에서 회갑연을 열었을 것이다.
- 6월 23일, 신작에게 답서를 보냈다.

- 이해에 녹암 권철신, 정헌 이가환, 복암 이기양, 매장 오석충, 무구 윤지눌, 금리 이유수의 묘지명을 집필했다.

1823년(62세, 순조 23, 계미)

- 2월 5일, 이재의에게 편지를 보내 소내로 와달라고 하고, 『목민심서』에 대한 구설이 몹시 많다고 했다.
- 3월에 이재의가 소내로 와 사암을 찾아보았다.
- 3월 10일경 장흥 정수칠에게 편지로 3월 그믐께 소내로 오라고 했다.
- 4월 10일 이전에 다산초당 제자인 금계(琴季) 윤종진(尹鍾軫)과 기숙(旗叔) 윤종삼(尹鍾參)이 소내로 스승을 찾아왔다.
- 4월 10일, 장흥 정수칠에게 편지로 선조 문집 간행에 대해 말했다.
- 4월 15일부터 4월 25일까지 11일 동안 정학연의 아들 대림의 혼사를 치르려고 배를 타고 북한강을 거슬러 올라간 뒤 말이나 나귀를 타고 소양정·문암서원(文巖書院)·곡운서원(谷雲書院) 등 춘천댐 북쪽 화천댐 방향으로 유람하며 「산행일기(汕行日記)」를 쓰고 「산수심원기(汕水尋源記)」를 편찬했다. 이 여행에 같이 간 이는 이재의·한만식(韓晚植)·우정룡(禹正龍)·오상완(吳尙琬) 등이었다.
- 4월 26일, 이재의 등 일행이 소내 여유당을 떠나갔다.
- 이 산수기행(汕水紀行) 동안 지은 시는 「문암서원에서 자다(宿文巖書院)」 등 14편이 있다.

1824년(63세, 순조 24, 갑신)

- 1~4월 중순까지 병들어 누워 있은 듯하다.
- 4월 21일, 여동식과 같이 신작을 찾아가 함께 천진암에 가서 그곳에서 자고, 22일 신작의 집에 들렀다 강촌에서 잔 뒤, 23일 두미협(斗尾峽)에 배를 띄워 고기 잡이를 했다. 이때 「출산문(出山門)」 「차운 두미주중(次韻斗尾舟中)」 등 10여편의 시를 지었다.
- 5월 12일, 배를 타고 송파(松坡)에 살고 있는 윤영희(尹永僖)를 찾아가 하룻밤 자고 돌아오다 두미에서 역풍과 소낙비와 우레를 만나 고생했다. 이때 시 「두미치역풍(斗尾値逆風)」 등 6편의 시를 지었다.
- 6월에 연작시 「소서팔사(消暑八事)」를 지었다. 이달에 연작시 「신추팔영(新秋八

詠)」을 지었다.
- 7월에 문산 이재의가 소내 여유당에 찾아왔다.
- 겨울에「제한안취시도(題寒岸聚市圖)」「한계반초도(寒溪返樵圖)」등 연작시 8편 등을 지었다.

1825년(64세, 순조 25, 을유)
- 1월에「풍수집의(風水集義)」가 완성되었다.
- 2월 27일, 이재의가 소내 여유당으로 정약용을 찾아왔다.
- 11월 5일, 경기도 양천(陽川)현감 김매순에게 편지를 보냈다.

1826년(65세, 순조 26, 병술)
- 6월 20일, 석호정(石湖亭)에 가서 신작 형제 및 유희(柳僖)와 대화했다.
- 9월 23일, 윤영희가 소내 여유당에 찾아왔다가 25일 병이 나서 돌아갔다.
- 11월 8일, 서제 정약횡이 송파 윤영희의 집에 묵으면서 편지를 보내 소식을 알렸다.
- 이해에는 윤영희·여동식과 아우 정약횡, 동번(東樊) 이만용(李晚用) 등과 왕래하며 시를 지어 주고받았다.

1827년(66세, 순조 27, 정해)
- 1월 12일·13일, 김매순에게 답장 편지를 썼다.
- 3월 12일경 문산 이재의가 소내 여유당으로 찾아왔다.
- 7월 16일과 가을에 여유당 앞의 강 건너편에 있는 삼정(蔘亭)에서 비를 만나「오엽정 노래(五葉亭歌)」와「삼정십영(蔘亭十詠)」등 5편의 시를 지었다.
- 10월에 윤극배(尹克培)가 겨울 우레에 대해 충고하는 말을 올리라는 교지에 따라 정약용을 무고하는 상소를 올렸으나 윤극배에 대한 엄중한 신문 끝에 무고임이 밝혀졌다.
- 11월 초경에 판서 홍석주(洪奭周)가 아우 해거도위(海居都尉) 홍현주(洪顯周)를 통하여『매씨상서평』을 빌려보고 11월 중순쯤에 평을 했다.
- 11월 29일, 홍석주에게 편지를 보내 홍석주의『상서보전(尚書補傳)』에 대한 독후감을 말하고 염약거(閻若璩)에 대한 글「염약거 상서(尚書)고문소증초(閻氏古文疏

證抄)」를 보냈다.
- 11월 29일, 해거도위 홍현주에게 편지를 보냈다.
- 12월 8일, 홍석주의 질문에 대한 답서를 썼다.
- 12월 20일경 홍석주에게 『상서보전』에 관한 질문을 했다.
- 12월 말경 홍석주가 『상서보전』에 관한 정약용의 질문에 대답하는 편지를 보냈다.

1828년(67세, 순조 28, 무자)
- 5월 5일, 광주판관(廣州判官) 이정민(李鼎民)과 교관(敎官) 김상희(金相喜)와 함께 남자주에 배를 띄우고 놀며 고기잡이를 했다.
- 5월 5일 무렵에 이학규가 소내 여유당으로 찾아와 사암이 시를 써주었다.
- 5월 15일, 남한산성과 하남위례성에 관한 역사시를 지었다.
- 5월 25일, 석천 신작이 세상을 떠났다.
- 6월 1일부터 대체로 5일 간격으로 윤영희에게 모두 3편의 시를 지어 보냈다.
- 10월 초경에 김정희(金正喜)가 평양에서 수선화를 고려자기에 담아 정약용에게 보냈다.(추사는 정학연·정학유와 친밀하게 지냈다.)
- 11월 12일, 제자 황상에게 편지를 보냈다.
※ 웹스터의 『영어사전』 완성.

1829년(68세, 순조 29, 기축)
- 6월에 박경유(朴景儒) 형제와 교유하고 정미원(鄭美元)이 찾아왔다.
- 8월 19일, 청나라에 사은부사로 간 여동식을 그리워하며 기다리는 시를 지었다.
- 9월 16일, 사은부사로 청나라에 갔다가 돌아오지 못한 여동식의 만사(輓詞)로 시를 지은 것 같다.
- 12월 3~5일쯤 문산 이재의가 소내 여유당으로 정약용을 찾아와 3일을 있다가 갔다.
- 12월 말경 소내 여유당에 친손·외손 등과 박경유 형제가 모이고 사암도 손자 시에 차운하여 시를 지었다.

1830년(69세, 순조 30, 경인)

• 3월 2일, 문산 이재의가 소내 여유당으로 찾아와 3일을 묵고 갔다.
• 3월 15일, 강진 백운동에 사는 제자 이시헌(李時憲)에게 편지를 보내 과거를 보러 서울에 올라올 때 꼭 소내에 오라고 했다.
• 3월 하순경, 해거도위 홍현주가 동번 이만용과 같이 소내 여유당으로 찾아왔다.
• 윤4월 3일, 문산 이재의가 또 소내 여유당으로 찾아왔다.
• 5월 5일, 부호군으로 임명되어 세자 익종의 치료에 참여해서 진맥하고 5월 6일 약을 올리려 했으나 세자가 그 전에 사망했다.
• 5월 중순 이후 윤극배가 사서(邪書)를 날조해 김조순에게 사암을 또 모함했다.
• 12월 30일, 이강회·초의 등이 소내 여유당으로 찾아와 묵었다.
※ 프랑스에서 7월혁명이 일어남.

1831년(70세, 순조 31, 신묘)

• 3월 10일 채홍근(蔡弘謹)에게 편지를 보내 생질이 초시에 합격함을 축하했다.
• 5월에 문산 이재의가 소내 여유당으로 찾아왔다.
• 8월 하순경 평릉찰방(平陵察訪)을 지낸 정지학(丁志鶴)을 추도하는 시를 지어 보냈다.
• 9월에 문산 이재의가 또 소내 여유당으로 찾아왔다.
• 9월 12일, 큰아들 정학연의 생일에 시를 짓고 둘째 정학유에게 차운하여 시를 짓게 했다.
• 10월 초순경 남쪽으로 여행을 떠나는 계림(季林) 박종유(朴鍾儒)에게 전송하는 시를 써 주었다.
• 10월 16일, 해거도위 홍현주와 동번 이만용이 소내 여유당으로 찾아왔다.
• 10월 17일, 해거도위 홍현주 일행이 운길산 수종사에 오르는 데 따라가지 못했다.
• 10월 18일, 해거도위 일행이 수종사에서 내려와 찾아오고, 사암은 이만용의 시에 차운하여 시를 지었다. 또 도위의 형 홍석주가 북경에 사신으로 감을 그리워하는 시를 지었다.
• 이해에는 모두 25편 내외의 시를 지었다.

1832년(71세, 순조 32, 임진)

• 5월 초순경 문산 이재의가 소내 여유당을 찾아오려고 두모포를 출발해 와서 며칠 동안 있었다.

• 5월 초순경 영명위(永明尉) 홍현주가 김조순의 장례식에 가는 길에 소내에 들렀다.

• 5월 29일, 운환(雲寰) 이휘영(李輝永)의 기우 시에 차운해 시를 지었다.

• 7월 6일경 문산 이재의가 소내 여유당에 찾아왔다.

• 7월 하순경 평강현령 홍길주(洪吉周)가 찾아와 산재(山齋)에서 밤새 이야기했다.

• 8월 초순경 성수 이학규가 소내 여유당으로 찾아왔다.

• 8월 15일, 추석에 시를 지어 소내의 풍속을 기록했다.

• 9월 2일, 성수 이학규가 또 소내 여유당에 왔다가 돌아갔다.

• 12월 30일, 문산 이재의의 회갑을 축하하는 시를 지었다.

※ 4월 3일 순조의 장인 김조순이 작고했다.

1833년(72세, 순조 33, 계사)

• 봄에 시 「흉년 든 강마을의 봄(荒年水村春詞)」 10수를 지었다.

• 여름에 「연대정에서 절구 12수를 읊다(練帶亭十二絶句)」 등의 시를 지었다.

• 6월 27일, 동번 이만용이 소내 여유당으로 찾아왔다.

• 7월 17일, 성수 이학규를 사라담에서 맞이했다.

• 가을에 22년 전 10권으로 저술했던 『아방강역고』를 증보하여 12권으로 완성했다.

1834년(73세, 순조 34, 갑오)

• 2월 2일, 『상서고훈(尙書古訓)』과 『상서지원록』을 수정 합편하여 『상서고훈』 7책 21권으로 편집하는 작업을 시작했다.

• 6월 10일, 『상서고훈』 합편 작업을 128일 만에 마치고 나서 하순 무렵부터 『매씨상서평』 개정 작업을 시작했을 듯하다.

• 8월 14일, 『매씨상서평』(9권) 개정 작업을 마쳤다.(이 가운데 4권은 몇 년 전에 수정했다.)

• 9월 23일, 스님 호의(縞衣)에게 차를 보내주어 고맙다는 편지를 보냈다.

• 9월에 『매씨상서평』 개정에 따른 무리로 병을 앓았다.

• 11월 12일, 순조 임금의 병세가 위급해져 급히 오라는 명령을 받고 소내에서 출

발해 11월 13일 동점문(東漸門)으로 들어갔을 때 왕은 숨을 거두었다. 홍화문에서 애도하고 14일 소내로 돌아왔다.

1835년(74세, 헌종 1, 을미)
- 봄에 성수 이학규가 「기두릉(寄斗陵)」이란 시를 지었다.
- 5월 6일에 다산초당이 있는 귤동 윤규로에게 편지를 보냈다.
- 이해에 「상서고훈서례(尙書古訓序例)」를 지었다.

1836년(75세, 헌종 2, 병신)
- 2월 20일, 회혼례(回婚禮)를 자축하는 시 「결혼 60주년(回졸詩)」을 지었다. 이 시는 사암이 최후로 지은 시가 된다.
- 2월 22일, 병으로 소내 여유당 정침(正寢)에서 오전 7~9시 사이에 친척이 모두 보는 가운데 75세로 서세했다.
- 이날 제자 이강회가 서울에 있었는데, 큰 집이 무너져 짓누르는 꿈을 꾸었다고 했다.
- 4월 1일, 유언에 따라 여유당 뒷산에 장사 지냈다.

1910년(순종 4, 경술)
- 7월 18일(양력), 정헌대부 규장각 제학에 추증되고 문도공(文度公)이라는 시호가 내려졌다. 이 뒤로 한달 남짓 지나지 않은 8월 29일 조선왕조는 일본에 강제 병합되었다.

1934~1938년
- 사암 정약용 서세 1백주년 기념 사업으로 『여유당전서』 76책이 정인보·안재홍 등의 교열로 신조선사에서 신활자본으로 간행되었다.

2012년
- 2012년 12월 15일, 『정본 여유당전서』가 다산학술재단에 의해 37책으로 간행되었다.

ㄱ

가공언(賈公彦) 중국 당(唐)나라 때 학자. 벼슬은 태학박사(太學博士)를 지냈다. 저서로 『의례의소(儀禮義疏)』 『주례의소(周禮義疏)』가 있다.

강명길(康命吉) 영조 13~순조 1(1737~1801). 의관(醫官). 자는 군석(君錫), 본관은 순천(順天). 양주 목사(楊州牧使)에 이르렀다. 정조 때 『제중신편(濟衆新編)』 5책을 저술했고, 순조 1년(1801) 정조의 병환을 잘못 치료하였다 하여 의관들이 처벌될 때 사형당했다.

강세륜(姜世綸) 영조 37~헌종 8(1761~1842). 자는 문거(文擧), 본관은 진주, 강필악(姜必岳)의 아들. 정조 7년(1783) 문과에 급제하여 장령(掌令)을 지냈다.

강이원(姜履元) 영조 40(1764)~?. 자는 인백(仁伯)이며 사암 형제의 친구. 정조 9년(1785) 진사로 있으면서 이승훈(李承薰)을 알게 되어 천주교에 입교, 1787년 김석대(金石大)의 집에서 천주교리를 강습받다가 발각되었으나 양반이라 하여 처벌을 면했다 한다.

강준흠(姜浚欽) 영조 44(1768)~?. 자는 백원(百源), 호는 삼명(三溟), 본관은 진주, 강세정(姜世靖)의 아들. 정조 18년(1794) 정시문과에 병과로 급제, 순조 17년(1817) 사간(司諫)을 지냈다. 금석문(金石文)을 많이 썼다.

강총(江總) 519~94. 중국 진(陳)나라 사람. 자는 총지(總持)로 양(梁)나라에 벼슬하여 태자중사인(太子中舍人)으로 있다가 후경(侯景)의 난으로 진(陳)나라로 가서 태자첨사(太子詹事)가 되었다. 진후주(陳後主)가 즉위하자 복야상서령(僕射尚書令)에 발탁되어 후주와 더불어 연회하고 놀기만 해서 진이 멸망했다. 수(隋)나라가 세워지고 강도령(江都令)으로 죽자

세상에서는 강령(江令)이라고 불렀다.

강휘옥(姜彙鈺) 영조 24(1748)~?. 자는
원덕(爰德), 본관은 진주, 강윤성(姜允成)
의 아들. 영조 51년(1775) 정시문과에 을
과로 급제했다. 순조 1년(1801) 9월 16일
사헌부 장령으로 신지도에 유배된 정약
전(丁若銓)과 장기에 유배된 정약용(丁若
鏞)을 다시 의금부에서 엄중히 신문할 것
을 아뢰었다.

계혜사(揭傒斯) 1274~1344. 중국 원(元)
나라 부주(富州) 사람. 자는 만석(曼碩).
순제 원통(元統) 초에 집현전 학사에 올라
요(遼)·금(金)·원(元) 삼사(三史)를 편찬
하는 총재관이 되어 사관(史館)에 머물며
아침·저녁에도 쉬지 않고 편찬에 종사하
다가 감기에 걸려 죽었다. 시호는 문안(文
安). 문장은 화려하고 간명하며 시는 더
욱 청신하고 아름다웠다. 해서·행서·초서
를 잘 썼다. 저서로『계문안공집(揭文安公
集)』이 있다.

고덕휘(顧德輝) 1310~69. 중국 원나라 곤
산(崑山) 사람. 다른 이름은 영(瑛)·아영
(阿瑛), 자는 중영(仲瑛), 호는 금속도인
(金粟道人). 30세에 독서를 시작하고 원
지정사(園池亭榭)를 지어 밤낮으로 손님
과 더불어 술자리를 베풀고 시를 읊어 사
방의 학사(學士)들이 모두 그 집에 이르
렀다. 장사성(張士誠)이 억지로 벼슬을 시
키려 하자 숨어버렸다. 저서로『옥산박고
(玉山璞稿)』가 있다.

고려사(高麗史) 조선 초기 김종서(金宗
瑞)·정인지(鄭麟趾) 등이 편찬한 고려시
대의 정사(正史)로 문종 1년(1451) 완성되
었다. 세가(世家) 46권, 지(志) 39권, 연표
2권, 열전(列傳) 50권, 목록 2권 등 도합
139권 100책이다. 편년체 사서인『고려사
절요(高麗史節要)』35권 35책도 있다.

고중영(顧仲瑛) → 고덕휘(顧德輝)

고요(皐陶) 중국 삼대 때 순(舜)임금의 신
하로 자는 정견(庭堅). 사구(司寇) 즉 옥관
(獄官)의 장(長)을 지냈다.

공수(龔遂) ?~기원전 62. 중국 한(漢)나라
때 산양(山陽) 사람으로 순리(循吏). 자는
소경(少卿). 선제 때 발해태수(渤海太守)
가 되어 기민을 구제하고 농상(農桑)에 힘
쓰고 닭과 돼지를 기르게 하여 백성이 점
차 잘살게 되고 도적이 없어졌다. 벼슬은
위수도위(衛水都尉)에 이르렀다.

공야장(公冶長) 중국 춘추(春秋)시대 제
(齊)나라 사람. 자는 자장(子長)이다.『공
자가어(孔子家語)』에는 노(魯)나라 사람
으로 이름은 장(長), 자는 자지(子芝)로 공
자의 제자라 했다. 새소리에 능통했다. 살
인 혐의를 받아 억울하게 갇힌 적이 있다.

공영달(孔穎達) 중국 당(唐)나라 때 경학
자(經學者)로 자는 충원(冲遠). 벼슬은 국
자사업(國子司業)·국자좨주(國子祭酒) 등
을 역임했고, 당 태종의 명으로『오경정의
(五經正義)』를 편찬했다.

국조보감(國朝寶鑑) 조선왕조 역대 군왕

의 치적에서 모범이 될 만한 일을 실록(實錄)에서 뽑아 편찬한 편년체 역사책으로 정조 6년(1782)에 68권 19책을 완성했고, 뒤에 더 보태서 90권 28책을 1909년 간행하였다.

국조오례의(國朝五禮儀) 조선 세종의 명에 따라 허조(許稠) 등이 편찬에 착수하여 세조 때 강희맹(姜希孟) 등의 손을 거쳐 성종 5년(1474)에 신숙주(申叔舟)·정척(鄭陟) 등이 완성한, 길례(吉禮)·가례(嘉禮)·빈례(賓禮)·군례(軍禮)·흉례(凶禮) 등 국가의 기본 예식인 오례에 대한 예서이다. 8권 8책.

권기(權夔) 영조 41(1765)~?. 자는 요신(堯臣), 본관은 안동, 전 대제학 권유(權愈)의 현손(玄孫). 1795년 사암이 금정찰방으로 목재(木齋) 이삼환(李森煥)을 모시고 성호 유서(星湖遺書)를 정리할 때 참여했다.

권상연(權尙然) 영조 26~정조 15(1750~91). 조선 후기의 천주교 순교자. 경북 안동(安東) 출신. 일찍부터 고종제(姑從弟) 윤지충(尹持忠)과 함께 천주교를 믿었고, 정조 15년(1791) 친모상을 당했을 때 신주(神主)를 불사르고 천주교식으로 제례(祭禮)를 행한 사실이 진산군수(珍山郡守) 신사원(申史源)에게 알려져 윤지충과 함께 구속되었다. 당시 조정에서는 천주교의 신봉을 엄격히 금지하고 있었으므로 충효(忠孝)의 도덕을 문란케 한 자라 하여 정조 15년 12월 8일 사형을 당했다.(珍山事件: 辛亥迫害)

권엄(權襪) 영조 5~순조 1(1729~1801). 자는 공저(公著), 호는 엽서(葉西), 본관은 안동, 권밀(權謐)의 아들. 영조 41년(1765) 식년문과에 갑과로 급제, 벼슬은 공조·형조·병조의 판서를 지냈다. 순조 1년(1801) 신유옥사 때 이가환·정약용 등에 대한 극형을 주장했다.

권유(權裕) 영조 6~순조 4(1730~1804). 자는 성수(聖垂), 호는 국포(菊圃), 본관은 안동, 권탐(權擥)의 아들. 영조 45년(1769) 정시문과에 병과로 급제, 공조판서에 올랐다. 순조 1년(1801) 신유옥사 때 대사헌으로 발탁되어 벽파의 언론을 주도했다. 순조 4년(1804) 대역죄로 혹독한 고문을 받다가 죽었다.

권일신(權日身) 영조 18~정조 16(1742~92). 조선 후기의 천주교인. 자는 성오(省吾), 호는 이암(移庵), 교명은 프란시스 사비에르(Fracis Xavier). 권암(權巖)의 아들, 철신(哲身)의 아우. 안정복(安鼎福)의 사위. 남인(南人)에 속한 학자로 양명학(陽明學)을 연구하다가 정조 6년(1782) 이벽(李蘗)의 권유로 천주교에 입교, 정조 9년(1785) 서울의 역관(譯官) 김범우(金範禹) 집에서 수차례 집회를 열고 청나라에서 영세를 받고 온 이승훈(李承薰)에게 최초로 영세를 받았다. 얼마 뒤 이 집회가 발각되어 김범우는 처형되고, 그외는 양반 출신이라 하여 용서되었다. 정조 11년(1787) 한국인 교인들끼리 모여 직제(職制)를 결정할 때 주교(主敎)가 되어 정조 13년(1789) 교도 우모(禹某)를 북경(北京)에 보내어 신부(神父)의 파견을 요청하는 동시에 성사(聖事) 집행 및 제사(祭祀)의 가부를 문의한 결과 교황이 임명하지 않은 주교는 성사를 집행하지 못하며 제사(祭祀)는 폐해야 된다는 회답을 받았으나 계속 전도에 힘썼다. 정조 15년(1791) 전북 진산(珍山)의 윤지충(尹持忠)·권상연(權尙然) 등이 제사를 폐한 일로 참형된 신해박해(辛亥迫害) 때 이승훈과 함께 제주도에 귀양갔으나 팔십 노모의 비경(悲境)을 생각하여 신앙에 동요가 생겨 배교(背敎)했다.

권철신(權哲身) 영조 12~순조 1(1736~1801). 조선 후기의 학자·천주교 순교자. 자는 기명(旣明), 호는 녹암(鹿菴), 본관은 안동(安東), 권암(權巖)의 아들, 일신(日身)의 형, 성호(星湖) 이익(李瀷)의 제자. 이벽(李檗)이 권철신에게 서교를 믿으라고 열심히 권했으나 듣지 않았고, 아우 권일신만이 열심히 이벽을 따랐기 때문에 순조 1년(1801) 봄에 체포되어 신문을 받았으나 증거가 없었다. 그러나 이때 고문으로 입은 상처가 커서 죽기에 이르렀다. 사암 정약용이 순조 22년(1822)에 그의 억울함을 밝히는 묘지명을 지었다.

권평(權坪) 영조 10(1734)~?. 본관은 안동(安東). 권상언(權尙彦)의 아들로 자는 맹교(孟郊), 양주(楊州) 태생. 영조 41년(1765) 식년문과에 급제, 승지(承旨) 등을 역임했다.

권한위(權漢緯) 영조 19(1743)~?. 자는 장오(章五), 본관은 안동, 권계학(權啓學)의 아들. 영조 44년(1768) 식년문과에 병과로 급제했다. 순조 1년(1801) 3월에 사헌부 장령으로 정약용(丁若鏞) 형제를 다시 불러 엄중히 신문하자는 계를 올렸다.

규운옥편(奎韻玉篇) 『규장전운옥편(奎章全韻玉篇)』으로 규장각에서 발행하였다.

기(夔) 중국 삼대 순(舜)임금 때 음악을 맡아보던 관원.

기년아람(紀年兒覽) 조선 정조 말년 이만운(李萬運)이 소년들의 공부에 도움을 주려고 여러 역사책에서 역대의 연혁과 우리나라 및 중국 왕실의 계통 등을 뽑아 간명하게 엮은 책이다. 모두 8권 4책으로 정조 1년(1777)에 이덕무(李德懋)가 다듬고 이듬해 이만운이 다시 수정했다.

기하원본(幾何原本) 마떼오 리치가 중국에 와서 유클리드 기하학을 한문으로 번역한 책이다. 3권 2책.

기효신서(紀效新書) 중국 명(明)나라 때 척계광(戚繼光)이 지은 병서(兵書)로 왜구를 방어하는 데 유용한 책이다.

김건순(金健淳) 영조 52~순조 1(1776~1801). 천주교인으로 교명은 요사팟, 자는 정학(正學), 호는 가귤(嘉橘). 노론 출신

으로 1801년 신유박해(辛酉迫害) 때 순교
했다.

김계락(金啓洛) 영조 29~순조 15(1753~
1815). 자는 경순(景淳), 시호는 문정(文
靖). 형조·예조의 판서를 거쳐 대사헌 등
을 역임했다. 변려문을 잘 지었고 경사(經
史) 백가(百家)에 통달했다.

김관주(金觀柱) 영조 19~순조 6(1743~
1806). 자는 경일(景日), 본관은 경주(慶
州), 김한록(金漢祿)의 아들. 영조 41년
(1765) 식년문과에 병과로 급제했다.
1800년 순조가 즉위하여 벽파(僻派)가 득
세하자 우의정(右議政)에 이르렀다. 시호
는 문익(文翼).

김근순(金近淳) 영조 48(1772)~?. 자는 여
인(汝仁), 호는 십청(十靑)·귀연(歸淵), 본
관은 안동(安東). 정조 18년(1794) 알성문
과에 장원, 순조 1년(1801) 신유옥사 때
정약용의 수갑을 풀어주라고 아뢰었다.
부제학(副提學)에 이르렀다.

김기서(金基敍) 영조 41(1765)~?. 자는 정
택(正宅), 호는 정산(鼎山), 본관은 청풍,
김광묵(金光默)의 아들. 순조 3년(1803)
별시문과에 병과로 급제했다. 순조 21년
(1821) 귀양지에서 돌아온 정약용과 경전
에 대한 토론을 편지로 주고받았다. 벽계
(蘗溪)에 살았던 것 같다.

김매순(金邁淳) 영조 52~헌종 6(1776~
1840). 자는 덕수(德叟), 호는 대산(臺山),
본관은 안동(安東), 김이수(金履銖)의 아

들. 정조 19년(1795) 정시문과에 병과로
급제, 예조참판을 지냈다. 문장은 여한십
대가(麗韓十大家)의 한 사람으로 호론(湖
論)에 속했다. 귀양살이를 하고 돌아온 정
약용과 경전에 관해 편지로 토론했다. 저
서로『열양세시기(洌陽歲時記)』『대산집』
이 있다. 시호는 문청(文淸).

김백순(金伯淳) 영조 46~순조 1(1770~
1801). 김건순(金健淳)의 족형(族兄)으로
김상용(金尙容)의 종손(宗孫). 대가(大家)
의 후손으로 천주교(天主教) 신자가 되어
신유박해 때 순교하였다.

김범우(金範禹) ?~정조 10(1786). 역관으
로 천주교 순교자. 정조 9년(1785) 이벽
(李檗)·이승훈(李承薰)·정약전(丁若銓)·
정약용·권일신(權日身) 등과 함께 그의
집에 모여 예배를 보다가 발각되었다. 다
른 사람들은 양반으로 명문 출신이라 성
명을 밝히지 않고 석방되었으나 중인 출
신인 그는 붙잡혀 단양(丹陽)으로 유배를
갔다가 고문의 상처로 죽었다. 조선 최초
의 천주교 순교자가 되었다.

김상우(金商雨) 영조 27~순조 20(1751~
1820). 자는 좌현(佐賢), 호는 석서장인
(石棲丈人), 본관은 경주, 김종진(金宗鎭)
의 아들. 충주 출신. 정조 7년(1783) 진사
로 증광문과에 병과로 급제해 찰방을 지
내고, 세자시강원 필선(弼善)에 이르렀다.
순조 19년(1819) 벼슬을 그만두고 고향으
로 돌아갈 때 소내 여유당으로 정약용을

찾아보고 떠나갔다.

김상유(金商儒) 본관은 광산. 예안 사람으로 김부필(金富弼)의 8대손이다.

김상집(金尙集) 경종 3(1723)~?. 자는 사능(士能), 본관은 강릉(江陵), 김시영(金始煐)의 아들. 영조 31년(1755) 정시문과에 을과로 급제, 영조 38년(1762) 경현당(景賢堂)의 문신 제술(製述)에서 장원하였다. 1763년 홍양한(洪良漢) 일파라 하여 삭직되었다가 복직, 그후 병조·공조·예조의 판서를 역임했다.

김상희(金相喜) 정조 18~철종 12(1794~1861). 자는 기재(起哉), 호는 금미(琴糜·琴眉), 본관은 경주, 김노경(金魯敬)의 아들, 김정희(金正喜)의 막내아우. 순조 13년(1813) 진사시에 합격하여 영유현령과 호조별랑(戶曹別郎)을 지냈다. 순조 28년(1828) 교관(敎官)으로 정약용 등과 소내 남자주(藍子洲)에 배를 띄우고 놀았다. 글씨를 잘 썼는데 추사체(秋史體)를 좇아 썼다.

김생(金生) 성덕왕 10~원성왕 7(711~91). 신라 때 명필로 자는 지서(知瑞), 별명은 구(玖)로 일생을 서예에 바쳤으며, 예서·행서·초서에 능하여 해동의 서성(書聖)이라 일컬어졌고, 송나라에서도 왕희지를 능가하는 명필로 알려졌다. 글씨로 백률사석당기(栢栗寺石幢記)·창림사비(昌林寺碑)·백월서운탑비(白月棲雲塔碑) 등이 있다.

김석대(金石大) 성균관이 있던 주위의 반촌(泮村) 사람으로 천주교 신자였다. 정조 11년(1787) 천주교 집회인 정미반회(丁未泮會)가 김석대 집에서 열렸으며 이승훈(李承薰)·정약용·이기경(李基慶) 등이 참석했다.

김선(金銑) 영조 26(1750)~?. 자는 택지(澤之), 본관은 연안, 김익균(金翼均)의 아들. 정조 18년(1794) 알성문과에 병과로 급제했다. 순조 1년(1801) 4월 4일 사헌부 집의로 귀양 간 정약용 형제를 다시 신문할 것을 요청했다.

김수신(金秀臣) 영조 28(1752)~?. 자는 사길(士吉), 본관은 안동, 김성한(金星漢)의 아들. 정조 20년(1796) 진사로 별시문과에 갑과로 급제했다. 정조 9년(1785) 이기경의 용산 별장에서 정약용 등과 사륙문을 공부했다.

김수증(金壽增) 인조 2~숙종 27(1624~1701). 조선 중기의 문신. 자는 연지(延之), 호는 곡운(谷雲), 본관은 안동(安東), 김수흥(金壽興)의 형. 효종 1년(1650) 생원시에 합격하고, 숙종 1년(1675) 성천부사(成川府使)로 있을 때 동생 수항(壽恒)이 송시열(宋時烈)과 함께 유배되자 벼슬을 버리고 춘천(春川)의 곡운산(谷雲山)에 은거했다. 숙종 15년(1689) 기사환국(己巳換局)으로 인현왕후(仁顯王后)가 폐위되고 동생 수항이 사사(賜死)된 후, 이듬해 동생 수흥도 배소에서 죽자 회양부사(淮陽府使)를 그만두었다. 저서로 『곡운집(谷雲集)』이 있다.

김양직(金養直) 정조 18년(1794) 정약용이 경기 암행어사로 나갔다 돌아온 뒤 전연천현감으로 5년 동안 온갖 나쁜 짓을 다하고 탐오를 일삼았다고 징계를 요청한 인물로, 전에 지사(地師)로 임금의 총애를 믿고 온갖 나쁜 짓을 한 사실을 적시했다.

김이교(金履喬) 영조 40~순조 32(1764~1832). 자는 공세(公世), 호는 죽리(竹里), 본관은 안동(安東), 김방행(金方行)의 아들. 정조 13년(1789) 식년문과에 병과로 급제, 순조 즉위년(1800) 겸문학(兼文學)이 되었다. 이해 정조가 죽자 시파(時派)로서 벽파에 의하여 고금도(古今島)에 유배되었다가, 1804년 석방되어 여러 벼슬을 거쳐 순조 31년(1831) 우의정에 이르렀다. 시호는 문정(文貞).

김이영(金履永) 영조 31~헌종 11(1755~1845). 자는 명여(命汝), 본관은 안동, 김헌행(金憲行)의 아들. 정조 19년(1795) 정시문과에 을과로 급제하여 사암 후임으로 금정찰방을 지냈다. 순조 15년(1815) 이조판서에 오르고, 지중추부사에 이르렀다.

김이재(金履載) 영조 43~헌종 13(1767~1847). 자는 공후(公厚), 호는 강우(江右), 본관은 안동, 김방행(金方行)의 아들, 이교(履喬)의 아우로, 정조 14년(1790) 증광문과에 급제, 이조판서를 지냈다. 『중경지

(中京誌)』를 편찬했다. 시호는 문간(文簡).

김익(金熤) 경종 3~정조 14(1723~90). 자는 광중(光仲), 호는 죽하(竹下)·약현(藥峴), 본관은 연안, 김제남(金悌男)의 5대손으로 김상석(金相奭)의 아들. 영조 39년(1763) 정시문과에 병과로 급제, 정조 2년(1778) 대사헌에 오르고, 정조 4년(1780) 예조판서, 정조 6년(1782) 우의정, 정조 23년(1789) 영의정에 올랐다. 시호는 문정(文貞).

김정희(金正喜) 정조 10~철종 7(1786~1856). 자는 원춘(元春), 호는 완당(阮堂)·추사(秋史)·예당(禮堂)·시암(詩菴)·과파(果坡)·노과(老果), 본관은 경주, 김노경(金魯敬)의 아들로, 김노영(金魯永)의 후사로 들어갔다. 순조 19년(1819) 식년문과에 병과로 급제, 이조참판에 이르렀다. 정치적으로는 불행했으나 그림과 글씨에 일가를 이루어 추사체(秋史體)를 대성했다. 학문에서는 실사구시(實事求是)를 주창했으며, 금석학(金石學)에도 조예가 깊어 북한산 비봉의 비석이 진흥왕순수비임을 고증해 밝혔다. 저서로『완당집(阮堂集)』『금석과안록(金石過眼錄)』『완당척독(阮堂尺牘)』『담연재시고(覃揅齋詩藁)』등이 있다.

김조순(金祖淳) 영조 41~순조 32(1765~1832). 초명은 낙순(洛淳), 자는 사원(士源), 호는 풍고(楓皐), 본관은 안동, 김이중(金履中)의 아들. 정조 9년(1785) 정시

626

문과에 병과로 급제, 양관 대제학을 역임
하고 순조 2년(1802) 딸이 순조의 비(純元
王后)가 되자 영안부원군(永安府院君)에
봉해지고 영돈령부사에 올랐다. 철종 때
안동 김씨 세도정치의 기초를 마련했다.
문장과 대 그림에 능했고, 저서로『풍고
집』이 있다. 시호는 충문(忠文).

김종수(金鍾秀) 영조 4~정조 23(1728
~99). 자는 정부(定夫), 호는 몽오(夢梧)·
진솔(眞率), 시호는 문충(文忠), 본관은 청
풍. 김치만(金致萬)의 아들로 영조 44년
(1768) 식년문과에 병과로 급제, 벼슬은
좌의정을 지냈다. 벽파(僻派)의 영수이며
문장에 뛰어났다. 문집으로『몽오집』이
있다.

김창흡(金昌翕) 효종 4~경종 2(1653~
1722). 자는 자익(子益), 호는 삼연(三淵),
시호는 문강(文康), 본관은 안동으로, 김
수항(金壽恒)의 아들이며 창집(昌集)·창
협(昌協)의 아우이다. 현종 14년(1673) 진
사시에 합격했으나, 벼슬에는 나가지 않
고 성리학 연구에 몰두, 율곡 이후의 대학
자로 명성을 떨쳤다. 저서로『삼연집』『심
양일기(瀋陽日記)』『문취(文趣)』가 있고,
『안동김씨세보』를 편찬했다.

김한동(金翰東) 영조 16~순조 11(1740~
1811). 자는 한지(翰之), 호는 와은(臥隱),
본관은 의성, 김경필(金景泌)의 아들. 정
조 13년(1789) 문과에 급제, 승지와 대사
간을 지냈다. 사암이 곡산부사를 할 때 김

한동은 성천(成川)부사로 있었으며 사암
과는 여러편의 편지를 주고받았다.

김희순(金羲淳) 영조 33~순조 21(1757~
1821). 자는 태초(太初), 호는 산목(山木),
시호는 문간(文簡). 정조 13년(1789) 식년
문과에 갑과로 급제하여 홍문관 제학을
지내고 벼슬은 형조판서 및 판의금부사
(判義禁府事)에 이르렀다.

ㄴ

나여재(羅汝才) 중국 명(明)나라 섬서(陝
西) 사람. 호를 선전(善戰)이라 했다. 장헌
충(張獻忠)을 좇아 도적이 되고 나중에 이
자성(李自成)에게 돌아갔다. 이자성은 중
원(中州)을 얻은 후 수족처럼 여기던 나여
재를 꺼려 죽였다.

남공철(南公轍) 영조 36~헌종 6(1760~
1840). 자는 원평(元平), 호는 사영(思穎)·
금릉(金陵). 본관은 의령, 남유용(南有容)
의 아들. 정조 16년(1792) 식년문과에 병
과로 급제했다. 순조 8년(1808) 이조판서
등을 역임하고 순조 18년(1818) 대신으로
정약용의 해배를 아뢰어 의금부에서 공
문을 보냈다. 영의정에 이르렀으며 시호
는 문헌(文獻). 문장(文章)과 글씨에 뛰어
났다. 저서로『금릉집(金陵集)』『고려명신
전(高麗名臣傳)』등이 있다.

남구만(南九萬) 인조 7~숙종 37(1629~
1711). 자는 운로(雲路), 호는 약천(藥泉)·
미재(美齋), 시호는 문충(文忠), 본관은 의

령(宜寧)으로 송준길(宋浚吉)의 문인이
다. 효종 7년(1656) 별시문과에 급제했으
며, 소론의 영수로서 벼슬은 영의정을 지
냈다. 문장과 서화에도 뛰어났다. 저서로
『약천집(藥泉集)』이 있다.

남속(南涑) 영조 27(1751)~?. 자는 이청
(而淸), 본관은 의령, 남이관(南履寬)의 아
들. 정조 13년(1789) 전 좌랑(佐郎)으로 식
년문과에 병과로 급제해 정조 21년(1797)
황해도 수안군수(遂安郡守)에 임명되어
더불어 곡산부사로 임명된 정약용과 같이
부임하러 갔다. 공교롭게도 사암과는 동
방(同榜)에 급제한 인연이 있다.

남이범(南履範) 정조 18년(1794) 정약용
이 경기 암행어사로 나갔을 때 마전군수
(麻田郡守)로 송사의 심리를 분명하게 했
으며, 부임한 지 2년 만에 정사가 이룩되
고 법이 정착된 유능한 솜씨가 조그만 고
을을 다스리기에 아까운 인재라는 평가
를 받았다.

논개(論介) ?~선조 26(1593). 조선시대
의기(義妓). 성은 주(朱)로 장수(長水) 출
신. 진주(晉州)의 관기(官妓)로 경상우도
병마절도사 최경회(崔慶會)의 사랑을 받
았다. 선조 26년(1593) 임진왜란 중 진주
성이 왜군에게 함락되고 나서 왜장들이
촉석루(矗石樓)에서 축하연을 베풀 때,
술에 잔뜩 취한 왜장 한 사람을 꾀어 그
를 끼고 남강(南江)에 뛰어들어 같이 죽
음으로써 원수를 갚았다. 진주에는 사당

이 있고 장수에는 정문(旌門)이 세워졌다.
1780년 사당이 중수되어 정약용이 그 기
문(記文)을 지었다.

농장(農牂) 정약용의 여섯째 아들로 1799
년에 태어나 1802년 4세로 요절했다.

ㄷ

다경(茶經) 중국 당나라 육우(陸羽)가 지
은 책으로 차(茶)에 관해 10류(類)로 나누
어 서술했고 3권이다.

대동(臺佟) 중국 후한(後漢) 업(鄴) 사람.
자는 효위(孝威)로 무안산(武安山)에 은
거해서 굴을 뚫고 살았다. 약을 캐며 살았
는데, 고을 벼슬로 불렀으나 나가지 않고
숨어버렸다.

대옹(戴顒) 378~441. 중국 남조(南朝) 송
(宋)나라 때 사람. 자는 중약(仲若). 그 형
대발(戴勃)과 함께 거문고를 잘 탔다. 오
하(吳下)에 살면서 『장자(莊子)』의 큰 뜻
을 서술한 『소요론(逍遙論)』을 지었다.
『예기』 중용편(中庸篇)을 주석했다.

도척(盜跖) 중국 춘추시대의 큰 도둑의 이
름. 현인 유하혜(柳下惠)의 아우였다. 무
리 수천명을 이끌고 천하를 횡행하며 포
악한 짓을 해서 몹시 악한 사람을 비유하
는 말로 쓰인다. '도척(盜蹠)'으로도 쓴다.

동번(東樊) → 이만용(李晩用)

동사즐(東事櫛) 미상. 한치윤(韓致奫)의
『해동역사(海東繹史)』의 초고(草稿)인 듯
싶다.

두보(杜甫) 712~70. 중국 당나라 때 유명한 시인. 자는 자미(子美)로 두릉(杜陵)에 살면서 두릉포의(杜陵布衣)라 자칭했고 또 소릉야로(少陵野老)라고도 했다. 벼슬은 검교공부원외랑(檢校工部員外郎)을 지냈다. 시집으로 『두공부집(杜工部集)』이 있다. 이백(李白)을 시선(詩仙)이라 일컫고 두보를 시성(詩聖)이라 일컫는다.

두운(斗云) 순조 때 스님. 호는 은봉(隱峰). 해남 대둔사(大芚寺)에서 출가해 오파(鰲坡)의 법을 이었다. 두륜산에 있는 만일암(挽日菴)을 중수하고 강진에서 귀양 살고 있던 정약용에게 순조 9년(1809) 「중수만일암기(重修挽日菴記)」를 받아냈다.

ㅁ

매복(梅福) 중국 한나라 수춘(壽春) 사람으로 자는 자진(子眞)이다. 『상서(尙書)』 『춘추곡량전(春秋穀梁傳)』에 밝아 군문학(郡文學)이 되고 남창위(南昌尉)에 임명되었다. 나중에 벼슬을 버리고 살다가 성제·애제 때는 자주 상소했다. 왕망이 정권을 잡자 처자도 버리고 구강(九江)으로 가서 신선이 되었다고 전한다.

매색(梅賾) 중국 진(晉)나라 서평인(西平人)으로 한나라 공안국(孔安國)에 이어 『고문상서(古文尙書)』를 전했다.

맹자(孟子) 약 기원전 372~기원전 289. 중국 전국시대 추(鄒) 사람으로 이름은 가(軻). 자사(子思)의 문인에게 수업하여 유학(儒學)에 정통하였다. 제(齊)나라 선왕(宣王)에게 가서 학궁에서 강학했다. 위(魏)나라에 가서 양혜왕(梁惠王)을 보고 이(利)에 대해 말함은 옳지 않고 인의(仁義)만을 말해야 한다고 하고, 공자(孔子)의 학설을 조술(祖述)하는 한편 『맹자(孟子)』 7편(篇)을 지었다. 이에 전국시대 유학의 큰 스승으로 매우 큰 영향을 끼쳤으며 '맹자'로 존칭을 받았다.

맹자요의(孟子要義) 사암 정약용이 순조 14년(1814) 강진 다산초당에서 완성한 『맹자(孟子)』 주석서이다. 『맹자』 총 260장 가운데 난해하고 주석에 문제가 많은 153장을 뽑아 이에 대한 고금의 주석을 검토하여 비판하고 새롭게 해석했으며, 아울러 서설(序說) 5개 조목을 내세워 그동안 『맹자』에 대해 논의가 분분했던 문제를 정리했다.

맹호연(孟浩然) 689 혹은 691~약 740. 중국 당나라 양양(襄陽) 사람으로 시인이다. 세상에서는 '맹양양'이라 부르고 이름으로 자를 삼았다. 녹문산(鹿門山)에 숨어 살다 40세에 경사(京師)에 와서 왕유(王維)와 놀았고, 장구령(張九齡)이 형주자사(荊州刺史)가 되었을 때 종사(從事)를 삼았으나 등창으로 죽었다. 『맹호연집』이 있다.

맹획(孟獲) 중국 삼국시대 촉한 건녕(建寧) 사람. 남중(南中)의 호강(豪強). 유비(劉備)가 죽은 뒤 촉나라에 모반해 제갈량

(諸葛亮)이 남정(南征)해 산 채로 잡았다가 풀어주었다. 칠종칠금(七縱七擒)하고 나서야 다시 모반하지 않았다.

모원의(茅元儀) 중국 명나라 때 사람이며, 자는 지생(止生), 호는 석민(石民). 숭정 연간(1628~43)에 손승종(孫承宗)의 군무를 보좌하였는데 군대가 반란을 일으켰기 때문에 장포(漳浦)를 지켰다. 뒤에 억울한 누명을 쓰고 죽었다. 『가정대정유편(嘉靖大政類編)』『평소사적고(平巢事蹟考)』『무비지(武備志)』를 편집했다.

목만중(睦萬中) 영조 3~순조 10(1727~1810). 자는 공겸(公兼)·유선(幼選), 호는 여와(餘窩). 본관은 사천, 목조우(睦祖禹)의 아들. 영조 35년(1759) 별시문과에 병과로 급제하였다. 남인으로 공서파. 문장에 뛰어나고 대사간·판서 등의 벼슬을 지냈다. 한때는 사암 집안과 가까웠으나 공서파의 총수로 사암 일파를 모해하였다.

목태석(睦台錫) 정조 7~철종 7(1783~1856). 자는 휘원(輝垣), 본관은 사천, 목인규(睦仁圭)의 아들로 인로(仁老)에게 입양되었다. 순조 9년(1809) 진사로 별시문과에 병과로 급제했다. 순조 18년(1818) 8월 17일 사간원 정언으로 정약용이 유배에서 풀려나자 다시 유배시키라고 상소했다. 목태석은 정약용을 성토하여 유배시킨 목만중(睦萬中)의 손자다.

무비지(武備志) 중국 명나라 때 모원의(茅元儀)가 편찬한 병서(兵書)로 모두 240권

이다. 모두 5문으로 나누었고 매문을 10목(目)으로 세분해 역대 사실 및 논설을 편찬 기록한 것이다. 제1문 병결평(兵訣評), 제2문 전략고(戰略考), 제3문 진련제(陣練制), 제4문 군자승(軍資乘), 제5문 점도재(占度載) 등으로 편찬되었다.

묵적(墨翟) 약 기원전 468~기원전 376. 중국 춘추·전국시대 송(宋)나라 사상가로 '묵자'라고도 부른다. 묵가(墨家)의 시조로 겸애설(兼愛說)을 주창했다. 저서로 『묵자(墨子)』가 있는데 후세 학자가 지은 것이다.

문순득(文淳得) 정조 1~헌종 13(1777~1847). 정조·순조 때 나주 흑산도 백성으로 순조 2년(1802) 홍어를 사러 태사도에 갔다가 우이섬으로 돌아오는 길에 풍랑으로 서남쪽 바다에 표류하여 유구·영파부(寧波府)·필리핀·월남 등에 표류해 많은 견문을 하고 돌아왔다. 그가 구술하고 정약전(丁若銓)이 기술한 『표해시말(漂海始末)』이 있다. 정약전이 순조 16년(1816) 흑산도에서 사망했을 때 그 영구를 나주로 운구했다.

문헌비고(文獻備考) 『동국문헌비고』를 약칭한 말로, 영조 46년(1770)에 김치인 등이 편찬하였으며 1백권이다. 내용은 상위(象緯) 등 13개 부문으로 나누어 연대순으로 기술했으며, 이 책을 바탕으로 『증보문헌비고』가 1908년에 간행되었다.

미불(米芾) 1051~1107. 중국 북송(北宋)

때 서화가. 이름은 불(黻)로도 쓰며, 자는 원장(元章), 호는 해악(海岳). 양양(襄陽) 출신. 필법은 침착 통쾌하고 준마를 탄 듯 하다고 한다. 그림은 독특한 수묵의 산수화를 잘 그렸는데, 후세에 남화(南畫)의 대표로 불렸다. 『서사(書史)』『화사(畫史)』『연사(硯史)』 등을 저술했다.

민명혁(閔命爀) 영조 29~순조 18(1753~1818). 자는 명여(明汝), 본관은 여흥(驪興), 민백창(閔百昌)의 아들. 정조 19년(1795) 정시문과(庭試文科)에 병과로 급제, 1798년 홍문관에 기용되고 정조 23년(1799) 6월 12일 정약용을 탄핵하는 상소를 했다. 순조 1년(1801) 황해도 암행어사로 나가 부정한 관리를 철저히 적발했다. 벼슬은 형조판서에 이르렀다. 시호는 숙헌(肅獻).

민종현(閔鍾顯) 영조 11~정조 22(1735~98). 정조 6년 수원부사(水原府使)를 역임하고 정조 22년 12월 평안도 관찰사로 재직 중에 죽었다. 시호는 문목(文穆).

ㅂ

박문수(朴文秀) 숙종 17~영조 32(1691~1756). 자는 성보(成甫), 호는 기은(耆隱), 시호는 충헌(忠憲), 본관은 고령, 박항한(朴恒漢)의 아들. 경종 3년(1723) 문과에 급제, 이인좌의 난 때 오명항(吳命恒)의 종사관으로 출전해 공을 세우고 경상도 관찰사로 승진하였으며, 분무공신 2등으로 영성군(靈城君)에 봉해졌다. 뒤에 예조판서와 우참찬을 지냈다. 암행어사로 활약하던 많은 설화가 전한다.

박성규(朴性圭) 신대우(申大羽)의 사위로 신작(申綽)의 매부. 정조 22년(1798) 7월경에 신계현령(新溪縣令)으로 있으면서 수안(遂安)에서 곡산부사 정약용과 공무로 만났다.

박장설(朴長卨) 영조 5(1729)~?. 자는 치교(稚敎), 호는 분서(汾西), 본관은 밀양(密陽), 박도현(朴道顯)의 아들. 영조 50년(1774) 증광문과에 병과로 급제하여 삼사(三司)의 벼슬을 두루 거쳐 대사간(大司諫)·호조참의(戶曹參議)에 이르렀다. 공서파(攻西派)로 활약했다.

박재굉(朴載宏) 순조 16년(1816) 정약용이 중형 정약전의 부음을 듣고 6월 중순에 박재굉을 보내 형의 관을 나주(羅州)로 운구토록 했다.

박제가(朴齊家) 영조 26~순조 5(1750~1805). 실학자로 자는 차수(次修)·재선(在先)·수기(修其), 호는 초정(楚亭)·정유(貞蕤)·위항도인(葦杭道人), 본관은 밀양. 실학의 대가로 승지 박평(朴坪)의 서자이며 19세 때 박지원의 문하에서 실학을 연구하고, 이덕무·유득공·이서구 등 실학자들과 교유했다. 벼슬은 정조 19년(1795) 영평현감을 지냈다. 저서로 『북학의(北學議)』 등이 있다.

박종림(朴鍾林) 자는 경유(景儒), 호는 진

재(眞齋), 박성규(朴性圭)의 아들로 신작(申綽)의 생질. 사암의 고향 집인 '여유당' 이웃에 살았던 선비로 아우 종유(鍾儒)와 함께 정약용 만년에 그와 더불어 시를 읊으며 지냈다.

박종순(朴鍾淳) 영조 38(1762)~?. 자는 겸선(兼善)·희세(羲世), 본관은 고령, 박경규(朴敬圭)의 아들. 정조 14년(1790) 진사로 증광문과에 병과로 급제해 정조 23년(1799) 교리(校理)로 북경에 사신을 수행해 다녀왔다.

박종유(朴鍾儒) 자는 계림(季林), 호는 광산(匡山), 박성규(朴性圭)의 아들로 신작(申綽)의 생질.

박종주(朴宗柱) 정조 18년(1794) 정약용이 경기 암행어사로 나갔을 때 삭녕군수(朔寧郡守)로 백성을 삼가며 다스리고 형장을 신중하게 해서 군수가 바뀐다는 말이 떠돌자 백성들이 그가 떠날까 싶어 두려워하고 있다고 평가했다.

박지원(朴趾源) 영조 13~순조 5(1737~1805) 실학자. 자는 중미(仲美), 호는 연암(燕巖), 본관은 반남(潘南). 30세에 실학자 홍대용(洪大容)에게 지구의 자전설을 비롯한 서양의 신학문을 배웠다. 정조 4년(1780) 진하사 박명원(朴明源)을 따라 청나라에 가서 중국인들의 이용후생(利用厚生)하는 생활을 살펴본 기행문 『열하일기(熱河日記)』는 명저이다. 벼슬은 양양부사(襄陽府使)에 이르렀다.

박효긍(朴孝兢) 영조 33(1757)~?. 자는 사옥(嗣玉), 본관은 밀양, 박장원(朴長源)의 아들로 교리 박효영(朴孝永)의 아우. 사암 정약용이 정조 19년(1795) 금정찰방으로 가서 목재 이삼환(李森煥)을 모시고 봉곡사에서 성호 유서(星湖遺書)를 정리할 때 참여했다.

반지만록(盤池漫錄) 조선시대 야사집으로 작자는 미상.

변계량(卞季良) 공민왕 18~세종 12(1369~1430). 자는 거경(巨卿), 호는 춘정(春亭), 본관은 밀양. 태종 7년(1407) 문과중시에 급제, 대제학·예조판서 등을 역임했으며, 문장과 시에 뛰어났다. 거창의 병암서원(屛巖書院)에 제향. 시호는 문숙(文肅).

변화(卞和) 중국 전국시대 초(楚)나라 사람으로 옥(玉)을 돌이라 하는 임금들한테 양쪽 발뒤꿈치를 깎이면서까지 끝내 형산(荊山)에서 울면서 간(諫)하여 옥(玉)으로 인정받은 사람. 진실을 위해 자기 고통을 참은 표본.

보약(堡約) 중국 명나라 사람 윤경(尹耕)이 지은 보축성법(堡築城法)에 관한 책인 듯하나 확실하지 않다.

부열(傅說) 중국 고대 은(殷)나라 때의 현상(賢相)이다. 부암(傅巖)의 담을 쌓는 노예였는데, 은 고종이 성인을 얻는 꿈을 꾸고 부암에서 부열을 얻어 재상으로 삼으니 나라가 크게 다스려졌다 한다.

북학의(北學議) 박제가(朴齊家)의 저술로

내외(內外) 2편으로 되어 있고 2권 1책이
다. 박제가가 정조 2년(1778) 사은사(謝
恩使) 채제공(蔡濟恭)의 수행원으로 가서
청나라 학자들에게 새 학문을 배우고 이
여행에서 얻은 지식을 기술한 북학론(北
學論)이다. 실학의 역작이다.

비위(飛衛) 중국 고대의 유명한 사수(射手).

ㅅ

사기영선(史記英選) 정조 20년(1796) 『사
기』에서 중요한 대목을 뽑아 편찬한 책
으로, 정유자(丁酉字)로 간행되었다. 8권
5책과 6권 3책본이 있다. 정약용·이익진
(李翼晉)·박제가·이만수(李晩秀) 등이 교
정에 참여했다.

사도세자(思悼世子) → 장헌세자(莊獻世子)

사마상여(司馬相如) 기원전 179~기원전
117. 중국 전한(前漢)의 문인. 자는 장경
(長卿)으로 사천(四川) 출신. 『자허지부
(子虛之賦)』를 지어 이름을 떨침. 그의 사
부(辭賦)는 화려한 것으로 유명하며 후세
에 많이 모방되었다.

사마천(司馬遷) 기원전 145 또는 135~?.
중국 한나라 때 좌풍익 하양(左馮翊夏陽)
사람. 자는 자장(子長), 사마담(司馬談)의
아들로 벼슬은 낭중(郎中)·태사령(太史
令)을 지냈다. 『사기(史記)』를 저술했다.

사양자(師襄子) 중국 춘추시대 노(魯)나
라 사람. 북과 거문고를 잘 탔다. 공자가
일찍이 거문고를 배웠다.

살도랄(薩都剌) 1272~1340. 중국 원나라
때 회회(回回) 사람. 자는 천석(天錫), 호
는 직재(直齋). 태정(泰定) 4년(1327) 진사
에 급제하여 한림문자(翰林文字)가 되고
남대어사(南臺御史)로 발탁되었다가 탄핵
을 받고 회서강북경력(淮西江北經歷)으로
좌천되었다. 문사(文詞)가 웅건하고 시는
청신유려하여 이름이 일시에 으뜸이었다.
만년에 항주에 살았다. 저서는 『안문집(雁
門集)』이 있다.

상앙(商鞅) 약 기원전 390~기원전 338.
중국 전국시대 위(衛)나라의 공자(公子)
로 위앙(衛鞅) 또는 공손앙(公孫鞅)이라
고도 하는데, 진 효공(秦孝公)을 도와 법
령을 제정하였고, 정전(井田)을 폐지하고
부세(賦稅) 제도를 정비하였다. 법을 너무
가혹하게 적용하다가 미움을 받아 죽음
을 당했으며, 『상자(商子)』 5권을 지었다.
법가(法家)의 대표적인 사람의 하나다.

상홍양(桑弘羊) 중국 한나라 때 낙양(洛
陽) 사람. 13세에 무제를 섬겨 시중(侍中)
이 되었다. 어사대부(御史大夫)에 이르렀
으나 상관걸(上官桀)과 모반하여 죽음을
당했다.

서명응(徐命膺) 숙종 42~정조 11(1716
~87). 자는 군수(君受), 호는 보만재(保
晩齋)·담옹(澹翁), 본관은 달성, 서종옥
(徐宗玉)의 아들, 서명선의 형. 영조 30년
(1754) 증광문과에 병과로 급제, 대제학·
이조판서 등을 역임했으며, 북학파(北學

派)의 한 사람으로 글씨를 잘 썼다. 시호는 문정(文靖).

서미수(徐美修) 영조 28~순조 9(1752~1809). 자는 공미(公美), 서명헌(徐命憲)의 아들로, 정조 4년(1780) 식년문과에 급제, 1793년 대사간(大司諫)을 거쳐 1797년 충청도 관찰사를 지냈으며 개성유수(開城留守)에 이르렀다.

서영보(徐榮輔) 영조 35~순조 16(1759~1816). 자는 경세(慶世), 호는 죽석(竹石), 시호는 문헌(文憲), 본관은 달성, 서유신(徐有臣)의 아들. 정조 13년(1789) 문과에 급제, 이조판서와 대제학을 지냈다. 부자손 3대가 대제학을 지냈다. 문장과 글씨에 뛰어났다. 저서로 『죽석문집』 『풍악기(楓嶽記)』 등이 있다.

서용보(徐龍輔) 영조 33~순조 24(1757~1824). 자는 여중(汝中), 호는 심재(心齋), 본관은 달성(達城). 영조 50년(1774) 증광문과에 병과로 급제하고, 신유옥사 당시 우의정을 지냈다. 노론 벽파 세력가 출신으로 사암이 경기 암행어사 시절에 경기도 관찰사로 있던 그의 잘못을 지적한 사실이 있어 늘 앙심을 품고 사암 일파를 모해하였다. 뒷날 영의정을 지내는 등 순조 때 크게 권력을 잡은 정치인이었다.

서위(徐渭) 1521~93. 중국 명(明)나라 산음(山陰) 사람. 자는 문장(文長)·천지(天池), 호는 청등(靑藤)으로, 시문과 서화에 모두 뛰어났다. 저서로 『노사분석(路史分釋)』 『필원요지(筆元要旨)』 『서문장집(徐文長集)』 등이 있다.

서유린(徐有鄰) 영조 14~순조 2(1738~1802). 자는 원덕(元德), 본관은 달성, 서효수(徐孝修)의 아들. 영조 42년(1766) 문과에 급제. 한성부 판윤과 수원부 유수를 지냈다.

서유신(徐有臣) 영조 11~순조 즉위(1735~1800). 자는 순오(舜五), 영의정 서지수(徐志修)의 아들. 영조 48년(1772) 정시문과에 급제. 벼슬은 대제학(大提學)을 역임했으며 봉조하(奉朝賀)로서 순조 초에 죽었다.

서희(徐熙) 중국 남당(南唐) 강녕(江寧) 사람. 대대로 강남 사족을 이루었는데 꽃·대·수목·초충 따위를 잘 그렸다. 후주(後主)가 특별히 사랑해서 궁중에서 그림을 그리게 했는데 그것을 포전화(鋪殿花) 또는 장당화(裝堂花)라 일렀다.

석(石)이 정약용 집의 어린 종으로 순조 2년(1802) 소내에서 부친 편지를 가지고 2월에 강진 유배지에 전했다.

성동일(成東一) 순조 19년(1819) 칠곡부사(漆谷府使)로 정약용에게 선물을 보냈기에 정약용이 감사 편지를 보내고 약목(若木)의 신영제(申永躋)에게도 소식을 전했다.

성선봉(成善封) 정약용이 순조 1년(1801) 경상도 장기(長鬐)로 귀양 갔을 때 마산리(馬山里)에 숙소를 정했는데, 숙소 주인으로 늙은 이교(吏校)였다.

소무(蘇武) ?~기원전 60. 중국 한나라의 충신(忠臣). 자는 자경(子卿). 19년 동안 흉노족에게 붙잡혀 억류되어 있으면서도 한나라 신하의 절개를 굽히지 않고 지내다 풀려서 돌아왔다. 벼슬이 중랑(中郎)이어서 소중랑(蘇中郎)이라고도 한다.

소식(蘇軾) 1037~1101. 중국 북송(北宋)의 문인으로 아버지 순(洵), 아우 철(轍)과 함께 삼소(三蘇)라 불린다. 자는 자첨(子瞻), 호는 동파(東坡)로 당송팔대가(唐宋八大家)의 한 사람이다. 서화(書畫)에도 능했다. 고려에 서적을 수출하는 것을 금해야 한다는 주장을 폈다. 저서로 『적벽부(赤壁賦)』 『동파전집(東坡全集)』이 있다.

소옹(邵雍) 1011~1077. 중국 송나라 때 범양(范陽) 사람으로 자는 요부(堯夫), 시호는 강절(康節), 호는 안락선생(安樂先生). 그의 학파를 백원학파(百源學派)라 했다. 신안백(新安伯)에 추봉되고 소자(邵子)라고도 불렸다. 저서로 『관물편(觀物篇)』 『어초문답(漁樵問答)』 등 다수가 있다.

손목(孫穆) 중국 송나라 때 사람으로 고려에 사신으로 왔다 돌아가서 고려의 말을 모은 『계림유사(鷄林類事)』를 지었다.

손무(孫武) 중국 춘추시대 제(齊)나라의 병법가(兵法家)로 존칭하여 손자(孫子)·손무자(孫武子)라고 한다. 그의 병서 『손자』는 인의(仁義)를 전쟁의 이념으로 하여 전술의 비의(祕義)를 서술했다. 병법(兵法)의 조종으로 불린다.

송기수(宋麒壽) 중종 2~선조 14(1507~81). 자는 태수(台叟), 호는 추파(楸坡), 본관은 은진, 송세충(宋世忠)의 아들. 중종 29년(1534) 식년문과에 병과로 급제한 후, 명종 즉위년(1545) 윤원형(尹元衡)의 일파로 을사사화를 일으키는 데 가담하고, 도승지가 되어 위사공신 3등에 올랐으나 명종 2년(1547) 양재역(良才驛) 벽서 사건이 일어나 봉성군(鳳城君)과 종형인 송인수(宋麟壽)가 사사되면서부터 윤원형과 사이가 벌어졌다. 명종 14년(1559) 대사헌이 된 뒤 우의정 이준경(李浚慶)과 협조하고, 윤원형이 죽은 뒤 이조판서가 되어 인재를 고루 등용했다.

송시열(宋時烈) 선조 40~숙종 15(1607~89). 아명은 성뢰(聖賚), 자는 영보(英甫), 호는 우암(尤菴)·화양동주(華陽洞主), 시호는 문정(文正), 본관은 은진, 송갑조(宋甲祚)의 아들이다. 김장생(金長生)·김집(金集)의 문인으로 인조 11년(1633) 생원시에 1등으로 합격, 경릉참봉이 되었다. 노론(老論)의 영수이며 우의정과 영중추부사(領中樞府事)를 지내고 1683년 치사(致仕)하여 봉조하(奉朝賀)가 되었다. 1689년 왕세자가 책봉되자 이를 시기상조라 하여 반대하는 상소를 했다가 이어 국문을 받기 위해 상경하는 도중 제주에 안치되고, 정읍(井邑)에서 사사(賜死)되었다. 글씨를 잘 썼으며, 주자학

연구에 종사한 거유(巨儒)로 기호학파의 주류였다. 저서로 『송자대전(宋子大全)』이 있다. 문묘(文廟)와 효종묘(孝宗廟)에 배향되고, 화양서원 등 여러 서원에 제향되었다.

순(舜) 중국 태고의 성천자. 성은 요(姚), 이름은 중화(重華). 요(堯)임금을 도와 천하를 잘 다스리고 선위를 받아 나라 이름을 우(虞)라 일컫고, 뒤에 우(禹)에게 나라를 물려주었다. 우순(虞舜)이라고도 불린다.

신광수(申光洙) 숙종 38~영조 51(1712~75). 자는 성연(聖淵), 호는 석북(石北)·오악산인(五嶽山人), 본관은 고령, 신호(申澔)의 아들. 광하(光河)의 형. 글씨와 그림에 뛰어나 문명을 떨쳤다. 영조 40년(1764) 의금부 도사로 제주도에 가서 그곳의 풍토·산천·조수(鳥獸)·항해 상황 등을 적어 『부해록(浮海錄)』을 지었다. 연천현감(漣川縣監)을 거쳐 영조 48년(1772) 기로정시(耆老庭試)에 장원(狀元)으로 급제해 집과 노비를 하사받고, 영조 51년(1775) 승지에 이르렀다. 과시(科詩)에 뛰어났고, 「관산융마(關山戎馬)」는 대표작으로 널리 애송되었다. 저서로 『석북집(石北集)』이 있다.

신광하(申光河) 영조 5~정조 20(1729~96). 자는 문초(文初), 호는 진택(震澤), 신호(申澔)의 아들, 광수(光洙)의 아우. 정조 16년(1792) 식년문과에 급제, 벼슬은 좌부승지에 이르렀다. 문장에 능하고 시에 뛰어났으며 명산에 오르기를 좋아했다.

신귀조(申龜朝) 영조 24(1748)~?. 자는 계행(季行), 본관은 평산, 신사현(申師顯)의 아들. 정조 16년(1792) 전 참봉으로 식년문과에 병과로 급제해 순조 1년(1801) 「황사영백서」 사건이 일어났을 때 홍희운(洪義運)과 같이 유배 중인 정약용(丁若鏞) 등을 체포해 다시 신문하자고 요청했다.

신기(申耆) 영조 17(1741)~?. 자는 국로(國老), 본관은 평산, 신사헌(申思憲)의 아들. 정조 7년(1783) 문과에 급제했다. 문학에 뛰어났다.

신립(申砬) 명종 1~선조 25(1546~92). 자는 입지(立之), 시호는 충장(忠壯), 본관은 평산, 신화국(申華國)의 아들이다. 선조 즉위년(1567) 무과에 급제, 한성부 판윤에 이르렀다. 임진왜란이 일어나자 삼도도순변사(三道都巡邊使)가 되어 충주 탄금대에서 배수진을 치고 왜군과 대전했으나 참패하고 자결했다.

신밀(辛謐) 중국 진(晉)나라 적도(狄道) 사람. 자는 숙중(叔重)으로, 박학하고 초서·예서에 뛰어났다. 유총(劉聰)이 태중대부(太中大夫)를 삼았으나 고사하고, 석진(石晉) 때에도 나가지 않았으며, 염민(冉閔)이 태상경(太常卿)으로 불렀으나 글을 지어 풍자하고 음식을 먹지 않아 죽었다.

신사원(申史源) 정조 때 정선군수(旌善郡

守)와 진산군수(珍山郡守)를 지냈는데, 자세한 것은 미상.

신선응(申善應) 영조 41~순조 14(1765~1814). 경북 칠곡 약목에 살던 무관 집안의 자손으로 무과에 급제해 개천군수(价川郡守)를 지냈으며 정약용이 순조 1년(1801) 경상도 장기로 귀양 갈 때 중로에서 만나 위로했다 한다. 아들 신영제(申永躋)가 순조 17년(1817) 강진 다산초당에서 귀양 살던 정약용을 찾아뵈었다.

신성모(申聖模) 영조 39(1763)~?. 자는 경보(景甫), 신정록(申鼎祿)의 아들. 정조 11년(1787) 정시문과에 급제, 1790년 초계문신이 되었다.

신여권(申與權) 사암의 계부 정재진(丁載進)의 큰사위로 본관은 고령. 순조 1년(1801) 신유박해 때 운봉(雲峰)으로 유배 갔다.

신영제(申永躋) 정조 5~헌종 3(1781~1837). 자는 영로(穎老), 호는 봉명산인(鳳鳴山人), 신선응(申善應)의 아들. 칠곡 약목(若木)에 살았다. 순조 17년(1817) 다산초당으로 정약용을 찾아보았다.

신작(申綽) 영조 36~순조 28(1760~1828). 자는 재중(在中), 호는 석천(石泉). 본관은 평산, 신대우(申大羽)의 아들. 순조 13년(1813) 증광문과에 병과로 급제했다. 승지·예조참의 등을 제수받았으나 나가지 않았다. 경전을 고증학적으로 연구하여 많은 저서를 남겼다. 사암 노년기의 학문

적 친구였다. 저서로 『상서고주(尙書古注)』 7권 2책과 『시차고(詩次故)』가 있다.

신증동국여지승람(新增東國輿地勝覽) 중종 25년(1530)에 완성된 관찬 인문지리서로서 총 55권이다.

신헌조(申獻朝) 영조 28(1752)~?. 자는 여가(汝可), 본관은 평산, 대사간(大司諫) 신응현(申應顯)의 아들. 정조 13년(1789) 알성문과에 갑과로 급제하였으며 정조 23년(1799) 4월 대사간으로 이가환(李家煥)과 정약전(丁若銓)을 탄핵했다.

신현(申絢) 영조 40(1764)~?. 자는 수지(受之), 본관은 평산, 신대우(申大羽)의 아들이며 신작(申綽)의 아우이다. 정조 18년(1794) 정시문과에 병과로 급제하여 한림을 지냈다.

심규(沈逵) 영조 18~순조 20(1742~1820). 호는 죽포(竹圃), 본관은 청송(靑松). 채제공(蔡濟恭)의 문하(門下)에 출입하였으며 진산군수(珍山郡守)를 역임했다.

심규로(沈奎魯) 영조 37(1761)~?. 자는 화오(華五), 본관은 청송, 심즙(沈檝)의 아들. 정조 6년(1782) 별시문과에 병과로 급제, 교리와 승지를 지냈다. 순조 6년(1806) 승지로 있을 때 채제공의 신원(伸冤)을 상소했다가 삭출당했다.

심능적(沈能迪) 영조 37(1761)~?. 자는 혜길(惠吉), 본관은 청송, 심건지(沈健之)의 아들. 정조 13년(1789) 춘당대문과에 을과로 급제해 정약용·김이교(金履喬) 등과

같이 초계문신에 뽑혔다.

심사정(沈師正) 숙종 33~영조 45(1707 ~69). 화가로 자는 이숙(頤叔), 호는 현재 (玄齋), 본관은 청송(靑松). 일찍부터 정선 (鄭敾)의 문하에서 그림을 공부, 김홍도와 함께 조선 중기의 대표적인 화가가 되었고 특히 산수화를 잘 그렸다.

심욱(沈澳) 본관은 청송으로 정약용의 친구이며 정학유(丁學游)의 부인인 청송 심씨의 아버지.

심유(沈浟) 영조 24~순조 8(1748~1808). 자는 사윤(士潤), 본관은 청송(靑松). 이기경(李基慶)의 외사촌 형으로 안정복의 문인. 사학(邪學)이 번창하던 때 정통 유학을 고수하던 학자였다.

심환지(沈煥之) 영조 6~순조 2(1730~1802). 자는 휘원(輝元), 호는 만포(晚圃), 본관은 청송(靑松). 영조 47년(1771) 정시 문과에 병과로 급제. 벽파(僻派)의 영수로 정조 24년(1800) 정순왕후(貞純王后)의 수렴청정으로 벽파가 득세하게 되자 영의정에 올라 이듬해 신유박해 때 시파(時派)의 천주교인에게 무자비한 박해와 살육을 감행했다.

ㅇ

아주잡록(鵝洲雜錄) 조선 영조 때 사람 홍중인(洪重寅)이 지은 당쟁 기록인데, 특히 남인(南人) 관계 기록이 많다.

안상(安瑺) 중종 6~선조 6(1511~73). 조선 전기의 음악가. 선조 5년(1572) 발간한 『금합자보(琴合字譜)』는 현존하는 합자보 중에서 가장 오래된 것으로, 여기에는 거문고 외에 비파(琵琶)와 장구의 악보도 들어 있다. 이 『금합자보』를 『안상금보(安瑺琴譜)』 또는 『금보』라고도 한다.

안재홍(安在鴻) 고종 28(1891)~1965. 호는 민세(民世), 본관은 순흥, 평택 출신. 1914년 일본 와세다대학(早稻田大學) 정경과 졸업. 1916년 중국 상해(上海)로 망명해 이회영(李會榮)·신채호(申采浩) 등이 조직한 동제사(同濟社)에 가담하고, 그 후 귀국하여 중앙고보 교감 등을 지냈다. 3·1운동 때 만세운동을 지휘하고, 대한청년외교단을 조직, 임시정부와 연락하다가 붙잡혀 3년 동안 복역했다. 조선일보사 사장 겸 주필로 10년간 재직하고, 1927년 신간회(新幹會) 총무가 되었다가 8개월 동안 복역하고 또 1936년 임시정부와 내통하다가 발각되어 2년 동안 복역했다. 1930년대 중반에 정인보(鄭寅普)와 『여유당전서(與猶堂全書)』 교정에 참여하고, 1942년 조선어학회 사건으로 1년간 수감되었다. 1946년 한성일보사 사장, 좌우합작위원회 위원, 미군정청 민정장관을 지내고, 1950년 평택에서 국회의원에 당선되었으나 6·25전쟁 때 북한으로 납치되어 평양에서 죽었다. 저서로 『조선상고사감(朝鮮上古史鑑)』 『신민족주의와 신민주주의』 등이 있다.

안정복(安鼎福) 숙종 38~정조 15(1712~91). 자는 백순(百順), 호는 순암(順菴)·한산병은(漢山病隱)·우이자(虞夷子)·상헌(橡軒), 시호는 문숙(文肅), 본관은 광주(廣州). 이익(李瀷)의 문인으로 목천현감을 지내고 광성군(廣成君)에 봉해졌다. 저서로『동사강목(東史綱目)』『순암집(順菴集)』『상헌수필(橡軒隨筆)』등이 있고, 편서로『성호사설유선(星湖僿說類選)』『열조통기(列朝統記)』『임관정요(臨官政要)』외 다수가 있다.

안정현(安廷玹) 영조 6~정조 17(1730~93). 자는 언진(彦珍), 본관은 순흥, 안성희(安聖希)의 아들. 영조 41년(1765) 식년문과에 병과로 급제, 강계부사와 승지를 지냈다.

야율초재(耶律楚材) 1190~1244. 중국 원(元)나라의 창업 공신. 자는 진경(晉卿), 호는 담연거사(湛然居士). 태종 때 중서령(中書令)이 되고, 몽고의 습속을 바꾸어 중국의 문물 제도를 절충하여 원나라 건국의 기초를 닦았다. 학문에 힘써 천문·지리·율력·의복(醫卜)에 밝았다. 저서로『담연거사집』이 있다. 시호는 문정(文正).

양웅(揚雄) 기원전 53~기원후 18. 중국 전한(前漢) 때 학자. 촉군 성도(成都) 사람. 자는 자운(子雲)이며, 저서로『양자법언(揚子法言)』『태현경(太玄經)』『양자방언(揚子方言)』이 있다.

양유정(楊維禎) 1296~1370. 중국 원(元)나라 산음(山陰) 사람. 자는 염부(廉夫), 호는 철애(鐵崖)·동유자(東維子)·철적도인(鐵笛道人). 1327년 진사에 급제해 천태현윤(天台縣尹)에 임명되고 강서유학제거(江西儒學提擧)에 발탁되었으나 난리로 취임하지 않고 부춘산(富春山)으로 난리를 피해 살다가 항주로 옮겨 살았다. 명나라 홍무 3년(1370) 서울로 불려왔으나 곧 돌아가기를 빌어 집에 다다라 곧 죽었다. 시명(詩名)이 한때에 드날렸으며 그의 시풍이 철애체(鐵崖體)라 불렸다. 저서로『동유자집(東維子集)』『철애선생고악부(鐵崖先生古樂府)』등이 있다.

양주(楊朱) 중국 전국시대 사람으로 자는 자거(子居). 위아설(爲我說)을 주장했다.

여동근(呂東根) 영조 44(1768)~?. 자는 우회(友晦), 본관은 함양, 여춘영(呂春永)의 아들. 사마시에 합격해 음보로 정읍현감과 영천군수(榮川郡守)를 지냈다. 아우 동식(東植)과 아울러 정약용과 많은 시를 주고받았다.

여동식(呂東植) 영조 50~순조 29(1774~1829). 자는 우렴(友濂), 호는 현계(玄溪), 본관은 함양, 여춘영(呂春永)의 아들로 양근(楊根)에서 살았다. 정조 19년(1795) 정시문과에 병과로 급제, 이조참의와 대사간을 역임하고 사은부사로 청나라에 갔다가 유관(楡關)에서 죽었다. 정약용이 귀양 살고 돌아온 뒤 밀접히 교유하며 시를 주고받았다.

연려실기술(燃藜室記述) 조선 영조·정조 때 학자 이긍익(李肯翊)이 지은 것으로 알려져 있는 역사책으로, 조선왕조의 역대 사실을 여러 책에서 뽑아 기사본말체(紀事本末體)로 서술했으며, 총 59권. 이긍익의 아버지가 이광사(李匡師)인데, 정약용의 기록으로 보아『연려실기술』은 부자가 함께 지은 저술인 것 같다.

염약거(閻若璩) 중국 청(淸)나라 태원(太原) 사람. 자는 백시(百詩), 호는 잠구(潛丘). 경사(經史)를 연구했고 나이 20세에『상서(尙書)』의 고문(古文) 25편을 읽고 곧 그것이 거짓이 아닌지 의심하여 30년 동안 연구에 몰두해 그 맺힌 곳을 다 밝혀『고문상서소증(古文尙書疏證)』을 저술하고, 다시 주자 상서고문의 의심스런 곳을 파헤쳤다. 저서로『사서석지(四書釋地)』『맹자생졸연월고』『잠구찰기(潛邱札記)』『모주시설(毛朱詩說)』『일지록보정(日知錄補正)』『상복익주(喪服翼注)』『권서당시집(眷西堂詩集)』등이 있다.

영무자(寧武子) 중국 춘추시대 위(衛)나라의 대부(大夫). 성명은 영유(寧兪), 시호는 무(武). 위(衛)에서 벼슬하였다.

예찬(倪瓚) 중국 원나라 때 무석(無錫) 사람. 자는 원진(元鎭), 자호(自號)는 운림거사(雲林居士) 또는 창랑만사(滄浪漫士). 그는 집이 매우 부유하여 사방의 명사(名士)들과 교유하다가, 만년에는 일엽편주로 진택(震澤) 사이를 왕래하였는데, 이로 인해 반적(叛賊) 장사성(張士誠)에게 잡혀가는 화를 피할 수 있었다.

오국진(吳國鎭) 영조 39(1763)~?. 자는 맹화(孟華), 본관은 동복, 오시수(吳始壽)의 현손이다. 1795년 사암이 금정찰방으로 목재 이삼환(李森煥)을 모시고 성호 유서(星湖遺書)를 정리할 때 참여했다.

오대익(吳大益) 영조 5(1729)~?. 자는 경삼(景參), 본관은 동복, 오필운(吳弼運)의 아들. 영조 50년(1774) 증광문과에 급제, 벼슬은 참판에 이르렀다.

오상완(吳尙琓) 순조 23년(1823) 4월 15일부터 25일까지 11일 동안 정약용의 춘천 북방 북한강 기행인 산수기행(汕水紀行)에 따라간 선비.

오석충(吳錫忠) 영조 19~순조 6(1743~1806). 자는 유원(幼源), 호는 매장(梅丈), 본관은 동복, 오기운(吳箕運)의 아들로, 증조부는 오시수(吳始壽)다. 의기 있는 선비로 채제공(蔡濟恭)이 참소를 만났을 때 사림(士林)의 지주(砥柱)가 되어 패악한 의논을 제지했다. 순조 1년(1801) 봄에 목만중(睦萬中) 등이 대사간 신봉조(申鳳朝)를 시켜 고발해 고문을 받자 거짓 자백했으나 정약용이 이 고발은 거짓임을 알려 고문을 모면했다. 결국 그들의 증거 위조로 말미암아 임자도(荏子島)로 귀양을 갔다가 귀양지에서 죽었다.

왕건(王建) 약 767~약 831. 중국 당나라 영천(潁川) 사람. 자는 중초(仲初). 진사에 급제하여 섬주사마(陝州司馬)를 지냈다. 악부(樂府)에 뛰어났으며 궁사(宮詞) 1백 수는 더욱 전송(傳誦)되었다. 저서로 『왕사마집』이 있다.

왕도상(王道常) 정조 18년(1794) 정약용이 경기 암행어사로 나갔을 때 고양군수(高陽郡守)로 정사가 정비되어 아전은 꺼리고 백성들은 사모하여 큰 고을에서 백성을 사랑으로 보살피는 정도(正道)를 얻었다고 평가했다.

왕봉(王逢) 1319~88. 중국 원(元)·명(明)때 강음(江陰) 사람. 자는 원길(原吉), 호는 최한원정(最閑園丁)·석모산인(席帽山人). 명나라 홍무제 때 문학으로 기용하려 했으나 나아가지 않았다. 시는 옛날을 그리워하고 오늘날을 슬퍼함이 많았다. 저서로 『오계시집(梧溪詩集)』 7권이 있다.

왕유(王維) 701~61. 중국 당나라 기(祁)사람. 자는 마힐(摩詰)로 진사에 급제하여 상서우승(尙書右丞)을 지냈다. 세상에서는 '왕우승'이라 부른다. 그가 그린 산수화는 남종지조(南宗之祖)가 되었다. 저서로 『왕우승집(王右丞集)』 『화학비결(畫學秘訣)』이 있다.

왕필(王弼) 226~49. 중국 삼국시대 때 위(魏)나라 산양(山陽) 사람. 자는 보사(輔嗣)로 상서랑(尙書郎)을 지냈다. 『역경』에 주를 낼 때 상수(象數)를 배제하고 의리를 말했다. 저서로 『노자주(老子注)』 『주역주(周易注)』가 있다.

요(堯) 중국 태고의 성제(聖帝). 기원전 2367년경에 산서성 평양(平陽)에 도읍하였고 재위는 50년 동안이며, 아들 단주(丹朱)가 어리석어 순(舜)에게 양위했다 한다.

우정룡(禹正龍) 순조 23년(1823) 4월 15일부터 25일까지 11일 동안 정약용의 춘천 북방 북한강 기행인 산수기행(汕水紀行)에 따라간 선비.

우화(虞龢) 중국 진(陳)나라 여요(餘姚) 사람. 젊었을 때 학문을 좋아했다. 집이 가난해 지붕이 새자 이불을 펴서 책을 덮어 젖지 않도록 하고 그는 크게 젖었다. 중서랑(中書郎)과 정위(廷尉)를 지냈다.

원결(元結) 중국 당나라 사람. 자는 차산(次山)으로 진사에 급제하여 수부원외랑(水部員外郎)을 거쳐 만년에 도주자사(道州刺史)가 되어 요역을 면제하고 유망(流亡)을 거두었다. 『원자십편(元子十篇)』을 지었고, 처음 호를 의간자(猗玕子)라 하고, 낭사(浪士)·만랑(漫郎)이라 일컫다가 췌수(贅叟)로 고쳤다. 저서로 『차산집(次山集)』이 있고, 또 심천운(沈千運)·왕계우(王季友) 등 7명의 시를 엮어 『협중집(篋中集)』을 만들었다.

원굉도(袁宏道) 1568~1610. 중국 명나라 공안(公安) 사람으로 시인. 자는 중랑(中郎), 호는 석공(石公). 형 종도(宗道), 아우 중도(中道)와 더불어 삼원(三袁)이라 불렸다. 벼슬은 이부낭중(吏部郎中)에 이르렀다. 저서로 『원중랑집(袁中郎集)』이 있다.

원호문(元好問) 1190~1257. 중국 금(金)나라 사람. 자는 유지(裕之), 호는 유산(遺山). 7세에 시를 잘 지었다. 진사에 급제하여 상서성 좌사원외랑이 되었다. 금나라가 망하자 벼슬하지 않았다. 시문이 한 시대의 으뜸이었다. 저서로 『유산집(遺山集)』 『중주집(中洲集)』 『속이견지(續夷堅志)』 『당시고취급전주(唐詩鼓吹及箋註)』가 있다.

위모(魏謩) 793~858. 중국 당나라 때 위징(魏徵)의 5세손. 자는 신지(申之)로 진사에 급제하여 이부상서와 검교상서우복야를 지냈다. 저서로 『위씨수략(魏氏手略)』과 문집(文集)이 있다.

위응물(韋應物) 737~91?. 중국 당나라 때 시인으로 성품이 고결하고 시 또한 담박하다. 왕유(王維)·맹호연(孟浩然)·유종원(柳宗元)과 함께 왕맹위류(王孟韋柳)라고 일컬어진다. 소주자사(蘇州刺史)를 지냈고 시집으로 『위소주집(韋蘇州集)』이 있다.

유강(柳烱) 영조 12(1736)~?. 자는 사정(士精), 본관은 전주(全州), 유윤지(柳潤之)의 아들. 양주(楊州) 태생. 영조 42년(1766)에 정시문과에 병과로 급제, 승지(承旨) 및 충청감사를 역임했다.

유경(柳耕) 영조 32(1756)~?. 자는 경수(耕叟), 본관은 진주, 유사철(柳師喆)의 아들. 정조 8년(1784) 정시문과에 을과로 급제했다. 순조 1년(1801) 3월 16일 사헌부 집의로 정약용 형제를 다시 의금부로 불러 엄중히 신문하라고 했다.

유득공(柳得恭) 영조 24~순조 7(1748~1807). 자는 혜풍(惠風)·혜보(惠甫), 호는 영재(泠齋)·영암(泠菴)·고운당(古芸堂). 1779년 규장각(奎章閣) 검서(檢書)로 발탁되어 이덕무(李德懋)·박제가(朴齊家)·서이수(徐理修) 등과 4검서로 일컬어졌고, 박제가·이덕무·이서구(李書九)와 함께 한시사가(漢詩四家)로 불렸다. 저서로 『영재집(泠齋集)』이 있고, 편서로 『경도잡지(京都雜志)』 등이 있다.

유성룡(柳成龍) 중종 37~선조 40(1542~1607). 자는 이현(而見), 호는 서애(西厓), 시호는 문충(文忠), 본관은 풍산으로 유중영(柳仲郢)의 아들이다. 이황의 문인으로 명종 21년(1566) 문과에 급제, 벼슬은 영의정을 지냈다. 1592년 임진왜란이 일어나자 도체찰사로 군무를 총괄해, 이순신과 권율을 등용하고, 임란을 극복하는 데 힘썼다. 1604년 호성공신 2등으로 다시 풍원부원군에 봉해졌다. 도학·문장·덕행·글씨로 이름을 떨쳤고, 안동의 호계서원(虎溪書院)·병산서원(屏山書院)에 제향되었으며, 저서로 『서애집』 『징비록(懲毖錄)』 등이 있다.

유성한(柳星漢) 영조 26~정조 18(1750~94). 자는 원명(原明), 본관은 진주, 유사문(柳師文)의 아들. 정조 1년(1777) 증광문과에 장원으로 급제했다. 정조 16년(1792) 윤4월에 사도세자를 추숭하려는 정소를 비난하는 유성한을 처벌하라는 영남만인소(嶺南萬人疏)가 올라왔다.

유원명(柳遠鳴) 영조 36(1760)~?. 자는 진옥(振玉), 유운흡(柳雲翕)의 아들. 정조 18년(1794) 정시문과에 급제하여 초계문신(抄啓文臣)이 되었다.

유이환(兪理煥) 영조 52(1776)~?. 자는 대경(大卿), 본관은 기계, 유성주(兪星柱)의 아들. 순조 1년(1801) 별시문과에 병과로 급제했다.

유종원(柳宗元) 773~819. 중국 당나라 하동(河東) 사람으로 자는 자후(子厚). 벼슬은 감찰어사(監察御史)를 지냈다. 그 문장이 탁위정치(卓偉精緻)하여 한유(韓愈)와 짝하였다. 당송팔대가의 한 사람이며, 저서로는 『유선생문집(柳先生文集)』『용성록(龍城錄)』등이 있다.

유창(劉蒼) 중국 후한 광무제의 제8자로 동평왕(東平王)에 봉해졌다. 젊어서는 경서를 좋아했으며, 수염이 아름다웠다. 명제 때 표기장군에 임명되었다가 몇년 만에 물러났다.

유회(柳誨) 영조 15(1739)~?. 자는 헌가(獻可), 본관은 문화, 유광위(柳光渭)의 아들. 영조 51년(1775) 정시문과에 병과로 급제해 정조 14년(1790) 태안군수(泰安郡守)로 있었다.

유희(柳僖) 영조 49~헌종 3(1773~1837). 자는 계중(戒仲), 호는 서파(西陂)·방편자(方便子)·남악(南嶽), 유한규(柳漢奎)의 아들. 정동유(鄭東愈)의 문인. 훈민정음(訓民正音)의 자모(子母)를 분류하고 해설했다. 순조 25년(1825) 사마시에 합격했다. 저서로『언문지(諺文志)』『물명유고(物名類考)』등이 있다.

육구연(陸九淵) 1139~93. 중국 송나라 때 학자. 자는 자정(子靜), 호는 상산(象山)이며, 주자와 논변(論辯)하여 이학(理學)이 주(朱)·육(陸) 양파로 나뉘었다. 저서로『상산집(象山集)』이 있다.

육우(陸羽) 733~약 804. 중국 당나라 때 경릉(竟陵) 사람. 자는 홍점(鴻漸), 호는 경릉자(竟陵子)·동강자(東岡子). 성품이 익살스럽고 농담을 잘했다. 은사(隱士)로 평소에 차(茶)를 좋아해『다경(茶經)』3권을 지어 다신(茶神)이라는 칭호를 얻었다.

육유(陸游) 중국 송나라 때 사람. 자는 무관(務觀), 자호는 방옹(放翁)으로, 보장각대제(寶章閣待制)를 지냈다. 시에 뛰어나서 검남 일파(劍南一派)를 이루었다. 저서로『입촉기(入蜀記)』『남당서(南唐書)』『위남문집(渭南文集)』『방옹사(放翁詞)』등이 있다.

윤경(尹耕) 중국 명(明)나라 때 대주(代州) 사람. 자는 자신(子莘). 벼슬은 하남안찰사(河南按察司) 병비첨사(兵備僉事)를 지냈다.『보약(堡約)』은 그가 쓴 책인 것 같으나 분명치 않다.

윤광안(尹光顔) 영조 33~순조 15(1757~1815). 자는 복초(復初), 호는 반호(盤湖),

본관은 파평(坡平). 정조 10년(1786) 정시 문과에 병과로 급제, 교리(校理)를 거쳐 대사간 등을 역임하고 예조판서에 이르렀다.

윤광택(尹光宅) 영조 8~순조 4(1732~1804). 자는 덕인(德仁), 본관은 해남으로 정재원(丁載遠)의 친구이며, 윤서유(尹書有)의 아버지. 정약용 딸의 시할아버지.

윤규로(尹奎魯) 영조 45~헌종 3(1769~1837). 자는 문거(文擧), 호는 귤원(橘園), 본관은 해남으로 윤단(尹慱)의 아들. 다산 초당이 있는 마을 '다산서옥'의 주인. 정약용은 윤규로의 도움으로 거처를 '다산'으로 옮긴 듯하다.

윤규범(尹奎範) 영조 28~순조 21(1752~1821). 자는 이서(彝敍), 호는 남고(南皐). 원래 이름은 지범(持範)인데 순조 1년(1801) 규범이라 고쳤다. 본관은 해남, 윤위(尹愇)의 아들. 정조 1년(1777) 증광문과에 병과로 급제, 병조참의에 이르렀다. 시를 잘 지었다.

윤극배(尹克培) 정조 1(1777)~?. 본관은 파평, 윤신(尹愼)의 아들로 증조는 윤동규(尹東奎). 순조 25년(1825) 진사로 식년문과에 병과로 급제했다. 순조 27년(1827) 정약용을 무고하는 상소를 올렸다가 신문을 받고, 또 순조 30년(1830) 5월에도 사서(邪書)를 날조해 김조순(金祖淳)에게 정약용을 모함하려 했다.

윤동(尹峒) → 윤종심(尹鍾心)

윤동규(尹東奎) 숙종 21~영조 49(1695~1773). 자는 유장(幼章), 호는 소남(邵南), 본관은 파평, 윤취망(尹就望)의 아들, 이익(李瀷)의 문인. 성호 예학을 전수받았으며, 안정복(安鼎福)·이가환(李家煥) 등과 교유한 실학파의 한 사람이다. 저서로 『사수변(四水辨)』이 있다.

윤동수(尹東壽) 영조 24(1748)~?. 자는 미백(眉伯), 본관은 파평, 윤재의(尹在義)의 아들. 정조 18년(1794) 진사로 정시문과에 을과로 급제했다. 순조 8년(1808) 5월 5일 사헌부 지평으로 정약용 형제를 다시 불러 엄중히 신문할 것을 아뢰었다.

윤두서(尹斗緒) 현종 9~숙종 41(1668~1715). 자는 효언(孝彦), 호는 공재(恭齋)·종애(鍾崖), 본관은 해남(海南). 윤선도(尹善道)의 증손으로 시문(詩文)에 능했고 그림을 잘 그렸다. 겸재(謙齋, 鄭敾)·현재(玄齋, 沈師正)와 함께 조선의 삼재(三齋)라 불렸다.

윤서유(尹書有) 영조 40~순조 21(1764~1821). 자는 개보(皆甫), 호는 옹산(翁山), 본관은 해남, 윤광택(尹光宅)의 아들. 순조 16년(1816) 정시문과에 병과로 급제, 예조정랑과 사간원 정언을 지냈다. 사암의 친구이자 딸의 시아버지인 사돈.

윤선도(尹善道) 선조 20~현종 12(1587~1671). 자는 약이(約而), 호는 고산(孤山)·해옹(海翁), 시호는 충헌(忠憲), 본관은 해남(海南). 윤유심(尹惟深)의 아들로 유기

(惟幾)에게 입양되었다. 인조 6년(1628) 별시문과에 장원급제해, 벼슬은 예조참의와 동부승지를 지냈다. 정치적으로는 불우하여 20여년 동안 귀양살이를 했으나 국문학사상 정철(鄭澈)과 쌍벽을 이루는 시인으로「산중신곡(山中新曲)」「어부사시사(漁父四時詞)」등 유명한 작품이 많이 있다. 저서로『고산유고(孤山遺稿)』 6권 등이 있다.

윤시유(尹詩有) 자는 군보(群甫), 본관은 해남, 윤서유(尹書有)의 4촌 아우. 사암 정약용이 강진으로 귀양갔을 때 큰아버지 윤광택(尹光宅)의 명을 받아 사암을 처음으로 찾아보고 그에게 물자를 공급했다. 사암의 귀양이 풀릴 때까지 왕래했다.

윤영희(尹永僖) 영조 37~순조 28(1761~1828). 자는 외심(畏心), 호는 송옹(淞翁), 본관은 파평, 윤항진(尹恒鎭)의 아들. 정조 10년(1786) 별시문과에 병과로 급제, 정언(正言)을 지냈다. 정약용의 친구이다.

윤유일(尹有一) 영조 36~정조 19(1760~95). 천주교 신자로 교명은 바오로. 1789년 이승훈(李承薰)·정약종(丁若鍾)·권일신 등의 밀사로 동지사를 따라 북경(北京)에 가서 구베아 주교에게 교리를 문의하는 서신을 전달하고, 1793년 지황(池潢)과 함께 3차로 북경에 가서 신부 파견을 요청해 그다음 해 주문모(周文謨) 신부를 영입하는 데 성공했다. 이듬해 주문모 신부의 체포령이 내리자 그를 피신시키고 최인길(崔仁吉)·지황과 함께 체포되어 순교했다.

윤정기(尹廷琦) 순조 14~고종 16(1814~79). 자는 경림(景林), 호는 방산(舫山), 본관은 해남, 윤영희(尹榮喜)의 아들로 정약용의 외손자. 외할아버지에게 공부하고 학문에만 정진했다. 저서로『역전익속(易傳翼續)』『시경강의속집(詩經講義續集)』(11권 6책)『방산유고(舫山遺稿)』『동환록(東寰錄)』『물명고(物名考)』등이 있다.

윤종문(尹鍾文) 정조 11(1787)~?. 자는 혜관(惠冠), 본관은 해남. 윤두서(尹斗緖)의 현손. 다산초당 18제자의 한 사람.

윤종삼(尹鍾參) 정조 22~고종 15(1798~1878). 자는 기숙(旗叔), 나중에 지은 이름은 종익(鍾翼), 본관은 해남. 다산초당 18제자의 한 사람으로 윤종진(尹鍾軫)의 아우이다.

윤종심(尹鍾心) 정조 17~철종 4(1793~1853). 어릴 때 이름은 동(峒), 자는 공목(公牧), 호는 감천(紺泉), 본관은 해남, 윤규하(尹奎夏)의 아들로 족보에는 윤종수(尹鍾洙)로 나온다. 다산초당 18제자의 한 사람으로 사암의 경서 연구에 가장 크게 기여했다. 그 현손이 낙천(樂泉) 윤재찬(尹在瓚)으로 다산초당의 역사를 잘 전했다.

윤종진(尹鍾軫) 정조 17~고종 16(1793~1879). 자는 금계(琴季), 호는 순암(淳菴), 본관은 해남으로, 진사(進士)에 올랐다. 사암의 강진 유배 시절 18제자의 한 사람이다.

윤종하(尹鍾河) ?~순조 10(1810). 자는 공윤(公潤), 본관은 해남. 강진에 귀양 살던 정약용을 순조 8년(1808) 다산초당으로 가서 살 수 있게 주선해준 듯하다.

윤지눌(尹持訥) 영조 38~순조 15(1762~1815). 자는 무구(无咎), 호는 소고(小皐), 본관은 해남(海南), 윤운(尹惲)의 아들. 정조 14년(1790) 알성문과에 병과로 급제, 사헌부 지평(持平) 등을 역임했다. 죽란시사의 일원으로 정약용이 묘지명(墓誌銘)을 지었다.

윤지범(尹持範) → 윤규범(尹奎範)

윤지충(尹持忠) 영조 35~정조 15(1759~91). 본관은 해남, 정약용의 외사촌이며, 25세 때 진사에 합격한 초기 천주교 순교자로 세례명은 바오로. 정조 15년(1791) 어머니 권씨의 상을 당하자 교리를 지키기 위해 제사를 지내지 않고 신주를 불살랐다. 이것이 유림과 친척에 의해 고발되어 체포되고 참수당했다. 이른바 진산사건(珍山事件)이다.

윤지현(尹之鉉) 영조 25(1749)~?. 자는 군거(君擧), 본관은 파평, 윤인철(尹寅喆)의 아들. 정조 8년(1784) 정시문과에 병과로 급제해 순조 1년(1801) 희정당에서 귀양 간 정약용 형제를 다시 신문할 것을 요청했다.

윤창모(尹昌謨) 정조 19~철종 7(1795~1856). 다른 이름은 영희(榮喜), 자는 백하(伯夏), 본관은 해남이며, 정약용의 친구인 윤서유(尹書有)의 큰아들이자 정약용의 사위이다. 정약용 문하에서 글을 배우기도 했다.

윤필병(尹弼秉) 영조 6~순조 10(1730~1810). 자는 이중(彝仲), 호는 무호당(無號堂), 본관은 파평(坡平), 윤사용(尹師容)의 아들. 영조 43년(1767) 정시문과에 병과로 급제, 벼슬은 동지중추부사에 이르렀다.

윤행임(尹行恁) 영조 38~순조 1(1762~1801). 자는 성보(聖甫), 호는 방시한재(方是閒齋)·석재(碩齋). 순조가 즉위하자 이조판서로 승진하였으나 신유박해로 신지도(薪智島)에 유배되었다가 풀려났으며 후에 김조순(金祖淳)의 상소로 투옥, 참형을 당했다.

은봉(隱峰) → 두운(斗云)

응소(應劭) 중국 동한(東漢) 여남(汝南) 사람. 자는 중원(仲遠). 효렴과로 천거받아 태산태수(泰山太守)를 지냈다. 박학다식하였으며, 저서 『한관예의고사(漢官禮儀故事)』가 조정제도에 많이 적용되었다. 그밖에 『풍속통(風俗通)』을 편찬했다.

의순(意恂) 정조 10~고종 3(1786~1866). 스님으로 호는 초의(草衣), 성은 장(張), 자는 중부(中孚), 본관은 인동. 15세 때 남평 운흥사(雲興寺)에서 스님이 되었다. 다산에게 시문을 배웠으며, 김정희(金正喜) 등과 친교를 맺었고, 해남 두륜산에 일지암(一枝菴)을 짓고 40년 동안 지관(止觀)

을 닦았다. 저서로『동다송(東茶頌)』『일지암유고』등이 있다.

이가운(李可運) 정조 18년(1794) 정약용이 경기 암행어사로 나갔을 때 연천현감(漣川縣監)으로, 장차 흩어지려는 백성을 안집(安集)시키려 하고 처리하기 어려운 일을 잘 해결하는 솜씨를 가졌다는 평가를 받았다.

이가환(李家煥) 영조 18~순조 1(1742~1801). 자는 정조(廷藻), 호는 금대(錦帶)·정헌(貞軒), 본관은 여주, 이용휴(李用休)의 아들. 정조 1년(1777) 증광문과에 을과로 급제, 형조판서를 지냈다. 정조로부터 '정학사(貞學士)'라고 호칭될 만큼 대학자였다.『대전통편(大典通編)』편찬에 참여하고『규장전운옥편(奎章全韻玉篇)』을 교정하였으며, 수학과 천문학의 대가였다. 사암도 그가 만권서를 간직하고 있다고 했는데, 순조 1년(1801) 신유옥사에 천주교인으로 몰려 죽었다. 저서로『금대관집(錦帶館集)』10책이 있다.

이강회(李綱會) 정조 13(1789)~?. 자는 굉보(紘父), 본관은 경주, 이기준(李基俊)의 아들. 다산초당 18제자 가운데 한 사람이다. 서울 사람인데 강진에 가서 9년 동안 사암에게 글을 배웠다.『논어고금주(論語古今注)』를 저술할 때 윤동(尹峒)과 함께 도운 인물이다.

이계심(李啓心) 정조 21년(1797) 이지영(李祉永)이 곡산부사일 때 아전들이 포수보(砲手保) 면포 1필 대금으로 돈 9백 문(文)씩을 거두어 들이자 곡산 백성 1천여명을 인솔하고 관아에 들어가 그 부당함을 항의했는데, 부사가 벌을 주려 하자 1천여명이 벌떼처럼 일어나 이계심을 에워싸고 계단으로 올라가며 소리를 질렀다. 이때 아전과 관노 들이 몽둥이를 들고 쫓아내자 이계심은 달아났는데 오영(五營)에서 붙잡으려 했으나 붙잡지 못했다. 그러다 정약용이 곡산부사로 도임하자 자수하여 무죄로 석방되었다.

이관기(李寬基) 영조 47~순조 31(1771~1831). 자는 위거(渭車), 본관은 연안, 이문덕(李聞德)의 아들. 행덕(行德)에게 입양되었다. 사도세자를 동정하는 시파의 사론(士論)을 주장하다 벽파의 미움을 받아 장흥(長興)에 귀양 갔다가 1810년 19년 만에 풀려났다. 귀양이 풀려 돌아갈 때 사암 정약용이 자신의 근황을 알리는 긴 시를 써서 부친다. 사암의 시에는 자가 치교(穉敎)로 나온다. 광무 3년(1899) 비서원승(祕書院丞)에 추증되었다.

이광교(李廣敎) 영조 32(1756)~?. 자는 문달(文達). 본관은 한산, 전 승지 이수일(李秀逸)의 손자.

이광사(李匡師) 숙종 31~정조 1(1705~77). 서예가·학자로 자는 도보(道甫), 호는 원교(圓嶠)·수북(壽北), 본관은 전주. 원교체(圓嶠體)라는 독특한 필체를 이룩했다.

이광수(李光壽) 자는 경지(景祉). 춘천도 호부사로 있으면서, 정약용이 손자 대림 (大林)의 혼사를 치르려고 춘천 소양정(昭陽亭) 아래 머물던 순조 23년(1823) 4월 18일 소양정에서 잔치를 벌이고 놀았다.

이기경(李基慶) 영조 32~순조 19(1756~ 1819). 자는 휴길(休吉), 호는 척암(瘠菴), 본관은 전주. 정조 1년(1777) 사마시에 합격하고, 정조 13년(1789) 식년문과에 을과로 급제. 정조 15년(1791) 진산사건(珍山事件)이 일어나자 영의정 채제공의 미온적인 태도를 공격하다가 경원(慶源)에 유배되고, 이후 수차에 걸쳐 유배 생활을 하였으며, 천주교를 공격하기 위해『벽위편(闢衛編)』을 편찬한 바 있다. 정약용과 같은 남인(南人)이면서 당로(當路)의 세력가에게 빌붙어 사암 일파를 몰락하게 하는 역할을 한 장본인이다.

이기양(李基讓) 영조 20~순조 2(1744~ 1802). 자는 사흥(士興), 호는 복암(茯菴), 본관은 광주, 이종한(李宗漢)의 아들. 정조 19년(1795) 정시문과에 을과로 급제, 정조 22년(1798) 의주부윤이 되었다. 순조 1년(1801) 예조참판을 지냈고, 신유박해로 단천에 유배되었다가 죽었다. 사암의「복암 이기양 묘지명(茯菴李墓誌銘)」이 있다. 저서로『복암유고』가 있다.

이담(李湛) 중종 5~선조 7(1510~74). 자는 중구(仲久), 호는 정존(靜存), 본관은 용인, 이종유(李宗蓁)의 아들. 중종 33년 (1538) 별시문과에 3등으로 급제해 충청도 관찰사에 올랐다.

이담로(李聃老) 인조 5~숙종 27(1627~ 1701). 자는 연년(延年), 호는 백운동은(白雲洞隱), 본관은 원주, 이빈(李彬)의 아들. 한때 유명한 석학과 교유했으며, 좌승지에 추증되었다.

이덕무(李德懋) 영조 17~정조 17(1741 ~93). 자는 무관(懋官), 호는 형암(炯菴)·아정(雅亭)·청장관(靑莊館)·영처(嬰處)·동방일사(東方一士), 본관은 전주, 이성호(李聖浩)의 아들. 서출이었기 때문에 크게 등용되지 못하고 정조 3년(1779) 규장각 검서관이 되어 박제가·유득공·서이수 등과 4검서관으로 유명했으며, 적성현감(積城縣監)을 지냈다. 저서로『청장관전서(靑莊館全書)』가 있다.

이덕휘(李德輝) 영조 35~순조 28(1759~ 1828). 자는 윤경(潤卿), 본관은 원주, 이현박(李顯樸)의 아들로 월출산 아래 백운동(白雲洞)에 살았다. 사암이 강진에 귀양살 때 교유했으며, 아들 시헌(時憲)을 다산으로 보내 공부하도록 했다.

이도명(李道溟) 호는 방산(方山). 처사(處士)로 학문이 높았다.

이동양(李東陽) 1447~1516. 중국 명나라 때 다릉(茶陵) 사람. 자는 빈지(賓之), 호는 서애(西涯). 진사에 급제, 벼슬은 문연각대학사(文淵閣大學士)를 지냈다. 시호는 문정(文正)이다. 문장이 전아 유려했으며 전서·예서를 잘 썼다. 저서로『회록당집(懷麓堂集)』『시화(詩話)』『연대록(燕對錄)』이 있다.

이만수(李晩秀) 영조 28~순조 20(1752~1820). 자는 성중(成仲), 호는 극옹(屐翁)·극원(屐園), 시호는 문헌(文獻). 정조 19년(1795) 대사성(大司成) 겸 규장각(奎章閣) 제학으로 이듬해 정리자(整理字) 만드는 일을 감독하고 정조 24년(1800)년 홍문관(弘文館) 대제학을 거쳐 호조판서를 역임하고 수원부 유수(留守)로 임지에서 죽었다. 변려문에 능했고 글씨를 잘 썼다.

이만용(李晩用) 정조 16~철종 14(1792~1863). 자는 여성(汝成), 호는 동번(東樊), 본관은 전주, 이명오(李明五)의 아들. 철종 9년(1858) 별시문과에 병과로 급제했다. 시인으로『동번집(東樊集)』(4권 2책)이 있다.

이만운(李萬運) 영조 12~순조 20(1736~1820). 자는 원춘(元春)·덕여(德汝), 호는 묵헌(默軒), 본관은 광주(廣州), 이동영(李東英)의 아들. 정조 1년(1777) 증광문과에 을과로 급제, 벼슬은 지평(持平)에 이르렀다. 박학(博學)으로 이름났으며,『증보문헌비고(增補文獻備考)』를 편찬했다. 저서로『묵헌집』12권 6책(木板本)이 있는데, 인수문고(仁壽文庫)에 있다. 칠곡에 살았다.

이민수(李民秀) 조선 정조·순조 때 무관으로 정조 23년(1799) 정약용이 곡산도호

부사로 있을 때 풍천도호부사를 지내고 뒤에 수사(水使)를 지냈다. 사암에게 국가 방위와 전선(戰船) 제도에 대해 문의해 이에 대해 사암이 답장을 여러통 보냈다.

이벽(李檗) 영조 30~정조 9(1754~85). 자는 덕조(德操), 호는 광암(曠菴)으로 천주교 연구자. 사암 큰형의 처남으로 그의 아버지 이보만(李溥萬)이 아들의 천주교 신앙에 반대하여 목을 매어 죽자 배교하고 병사했다.

이병모(李秉模) 영조 18~순조 6(1742~1806). 자는 이칙(彛則), 호는 정수재(靜修齋), 시호는 문익(文翼), 본관은 덕수로, 이연(李演)의 아들이다. 영조 49년(1773) 증광문과에 병과로 급제, 정조 2년(1778) 동지부사로, 1795년 진하사로 청나라에 다녀왔으며, 1794년 우의정이 되었다. 1801년 신유박해 때에는 영중추부사였다. 벼슬은 영의정에 이르렀다. 문장에 뛰어나고 글씨를 잘 썼다.『삼강행실도』와『이륜행실도』를 편찬했다.

이병정(李秉鼎) 영조 18~순조 4(1742~1804). 자는 이중(頤仲), 본관은 전주, 이창수(李昌壽)의 아들. 영조 42년(1766) 정시문과에 병과로 급제, 이조·병조 판서와 평안감사 등을 역임했다.

이삼환(李森煥) 영조 5~순조 13(1729~1813). 자는 자목(子木), 호는 목재(木齋)·소미(少眉). 성호(星湖) 이익(李瀷)의 종손으로 성호의 학문 가운데 예학(禮學)을

이어받아 큰 이름이 있던 학자로서 예산(禮山)에서 살았다. 저서로『소미산방장서(少眉山房藏書)』3책이 남아 있고『백가의(百家衣)』1책 등이 있다.

이상은(李商隱) 813~58. 중국 당나라 때 하내(河內) 사람. 자는 의산(義山), 호는 옥계생(玉溪生). 진사에 급제, 벼슬은 공부원외랑(工部員外郞)을 지냈다. 문장이 뛰어나고 시는 온정균(溫庭筠)과 같이 이름을 날렸다. 그의 시체를 서곤체(西崑體)라 하며, 시집으로『이의산시집(李義山詩集)』이 있다.

이상황(李相璜) 영조 39~헌종 7(1763~1841). 자는 주옥(周玉), 호는 동어(洞漁)·현포(玄圃), 시호는 문익(文翼). 정조 10년(1786) 정시문과에 병과로 급제, 벼슬은 영의정에 이르렀다.

이서구(李書九) 영조 30~순조 25(1754~1825). 자는 낙서(洛瑞), 호는 척재(惕齋)·강산(薑山)·석모산인(席帽山人), 본관은 전주, 이원(李遠)의 아들. 영조 50년(1774) 정시문과에 병과로 급제했다. 정조 19년(1795) 천주교도를 옹호한다는 죄로 영해(寧海)에 유배당했고, 형조판서를 거쳐 판중추부사(判中樞府事)에 이르렀다. 특히 한시사대가(漢詩四大家)로 유명하다. 시호는 문간(文簡).

이석(李晳) 영조 43(1767)~?. 자는 희증(希曾), 본관은 광주(廣州), 이신철(李信喆)의 아들. 정조 19년(1795) 식년문과에 병과로 급제했다.

이석하(李錫夏) 영조 34(1758)~?. 자는 성욱(聖勗). 1781년 초계문신(抄啓文臣)으로 뽑혔다.

이세윤(李世胤) 정조 18년(1794) 정약용이 경기 암행어사로 나갔을 때 적성현감(積城縣監)으로 백성을 어루만짐에 부지런했다는 평가를 받았다.

이승훈(李承薰) 영조 32~순조 1(1756~1801). 호는 만계(蔓溪). 본관은 평창, 서장관 이동욱(李東郁)의 아들, 이가환(李家煥)의 생질로 사암의 자형. 정조 7년(1783) 아버지를 따라 북경에 가서 천주교 영세교인이 되었고 진사 시험에도 합격, 당대의 선비들과 사귀었다. 1784년 3월 24일 귀국하면서 많은 천주교 문서와 물건을 가지고 와 천주교로 인한 박해의 근원이 되었다. 신유사옥 때 참형당했다.

이시수(李時秀) 영조 21~순조 21(1745~1821). 자는 치가(稚可), 호는 급건(及健). 정조 4년(1780) 영남 암행어사로서 탐관오리를 적발했으며, 순조 4년(1804) 정순왕후(貞純王后)가 재차 수렴청정(垂簾聽政)하려고 할 때 대의를 들어 반대하여 한때 좌의정에서 파직되었다. 벼슬은 영중추부사에 이르렀다. 시호는 충정(忠正).

이시애(李施愛) ?~세조 13(1467). 이인화(李仁和)의 아들로 길주(吉州) 출신이며 지방 호족으로 문종 1년(1451) 호군이 되고, 판회령부사(判會寧府事)를 역임했다.

1467년 모친상을 당해 휴직 중인 기회를 이용하여 북도의 민심을 선동, 절도사 강효문(康孝文)과 그 휘하 군관을 살해한 뒤 반란을 일으켰다가, 조정에서 밀파된 허유례(許惟禮)의 계교로 부하 이주(李珠)·이운로(李雲露)에 의해 체포되어 효수당했다.

이시헌(李時憲) 순조 3~철종 11(1803~60). 자는 숙도(叔度), 호는 자이당(自怡堂), 본관은 원주, 이덕휘(李德輝)의 아들, 생부는 석휘(錫輝). 월출산 아래 백운동(白雲洞)에 살았으며, 정약용이 강진에서 귀양 살 때 다산에 가서 공부했다. 여러번 학행으로 천거받았다. 문집으로『자이선생집(自怡先生集)』이 있다.

이안묵(李安默) 영조 32~순조 4(1756~1804). 자는 후오(厚五), 이배수(李拜壽)의 아들로 정조 14년(1790) 증광문과에 병과로 급제, 순조 1년(1801) 신유박해 재판 때의 기록관. 그후 강진(康津)현감을 지내고 순조 4년(1804) 죄를 얻어 절도에 유배되었다가 사형을 당했다.

이언우(李彦祐) 영조 12(1736)~?. 자는 미숙(美叔), 본관은 용인, 이보만(李普萬)의 아들. 영조 51년(1775) 정시문과에 병과로 급제했다. 정조 15년(1791) 사간원 사간으로 신해옥사 관련자를 처벌하라고 상소했다.

이유성(李游誠) 영조 44(1768)~?. 자는 의용(宜庸), 본관은 전주, 이창주(李昌胄)의

아들. 순조 4년(1804) 식년문과에 병과로 급제했다. 순조 14년(1814) 부사과로 조장한(趙章漢)이 정약용을 정계(停啓)한 죄를 논하는 상소를 했다.

이유수(李儒修) 영조 34~순조 22(1758~1822). 자는 주신(周臣), 호는 금리(錦里), 본관은 함평, 이태운(李㙷運)의 아들. 정조 7년(1783) 증광별시에 병과로 급제, 순조 20년(1820) 영해부사가 되었다. 사암에게 친구 간에 의리를 배반하지 않은 사람으로 꼽혔다.

이윤하(李潤夏) ?~정조 17(1793). 초기의 천주교 신자. 본관은 전주, 이수광(李睟光)의 8대손. 동정순교자(童貞殉教者) 이순이(李順伊)의 아버지. 성호 이익에게 수학하고, 처남인 권일신(權日身) 등과 한국 천주교회 창설을 전후로 꾸준히 활동했다. 또 아들과 딸이 순교했다.

이의준(李義駿) 영조 14~정조 22(1738~98). 초명은 상준(商駿), 자는 중명(仲命), 본관은 전주, 이휘중(李徽中)의 아들. 영조 49년(1773) 증광문과에 병과로 급제, 벼슬은 대사간 등을 지냈다. 정조 20년(1796)『존주휘편(尊周彙編)』을 편수하고, 정조 22년(1798) 황해도 관찰사 재직 중에 병사했다.

이의필(李義弼) 영조 14~순조 8(1738~1808). 초명은 상악(商岳), 자는 교백(喬伯), 호는 창계(蒼溪), 본관은 전주, 이존중(李存中)의 아들. 영조 42년(1766) 정시

문과에 병과로 급제해 청요직을 두루 거쳤다. 정조 19년(1795) 사헌부 대사헌으로 이가환(李家煥)·정약용 등 천주교도를 처벌할 것을 강력히 주장하고 최헌중(崔獻重)이 왕을 비방하니 처벌하라고 요청했다가 편당(偏黨)으로 몰려 단천(端川)으로 귀양 갔다.

이이(李珥) 중종 31~선조 17(1536~84). 아명은 현룡(見龍), 자는 숙헌(叔獻), 호는 율곡(栗谷)·석담(石潭)·우재(愚齋), 시호는 문성(文成), 본관은 덕수로, 이원수(李元秀)의 아들이다. 어머니는 사임당 신씨(師任堂申氏)로 강릉(江陵)에서 태어났다. 명종 19년(1564) 생원시와 문과에 모두 장원, 구도장원공(九度壯元公)이라 했다. 벼슬은 양관 대제학과 이조·형조·병조의 판서를 지냈다. 저서로『율곡전서(栗谷全書)』가 있다.

이익(李瀷) 숙종 7~영조 39(1681~1763). 자는 자신(子新), 호는 성호(星湖), 본관은 여주로, 이하진(李夏鎭)의 아들이다. 숙종 31년(1705) 증광시에 합격했으나 성명을 기록한 양식이 맞지 않아 회시에 응시 못하고 이후 학문 연구에만 몰두해 근기실학(近畿實學)의 발원(發源)을 이루었다. 저서로는『성호선생문집』『성호선생속집』『질서(疾書)』『성호사설(星湖僿說)』『곽우록(藿憂錄)』『백언해(百諺解)』등이 있다.

이익운(李益運) 영조 24~순조 17(1748~1817). 자는 계수(季受), 호는 학록(鶴麓), 본관은 연안(延安), 이징대(李徵大)의 아들. 영조 50년(1774) 식년문과에 을과로 급제, 승지를 거쳐 수원부 유수 및 대사헌을 역임했고 문집으로『학록집(鶴麓集)』이 있다. 시호는 정숙(靖肅).

이익진(李翼晉) 영조 23~순조 19(1747~1819). 자는 치명(穉明), 본관은 전주, 이명복(李命復)의 아들. 정조 6년(1782) 별시문과에 병과로 급제, 순조 13년(1813) 대사간에 이르렀다.

이인보(李寅溥) 정조 1(1777)~?. 자는 양여(亮汝), 본관은 한산, 이원명(李源明)의 아들. 순조 13년(1813) 증광문과에 병과로 급제해 순조 22년(1822)경에 춘천도호부사로 나갔다가 곧 돌아왔다. 순조 23년(1823) 4월경에 승지로 있었다.

이인섭(李寅燮) 영조 10~정조 24(1734~1800). 자는 사빈(士賓), 본관은 연안, 이세응(李世膺)의 아들. 영조 35년(1759) 생원시에 장원으로 합격하여 영조 38년(1762) 관직에 나아가 나주목사(羅州牧使)에 이르렀다. 사암의 아버지 정재원(丁載遠)과는 친구였다.

이인영(李仁榮) 순조 2(1802)~?. 순조 20년(1820) 사암에게 문장 공부를 하겠다고 찾아왔던 인물로 순조 21년(1821) 정약용의「예고서정(禮考書頂)」을 정리했다.

이인행(李仁行) 영조 34~순조 33(1758~1833). 자는 공택(公宅), 호는 만문재(晚聞齋)·일성(日省)·신야(新野·莘野), 본관

은 진보, 이해(李瀣)의 10세손. 정조 7년 (1783) 사마시에 정약용과 동방(同榜)으로 합격하여 형조정랑과 고산현감을 지냈다. 사암이 「영주로 돌아가는 이감찰을 떠나보내는 서문」과 증언(贈言) 2편을 써주기도 했다. 저서로『신야집(新野集)』이 있다.

이자성(李自成) 중국 명나라 때 미지(米脂) 사람. 숭정 말기에 서안(西安)에서 왕을 칭하고 연호를 대순(大順)이라 했다. 북경(北京)을 함락시키자 장렬제(莊烈帝)는 자살했다. 오삼계(吳三桂)가 군사를 끌고 입관(入關)하자 서쪽으로 달아났으며 청나라 군사가 추격하자 구궁산(九宮山)으로 도망쳤다가 자살했다.

이재위(李載威) 영조 33~순조 26(1757~1826). 자는 우성(虞成), 호는 시헌(柿軒), 본관은 여주, 이하진(李夏鎭)의 현손으로 철환(嚞煥)의 아들. 사암 정약용이 금정찰방으로 가서 목재 이삼환(李森煥)을 모시고 성호 유서(星湖遺書)를 정리할 때 참여했다.

이재의(李載毅) 영조 48~헌종 5(1772~1839). 자는 여홍(汝弘), 호는 문산(文山), 본관은 전주, 이응오(李應五)의 아들이다. 순조 1년(1801) 생원시에 합격하고 경서를 깊이 연구했다. 사암과 경서에 대한 토론을 편지로 주고받은 것이 여러편 있다. 귀양이 풀려 소내 여유당에 돌아온 정약용이 세상을 떠날 때까지 왕래하며 그를 모셨다. 저서로『문산집(文山集)』이 있다.

이재학(李在學) 영조 21~순조 6(1745~1806). 자는 성중(聖中), 호는 지포(芝浦), 본관은 용인(龍仁). 이숭호(李崇祜)의 아들. 영조 46년(1770) 정시문과에 병과로 급제, 정조 4년(1780) 대사간이 되었다. 1795년 형조판서로 의옥(疑獄)을 잘 다스렸으며 김구주(金龜柱)의 역모를 탄핵, 유배형이 내려지게 했다. 시호는 익헌(翼獻).

이재협(李在協) 영조 7~정조 14(1731~90). 자는 여고(汝皐), 본관은 용인, 이경호(李景祜)의 아들. 영조 33년(1757) 정시문과에 장원으로 급제했다. 영조 36년(1760) 암행어사로 호서지방을 순찰하고, 정조 즉위년(1776)에 대사헌에 올랐으며, 정조 5년(1781) 병조판서로 인릉군(仁陵君)에 봉해졌다. 정조 11년(1787) 우의정에 올랐다가 이어 좌의정이 되고, 정조 13년(1789) 영의정에 올랐다.

이정(李晴) 정조 16~철종 12(1792~1861). 자는 학래(鶴來), 호는 금초(琴招). 정약용이 강진에 유배 가서 만난 제자로, 사암은 1806년 봄부터 한동안 이정의 집에 기거하였다. 정약전(丁若銓)의『현산어보(玆山魚譜)』에 안설(按說)을 달고,『대동수경(大東水經)』등을 정리했다. 저서로『정관편(井觀編)』8권 3책(필사본)이 있다.

이정운(李鼎運) 영조 19~정조 24(1743~1800). 자는 공저(公著), 호는 오사(五沙), 본관은 연안, 이정대(李徵大)의 아들. 이익운(李益運)의 형. 영조 45년(1769) 정시

문과에 병과로 급제, 벼슬은 판서에 이르렀으며 남인(南人)의 대가.

이조원(李祖源) 영조 11~순조 6(1735~1806). 자는 현지(玄之), 호는 판교(板橋), 본관은 연안, 이진보(李鎭輔)의 아들. 영조 44년(1768) 생원으로 정시문과에 을과로 급제해 영조 47년(1771) 사간원 정언이 되고, 정조 10년(1786) 의주부윤이 되었으며, 정조 13년(1789) 이조참의, 이듬해 경상도 관찰사에 이르렀다. 정조 21년(1797) 병조판서에 오르고, 순조 즉위년(1800) 판의금부사·우참찬, 순조 1년(1801) 다시 병조판서에 올랐으나 안동 김씨의 세도정치에 대항하다가 유배되었다. 순조 5년(1805) 귀양에서 풀려났다. 글씨로 이름났으며 죽은 뒤 관작이 회복되었다.

이존창(李存昌) 영조 28~순조 1(1752~1801). 천주교 신자로 최필공(崔必恭) 등과 함께 다시 체포되어 신유사옥(辛酉邪獄)의 발단이 되게 했던 사람. 공주(公州)에서 참형당했다.

이종영(李鍾英) 정조 15(1791)~?. 본관은 전주, 이재의(李載毅)의 아들. 순조 9년(1809) 증광무과에 급제해 순조 12년(1812) 영암군수로 임명되고, 순조 15년(1815) 부령도호부사에 임명되었다. 영암군수로 있을 때 정약용이 「영암군수 이종영에게(爲靈巖郡守李贈言)」를 써주고, 부령도호부사에 임명되자 또 「이종영 도호부사 부임에 앞서(送富寧都護李赴任序)」를 지어주었다.

이주석(李周奭) 영조 36(1760)~?. 자는 양신(良臣), 본관은 전주. 이방영(李邦榮)의 아들로 생부는 종영(宗榮). 정조 18년(1794) 정시문과에 병과로 급제했다.

이중련(李重蓮) 영조 41(1765)~?. 자는 휘조(輝祖), 본관은 연안, 이문섭(李文燮)의 아들. 정조 14년(1790) 알성문과(謁聖文科)에 병과로 급제, 1806년 사간(司諫)을 역임했다.

이중식(李重植) 본관은 연안, 이인섭(李寅燮)의 아들로 정재원(丁載遠)의 사위. 정약용의 매제.

이중협(李重協) 영조 38(1762)~?. 자는 성화(聖華), 본관은 연안으로 사암 정약용이 강진에서 귀양살이를 할 때 도강병마우후(道康兵馬虞侯)를 지냈다(1811~13). 도강(道康)은 강진(康津)의 옛이름이다. 저서로 『비어고(備禦考)』10책 30권 분량의 필사본이 규장각 도서에 있다. 이 가운데 정약용이 10권을 편집해주고, 『민보의(民堡議)』 뒤에 있는 「대둔산 축성의(大芚山築城議)」를 대신 지어주기도 했다.

이지영(李祉永) 영조 6(1730)~?. 자는 유조(孺祚), 본관은 연안, 이만회(李萬恢)의 아들. 영조 51년(1775) 진사로 정시문과에 병과로 급제해 정조 19년(1795) 곡산도호부사에 임명되고, 정조 21년(1797) 고적에 중고를 받아 해임되고 정약용이 곡산도호부사로 임명되었다.

이진동(李鎭東) 정조 13년(1789) 산림(山林)으로, 상소한 일 때문에 경상도 수령이 붙잡아 죽이려 하는 것을 정약용이 죽령을 넘어 단양으로 피신시켜 살려냈다.

이집두(李集斗) 영조 20~순조 20(1744~1820). 자는 중휘(仲輝), 호는 파서(琶西). 벼슬은 예조판서 등을 지냈고 기로소(耆老所)에 들어갔으며 글씨를 잘 써서 정조가 지은 「만천명월주인옹(萬川明月主人翁)」의 자서(自序)를 해서와 전서로 써 첩(帖)을 만들어 바쳤다.

이징옥(李澄玉) ?~단종 1(1453). 본관은 양산(梁山), 이전생(李全生)의 아들이다. 호랑이를 산 채로 잡았다는 일화가 있다. 세종 초기에 김종서(金宗瑞)를 따라 북변(北邊)에 종군하고, 6진(鎭) 개척에 큰 공훈을 세웠으며, 김종서의 후임으로 함길도 도절제사에 오르고, 세종 31년(1449) 지중추원사(知中樞院事)로 승진했다가, 이듬해 다시 함길도 도절제사로 부임했다. 단종 1년(1453) 계유정난(癸酉靖難)으로 정권을 잡은 수양대군에 의해 김종서(金宗瑞)의 심복이라 하여 파직되었음을 후임자 박호문(朴好問)의 부임으로 비로소 알고, 박호문을 죽인 뒤 난을 일으켰다. 대금황제(大金皇帝)를 자칭하고 종성(鍾城)에 이르렀으나 종성판관 정종(鄭種), 호군 이행검(李行儉) 등의 야습을 받고 피살, 난이 평정되었다.

이총억(李寵億) 영조 40(1764)~?. 자는 창명(滄溟), 본관은 광주, 이기양(李基讓)의 아들. 정조 19년(1795) 사마시에 합격했다.

이치훈(李致薰) 영조 35(1759)~?. 사암의 친구로 이승훈(李承薰)의 동생. 자는 자화(子和). 1801년 신유박해가 일어나자 이승훈과 함께 체포되어 거제도에 유배된 뒤 그곳에서 죽었다.

이태순(李泰淳) 영조 35~헌종 6(1759~1840). 자는 내경(來卿), 본관은 진보, 이구원(李龜元)의 아들. 순조 1년(1801) 별시문과에 병과로 급제. 정약용 해배(解配)를 위해 상소한 사람이다.

이학규(李學逵) 영조 46~순조 35(1770~1835). 자는 성수(惺叟), 호는 낙하생(洛下生)으로, 18세 때 이미 『규장전운(奎章全韻)』 등의 수교(讎校)를 맡아 박학한 학자로 이름났다. 신유사옥이 일어나자 정약용과 같이 24년(1801~24)간이나 경상도 김해 땅에서 귀양살이를 했다. 유배지에서도 서울을 매개로 해서 사암과 소식을 주고받은 것 같다. 사암의 영향을 많이 받았다. 저술로는 『명물고(名物考)』 『영남악부(嶺南樂府)』 『문의당고(文猗堂稿)』 등이 있다.

이해(李瀣) 연산군 2~명종 5(1496~1550). 자는 경명(景明), 호는 온계(溫溪), 본관은 진보, 이식(李埴)의 아들. 중종 20년(1525) 사마시에 합격하고, 중종 23년(1528) 식년문과에 병과로 급제했다. 인종 1년(1545) 성절사로 명나라에 다녀왔다. 명종

5년(1550) 한성부 우윤으로 구수담(具壽聃) 일파로 몰려 이무강(李無彊)의 탄핵을 받고 갑산(甲山)으로 귀양 가는 도중 양주(楊州)의 민가에서 죽었다. 저서로 『온계집(溫溪集)』 4권 3책이 있다. 시호는 정민(貞敏).

이헌길(李獻吉) 영조 14~정조 8(1738~84). 자는 몽수(夢叟)·몽수(蒙叟), 본관은 전주, 덕천군(德泉君) 이후생(李厚生)의 후손. 이기환(李基煥)의 아들로 이철환(李嘉煥) 문하에서 수학, 의학 방면에 정진하여 두진(痘疹) 치료법을 개발했고 『마진기방(痲疹奇方)』을 저술했다. 영조 51년(1775) 홍역이 크게 유행할 때 서울에서 많은 인명을 구해냈다. 묘는 남양(南陽) 홍법동에 있으며 아들은 이명휘(李命徽)이다.

이황(李滉) 연산군 7~선조 3(1501~70). 초명은 서홍(瑞鴻), 자는 경호(景浩), 초자는 계호(季浩), 호는 퇴계(退溪)·도옹(陶翁)·퇴도(退陶)·청량산인(淸涼山人), 시호는 문순(文純), 본관은 진보로, 이식(李埴)의 아들이다. 예안(禮安) 출신으로 중종 29년(1534) 식년문과에 을과로 급제, 양관 대제학을 지냈다. 주자학을 집대성한 유학자로 이이(李珥)와 쌍벽을 이루었으며 영남학파의 종장이다. 저서로 『퇴계전서(退溪全書)』가 있다.

이휘영(李輝永) 자는 운환(雲寶). 정약용이 순조 32년(1832) 5월 29일 이휘영의 기우(祈雨) 시에 차운하여 시를 지었다.

임제원(林濟遠) 영조 13(1737)~?. 자는 상용(商用), 본관은 나주, 임도헌(林道憲)의 아들. 영조 47년(1771) 진사로 식년문과에 병과로 급제해 정조 13년(1789) 경주부윤으로 있었으며 충청도 관찰사를 거쳐 참관에 올랐다.

임한(任熯) 영조 35(1759)~?. 자는 숙장(叔章), 본관은 풍천, 임봉주(任鳳周)의 아들로 서산(瑞山) 출신. 정조 13년(1789) 식년문과에 병과로 급제했다. 정약용과는 동방(同榜)에 급제해 순조 14년(1814) 사간원 사간으로 홍시제(洪時濟)와 정약용의 대계를 정계(停啓)시킨 조장한(趙章漢)을 유배시키라는 상소를 했다.

ㅈ

잠성 김씨(岑城金氏) 영조 30~순조 13(1754~1813). 본관은 잠성으로 사역원정 김의택(金宜澤)의 딸. 영조 49년(1773) 정재원(丁載遠)의 측실로 들어와 정약용의 서모가 되어 세 딸과 아들 정약횡(丁若鐄)을 낳아 큰딸은 채제공의 서자 채홍근(蔡弘謹)에게 시집 가고, 둘째 딸은 나주목사 이인섭(李寅燮)의 서자 이중식(李重植)에게 시집갔다. 정약용이 「서모 김씨 묘지명」을 지었다.

장재(張載) 1020~77. 중국 송나라 때 학자로 자는 자후(子厚). 횡거선생(橫渠先生)이라고 부른다. 시호는 명(明). 저서로는 『정몽(正蒙)』『서명(西銘)』『역설(易說)』 등이 있다.

장천용(張天用) 사암 정약용이 곡산부사로 있을 때 황해도 곡산에 살던 방외인(方外人)으로 퉁소를 잘 불었고 산수 그림을 잘 그렸다. 황해도 관찰사였던 이의준(李義駿)이 이름을 '천용(天慵)'이라고 고쳐주었다. 사암이 전(傳)을 지었다.

장헌세자(莊獻世子) 영조 11~영조 38(1735~62). 영조(英祖)의 둘째 아들로 정조(正祖)의 아버지. 이름은 선(愃), 자는 윤관(允寬), 호는 의재(毅齋)로, 어머니는 영빈 이씨(暎嬪李氏)이며, 부인은 홍봉한(洪鳳漢)의 딸 혜경궁 홍씨(惠慶宮洪氏)인데, 10세에 결혼했다. 영조 37년(1761) 평안도 관찰사 정희량(鄭希良) 등의 계교에 빠져 평양에 몰래 놀러 갔다 와서 영조의 노여움을 샀다. 이듬해 영조의 계비 정순왕후의 아버지 김한구(金漢耇)와 그 일파인 홍계희(洪啓禧)·윤급(尹汲) 등의 사주로 윤급의 종인 나경언(羅景彦)에 의해 세자의 비행 10여조가 상주되자 영조는 세자를 모함한 대역죄인이라는 일부 신하의 주장에 따라 고변자 나경언을 죽인 뒤 세자를 폐위시키고 뒤주에 가뒀는데, 세자는 뒤주에 갇힌 지 8일 만에 죽었다. 죽은 뒤 곧 위호(位號)가 복구되고 사도(思悼)라는 시호가 내려졌다가 아들 정조가 즉위하자 '장헌세자'로 추존되고, 광무 3년(1899) 장조(莊祖)로 추존되었다.

능은 화성 정조의 건릉(健陵) 부근에 있는 융릉(隆陵)이다.

장헌충(張獻忠) 중국 명나라 때 연안위(延安衛) 사람. 이자성(李自成)과 같이 무창(武昌)에 웅거하여 반란을 일으켜 성도(成都)를 함락하고 대서국왕(大西國王)이라 칭하며 연호를 대순(大順)이라 했다. 살육을 함부로 했고, 황호(黃虎)라 불렸다. 뒤에 청나라 숙왕(肅王) 호격(豪格)이 쏜 화살에 맞아 죽었다고도 하고 패전하여 자살했다고도 한다.

장후(張侯) 중국 춘추시대 진(晉)나라 대부(大夫)로 해장(解張)이다. 노나라 성공(成公) 때 진나라가 제(齊)나라와 안(鞍)에서 싸울 때 제나라 군사를 물리쳤다.

전겸익(錢謙益) 1582~1664. 중국 청나라의 상숙(常熟) 사람으로 정치가·문인. 자는 수지(受之), 호는 상호(尙湖)·목재(牧齋). 벼슬은 예부시랑에 이르렀다. 시부(詩賦)에 뛰어나 강좌삼가(江左三家)로 불렸고, 저서로는 『초학집(初學集)』『유학집(有學集)』 등이 있다.

정건(鄭虔) 중국 당나라 형양(滎陽) 사람. 자는 약재(弱齋)로 광문관 박사(廣文館博士)가 되었다. 산수를 잘 그렸고 지리에 밝아 『천보군방록(天寶軍防錄)』을 만들었다. 당시에는 정광문(鄭廣文)이라 불렸다.

정대림(丁大林) 순조 7~고종 32(1807~95). 자는 사형(士衡), 본관은 압해, 정학연(丁學淵)의 아들. 철종 6년(1855) 생원시에 합격하고 1863년 음직으로 참봉과 현감을 지냈다.

정도길(丁道吉) 숙종 34~정조 8(1708~84). 자는 대래(大來), 본관은 압해, 정시윤(丁時潤)의 아들. 벼슬은 동지중추부사에 올랐다. 채제공이 함경감사와 평안감사를 지낼 때 비장으로 따라갔다.

정도복(丁道復) 현종 7~숙종 46(1666~1720). 자는 내중(來仲), 본관은 압해, 정시윤의 아들. 숙종 20년(1694) 문과에 급제하여 춘천부사와 좌승지를 지냈다. 정승 유척기(兪拓基)의 묘비명과 판서 권이진(權以鎭)의 묘지명을 지었고, 유고(遺稿)가 있으며, 압해 정씨 9대 옥당의 제9대이다.

정도제(丁道濟) 숙종 1~영조 5(1675~1729). 자는 인보(仁甫), 본관은 압해, 정시윤의 아들이다.

정도태(丁道泰) 현종 5~숙종 39(1664~1713). 자는 내길(來吉), 본관은 압해, 정시윤의 아들로 사암 정약용의 고조부이다.

정동준(鄭東浚) 영조 29~정조 19(1753~95). 자는 사심(士深), 본관은 동래, 정약순(鄭若淳)의 아들. 영조 51년(1775) 정시문과에 병과로 급제했다. 교수를 거쳐 정조 19년(1795) 내각학사(內閣學士)로 반역을 꾀하다 발각되자 자살했다.

정민시(鄭民始) 영조 21~정조 24(1745~1800). 자는 유직(幼稷). 회숙(會叔), 본관은 온양(溫陽). 영조 49년(1773) 증광문과에 병과로 급제, 1776년 동부승지를 거쳐, 1800년 대사간이 되었다. 순조 1년(1801) 시파(時派)의 거두로 벽파에 의해 사리사욕을 꾀했다는 죄로 관작이 추탈되었다가 복관되었다. 시호는 충헌(忠獻).

정범조(丁範祖) 경종 3~순조 1(1723~1801). 자는 법정(法正), 호는 해좌(海左), 본관은 압해, 정지녕(丁志寧)의 아들. 영조 39년(1763) 증광문과에 갑과로 급제, 정조 23년(1799) 예문관 제학을 지냈으며 시호는 문헌(文憲).

정선(鄭敾) 숙종 2~영조 35(1676~1759). 화가로 자는 원백(元伯), 호는 겸재(謙齋), 본관은 광주(光州). 김창집(金昌集)의 천거로 화원이 되었으며 벼슬은 현감에 이르렀다. 심사정(沈師正, 玄齋)·조영석(趙榮祏, 觀我齋)과 함께 삼재(三齋)라 불렸다.

정수강(丁壽崗) 단종 2~중종 22(1454~1527). 자는 불붕(不崩), 호는 월헌(月軒), 본관은 압해, 정자급(丁子伋)의 아들. 성종 8년(1477) 식년문과에 을과로 급제, 벼슬은 동지중추부사에 이르렀다. 당대의 문장가로 한문소설 「포절군전(抱節君傳)」을 지었으며, 저서로는 『월헌집(月軒集)』(3권)이 있다.

정수칠(丁修七) 영조 44~헌종 1(1768~1835). 자는 내칙(乃則), 호는 연암(煙菴)으로 장흥(長興) 반산(盤山)에 살았으며 다산초당에서 배운 18제자 가운데 한 사람이다.

정순왕후(貞純王后) 영조 21~순조 5(1745~1805). 영조의 계비로 김한구(金漢耉)의 딸이다. 영조가 사도세자를 뒤주에 가두어 죽게 하는 데 적지 않은 역할을 했다고 전해지며, 순조가 어린 나이로 즉위하자 수렴청정을 하면서 신서파(信西派)를 모함하고 천주교 금령을 내려 신유사옥을 일으키기도 했다. 능호는 원릉(元陵)이다.

정술인(鄭述仁) 자는 조희(祖希), 본관은 연일, 정제두(鄭齊斗)의 증손자이고 정문승(鄭文升)의 아버지. 정조 21년(1797)과 정조 22년(1798) 황해도 해주(海州) 판관(判官)으로 있으면서 곡산부사 정약용과 사귀었다. 전주의 판관도 지냈다.

정술조(丁述祖) 영조 5~정조 23(1729~99). 자는 요수(堯叟), 본관은 압해, 정지렴(丁志濂)의 아들로 지상(志尙)에게 입양되었다. 영조 41년(1765) 식년 사마시에 생원 3등으로 합격해 음보로 경기전 참봉을 지내고 예산현감(禮山縣監)에 이르렀다.

정시선(鄭時善) 영조 43(1767)~?. 자는 자중(子中), 본관은 해주, 정승의(鄭承毅)의 아들. 정조 19년(1795) 식년문과에 병과로 급제했다. 순조 1년(1801) 4월 3일 사헌부 지평으로 귀양 간 정약용 형제를 다시 신문할 것을 요청했다.

정시윤(丁時潤) 인조 24~숙종 39(1646~1713). 자는 자우(子雨), 호는 두호(斗湖), 본관은 압해, 정언벽(丁彦璧)의 아들. 숙종 16년(1690) 식년문과에 을과로 급제, 벼슬은 순천부사(順天府使)를 지내고 병조참의에 이르렀다. 사암 정약용의 5대조로 소내에 터를 잡은 분이다.

정시한(丁時翰) 인조 3~숙종 33(1625~1707). 자는 군익(君翊), 호는 우담(愚潭), 본관은 압해, 정언황(丁彦璜)의 아들이다. 원주 법천(法泉)에 낙향하여 벼슬길을 멀리하고 이현일(李玄逸) 등과 교유하며 학문에 정진했다. 유일(遺逸)로 천거되어 사헌부 집의, 성균 사업의 벼슬이 내렸으나 사양했다. 숙종 16년(1690) 만언소(萬言疏)로 6조의 상소를 올리기도 했다. 저서로『우담집』이 있고『산중일기(山中日記)』『사칠이기변(四七理氣辨)』『변무록(辨誣錄)』등이 있다.

정약건(丁若鍵) 영조 47~철종 3(1771~1852). 자는 규건(奎建), 호는 당사(棠沙), 본관은 압해, 정재달(丁載達)의 아들. 정약용의 6촌 아우로 사암은 1820년 용문산 기행 때 찾아보고, 1831년 회갑을 축하하는 시를 써주었다.

정약전(丁若銓) 영조 34~순조 16(1758~1816). 자는 천전(天全), 호는 손암(巽菴)·연경재(硏經齋)·현산(玆山), 본관은 압해. 정재원(丁載遠)의 아들이며 사암의 둘째 형이다. 정조 14년(1790) 증광문과에 병과로 급제, 병조좌랑을 지냈다. 순조 1년(1801) 신유사옥에 걸려 신지도에 유배되었다가 다시 흑산도(黑山島)로 옮겨졌다.

여기에서 복성재(復性齋)를 지어 섬의 청소년들을 가르치다가 귀양지에서 죽었다. 저서로『현산어보(玆山魚譜)』가 전하고『송정사의(松政私議)』가 있다.『논어난(論語難)』『동역(東易)』등이 있다고 하나 없어졌다. 정조 22년(1798) 임금의 명령으로 한치응(韓致應) 등과『영남인물고(嶺南人物考)』편찬에 참여하기도 했다. 문순득(文淳得)이 구술(口述)한『표해시말(漂海始末)』을 기술했다.

정약종(丁若鍾) 영조 36~순조 1(1760~1801). 자는 양중(養重), 본관은 압해. 정재원의 아들. 교명은 아우구스티노로 순조 1년(1801) 신유사옥으로 순교했다. 현재 광주시 천진암(天眞菴) 성인 묘역에 이장되어 있다.

정약현(丁若鉉) 영조 27~순조 21(1751~1821). 자는 태현(太玄), 본관은 압해. 정재원의 큰아들로 사암의 맏형이다. 정조 19년(1795) 진사시에 합격했다.

정약횡(丁若鐄) 정조 9~순조 29(1785~1829). 자는 규황(奎黃), 본관은 압해. 정재원의 아들로 서모 잠성 김씨가 낳은 사암의 아우이다.

정언벽(丁彦璧) 광해군 4~효종 3(1612~52). 자는 계홍(季弘). 본관은 압해. 정호선(丁好善)의 아들. 인조 22년(1644) 별시문과에 병과로 급제, 홍문관 교리를 지냈다.

정언인(鄭彦仁) 영조 29~순조 20(1753~1820). 자는 관지(寬之), 본관은 동래, 정대서(鄭大瑞)의 아들. 정조 13년(1789) 정시문과에 병과로 급제했다. 순조 3년(1803) 사헌부 지평으로 정약용 형제와 김이교(金履喬)를 공격했다.

정윤복(丁胤福) 중종 39~선조 25(1544~92). 자는 개석(介錫), 본관은 압해, 정응두(丁應斗)의 아들. 선조 즉위년(1567) 식년문과에 을과로 급제, 벼슬은 병조참판을 지내고 대사헌에 이르렀다.

정윤희(丁胤禧) 중종 26~선조 22(1531~89). 자는 경석(景錫), 호는 고암(顧菴)·순암(順菴), 본관은 압해, 정응두(丁應斗)의 아들로 이황(李滉)의 문인(門人). 명종 11년(1556) 알성문과에 장원으로 급제, 1588년 강원도 관찰사를 지냈다. 문장으로 이름을 떨쳤고 사륙문에 뛰어나 홍문관과 예문관의 모든 서류를 찬술했다. 저서로는『고암집(顧菴集)』이 있다.

정응두(丁應斗) 중종 3~선조 5(1508~72). 자는 추경(樞卿), 호는 삼양재(三養齋), 본관은 압해, 정옥형(丁玉亨)의 아들로 시호는 충정(忠靖). 중종 29년(1534) 식년문과에 갑과로 급제. 벼슬은 경상도·함경도·평안도 관찰사를 지내고, 의정부 좌찬성과 판중추부사에 이르렀다.

정인보(鄭寅普) 고종 30(1893)~1950. 아명은 경시(景施), 자는 경업(經業), 호는 담원(薝園)·미소산인(薇蘇山人)·위당(爲堂)·수파(守坡), 본관은 동래, 정은조(鄭誾朝)의 아들이다. 이건방(李建芳)을 사

사(帥事)하고, 1912년 상해로 건너가 신
채호·박은식 등과 함께 동제사(同濟社)를
조직하여 활동하다가 1913년에 귀국하여
독립운동에 종사했다. 연희전문 등에서
역사학과 한학을 강의하고 실학과 양명
학을 연구했다. 1930년대 후반에 안재홍
(安在鴻) 등과 『여유당전서(與猶堂全書)』
를 교정하고 조선학운동을 일으켰다. 해
방 후 감찰위원장을 잠시 지냈다. 1950년
6·25가 일어난 후 납북되었다. 저서로
『조선사연구』『양명학연론(陽明學演論)』
이 있고, 시조집『담원시조집』과『담원문
존(舊園文存)』『담원국학산고(舊園國學散
藁)』가 있는데,『담원정인보전집』(6책)에
수록되어 있다.

정일환(鄭日煥) 정조 21년(1797) 유현(儒
賢)으로 승지에 임명되었으며, 황해도 관
찰사를 거쳐 순조 1년(1801) 내직으로 들
어온 재신(宰臣).

정자(程子) 중국 송나라 낙양(洛陽) 사람
인 정호(程顥, 자는 伯淳, 1032~85)와 정이
(程頤, 자는 正淑, 1033~1107)를 말함. 이
들은 각각 명도선생(明道先生)·이천선생
(伊川先生)으로 불린다. 함께 주돈이(周敦
頤)에게 배웠고, 제가(諸家)를 섭렵하고
노불(老佛)을 드나들며 육경(六經)을 연
구하여 성리학(性理學)의 기틀을 잡았다.
이들의 글을 모은『이정유서(二程遺書)』
가 전한다.

정자급(丁子伋) 세종 5~성종 18(1423~

87). 자는 여보(呂父), 처음의 자는 여윤
(呂胤)으로 세조 6년(1460) 서경별시(西
京別試) 문과에 급제, 성종 18년(1487) 소
격서령(昭格署令)이 되었다.

정재규(丁載逵) 영조 33~순조 22(1757~
1822). 자는 운로(雲路), 본관은 압해. 정
지눌(丁志訥)의 아들로 정약용의 당숙부.
양평군 지평(砥平)에 살았으며 정약용이
순조 20년(1820) 용문산 봉황대에 오를
때 동행했다.

정재로(丁載老) 영조 7~순조 2(1731~
1802). 자는 현지(玄之), 호는 사무(四無),
본관은 압해. 정지겸(丁志謙)의 아들로 지
익(志翼)에게 입양되었다. 예천에 살았으
며 영조 32년(1756) 진사시에 합격했다.
문집이 있다.

정재운(丁載運) 영조 15~순조 16(1739~
1816). 자는 영회(永會), 호는 치와(癡窩),
본관은 압해. 정지해(丁志諧)의 둘째 아
들로 지열(志說)에게 입양되었다. 영조
50년(1774) 진사시에 장원으로 뽑혔으며,
벼슬은 옥천군수(沃川郡守)를 지냈다. 고
종 때 내부협판에 추증되었다.

정재원(丁載遠) 영조 6~정조 16(1730~
92). 자는 기백(器伯), 본관은 압해. 정지
해(丁志諧)의 아들로 정약용의 아버지. 영
조 38년(1762) 생원시에 합격, 음보(蔭補)
로 진주목사(晉州牧使)에 이르렀다.

정재진(丁載進) 영조 16~순조 12(1740~
1812). 자는 진오(晉吾), 호는 망와(忘窩),

본관은 압해, 정지해의 셋째 아들로 정약용의 계부(季父)이다.

정지덕(丁志德) 영조 4~정조 23(1728~99). 자는 경임(景任), 본관은 압해, 정가신(丁可愼)의 아들. 영조 44년(1768) 생원시에 합격하여 음보로 한산군수와 한성부 서윤을 지냈다.

정지양(丁志讓) 영조 6~정조 21(1730~97). 자는 득이(得而), 본관은 압해, 정항신(丁恒愼)의 아들. 사암 정약용의 종조. 용인에 살았다.

정지학(丁志鶴) 영조 44~순조 31(1768~1831). 자는 사문(士聞), 본관은 압해, 정양신(丁亮愼)의 아들. 음보로 진출해 강원도 삼척에서 평릉찰방(平陵察訪)을 지냈다. 정약용의 방조(傍祖).

정지해(丁志諧) 숙종 38~영조 32(1712~56). 자는 우경(虞卿), 본관은 압해, 정항신(丁恒愼)의 아들. 사암의 할아버지.

정철조(鄭喆祚) 영조 6~정조 5(1730~81). 자는 성백(誠伯)·중길(仲吉), 호는 석치(石癡), 본관은 해주. 정운유(鄭運維)의 아들. 영조 50년(1774) 증광문과에 병과로 급제, 벼슬은 정언을 지냈다. 죽석과 산수를 잘 그렸고 벼룻돌을 깎는 벽이 있었는데, 패도(佩刀)만을 가지고 순식간에 깎아냈다.

정첨윤(鄭詹尹) 중국 전국시대 초(楚)나라 사람. 태복(太卜)이 되었으나 굴원(屈原)이 쫓겨나자 3년 동안 다시 볼 수 없었다.

정필조(鄭弼祚) 영조 15(1739)~?. 자는 인숙(仁叔), 본관은 해주, 정운도(鄭運燾)의 아들. 정조 13년(1789) 51세가 되어 식년문과에 병과로 급제해 이해 윤5월 19일 가주서에 임명되었다.

정학수(丁學樹) 정조 21~순조 17(1797~1817). 자는 예숙(藝叔), 본관은 압해, 정약현(丁若鉉)의 아들이다.

정학순(丁學淳) 순조 6~고종 20(1806~83). 자는 재명(在明), 본관은 압해, 정약현의 아들이다.

정학연(丁學淵) 정조 7~철종 10(1783~1859). 아명은 학가(學稼)·무장(武牂), 자는 치수(穉修), 호는 유산(酉山), 본관은 압해, 정약용의 맏아들. 시문(詩文)에 능했으며 의술에도 밝았고 감역(監役) 벼슬을 지냈다. 저서로 『종축회통(種畜會通)』 8권 3책이 필사본으로 전하고 있다.

정학유(丁學游) 정조 10~철종 6(1786~1855). 아명은 학포(學圃)·문장(文牂), 자는 치구(穉求), 본관은 압해, 정약용의 둘째 아들. 편서로 『시명다식(詩名多識)』 4권 2책이 있다.

정한(鄭澣) 영조 18~순조 6(1742~1806). 자는 여해(汝海), 본관은 동래, 정언방(鄭彦枋)의 아들. 정조 19년(1795) 생원으로 정시문과에 병과로 급제했다.

정항신(丁恒愼) 숙종 17~영조 9(1691~1733). 자는 구지(久之), 정도태(丁道泰)의 아들로 사암의 증조부이다.

정현(鄭玄) 127~200. 중국 후한 때 고밀

(高密) 사람으로 경학가(經學家). 자는 강성(康成). 마융(馬融)을 섬겼으며, 『모시(毛詩)』와 삼례(三禮) 등에 주를 냈다.

정협(鄭俠) 1041~1119. 중국 송나라 복청(福淸) 사람. 자는 개부(介夫)로 진사에 급제하였다. 왕안석(王安石)에게 신법(新法)이 백성에게 해로움을 준다고 자주 편지로 말했으나 답장이 없었다. 신종(神宗) 때 오래 가뭄이 들자 「유민도(流民圖)」를 그려 바쳐 청묘신법(靑苗新法)을 폐지토록 하고 왕안석도 떠나게 했다. 나중에 고향으로 돌아와 일불거사(一拂居士)라 스스로 불렀으며, 마을 사람들은 그 집을 '정공방(鄭公坊)'이라 했다. 저서로 『서당집(西塘集)』이 있다.

정호선(丁好善) 선조 4~인조 11(1571~1633). 자는 사우(士優), 호는 동원(東園), 본관은 압해, 정윤복(丁胤福)의 아들. 1601년 식년문과에 을과로 급제, 1611년 강원도 관찰사가 되어 부정을 저지른 춘천부사 이원엽(李元燁), 양양현감 신경우(申景遇)를 파면시켰다. 인조반정 후 안변부사와 풍기군수를 역임했다. 저서로 『동원유고(東園遺稿)』가 있다.

정후조(鄭厚祚) 사암 정약용이 정조 14년(1790) 해미로 귀양 갔을 때 덕산현감을 지냈다.

제갈량(諸葛亮) 180~234. 중국 삼국시대 촉한(蜀漢)의 승상으로 산동(山東) 낭야(瑯邪) 사람. 자는 공명(孔明), 시호는 충무(忠武)·무후(武侯)이다. 촉한의 초대 황제가 된 유비(劉備)의 삼고초려(三顧草廬)를 받고 그를 도와 촉한을 세웠으며, 오장원(五丈原)에서 사마의(司馬懿)와 대전 중 병사했다. 저서로 『제갈량집(諸葛亮集)』이 있다.

제중신편(濟衆新編) 강명길(康命吉)이 정조 23년(1799)에 임상 치료 편람식으로 편찬 출판한 의서로 모두 8권이다. 1965년에 북한 의학출판사에서 번역 출판했다.

조규진(趙圭鎭) 영조 47년(1771) 전라우수사, 정조 4년(1780) 황해도 병마절도사, 정조 7년 좌포도대장을 역임. 순조 2년(1802) 낙안(樂安)으로 유배되었다가 1803년에 해배되었다.

조득영(趙得永) 영조 38~순조 24(1762~1824). 자는 덕여(德汝), 호는 일곡(日谷), 본관은 풍양(豊壤). 정조 13년(1789) 춘당대문과에 장원, 이해 초계문신이 되고, 순조 6년(1806) 형조참판으로 우의정 김달순(金達淳)을 탄핵하여 유배시켰으며, 병조·이조·예조 판서를 역임했다.

조상진(趙尙鎭) 영조 16~순조 20(1740~1820). 자는 이진(爾珍), 본관은 풍양(豊壤). 조재우(趙載遇)의 아들. 영조 49년(1773) 증광문과에 병과로 급제. 정조 6년(1782) 대사성이 되고, 도승지, 형조와 예조의 판서를 거쳐 지중추부사(知中樞府事)에 이르렀다.

조석중(曹錫中) 영조 39(1763)~?. 자는

숙정(叔正), 본관은 창녕(昌寧), 조휘진(曺翬振)의 아들. 정조 18년(1794) 진사로서 정시문과에 병과로 급제, 관찰사에 이르렀다.

조심태(趙心泰) 영조 16~정조 23(1740~99). 자는 집중(執仲), 본관은 평양, 조경(趙儆)의 아들. 무예에 뛰어났으며 음보로 선전관이 되어 영조 44년(1768) 무과에 급제해 홍충도(洪忠道) 병마절도사, 함경북도 병마절도사, 삼도수군통제사, 총융사(摠戎使)를 거쳐 정조 13년(1789) 수원부사(水原府使)가 되어 현륭원(顯隆園)을 화성으로 옮기는 데 공을 세우고, 화성(華城)을 쌓는 공사를 지휘해 성공을 거두어 수원부 유수에 올랐다. 그후 어영대장 겸 지의금부사, 한성부 판윤, 형조판서와 장용영 대장에 올랐다. 지식이 해박하여 지리(地理)·군제(軍制)·율령(律令)·농정(農政)에 이르기까지 통달했고, 글씨도 대자(大字)에 뛰어나 화성 행궁(行宮)의 많은 문미편액(門楣扁額)을 썼다. 좌찬성에 추증되고 시호는 무의(武毅).

조영경(趙榮慶) 영조 18(1742)~?. 본관은 양주, 조관빈(趙觀彬)의 아들. 영조 41년(1765) 생원시에 합격하고 음보로 진출해 정조 23년(1799) 황주목사로 있었다.

조장한(趙章漢) 영조 19(1743)~?. 자는 유문(幼文), 본관은 양주(楊州), 조세구(趙世述)의 아들. 영조 47년(1771) 식년문과에 병과로 급제, 예조 좌랑, 사헌부 장령 등

을 역임했다. 순조 8년(1808) 사헌부 장령으로 정약전·정약용 형제를 다시 엄중히 신문할 것을 아뢰었으나 순조 14년(1814)에는 사헌부의 대계(臺啓)를 처음으로 정지시켰다.

조택진(趙宅鎭) 정조 18년(1794) 정약용이 경기 암행어사로 나갔을 때 파주목사(坡州牧使)로 사무 처리가 부진한 자로서 백성을 무휼(撫恤)하기를 바란다면 단속해야 할 벼슬아치라 평가했다.

조화진(趙華鎭)「황사영 백서(黃嗣永帛書)」에는 충청도 내포(內浦) 사람이며 천주교의 배교자로 밀고자가 된 사람이라 했으며 '和鎭'으로 되어 있다.

주문모(周文謨) 1752~1801. 중국 청(淸)나라 사람으로 천주교 신부. 1794년 압록강을 건너 우리나라에 잠입하여 포교하다가 1801년 신유박해 때 의금부(義禁府)에 자수하여 사형당했다.

주 문왕(周文王) 중국 상(商)나라 시대 주족(周族)의 영수로 성은 희(姬), 이름은 창(昌), 고공단보(古公亶父)의 손자. 주왕(紂王) 때 서백(西伯)이 되었으나 참소로 유리(羑里)에 갇혔다가 주나라 신하 태전(太顚)·굉요(閎夭)·산의생(散宜生) 등이 미녀와 명마(名馬)를 주왕에게 바치고 풀려났다. 뒤에 풍(豐)으로 도읍을 옮기고 어진 이를 초청하니 여상(呂尙)·육웅(鬻熊)·백이(伯夷)·숙제(叔齊) 등이 이르렀다. 재위 50년. 아들 무왕(武王)이 상나라

를 멸망시키고 주(周)나라를 세웠다.

주자(朱子) 1130~1200. 중국 남송(南宋) 때 대유학자로 무원(婺源) 사람. 이름은 희(熹), 자는 원회(元晦)·중회(仲晦), 호는 회암(晦庵)·회옹(晦翁)·고정(考亭)이다. 저서로는 『사서장구집주(四書章句集註)』 『자치통감강목(資治通鑑綱目)』 『근사록(近思錄)』 『소학(小學)』 등이 있다.

주팽만(朱泙漫) 중국 주(周)나라 사람. 지리익(支離益)에게 많은 돈을 쓰며 용을 잡는 기술을 배워 3년 만에 기술을 이루었었으나 그 기술을 써먹을 데가 없었다.

중산보(仲山甫) 중국 고대 주나라 선왕(宣王) 때 경사(卿士) 번목중(樊穆仲)으로, 자가 '중산보'이다. 중산보가 선왕을 도와 중흥지치(中興之治)를 이루어 윤길보(尹吉甫)가 증민시(烝民詩)를 지어 칭송했다. '中山父' '仲山父'로도 불린다.

지둔(支遁) 314~66. 중국 동진(東晉)의 스님으로 진류(陳留) 사람. 자는 도림(道林)으로 세상에선 지공(支公) 또는 임공(林公)이라 일컫는다. 속성은 관(關)이다. 여항산(餘杭山)에 숨어 살면서 도를 닦다가 25세에 불교에 출가하고 오(吳)로 들어가 지산사(支山寺)를 세웠다. 초서와 예서를 잘 썼으며, 저서로 『즉색유현론(卽色遊玄論)』 『성불변지론(聖不辨知論)』이 있다.

지봉집(芝峰集) 지봉 이수광(李睟光)의 시문집으로 모두 34권 11책이다. 인조 11년(1633) 아들 이성구(李聖求)·이민구(李敏

求) 등이 편집 간행했다.

지황(池潢) 영조 43~정조 19(1767~95). 천주교 순교자. 일명 지홍(池洪)으로 교명은 사바. 전의(典醫)의 후손. 정약종·홍낙민(洪樂敏)·최필공(崔必恭) 등과 조선 교회 초창기에 입교한 듯하다. 정조 19년(1795) 6월 28일 주문모(周文謨) 신부를 맞아들였다는 죄로 체포되어 옥중에서 장사(杖死), 순교했다.

진관(秦觀) 1049~1100. 중국 송나라 고우(高郵) 사람. 자는 소유(少游)·태허(太虛)로 소식이 현량방정(賢良方正)으로 천거하여 국사원 편수관(國史院編修官)을 지냈다. 저서로 『회해집(淮海集)』이 있어 세상에서 '진회해'라 일컫는다.

진린(陳璘) 중국 명나라 장군으로 옹원(翁源) 사람. 자는 조작(朝爵)이다. 1597년 정유재란 때 도독어왜총병관(都督禦倭總兵官)이 되어 절강(浙江)의 전함 5백척을 이끌고 1598년 7월 고금도(古今島)에서 이순신의 군대와 합세했다. 11월에 노량해전(露梁海戰)에 참가했다.

진사도(陳師道) 1053~1101. 중국 송나라 팽성(彭城) 사람. 자는 이상(履常)·무기(無己), 호는 후산거사(後山居士)로 벼슬은 비서성 정자(正字)를 지냈다. 안빈낙도했으며 시가 정심아오(精深雅奧)하여 스스로 일가를 이루었다. 저서로 『후산집(後山集)』 『후산담총(後山談叢)』 『후산시화(後山詩話)』가 있다.

진여의(陳與義) 1090~1138. 중국 남송 낙양(洛陽) 사람. 자는 거비(去非), 호는 간재(簡齋). 벼슬은 참지정사를 지냈으며 강서시파(江西詩派)에 속한다. 저서로 『간재집(簡齋集)』『무주사(無住詞)』가 있다.

ㅊ

채제공(蔡濟恭) 숙종 46~정조 23(1720~99). 자는 백규(伯規), 호는 번암(樊巖), 본관은 평강. 채응일(蔡膺一)의 아들이다. 영조 19년(1743) 정시문과에 병과로 급제, 벼슬은 영의정을 지냈다. 10여년 동안 재상으로 있으면서 많은 치적을 남겨 우리나라 역사상 명재상으로 꼽힌다. 순조 1년(1801) 관작을 추탈당했다가 순조 23년(1823) 신원(伸冤)되었다. 저서로는 『번암집(樊巖集)』이 있다. 시호는 문숙(文肅).

채홍근(蔡弘謹) 본관은 평강, 채제공(蔡濟恭)의 아들, 정재원(丁載遠)의 사위.

채홍리(蔡弘履) 영조 13~순조 6(1737~1806). 자는 사술(士述), 호는 기천(岐川), 본관은 평강으로, 채의공(蔡義恭)의 아들이다. 영조 42년(1766) 정시문과에 을과로 급제, 형조·공조의 판서를 지냈다. 채제공 등 남인 집권세력에 비판적이었다.

채홍원(蔡弘遠) 영조 38(1762)~?. 자는 이숙(邇叔), 본관은 평강(平康). 채민공(蔡敏恭)의 아들로 채제공에게 입양되었다. 정조 16년(1792) 식년문과에 병과로 급제, 이조참의를 지냈다. 정조의 명에 의하여 정약전(丁若銓)과 같이 『영남인물고(嶺南人物考)』를 편찬하기도 했다.

척계광(戚繼光) 1528~87. 중국 명나라 등주(登州) 사람. 자는 원경(元敬), 호는 남당(南塘), 맹제(孟諸), 시호는 무의(武毅). 독서를 좋아하여 경사(經史)의 큰 뜻을 통했으며, 벼슬은 태자태보(太子太保)에까지 이르렀다. 저서로는 『기효신서(紀效新書)』『연병기실(練兵紀實)』『장자심검(長子心鈐)』『이융요략(蒞戎要略)』『무비신서(武備新書)』『지지당집(止止堂集)』이 있다.

천주실의(天主實義) 마떼오 리치(利瑪竇)가 저술한 한역(漢譯) 천주교 교리서로 1603년 북경에서 간행되었다. 상·하 2권이다.

청야만집(靑野謾輯) 조선시대 야사집으로 이희겸(李喜謙)이 지었다. 고려 말기부터 숙종 때까지 조선 역대의 역사적 대사건을 추려서 비교적 상세하고 정확하게 서술했다.

초의(草衣) → 의순(意恂)

최인길(崔仁吉) 영조 40~정조 19(1764~95). 천주교 신자로 교명은 마티아. 중국어 역관으로 1795년 중국인 신부 주문모가 서울에 들어오자 은신처를 마련하여 한국어를 가르쳤다. 이해 6월 주문모 체포령이 내려지자 과부 강완숙(姜完淑)의 집에 숨겨놓고 자기가 주문모를 가장하여 대신 잡혀갔다가 정체가 탄로났으나 주문모의 거처를 끝내 은폐하다가 장살

되었다.

최헌중(崔獻重) 자는 영춘(靈春). 정조 19년(1795) 수찬(修撰)으로 사학(邪學)을 없애자는 상소를 올려 임금의 칭찬을 받았으며, 특별히 발탁되어 대사간이 되었다. 순조 6년(1806) 한성부 우윤을 지냈다.

칠극(七克) 중국 명나라에 귀화해서 흠천감(欽天監)을 지낸 에스빠냐 사람 방적아(龐迪我)가 저술한 천주교 교리 해설서로 7가지 극기(克己)해야 할 조목을 서술했다.

ㅌ

퇴계집(退溪集) 이황(李滉)의 시문집. 68권 31책으로 1598년 도산서원(陶山書院)에서 간행. 원집 49권, 별집 1권, 외집 1권, 속집 8권, 연보 3권, 언행록 6권으로 되어 있다.

ㅍ

포정(庖丁) 중국 고대의 유명한 요리사. 백정(白丁).

포희(庖犧) 중국 고대의 제왕으로 복희(伏羲)로도 부른다. 성은 풍(風)씨. 백성에게 밭을 갈고 고기 잡고 가축을 기르는 법을 가르쳤다. 처음으로 팔괘(八卦)를 그려 서계(書契, 文字)를 만들었다. 재위는 150년.

ㅎ

한광근(韓光近) 영조 11(1735)~?. 자는 계명(季明), 본관은 청주, 한사열(韓師說)의 아들. 영조 44년(1768) 정시문과에 병과로 급제해 영광군수를 지내고, 정조 18년(1794) 정약용이 경기 암행어사로 나갔을 때 양주목사(楊州牧使)로 있었으며 대사간을 지내고 참관에 올랐다.

한광부(韓光傳) 경종 3~정조 19(1723~95). 자는 승백(承伯), 본관은 청주(淸州). 영조 39년(1763) 대증광별시에 진사 장원으로 급제했다. 예안현감(禮安縣監)을 지냈는데 사암의 아버지와는 관포지우(管鮑之友)로 지냈으며 효행(孝行)으로 이름났다.

한만식(韓晩植) 순조 23년(1823) 4월 15일부터 25일까지 11일 동안 정약용의 춘천 북방 북한강 기행인 산수기행(汕水紀行)에 따라간 선비.

한만유(韓晩裕) 영조 22~순조 12(1746~1812). 자는 여성(汝成), 본관은 청주, 한광회(韓光會)의 아들이다. 영조 49년(1773) 증광문과에 병과로 급제, 벼슬은 한성판윤과 이조판서를 지냈다.

한명회(韓明澮) 태종 15~성종 18(1415~87). 자는 자준(子濬), 호는 압구정(鴨鷗亭)·사우당(四友堂), 시호는 충성(忠成), 본관은 청주. 한기(韓起)의 아들이며 장순왕후(章順王后)·공혜왕후(恭惠王后)의 아버지이다. 단종 1년(1453) 계유정난(癸酉靖難)에 수양대군을 도와 정난공신 1등이 되었다. 1461년 상당부원군(上黨府院君)

에 봉해지고, 벼슬은 영의정을 지냈다. 세조의 충신으로 조선 초기 문화 발전에 많은 공을 세웠다.

한백겸(韓百謙) 명종 7~광해군 7(1552~1615). 자는 명길(鳴吉), 호는 구암(久菴), 본관은 청주, 한효윤(韓孝胤)의 아들, 민순(閔純)의 문인이다. 선조 18년(1585) 교정청(校正廳)이 신설되자 교정낭청이 되고 파주목사(坡州牧使)에 이르렀다. 『동국지리지(東國地理志)』를 저술하여 실학의 선구적 역할을 했다. 저술로 『기전고(箕田考)』『구암유고(久菴遺稿)』가 있다.

한백원(韓百源) 자는 원례(元禮). 정조 19년(1795) 부여현감을 지냈다.

한영규(韓永逵) 정조 15년(1791) 사헌부 지평으로 신해옥사 관련자를 처벌하라고 아뢰고, 순조 2년(1802) 1월에 사헌부 장령으로 정약용 형제를 다시 의금부에 불러다 엄중히 신문할 것을 요청했다.

한유(韓愈) 768~824. 중국 당나라 때 창려(昌黎) 사람. 자는 퇴지(退之)로 당송팔대가(唐宋八大家)의 한 사람. 고문(古文)의 대가이며 중국 근세 문장의 조(祖)로 유명하다. 벼슬은 이부시랑(吏部侍郎)에 이르렀으며, 시문집으로 『창려선생집(昌黎先生集)』이 있다. 한자(韓子)로도 불린다.

한익상(韓益相) 영조 43~철종 2(1767~1851). 자는 치문(致文), 호는 자오(自娛)·백졸(百拙), 초명은 매권(邁權), 본관은 청주, 한명간(韓命幹)의 아들. 순조 7년 (1807) 식년문과에 병과로 급제, 순조 19년(1819) 경성판관(鏡城判官)으로 나갈 때 정약용의 송별을 받고, 1820년 서울로 돌아오자 편지를 보냈다. 벼슬은 강원도 관찰사와 병조참판을 지냈다. 저서로 『자오집』이 있다.

한치윤(韓致奫) 영조 41~순조 14(1765~1814). 자는 대연(大淵), 호는 옥유당(玉蕤堂), 본관은 청주, 한원도(韓元道)의 아들이다. 정조 13년(1789) 진사시에 합격했으나 문과에는 응시하지 않고 일생 동안 시문을 지으며 한국사 연구에 몰두했다. 저서로 『해동역사(海東繹史)』 70권이 있다.

한치응(韓致應) 영조 36~순조 24(1760~1824). 자는 혜보(傒甫), 호는 부산(滏山), 본관은 청주, 한광적(韓光迪)의 아들이다. 정조 8년(1784) 정시문과에 장원급제했다. 벼슬은 병조판서와 한성판윤에 이르렀다. 시문에 뛰어나고 사암과 죽란시사(竹欄詩社)를 조직하기도 했다. 저서로 『부산집(滏山集)』이 있다.

함봉련(咸奉連) 양주(楊州) 의정리(議政里) 백성으로서 살인 사건의 누명을 쓰고 서울 감옥에서 12년 동안 억울하게 갇혀 있다가 정약용이 형조참의가 되어 이를 밝혀 회계(回啓)하자 정조 임금이 즉시 석방시켜주었다.

허유(許由) 중국 삼대 요임금 때 고사(高士). 요임금이 천하를 그에게 물려주려 하였으나 거절하고 기산(箕山)에 들어가 숨어 살았다.

헌원미명(軒轅彌明) 중국 당나라 때 도사로 도호는 형산도사(衡山道士)이다.

혜장(惠藏) 영조 48~순조 11(1772~1811). 스님으로 호는 연파(蓮波)·아암(兒菴), 속성은 김(金), 초명은 팔득(八得), 자는 무진(無盡, 부질없음). 두륜산 대둔사(大芚寺, 大興寺)에서 스님이 되고 30세에 대둔사의 강석(講席)을 맡았다. 『주역(周易)』에 밝았으며, 순조 5년(1805)에 사암과 만나 교유를 시작했다. 사암이 그를 위해 「아암장공탑명(兒菴藏公塔銘)」을 지었다.

호의(縞衣) 정조 2~고종 5(1778~1868). 스님 시오(始悟)의 법호가 '호의'로 속성은 정(丁)이다. 정삼달(丁三達)의 아들로 동복 적벽(赤壁) 출신. 어릴 때의 이름은 계방(桂芳)이다. 화순 만연사에 갔다가 정조 20년(1796) 경관(慶冠)에게 스님이 되고, 백련(白蓮)에게 구족계를 받았다. 완호(玩虎)의 법을 이었다. 백파 신헌영이 그 영정을 찬미하는 글을 짓고 탑명(塔銘)을 썼다. 「행장(行狀)」 1권, 「견문록」 1권이 남아 있다.

홍경래(洪景來) 영조 47~순조 12(1771~1812). 본관은 남양, 용강 출신으로, 평안도 가산 다복동(多福洞)에서 거사를 준비하다가 순조 11년(1811) 극심한 흉년으로 인심이 흉흉해진 틈을 타 난을 일으켰다. 박천·송림 전투에 패배하여 정주성으로 후퇴하여 4개월 동안 싸우다가 함락당하고 총에 맞아 죽었다. 홍경래의 난 소식을 듣고 정약용은 이 난을 평정하는 데 동참할 것을 권유한 「전라도 창의통문(全羅道倡義通文)」을 썼다.

홍광일(洪光一) 영조 14~순조 22(1738~1822). 자는 백승(伯承), 본관은 남양, 홍명원(洪命元)의 아들. 정조 즉위년(1776) 정시문과에 병과로 급제했다. 순조 1년(1801) 3월 16일 사헌부 장령으로 정약용 형제를 다시 의금부로 불러 엄중히 신문하라고 했다.

홍국영(洪國榮) 영조 24~정조 5(1748~81). 자는 덕로(德老), 본관은 풍산, 홍낙춘(洪樂春)의 아들. 영조 48년(1772) 정시문과에 병과로 급제했다. 정조 초의 세도정치가. 영조 말년 벽파와의 싸움에서 세손(정조)을 적극 보호한 공로로 정조 즉위 후 나라의 실권을 쥐고 독재하다 죽었다. 조선 후기 세도정치의 창시자.

홍길주(洪吉周) 정조 10~헌종 7(1786~1841). 자는 헌중(憲仲), 호는 항해(沆瀣), 본관은 풍산, 홍인모(洪仁謨)의 아들, 홍석주(洪奭周)의 동생. 순조 7년(1807) 생원·진사에 합격한 뒤 학문에 전심했다. 만년에 지방 수령으로 나가 선정을 베풀었으나 벼슬에 뜻이 없어 사퇴했다. 문장에 뛰어났다. 저서로 『항해병함(沆瀣丙函)』이 있다.

홍낙민(洪樂敏) 영조 27~순조 1(1751~1801). 천주교도. 사암의 큰형 정약현의 딸의 시아버지. 자는 성눌(聖訥). 1801년 신유박해 때 이승훈·정약종과 함께 서소문 밖 형장에서 순교했다.

홍낙안(洪樂安) 영조 28(1752)~?. 자는 인백(仁伯), 본관은 풍산(豊山). 후에 희운(義運)으로 개명(改名). 정조 14년(1790) 증광문과에 병과로 급제, 이듬해 진산사건(珍山事件)이 일어나자 공서파(攻西派)의 선봉으로 윤지충·권상연 등을 참형당하게 했다.

홍낙임(洪樂任) 영조 17~순조 1(1741~1801). 왕실의 외척. 자는 숙도(叔道). 홍봉한(洪鳳漢)의 아들, 정조의 외삼촌. 벽파에 몰려 처형되었다.

홍낙정(洪樂貞) 영조 28~정조 12(1752~88). 자는 복원(復元), 본관은 풍산, 홍명한(洪名漢)의 아들. 전 도사로 정조 9년(1785) 정시문과에 병과로 급제해 교리(校理)를 지냈다. 정약용이 정조 8년(1784) 그 아버지 홍명한이 주석을 난외에 달아놓은 『동국문헌비고(東國文獻備考)』를 빌려보고 정조 24년(1800) 6월에 『문헌비고간오(文獻備考刊誤)』를 저술했다.

홍명주(洪命周) 영조 46(1770)~?. 자는 자천(自天), 본관은 풍산, 홍희영(洪喜榮)의 아들. 정조 18년(1794) 정시문과에 병과로 급제했다. 순조 10년(1810) 교리로 정약용의 향리 방축을 정지하라고 요구하고, 순조 21년(1821) 채홍원이 채제공의 신원을 요청하자 안 된다고 비판했다. 벼

슬은 병조판서에 이르렀다. 시호는 정간(靖簡).

홍명한(洪名漢) 경종 4~영조 50(1724~74). 자는 군평(君平), 호는 시림(市林), 본관은 풍산, 홍경보(洪景輔)의 아들. 영조 30년(1754) 증광문과에 급제해 개성부 유수와 형조판서에 오르고 판의금부사를 지냈다. 영조 46년(1770) 『동국문헌비고(東國文獻備考)』의 간행 책임을 맡았다.

홍석주(洪奭周) 영조 50~헌종 8(1774~1842). 자는 성백(成伯), 호는 연천(淵泉), 본관은 풍산, 홍인모(洪仁謨)의 아들. 정조 19년(1795) 식년문과에 갑과로 급제, 순조 15년(1815) 충청도·전라도 관찰사를 지냈으며, 1834년 이조판서를 거쳐 좌의정에 올랐다. 시호는 문간(文簡), 저서로는 『연천집(淵泉集)』이 있다. 문장가로 여한십대가(麗韓十大家) 가운데 한 사람이다.

홍수보(洪秀輔) 경종 3(1723)~?. 자는 군실(君實), 본관은 풍산. 홍중후(洪重厚)의 아들로 중효(重孝)에게 입양되었다. 영조 32년(1756) 생원으로 정시문과에 병과로 급제해 경기도 관찰사와 형조참판에 올랐다.

홍시보(洪時溥) 영조 25(1749)~?. 자는 박여(博汝), 본관은 남양(南陽). 영조 51년(1775) 정시문과에 병과로 급제, 검열(檢閱)을 지냈다.

홍시제(洪時濟) 영조 34(1758)~?. 자는 약

여(躍汝) 또는 약여(約汝), 본관은 남양(南陽)으로 정조 14년(1790) 증광문과에 병과로 급제, 1821년 대사간(大司諫)이 되었다. 1801년 신유박해 때 관작이 추탈된 채제공(蔡濟恭)의 신원(伸冤)을 상소하여 복관(復官)케 했다. 아들 홍영관(洪永觀)이 사암의 백씨(伯氏)의 딸과 결혼했다.

홍의호(洪義浩) 영조 34~순조 26(1758~1826). 자는 양중(養仲), 호는 담녕(澹寧), 홍수보(洪秀輔)의 아들, 인호(仁浩)의 아우, 사암의 6촌 처남, 젊은 날의 친구. 정조 8년(1784) 정시문과에 병과로 급제해, 벼슬은 우참찬·예조판서를 역임하였으며, 뒷날 공서파(攻西派)로 사암 일파를 모해하였다.

홍인호(洪仁浩) 영조 29~정조 23(1753~99). 자는 원백(元伯), 본관은 풍산(豐山), 홍수보(洪秀輔)의 아들. 1774년 진사가 되고, 정조 1년(1777) 증광문과에 병과로 급제, 교리(校理) 등을 거쳐 1791년 대사간이 되었다. 벼슬은 공조참판에 이르렀다.

홍현주(洪顯周) 정조 17~고종 2(1793~1865). 자는 세숙(世叔), 호는 해거재(海居齋)·약헌(約軒), 본관은 풍산으로, 홍인모(洪仁謨)의 아들이다. 정조의 둘째딸 숙선옹주(淑善翁主)와 결혼하여 영명위(永明尉)에 봉해졌다. 홍석주(洪奭周)의 아우이며 문장이 뛰어나 당대에 명성을 떨쳤다. 저서로 『해거시집』이 있다. 그 형과 함께 사암과 교유했다.

홍화보(洪和輔) 영조 2~정조 15(1726~91). 자는 경협(景協), 본관은 풍산(豐山). 영조 37년(1761) 훈련초관으로 국자시(國子試)에 1등을 했다. 정조 15년 황해도 병마절도사로서 황주(黃州)에서 죽었는데, 사암 정약용의 장인이다.

화성성역의궤(華城城役義軌) 정조 20년(1796) 정조가 편찬을 명하여 순조 1년(1801) 간행된 책으로 1796년 수원 화성을 완공하고 이 공사를 진행한 경과를 기록했으며 1책이다. 정리자(整理字)로 간행되었다. 이 책 앞에는 정약용이 저술한 「성설(城說)」을 비롯한 논설이 정조 어제(御製)로 실려 있다.

화성정리통고(華城整理通攷) 정조 19년(1795) 수원에 화성을 쌓아 유수부를 설치하고 나서 그 제도를 기록한 책. 이때 이가환(李家煥)·이만수(李晩秀)·윤행임(尹行恁)·홍인호(洪仁浩)·이상황(李相璜)·엄기(嚴耆)·김이교(金履喬)·김이재(金履載)·서준보(徐俊輔)·김근순(金近淳)·조석중(曺錫中) 그리고 정약용이 편찬에 참여했다. 정약용은 화성 현륭원의 유래와 제도 및 용주사(龍珠寺)·배봉진(拜峰鎭)의 연혁 등 가장 많은 부분을 찬술했다.

황기천(黃基天) 영조 36~순조 21(1760~1821). 자는 희도(義圖), 본관은 창원, 황인조(黃仁照)의 아들로 인영(仁煐)에게 입양되었다. 정조 18년(1794) 정시문과에 병과로 급제했다.

황덕길(黃德吉) 영조 26~순조 27(1750~ 1827). 자는 이길(耳吉)·이수(耳叟), 호는 하려(下廬), 본관은 창원(昌原), 황이곤(黃以坤)의 아들. 형 신수(莘叟) 황덕일(黃德壹)과 함께 안정복(安鼎福)의 문하에서 학문 연구에 전념하였다. 저서로 『방언(放言)』 『도학원류찬언(道學源流纂言)』 『사례요의(四禮要儀)』 등이 있다.

황사영(黃嗣永) 영조 51~순조 1(1775~ 1801). 자는 덕소(德紹), 본관은 창원. 황석범(黃錫範)의 유복자로 태어났다. 정조 14년(1790) 16세로 진사시에 합격하고, 정약현(丁若鉉)의 맏사위가 되었다. 「황사영백서」 사건으로 처형당했다.

황상(黃裳) 정조 12~철종 14(1788~1863) 소자는 산석(山石), 자는 제불(帝黻), 호는 치원처사(巵園處士)이다. 만년에 일속산방(一粟山房)에 살았다. 저서로 『치원유고(巵園遺稿)』 필사본 2책이 있다. 사암의 강진 유배 시절 초기의 읍내 제자 6명의 한 사람으로 사암의 아들 정학연·정학유와도 형제처럼 지냈다.

황심(黃沁) 영조 32~순조 1(1756~1801). 천주교 순교자. 세례명은 베드로. 충청도 덕산(德山) 출신으로 본명은 인철(寅喆). 이존창(李存昌)에게 교리를 배워 입교하고, 지황(池潢)·윤유일(尹有一)과 더불어 조선 교회와 북경 주교 간에 연락하는 일을 담당했다. 순조 1년(1801) 신유박해가 일어나자 춘천으로 피신했다가 제천(堤

川)으로 황사영(黃嗣永)을 찾아가 주문모(周文謨) 신부의 순교를 알리고, 조선 교회의 사실을 북경 주교에게 알리는 일을 의논해 황심의 이름으로 백서(帛書)를 써서 북경에 전달하기로 했으나 9월 15일 붙잡히고 황사영도 10월 3일에 붙잡혀 10월 24일 서소문 밖에서 사형을 당했다.

황패(黃覇) ?~기원전 52. 중국 한나라 때 양하(陽夏) 사람. 자는 차공(次公). 건성후(建成侯)에 봉해지고 양주자사(揚州刺史)와 영천태수(穎川太守)를 역임했다. 벼슬은 승상(丞相)에 이르렀는데 한나라 때 치민(治民)의 관리 중 첫째로 꼽힌다.

휴정(休靜) 중종 15~선조 37(1520~1604). 자는 현응(玄應), 호는 청허(淸虛)·서산(西山), 아명은 여신(汝信), 성은 최(崔), 본관은 완산으로 최세창(崔世昌)의 아들이다. 안주(安州) 출신으로 9세와 10세에 어머니와 아버지를 잇따라 여의고 안주목사 이사증(李思曾)의 양자로 입적, 성균관에서 공부하였으나, 중종 29년(1534) 진사에 낙방, 지리산에 들어가 스님이 되었다. 명종 4년(1549) 승과에 급제했으며, 1592년 임진왜란이 일어나자 팔도16종도 총섭이 되어 승병을 규합, 이듬해 서울 수복에 공을 세우고, 이후 유·불·도 삼교 통합론을 세웠다. 안심사·유점사에 부도가 세워지고 해남·밀양의 표충사와 묘향산 수충사에 제향되었다. 저서로 『청허당집』이 있다.